Cenas da sujeição

FÓSFORO

SAIDIYA HARTMAN

Cenas da sujeição

Terror, escravidão e criação de si
na América do século 19

Revisada e atualizada com um novo prefácio pela autora

Tradução do inglês por
FERNANDA SILVA E SOUSA E MARCELO R. S. RIBEIRO

Apresentação por
KEEANGA-YAMAHTTA TAYLOR

Posfácio por
MARISA J. FUENTES E SARAH HALEY

Notações por
SAIDIYA HARTMAN E CAMERON ROWLAND

Composições por
TORKWASE DYSON

Para aqueles que abriram o caminho.

9 UMA NOTA E ALGUMAS NOTAÇÕES DE TRADUÇÃO
Fernanda Silva e Sousa e Marcelo R. S. Ribeiro

17 APRESENTAÇÃO
Keeanga-Yamahtta Taylor

33 PREFÁCIO
O porão da escravidão

CENAS DA SUJEIÇÃO

45 Introdução

PARTE I — FORMAÇÕES DO TERROR E DO GOZO

65 Divertimentos inocentes: o palco do sofrimento
125 Reparando o corpo aflito: para uma teoria da prática
179 A sedução e as artimanhas do poder

PARTE II — O SUJEITO DA LIBERDADE

241 O fardo do indivíduo livre
259 Moldando a obrigação: a servidão por dívida e o legado da escravidão
325 Instinto e dano: a desigualdade justa e perfeita da linha de cor

398 POSFÁCIO
Marisa J. Fuentes e Sarah Haley

407 AGRADECIMENTOS
409 PÓS-ESCRITO PARA A NOVA EDIÇÃO
412 NOTAS
476 BIBLIOGRAFIA
504 ANOTAÇÕES
510 ÍNDICE REMISSIVO

Uma nota e algumas notações de tradução

Entre a primeira edição de *Cenas da sujeição*, de 1997, e esta, revisada e atualizada por Saidiya Hartman, encontram-se como diferenças algumas importantes evidências e desdobramentos das múltiplas partilhas colaborativas e derivas dialógicas que constituem a obra desde sua emergência. Entre elas, estão duas modalidades de experimentação visual em que se disseminam vibrações sonoras e musicais contundentes: as *composições* de Torkwase Dyson e uma série de *notações* elaboradas por Hartman e Cameron Rowland. Se é possível reconhecer aí uma atualização da radicalidade dialógica do livro (já evidente na primeira edição), cujas coordenadas são nomeadas nos agradecimentos e no pós-escrito para a nova edição, a tradução que fizemos desdobra esse fundamento dialógico de modo contingente: porque somos mais de um e porque, entre as escolhas que pudemos ou fomos levados a seguir, está a de transformar nosso recorrente desejo de fazer notas de tradução (para discutir ou tentar explicar termos, limites, dificuldades etc.) em uma nota inicial que se desdobra, finalmente, em algumas *notações de tradução*.

Como nas múltiplas formas historicamente existentes de notação matemática e musical, ou em outros sistemas de notação que constituem formas de mediação, trata-se de *comunicar* alguns dos *elementos desordenadores* da passagem complexa que aqui se encena do inglês ao português e de *compartilhar* algumas das *derivas desordenadoras* que atravessam toda passagem entre línguas — e todo discurso, ainda que aparentemente ocorra apenas em uma língua. Se toda tradução permanece necessariamente assombrada pela impossibilidade da passagem de uma língua para outra, é importante lembrar que o intraduzível não constitui uma figura do absoluto — e que nós o experimentamos sempre que falamos, mesmo que aparentemente falemos apenas uma língua, como uma espécie de falha irredutível no interior de toda fala e de brecha insistente entre a linguagem e o mundo.

Durante todo o texto de Hartman, é fundamental considerar que o gênero gramatical não pode ser confundido com o gênero como problema analítico e teórico. Em outras palavras, a flexão de gênero gramatical dos substantivos não deve ser compreendida como uma articulação adequada e suficiente dos problemas de gênero implicados na argumentação de Hartman, que, ademais, recorda em diferentes momentos que a violência sexual era exercida tanto sobre mulheres escravizadas quanto sobre homens escravizados.

No inglês, palavras como *slave(s)*, *enslaved*, *captive*, além de termos como *dominated*, *weak* ou *master*, não apresentam flexão de gênero em si, operando como designações abrangentes do masculino e do feminino. No entanto, frequentemente, Hartman opta por explicitar a marcação de gênero por meio da justaposição dos adjetivos *female* ou *male*, que nem sempre nos pareceu viável traduzir como "feminino" ou "masculino", ou ainda "do sexo feminino" ou "do sexo masculino", mas que ao menos resolviam, pontualmente, a questão da flexão de gênero gramatical do substantivo. Também nos pareceu que prejudicaria a fluidez do texto a opção pela grafia dupla em português ("escravo/a" etc.), enquanto não se justificaria projetar sobre textos do passado, sobretudo do século 19, tentativas de configuração da linguagem neutra por meio do "e", como "escraves". Parece-nos fundamental, então, que o processo de leitura desta tradução inclua um exercício imaginativo de variação ou equivocação do gênero gramatical, de modo a tornar legíveis, em uma ou outra flexão, os processos complexos de marcação de gênero, associados a regimes de racialização, que Hartman interroga.

Ao longo de sua argumentação em torno da construção jurídica do escravo como propriedade e pessoa, Hartman emprega a expressão *slave law*, que optamos por traduzir como "direito escravista". Em outros momentos do texto, quando a autora recorre ao termo *law*, optamos por "direito" se ela faz referência a um conjunto de leis e normas jurídicas, assim como a um campo de debate mais amplo, que regulam os direitos e deveres de senhores e escravizados e organizam a escravidão. Optamos por "lei" em outros contextos, quando ela alude a um princípio ou norma que regula, define e determina uma ação específica, conferindo-lhe limites e sanções, como o crime de estupro, foco de sua argumentação no terceiro capítulo. Em todo caso, essa distinção entre *law* como "lei" e *law* como "direito" não é rígida nem autoevidente, e o que nos parece fundamental é não perder de vista que a análise desenvolvida por Hartman, atenta à construção jurídica dos escravizados a partir da lei que criminaliza o estupro, focaliza algumas das leis componentes de um direito que sustentava regimes de racialização voltados à manutenção da escravidão.

Traduzimos *coffle* como "jugo de escravizados acorrentados" (ou "jugo de escravos acorrentados", quando o termo *slave* aparece articulado a *coffle* no texto em inglês), a fim de evidenciar a força visual das descrições mobilizadas por Hartman com base no termo em questão. Pareceu-nos necessária uma espécie de tradução extensiva dessa palavra, que associa o "jugo" ou a "canga" que atrela os bois uns aos outros e à carroça ou ao arado, por exemplo, à captura de escravizados por esse violento dispositivo de tortura e à presença crucial de correntes e grilhões com o intuito de impedir toda e qualquer resistência. Trata-se de uma tentativa de evidenciar como *coffle* não é simplesmente uma "fila" de escravos acorrentados, mas constitui uma *cena de sujeição* que compõe o espetáculo da violência escravista e desafia, em função de seu horror, a própria possibilidade de traduzi-la em palavras. A força visual do termo *coffle* está relacionada à sua relevância para a compreensão que Hartman elabora da escravidão que convertia seres humanos em bens móveis, ou *chattel slavery*, expressão que optamos por traduzir como "escravidão de bens móveis". A palavra *chattel* deriva de *cattle*, isto é, "gado" ou "rebanho", tornando possível reconhecer parte do campo semântico que, do *coffle*/"jugo" ao *chattel*/"bem móvel", associa escravização e animalização.

Para Hartman, esse campo semântico está relacionado tanto ao terror quanto ao gozo, como indica o título da primeira parte do livro. Em sua discussão sobre as formas de "gozo do negro", é sugestivo o reconhecimento da eventual duplicidade e ambiguidade do duplo genitivo — trata-se de formas de gozo que pertencem aos negros escravizados e libertos, oferecendo-lhes algum prazer em meio ao sofrimento do racismo persistente, mas também formas de gozo que os tomam como objetos a serem novamente expropriados. Nesse contexto, a autora se refere a inúmeros tipos de danças: *ring shout* (também referido como *shout*), *breakdown, juba, snake hips, buzzard lope, funky butt, jig, reel, shuffle*... Optamos por não traduzir essas designações de modo direto, ainda que existam aproximações possíveis entre o que elas descrevem e algumas das formas culturais negras presentes nas Américas, como um todo, e no Brasil, em particular, tais como o jongo e o tambor de crioula, entre outras, cuja história está relacionada à (resistência à) escravidão. Nesse contexto, o termo *patting*, associado especialmente à *juba* mas aparecendo de forma independente como uma espécie de designação genérica, foi traduzido como "batuque" (ou "batucar a *juba*", de *patting juba*), com o intuito de indicar o fundamento percussivo da prática, sem reduzir o termo aos seus sentidos mais literais, como "tapinhas" ou "palmadinhas".

Ao longo do livro, Hartman cita trechos de depoimentos de ex-escravizados e canções de lamento, boa parte deles marcada pelo African-American Vernacular English (AAVE), isto é, pelo inglês vernacular que se tornou conhecido como uma variante linguística da população negra nos Estados Unidos. Considerando que a autora confere destaque às práticas e visões dos escravizados sobre a escravidão, buscamos preservar o caráter informal e coloquial da linguagem, sem adequá-la à norma-padrão da língua, mas aproximando-a de variantes populares do português brasileiro, caracterizadas por uma forte influência das línguas africanas, dando forma ao que Lélia González chamaria de "pretoguês".

Uma das noções mais importantes e mais intraduzíveis do livro é a de *stealing away*, que nos pareceu necessário manter entre colchetes em sua primeira ocorrência no corpo do texto, no início do subtítulo "Roubar um tempo, o espaço da luta e a não autonomia da prática", no segundo capítulo da parte I. Optamos por traduzir *stealing away* como "roubar um tempo", mas enfatizamos que a expressão também pode ser traduzida como "sair de fininho". Seus significados apontam, de modo geral, para uma multiplicidade de práticas de fuga e distanciamento dos escravizados em relação aos senhores, roubando a si mesmos (na medida em que eram "propriedade" dos senhores) quando conseguiam escapar da clausura da escravidão. A proposta de tradução de *stealing away* como "roubar um tempo" nos pareceu importante para preservar em alguma medida a literalidade da expressão em inglês (importante para a argumentação de Hartman) e, ao mesmo tempo, conferir concisão suficiente ao termo (essencial para o modo como a expressão é mobilizada em relação a noções de propriedade, posse e expropriação).

FERNANDA SILVA E SOUSA
Doutora em letras pela Universidade de São Paulo (USP). Vencedora da edição de 2023 do concurso de ensaísmo da revista Serrote, *com o texto "Dos pés escuros que são amados". É professora, tradutora e crítica literária.*

MARCELO R. S. RIBEIRO
Entropólogo da disseminação de mundos e professor de cinema--delírio na Faculdade de Comunicação da Universidade Federal da Bahia (UFBA). Autor do livro Do inimaginável *(Editora UFG, 2019), coordena o grupo (an)arqueologias do sensível, desenvolve e orienta pesquisas sobre imagem, história e direitos humanos, cinemas africanos, história do cinema, arquivos e descolonização.*

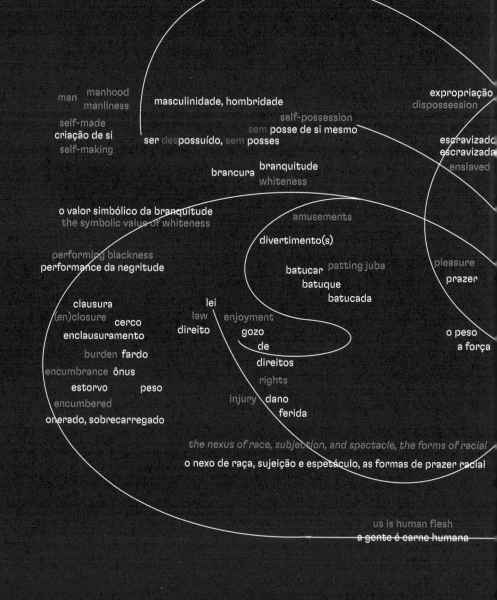

DESATAR AS LÍNGUAS

We were free in every sense of the term,
free of a home, free of land, free of prospects.
[...]
Free of everything except white folks.

Éramos livres em todos os sentidos do termo,
livres de um lar, livres de terras, livres de perspectivas.
[...]
Livres de tudo, exceto dos brancos.

captive
cativos, cativas

O escravo ficou livre; ficou de pé por um
breve momento ao sol; então voltou atrás
novamente em direção à escravidão.

The slave went free; stood for a brief moment in
the sun; then moved back again toward slavery.

endebted servitude
cativeiro, servidão
bondage   endividada

o porão da escravidão
the hold of slavery
                    coffle
        chattel
        cattle   jugo de escravizados acorrentados
                     de
                     gado

and race(d) pleasure, enactments of white dominance and power
e racializado, encenações da dominação e do poder brancos

the dis-membered body of the slave   A reparação é uma re-cordação do corpo social
o corpo des-membrado do escravo   que ocorre precisamente no reconhecimento e
                                            na articulação da devastação.
                    stealing away
        roubar um tempo   Redress is a re-membering of the social body
        escapar de fininho   that occurs precisely in the recognition and
pained body   articulation of devastation.
corpo aflito
 dolorido
        healing the flesh/releasing the body   retreat   refúgio
        curar a carne/libertar o corpo   repair   reparo
                                                    redress   reparação
loopholes of retreat   dis-member   re-membrar   re-member
brechas de refúgio   des-membrar   re-lembrar re-cordar

Apresentação

KEEANGA-YAMAHTTA TAYLOR

Nos Estados Unidos, gostamos de discutir as distorções da história nacional como uma amnésia, quando é mais apropriado entender nossa aflição como uma memória seletiva coagulada com omissões destinadas a obscurecer a verdade crua sobre nossa sociedade. Há alguns anos, viajei até Nova Orleans para passar férias em família depois de um semestre ensinando sobre a escravidão nos Estados Unidos. Estava ansiosa para visitar a cidade que, eu sabia, se tornara o centro de um robusto mercado interno de trabalho escravo no momento em que os Estados Unidos puseram fim ao seu papel no comércio transatlântico de escravos. Atualmente, os estadunidenses pensam em Nova Orleans como uma capital cultural conhecida por suas festas de rua e suas culinárias *cajun* e *creole*, e alguns podem até estar familiarizados com a história local do jazz e outras criações artísticas negras. Mas quase não há vestígios do seu papel vital na história da escravidão no país.

Mais recentemente, em Nova Orleans, tem havido esforços para instalar uma placa aqui ou ali, perto de áreas frequentadas por turistas, mas que serão encontradas apenas pelos mais astutos. Hoje em dia, a Jackson Square, situada no French Quarter, é o centro das atrações turísticas e restaurantes locais, mas ali não há praticamente nenhuma menção ou sinalização de sua antiga função como um mercado ao ar livre onde homens, mulheres e crianças escravizadas eram vendidos e comprados. Não há memória pública de que o lugar abrigou a execução de escravos que participaram de uma revolta em 1811, a maior da história norte-americana. Também não há nenhuma recordação de que, em seu terrível desfecho, as cabeças de escravos executados foram içadas nas estacas dos portões de ferro forjado que adornam o parque.

Nova Orleans está longe de ser o único lugar com uma memória seletiva em relação ao acerto de contas público com a sua história da escravidão. Do local ao nacional, nossa história da escravidão tem sido reformulada como parte de nossa narrativa de progresso. Quando retratada como o "pecado nacional" fundador, a escravidão é logo dispensada como se tivesse sido exorcizada na carnificina da Guerra Civil, que teria conduzido os Estados Unidos em sua trajetória essencial rumo a uma união mais perfeita. O papel fundamental da escravidão na construção do tesouro nacional que, por sua vez, viabilizaria a ascensão dos Estados Unidos como a nação mais poderosa do mundo foi minimizado, quando não totalmente ignorado. Como foram ignoradas as raízes escravocratas da persistente crise do racismo no âmbito nacional e os impactos daí advindos sobre a vida das pessoas negras.

Cenas da sujeição: terror, escravidão e criação de si na América do século 19, uma poderosa análise da escravidão e da liberdade nos Estados Unidos, foi editado pela primeira vez em 1997, durante o último período das problemáticas "relações raciais" no século 20. Apenas alguns anos antes da publicação, os Estados Unidos tinham vivido a rebelião de Los Angeles, a maior insurreição urbana da história do país. Em resposta à revolta, o Estado norte-americano investiu suas forças políticas em uma profusão de legislações criminais e na construção de presídios. A resposta draconiana provocou uma onda sem precedentes mobilizada sob a forma da Marcha de Um Milhão de Homens, organizada por Louis Farrakhan e liderada pela Nação do Islã. Embora não tenha sido concebida como protesto, a marcha se configurou como uma gigantesca reunião de homens negros desalentados e marginalizados em um país cada vez mais repressivo. A crescente instabilidade da política racial no fim da década de 1990 desencadeou a mal-elaborada "conversa sobre raça" do então presidente Bill Clinton, que seria promovida por uma nova comissão responsável por estudar as "relações raciais" nos Estados Unidos. Pouco depois de sua formação, esse grupo produziu um relatório com título duvidoso, "One America Initiative" [Iniciativa América Unida]. Os remédios que surgiram para curar a "divisão racial" nos Estados Unidos incluíam um debate intenso sobre a possibilidade de Bill Clinton se desculpar ou não pela escravidão. Em 1998, quando Clinton viajou para a África, a discussão sobre o pedido de desculpas persistia, embora seu porta-voz assegurasse ao público estadunidense que o presidente "certamente vai falar sobre o legado da escravidão e a cicatriz que esse legado representa no país", mas que um pedido de desculpas seria "estranho e fora de contexto". Em vez de fazer um pedido de desculpas, Clinton acabou por admitir algo dolorosamente óbvio: "Nos tempos em que não éramos nem sequer uma nação, os americanos europeus receberam os frutos do comércio de escravos, e nisso nós erramos".

Vinte e cinco anos depois, os Estados Unidos se envolveram em um novo tumulto na sua última iteração de um acerto de contas nacional sobre o papel contínuo do racismo na sociedade. No verão de 2020, o peso cumulativo da adesão da presidência de Trump à supremacia branca, juntamente com a horrível carnificina produzida pela investida sem precedentes de um novo coronavírus que devorava as comunidades negras, deu lugar a uma inédita série de protestos, quando um vídeo explosivo captou a cena do linchamento dos tempos atuais, de George Floyd pelas mãos de um policial branco. A morte de Floyd provocou o mais recente despertar nacional diante do poder contínuo do racismo na sociedade, o que nos fez retomar discussões antigas e não resolvidas sobre o papel da escravidão na história norte-americana, como forma de compreender a longevidade do racismo nos Estados Unidos. Renovou-se o debate sobre as reparações para afro-americanos como compensação por toda uma história de trabalho não remunerado. Com esse fim, a única legislação federal que emergiu das rebeliões e protestos do verão de 2020 não previu uma reforma nas forças policiais ou a criação de programas em prol da melhoria de oportunidades de vida para as pessoas negras, mas o estabelecimento do Juneteenth [19 de junho] como um novo feriado nacional em comemoração à chegada das tropas federais ao Texas e à libertação dos escravizados.

Esse tipo de celebração nacional do simbólico, enquanto deixa intacta a arquitetura da opressão que tornou os afro-americanos desproporcionalmente vulneráveis à morte prematura e a uma liberdade "farsesca", tem sido uma marca distintiva da experiência negra desde a abolição da escravidão. Isso não quer dizer que o reconhecimento nacional do fim da escravidão não seja importante, mas que ele serve para reforçar o que foi formalmente concluído sem prestar quase nenhuma atenção àquilo que persistiu após a escravidão. Em vez disso, as celebrações da abolição e o pressuposto errôneo de que ela facultou às pessoas negras a personalidade e depois a cidadania serviram para silenciar outras conversas sobre as maneiras pelas quais uma forma de servidão deu lugar a novas relações coercivas. Isso tem menos a ver com um cinismo em relação à imutabilidade do racismo ou mesmo à antinegritude do que com a expressão de um pessimismo extraordinário em relação ao liberalismo estadunidense e a todas as suas pretensões soberbas de universalismo, autonomia e justiça.

Saidiya Hartman não é historiadora nem cientista social, mas uma estudiosa da crítica, do direito, da história cultural e da escravidão. *Cenas* foi uma façanha pioneira de pesquisa interdisciplinar, justamente quando esse tipo de trabalho estava sendo convocado para fornecer perspectivas distintas e aplicar metodologias variadas como um meio de invocar diferentes tipos de intervenção. Aqui, o trabalho de Hartman deu nova vida à compreensão acadêmica dos estudos da performance e forneceu análises prescientes sobre o capitalismo racial no interior dos estudos culturais e da crítica cultural. De fato, *Cenas* deve ser considerado um dos textos que elucidaram a relação mutuamente constitutiva entre o racismo e o capitalismo na história estadunidense. Hartman se tornou uma mestra na abertura de caminhos através de barreiras e fachadas disciplinares e de gêneros discursivos que durante anos atuaram como guardiãs de corpos específicos de conhecimento. Este livro e trabalhos subsequentes da autora mantêm padrões acadêmicos de rigor baseados em evidências e no domínio dos debates acadêmicos, inclusive nos aspectos em que se encaixam ou se afastam dessas discussões. De fato, *Cenas da sujeição* não reconta a história da escravidão e da emancipação; em vez disso, Hartman nos convida a pensar de forma diferente sobre esses acontecimentos. Não como parte do arco narrativo da justiça e do progresso na história estadunidense, mas como afirmação de uma espécie de concepção profundamente limitada e comprometida da democracia e da liberdade que inevitavelmente deu lugar a visões limitadas e comprometidas da liberdade no rescaldo da escravidão. Hartman desafia o pressuposto de que as formas continuadas de subjugação sofrida por pessoas negras comuns após o fim da escravidão são apenas o resultado de padrões persistentes de exclusão das instituições governamentais e financeiras do país, restando a inclusão como solução. Em vez disso, ela nos pede para considerar questões diferentes, como: o que significa *liberdade*? Se liberdade é simplesmente o oposto de servidão e não oferece nada além do direito de competir com outras pessoas livres em um embate humano por renda, comida, roupa e moradia, então trata-se de uma concepção de liberdade extremamente tênue e estreita. Se, no entanto, pensamos na liberdade como um direito de viver com uma verdadeira autonomia que só pode ser fundamentada na satisfação das necessidades e desejos humanos básicos, então a emancipação negra nos Estados Unidos foi algo completamente diferente. De fato, como poderia uma concepção de liberdade tão intimamente ligada à escravidão produzir qualquer outro resultado, quando a única coisa que separava a escravidão da liberdade era a declaração de seu fim? Se não houve nenhum esforço para lidar com o passado, para curar a deformação lançada sobre a negritude e usada para racionalizar e legitimar a escravidão, e se não houve nenhum esforço para facilitar a transição da condição de propriedade para a de pessoa com direitos de liberdade, então, como Du Bois lamentava, as pessoas libertas gozaram muito brevemente de um lugar ao sol, apenas para regressar a uma condição tão próxima da escravidão como a própria escravidão.

Também é importante transmitir que as omissões históricas e as ocorrências de falta de liberdade que moldam a entrada do negro na esfera da personalidade nos Estados Unidos e que se perpetuaram depois disso não são simplesmente descuidos, deslizes infelizes ou outros tipos de apagamentos acidentais nascidos da ignorância e, essencialmente, da inocência. São tramados, mal-intencionados e deliberados. A autoidealização dos Estados Unidos como um lugar "excepcional" por sua fundação democrática e pelas promessas de mobilidade social sem restrições *necessariamente* diminui a centralidade da escravidão e do racismo na ascensão do país como potência mundial. De fato, a regressão periódica da nação à ideia da escravidão como um "pecado original" metafórico não apenas cria uma história de origem para o racismo nos Estados Unidos, mas também explica a sua persistência após a escravidão como uma ressaca ou vestígio em um arco narrativo que, de outro modo, sempre se inclina para o progresso. Quando o racismo reaparece, é obra de indivíduos retrógrados que enxergam a cor. Ali onde existem disparidades em emprego, moradia, educação e outros domínios, o problema está no indivíduo incapaz de se assimilar à riqueza que o país tem para oferecer. A noção de "racismo sistêmico" é rejeitada, enquanto se assume uma responsabilidade pessoal caducada. E onde a pobreza branca é escondida e, portanto, exotizada quando descoberta, a pobreza negra é ubíqua, esperada e, em última análise, paradigmática.

Hartman sugere que, em vez de pensarmos nas crises persistentes de desigualdade, dominação e subjugação raciais nos Estados Unidos como o resultado acumulado de oportunidades perdidas, programas fracassados e dilemas políticos, talvez nós devêssemos considerar um problema existencial mais profundo da própria democracia estadunidense. A liberdade norte-americana, a autonomia, a justiça e, em última análise, a democracia surgiram por meio da escravidão, do genocídio, do estupro, da expropriação, do assassinato e do terror. De fato, foi a existência real da escravidão que cristalizou o valor moral da autonomia e da liberdade para os fundadores. Sabe-se bem que os luminares da Revolução Americana compararam o seu status de sujeitos coloniais do Parlamento britânico à escravização. Os fundadores invocaram a escravidão como um grito de guerra para mobilizar as suas forças. Isso era, em parte, algo retórico e metafórico, mas também era reforçado por uma realidade na qual, de fato, compreendia-se intimamente que a escravidão significava uma ausência abjeta de liberdade e uma subordinação total à vontade de outra pessoa. A compreensão profunda da escravidão pelos proprietários de escravos formou o seu entendimento da liberdade e da autonomia. Ademais, os escravizados encarnavam uma negritude abjeta, oferecendo, assim, um espelho negativo para os homens brancos imaginarem as suas vidas em nítido contraste. Consideremos as ideias de um advogado branco da Carolina do Sul que em 1775 escreveu:

> A liberdade [...] é um princípio que contrasta natural e espontaneamente com a escravidão. Em nenhum país da Terra a linha de distinção pode ser marcada tão fortemente. [...] Há aqui um tema de comparação permanente, que deve ser sempre perfeito e sempre óbvio. [...] O exemplo constante da escravidão estimula o homem livre a evitar ser confundido com os negros. [...] A escravidão, longe de ser inconsistente, tem, de fato, uma tendência a estimular e perpetuar o espírito de liberdade.

A escravidão deu um significado negativo para a liberdade estadunidense, enquanto a sua realização no âmbito da propriedade privada, do individualismo possessivo e da eventual glorificação do chamado mercado livre reduziu os seus benefícios a um número ainda menor de homens brancos, inicialmente ricos donos de terras e, mais tarde, homens brancos de qualquer posição.

Dada a simetria entre escravidão e liberdade, então, para Hartman, a persistência da falta de liberdade após a escravidão era previsível. As vozes dos afro-americanos que viveram durante e após a escravidão podiam atestar claramente essa realidade confusa. Em 1937, uma mulher que vivera na escravidão e foi entrevistada no controverso projeto da Works Progress Administration que registrava seus sobreviventes pôde falar dessas continuidades. Ela se chamava Patsy Mitchner e captou perfeitamente o enigma da liberdade estadunidense em mãos negras:

> A escravidão era uma coisa ruim, e a liberdade, do tipo que conseguimos, sem nada para viver, era ruim. Duas cobras cheias de veneno. Uma deitada com a cabeça apontando para o norte, a outra com a cabeça apontando

para o sul. Seus nomes eram escravidão e liberdade. A cobra chamada escravidão estava com a cabeça virada para o sul, e a cobra chamada liberdade estava com a cabeça virada para o norte. Ambas mordiam o preto, e ambas eram ruins.[1]

É importante observar que a análise de Hartman não é um novo afluente que alimenta os grandes reservatórios da teoria crítica da raça que examinaram as formas pelas quais o direito estadunidense tem sido uma ferramenta usada para despojar o significado e a substância da conquista dos direitos civis pelas pessoas negras. Como ela escreve em suas notas finais:

> O liberalismo jurídico, bem como a teoria racial crítica, examinou questões de raça, racismo e igualdade concentrando-se na exclusão e marginalização dos sujeitos e corpos marcados como diferentes [...]. A desvantagem dessa abordagem é que as soluções e correções propostas para o problema — inclusão, proteção e maior acesso a oportunidades —, em última análise, não desafiam a economia da produção racial ou suas reivindicações de verdade, nem interrogam as exclusões constitutivas da norma, mas procuram obter igualdade, libertação e reparação dentro dos seus limites.

Em outras palavras, a simples análise do regime de exclusões que tem ocupado o cerne das críticas liberais dos Estados Unidos deixou a *natureza* do Estado carente de análise. Isso é especialmente verdadeiro no caso do liberalismo racial de meados do século 20, que partia do princípio de que o problema central do país era o da exclusão, por oposição à extração, acumulação e expropriação como princípios organizadores do Estado e da classe política que viabiliza seu funcionamento. Em outras palavras, os liberais raciais partiam do princípio de que a inclusão dos negros estadunidenses na corrente dominante produziria uma grande classe média negra, como havia acontecido com os estadunidenses brancos. Embora algumas parcelas da população negra norte-americana tenham sido de fato incorporadas na corrente dominante da sociedade, modos diferentes de inclusão também incluíram novas oportunidades de exploração econômica, expropriação e extração dos afro-americanos. Tratava-se de um padrão bem ensaiado, ainda que, em épocas diferentes, intenções diferentes motivassem a retórica da inclusão. Por exemplo, após a Emancipação, a inclusão dos afro-americanos na esfera da celebração de contratos — um documento que reúne as partes com base em vontade e volição próprias — não apenas criou novas oportunidades de autonomia, mas também novas formas de coerção, uma vez que a elite do Sul branco correu para reconstituir sua força de trabalho em condições tão próximas da escravidão quanto as trapaças legais permitissem.

É à natureza do Estado liberal estadunidense, e aos seus efeitos particularmente perniciosos na vida das pessoas negras, que Hartman retorna. Mas a ausência de autodeterminação concedida às pessoas libertas significava que, mesmo quando eram formalmente aceitas no corpo político ou na sociedade civil, a inclusão estava enredada em uma teia de incentivos coercivos disfarçados de individualismo soberano. Sociedades capitalistas como os Estados Unidos propagandearam as virtudes da autonomia e da posse de si, organizando ao mesmo tempo uma ordem econômica que produziu diferenças de classe que impediam o acesso sem restrições aos direitos, à propriedade e a outras formas de riqueza e posse. Como aponta Hartman, depois da escravidão, havia duas liberdades nos Estados Unidos: a liberdade em relação à servidão e a liberdade de passar fome. As liberdades correlacionadas ao mercado produziam enorme riqueza e poder para alguns, mas uma pobreza miserável para outros, e no processo minavam a autonomia, a liberdade e a posse de si dos pobres e das classes trabalhadoras. Em outras palavras, a liberdade pós-Emancipação foi imaginada como algo consistente e como a realização de uma economia de mercado, valorizando assim o individualismo e a autonomia como produtos do sucesso pessoal, em contraste com o que o historiador Thomas Holt observou: "Ao longo da maior parte da história humana, o valor ou bem mais elevado tem sido a realização de um sentido, não de autonomia, mas de pertencimento, aquela segurança psíquica e física da incorporação no grupo".[2] No entanto, essas foram as condições de liberdade nas quais as pessoas negras emancipadas foram libertadas. Sua situação era então agravada pela cor e pela completa expropriação, o que aumentava as medidas coercivas empreendidas para obrigá-las a voltar ao trabalho que antes havia definido sua existência.

Hartman também sugere algo que vai além das deficiências do Estado norte-americano para compreender os padrões contínuos de subjugação que definem a experiência negra. A primeira parte de *Cenas* é dedicada a interrogar as formas pelas quais o sujeito negro é construído e de que maneira essa construção contribui para a sua marginalização no rescaldo da escravidão. De fato, insistir que as pessoas negras libertas puderam simplesmente vestir os trajes da cidadania estadunidense sem ostentar, como adornos berrantes, qualquer vestígio dos "emblemas ou circunstâncias" da escravidão era ignorar as formas como a negritude tinha sido considerada abjeta nas mãos dos compradores e vendedores de corpos negros. Esse ponto cego obscureceu as formas como a escravidão, a raça e o racismo marcaram o corpo negro, ignorando mais tarde a forma como essas marcas posicionaram o sujeito negro fora e além da racionalidade e da lógica do universalismo, incluindo os quadros legais que tinham sido construídos com o intuito de governar uma república concebida apenas para os homens brancos. No regime de escravidão, a subjetividade escrava não existia dentro de qualquer competência formal além dos modos como o Estado podia definir os crimes dos escravizados e enumerar punições contra eles. Mas sem existir qualquer punição no século 19 para a violação ou o assassinato dos escravizados, as mulheres, os homens e as crianças negras estavam efetivamente excluídos do quadro liberal da personalidade e de todos os direitos e responsabilidades a ele associados.

A ausência de proteções legais tornava os escravizados vulneráveis às formas de violência depravada que impregnavam a instituição da escravidão. A exibição da violência contra os escravizados com o objetivo de criar simpatia ou empatia convidava os simpatizantes brancos a se colocarem no lugar do escravo a fim de formar uma oposição à escravidão. Dessa forma, a experiência da pessoa escravizada se perdia novamente, enquanto o drama emocional do simpatizante branco era a ação que tinha de ser satisfeita. O resultado pode, de fato, ter sido o fim da escravidão, mas nada foi feito para reparar ou restaurar os danos causados aos escravizados. De fato, as experiências deles quase não foram levadas em conta, porque o foco foi posto na experiência emocional das testemunhas brancas. Isso também remete à forma como, no quadro liberal, mesmo os abolicionistas foram cúmplices no reforço de concepções de negritude abjeta, ao mesmo tempo que condenavam a escravidão. Para Hartman, não se trata de um jogo moral; trata-se simplesmente de dizer que a escravidão estava tão intimamente ligada à liberdade nos Estados Unidos que era impossível imaginar as relações sociais entre negros e brancos fora desse paradigma.

Hartman defende uma abordagem diferente para destilar a brutalidade da escravidão. Ao olhar para aquilo que descreve como as "rotinas cotidianas da escravidão", ela sugere que podemos ver algo ainda mais insidioso na instituição. Dessa forma, analisa a demanda de escravos usados como entretenimento para o público branco enquanto um lugar potencialmente mais frutífero para compreender a escravidão como um local de dominação. Aqui, o aprofundamento da análise da autora na performance e nos múltiplos significados de "incorporação", em sua discussão da negritude como uma invenção da sociedade branca, não apenas chama a atenção para um tipo diferente de brutalidade durante esse período, como também antecipa a extraordinária complexidade da liberdade negra após a escravidão. A jocosidade forçada, criada sob o comando de audiências brancas mas também como engano mobilizado pelos escravizados — em ambos os casos como forma de dissimular, seja o terror, seja a desobediência —, era também uma prova da brutalidade da escravidão. Quer obrigando os escravizados a dançar durante a travessia atlântica, a Passagem do Meio, quer obrigando-os a animar a praça de leilões ou se apresentar como menestréis para quebrar o marasmo dos trabalhadores brancos, a negritude é interpretada como irrevogavelmente alegre, despreocupada, lasciva e impenetrável. Mesmo nos casos em que os escravizados vestiam as afetações da negritude para confortar um proprietário com sua submissão, não havia maior prova de sujeição.

Mas a incompreensão da participação negra nessas rotinas formais e informais também pode ser considerada uma evidência de volição, vontade e agência no quadro da escravidão. Essas percepções reforçaram ideias sobre a escravidão nos Estados Unidos que permaneceram populares até o século 20, a saber, que a instituição era familiar e pastoral, assumindo assim a cumplicidade dos escravizados, embora com irrupções periódicas de violência patriarcal. Onde essas ideias não necessariamente prevalecem, nós ainda encontramos seus vestígios. Considere a escola dos novos estudos histórico-sociais sobre a escravidão que emergiu nas décadas de 1960 e 1970. Uma característica da nova história social era enxergar na resistência dos escravos à sua condição uma evidência para desafiar a percepção de que eles não tinham nenhuma vida concebível longe do comando de seus proprietários. Os novos historiadores sociais, muitos deles influenciados pelos movimentos sociais da década de 1960, queriam demonstrar que os escravos tinham suas próprias vidas para além da escravidão, nas quais se podia identificar exemplos de sua autonomia e posse de si. Antecipando um ensaio posterior de Walter Johnson, bastante conhecido e crítico, "On Agency" ["Sobre a agência"], Hartman adverte contra a invocação fácil da "agência do escravo" como um meio de capturar a "humanidade do escravo".[3] Se a agência é uma expressão do livre-arbítrio e da volição — a própria essência da criação de si e da posse de si liberais —, então como localizar essas expressões nas ações de quem é propriedade humana? A noção de consentimento ou autonomia dos escravos para entrar ou sair de qualquer coisa essencialmente "neutraliza o dilema do status de objeto e da constituição dolorosa dos escravizados como sujeitos e obscurece a violência da escravidão". Esforços bem-intencionados para "humanizar" os escravizados, apontando para momentos díspares de atividade, podem pressupor o consentimento com a escravização em outros contextos. A confusão entre agência e atividade impõe a ideia de uma espécie de autonomia e liberdade nas escolhas feitas pelos escravizados, obscurecendo as condições de sujeição e abjeção compreendidas em um sistema de escravidão. Como Hartman argumenta, se a agência é simplesmente a capacidade de agir, isso não nos diz o bastante sobre as condições nas quais alguém age, a composição material das forças contra as quais se age, ou os contextos mais amplos em que essas ações ocorrem. Está implicada na caça à agência dos escravos uma representação da escravidão como uma relação negociada em que os escravizados podiam barganhar os termos da sua servidão. No fim, a noção de que escravos exerciam escolha ou tinham agência em suas negociações diárias no âmbito da escravidão suaviza as nossas percepções do sistema, ao mesmo tempo que humaniza os seus arquitetos. Sem dúvida, isso não significa que os escravizados não resistiam à sua escravização. Como aponta Hartman: "as estratégias de dominação não esgotam todas as possibilidades de intervenção, resistência, fuga, recusa ou transformação". A questão é compreender os constrangimentos que moldam a resistência sem reinscrever a escravização como uma condição normativa.

A dominação e a subordinação no cerne da escravidão moldaram a vida posterior dos negros estadunidenses como pessoas libertas. A continuação do abuso e os esforços recorrentes em todo o Sul para impor novamente as condições da escravidão aos libertos foram consagrados como lei com os Códigos Negros, no rescaldo imediato da escravidão. Os códigos foram finalmente abolidos e substituídos por uma nova lei federal, a Lei dos Direitos Civis de 1866, que, juntamente com as Emendas da Reconstrução, foi aprovada para permitir que os afro-americanos se tornassem cidadãos dos Estados Unidos. As pessoas negras deixaram de estar formalmente excluídas dos direitos conferidos pela cidadania, mas também foram libertadas quase sem meios discerníveis para criar novas vidas fora da servidão. Sua pobreza recém-descoberta era agora mapeada sob a forma de uma antipatia pela negritude, que não só tinha se intensificado ao longo de dois séculos de escravização legal, como também tinha sido reforçada por novos conhecimentos especializados e pseudociência que enunciavam a inferioridade e a deformação social e científica das pessoas negras. Além disso, não apenas as concepções de liberdade como autonomia e individualismo possessivo tinham sido sempre imaginadas como quintessencialmente brancas, mas também a Lei dos Direitos Civis de 1866 utilizou a branquitude como o padrão de referência para compreender os direitos disponíveis para as pessoas negras. Na legislação, a enumeração dos direitos de cidadania é seguida pela frase "como gozado por cidadãos brancos". Os esforços para basear novas leis, direitos e cidadania em um conceito de universalismo *branco* obscureciam mais do que esclareciam. Isso criava as condições para que as demandas negras específicas por reparação, correção ou representatividade só pudessem ser interpretadas como "direitos especiais". A lei representava a cegueira de cor em um país onde a subordinação consciente da cor dos negros tinha sido uma característica fundamental desde a fundação no século 18.

Nesse sentido, os Estados Unidos modernos foram formados quando a Suprema Corte do país, nos *Civil Rights Cases* [Casos de Direitos Civis] de 1883, esvaziou a Lei dos Direitos Civis de 1875, que havia sido baseada em uma leitura abrangente da Décima Terceira Emenda, como se esta abolisse a escravidão e todos os seus "emblemas e circunstâncias" necessários, incluindo invariavelmente o setor privado, onde o racismo podia grassar como um incêndio. A decisão dos *Civil Rights Cases* foi o último calço necessário para separar as leis que regiam a suposta esfera pública da privada. A decisão declarou que a esfera privada estava livre dos requisitos legais para reconhecer os direitos dos cidadãos negros, reconstituindo efetivamente a cidadania negra em um conjunto extremamente reduzido de locais. Os juízes escreveram:

> A Décima Terceira Emenda refere-se apenas à escravidão e à servidão involuntária (que ela abole); [...] no entanto, esse poder legislativo se estende apenas ao tema da escravidão e suas circunstâncias; e a negação de acomodações iguais em pousadas, transportes públicos e locais de diversão pública (que é proibida pelas seções em questão) não impõe nenhum emblema de escravidão ou servidão involuntária à parte, mas, no máximo, infringe direitos que são protegidos da agressão do Estado pela Décima Quarta Emenda.

O juiz Joseph P. Bradley continuou:

> Quando um homem saiu da escravidão e, com a ajuda de legislação beneficente, se livrou dos concomitantes inseparáveis daquele estado, deve haver

alguma fase no progresso da sua elevação em que ele assume a posição de um mero cidadão e deixa de ser o favorito especial das leis, e em que seus direitos como cidadão, ou como homem, devem ser protegidos dos modos normais pelos quais os direitos dos outros homens são protegidos. Existiam milhares de pessoas de cor livres neste país antes da abolição da escravidão, gozando de todos os direitos essenciais de vida, liberdade e propriedade da mesma forma que os cidadãos brancos; no entanto, ninguém, naquela altura, pensou que o fato de não ser admitido a todos os privilégios de que gozavam os cidadãos brancos, ou de estar sujeito a discriminações no usufruto de acomodações em pousadas, transportes públicos e locais de diversão, constituía uma invasão de seu status pessoal de homem livre. Meras discriminações em razão da raça ou da cor não eram consideradas emblemas da escravidão. Se, desde aquele tempo, o gozo de direitos iguais em todos esses aspectos se tornou estabelecido por promulgação constitucional, não foi por força da Décima Terceira Emenda (que se limita a abolir a escravidão), mas por força das Décima Terceira e Décima Quinta emendas.

Com a corte abdicando de qualquer responsabilidade jurídica pela defesa e proteção dos cidadãos negros, enquanto preservava uma esfera privada de racismo socialmente permissível, a posterior decisão do caso *Plessy vs. Ferguson*, em 1896, era inevitável. Este não é o discurso do fatalismo, mas está no cerne do verdadeiro acerto de contas com que temos de nos confrontar. As ferramentas jurídicas inscritas pela corte mais poderosa do país refletiam a deterioração do status das pessoas negras, contribuindo ao mesmo tempo para degradar ainda mais sua condição. A falta de poder de nem sequer ser capaz de definir com precisão sua posição social é uma afronta a qualquer noção de autodeterminação, posse de si, autonomia, e certamente não é liberdade. É um estado de sujeição, diferente da escravidão, mas ainda assim não livre.

Cenas da sujeição não é um lamento amargo sobre a fixidez dessa condição, mas um argumento implacável de que essas condições não podem ser alteradas por meio de ajustes em leis que nunca abordaram a raiz da aflição em primeiro lugar. Temos de olhar para a totalidade da sociedade e para a fundação sobre a qual foi construída para compreender por que, mais de 150 anos após a escravidão, as pessoas negras comuns continuam a sofrer com as armadilhas cruéis do racismo. Vinte e cinco anos depois da primeira publicação deste livro espetacular, um movimento social do século 21, que evidencia o mais elementar reconhecimento da humanidade, autodenomina-se Black Lives Matter [Vidas Negras Importam], na esperança de fazer com que isso aconteça. É uma busca de séculos que só é possível reconhecer se compreendermos que pode demandar uma sociedade completamente diferente, na qual a inclusão e a humanidade sejam entendidas de forma expansiva e ampliada, na qual a liberdade seja a ausência de coerção, e a necessidade e a realização humanas, a base sobre a qual nossas vidas possam ser reconstruídas.

PREFÁCIO
O porão da escravidão

A convicção de que eu estava vivendo em um mundo criado pela escravidão impulsionou a escrita deste livro. Eu podia sentir a força e a desfiguração da escravidão no presente. A vida do cativo e da mercadoria certamente não era meu passado, mas antes o limiar da minha entrada no mundo. Seu alcance e sua reivindicação não podiam ser isolados como o que aconteceu naquele momento. Para mim, a relação entre a escravidão e o presente era aberta, inacabada.

Relendo *Cenas da sujeição*, fico impressionada com sua prosa sem ar, com seu desejo ardente de dizer tudo, de dizer tudo de uma vez. Se fosse possível, eu poderia ter escrito este livro como uma frase de 365 páginas. Essa frase seria escrita nos tempos verbais do passado, do presente e do futuro. O emaranhado temporal articula melhor a questão ainda aberta da abolição e da liberdade longamente esperada, mas ainda não efetivada, declarada mais de um século e meio atrás. O porão da escravidão foi o que procurei articular e transmitir. A crise de categorias da carne humana e da mercadoria senciente definiu a existência dos escravizados, e esse dilema de valor e fungibilidade iria obscurecer seus descendentes, os enegrecidos e os expropriados.[1] Eu também esperava mudar os termos com os quais entendíamos a escravidão racial, prestando atenção ao seu terror difuso e às divisões que criava entre vida e não vida. As cenas de sujeição que me empenhei em desvelar não foram aquelas próprias da violência espetacular — as 33 chicotadas no pelourinho, a tortura, o estupro e a brutalidade onipresentes na plantation, os rituais públicos de linchamento e desmembramento, o vasto arsenal de utensílios empregados para machucar e mutilar, as perseguições sádicas, as variações intermináveis de humilhação e desonra, e as exibições compulsivas do corpo destruído e violado —, todas endêmicas à escravidão e cruciais para o cultivo da pedagogia e do sentimento antiescravidão. Meu interesse estava em outro lugar. Ser sujeito ao poder absoluto de um outro e ser interpelado como sujeito diante da lei eram as dimensões da sujeição que mais me inquietavam. Eu pretendia trazer à vista o terror ordinário e a violência habitual que estruturavam a vida diária e habitavam as práticas mais mundanas e cotidianas. Esse ambiente de brutalidade e dominação extrema afetava os aspectos aparentemente mais benignos da vida dos escravizados e não podia ser evitado, não importando a natureza da própria condição, seja amante, prole, empregado obediente, ou ama de leite preferida. A mudança do espetacular para o cotidiano foi fundamental para iluminar as dimensões contínuas e estruturais da violência e os idiomas de poder da escravidão.

Não menos importante era o domínio da prática. Criando um inventário de modos de fazer e uma genealogia da recusa, tentei dar conta da dominação extrema *e* das possibilidades aproveitadas na prática. A performance e as práticas cotidianas negras eram determinadas pelos constrangimentos da dominação, e os superavam. Essa dimensão recebeu menos atenção na recepção do livro. O foco em seus argumentos sobre empatia, terror e violência, sujeição e morte social, obscureceu a discussão da prática. *Cenas* tentava iluminar as incontáveis formas pelas quais os escravizados desafiavam, recusavam, enfrentavam e resistiam à condição de escravização e ao seu ordenamento e negação da vida, à sua extração e destruição de capacidades. As práticas cotidianas, os modos de viver e morrer, de fabricar e fazer, eram tentativas de escapar do status de mercadoria e afirmar a existência, não como bem móvel, não como propriedade, não como meretriz. Mesmo quando esse outro estado não podia ser nomeado, porque incomensurável ou intraduzível dentro do campo conceitual do enclausuramento, a negação daquilo que foi dado estava repleta de promessa. O pensamento selvagem e a música perigosa dos escravizados davam voz a outras visões do possível e recusavam o cativeiro como único horizonte, opunham-se ao quadro de propriedade e mercadoria, contestavam a ideia de que o escravizado seria menos que humano, alimentavam atos de vingança e antecipavam a retribuição divina.

Esse conhecimento subjugado ou especulativo da liberdade estabelecia a visão *do que poderia ser*, mesmo que irrealizável dentro dos termos predominantes da ordem. Esse conhecimento explica por que uma mercadoria podia descrever a si mesma como carne humana, por que um fugitivo preso em um sótão podia escrever cartas relatando uma vida livre no Norte, ou uma mão trabalhando no campo podia ler os sinais e tomar nota das "gotas de sangue no milho como orvalho do céu" e discernir nas matas, no arranjo das folhas, um hieróglifo da liberdade que chega, ou por que um ex-escravo podia se provar capaz de imaginar "uma auspiciosa era de ampla liberdade", como fez Olaudah Equiano em *A interessante narrativa*: "Que venha o tempo — pelo menos a especulação é, para mim, agradável — em que o povo negro comemorará com gratidão a auspiciosa era de uma ampla liberdade".[2] É uma formulação curiosa e profética. Como se comemora o que ainda precisa chegar?

No contexto da morte social, as práticas cotidianas exploravam a possibilidade de existência transfigurada e cultivavam uma imaginação do diverso e do outro lugar, cartografias do fantástico completamente antagônicas à escravidão. Os escravizados se recusavam a aceitar a ordem de valores que os havia transformado em unidades monetárias e capital, bestas e colheitas, reprodutores, incubadoras, máquinas de lactação e ferramentas sencientes. Em reuniões secretas e escolas de liberdade, escondidos em brechas de refúgios e matas secretas, reunidos no rio ou morando no pântano, eles articularam uma visão da liberdade que em muito excedia aquela da imaginação liberal. Essa visão permitiu que concebessem outros modos de existir, que fugissem do mundo dos senhores e convidassem à sua impetuosa destruição, que antecipassem o levante que colocaria "os de baixo em cima", que alimentassem uma visão coletiva do que poderia ser possível quando não mais escravizados, que sustentassem a crença na inevitabilidade do fim da escravidão. Uma visão messiânica dos últimos dias e do fim do mundo foi articulada em uma série de práticas cotidianas, de canções de trabalho ao *ring shout*, uma dança de roda de adoração e comunhão divina. Tais práticas deram forma aos contornos do dia a dia. Um registro expansivo de gestos menores, modos de sustentar e criar vida, cuidar uns dos outros, desfazer a escravidão com pequenos atos de furtividade e destruição, sonho comunal, transporte sagrado, atos de reparação, e fé em um poder maior do que o do senhor e o da nação, possibilitaram que sobrevivessem ao insuportável, sem nunca consentir com ele. O arranjo das estrelas no céu noturno, o murmúrio e o eco das canções viajando ao longo do rio, os objetos reverenciados enterrados perto de uma árvore de oração, os rumores de fugitivos no pântano ou aquilombados nas colinas nutriam sonhos de um território livre, ou de uma existência sem senhores, ou de uma trama contra a plantation, ou devaneios de libertação milagrosa.

No arquivo da escravidão, eu encontrei um paradoxo: o reconhecimento da humanidade do escravo e de seu status de sujeito estendia e intensificava a servidão e a expropriação, em vez de conferir uma pequena medida de direitos e proteção. Os atributos do humano — vontade, consciência, razão, agência e responsabilidade — eram as portas de entrada para a disciplina, a punição e a mortificação, prefigurando o sujeito da liberdade e os limites da personalidade vinculada indissoluvelmente à propriedade. O reconhecimento de quem fora anteriormente escravizado como um novo sujeito dotado de direitos não era a entrada na terra prometida. E isso não deveria ter sido uma surpresa. O humanismo ocidental nasceu no contexto do comércio atlântico de escravos e da escravidão racial. Ficou evidente que ser um sujeito não era um antídoto para a condição de escravo, e sim que essas figuras eram íntimas, geminadas. Eu sentia falta de um outro fim: uma verdadeira abolição da propriedade, um nivelamento da ordem vertical da vida, uma interrupção messiânica, um modo de manter o terror longe, uma muralha contra a devastação e os perigos daquilo que subsistiu.

Qualquer certeza sobre a divisão histórica entre escravidão e liberdade se provou cada vez mais elusiva. A exclusão e a hierarquia constitutivas do discurso dos direitos e do homem e o racismo da república branca e da nação colonizadora eram robustos e não seriam erradicados por atos, proclamações, ordens de campo ou emendas. O movimento de escravo para "homem e cidadão" seria impedido, frustrado. A visão restrita da liberdade oferecida pela imaginação liberal, uma visão ainda mais enfraquecida e esvaziada pela contrarrevolução, pela predação econômica, pela violência antinegro e pela supremacia branca, não transformaria a plantation, nem aboliria a escravidão racial e suas divisas ou indícios, não erradicaria a casta, nem negaria a herança e o estigma de ter sido um bem móvel.

Com o advento da Emancipação, apenas a mais restrita e estreita visão da liberdade foi julgada plausível: a libertação física da servidão e o exercício e imposição do contrato — isso e pouco mais. No rescaldo do fim formal da escravidão, as velhas relações de servidão e subordinação foram recriadas com uma nova roupagem. Os signos dessa condição eram aparentes em toda a parte: os escravizados não foram compensados por séculos de trabalho não remunerado. Nunca receberam o apoio material ou os recursos necessários para dar corpo a palavras como "igualdade" e "cidadão". Ampliou-se o abismo entre os negros, marcados e visados como não humanos ou como humanos menores e inferiores na escala social, e os cidadãos brancos. Uma onda de revanchismo e contrarrevolução engoliu a nação. A violência racista se intensificou e os cidadãos brancos cometeram uma série de massacres com o objetivo de fazer os recém-libertados voltarem ao seu lugar apropriado. O "dom da liberdade" deu à luz o rendeiro sem-terra e o trabalhador endividado. Os escravizados foram transformados em um novo tipo de propriedade — trabalho alienável ou propriedade no eu —, mas em todos os outros sentidos eles não tinham recursos. Essa propriedade no sujeito deveria ser vendida e trocada, ao menos como um ideal. De novo entrava-se no mundo dos objetos e das relações sociais cristalizadas como a circulação de bens e coisas. O contrato permitia a transição da escravidão para a servidão involuntária, e o tão elogiado exercício da escolha se amparava na ameaça de punição e aprisionamento. A liberdade de vender o próprio trabalho resultou em arrendamento, servidão por dívida e empobrecimento, e o fracasso em exercer essa liberdade conduzia à cadeia ou à condição de ser alugado como um condenado. A coerção, e não o consentimento, definiu o mercado livre e o trabalho livre. A igualdade era interpretada e adjudicada para impor a segregação, o regime de separados mas iguais, e a hierarquia da vida racialmente diferenciada. A enormidade e a tragédia de tudo isso me fizeram parar no meio do caminho.

Não foi a visão retrospectiva, mas o âmbito restrito da liberdade, especialmente quando contrastada com o que podia ou poderia ser, que me fez parar e questionar: quais eram exatamente os arranjos sociais imaginados e desejados depois da Emancipação? O cativeiro era o esquema predominante, não por omissão, mas por desígnio? A ideia de uma liberdade fundamentalmente vinculada à propriedade poderia cumprir qualquer outro papel além de reproduzir a expropriação e confirmar a alienabilidade e a descartabilidade da vida e da capacidade? A democracia construída sobre a escravidão racial e sobre a colonização de povoamento poderia sustentar a liberdade, reparar o que fora quebrado, devolver o que fora roubado, devolver a terra à Terra, oferecer a cada um de acordo com suas necessidades e permitir que todos prosperassem? A resposta permanece um estrondoso "não". Como muitos ex-escravos observaram, a liberdade sem recursos materiais era um outro tipo de escravidão. Assim, quando minha atenção se voltou para a liberdade e seus fundamentos filosóficos e legais, eu percebi o quanto o porão da escravidão se conservava formativo e duradouro. A concepção liberal de liberdade tinha sido construída sobre o alicerce da escravidão.

Com notável naturalidade e facilidade, novas modalidades de servidão involuntária emergiram para substituir e replicar a antiga. A abolição permaneceu como uma aspiração, não se tornou um feito realizado e completo. Eu ainda não possuía a linguagem da "sobrevida da escravidão" para descrever a força estrutural da escravidão racial. Porém, era claro que estava escrevendo em direção a esse conceito, que seria desenvolvido em *Perder a mãe* e "Vênus em dois atos".[3]

Se a narrativa convencional "da escravidão à liberdade" fracassara em capturar o emaranhado temporal da escravidão racial como nosso passado e nosso presente, os efeitos duradouros do exílio e do precário pertencimento do escravo à categoria do humano, o caráter recursivo da violência e da acumulação e a longa duração da falta de liberdade, então como eu poderia enquadrar e abordar esses assuntos? Como eu poderia interromper o relato tradicional, revisar a cronologia histórica, lançar dúvidas sobre o arco e o télos progressivos da narrativa, e arrombar o tempo da escravidão? Procurei por um léxico crítico que elucidaria a escravidão e seus modos de poder e formas de sujeição e desafiaria o entendimento predominante dos escravizados como uma versão restrita ou deficiente do trabalhador e do indivíduo, termos que pareciam obscurecer o estado e a condição da escravização em vez de esclarecê-la. Esse enquadramento, mesmo que ajustado para o trabalhador negro e o sujeito recém-cunhado, fracassava em perceber ou compreender os modos de dominação, a distribuição da morte, o papel do trabalho reprodutivo e as formas de violência generificada e sexual que sustentavam a escravidão racial.[4] Então, como descrever melhor essa existência anômala distribuída entre a categoria do sujeito e a do objeto, pessoa e coisa? Ou como descrever a capacidade figurativa que permitia que o cativo ou a cativa suprissem toda e qualquer necessidade, da produção de algodão à felação? A plantation era inferno, fábrica, campo de matança e Sodoma. Na tentativa de explicar a violência da escravidão e seu idioma de poder, *Cenas* se afastou da noção do trabalhador explorado ou não pago em direção ao cativo e ao fungível, à mercadoria e ao dominado, ao descartável e ao sexualmente violado, para descrever a dinâmica de acumulação e expropriação, reprodução social e morte social, sedução e economia libidinal, e para destacar a relação incômoda dos escravizados com a categoria do humano.

Em meus esforços de descrever o contexto da escravidão racial, o que rapidamente se tornou aparente foi a insuficiência dos conceitos predominantes de poder, sujeição, exploração e política. A escravidão era o ponto cego na teoria crítica.[5] Eu estava determinada a nomear e articular o caráter do poder, que era um conjunto de dominação extrema, poder disciplinar, biopoder e o direito soberano de fazer morrer. As dimensões da sujeição atravessavam as categorias de humano, animal e planta. Os modos de acumulação e exploração não podiam ser explicados por modos pré-capitalistas de produção ou pelo chão de fábrica. O caráter da diferença generificada e sexual, a maternidade negada e o parentesco cortado não tinham nenhuma semelhança com os arranjos íntimos da família burguesa branca e expulsavam os escravizados da nomenclatura do humano.

Cenas da sujeição foi um desvio radical em relação à literatura histórica disponível. Estudos conservadores tinham minimizado o papel da escravidão racial na fabricação da modernidade capitalista, fracassado em teorizar a raça, caracterizado a escravidão como um modo pré-moderno de produção, negado a magnitude da violência necessária para produzir a mercadoria humana e reproduzir as relações de senhor e escravo, e replicado as suposições do racialismo romântico e a pastoral da plantation, descrevendo a escravidão como uma instituição paternal definida pela reciprocidade e pelo consentimento, uma abordagem que tem sido caracterizada como "Tia Jemima em dialética".[6] Historiadores e intelectuais radicais se dedicaram a refutar tais asserções e celebrar a agência escrava, escavar a cultura escrava, demonstrar a humanidade e a resiliência negras diante da desumanização, reconhecer a totalidade continuada de crenças e valores africanos — apesar da ruptura da Passagem do Meio — e, fundamentalmente, desafiar a ideia da pessoa ou psique danificada produzida por séculos de escravização. Esse trabalho foi feito com uma ênfase na vitalidade da cultura negra, nas zonas autônomas criadas nas senzalas e nos terrenos de subsistência, e na força da família negra. O objetivo desses pesquisadores radicais era afirmar a humanidade negra nos confins do capitalismo racial e da brutalidade da plantation. *Cenas* tinha uma dívida com o trabalho desses pesquisadores radicais, mas a minha era uma tarefa diferente. Eu me propus a detalhar o emaranhado de humanidade e violência, filosofia liberal e razão racial, o humano e seus desvalorizados outros.

Os assuntos discutidos em *Cenas* — o domínio da prática, as formas cotidianas de fabricar e fazer, a performance negra, a imaginação da liberdade, a morte social e a sobrevida da escravidão, a violência do arquivo e os métodos para deslocar seus enunciados, a servidão involuntária e a luta prolongada para escapar dela e derrotá-la, o antagonismo à disciplina capitalista, a recusa do trabalho, o movimento do não soberano, a expropriação e o cerco racializado, a transfiguração, e uma linguagem para a existência negra que não estivesse vinculada à propriedade ou ao sujeito — me absorveriam por duas décadas.

Em *Cenas*, eu lutei pela primeira vez com questões de arquivo — o que o arquivo permitia e o que nos impedia de saber ou discernir. Eu poderia usar seus enunciados e ainda assim destruir as ferramentas do senhor? Foi nestas páginas que usei inicialmente o termo "fabulação", mas ainda latente, ainda não emergente. Mesmo então, eu queria usar o arquivo para criar outra ordem de enunciados, para produzir um relato diferente do que havia acontecido e do que poderia ser possível. Aqui o trabalho de romancistas e poetas ofereceu um modelo.[7] Busquei criar um método que reconhecesse e compreendesse a violência e as formas de silêncio e esquecimento produzidas pelo arquivo, mas um método em que esse repositório pudesse ser usado para propósitos contrários. Era um engajamento que considerava o poder do arquivo, mas ao mesmo tempo ousava tentar exceder os limites por ele impostos e recompor um relato radicalmente diferente da existência negra. Pois o arquivo é também um repositório de práticas, um rastro textual do repertório que transforma e recusa aquilo que é dado.

Sinto-me extremamente afortunada por ver que a contribuição de *Cenas* tem sido significante o suficiente para merecer uma republicação em seu aniversário de 25 anos. Meus pares e toda uma geração de pesquisadores mais jovens acolheram *Cenas* e estenderam e elaboraram seu vocabulário crítico — empatia, fungibilidade, sujeição, performance negra, propriedade do gozo, atenuação do consentimento e da agência, capacidades figurativas da negritude, violência sexual e dano negligenciável, reparação, violência da reciprocidade e da mutualidade no contexto da dominação extrema, artimanhas do poder, o não evento da Emancipação, infidelidade à linha do tempo da história ou acolhimento do emaranhado temporal —, afirmando outros modos de saber ou conhecimentos subjugados. Para mim, é impossível ler o livro hoje sem ouvir essas outras vozes, sem ler entre as linhas buscando por contribuições dos meus interlocutores.

O último parágrafo do livro, carregado, tentou sublinhar a incompletude da liberdade e a força da escravidão. O que significava existir entre o "não mais" escravizado e o "ainda não" livre? O que nos esperava era um outro século de dominação extrema, vida precária, expropriação, empobrecimento e punição. O que nos esperava eram séculos de luta animados por visões que excediam o naufrágio de nossas vidas, pela crença ávida no que *poderia* ser.

Cenas da sujeição

um gesto em direção a outros planos

Introdução

O "terrível espetáculo" que introduziu Frederick Douglass à escravidão foi o espancamento de sua tia Hester. Trata-se de uma das mais bem conhecidas cenas de tortura na literatura da escravidão, talvez perdendo apenas para o assassinato de Pai Tomás pelas mãos de Simon Legree. Ao situar essa "exibição horrível" no primeiro capítulo de *Narrativa da vida de Frederick Douglass*, de 1845, Douglass estabelece a centralidade da violência para a produção do escravo e a identifica como um ato original e generativo equivalente à declaração "Eu nasci".[1] A passagem pelo portão ensanguentado é um momento inaugural na formação do escravizado. É uma cena primeira. Com isso quero dizer que o terrível espetáculo dramatiza a origem do sujeito e demonstra que ser escravo é estar sob o poder brutal e a autoridade do outro.[2]

Eu escolhi não reproduzir o relato de Douglass sobre o espancamento de tia Hester para evidenciar a facilidade com que tais cenas são usualmente reiteradas, a casualidade com que circulam e as consequências dessa exibição rotineira do corpo devastado do escravo. Em vez de suscitar indignação, essas cenas com frequência nos habituam à dor em virtude de sua familiaridade — o caráter frequente e repetitivo desses relatos e nossa distância deles são assinalados por uma linguagem geralmente utilizada para descrever essas instâncias — e especialmente por reforçarem o caráter espetacular do sofrimento negro. O que me interessa são os modos pelos quais somos convocados a participar delas. Somos testemunhas que confirmam a verdade do que aconteceu, em face da imensa capacidade que a dor tem de destruir mundos, das distorções da tortura, da absoluta irrepresentabilidade do terror e da repressão dos relatos dominantes?[3] Ou somos voyeurs fascinados e repelidos pelas exibições de terror e de sofrimento? O que a exposição do corpo violado produz? É uma prova da senciência negra ou da inumanidade da "instituição peculiar"? Ou a dor do outro apenas nos fornece uma oportunidade de autorreflexão? O que está em jogo aqui é a precariedade da empatia e a linha tênue entre testemunha e espectador. Mais obscena do que a brutalidade desencadeada no pelourinho é a demanda de que esse sofrimento seja materializado e evidenciado pela exibição do corpo torturado ou pelas recitações intermináveis do medonho e do terrível. À luz disso, como alguém pode dar expressão a esses ultrajes sem exacerbar a indiferença ao sofrimento que é a consequência do espetáculo entorpecedor, ou enfrentar a identificação narcísica que oblitera o outro, ou a lascívia que muitas vezes é a resposta a essas exibições? Esse foi o desafio enfrentado por Douglass e por outros adversários da escravidão, e essa é a tarefa que eu assumo aqui.

Em vez de tentar transmitir a violência rotinizada da escravidão e suas consequências por meio de invocações do chocante e do terrível, eu escolhi olhar para um outro lugar e considerar cenas em que o terror dificilmente pode ser discernido — escravos dançando nas senzalas, as ultrajantes travessuras sombrias do palco dos menestréis, a constituição da humanidade no direito escravista e a formação do indivíduo dono de si mesmo. Ao desfamiliarizar o familiar, espero iluminar o terror do mundano e do cotidiano, em vez de explorar o espetáculo chocante. O terror e a violência rotineira da escravidão racial foram perpetrados sob a rubrica do gozo, da propriedade e da personalidade. As cenas de sujeição examinadas aqui envolvem a representação da subjugação e a constituição do sujeito, incluindo os golpes desferidos contra Topsy e Zip Coon* no palco popular, as patuscadas obrigatórias dos

---

* Personagem de *A cabana do Pai Tomás*, Topsy é uma jovem escrava cuja figura seria explorada em performances de *blackface*. Zip Coon era uma caricatura do afro-americano urbano liberto, representado como um negro bem-vestido que, com trocadilhos e fala empolada, tenta parecer esperto, educado e sofisticado. Ambos eram ridicularizados nos palcos para uma audiência branca. (N.E.)

escravos no mercado, a simulação da vontade no direito escravista, a formação da identidade e os processos de individuação e normalização.

CARNE HUMANA

Quando Charlie Moses refletiu sobre seus anos de escravidão, "a eloquência do pastor", observada pelo entrevistador da Works Progress Administration (WPA)* que gravou o depoimento, não atenuou sua raiva. Ao relembrar o severo tratamento recebido por pessoas de cor, ele enfatizou que os escravizados eram usados como animais e manejados como se existissem apenas para o lucro do senhor.

> O jeito que nóis pretos é tratado é horrível. O sinhô espanca, bate, chuta, mata. Ele fazia tudo que podia menos comer a gente. A gente trabalhava até morrer. A gente trabalhava domingo, dia todo, noite toda. Ele espancava a gente até um de nóis cair no chão e morrer. Era uma vida miserável. Eu sei que num é certo ter ódio no coração, mas Deus todo-poderoso!

Como se fosse necessário explicar a animosidade com o ex-senhor que "tinha o demônio no coração", Moses exclamou: "Deus todo-poderoso não fez o homem pra ser tratado igual bicho. Nóis pretos tem uma alma, um coração, uma mente. Nóis não é igual um cachorro ou um cavalo".[4]

Em alguns aspectos, a experiência de escravização de Tom Windham foi oposta àquela descrita por Charlie Moses — ele relatou que seu dono o tratava bem. Entretanto, como Moses, também explicou a violação da escravidão em termos de ser transformado em um burro de carga. Enquanto Moses detalhou os ultrajes da escravidão e sublinhou a

---

* Constituída em 1935 e renomeada como Works Projects Administration em 1939, a WPA foi uma das maiores agências norte-americanas criadas durante o New Deal, empregando milhões de pessoas em obras públicas. Entre seus projetos, estava o Historical Records Survey (HRS), parte do Federal Project Number One, designação de um conjunto de projetos destinados a empregar artistas, escritores, atores e músicos. Com o objetivo de descobrir, catalogar e preservar documentos, fontes e materiais básicos para a pesquisa histórica, a HRS promoveu a realização de entrevistas com ex-escravizados. (N.E.)

atrocidade da instituição ao enumerar de maneira pungente as características essenciais da humanidade do escravo — uma alma, um coração e uma mente —, Windham, ao transmitir a injustiça da escravidão, colocou a questão de forma simples: "Eu acho que a gente devia ser livre porque a gente não é cachorro ou cavalo — a gente é carne humana".[5]

A carne, a existência definida em seu nível mais elementar, por si só dá direito à liberdade. Essa afirmação básica da reivindicação de liberdade das pessoas de cor colocava implicitamente em questão os fundamentos que legitimavam a exclusão dos negros do alcance dos direitos e prerrogativas universais. Como Moses e Windham bem sabiam, o discurso do humanismo era, no mínimo, uma faca de dois gumes, uma vez que a vida e a liberdade que estimavam eram privilégios raciais anteriormente negados a eles. Em resumo, o reconhecimento seletivo da humanidade que sustentava as relações da escravidão de bens móveis não os havia considerado homens merecedores de direitos ou liberdade. Ao adotar a linguagem do ser *humano* e da carne *humana*, eles se apoderaram daquilo que tinha sido usado contra eles e que negava suas existências.

Entretanto, imagine se o reconhecimento de humanidade carregasse a promessa não de libertar a carne ou de redimir o sofrimento, mas, antes, de intensificá-lo. E se esse reconhecimento fosse pouco mais que um pretexto para a punição, a dissimulação da violência da escravidão de bens móveis e da sanção dada pela lei e pelo Estado e uma instanciação da hierarquia racial? E se os supostos atributos do homem — consciência, sentimento, vontade e razão —, em vez de garantirem a liberdade ou negarem a escravidão, agissem para unir escravidão e liberdade? E se o coração, a alma e a mente fossem simplesmente as vias de acesso de operações disciplinares, e não aquilo que confirmava o crime da escravidão e provava que negros eram homens e irmãos, como Charlie Moses esperava?

Estou interessada nas formas como o reconhecimento da humanidade e da individualidade agiam para amarrar, unir e oprimir. Por exemplo, apesar de a existência bifurcada do cativo — tanto como objeto de propriedade quanto como pessoa (compreendido seja como um sujeito jurídico formalmente dotado de direitos e proteções limitados, seja como um agente culpado, submisso, ou criminoso, ou alguém que possui capacidades restritas para se moldar por si mesmo) — ter sido reconhecida como uma das contradições marcantes da escravidão de bens móveis, a constituição dessa humanidade (ou personalidade legal) ainda precisa ser considerada. O reconhecimento legal da humanidade escrava foi descartado como ineficaz e como uma reviravolta de uma instituição em perigo. Ou, pior ainda, foi louvado como evidência da hegemonia do paternalismo e das relações integrais entre senhores e escravos. A violência como parte e parcela da personalidade e o reconhecimento do escravo como sujeito (podemos até falar na imposição de ser tornado um sujeito) são o cerne da minha preocupação. É uma questão que em grande parte escapou ao escrutínio.

Eu abordo essas questões de um ponto de vista diferente e considero os ultrajes da escravidão não apenas em termos do status de objeto do escravizado como mercadoria, burro de carga e bem móvel, mas também na forma como esses ultrajes envolvem noções de humanidade escrava. Em vez de descartar o paternalismo como uma ideologia, compreendida no sentido ortodoxo como uma representação falsa e distorcida das relações sociais, eu me ocupo seriamente de suas premissas. Minha intenção é iluminar as usurpações selvagens de poder que ocorrem por meio de noções de reforma, consentimento, reciprocidade e proteção. Contrariando nossas expectativas, o sentimento, o gozo, a afinidade, a vontade, a afeição e o desejo facilitaram a dominação e o terror precisamente por atacarem a carne, o coração e a alma. A mutualidade das relações sociais e as capacidades expressivas e afetivas do sujeito aumentaram e fortaleceram a violência. Muitas vezes, as correções benevolentes e as declarações de humanidade escravizada intensificaram o brutal exercício de poder sobre o corpo cativo em vez de melhorar sua condição de bem móvel.

METAMORFOSE

A metamorfose do bem móvel em homem e cidadão era a promessa da abolição. O fracasso da Reconstrução impossibilitou o alcance e a garantia desse fim desejado. Esse insucesso não se deveu apenas a uma questão de política, de implementação insuficiente ou da evidência de um compromisso enfraquecido com os direitos dos negros, o que sem dúvida era o caso; foram igualmente decisivos para a produção de novas formas de servidão involuntária e desigualdade os limites da emancipação, o legado ambíguo do universalismo, as exclusões constitutivas do liberalismo e a culpabilidade do indivíduo liberto. Os direitos contratuais e os salários fracassaram em desestruturar aspectos fundamentais da escravidão; a emancipação precarizou a vida dos ex-escravizados: os direitos facilitavam as relações de dominação, e noções proprietárias do eu facultaram novas formas de servidão. Os esforços pedagógicos e legislativos destinados a transformar os ex-escravizados em indivíduos racionais, ambiciosos, obedientes e responsáveis exigiam coerção e ameaça constante de prisão, punição e morte. Desse ponto de vista, a emancipação parece menos o grande evento de libertação e mais um ponto de transição entre modos de servidão e sujeição racial. Isso também nos leva a questionar se os direitos do homem e do cidadão são realizáveis ou se a denominação "humano" pode ser supostamente igual para todos.[6]

O reconhecimento seletivo da humanidade escrava não redimiu os abusos da instituição nem impediu o uso arbitrário do cativo e da cativa, justificado por seu status de bem móvel, uma vez que, na maior parte dos casos, o reconhecimento do escravo como sujeito era um complemento aos arranjos de propriedade móvel, em vez de seu remédio; a propriedade de si mesmo também não liberava o ex-escravo e a ex-escrava de suas amarras, mas procurava substituir o chicote pelo contrato compulsório e a coleira pela consciência culpada. Em outras palavras, a barbaridade da escravidão não se expressava apenas na constituição do escravo como objeto, mas também nas formas de subjetividade e humanidade restrita imputadas aos escravizados. Os fracassos da Reconstrução também não podem ser contados somente com base em uma série de reversões legais ou retiradas de tropas; precisam também ser localizados na própria linguagem de pessoas, direitos e liberdades. Com isso em mente, eu me atento às formas de violência e dominação possibilitadas pelo reconhecimento de humanidade, autorizadas pela invocação de direitos e justificadas com base na liberdade e na autonomia.

Eu não ofereço uma investigação abrangente da escravidão e da Reconstrução ou recupero as resistências dos dominados, mas interrogo criticamente termos como "vontade", "agência", "individualidade" e "responsabilidade". Para fazê-lo, é preciso questionar a formação do sujeito por discursos dominantes e as formas pelas quais os escravizados e os libertos lidaram com esses termos e se empenharam para reelaborá-los e rejeitá-los, constituindo-se como agentes e lutando para construir uma vida livre. As cenas de sujeição em jogo aqui incluem as identidades maniqueístas constitutivas da humanidade escrava — ou seja, o subordinado contente e/ou o criminoso deliberado —, bem como o cálculo da humanidade em incrementos de valor, a fabricação da vontade, a performance da sujeição e a relação entre dano e personalidade. Enquanto a calibragem da senciência e os termos de punição determinavam a humanidade restrita dos escravizados, a individualidade sobrecarregada do liberto resultava largamente da equação de responsabilidade e culpa, transformando o dever em um sinônimo de punição. O legado duradouro da escravidão era facilmente discernível na libertação disfarçada, na agência frustrada, no trabalho sob coação, na servidão interminável e na culpabilidade do indivíduo livre. A diversão e a brincadeira onipresentes que supostamente demonstravam o contentamento do escravo e a adequação do africano à escravidão foram espelhadas no pânico diante da ociosidade, do consumo imoderado, da obstinação e das fantasiosas expressões de liberdade, tudo o que justificasse medidas coercitivas de trabalho e a limitação das liberdades. Os emaranhamentos entre escravidão e liberdade eram inegáveis e aparentes em toda parte. A submissão obediente permanecia como a característica definidora da subjetividade negra, seja na produção e na garantia do cativo como bem móvel (como um item de propriedade pessoal movente), seja na formação da individualidade, no cultivo da consciência, no treinamento e disciplina do trabalho livre ou na exploração da vontade.

CAPACIDADES FIGURATIVAS

Na economia racial da escravidão, o gozo da propriedade estava baseado nas capacidades figurativas da negritude — a capacidade de ser um objeto, ou um animal, ou não-exatamente-humano, ou um agente culpado. O valor da negritude residia nessa aptidão metafórica, literalmente compreendida seja como a fungibilidade da mercadoria, seja como a superfície imaginativa sobre a qual o senhor e a nação passariam a se entender. Como Toni Morrison escreve: "A população escrava, [como] poderia ser e foi pressuposto, se oferecia como eus substitutos para a meditação sobre os problemas da liberdade humana, sua atração e elusividade".[7] De fato, a negritude fornecia uma ocasião para a autorreflexão e para uma exploração do terror, desejo, medo, repugnância e anseio.[8]

Capacidade figurativa é outra maneira de descrever a mutabilidade da mercadoria e o paradoxo ou enigma da agência para o oscilante sujeito-objeto do direito escravista. Na cena da sujeição, a agência é produzida ou fingida por meio do terror e da violência; sentimento e relações recíprocas, ou mutualidade, asseguravam a dominação extrema da escravidão. O poder do fraco, ou amor servil, potencializava o gozo da propriedade, ainda que disfarçado de intimidade ou afeição mútua. A retórica da sedução elaborou uma história de intimidade e consentimento, obstinação e submissão, que dissimulava a violência do estupro e da agressão sexual. Essa reflexão distintiva sobre a escravidão e a liberdade englobava e engolia o domínio da sexualidade com um efeito implacável.

As aparentes polaridades de terror e gozo enquadram essa exploração da sujeição. Cálculos de violência socialmente necessária e tolerável e os variados usos da propriedade determinam a pessoa moldada no direito — um sujeito anômalo de senciência restrita e valor qualificado — e a negritude invocada no palco popular. A obliteração e a absorção do escravo e/ou negro ocorriam também ao se vestir a negritude e entrar na pele do outro; e por meio de uma identificação empática na qual o eu substitui e subsume o outro.

✳︎

O exercício do poder é inseparável de sua exibição. A dominação dependia de demonstrações do domínio do senhor de escravos e da humilhação do cativo. Representar o poder era essencial para exercê-lo. Um aspecto significativo da manutenção das relações de dominação, como James Scott observa, "consiste na simbolização da dominação por meio de demonstrações e representações de poder".[9] Tais performances tornavam o corpo cativo o veículo do poder e da verdade do senhor. O que era demandado pelo senhor era simulado pelo escravizado. "Ficar ao dispor do senhor" requeria que o escravizado se apresentasse com vigor, ou testemunhasse o espancamento, a tortura e a execução de outros cativos, ou se sujeitasse a atos necessários e gratuitos de punição. O nome de uma criança poderia ser alterado por capricho ou transformado no ponto alto de uma piada para confirmar que o senhor de escravos, e não os pais, era quem decidia o destino da criança, ou uma comunidade podia ser forçada a se reunir e ouvir atentamente o evangelho da escravidão sendo recitado com malícia. O cumprimento ou a observância dessas demandas deve ser considerado como algo pragmático e não como resignação, pois os escravos deviam ceder ou se arriscariam a levar um castigo brutal. É difícil, se não impossível, estabelecer uma divisão absoluta e definitiva entre "ficar ao dispor do senhor" e outros divertimentos. Isso explica o prazer ambivalente proporcionado por essas recreações. Ao mesmo tempo, as performances constituíam atos de desafio conduzidos sob a roupagem do absurdo, do evasivo e da aparente aquiescência. Em virtude desses procedimentos, elas às vezes se voltavam contra seus objetivos instrumentais. A confiança no disfarce, no subterfúgio e na evasiva também obscureciam pequenos atos de resistência conduzidos pelos escravizados. Essa opacidade possibilitava que esses atos florescessem e os tornava ilegíveis e incertos.

Afinal, como se determina a diferença entre dissimulação ou "se vestir igual o sinhô" — a simulação de observância para fins ocultos, o "sim, senhor" para a morte e a destruição — e os sorrisos largos e as gesticulações de Sambo,* indicando a construção repressiva de uma sujeição contente? No nível da aparência, essas performances conflitantes oferecem pouco na maior parte das vezes. No nível do efeito, entretanto, divergem de maneira radical. Uma performance se destina a reproduzir e a assegurar as relações de dominação, enquanto a outra manipula aparências para desafiar essas relações e criar um espaço de ação geralmente não disponível. Uma vez que existem no contexto de relações de dominação, e não externamente a elas, os atos de resistência adquirem seu caráter a partir dessas relações e vice-versa. Em um baile, em um festejo de fim de semana ou em uma colheita de milho, a fronteira entre orquestrações dominantes e insurgentes de negritude poderia ser apagada ou fortalecida no curso de uma tarde, seja porque o escravizado utilizava divertimentos instrumentais para propósitos contrários, seja porque a vigilância exigia formas cautelosas de interação e modos de expressão.

A simulação da agência e a representação da submissão voluntária se desdobraram em termos não menos brutais no domínio do direito, especialmente porque diziam respeito a questões de intimidade e sexualidade. A retórica da sedução autorizava a violência sexual ao atribuir poder ao dependente, ao subordinado, ao servil e ao violado. Carnalidade e desejo recíproco eclipsavam o estupro; o consentimento era visto como algo dado, indiferente à força da compulsão. Agir ou estar com vontade era assentir com a violência ou provocar a punição. Como quem sempre deseja e sempre está com vontade poderia dizer "não"? A fusão entre coerção e consentimento ressalta os limites da vontade e da capacidade em uma condição de extrema dominação. Em tais circunstâncias, era possível experimentar uma condição ou sentimento "semelhante à liberdade"? Ninguém conhecia melhor a ambivalência de uma condição livre do que Harriet Jacobs. Como ela relata em *Incidentes na vida de uma menina escrava*, a brecha do

---

* Personagem de um livro infantil criado no fim do século 19 nos Estados Unidos, Sambo era um menino de pele escura que, lembrando o Mogli e apresentado como irresponsável, despreocupado e malandro, usava sua inteligência para ludibriar um grupo de tigres famintos. O público branco logo o associou aos jovens negros estadunidenses recém-libertos, um estereótipo que se tornou sinônimo de ofensa racial ao retratar o negro como preguiçoso e bon vivant. (N.E.)

refúgio era um espaço de liberdade que, ao mesmo tempo, constitui um espaço do cativeiro.[10] As dificuldades experienciadas ao tentar assumir o papel do indivíduo livre e dono de si prefiguram a crítica desenvolvida pelos ex-escravizados acerca da emancipação.

A servidão prorrogada na emancipação perturbaria uma divisão absoluta e certa entre cativeiro e liberdade. Os elementos constituintes da escravidão perdurariam apesar das mudanças operadas pela emancipação e pelos registros cambiantes da sujeição racial. Os deveres e obrigações que recrutavam os sem-senhores culminavam em uma nova ordem racial não menos brutal do que o antigo regime. A despeito do poder negativo da Décima Terceira Emenda, a escravidão racial foi antes transformada do que anulada. Era uma condição mais bem descrita como "escravidão em tudo, menos no nome".[11] A negritude reformulada sob a forma do trabalhador assalariado, do sujeito contratual, do indivíduo culpável e do cidadão (deficiente) reconfigurou as relações de domínio e servidão. A mudança das atribuições de status legal características do período pré-guerra* para o poder regulador de um Estado racial obcecado com questões de sangue, sexualidade, população e antipatia natural reproduziu, em última análise, o status de raça da escravidão de bens móveis. Não menos significativa era a violência extrajudicial e sancionada pelo Estado, essencial para a produção de uma "raça servil" e de uma população descartável. Os ônus da emancipação e da condição não livre do ex-escravo nos levam, no mínimo, a reconsiderar o significado da liberdade, quando não levantam dúvidas sobre a narrativa do progresso.

UMA NOTA SOBRE O MÉTODO

Como é possível contar a história de uma emancipação elusiva e de uma liberdade mascarada? Certamente, reconsiderar o significado da

---

* No decorrer do texto, Hartman recorre aos termos *antebellum* e *postbellum* para se referir ao antes e ao depois da Guerra de Secessão ou Guerra Civil dos Estados Unidos (1861-1865). Esses termos foram traduzidos, respectivamente, por "pré-guerra" e "pós-guerra". (N.T.)

liberdade implica olhar de modo crítico para a produção de narrativas históricas, uma vez que o próprio esforço de representar a situação dos subalternos revela o caráter provisório do arquivo, bem como os interesses que o moldam e determinam o enredo da história. Por exemplo, o imperativo de construir um passado nacional utilizável e palatável certamente determinou o retrato da escravidão pintado pelos depoimentos reunidos pela Works Progress Administration, sem falar nas relações hierárquicas entre entrevistadores em grande parte brancos e entrevistados negros. Tendo isso em mente, é possível reconhecer que escrever a história dos dominados requer não apenas o questionamento das narrativas dominantes e a exposição de seu caráter contingente e tendencioso, mas também a reivindicação do material de arquivo para propósitos contrários. Como Gayatri Spivak observa: "O 'subalterno' não pode aparecer sem o pensamento da 'elite'".[12] Em outras palavras, não há acesso à consciência do subalterno fora das representações dominantes ou dos documentos da elite. Essa investigação das práticas culturais dos escravizados só é possível por causa dos relatos fornecidos por autobiógrafos literários negros, amanuenses brancos, diários e documentos de plantations, reportagens de jornais, folhetos missionários, escritos de viagem, etnografias amadoras, cancioneiros, relatórios governamentais etc. Porque esses documentos "não estão livres da barbárie", eu tentei fazer uma leitura a contrapelo para escrever um relato diferente do passado, enquanto percebia os limites impostos pelo emprego dessas fontes, a impossibilidade de recuperar por completo a experiência dos escravizados e dos libertos e o risco de reforçar a autoridade desses documentos mesmo quando tento utilizá-los para propósitos contrários.[13]

O esforço de "escovar a história a contrapelo" requer escavações nas margens da história monumental para recuperar as ruínas do passado desmembrado e voltar a formas de conhecimento e prática geralmente não consideradas objetos legítimos de pesquisa histórica ou apropriadas ou adequadas para fazer história. Eu me atento ao silêncio cultivado, às exclusões e formas de violência e dominação que engendram os relatos oficiais e escuto outros sons, os modos de saber disfarçados de jargão ou absurdo. Os documentos, fragmentos e relatos considerados aqui, apesar de recuperados para propósitos que divergem daqueles para os quais foram reunidos, permanecem, entretanto, emaranhados à violência da escravidão racial e à sua sobrevida. O esforço de reconstruir a história dos dominados é, frequentemente, descontínuo com os relatos predominantes ou com a história oficial, e implica uma luta no interior e contra as restrições e silêncios impostos pela natureza do arquivo — o sistema que governa o aparecimento de enunciados e gera significado social.[14]

Meu interesse em ler esse material é duplo: ao interpretar os documentos, espero iluminar a prática da vida diária — especificamente, táticas de resistência e recusa, modos de autoconstrução e figurações da liberdade — e investigar a construção do sujeito e as relações sociais nele contidas. Esse esforço está emaranhado com as relações de poder e dominação contra as quais se escreve, resistindo, obedecendo e excedendo as narrativas oficiais de escravidão e liberdade. Meu apoio nas entrevistas conduzidas pela Works Progress Administration coloca uma série de problemas no que diz respeito à construção da voz, aos termos em que a agência é identificada, ao predomínio do pastoral na representação da escravidão, aos imperativos políticos que dão forma à construção da memória nacional, à capacidade dos entrevistados de recordar o que havia acontecido sessenta anos atrás, ao uso, na coleta dos depoimentos, de entrevistadores brancos que eram às vezes filhos e filhas de ex-proprietários, e assim por diante. A transcrição da voz negra por entrevistadores em sua maioria brancos através da representação grotesca do que eles imaginavam como a fala negra, as questões que moldaram essas entrevistas e o artifício do discurso direto relatado quando, na verdade, essas entrevistas eram relatos não verbais parafraseados, tornam bastante incertas todas as afirmações sobre a representação da intencionalidade ou da consciência dos entrevistados, apesar dos aspectos que nos encorajaram a acreditar que tivemos acesso à voz do subalterno e localizamos, afinal, a verdadeira história.[15]

Dito isso, como utilizar essas fontes? Na melhor das hipóteses, com a consciência de que não é possível reconstruir uma história totalizante a partir desses relatos interessados, seletivos e fragmentados, com o reconhecimento do papel intervencionista do intérprete, do trabalho igualmente interessado de revisão histórica e da impossibilidade de reconstituir um passado livre das desfigurações impostas pelas preocupações do presente.[16] Elencadas todas as ressalvas, essas narrativas podem ser consideradas uma fonte importante para entender a experiência do dia a dia da escravidão e suas consequências. Tendo em mente as qualificações já mencionadas, eu leio esses documentos com a esperança de vislumbrar a vida negra durante a escravidão e o período pós-guerra e, ao mesmo tempo, permaneço consciente da impossibilidade de reconstituir por completo a experiência dos escravizados. Não tento libertar esses documentos do contexto em que foram coletados, mas, em vez disso, procuro ampliar a superfície de fragmentos de arquivo e testemunhos de escravos para poder escrever histórias em desacordo com a constelação de valores subjacente à escravidão racial e observar com atenção as vidas dos escravizados e as formas de prática criadas e representadas dentro do enclausuramento. Minha tentativa de ler o arquivo a contrapelo é, talvez, mais bem entendida como uma combinação de pilhagem e desfiguração — invadindo em busca de fragmentos sobre os quais outras narrativas podem ser tecidas e transpondo e deformando os testemunhos por meio de citações e amplificações seletivas.

Com certeza, os testemunhos da WPA são circunscritos e provisórios, caracterizados por lapsos de esquecimento, silêncios e exclusões, mas que fontes são imunes a essas acusações? John Blassingame detalhou as dificuldades inerentes ao uso das narrativas da WPA: as diferenças de poder entre entrevistadores brancos e entrevistados negros, a edição e a reescrita dos relatos e o lapso de tempo entre a entrevista e a experiência da escravidão; no entanto, o historiador admite que elas são uma fonte importante de informação sobre a escravidão.[17] Eu concordo com a avaliação de Blassingame e adicionaria que não há documento histórico que não seja interessado, seletivo ou um veículo do poder e da dominação; e é precisamente a questão do poder e da dominação que trago à tona ao avaliar as práticas diárias, tanto os limites restritos em que elas existem e florescem quanto os termos nos quais são representadas. Além disso, narrativas e entrevistas contemporâneas não são menos seletivas ou parciais em suas representações da escravidão. Os depoimentos à WPA são uma representação superestimada da escravidão, como todos os relatos são. O trabalho de reconstrução e fabulação que empreendi sublinha a relação entre poder e voz e as restrições e clausuras que determinam não apenas o que pode ser dito, mas também (a identidade de) quem fala. Minha leitura do testemunho escravo não é uma tentativa de recuperar a voz dos escravizados, mas de considerar práticas específicas em uma performance pública da escravidão que vai desde escravos num leilão até aqueles que compartilham suas lembranças décadas depois.[18] O intervalo entre o evento e sua recordação é preenchido não apenas pelo estímulo dos entrevistadores, mas também pelo contexto de censura da autoexpressão e a estranha ressonância entre a dissimulação dos escravizados e as táticas de recuo destinadas a não ofender entrevistadores brancos e/ou evitar a autoconfissão.

O esforço de examinar o evento da emancipação não é menos eivado de ironias incontornáveis, sendo a principal delas a descontinuidade entre liberdade substancial e emancipação jurídica. De maneira inevitável, somos forçados a confrontar a herança discrepante da emancipação e as possibilidades decididamente restritas disponíveis aos libertos. Como alguém transmite de modo adequado o duplo vínculo da emancipação — ou seja, reconhece a liberdade ilusória e a falsa libertação que sucedeu a escravidão de bens móveis — sem contestar os triunfos menores do Jubileu?* Certamente, deve-se enfrentar a enormidade da emancipação tanto como uma ruptura da escravidão quanto como um ponto de transição para o que parece mais a reorganização do sistema de plantation do que a posse de si mesmo, a cidadania ou a liberdade para o "liberto". No lugar da grande narrativa da liberdade, com seus acontecimentos decisivos e avanços incontroversos, eu ofereço um relato que se concentra no legado ambivalente da emancipação e nas oportunidades inegavelmente truncadas dispo-

---

* Referência ao Jubilee Day, ou Dia do Jubileu, 19 de junho de 1865, quando o Texas proclamou o fim da escravidão. Também conhecido como Juneteenth, foi reconhecido como feriado estadual ou data especial em muitos estados, mas só em 2021 se tornou oficial e nacional. (N.E.)

níveis aos libertos. Na falta da certeza de uma divisão definitiva entre escravidão e liberdade e na ausência de uma ruptura consumada através da qual a liberdade pode se anunciar sem ambivalência, há, na melhor das hipóteses, uma expressão transitória e fugaz de possibilidade que não pode ser abrigada em um marcador temporal duradouro. Se a periodização é uma barreira imposta de cima que obscurece a servidão involuntária e a sujeição jurídica que se seguiram à escravidão, então tentativas de afirmar distinções absolutas entre escravidão e liberdade são insustentáveis. Fundamentalmente, essas afirmações envolvem distinções entre o transitório e o epocal que subestimam a contradição inerente à emancipação e diminuem o reino de terror que acompanhou o advento da liberdade. Em outras palavras, a magnitude da emancipação como um acontecimento apaga, em última análise, as continuidades entre escravidão e liberdade e oculta a expropriação inseparável de se tornar uma "pessoa proprietária"?

Se alguém ousar "abandonar o catálogo absurdo da história oficial", como Édouard Glissant encoraja, então a violência e a dominação perpetuadas em nome da reversão da escravidão podem vir à tona.[19] Desse ponto de vista, a emancipação parece uma denominação ambígua e talvez confusa. Ela revela e, ao mesmo tempo, obscurece, uma vez que servidão involuntária e emancipação eram sinônimos para uma boa parte dos ex-escravizados. Isso é evidenciado pelas observações do "senso comum" de que vidas negras eram mais valiosas sob a escravidão do que sob a liberdade, de que os negros estavam em uma situação pior na liberdade do que na escravidão e de que a dádiva da liberdade era um "negócio difícil". Eu uso o termo "senso comum" de propósito para ressaltar o que Antonio Gramsci descreveu como o "agregado caótico de concepções disparatadas" que estão em conformidade com "a posição social e cultural das multidões das quais ele é a filosofia". É uma concepção de mundo e vida "implícita em grande medida em determinados estratos da sociedade" e "em oposição às concepções 'oficiais' do mundo".[20] O senso comum desafia os relatos oficiais de liberdade e enfatiza as semelhanças e correspondências entre escravidão e liberdade. No mínimo, essas observações revelam as transações negadas entre escravidão e liberdade como modos de produção e sujeição.

A abolição da escravidão de bens móveis e o surgimento do homem, apesar de louváveis, muito esperados e estimados, não produziram essas distinções absolutas; em vez disso, práticas fugazes, deficientes e de curta duração representam a liberdade e seu fracasso. As práticas do dia a dia, e não uma atividade política tradicional como o movimento abolicionista, as convenções negras, a luta pelo sufrágio e as atividades eleitorais, são o foco da minha investigação porque acredito que esses atos prosaicos iluminam expressões incipientes e utópicas de liberdade que não são e talvez não possam ser realizadas em outro lugar. Os desejos e anseios que excedem o quadro dos direitos civis e a emancipação política encontram expressão em práticas cotidianas rotuladas de "fantasiosas", "exorbitantes" e "excessivas" principalmente porque exprimem uma compreensão ou imaginação de liberdade muito em desacordo com expectativas burguesas. Paul Gilroy, seguindo Seyla Benhabib, se refere a esses chamados utópicos e aos modos incipientes de amizade e solidariedade que evocam como "a política da transfiguração".[21] Ele observa que, em contraste com a política da realização, que opera no interior do enquadramento da sociedade civil burguesa e da racionalidade ocidental, "a política da transfiguração empenha-se na busca do sublime, esforçando-se para repetir o irrepetível, apresentar o inapresentável. Seu foco hermenêutico um tanto diferente avança para o mimético, o dramático e o performativo". Nessa perspectiva, roubar um tempo, promover quebra-quebra, andar por aí, fazer pequenos furtos e outras práticas do dia a dia que ocorrem abaixo do limiar da igualdade e dos direitos formais apontam para uma liberdade não realizada e enfatizam o estrangulamento da escravidão e os limites da emancipação. Dessa e de outras formas, essas práticas revelam muito sobre as aspirações dos dominados e as contestações sobre o significado da abolição e da emancipação.

Essa intervenção é uma tentativa de reformular o passado, guiada pelos enigmas e compulsões de nossa crise contemporânea: a esperança por transformação social diante de obstáculos aparentemente intransponíveis, a quixotesca busca por um sujeito capaz de ação histórica global e o desespero induzido pela falta de um. Espero que os exemplos de insurgência e contestação narrados aqui e a proliferação implacável de pequenos atos de resistência possam oferecer alguma dose de estímulo e servir para nos lembrar de que os fracassos da Reconstrução ainda nos assombram. Em parte, isso explica por que as grandes narrativas continuam tomando conta da nossa imaginação. Assim como reconheço a "ficção da representação factual" da história, usando o termo de Hayden White, também reconheço a utilidade política e a necessidade ética da ficção histórica. Como Walter Benjamin observou: "O dom de despertar no passado as centelhas da esperança é privilégio exclusivo do historiador convencido de que *tampouco os mortos* estarão em segurança se o inimigo vencer" [grifos meus].[22]

PARTE I

Formações do terror e do gozo

passagem imprevista no labirinto das formas

Divertimentos inocentes: o palco do sofrimento

> *Divertimentos inocentes, quando sob regulamentação adequada e quando usufruídos com moderação, conduzem à moralidade e à virtude... Negros são naturalmente propensos à alegria, e eu considero um dever nosso, assim como deles, não mudar essa inclinação que eles têm, mas sim promovê-la por todos os meios prudentes e permitidos.*
>
> Nicolas Herbemont, On the Moral Discipline and Treatment of Slaves [Sobre a disciplina moral e tratamento dos escravos]

> *Qualquer gozo racional era desaprovado e apenas aqueles esportes selvagens e baixos, peculiares a pessoas semicivilizadas, eram encorajados.*
>
> Frederick Douglass, *A vida e a época de Frederick Douglass*

Em uma carta para o irmão, John Rankin iluminou o "mal muito perigoso" da escravidão ao descrever um jugo de escravizados acorrentados, detalhando a teatralidade obscena do tráfico:

Desgraçados insensíveis compraram um considerável rebanho de escravos — quantos deles foram separados de seus maridos e esposas, não me atrevo a dizer — e acorrentaram todos eles juntos, hasteados sobre a bandeira da liberdade americana, e, ao som de dois violinos, marcharam as criaturas aflitas, com o coração partido e aos soluços pela cidade.[1]

Rankin, horrorizado com o espetáculo e chocado por "ver as tristezas mais opressivas da inocência sofrida, tripudiadas com toda a leveza da música animada", condenou: "Minha alma abomina o crime". A violação da domesticidade, a paródia da liberdade e o desafio insensível à tristeza definem a cena em que o crime se torna espetáculo. O "mal muito perigoso" da escravidão e os "gemidos agonizantes da humanidade sofredora" foram transformados em música.[2]

Apesar de admitir que a crueldade da escravidão "excede em muito o poder da descrição", Rankin se esforçou para retratar seus horrores. E, ao fazê-lo, torna aparentes os crimes da escravidão que não eram apenas testemunhados, mas também ostentados. Termos como "palco", "espetáculo" e "cena" transmitem esses horrores, e, mais importante, as "abominações da escravidão" são reveladas por meio da reiteração de relatos de segunda mão e da circulação de histórias de "autoridades inquestionáveis" para as quais Rankin deve atuar como testemunha substituta. No esforço de "pôr fim à escravidão", esses relatos circulantes de atrocidades são, em essência, reencenados nas cartas de Rankin. As cenas grotescas enumeradas quando ele documenta a injustiça da escravidão têm a intenção de chocar e perturbar o distanciamento confortável do leitor/espectador. Ao fornecer os mínimos detalhes de atos macabros de violência, embelezados por sua própria fantasia do portão sangrento da escravidão, Rankin esperava despertar a sensibilidade dos indiferentes à escravidão, exibindo o sofrimento dos escravizados e assim facilitando uma identificação entre os homens livres e eles:

> Somos naturalmente muito insensíveis aos sofrimentos dos outros e, como consequência, propensos a olhar para eles com fria indiferença até que, na nossa imaginação, nos identifiquemos com os sofredores e façamos dos sofrimentos deles os nossos [...]. Quando aproximo isso de mim, inspeciono de perto e descubro que é infligido a homens e mulheres que possuem a mesma natureza e sentimentos que eu, minha sensibilidade é despertada.[3]

Quando trazemos o sofrimento para perto, os vínculos de sentimentos são forjados. Carta após carta, Rankin se esforçava para criar essa experiência compartilhada de horror a fim de transformar seu irmão escravista, a quem as cartas eram destinadas, bem como o público de leitores. Em suas cartas, a dor fornece a linguagem comum de humanidade; estende humanidade para os expropriados e, por sua vez, remedia a indiferença dos insensíveis.[4]

Os relatos chocantes de espancamento, estupro, mutilação e suicídio atacam a barreira de indiferença, pois a aversão e a indignação despertadas por essas cenas de terror, que vão desde o escárnio com o jugo de escravizados acorrentados até o esquartejamento e a incineração de um menino escravo, dão origem a uma senciência compartilhada entre aqueles antes indiferentes e aqueles que sofrem. Rankin está tão determinado a demonstrar que os escravos possuem a mesma natureza e os mesmos sentimentos que ele e a provar a humanidade comum de todos os homens com base nesse sofrimento estendido que chega a narrar uma situação imaginária em que ele, a esposa e os filhos são escravizados. As "cenas horríveis de crueldade que foram apresentadas à [sua] mente" como uma consequência dessa imaginação despertaram o "tom mais alto de sentimento de indignação". Nesse cenário fictício, Rankin fala não apenas por, mas literalmente no lugar dos escravizados. Ao se acreditar ser e fantasmagoricamente ter se tornado o escravizado, ele cria o contexto para os sentimentos compartilhados:

> Minha volúvel imaginação acrescentou muito ao tumulto da paixão ao me persuadir, por um momento, de que eu mesmo era um escravo, com minha esposa e filhos postos sob o reino do terror. Comecei, na realidade, a sentir por mim, pela minha esposa e pelos meus filhos — pensar em ser espancado para o prazer e capricho de um senhor carrancudo despertou os sentimentos mais fortes de ressentimento; mas quando imaginei que o chicote cruel estava se aproximando de minha esposa e de meus filhos, e minha imaginação retratou em cores vivas suas lágrimas, seus berros e marcas de sangue, cada princípio indignado da minha natureza sangrenta foi excitado ao mais alto grau.[5]

A natureza dos sentimentos despertada aqui é complexa. Enquanto esse devaneio permite uma experiência vicária em primeira mão do chicote, condena o prazer experimentado pelo senhor nesse brutal exercício de poder, leva às lágrimas e desencadeia a indignação e o ressentimento inflamados de Rankin, o veículo fantasmático dessa identificação é complicado, inquietante e perturbador. Embora a fantasia de Rankin culmine em protestos indignados contra a instituição da escravidão e, claramente, o propósito dessa identificação seja destacar os crimes da escravidão, esse devaneio e esse deslizamento para o corpo do cativo abrem uma caixa de Pandora; de modo surpreendente, o que vem à tona é a dificuldade e o caráter escorregadio da empatia. Propriamente falando, a empatia é uma projeção de si no outro para melhor entender o outro ou "a projeção de sua própria personalidade em um objeto, atribuindo ao objeto suas próprias emoções".[6] Entretanto, a empatia, em aspectos importantes, confunde os esforços de Rankin de se identificar com os escravizados porque, ao tornar seu o sofrimento daqueles homens, Rankin começa a sentir por si mesmo em vez de sentir por aqueles a quem esse exercício imaginativo presumivelmente se destina. Ao explorar a vulnerabilidade do corpo cativo como um receptáculo para os usos, pensamentos, caprichos e sentimentos dos outros, a humanidade estendida ao escravo confirma, de maneira inadvertida, as expectativas e os desejos que definem as relações da escravidão de bens móveis. Em outras palavras, a facilidade da identificação empática de Rankin se deve tanto às suas boas intenções e à oposição sincera à escravidão quanto à fungibilidade do corpo cativo.

Ao tornar seu o sofrimento de outros, Rankin aperfeiçoou a indiferença ou apenas confirmou a dificuldade de entender o sofrimento dos escravizados? Pode a testemunha branca do espetáculo de sofrimento afirmar a materialidade da senciência negra apenas sentindo por si mesma? Isso não exacerba a ideia de que a senciência negra é inconcebível e inimaginável e, em última análise, diante da própria facilidade de possuir o corpo escravizado e deslizá-lo para a pele do outro, não elimina uma compreensão e um reconhecimento da dor do escravo? Além da evidência do crime da escravidão, o que essa exposição do corpo sofrido do escravo produz? Isso não reforça a qualidade de "coisa" do cativo ao reduzir o corpo a essa evidência no próprio esforço de estabelecer a humanidade dos escravizados? Não reproduz a hipercorporificação daqueles destituídos de poder? Não exacerba o abismo ou a separação entre "carne humana" e corpo cativo? O propósito desses questionamentos não é pôr em dúvida as motivações de Rankin na reconstituição desses acontecimentos, mas considerar a precariedade da empatia e a linha tênue entre testemunha e espectador. Na fantasia de ser espancado, Rankin deve substituir o cativo negro por si mesmo, sua esposa e seus filhos para que essa dor seja percebida e experimentada. Então, na verdade, Rankin se torna um procurador, e a dor do outro é reconhecida na medida em que pode ser imaginada, mas, em virtude dessa substituição, o objeto de identificação corre o risco de desaparecer. Para convencer o leitor sobre os horrores da escravidão, Rankin deve se voluntariar e voluntariar a sua família à humilhação.

O esforço de contrariar a habitual indiferença ao sofrimento negro requer que o corpo branco seja posicionado no lugar do corpo negro para tornar esse sofrimento visível e inteligível. Entretanto, se é necessária a fantasia masoquista para que essa violência fique palpável e a indignação seja totalmente despertada, fica claro que a empatia é uma faca de dois gumes, pois, ao tornar seu o sofrimento do outro, esse sofrimento é ocultado pela obliteração do outro. O escravo permanece um objeto a ser animado por sentimentos humanos. Dada a litania de horrores que preenche as páginas de Rankin, esse recurso à fantasia revela uma ansiedade de deixar legível o sofrimento do escravo. Essa ansiedade é historicamente determinada pela negação da senciência negra e exacerbada pelo status do escravo como objeto de propriedade, pelo dilema do testemunho diante do status legal dos negros e pela repressão de contradiscursos sobre a "instituição peculiar". Rankin deve suplantar o cativo negro para dar expressão ao sofrimento negro e, como consequência, o dilema — a negação da senciência negra e a obscuridade do sofrimento — não é atenuado, mas concretizado. O caráter ambivalente da empatia — mais exatamente, os efeitos repressivos da empatia — pode ser localizado na "obliteração da alteridade", ou na intimidade fácil que permite a identificação com o outro apenas quando "sentimos a nós mesmos naqueles que imaginamos como nós mesmos". E, como resultado, a empatia fracassa em expandir o espaço do outro e meramente coloca o eu no lugar dele.[7] A ideia aqui não é sugerir que a empatia possa ser descartada ou que o desejo de Rankin de existir no lugar do outro possa ser desconsiderado como um exercício narcisista, mas antes sublinhar os perigos de uma intimidade muito fácil e notar que a atenção ao eu ocorre à custa da atenção ao sofrimento do escravo e que essa identificação cede lugar a uma violência de outra ordem.[8]

Precisamos perguntar por que o lugar do sofrimento nos convida tão prontamente à identificação. Por que a dor é o canal da identificação? Essa questão pode parecer muito óbvia, considerando a dominação violenta e a desonra constitutiva da escravização, as aclamadas capacidades transformadoras da dor na cultura sentimental, o predomínio de exibições públicas de sofrimento, inclusive a ostentação do tráfico, o espetáculo da punição, os relatos em circulação sobre os horrores da escravidão, o grande sucesso de *A cabana do Pai Tomás* e a passagem pelo "portão sangrento", que era uma convenção da narrativa escrava — tudo contribuindo com a ideia de que os sentimentos e a consciência dos escravizados estavam mais disponíveis nesse lugar. Se a cena do espancamento se presta prontamente a uma identificação com o escravizado, ela o faz sob o risco de fixar e naturalizar essa condição da encarnação aflita e, desafiando por completo as boas intenções de Rankin, agrava a dificuldade de contemplar ou considerar o sofrimento negro. A tentativa de trazer a dor para perto explora o espetáculo do corpo em aflição e estranhamente confirma o caráter espectral do sofrimento e a incapacidade de testemunhar a dor do cativo. Esse sofrimento permanece indescritível e oculto quando encarnado no escravo. Por um lado, a dor estende a humanidade aos expropriados, e a capacidade de suportar o sofrimento leva à transcendência; por outro, o caráter espetacular desse sofrimento apaga e restringe a senciência negra.

Como Rankin mesmo afirma, para que induza uma reação e faça aflorar sentimentos, esse sofrimento precisa ser trazido para perto. Entretanto, se o sentimento ou a moralidade estão "inextricavelmente ligados à proximidade humana", como observa Zygmunt Bauman, o problema é que o próprio esforço de "trazer [...] para perto" e "inspecionar de perto" é dissipado. "A moralidade se conforma à lei da perspectiva óptica. Parece grande e espessa perto da vista."[9] Então, como o sofrimento se esquiva ou escapa de nós no próprio esforço de trazê-lo para perto? Isso acontece precisamente porque ele só é trazido para perto por meio de um agente substituto ou da indignação e imaginação de Rankin. Se o corpo negro é o veículo de poder e prazer, status e valor do outro, então não menos verdade é o fato de que o corpo branco ou quase-branco torna o sofrimento do cativo visível e discernível.[10] Na verdade, a qualidade elusiva do sofrimento negro pode ser atribuída a uma óptica racista na qual a carne negra é em si mesma identificada como a fonte da opacidade, como uma superfície inscrita pela violência, mas ilegível. A negação da humanidade negra é o resultado desse apagamento da senciência, essa incapacidade de se aproximar do negro.[11] Isso fica ainda mais complicado em função de uma perspectiva moral que insiste no outro como espelho de si mesmo e que reconhece o sofrimento apenas ao substituir o outro pelo seu eu.

Enquanto Rankin tenta destacar a insuficiência do sentimento diante do espetáculo do sofrimento negro, essa insuficiência, de fato, é deslocada, e não remediada pela substituição que ele faz. Ao literalmente remover o escravo do campo de visão, essa tentativa exacerba a distância entre os leitores e aqueles que estão sofrendo. Nós também precisamos considerar se a identificação forjada no local do sofrimento confirma a humanidade negra, do contrário podemos reforçar pressupostos racistas de senciência limitada na medida em que a humanidade dos escravizados e a violência da instituição só podem ser trazidas à luz por exemplos extremos de incineração ou esquartejamento ou pela colocação de corpos brancos em risco. Qual o significado de que a violência da escravidão ou a existência dolorida dos escravizados, se discernível, o seja apenas nos exemplos mais hediondos e flagrantes, e não nas rotinas cotidianas da escravidão?[12] Além disso, a dificuldade de empatia não está relacionada tanto à desvalorização quanto à valorização da vida negra?

A identificação empática é ainda mais complicada por não poder ser apartada da economia da escravidão de bens móveis com a qual está em desacordo, porque essa projeção do sentimento sobre ou no interior do objeto de propriedade e o deslizamento ilusório para o cativeiro, enquanto se distinguem dos prazeres do autoengrandecimento produzidos pela posse do escravo e pelas expectativas ali promovidas, estão, no entanto, entrelaçados a essa economia e a essa identificação facilitada por uma posse ou ocupação familiar do corpo cativo, embora em um registro diferente. O que estou tentando isolar são os tipos de expectativa e as qualidades de afeto distintivas da economia da escravidão. A relação entre prazer e posse da propriedade escrava, tanto no sentido figurado quanto no sentido literal, pode ser explicada, em parte, pela fungibilidade do escravo — isto é, o gozo possibilitado pelo caráter substituível e intercambiável endêmico à mercadoria — e pelas capacidades extensivas da propriedade; o engrandecimento do senhor através de sua encarnação em objetos e pessoas externas.[13] Em outras palavras, a mutabilidade da mercadoria transforma o corpo cativo em um receptáculo abstrato e vazio vulnerável à projeção dos sentimentos, ideias, desejos e valores do outro; e, como propriedade, o corpo expropriado dos escravizados é o substituto do corpo do senhor, uma vez que garante sua universalidade desencarnada e atua como o sinal de seu poder e domínio. Enquanto o corpo espancado e mutilado presumivelmente estabelece a materialidade bruta da existência, o sofrimento negro escapa, em geral, do (re)conhecimento em virtude de sua substituição por outros signos de valor, bem como por outros corpos.

O desejo de vestir, ocupar e possuir a negritude ou o corpo negro como um recurso sentimental e/ou lócus de prazer excessivo é tanto baseado quanto possibilitado pelas relações materiais da escravidão de bens móveis. À luz disso, seria muito extremo ou muito óbvio sugerir que o devaneio de Rankin ou o entusiasmo despertado pelo sofrimento pode também ser prazeroso? Certamente essa humilhação voluntária confirma a autoridade moral de Rankin, mas e quanto ao prazer possibilitado pela aceitação da dor? As paixões tumultuadas da imaginação volúvel são estimuladas por essa fantasia de ser espancado? O espancamento imaginário de Rankin não está imune aos prazeres derivados da fantasia masoquista nem ao prazer sádico derivado do espetáculo do sofrimento. Minha intenção não é chocar ou explorar o perverso, mas considerar criticamente o denso nexo entre terror e prazer ao examinar as diversões evitadas e degradadas do senhor caprichoso; o prazer da indignação produzido diante do espetáculo de extrema violência; a instabilidade da cena do sofrimento; e a confusão entre música e lamento típico do jugo de escravizados acorrentados, o leilão, a performance para o senhor e outros divertimentos populares.

Ao deslizar para o interior do corpo negro e figurativamente ocupar a posição do escravizado, Rankin desempenha o papel de cativo e testemunha e, ao fazê-lo, articula a crise do testemunho determinada pela incapacidade jurídica de os escravos ou negros livres testemunharem contra os brancos. Uma vez que o testemunho negro é desconsiderado por ter veracidade duvidosa, os crimes da escravidão devem não apenas ser confirmados por autoridades inquestionáveis e outros brancos observadores, mas também devem se tornar visíveis, seja revelando as cicatrizes nas costas do escravo — fazendo o corpo falar —, seja, melhor ainda, possibilitando que o leitor e o público experimentem indiretamente as "cenas trágicas de crueldade".[14] Se Rankin, como uma consequência de seus sentimentos abolicionistas, estava disposto a ocupar a posição de "não senhor", o sentimentalismo estabelecia os termos de sua identificação com o escravizado, e a característica central dessa identificação era o sofrimento. Para Rankin, a ostentação do jugo de escravizados acorrentados e a música animada fracassaram em disfarçar "os lamentos da inocência sofrida". Entretanto, para outros que também tinham sentimentos antiescravistas, a tentativa de entender os sentimentos interiores dos escravizados apenas apagou o terror da escravidão e delimitou ainda mais a presumida capacidade limitada do cativo para o sofrimento. Para muitas testemunhas oculares de jugos de escravizados acorrentados, a brutalidade e a hostilidade da escravidão foram dissipadas pela música, e a violência foi transformada em amostra de agência e bom humor.

O sofrimento negro é percebido ou registrado somente nas circunstâncias mais espetaculares de violência, e, inversamente, o exagero e a teatralidade do espetáculo escamoteiam e diminuem o sofrimento. Por um lado, a combinação de cenas imaginárias de crueldade com aquelas retiradas de uma autoridade inquestionável evidencia a crise do testemunho que é resultante da sujeição jurídica dos escravos e da desconsideração de seu testemunho. Porém, a exibição extravagante da violência extrema exacerba a crise do testemunho, uma vez que apenas os exemplos mais horríveis serão suficientes para transmitir a brutalidade da escravidão. Uma formulação cínica pode questionar se o sofrimento negro existe ou se tem alguma importância ou consequência na ausência de uma testemunha ou observador branco. À medida que o corpo fala, ele o faz como o veículo de uma fantasia abolicionista; assim como é obrigado a falar a verdade do senhor e engrandecer o seu poder por meio da imposição e intensificação da dor.[15] A ilegibilidade ou incoerência do sofrimento é o seu fracasso para ser registrado de fato como dor. O impasse, a incapacidade de perceber ou discernir o sofrimento, é dificultado pela leitura sobredeterminada dos sons da escravidão. A canção "meio articulada" e "incoerente" confunde a transparência do testemunho; incerteza e complexidade caracterizam a representação da escravidão. A extensão da humanidade aos escravizados reinscreve, ironicamente, seu status subjugado? As capacidades figurativas da negritude possibilitam devaneios brancos de fantasia enquanto ampliam a probabilidade do desaparecimento do cativo? Pode o acolhimento moral da dor libertar-se dos prazeres gerados pela sujeição? Em outras palavras, a cena do escravo tiranizado no portão sangrento deleita o senhor repugnante e proporciona prazeres saudáveis aos justos e virtuosos? O ato de "testemunhar" é um tipo de olhar não menos entrelaçado com o exercício de poder e extração do prazer? A dança do cativo alivia a dor ou articula o caráter pesado e impossível da agência? Ou exemplifica o uso do corpo como um instrumento contra o eu?

As cenas de sujeição — os espetáculos coagidos orquestrados para encorajar o comércio de carne negra; as cenas de tortura e festa; a tragédia de mulheres virtuosas e as travessuras ultrajantes de crioulinhos abusados —, todas elas, giram em torno da simulação da agência e dos excessos do gozo negro. A afiliação entre performance e negritude pode ser atribuída a concepções racistas sobre a natureza do negro como desleixada, infantil, hedonista e indiferente ao sofrimento, e a uma leitura propositalmente equivocada da interdependência entre trabalho e canção, comum entre os escravizados.[16] A constituição da negritude como uma condição abjeta e degradada e o fascínio com o gozo do outro andavam de mãos dadas. Na lógica de um mundo escravocrata, negros eram fundamentalmente imaginados como veículos para o gozo branco, em todas as suas diversas e indizíveis expressões; isso era uma consequência tanto do status de bem móvel do cativo quanto do excesso de gozo imputado ao outro, pois aqueles que eram forçados a dançar no convés do navio negreiro na travessia da Passagem do Meio, a se mostrar bem dispostos na praça de leilões de escravos, a cantar e tocar rabeca como se sua vida dependesse disso, a divertir o senhor e suas companhias, eram considerados fornecedores do prazer. A incrível popularidade dos "crioulinhos" dos espetáculos de menestréis deve ser considerada à luz disso. As variantes do discurso racista — do pastoreio da plantation pró-escravidão ao racialismo romântico dos abolicionistas — caracterizaram, de modo similar, o africano como infantil, primitivo, contente e dotado de grandes capacidades miméticas. Essencialmente, essas características definiram o infame e célebre Sambo (ver nota na p. 54). Essa história é de central importância na avaliação das políticas de prazer, dos usos da propriedade escrava, da formação do sujeito e das táticas de resistência. De fato, a convergência entre terror e gozo não pode ser compreendida à margem disso.

A ostentação do jugo de escravizados acorrentados, que precisavam se mostrar bem dispostos no leilão e à disposição do senhor, a máscara de *blackface* dos menestréis e o melodrama evidenciam o enredamento de terror e gozo. Acima de tudo, a alegria simulada, a celebração coagida do comércio de escravos e as recreações instrumentais do manejo da plantation documentam o investimento e a obsessão diante do "gozo negro" e o significado desses divertimentos orquestrados como parte de um esforço maior para dissimular a violência extrema da instituição e negar a dor do cativeiro. A transubstanciação da abjeção em contentamento sugere que os traumas da escravidão eram facilmente reparados, e, de igual modo, a prevalência da canção negra confirmava a senciência limitada dos negros e sua imunidade à tristeza. O gozo definia a relação da raça dominante com os escravizados. Os usos infinitos e indizíveis do cativo autorizados pelas relações jurídicas e sociais da escravidão articularam o nexo entre prazer e posse e evidenciam o papel crucial da diversão em assegurar as relações escravistas. Dessa maneira, o gozo revelava os sentimentos e as expectativas da "instituição peculiar".

A PROPRIEDADE DO GOZO

Do ponto de vista das relações cotidianas da escravidão, o gozo, falando em termos gerais, definia os parâmetros das relações raciais, uma vez que, na prática, todos os brancos estavam autorizados a um grande grau de liberdade quanto ao uso dos escravizados. Antes de retratar as importantes características do gozo pré-guerra, será útil lançar uma luz sobre o gozo e sua relação com o uso.[17] O *Black's Law Dictionary* [Dicionário Jurídico de Black] define o termo "gozar" como "ter, possuir e usar com satisfação; ocupar ou ter o benefício de algo". Embora englobe essas características rudimentares, o gozo também denota capacidades mais extensivas, envolvendo "o exercício de um direito, a promessa e função de um direito, privilégio, hereditariedade incorpórea. Conforto, consolação, contentamento, facilidade, felicidade, prazer e satisfação. Isso inclui o uso benéfico, o interesse e o propósito em que a propriedade pode ser colocada e implica direitos aos lucros e aos rendimentos dela". De início fica claro que deleitar-se, usar e possuir estão intrinsecamente ligados e que o gozo envolve tudo, desde o uso da posse de alguém até o valor da branquitude, que pode ser considerada uma hereditariedade incorpórea ou herança ilusória da escravidão de bens móveis.

Uma vez que a sujeição do escravo a todos os brancos definia sua condição na sociedade civil, isso efetivamente o tornou um objeto de propriedade potencialmente usado e abusado por todos os brancos; entretanto, falar da condição civil do escravo, como George M. Stroud observou, é um tipo de solecismo.[18] É uma questão complicada detalhar a existência civil de um sujeito que, socialmente morto, ganha reconhecimento como humano em termos jurídicos apenas quando criminalmente culpado. Entretanto, é o status anômalo do escravizado que determina os usos específicos dele como objeto de propriedade e a relação entre cidadãos e aqueles que podem ser identificados como sujeitos civis de forma mais circunscrita e experimental. Aqui impressionam os usos inumeráveis e irrestritos da propriedade escrava e as formas pelas quais os escravos se tornam propriedades de todos os brancos quando se considera seu status na sociedade civil. Nesse esforço, vamos nos voltar a *The American Slave Code* [O código escravista norte-americano], de William Goodell, e *A Sketch of the Laws Relating to Slavery in the Several States of the United States of America* [Um esboço das leis relativas à escravidão nos vários estados dos Estados Unidos da América], de Stroud, que examina a condição do escravo como membro da sociedade civil. As características notáveis da condição civil anômala do escravo são: não pode ser testemunha contra uma pessoa branca em um processo civil ou criminal; não pode integrar um processo civil; os benefícios da educação são negados a ele; os meios para a educação moral e religiosa não são concedidos a ele; a submissão dele é exigida não apenas em relação à vontade do seu senhor, mas também à de todas as pessoas brancas; os códigos penais dos estados escravistas são aplicados de forma mais severa a ele do que aos brancos; e ele é processado e julgado por acusações criminais de maneira inconsistente com os direitos da humanidade.[19]

Aqui eu gostaria de me concentrar em um aspecto singular da existência do escravo na sociedade civil — a submissão a todos os brancos. A grande concessão ao poder do senhor e a todos os brancos era evidenciada por leis que proibiam o escravo de se defender do senhor para evitar punições vingativas ou de bater em qualquer branco em legítima defesa. Tais leis não apenas exigiam uma submissão estrita que se estendia a derramamento de sangue e assassinato, mas também "forneciam um pretexto" e um incentivo para oprimir e tiranizar os escravizados. Como consequência, estes eram forçados a "suportar com paciência todo tipo de dano pessoal que uma pessoa branca, por mais brutal ou feroz que seja sua disposição, possa escolher oferecer".[20] Depois de rever os estatutos estaduais que proibiam o escravo de se defender contra o ataque de qualquer pessoa branca e puniam tais delitos com o corte de orelhas, a aplicação de trinta chicotadas em costas nuas ou a morte, Goodell concluiu que "se o governo civil fosse desenhado para a desmoralização e a tortura humanas, não seria fácil encontrar um modo mais eficaz de alcançar esses fins".[21]

Com certeza, as leis da escravidão sujeitavam os escravizados ao controle e à autoridade absolutos de todo e qualquer membro da raça dominante. As relações da escravidão de bens móveis serviam para elevar a branquitude ao racializar direitos e prerrogativas, projetando raças inferiores e superiores e concedendo o domínio dos brancos sobre os negros. À luz dessas considerações, os contornos do gozo pré-guerra revelam menos sobre "a natureza do negro" e mais sobre os termos de interação e coexistência inter-raciais. Isso fez da negritude um material a ser utilizado e explorado para quaisquer fins. A miríade de usos do cativo como ferramenta, instrumento, prótese e divertimento cultivou e reforçou a ideia do excesso negro, da negritude como excesso, como abundante. Diante disso, preciso sugerir que não apenas os direitos e privilégios dos cidadãos brancos foram sustentados pela sujeição dos negros, mas que também o gozo, por sua vez, definia o significado da sujeição. A interdição da legítima defesa e a impossibilidade de testemunhar contra os brancos permitiram que o escravo fosse usado em qualquer função que agradasse a seu senhor ou a seus substitutos. E, como Goodell observa de forma bastante indireta, entre os usos da propriedade também estava a violação sexual dos escravizados. As poucas restrições ao uso da propriedade escrava diziam respeito somente aos direitos do senhor em relação ao emprego dela por outros.[22] De fato, os usos lascivos da propriedade escrava marcavam a identidade do cativo e, consequentemente, a natureza do negro. Essas utilizações reais ou imaginadas estabeleceram os parâmetros da associação inter-racial.

Não havia relação com a negritude fora dos termos desse uso, direito e ocupação do corpo cativo, pois mesmo o status dos negros livres era moldado e comprometido pela existência da escravidão. Como argumentei, o gozo se baseava nos usos lascivos da propriedade escrava; entretanto, essa utilidade sem limites, essa capacidade de ser tudo e nada era atribuída ao escravo, tida como uma característica essencial ou inerente da negritude; e, dessa maneira, serviu para minimizar e negar a violência da escravidão e as coisas terríveis infligidas à carne humana. Como resultado, em espetáculos como jugos de escravizados acorrentados, parecia que estes não apenas eram indiferentes à sua condição desgraçada, como também tinham alcançado um grau de satisfação com sua condição. A eficácia da violência era indicada precisamente por sua invisibilidade ou transparência e pela exibição copiosa da agência escrava. Assim como a imputação de lascívia perdoava e apagava a violação sexual dos escravizados, e o reconhecimento punitivo da vontade e da responsabilidade justificavam a punição enquanto negavam ao escravo a capacidade de forjar contratos, testemunhar ou sustentar relações natais e conjugais, o gozo registrava e obliterava a violência das relações de propriedade.

A fixação nos "bons tempos" do escravo oculta as afiliações do gozo branco e da sujeição negra e a dimensão afetiva de domínio senhorial e servidão. Nessa perspectiva, as observações aparentemente casuais sobre diversão e brincadeiras negras obscurecem esse uso violento e a incorporação do corpo cativo na realização das capacidades extensivas e sencientes do sujeito do senhor. Fantasias sobre o gozo do outro são formas de organizarmos nosso próprio gozo. "O gozo do outro não exerce um fascínio tão poderoso porque nele representamos para nós mesmos nosso próprio relacionamento mais íntimo com o gozo?"[23] O que é revelado sobre esse relacionamento mais íntimo com o gozo? Uma indiferença ao sofrimento ou um agudo investimento nele? O desconforto de quem era aliviado pela dança? Se o excesso de gozo imputado aos escravizados deslocava o que poderíamos pensar como circunstâncias perturbadoras, esse excesso apenas opera obscurecendo a violência e confundindo-a com o prazer.

PRAZERES (IN)SUPORTÁVEIS

Rankin não estava sozinho em seu desejo de deslizar para dentro da negritude e experimentar o sofrimento da escravidão em "primeira mão", por assim dizer. Ao contrário, a popularidade de *A cabana do Pai Tomás* e *The Octoroon* [O oitavão]* também indica a disposição de outros ao sofrimento. A elasticidade da negritude e seus amplos afetos permitiram tais arroubos e devires. Nesse caso, as capacidades figurativas da negritude e a fungibilidade da mercadoria estão diretamente ligadas. O caráter abstrato e a imaterialidade da mercadoria, a facilidade com que circula e muda de estado, passando de uma encarnação de valor para outra, se estendem ao corpo negro ou à máscara de *blackface*, possibilitando-lhe servir de veículo de autoexploração, renúncia e gozo brancos.[24] A habilidade de vestir a negritude deve ser examinada no contexto da escravidão de bens móveis e da economia do gozo que a subentende. Formações de prazer pré-guerra, mesmo do Norte, precisam ser consideradas em relação às dimensões afetivas da escravidão racial, uma vez que o gozo é virtualmente inimaginável sem que se recorra ao corpo negro e à sujeição do cativo, aos prazeres produzidos pela expropriação, ao delírio da velha plantation e às fantasias libertinas lançadas pela miríade de usos do objeto senciente. Cada quilo de carne, cada órgão e orifício eram uma oportunidade. Por essas razões, as características formais dessa economia do prazer e as políticas do gozo são explicadas em relação à ocupação e à posse literais e figurativas do corpo. Essa leitura tenta elucidar os meios pelos quais o uso lascivo da figura negra e a violência direcio-

---

* No dicionário Merriam-Webster, *octoroon* tem o significado de "pessoa que possui um oitavo de ancestralidade negra". No *Michaelis*, "pessoa que tem um oitavo de sangue negro". (N.E.)

nada contra ela passam a ser identificados como *seu* prazer e perigo; as expectativas e demandas da propriedade escrava são ontologizadas como capacidades inatas e sentimentos interiores dos escravizados, e por sua vez a atribuição de excesso e gozo aos africanos oculta e encanta a violência perpetrada contra os escravizados.

A análise esquemática dos espetáculos de menestréis e do melodrama que se segue explora a convergência entre violência e prazer, que é um dos atributos primários dessa economia do gozo, antes de oferecer uma leitura atenta dos textos desses espetáculos. Escassa atenção é dada à identificação do espectador branco com os personagens *blackface*. Em vez disso, a questão principal explorada é a relação entre prazer e violência: a facilidade da negritude na autoconstrução do outro e o papel do prazer em assegurar os mecanismos da sujeição racial. Essa economia do gozo é questionada por meio de uma consideração das dinâmicas de posse e de um exame minucioso do objeto de propriedade e seus usos.

Apesar das diferenças entre suas respectivas convenções e dispositivos estilísticos, os usos da figura negra estabeleceram continuidades entre os espetáculos de menestréis e o melodrama que suprimem suas diferenças genéricas.[25] Embora divergente, a valência ética de tal violência proporcionava um prazer significativo. Golpes fizeram com que o corpo negro virtuoso do melodrama fosse estimado e o corpo negro grotesco dos espetáculos de menestréis, humilhado. As aflições de Pai Tomás foram temperadas pelos tapas e socos desferidos em Topsy. A localização do corpo como objeto devastado ou como alvo de golpes ridículos estabeleceu, entretanto, uma linguagem corpórea que marcou Zoe, Tomás e Topsy como identificavelmente negros e expostos às afiliações entre a praça de leilões de escravos e o teatro popular.[26] Afeto, gesto e vulnerabilidade à violência constituíram a negritude. Mesmo no *blackface* antiescravidão de *A cabana do Pai Tomás*, a violação de um corpo negro artificial incitava grande prazer, seja uma totalidade monopática gerada pela luta maniqueísta do bem e do mal, ou os prazeres obscenos das travessuras cômicas de Topsy e a brutalidade da resposta a elas.[27] Tortura e agonia geravam gozo.

Dano e punição definiam a personalidade desses personagens, de modo não muito diferente do verificado na interpelação jurídica da humanidade escrava. Seja venerada como uma oportunidade para uma resistência cristã, seja legitimada por pretensões e transgressões de crioulinhos, a violência engendrava a negritude. O sofrimento virtuoso, a submissão ética do sentimentalismo e a transgressão social sancionada e punida em farsa conspiravam para tornar aflita a representação corpórea da negritude.[28] O melodrama apresentava a negritude como um veículo de protesto e dissenso, e os espetáculos de menestréis a transformaram na encarnação de prazeres indizíveis e transgressores. Em ambos os casos, a construção da negritude despertava pena e medo, desejo e repulsa, terror e prazer. Esse ambivalente complexo de sentimentos descrevia não só os apelos emocionais do palco popular, mas também o espetáculo da praça de leilões de escravos.[29]

Personagens negros raramente apareciam como heróis ou heroínas no melodrama, exceto no drama moral de peças antiescravidão. Como ditado pela convenção, a escravidão era encenada como o choque entre vilania e virtude. "O mal muito perigoso" da escravidão e, em particular, os crimes do tráfico de escravos eram bem adequados para o palco do melodrama. O crime do tráfico era visto como um crime do coração — "os ultrajes de sentimentos e afetos". (Por exemplo, o professor E. A. Andrews, em seu tratado sobre o tráfico de escravos, defendeu a abolição alegando que "as relações domésticas eram a origem de toda virtude e, como consequência, de toda a felicidade da sociedade, e tudo que seja inconsistente com a perpetuidade dessas relações deve imediatamente, em todos os lugares e para sempre, cessar".[30] O crime contra a virtude perpetuada na separação das famílias ofendia o sentimento e facilmente transformava os crimes da escravidão em temas do melodrama. Quando se consideram os crimes da escravidão, o teatro popular é tão central quanto o tribunal.) A virtude, em perigo e não reconhecida, posicionava os escravos como inocentes mantidos cativos pela instituição perniciosa, e a negritude era o emblema dessa inocência torturada. O melodrama fornecia o enquadramento dramático que tornava a experiência da escravidão significativa nos termos antinomianos da imaginação moral. O poder emocional da linguagem essencial do melodrama do bem e do mal armava o dissenso antiescravista com a força do direito e poder morais. O discurso abolicionista compartilhava da obsessão do melodrama: virtude, virgindade e santidade da família. Afinal, o que era o jugo de escravizados acorrentados senão um drama da vida moral acompanhado pelo som dos violinos? As descrições de Rankin e outros observadores do século 19 representaram o tráfico e o jugo de escravizados acorrentados no estilo do tableau melodramático — o momento congelado em que gestos e atitudes tomam a forma de emblemas morais.[31] Acabados, "carregados de correntes" e conduzidos por "desgraçados insensíveis", os escravos estão mudos enquanto sua música transmite a mensagem de angústia. A canção se torna o emblema da opressão, e nessas canções a tristeza era tão palpável, e também inefável, quanto as correntes que prendiam a carne.

Os melodramas continham igualmente o entretenimento dos espetáculos de menestréis. As travessuras dos crioulinhos da plantation proporcionavam leviandade em meio à catástrofe. Geralmente, representações da negritude eram restritas ao estoque de personagens "crioulos" ou tipos de comédia baixa, com exceção do mulato trágico e do escravo dignificado, patético e sofredor.[32] Nos dramas antiescravidão, heróis e heroínas escravos sitiados complementavam, em vez de substituir, a fanfarra crioula. Ironicamente, a manutenção das fronteiras raciais ocorria por meio do uso da máscara de *blackface* ou da exibição de corpos raciais tragicamente bifurcados. Por exemplo, no caso de *A cabana do Pai Tomás*, a gramática do sentimento e a retórica dos espetáculos de menestréis preparavam o palco para uma performance da escravidão que unia crueldade e festividade.[33] A política abolicionista, aliada a técnicas de *blackface*, criava um retrato ambivalente da escravidão que denunciava a instituição suplementando a variedade do catálogo de crioulinhos dos espetáculos de menestréis.

A negritude era uma farsa tanto no melodrama quanto nos espetáculos de menestréis, uma vez que os papéis dos sujeitos negros do melodrama eram usualmente desempenhados por atores brancos de *blackface*.[34] Semelhante à máscara da negritude no palco dos menestréis, a máscara negra no melodrama era ambivalente e contraditória. Verdade e virtude eram manifestadas em gesto, expressão e comportamento, e o corpo deveria ser lido como uma alegoria ética; entretanto, o melodrama também manipulava a disparidade entre substância e superfície. Os prazeres da duplicidade eram inextricavelmente ligados aos seus perigos. O melodrama explorava os prazeres e perigos da caricatura racial em histórias de mestiços quartões e oitavões angustiados. Figuras mulatas, geralmente mulheres, representavam uma crise da legibilidade racial e, ao mesmo tempo, tornavam a negritude mais palatável. A disparidade entre identidade e aparência contribuía com a aflição do herói ou heroína e com seu desfecho, em geral trágico. Nesses dramas morais, a batalha entre o bem e o mal era travada no local do corpo negro torturado e casto: o sofrimento anunciava a virtude. O corpo acorrentado e espancado de Tomás proclamava sua santidade; a autoimolação de Zoe transmitia seu grande amor e humildade. Enquanto isso, personagens negros guardando impressionantes semelhanças com Zip Coon, Jim Crow e Coal Black Rose, o trapalhão, leal e infantil Sambo e prostitutas dos espetáculos de menestréis forneciam o pano de fundo cômico (negro) do triunfo da virtude.

   A negritude em *A cabana do Pai Tomás*, *The Escape* [A fuga], *Dred* e *The Octoroon* também foi delineada por malandragens crioulas — mentir, vadiar, roubar e dançar o *breakdown*. Mesmo santificada, a performance do Pai Tomás era embelezada pelos espetáculos de menestréis.[35] A convergência entre a estrutura sentimental do abolicionismo e a estrutura do discurso pró-escravidão era evidenciada nas produções teatrais de *A cabana do Pai Tomás*. Pai Tomás cantava uma versão de "Old Folks at Home", uma canção popular dos espetáculos de menestréis composta por Stephen Foster, e mesmo "Uncle Tom's Religion" guardava um ar dos menestréis. A letra de "Old Folks at Home"[36] é um exemplo claro disso:

Bem abaixo do rio Swanee,
Longe, longe,
É aí que meu coração tá ficando embriagado,
É aí que os velhos ficam.
Pra cima e pra baixo de toda a criação,
Infelizmente eu ando por aí,
Ainda com saudades da velha fazenda
E dos velhos em casa.
Todo o mundo tá triste e amuado,
Todo lugar por onde eu ando por aí,
Oh! Crioulada, como meu coração fica cansado
Longe dos velhos em casa.*

Trapaceiros dissimulados, tolos e prostitutas também povoavam o palco do melodrama. Movimentos extravagantes dos pés, floreios sexuais, disparates e enganos eram acompanhados por golpes que imobilizavam o corpo e devolviam o transgressor/dissimulado para o lugar dele. No palco, Topsy, como o Pai Tomás, era uma grande atração. A plateia apreciava cenas de inocência sofredora, vilania aterrorizante, mortes de partir o coração e o triunfo da virtude, além dos atos obscenos e ultrajantes dos menestréis, se não mais. Episódios de chorar eram seguidos por gargalhadas estridentes. A figura ameaçada e sofredora do melodrama e os perigos dos domínios corporais inferiores agraciavam o desejo da plateia de testemunhar e experimentar o proibido e o reprimido. O uso indiscriminado do corpo negro possibilitou o prazer do terror e o terror do prazer. Nesse enquadramento, sofrimento e confusão eram complementares.

As convergências entre a política corporal dos espetáculos de menestréis e a dos melodramas estão concentradas, pode-se dizer,

---

* No original: *Way down upon de Swanee ribber,/ Far, far away,/ Dere's wha my heart is turning ebber,/ Dere's wha de old folks stay./ All up and down de whole creation,/ Sadly I roam,/ Still longing for de old plantation/ And for de old folks at home./ All de world am sad and dreary,/ Ebry where I roam,/ Oh! Darkeys how my heart grows weary/ Far from de old folks at home.* (N.T.)

no uso redentor e recreativo da violência.[37] Certamente, a vingança disciplinar da farsa exercida nos espetáculos de menestréis reproduzia a sujeição negra, embora acompanhada de risadas.[38] No palco dos menestréis, as inversões cômicas, o humor obsceno e a satirização de hierarquias de classe operavam, entretanto, nos confins do tolerável, particularmente porque essa transgressão da ordem ocorria com a reprodução do status abjeto da negritude. Ainda que as dinâmicas de "romance e repulsa", pegando emprestados os termos de Eric Lott, possibilitassem atos de transgressão autorizados pela máscara de *blackface*, a negritude era policiada por meio do escárnio, do ridículo e da violência. No fim, os devaneios brancos e as façanhas transgressoras facilitadas pelo uso do *blackface* acabaram restaurando os termos raciais da ordem social.[39] As transgressões e as estruturas de identidade mais soltas propiciadas pela máscara de *blackface* fortaleceram, por sua vez, uma recepção repressiva e restritiva da negritude, elástica o suficiente para permitir uma autoexploração branca, mas relutante em transgredir os parâmetros estabelecidos para manter as hierarquias raciais. Os espetáculos de menestréis zombavam da alta cultura e cultivavam um senso comum de branquitude apenas para reforçar o status subjugado dos negros. Articulavam uma consciência da classe trabalhadora branca, escreve David Roediger, "ao racializar mais o conflito do que articular diretamente as queixas de classe".[40] O maniqueísmo no coração dos espetáculos de menestréis era a divisão entre raças. As aparentes transgressões da linha de cor e a identificação forjada com a máscara de *blackface* por meio da aversão e/ou desejo acabaram servindo para reforçar as relações de domínio senhorial e servidão. "Longe de ser uma união fracassada entre trabalhadores negros e brancos", observa Michael Rogin, "os espetáculos de menestréis realizavam o sonho jacksoniano de aliar as classes populares do Norte ao trabalho escravo."[41] Não surpreende que as relações de domínio senhorial e servidão, que determinavam o sentido da identidade branca, o caráter da cidadania, a noção de pessoa e o escopo de direitos e prerrogativas, também fossem essenciais para as formações do prazer pré-guerra.[42]

A nostalgia da plantation nos espetáculos de menestréis devolvia Jim Crow* ao seu lar feliz e afirmava a instituição da escravidão em cenas venturosas e canções dos ex-escravizados de me-leve-de-volta--pra-velha-fazenda. Somente a punição aguardava aqueles que entretinham tolas aspirações de ser como os homens brancos.⁴³ Canções como "Away Down Souf", "My Old Kentucky Home" e "Old Folks at Home" celebravam as glórias do Sul e o desejo de retornar à plantation de origem onde "a flor da espiga de milho e a cana-de-açúcar crescem". A renomada "Massa's in de Cold Ground", de Stephen Foster,⁴⁴ era repleta de um sentimentalismo nostálgico da plantation:

> O sinhô fez os crioulos amarem ele, porque ele era muito gentil
> Agora eles choram com tristeza sobre ele, de luto porque deixou eles pra trás
> Não posso trabalhar antes de amanhã, porque as lágrimas não param de cair
> Tento afastar a minha tristeza, tocando o meu velho banjo.**

A mais famosa dessas pastorais sulistas era "I Wish I Was in Dixie's Land", de Dan Emmett, escrita na primavera de 1859. Anos depois, Emmett, esclarecendo a origem e a autoria da melodia, declarou que "'Dixie' não é nada além de uma melodia simples com palavras da fazenda cuja trama retrata um negro que se sente deslocado no Norte e que, pensando em seu antigo lar no Sul, é levado a exclamar, nas palavras da música — 'Quem me dera estar no Dixie'".⁴⁵ O desejo e a substância dessa simples melodia, como sucintamente delineado por Emmett, consistiam em devolver o negro ao seu lugar adequado, o que

---

* Expressões como "as leis de Jim Crow" ou "a época de Jim Crow", ou simplesmente "Jim Crow", entre outras variações, se referem ao conjunto de normas legais estatais e locais, vigentes no sul dos Estados Unidos entre os séculos 19 e 20, que conformaram o regime de segregação racial depois da abolição da escravidão e perduraram variavelmente até 1965. O nome Jim Crow remonta a um personagem teatral, desenvolvido e promovido mais notoriamente por Thomas Dartmouth Rice, por meio do uso do *blackface*, apresentando desde 1828 a canção "Jump Jim Crow" e outros números em espetáculos de menestréis, conforme uma significativa linhagem de representações racistas e estereotipadas dos afro-americanos. (N.T.)

** No original: *Massa made de darkeys love him, cayse he was so kind/ Now de sadly weep above him, mourning cayse he leave dem behind./ I cannot work before tomorrow, cayse de tear drops flow/ I try to drive away my sorrow, pickin on de old banjo.* (N.T.)

traz à mente a observação de George Frederickson de que, no mundo pré-guerra, o "bom negro" estava sempre em seu lugar e o "preto ruim", fora dele.[46] Por extensão, essa lógica de retorno e de lugar adequado também pode ser aplicada a canções como "Loozyanna Low Grounds", "De Ole Jaw Bone", "De Floating Scow of Ole Virginia" e outras canções me-leve-de-volta que rememoram os velhos tempos na fazenda, lamentam a separação da família e do lar como resultado da mudança para o Norte e proclamam um desejo fervoroso de voltar para as senzalas.[47] O sentimento de me-leve-de-volta é iluminado pela seguinte estrofe de "I'm Going Home to Dixie",[48] escrita por Dan Emmett em 1858:

> Há uma terra onde cresce algodão, uma terra onde leite e mel fluem
> Tô indo pra casa, pro Dixie! Sim! Tô indo pra casa.
> Não tenho tempo a perder, não tenho tempo pra ficar.
> É uma estrada difícil pra viajar, até Dixie, muito longe.
> Eu vaguei de um lado pro outro
> Mas o paraíso de Dixie tá aqui embaixo
> Eu tô indo pra casa.
> Ó escute o que tenho pra dizer
> A liberdade pra mim nunca vai valer a pena!
> Eu tô indo pra casa.
> Na Terra de Dixie os campos florescem
> E os homens de cor têm sala de boas-vindas
> Eu tô indo pra casa.
> Vou proclamar em alto e bom som por muito tempo
> Eu amo o velho Dixie, certo ou errado.
> Eu tô indo pra casa.*

---

* No original: *There is a land where cotton grows, a land where milk and honey flows/ I'm going home to Dixie! Yes! I'm going home./ I've got no time to tarry, I've got no time to stay./ 'Tis a rocky road to travel, to Dixie far away./ I've wander'd far both to and fro'/ But Dixie's heaven here below/ I'm going home./ O list to what I've got to say/ Freedom to me will never pay!/ I'm going home./ In Dixie Land the fields do bloom/ And color'd men have welcome room/ I'm going home./ I will proclaim it loud and long/ I love old Dixie right or wrong./ I'm going home.* (N.T.)

As representações da escravidão apresentadas nos espetáculos de menestréis criavam uma pastoral da plantation na qual os "pretos dança[vam] alegremente".[49] Mesmo peças e cantos sentimentais que exploravam questões de separação sugeriam que a perda da família e dos amigos eram resultados da escolha de Cuff ou Sambo.*

Os espetáculos de menestréis resolviam dramaticamente a tensão entre dominação e intimidade ao recorrer a tropos sentimentais de reciprocidade, domesticidade, amor e parentesco. Como os divertimentos orquestrados do senhor, os espetáculos de menestréis elaboravam e fixavam a negritude em uma apresentação teatral violenta e celebratória. As chicotadas eram para os espetáculos de menestréis o que as lágrimas eram para o melodrama. Se ações corporais grotescas como revirar os olhos, mostrar a língua, fazer gestos obscenos, arrastar os pés, entre outras, animavam o corpo, os golpes o investiam de significado. Espancamentos e pancadas restabeleciam o lugar adequado daqueles que desafiavam as fronteiras raciais e de status. As vãs aspirações de Zip Coon e a autopromoção inepta de aspirantes a lutadores como Jim Dandy eram a fonte do ridículo. Peças como *Oh, Hush!* [Oh, silêncio!] e *Old Zip Coon* [O velho Zip Coon] e canções como "Dandy Jim from Caroline", "Pompey Squash", "Jim Along Josey" e "High Daddy" zombavam dessas pretensões.[50] Na mesma linha, personagens como Sambo Johnson, Doutor Quash ou 'Meriky, um catálogo de tipos de pessoas de cor, posa-

---

* Neste e no próximo parágrafo, de modo mais condensado, assim como em outros momentos do livro, Hartman menciona diversos personagens de espetáculos de menestréis e outras formas culturais de entretenimento popular (como canções associadas aos menestréis ou caricaturas, por exemplo), tais como Sambo, Zip Coon, Jim Dandy etc., marcados pelas representações racistas dos negros que mobilizam e consagram. Frequentemente interpretados por meio de *blackface*, tais personagens são compostos por meio de estereótipos ambivalentes de inferioridade e malícia; sujeira e asseio; deficiências físicas ou intelectuais; esperteza enganadora e capacidade física; subserviência natural e desobediência a ser punida. Sambo pode ser associado a uma noção de subserviência alegre dos negros à escravização e à dominação racial. Zip Coon, por sua vez, representa a recusa ao trabalho, o desprezo às responsabilidades e a entrega à preguiça e ao desleixo. Já Jim Dandy ou Dandy Jim, entre outras variações, é uma representação de cuidados com a aparência e asseio excessivos e fora de lugar, recorrentemente traídos por uma suposta natureza de inferioridade, impureza e sujeira. (N.T.)

vam de superiores e, mais importante, se esforçavam para ser algo maior do que eram e desafiavam a lógica racista de lugar adequado. No fim, entretanto, essas aspirações vãs eram punidas e os negros retornavam aos seus devidos lugares.[51] Sempre que Zip Coon saía do seu lugar, ele era brutalmente obrigado a voltar. Quando 'Meriky se converteu ao episcopalismo, ela foi espancada por seu pai até recuperar os sentidos e declarar que era uma "batista de águas profundas". Doutor Quash, o médico impostor e mutilador, é espancado, assassinado, ressuscitado e forçado a andar por um corredor da morte.[52] Seu nome por si só evidencia a ligação inextricável entre construção da negritude e violência. (Quashie era o nome genérico dado a uma pessoa negra ou escrava, "especialmente aquela considerada crédula ou insignificante".)[53] O pretenso letramento de Sambo Johnson e a exibição bufônica de habilidade e aprendizado são recompensadas com um humilhante desmascaramento e chicotadas de Cuff. Dessa forma, as duplicidades e as pretensões eram conduzidas aos limites aceitáveis do social. Essas performances de negritude regulavam o excesso que eles conjuravam com a ameaça de punição e humilhação pública.

As pretensões de alta cultura e de boas maneiras da sociedade eram satirizadas com o foco na bufonaria negra e nas aspirações ridiculamente impossíveis de negros procurando melhorar a si mesmos — isto é, posando de superiores e tentando ser brancos. De acordo com os princípios dos espetáculos de menestréis, a única ambição adequada para os negros era "mostrar a ciência dos seus sapatos".[54] "High Daddy"[55] zombava das aspirações de ser branco e, nesse caso, livre, de uma forma mais direta:

Eu conheci um crioulo e o nome dele era Joe,
Conheci High Daddy de manhã.
Eu sabia que era, pois uma vez ele me disse isso;
Conheci High Daddy e não vou mais, não vou mais pra casa.
Ele costumava capinar e cavar a terra toda,
Conheci High Daddy de manhã.
Mas agora ele diz que trabalho é contrabando.

Conheci High Daddy e não vou mais, não vou mais pra casa.
Ele bebeu leite desnatado de manhã até a noite,
Eu conheci...
Alguém disse que isso deixaria ele branco;
Eu conheci...
Mas deixe ele beber até se fartar,
Eu conheci...
Ele está confinado a ser sempre um crioulo!
Eu conheci...*

"Confinado" a ser um crioulo, seja escravo, contrabandista ou livre, delineia o próprio nexo dessa economia do gozo. O confinado corpo negro, permanentemente fixado em seu lugar, desperta um prazer não apenas decorrente da bufonaria e do grotesco de Cuff, Sambo e Zip Coon, mas, acima de tudo, dos próprios mecanismos de localização coercitiva; é um prazer obtido da segurança do lugar e da ordem e predicado na escravidão de bens móveis. O *blackface* reencenava a captura e a posse do corpo negro para o uso e o gozo alheios. A cultura de identificação inter-racial facilitada nos espetáculos de menestréis não pode ser separada das relações da escravidão de bens móveis.

De maneira esmagadora, o uso da máscara de *blackface* reiterou a sujeição racial, por mais que muito dessa sujeição possa ter oferecido um veículo libertador para a consciência da classe trabalhadora branca ou um senso de integridade e totalidade brancas produzida pelo policiamento das fronteiras raciais.[56] No *blackface*, assim como em outros âmbitos na sociedade pré-guerra, a construção da branquitude ocorria, em larga medida, por meio da dominação violenta e da humilhação dos negros. A integridade ilusória da branquitude

---

* No original: *I know a darkie and his name it was Joe,/ I met High Daddy in the morning./ I know'd it was, for he once told me so;/ I met High Daddy and I wont go home any more, any more./ He used to hoe and dig up all the land,/ I met High Daddy in the morning./ But now he says that work is contraband./ I met High Daddy and I wont go home any more, any more./ He drank skimm'd milk from morn 'till night,/ I met.../ Somebody said that it would make him white;/ I met.../ But let him drink until he gets his fill,/ I met.../ He always bound to be a darkie still!/ I met...* (N.T.)

foi facilitada pela atração e/ou antipatia à negritude e, em última análise, era dependente do uso e da posse do corpo negro. A apropriação do afeto de Sambo, o gracejo e a ostentação do *blackface* e a consequente identificação da plateia com a máscara dos menestréis proporcionaram à branquitude uma coerência e uma integridade ilusórias dependentes das relações de domínio senhorial e da servidão (e da posse de um corpo figurativo de negritude), seja para incitar paixões abolicionistas ou cultivar a consciência da classe trabalhadora branca.

Tanto os espetáculos dos menestréis quanto o melodrama (re)produziam a negritude como uma expressão essencialmente aflita das possibilidades do corpo. Paradoxalmente, subterfúgios e artifícios raciais reiteraram definições absolutas e repressivas da negritude. Os prazeres punitivos produzidos pela posse figurativa dela não podem ser desvinculados das políticas corporais da escravidão de bens móveis. A negritude permitiu, se não encorajou, explorações proibidas, associações com tabus, atos imodestos e prazeres obscenos. O terror do prazer — a violência que sustentava o momento cômico nos espetáculos dos menestréis — e o prazer do terror — a força do mal que impulsionava a trama dos melodramas e fascinava o espectador — associou o jugo de escravizados acorrentados, a praça de leilões, o palco popular e as recreações da plantation em uma escandalosa igualdade. Em cada um desses locais de performance, o sofrimento foi transformado em prazeres saudáveis. Como Zoe, a heroína de *The Octoroon*, imaginou: "Nossa raça pelo menos tem uma virtude — sabe como sofrer!".[57]

O JUGO DE ESCRAVIZADOS ACORRENTADOS

Ao observar uma lúgubre procissão de escravos sob o "peso das correntes", cantando um "pequeno hino selvagem de uma melodia doce e lúgubre", caminhando em direção ao mercado, George Tucker só conseguia imaginar: "Qual crime eles cometeram? E qual será sua punição?".[58] Atônitos pela incongruência da exibição, também somos levados a imaginar como doces hinos selvagens e crimes coexistem, se a origem do teatro estadunidense se encontra em uma cena primeira de tortura há muito tempo não lembrada e se a canção carrega o traço da punição. A ostentação do tráfico, a demonstração descarada da brutalidade do mercado, a justaposição entre tristeza e alegria e a separação de famílias representam o status declarado do tráfico como o traço mais horrível da instituição da escravidão.[59] O jugo de escravizados acorrentados era descrito pelos observadores do século 19 como uma Passagem do Meio doméstica, uma pirataria, um mal importante e, mais frequentemente, um crime. George W. Featherstonhaugh, embora revoltado com o jugo de escravizados acorrentados, não pôde deixar de exclamar que aquele era "o espetáculo mais impressionante já testemunhado". A indecência daqueles algemados e presos destinados à venda e sendo obrigados a cantar "Old Virginia Never Tire", um canto menestrel, nada menos, acompanhados por um banjo, inspirou sua incredulidade e seu espanto. Embora a procissão do jugo de escravizados acorrentados, nas palavras de Featherstonhaugh, fosse "repugnante" e "hedionda", a marcha do desespero, obviamente, não deixou de ser festiva. Como Featherstonhaugh observa, os condutores de escravos, cientes da disposição destes ao motim, "se esforçam para mitigar o descontentamento alimentando-os bem durante a marcha e encorajando-os a cantar 'Old Virginia Never Tire' ao som do banjo". Uma vez que o "pobre negro escravo é naturalmente um animal alegre e risonho, e mesmo quando acorrentado, conduzido à selvageria, se ele é bem alimentado e tratado com bondade, é raro que fique melancólico", as histórias animadas, as laranjas e o açúcar que podiam ser obtidos alcançavam seus fins e resultavam em uma docilidade singular.[60]

Embora esse "espetáculo melancólico" tenha despertado a aversão e a simpatia de Featherstonhaugh, importa aos meus propósitos a transição da exibição "repugnante" e "hedionda" para o riso alegre do negro, que parece ser evocado e não situado no interior do espetáculo, ou a transição da repulsa para o romance. Embora Featherstonhaugh reconheça definitivamente que o condutor instiga o canto e apresente fartos detalhes da cena hedionda, ele sugere que os escravizados estão animados e contentes, baseando-se em suas reflexões sobre o caráter negro e a ânsia mínima do escravo por conforto animal — comida suficiente, tratamento gentil e cordialidade. A incongruência inicialmente atribuída ao espetáculo não é menos marcada nas avaliações divergentes feitas por Featherstonhaugh. Ele tanto condena o revoltante e hediondo como projeta conforto e alegria, e, como resultado, a própria cena medonha é apartada dos personagens acorrentados. Apesar da aversão inicial que o jugo de escravizados acorrentados induzia, o espetáculo melancólico permanece a uma distância emotiva e contemplativa, e reflexões sobre o caráter negro substituem o hediondo por aquilo que entretém. Isso é ainda mais perturbador precisamente porque essa cena representa os sentimentos abolicionistas de Featherstonhaugh. A fixação no conforto e na satisfação não é indiferente ao sofrimento, e Featherstonhaugh acaba conciliando os dois por meio de especulações sobre o caráter negro e o conforto animal. O olhar passa do espetáculo para recessos internos de sentimento e desejo enquanto ele sonda o substrato emocional que reside no "pobre escravo", mas essa entrada silencia o choque da cena e mitiga sua incomensurabilidade chocante com a sugestão de contentamento.

 A associação entre canção e sofrimento levanta uma série de questões que excedem a fascinação ou a desaprovação incitada pela justaposição aparentemente inquietante do festivo e do obsceno. Acima de tudo, entre essas questões está o espinhoso status do prazer, considerados os usos instrumentais, a instabilidade ou ambivalência da agência e a fusão/mistura de dor e prazer em vários locais de divertimento, incluindo a exibição de escravos na praça de leilões, no palco popular e no *breakdown* das senzalas. As afiliações entre esses diversos locais de performance delineiam a problemática do gozo, em que o prazer é inseparável da sujeição, a vontade se confunde com submissão e a integridade corporal é vinculada à violência. As observações de Tyrone Power, um viajante irlandês que esteve nos Estados Unidos na década de 1830, são reveladoras nesse aspecto. Ao encontrar uma caravana de cinquenta a sessenta escravos indo em direção ao sudoeste com seus donos, Power conjecturou: "A julgar pelo seu comportamento e regozijo barulhento, apesar da grande fadiga e constante exposição, o negócio era conduzido em uma espécie de espírito festivo, não justificado de modo algum por sua aparência seminua miserável".[61] Se o espírito festivo era, como Power afirma, injustificado, dadas a miserável aparência e a condição deplorável dos escravizados, isso nos leva a interrogar de quem é o prazer que está sendo considerado no lugar de tais encontros — o prazer dos observadores ou daqueles que estão acorrentados? Qual é a relação entre canção e sofrimento nesse desfile miserável?

Quando Abraham Lincoln encontrou um jugo de escravos acorrentados a bordo do barco a vapor *Lebanon*, a caminho de St. Louis, ele foi levado a considerar "o efeito da condição sobre a felicidade humana", e não o crime do tráfico ou a angústia daqueles homens:

> Um cavalheiro tinha comprado doze negros em diferentes partes de Kentucky e os conduzia a uma fazenda no Sul. Estavam acorrentados de seis em seis. Havia uma forquilha de ferro em redor do pulso esquerdo de cada um, unida à corrente principal por uma corrente mais curta, numa distância conveniente dos outros, de maneira que os negros fossem acorrentados juntos como muitos peixes em uma linha de pesca. Nessa condição eles foram separados das cenas de sua infância, de seus amigos, de seus pais e mães, irmãos e irmãs, e muitos deles, de suas esposas e filhos, conduzidos para a escravidão perpétua em que o chicote do senhor é, proverbialmente, mais impiedoso e implacável do que em qualquer outro lugar; no entanto, em meio a todas essas circunstâncias angustiantes, como poderíamos pensar, eles são as criaturas mais animadas e aparentemente felizes a bordo. Um homem que havia sido vendido por causa da ofensa que causara ao demonstrar excesso de afeto pela esposa tocava violino quase sem parar; e outros dançavam, cantavam, contavam piadas e jogavam variados jogos de cartas dia após dia. Quão verdadeiro é que "Deus alivia o vento ao cordeiro sem lã" ou, em outras palavras, torna tolerável o pior da condição humana, permitindo que o melhor não seja nada além de tolerável.[62]

As observações de Lincoln sugerem que cantar, dançar e jogar tiravam o crédito de toda e qualquer alegação de sofrimento. A disposição animada dos escravizados não apenas demonstrava a propensão da natureza deles ao estado de escravidão, como também permitia refletir sobre a adequação da condição humana. Lincoln supõe, com base nessa cena, que o pior da condição humana espelha o melhor ao ser simplesmente suportável. Quais são as dimensões desse investimento e dessa fixação com o gozo negro? O encontro com o sofrimento negro seria simplesmente uma oportunidade para a autorreflexão branca? Falando de maneira mais ampla, a elasticidade da negritude possibilita seu emprego como um veículo de exploração da condição humana, embora ironicamente essas reflexões sejam completamente indiferentes à condição violada do receptáculo da canção.

A utilidade do que Toni Morrison descreveu como "persona africanista" reside nessas capacidades reflexivas ou figurativas, que possibilitam tais ruminações sobre a existência, bem como explorações sobre medo e desejo.[63] Não é surpreendente ou incomum que a miséria (e a exibição incongruente) do jugo de escravizados acorrentados leve à reflexão sobre a condição humana; é notável a forma como a violência é neutralizada, e aquilo que choca, prontamente assimilado ao ordinário, ao cotidiano, ao suportável, ao tolerável. A reflexão atua no sentido de normalizar a presença da violência ao caracterizá-la no interior do contexto daquilo que é socialmente suportável e ao deslocar a cena do desespero para uma cena de contentamento. O sofrimento denota a capacidade de suportar uma situação terrível com paciência, de aguentar uma aflição de longa data, de não ser afetado pela perda, de abraçar uma condição degradada e, ao que parece, festejar na miséria. Notavelmente, os recursos emocionais, as necessidades animais e as limitadas afeições dos escravizados são convocados para explicar esse deslocamento.

A extensão liberal do sentimento àqueles acorrentados como um rebanho de gado ou amarrados como peixes em uma linha de pesca serve apenas para apagar a violência e circunscrever a senciência dos cativos por meio de atribuições de contentamento ou avaliações do suportável. Como relatado, ou os sentimentos deles parecem injustificáveis em razão de sua condição — espírito festivo par a par, de modo incongruente, com uma condição quase miserável e degradada —, ou essa alegria proverbial, incapacidade de sentir dor e sensibilidade embotada os tornaram especialmente adequados à escravização. O próprio esforço para abordar o dilema da escravidão culmina em um reconhecimento seletivo da senciência que apenas reforça as amarras da sujeição. Certamente, as percepções de sentimento de Lincoln harmonizam a escravidão de bens móveis com as verdades da condição humana. A fim de compreender a disposição dos escravizados, Lincoln basicamente os compara a si mesmo na abordagem da condição humana. O caráter assimilativo da empatia pode ser responsabilizado em parte por isso, pois a identificação supera a proximidade ou a disponibilidade para os outros, essencial à conduta ética, e a violência dessa obliteração e assimilação não é menor, embora de caráter diferente, do que a antipatia racista que só consegue ver o escravizado como objeto e como um outro desumanizado. Aqueles acorrentados uns aos outros não documentam as disparidades da condição humana ou, mais obviamente, a violação da liberdade natural, nem fazem Lincoln refletir sobre as liberdades e prerrogativas das quais ele goza, mas apenas fornecem uma oportunidade para a autorreflexão e para uma digressão narrativa no interior de uma carta que, do contrário, seria "mais maçante e boba". A separação de pais e filhos, o chicote, os pequenos ferros que prendem os escravizados como muitos peixes em uma linha de pesca, senhores impiedosos e o resto, apesar das condições angustiantes nas quais "nós" podemos imaginá-los, parecem ter pouco efeito sobre essas criaturas aparentemente felizes. Cantos, piadas e danças transformam as condições degradantes em uma exibição conspícua e aparentemente convincente de contentamento. Esse reconhecimento circunscrito da humanidade negra se torna em si mesmo um exercício de violência.

No momento, basta dizer que tal indulgência na canção, frequentemente provocada pelo açoite do chicote, não refletia uma acolhida da escravidão, tampouco uma unidade de sentimento, mas uma articulação velada das condições extremas e paradoxais da escravidão, frequentemente confundida com disparate ou alegria. Como Frederick

Douglass observou, essas canções aparentemente sem sentido e incoerentes, apesar de difícil compreensão para aqueles dentro e fora da roda da escravidão, revelavam mais sobre os horrores da instituição do que tomos de filosofia.

Embora mais adiante empreenda uma discussão mais abrangente sobre as políticas da produção cultural, aqui eu quero enfatizar a complexidade e a opacidade da canção negra e a dificuldade de esclarecer, com qualquer grau de certeza ou segurança, as políticas da canção e da performance escravas quando dissolução e reparação conspiram entre si e o terror é unido ao gozo. O meu compromisso, seguindo o caminho traçado por Douglass e W. E. B. Du Bois, gira em torno das mensagens veladas e semiarticuladas contidas na canção, ou, para citar Paul Gilroy, das políticas de uma frequência mais baixa e das "indizíveis reivindicações pela verdade" que nunca podem ser comunicadas.[64] A tarefa não é escavar o sentido definitivo da canção ou da dança nem ler a canção como uma expressão do caráter negro, como era comum entre os etnógrafos do século 19, mas dar total atenção à opacidade desses textos compostos nos confins do terror e da brutalidade e nos momentos fugazes de indulto. Em vez de considerar a canção negra como um índice ou espelho da condição escrava, essa investigação enfatiza o significado da opacidade precisamente como aquilo que permite algo além dos divertimentos orquestrados dos escravizados e que perturba as distinções entre alegria e tristeza, labuta e lazer. Porque essa opacidade — o caráter subterrâneo e velado da canção escrava — deve ser considerada em relação à imposição da transparência e à hipervisibilidade degradante dos escravizados. Da mesma forma, tal dissimulação deve ser vista como uma forma de resistência, uma recusa de formas legíveis de tratamento. Como Glissant aconselha: "A tentativa de se aproximar de uma realidade tão escondida das nossas vistas não pode ser organizada em termos de uma série de esclarecimentos".[65] O direito à obscuridade ou opacidade precisa ser respeitado, pois a "ferida acumulada", os "sussurros ásperos no fundo da garganta", as notas selvagens e os gritos entalados confundem a expressão simples e, da mesma forma, resistem às atribuições predominantes de gozo negro.

NEGANDO AS ALEGAÇÕES DE DOR

Para aqueles forçados a se "mostrar bem dispostos", a festa do tráfico e a ostentação do jugo de escravos acorrentados se destinavam a encobrir a violência do mercado e negar a tristeza daqueles que eram vendidos e de suas famílias. Ao negar a dor, essas exibições extravagantes eliminavam a distinção entre submissão e obstinação. Essa negação da dor dos cativos opera em inúmeros níveis, da simples negação à estipulação de um gozo excessivo.[66] Os termos dessa negação eram algo como: *Não, o escravo não está com dor. A dor não é dor de verdade para os escravizados por causa de sua senciência limitada, tendência a esquecer, vínculos de curta duração e tristeza facilmente consolável. Mais importante, o escravo é feliz e, de fato, sua felicidade excede a "nossa" própria.* O resultado dessa linha de pensamento: a aversão e o horror iniciais induzidos pela visão de corpos algemados e acorrentados dão lugar a reafirmações sobre o prazer negro.

Sellie Martin, que foi vendido aos seis anos de idade juntamente com sua mãe e sua irmã de dez anos, descreveu a "cena de partir o coração" quando o jugo de escravizados acorrentados partia para o mercado.

> Quando era dada a ordem para marchar, esta era sempre acompanhada pelo comando — que os escravos tinham de entender antes de deixar o "curral" — de "se mostrar bem dispostos", o que significava que eles deviam cantar uma canção. Ah! Que desgosto há nesses cantos rudes e simples! O propósito do comerciante, ao fazê-los cantar, é prevenir entre as multidões de negros que costumam se reunir nessas ocasiões qualquer expressão de tristeza por aqueles que estão sendo arrancados deles; mas os negros, que têm pouquíssima esperança de voltar a ver aqueles que lhes são mais queridos do que a própria vida, que choram aos prantos e lamentam a separação, frequentemente transformam o canto exigido deles em um canto fúnebre de despedida.[67]

Ao transformar o canto em um canto fúnebre de despedida, a performance coagida se torna uma articulação velada da tristeza negada aos escravizados.

O relato de Martin sobre sua experiência encontra eco em William Wells Brown. Como assistente de um especulador, Brown preparava os escravos mantidos no curral para inspeção e venda. Com efeito, ele montava o cenário para a entrada dos compradores:

> Antes de serem expostos à venda, os escravos eram vestidos e levados para o pátio. Alguns eram postos para dançar, alguns para pular e outros para jogar cartas. Isso era feito para que eles parecessem animados e felizes. Minha função era verificar se estavam a postos nesses lugares antes da chegada dos compradores, e muitas vezes os coloquei para dançar com suas faces ainda úmidas de lágrimas.[68]

O relato de Brown sobre os rituais do mercado, como o de Sellie Martin, concebe a alegria artificial dos escravizados como um incentivo às negociações. Stephen Dickinson se lembrava de ter sido exibido pelas ruas durante uma hora por um leiloeiro que obrigara um escravo a carregar uma bandeira vermelha e outro a tocar um sino.[69] A alegria, nessa perspectiva, não é um índice das capacidades expressivas dos escravizados, mas um meio de agregar valor e um incidente de fungibilidade.

Ao contrário das nossas expectativas, a alegria articula os cálculos brutais do comércio. A autotraição encenada ao mostrar-se bem disposto e assistir com entusiasmo à venda de alguém ressalta as afiliações entre espetáculo e sofrimento. E, consequentemente, "diversão e brincadeira" se tornam veículos da autotraição e da sobrevivência do escravo.[70] Ao apresentar-se animado e "dar uma de esperto", o cativo ou cativa era o agente de sua própria dissolução.[71] O corpo do escravo, dançando e exposto, aparentemente revelava um conforto com a escravidão e uma disposição natural para a servidão. Aqueles que observavam o cantar e o dançar e as travessuras cômicas do leiloeiro pareciam se deleitar com a atmosfera festiva do comércio, atraindo espectadores que não tinham a intenção de comprar escravos. De acordo com Cato Carter: "Eles costumavam leiloar os pretos como se fossem gado e nós não pensávamos muito diferente disso [...]. Todo mundo gostava de ouvi-

-los leiloando os pretos. O leiloeiro era um palhaço, falava de um jeito engraçado e fazia todo mundo rir".[72] Catherine Slim se lembrava de ver um jugo de escravos acorrentados rumo ao Sul; alguns riam e outros choravam.[73] Mary Gaffney descreveu ironicamente a "diversão" do comércio como uma ocasião em que havia apenas "gritos e berros".[74] Outros, como James Martin, notaram a teatralidade coagida do comércio:

> E a gente vê outros sendo vendidos na praça de leilões. Eles são colocados em estábulos que parecem currais de gado e têm uma cortina, às vezes só um lençol na frente deles, de modo que os licitantes não possam ver o estoque antes da hora. O capataz fica do lado de fora com um grande chicote de cobra preto e um revólver pimenteiro na mão. Então eles puxam a cortina e os licitantes se aglomeram ao redor. O capataz informa a idade dos escravos e o que eles são capazes de fazer [...]. Depois o capataz faz eles atravessarem a plataforma. Faz eles saltarem, faz eles trotarem, faz eles pularem.[75]

Polly Shine se recordava de ter sido conduzida como gado para o mercado ao lado de outras pessoas:

> Nosso senhor colocava a gente na estrada na frente deles e eles ficavam em cima de cavalos atrás de nós enquanto a gente andava e eles acompanhavam e a gente tinha que andar direito, sem ficar pra trás, porque senão ele sempre tinha um chicote na mão pra bater na gente, menino! Quando ele acertava a gente nas pernas, a gente tinha que se apressar muito e eu não tô brincando.[76]

Fiel à forma, esse teatro do mercado unia a festa e a venda de corpos cativos. A distribuição de rum ou conhaque e os escravos dançando, rindo e em geral "mostrando-se bem dispostos" entretinham espectadores, dando sentido à frase "teatro do mercado". James Curry notou a disparidade entre a jornada até o mercado e a "amabilidade estudada" do escravo. Enquanto o jugo de escravizados acorrentados está sendo conduzido, nenhuma atenção é dada ao recato de sua aparência. Eles andam de cabeça descoberta e descalços, com qualquer trapo que conseguem encontrar enrolado no corpo. Mas o condutor tem em mãos roupas para eles vestirem assim que chegarem no mercado, e eles são obrigados a se arrumar com um cuidado estudado para serem expostos à venda.[77]

Os efeitos lubrificantes dos entorpecentes, a simulação dos bons tempos e o vaivém de corpos seminus em exibição — tudo atuava no sentido de incitar o fluxo de capital. A centralidade do divertimento para o comércio de escravos é confirmada por um artigo no *New Orleans Daily Picayune*:

> Os divertimentos raramente se mostram atrativos aqui a menos que a música seja trazida e acompanhada por outros incentivos para gastar dinheiro. Esse é um costume tão comum e tão bem compreendido que mesmo um leiloeiro mal consegue atrair um bom número de pessoas sem a ajuda de um homem com um tambor. Não nos sentimos pessoalmente responsáveis pelo caráter da música, mas é um fato solene que, para ascender no mundo, é necessário fazer um grande barulho.[78]

A variedade de prazeres lascivos era tão padrão para o comércio quanto untar corpos negros para criar uma aparência aprimorada e jovem. Esse espetáculo conciliava as verdades autoevidentes de uma ordem social liberal — liberdade, igualdade e propriedade — com a existência da escravidão racial por meio da representação forçada da indiferença e da orquestração de diversões. Como L. M. Mills afirmou: "Quando um negro era posto à prova, ele tinha de ajudar a se vender dizendo o que era capaz de fazer. Se ele se recusasse a se vender e se mostrasse mal-humorado, certamente seria despido e receberia trinta chicotadas".[79] Da mesma forma, essas exibições de excesso de gozo pareciam sugerir que a mesma lei natural que estabelecia a liberdade de todos os homens também autorizava a escravidão, uma vez que a inclinação natural dos escravizados era o bom humor e eles aparentemente suportavam circunstâncias horrendas com facilidade.

Contrapondo-se à intensidade desse riso estavam os lamentos dos escravizados. Dave Bryd lembrava que "quando um dos compradores adquiria um escravo, você ouvia muitos gritos e berros, pois eles não queriam deixar um ao outro [e] provavelmente porque nunca mais se encontrariam de novo".[80] A vergonha e a humilhação experimentada ao desfilarem e serem vendidos como gado no mercado, além de despidos em público, contrastam fortemente com as agitações festivas dos comerciantes. Ethel Dougherty observou que, nas vendas, as mulheres eram forçadas a ficar seminuas e de pé por horas enquanto multidões de homens broncos embriagados barganhavam por elas examinando seus dentes, cabeças, mãos e outras partes em intervalos frequentes para testar sua resistência.[81] De acordo com Edward Lycurgas, as mulheres escravizadas "sempre pareciam envergonhadas e dignas de pena naquela bancada com todos aqueles homens olhando para elas com seus pensamentos brilhando nos olhos".[82] Brilhando nos olhos, expresso em "propostas indecentes" e "perguntas nojentas", estava o poder, adquirido e gozado pelo proprietário, de usar as mulheres escravizadas a seu bel-prazer.[83] Millie Simpkins afirmou que, antes de serem vendidas, elas tinham de se despir totalmente, mesmo que se recusassem, e rolar no chão para provar que estavam fisicamente aptas e sem ossos quebrados ou ferimentos.[84] Geralmente, qualquer relutância ou recusa em se despir era punida com o chicote.[85] Quando a irmã de Mattie Gilmore, Rachel, foi vendida, obrigaram-na a tirar toda a roupa. Mattie lembrava-se de que chorara até não poder mais, embora suas lágrimas fossem inúteis.[86]

A simulação de consentimento no contexto de extrema dominação tinha por objetivo fazer o corpo cativo falar a verdade do senhor e refutar a miséria dos escravizados. Um aspecto-chave dos múltiplos usos do corpo era a facilidade com que era utilizado como arma contra os escravizados. Isso só pode ser comparado à tortura, que, como observado por Elaine Scarry, destrói a relação integral entre corpo e convicção.[87] Aqui, sem pressupor uma relação integral a priori, eu gostaria de destacar a desarticulação entre corpo e convicção, explorando as capacidades denotativas do corpo cativo. Em

Slave Life in Georgia [Vida de escravo na Geórgia], sua narrativa em discurso indireto, John Brown aborda esse abismo entre verdade e corpo ao elaborar o papel da violência e da ventriloquia no aumento do valor do escravo. Para desmistificar a simulada folia do negócio, ele descreveu com minúcia o curral de escravos de New Orleans, onde havia sido mantido:

> Os escravos são trazidos de todas as partes, de todos os tipos, tamanhos e idades, e chegam em vários estados de fadiga e moléstia; mas eles logo melhoram de aparência, pois são regularmente alimentados e têm muito o que comer. Assim que éramos acordados pela manhã, havia uma lavagem geral, os cabelos eram penteados, a barba era feita, os cabelos brancos eram arrancados e tingiam-se os cabelos daqueles muito grisalhos para que não ficassem calvos. Quando isso acabava — e não era uma tarefa leve — nós tomávamos café da manhã, comendo pão, bacon e café numa quantidade suficiente para que pudéssemos engordar e ficar com boa aparência. Bob então nos passava instruções sobre maneiras de nos mostrarmos [...]. A venda começava por volta das dez da manhã e ia até a uma, período em que éramos obrigados a ficar sentados em nossas respectivas companhias, prontos para a inspeção [...]. Depois da janta éramos obrigados a caminhar, dançar e vagar pelo terrão para nos exercitarmos; e Bob, que tinha uma rabeca, costumava tocar *jigs* para dançarmos. Se a gente não dançasse ao som de sua rabeca, então tinha de dançar ao som de seu chicote, então não é de se admirar que a gente usasse nossas pernas com tanta elegância, mesmo a música não sendo das melhores [...].
>
> Como a importância de "parecer no prumo" sob tais circunstâncias pode não ser prontamente compreendida pelos leitores comuns, posso também explicar que o preço que um escravo alcança depende, em grande medida, da aparência geral que ele ou ela apresenta a quem pretende comprá-lo. Um homem ou mulher podem ser bem talhados e fisicamente perfeitos em todos os aspectos, mas seu valor pode ser prejudicado por uma cara feia ou apática, um olhar vago ou uma apatia geral na conduta. Por essa razão, os pobres miseráveis prestes a ser vendidos eram instruídos a parecer "enérgicos e inteligentes": a se manterem eretos e a exibirem um semblante sorridente e alegre.

Quando se fala com os escravos, eles têm de responder rápido, com um sorriso nos lábios, mesmo com agonia no coração e as pálpebras tremendo. Eles têm de responder a todas as perguntas e fazer o que é exigido — dançar, pular, andar, saltar, agachar, dar cambalhota, girar —, para que o comprador possa ver que não têm juntas rígidas ou outro defeito físico [...]. Nenhuma palavra de lamentação ou angústia pode escapar deles; nem quando a ação é consumada eles ousam se despedir ou dar um último abraço.[88]

Um capítulo inteiro da narrativa é dedicado a detalhar as atividades do curral de escravos. Na maior parte, esse enorme esforço é despendido para desmistificar as artimanhas do comércio, sintonizando o leitor com a diferença entre o aparente e o real, narrando a repressão do "real" que se dá por meio dessa fantasia de escravos contentes — tingindo os cabelos, untando os rostos, enfeitando-se, emperiquitando-se, rindo, dançando, dando cambalhotas. Até agora, o que é familiar no relato de Brown é o uso do corpo contra o cativo para aumentar o valor da mercadoria e negar a angústia. A conspiração de aparências age no sentido de repudiar as alegações de dor. Brown desafia a legitimidade da escravidão, particularmente porque se baseia em tais exibições compulsórias de bom humor; cada detalhe do capítulo contraria o argumento da "disposição para a escravidão" e ansiosamente desmascara o prazer do cativo como um artifício do comércio.

Slave Life in Georgia "não se atreve — pelo bem da decência — a detalhar os vários expedientes a que recorrem os negociadores para testar a robustez de um escravo ou escrava". A robustez era uma forma de se referir aos cativos machos e fêmeas como incubadores e procriadores; como instrumentos de prazer, eles deveriam ser testados de maneira semelhante. Não havia limites para o que o mercado encorajava e permitia. Brown preferia se contentar com eufemismos e dissimulações ao delinear a "terrível imagem" daqueles que conviveram de forma íntima com a extração e a venda de suas capacidades. Os testemunhos do WPA são repletos de detalhes desses testes de robustez. Como um ex-escravo contou, a mulher exposta "tinha apenas um trapo em volta da cintura; seus seios e coxas ficavam aparecendo. O vendedor a virava e apalpava para mostrar como ela estava gorda e para apresentar seu estado geral. Eles também pegavam os seios dela e esticavam pra mostrar como era boa pra cuidar de criança".[89] As dimensões sexuais do gozo da propriedade escrava eram expressas em relação a questões de reprodução e nos preços obtidos pelas "garotas formosas".[90]

A venda de Sukie, como contada por Fannie Berry, uma companheira escrava, ilumina as dimensões sexuais da posse. Na praça de leilões, Sukie chama a atenção para o olhar — o poder exercido com o olhar, que abre o corpo cativo aos desejos e interesses pecuniários dos futuros proprietários. Ao desafiar a minúcia estudada do comércio, Sukie sublinha a violência do espetáculo, lançando sua própria ameaça àqueles que estão empenhados em olhar e sondar. Como conta Fannie Berry:

> Sukie era o nome dela. Ela era uma preta grandona que nunca falava muito. Ela costumava cozinhar pra dona Sarah Ann, mas o sinhô tava sempre tentando fazer Sukie ser mulher dele. Um dia Sukie tava na cozinha fazendo sabão. Tinha três tacho grande de soda cáustica que ela tinha acabado de botar pra ferver na lareira quando o sinhô entrou pra dar um jeito nela. Ele deitou em cima dela, mas ela não respondeu com palavra nenhuma. Então ele falou pra Sukie tirar o vestido. Ela disse não pra ele. Daí ele agarrou ela e abaixou seu vestido pelos ombros. Quando terminou, ele esqueceu de chicotear ela, eu acho, porque ele agarrou ela e tentou pôr ela no chão. E aí aquela menina negra ficou brava. Ela deu um empurrão no sinhô e fez ele se soltar dela e depois deu outro empurrão nele, enfiando suas partes no tacho de sabão quente. O sabão estava prestes a ferver e queimou ele quase até a morte. Ele levantou segurando suas partes e correu da cozinha, sem se atrever a gritar, porque não queria que a dona Sarah soubesse.
>
> Bom, poucos dias depois ele levou Sukie embora e vendeu pra um comerciante de pretos. Eles examinaram ela e beliscaram ela e abriram a boca dela e enfiaram os dedos para ver como eram os dentes dela. Então Sukie ficou muito furiosa e levantou o vestido e falou pros vendedores de pretos olhar pra ver se tinha algum dente ali embaixo.[91]

O ataque que levou à venda de Sukie e o acontecimento encenado no leilão levantam uma série de questões cruciais para a cena de sujeição: vontade, agência, submissão e consentimento. A tentativa de estupro do senhor é enquadrada como sedução, como "tentar fazer Sukie ser mulher dele", o que documenta a fusão entre estupro e concubinato na economia sexual da escravidão. O striptease ameaçador de Sukie é uma interdição, uma recusa, ironicamente emitida como um convite, como "eu quero ver se você se atreve". Um conjunto relacionado de questões diz respeito às capacidades do performativo em fazer (assim como em criar) e desfazer o sujeito e o status do escravizado como um híbrido curioso de pessoa e propriedade.

Em um aspecto, a performance de Sukie pode ser compreendida como uma apropriação da vontade que mina sua existência social como objeto de propriedade. Essa apreensão dramática da vontade expropria, de modo figurativo, o poder do (suposto) senhor para animar e anexar o corpo cativo. As ações de Sukie a localizam fora da lei porque ela desafia o princípio fundamental da escravidão: o escravo é sujeito à vontade do senhor em todas as coisas. Essa quebra da lei, representada na insolência e no desprezo pelo decoro do leilão, oferece, curiosamente, a única possibilidade de emergência do sujeito, pois a criminalidade é a única forma de a agência escrava ser reconhecida por lei. A formação do sujeito deve necessariamente ocorrer pela violação da lei, de modo que vontade, criminalidade, personalidade e punição estão ligadas de maneira indissociável. A performance de Sukie explora o nexo carregado de posse e sexualidade, desafia a falta de vontade ou passividade do objeto e provoca uma crise de categoria para os espectadores cujo gozo é definido pelos usos promíscuos da propriedade.

Por meio de uma representação paródica dos dispositivos do leilão, essa performance na praça desafia os truques do comércio e, por extensão, as práticas relacionadas que asseguram e reproduzem as relações de domínio e servidão. Ao encenar essa rebelião no domínio da sexualidade, Sukie preenche os detalhes do "quadro horrível" de que não se atreveria a falar sem o risco de violar a decência; ela o faz então a serviço da contestação dos usos da propriedade escrava. A reiteração subversiva da disposição do corpo ao comprador em potencial, especialmente o gesto de Sukie para o "dente ali embaixo", deixa clara a violência da exibição. Era comum o licitante apalpar o meio das pernas das mulheres, examinar seus quadris e acariciar seus seios.[92]

Em contraste, o gesto de Sukie para o "dente ali embaixo" lançava uma ameaça e explicitamente declarava os perigos que aguardavam novas sondagens e movimentos. A *vagina dentata* e a ameaça de castrar órgãos genitais transpõem o corpo cativo, de sua condição dominada e devastada, à de um veículo para ser utilizado contra o suposto dono de escravos, e não a serviço de seus interesses e apetites. Essa ameaça de castração ecoa a tentativa frustrada de seu ex-senhor, cujas "partes traseiras" também ficaram em perigo, e promete retaliação para aqueles que antecipam os usos sexuais da propriedade. Ao levantar a saia, Sukie cumpre a exigência de expor a si mesma e mostrar o corpo para compradores em potencial, mas subverte esse ato de submissão e complacência ao aludir aos perigos que aguardavam o comprador ou comerciante que se aventurasse "a fazer dela sua mulher". O gesto para o "dente ali embaixo" chama a atenção para a exibição obscena de corpos negros no mercado e a economia libidinal da escravidão; a violência sexual prospera na intersecção entre gozo e terror. Essa revolta encenada no local do gozo e o nexo entre produção e reprodução expõem a violência do espetáculo do comércio naquilo que merece ser chamado de performance desconstrutiva. Nesse caso, a infame propensão do negro para o mimetismo e a imitação é equivalente à insurgência.

O que está sendo encenado nessas variadas representações do jugo de escravizados acorrentados e do leilão é nada menos que a própria escravidão, seja no esforço de silenciar a violência extrema que permitiu essa venda de carne por meio de performances coagidas dos escravizados ou das fanfarronices dos leiloeiros, seja conciliando subjugação e direito natural ou documentando a totalidade repressora da instituição, seja representando a recusa ou desfazendo os termos da degradação. Uma ansiedade quanto ao gozo distingue o local de troca. Isso pode ser visto nas garantias aos compradores sobre o contentamento dos escravos em exibição e a intensidade dos esforços abolicionistas para provar um lugar-comum: os escravos não ficavam felizes nem indiferentes quando eram vendidos como gado e separados de suas famílias.[93] O medo de que o sofrimento negro passasse despercebido revela as ansiedades abolicionistas sobre o déficit de dor negra e o excesso e cumplicidade do prazer.

O CAMINHO AGRADÁVEL

O desfile de corpos algemados em direção ao mercado não capturava apenas as degradações da escravidão, mas também suas diversões. A convergência entre prazer e terror, tão impressionante nas exibições humilhantes e na ostentação corrompida do tráfico, estava também presente nos "divertimentos inocentes". O escravo dançando um *reel* na casa-grande ou mostrando-se bem disposto no jugo de acorrentados transformava, de maneira similar, a subjugação em uma exibição prazerosa para o senhor, apesar de disfarçada pelo "véu das relações encantadas", usando o termo de Pierre Bordieu.[94] Essas "formas mais gentis" estendiam e mantinham as relações de dominação por meio do eufemismo e da dissimulação. Os divertimentos inocentes constituíam um tipo de violência simbólica — ou seja, uma "forma de dominação exercida por meio da comunicação em que está disfarçada".

Sob essa óptica, as formas mais invasivas de violência da escravidão repousam não nessas exibições de sofrimento "extremo" ou no que enxergamos, mas naquilo que não enxergamos. Exibições chocantes facilmente ofuscam as formas mais mundanas e socialmente suportáveis de terror.[95] Nas cenas "benignas" da vida na plantation (que representam muito da literatura do Sul e, ironicamente, da literatura abolicionista da escravidão), reciprocidade e recreação obscurecem a rotina cotidiana de violência. As cenas bucólicas da vida na plantation e os divertimentos inocentes dos escravizados, contrariando nossas expectativas, foram exitosos não em diminuir o terror, mas em assegurar e sustentar sua presença.

Em vez de entrever o espetáculo mais impressionante com repulsa ou com os olhos cheios de lágrimas, o melhor é lançar nossa mirada sobre as exibições mais mundanas de poder e sobre a fronteira em que é difícil distinguir dominação de recreação. Exemplos gritantes de crueldade são muito facilmente reconhecidos e esquecidos, e os gritos acabam se acalmando em um zum-zum suportável. Ao desmontar a cena "benigna", confrontamos a prática diária de dominação, a rotina cotidiana de terror, o não evento, como eram. A cena de escravos dançando ou tocando rabeca para seus senhores é menos desumana do que a de escravos chorando e dançando na praça de leilões? Se sim, por quê? O efeito do poder é menos proibitivo? Ou coercitivo? Ou o prazer atenua a coerção? A fronteira entre terror e prazer é mais clara no mercado escravista do que nas senzalas ou na casa-grande? As formas mais duradouras de crueldade são aquelas aparentemente benignas? A imagem perfeita do crime é aquela em que ele passa despercebido? Se imaginarmos por um momento um violinista cor de ébano tocando na casa-grande, o senhor se apresentando entre escravos dançando enquanto a senhora o incita com uma risada, o que enxergamos?

> "Dancem seus negros desgraçados, dancem", Epps gritava. Com seu chicote na mão como de costume, pronto para descer na orelha de um escravo presunçoso, que ousou descansar por um momento, nem que fosse para recuperar o fôlego. Quando ele próprio estava exausto, havia uma breve pausa, mas era bem breve. Com um golpe, estalo e floreio de chicote, ele gritava de novo "Dancem, negros, dancem", e lá iam eles de novo, atrapalhados, enquanto eu, estimulado por uma casual e leve chicotada, sentava num canto, extraindo do meu violino uma melodia maravilhosa e rápida... Frequentemente, nós éramos detidos assim até quase de manhã. Curvados pelo trabalho excessivo — na verdade, ansiando por um pouco de descanso que nos revigorasse e sentindo como se fôssemos nos lançar ao chão e chorar aos prantos, muitas noites na casa de Edwin Epps seus infelizes escravos tiveram que dançar e rir.[96]

Essa passagem de *Doze anos de escravidão*, de Solomon Northup, exemplifica a permeabilidade entre prazer e punição nas cerimônias da escravidão. As humilhações impostas aos recrutas das aterrorizantes bacanais do senhor Epps e o duro comando da folia sugerem que a teatralidade do negro emerge apenas no rescaldo da brutal localização dramática do corpo — em resumo, depois que este foi sujeitado à vontade do senhor.[97] O comportamento ruidoso de Epps, golpeando membros com seu chicote enquanto dança alegremente um *quick step* com os escravos, lança uma luz diferente sobre o violinista cor de ébano nos tempos áureos da glória sulista. E a farra, como narrada por Northup, ecoa o mal que se encontra em velhas histórias sobre violinistas sequestrados por Satanás e sobre as festas diabólicas no inferno.

Por trás da fachada de divertimentos inocentes repousa a violência assiduamente negada pela classe senhorial; mas o que mais poderiam ser os passos dançados em performances de comando, senão suaves indícios de dominação? Era tanto dever dos escravos "dedicar-se ao prazer de seus senhores" quanto trabalhar para o benefício deles, segundo Jacob Stroyer.[98] Ele notou de forma um tanto enigmática que "ninguém pode descrever a intensa emoção na alma do negro nessas ocasiões em que ele tentava agradar os seus senhores e senhoras".[99] Tais performances colocavam o escravo como um servo contente e eliminavam a diferença entre volição e violação. Entretanto, como a narrativa de Northup indica, o escravo contente aparecia somente depois de ele ou ela ter sido chicoteado até a sujeição. Em resumo, Sambo não criou a encenação da escravidão, como diriam os apologistas, mas foi um de seus efeitos.

No esforço de cultivar escravos dóceis e obedientes, os proprietários promoviam uma "alegria natural" por "todos os meios permitidos". Os divertimentos inocentes eram projetados para promover a alegria por meios prudentes, para melhorar as duras condições da escravidão, para tornar o corpo mais produtivo e tratável e para assegurar a submissão do escravizado pelo aproveitamento bem-sucedido do corpo. Com efeito, na cerimônia da plantation havia um empenho para que a disciplina se tornasse um prazer, e vice-versa.[100] Os divertimentos inocentes suplementavam outros métodos de administrar o corpo escravo. Essas formas ostensivamente benevolentes de gestão, de acordo com Douglass, foram concebidas para mais bem assegurar "os fins da injustiça e da opressão".[101] Na verdade, tais diversões eram um importante elemento da administração da plantation, na medida em que a internalização de disciplina e recompensa era considerada essencial para a boa ordem do empreendimento, pois o modelo ideal de administração enfatizava a humanidade e o dever. Ensaios premiados sobre os princípios da gestão sustentavam que "a diligência e a boa conduta devem ser encorajadas [e] o gosto por divertimentos inocentes, gratificado".[102] Esses projetos de domínio perturbavam as distinções entre lazer e trabalho e empregavam uma extensa noção de disciplina que incluía tudo — das tarefas no sistema de plantation às formas de cantar no campo. Como um fazendeiro comentou: "Quando estão no trabalho, eu não tenho nada contra eles assobiarem e cantarem alguma melodia animada, mas não são permitidas melodias arrastadas e lentas no campo, pois é quase certo que seus movimentos acompanham o ritmo da música".[103] Fica evidente que diversões musicais geravam produtividade e eram também meios de cultivar formas particulares de conduta. Nesse caso, o poder se estendia na forma da recreação.

Ao estimular o entretenimento, a classe senhorial procurava cultivar hegemonia, aproveitar o prazer como uma força produtiva e regular os modos de expressão permitida. Proprietários de escravos administravam os divertimentos do mesmo modo que faziam com o trabalho, com um olhar atento à disciplina. Promover diversão e brincadeira poderia acalmar a agitação: "Um fazendeiro da Carolina do Sul que estava tendo problemas em disciplinar seus escravos forneceu ao seu pessoal rabecas e atabaques e 'incentivou a dança'. Para sua satisfação, o mau humor dos escravos passou, e a paz reinou mais uma vez na plantation".[104] Entretanto, as diversões que o fazendeiro considerava como aplacadoras do mau humor criavam conflitos não menos perturbadores. Quando os escravizados eram obrigados a se apresentar diante do senhor, e mesmo quando participavam animadamente do entretenimento, tais prazeres eram contidos pelos grilhões de sua condição e pelo exercício sempre ameaçador do poder do senhor.

Apesar da premeditação e da energia despendida no planejamento das diversões, os proponentes dessas formas paternais de gestão insistiam que a propensão natural dos africanos para a música refletia, na verdade, uma disposição para a servidão. Um médico da Geórgia, que se considerava fisiologista da cultura, observou que os negros possuíam um sexto sentido — um sentido musical — e que, mesmo com seu parentesco com os porcos em termos de natureza e hábito, tinham a música na alma. O médico descrevia os escravizados como desprovidos de arrependimentos pelo passado ou de ansiedades em relação ao futuro e "cheios de diversão e brincadeira", que eram os padrões de avaliação do caráter negro compartilhado pelo discurso pró-escravidão e pelo racialismo romântico.[105] Se isso era fruto da natureza ou da condição, era difícil para ele distinguir:

> Nossos negros do Sul têm um talento natural para a música, e algo como um negro que não canta é quase desconhecido por aqui. Agora, se isso é peculiar aos negros dos estados do Sul, e um resultado das influências felizes da escravidão, nós ainda não estamos preparados para dizer; mas sem dúvida me parece improvável que a música — e também a de um tipo animado — viesse a se tornar uma paixão, uma segunda natureza, para um povo tão degradado e maltratado como os escravos do Sul são representados em certas senzalas.[106]

O médico aconselhava, portanto, os fazendeiros a encorajarem a música porque aumentava o prazer e a boa forma do escravo. Simplificando, a música era o antídoto para a preguiça e o torpor negros.

Na edição de junho de 1851 da *De Bow's Review*, um fazendeiro do Mississípi recomendou um plano de gestão que, julgava, contribuiria para a felicidade tanto do senhor quanto do escravo. Depois de oferecer sugestões no que dizia respeito a arranjo das senzalas, refeições, vestimentas etc., ele observava que, tanto quanto possível, dava apenas "uns poucos olhares azedos e chicotadas" em sua plantation. Atribuindo a boa índole de seus escravos a cuidados mais do que adequados, confessava que, além de prover as necessidades básicas deles, literalmente usava a rabeca para ludibriá-los em uma submissão contente:

> Não posso deixar de mencionar que tenho um bom violinista, mantendo-o bem alimentado com tripas, e determino como seu dever tocar para os negros todas as noites de sábado até a meia-noite. Eles comparecem ao baile de forma extremamente pontual, enquanto a rabeca de Charles está sempre acompanhada por Ihurod no triângulo e Sam dançando *juba*.[107]

Segundo esse fazendeiro, o chicote usado com moderação, a rabeca e a Bíblia formavam a sagrada trindade da gestão da plantation.

Embora os "irmãos da igreja [pudessem] pensar muito nisso", o dono de uma pequena fazenda também confessou que encorajava que tocassem rabeca nas senzalas. Ele comprou um instrumento e incentivou os escravos a tocarem, "oferecendo de vez em quando aos moleques [violinistas] um grande jantar".[108] Esse tipo de gestão claramente demonstrava que, nos limites da plantation e da sociedade escravocrata, não havia divertimentos "inocentes". As horas transcorridas do pôr do sol ao nascer do sol eram tão importantes quanto aquelas em que se cultivava a produtividade da plantation senhorial e se mantinha o controle social. A gestão escravocrata do "lazer", a vigilância de festas e danças e o investimento financeiro nos divertimentos (importantes a ponto de os proprietários fornecerem rabecas, ensinarem os escravos a tocar e comprarem aqueles que já eram músicos) documentam o valor do prazer. O testemunho de escravizados também confirma essa ênfase na diversão. O senhor de Adeline Jackson comprou um escravo só porque ele sabia tocar rabeca:

> O sinhô Edward comprou um escravo em Tennessee só porque ele sabia tocar rabeca. Chamou ele de "Tennessee Ike" e ele tocou muito tempo com Ben Murray, outro rabequeiro. Às vezes a gente era tudo chamado pra ir lá no jardim da frente tocar e cantar e dançar pra sra. Marion, pras criança e pras visita.[109]

O dono de Gary Stewart ensinou seus escravos a tocar rabeca.[110] O proprietário de Henry Bland lhe deu um instrumento, que ele tocava em danças de quadrilha, a principal forma de entretenimento na plantation, e em casamentos, brincadeiras e outras ocasiões especiais.[111]

O papel do senhor nessas folias, seja como observador, administrador ou participante, é mencionado repetidamente nas narrativas de escravos. O dono de D. Davis organizava folguedos aos sábados para os escravos nos quais Davis tinha o papel de tocar rabeca. O escravo descreve a ocasião como "ir perante o rei":

> Cada um naquele lugar, da criança ao homem ou mulher mais velha, se limpava e botava a melhor roupa pra 'ir perante o rei'. Era assim que a gente chamava. Todo mundo se reunia atrás da casa-grande, debaixo de grandes carvalhos, e o sinhô Tom saía com uma rabeca debaixo do braço [...] e sentava na cadeira que tio Joe fez pra ele [...]. Sinhô Tom começava tocando a rabeca bem animado e os preto tudo dançava e se divertia do melhor jeito. Sinhô Tom se divertia nas festa igual os preto.[112]

Os bons momentos dos escravos eram, ao mesmo tempo, uma performance para o senhor. "Ir perante o rei" demonstrava o poder do senhor e sugeria as afinidades entre prazer e mortificação — o dia do julgamento. A cada passo da *Virginia reel*, a dominação era ampliada e reproduzida, embora ocasionalmente esse tipo de dança fosse direcionado para propósitos contrários.

Não era incomum que os proprietários participassem dos folguedos que organizavam. Eles serviam uísque aos escravos, cantavam e dançavam com eles, tocavam instrumentos e com frequência eram espectadores. Os senhores adoravam assistir às apresentações de seus escravos. Ed Shirley lembra que, nas danças aos sábados, "um negro velho tocava banjo enquanto os jovens crioulinhos dançavam e cantavam. Os brancos ficavam sentados observando, e às vezes entravam na dança e cantavam".[113] Ann Thomas notou que o filho do senhor tocava música nos folguedos de escravos: "Ele tocava rabeca e gostava de ver os escravos dançando o *pigeon wing*".[114] De acordo com Marinda Jane Singleton, qualquer um que dançasse e cantasse bem era levado para a casa-grande a fim de entreter os convidados do senhor.[115] Essas performances agradavam não só por causa das habilidades daqueles que se apresentavam, mas também porque serviam para exibir o poder e a propriedade do dono. O corpo cativo era uma extensão do corpo imperial do senhor e o objeto precioso de seu gozo. O olhar do senhor servia como um lembrete de que a diversão não poderia ser apartada da disciplina ou da dominação. Nesse sentido, o prazer do dono em olhar era, sem dúvida, uma forma de vigilância e um meio de policiar a população escrava.

Ensaios na *De Bow's Review*, na *Southern Planter* e em outras revistas agrícolas concordavam, de forma unânime, sobre a importância de ter escravos dóceis e satisfeitos para garantir a gestão bem-sucedida da fazenda ou plantation. Esses textos enumeravam as responsabilidades dos proprietários e os métodos de promoção da produtividade escrava. Revistas sobre a plantation, defendendo o paternalismo e ansiosas com relação à imagem da instituição escravocrata, em particular à luz da crescente oposição a ela, foram, não muito surpreendentemente, bem mais francas sobre o uso de recompensas e recreações em lugar da violência para alcançar a submissão. O senhor bonzinho, consciente de seu dever com os escravos, não precisa recorrer ao pelourinho, mas, em vez disso, promove a docilidade por meio do caminho agradável. Nicolas Herbemont opinou que os prazeres do escravo eram uma tarefa equivalente ao governo do soberano sobre seus súditos. Cuidar da recreação deles visava o seu bem-estar geral e, portanto, não estava abaixo da dignidade do senhor, uma vez que o caminho do prazer era "muito mais provável de ser seguido de bom grado" do que o caminho coberto de espinhos e sarças.[116]

No entanto, quando a estrada menos espinhosa era seguida, o escravo tinha pouca dificuldade em discernir nas "recreações benéficas" outra forma de coerção. Eda Harper descreveu o incentivo à música por parte de seu dono como algo malévolo: "Meu velho sinhô era ruim com a gente. Ele costumava vim até as senzalas e mandava a gente relaxar cantando. Ele fazia a gente cantar o Dixie.

Parecia que Dixie era a canção favorita dele. Digo pra você, não gosto dela agora. Mas misericórdia! Ele obrigava a gente a cantar".[117] As ironias do caminho agradável se destacam no caso de Harper. Forçar os escravizados a cantar o "Dixie", uma canção dos espetáculos de menestréis adotada por causa do nacionalismo confederado, revela o conluio entre coerção e recreação. "A adoção de 'Dixie' como a canção emblemática dos confederados sublinha a centralidade emocional dessas pseudoapresentações de escravos como afirmações da missão nacional dos confederados e da estimada autoimagem de paternalismo benevolente da classe senhorial", escreve Drew Gilpin Faust.[118] A autorrepresentação do Sul escravista dependia de tais performances da negritude. É concebível que isso explique por que os menestréis atingiram seu ápice no Sul durante a Guerra Civil.

Apesar do consenso geral quanto à eficácia dos divertimentos de escravos, as discussões dos proprietários sobre a "cultura dos escravos" eram tautológicas e repletas de afirmações contraditórias sobre natureza e cultura. Por um lado, essa cultura, ou, mais apropriadamente, os divertimentos administrados, demonstrava a natureza inferior e servil do africano. Além disso, o "sexto sentido" equipou mal os negros para a liberdade. Por outro lado, a necessidade de encorajar formas de recreação benignas revelava a inquietude do fazendeiro quanto à agitação, quando não quanto à rebelião. Afinal, se o escravo tinha predisposição natural para a música, por que a necessidade de ditar a folia? A qualquer custo a natureza e a condição deveriam se tornar compatíveis, e os divertimentos inocentes, em conjunto com formas combinadas de tortura, punição e castigo, iriam afetar essa união. De fato, o escravo deveria aparecer como se tivesse nascido para dançar acorrentado.

PRAZERES INQUIETANTES

O uso instrumental do entretenimento pelos proprietários de escravos foi devidamente criticado pelos abolicionistas. Douglass, na vanguarda dessas críticas, argumentou que a abjeção dos divertimentos "parecia não ter outro objetivo que não repugnar os escravos com uma liberdade temporária, deixando-os tão satisfeitos para retornar ao trabalho como ficavam ao abandoná-lo".[119] Embora trate especificamente do período de férias entre o Natal e o ano-novo, sua condenação dessas diversões por cultivarem a submissão e a degradação não é menos relevante para os divertimentos rotineiros abordados neste capítulo.[120] As críticas de Douglass não eram diferentes das de Henry Bibb e outros. Os abolicionistas enfatizavam o caráter degradante dessas celebrações e sublinhavam a confluência entre brutalidade e folia. Bibb responsabilizou os proprietários de escravos pelo incentivo a essas atividades aviltantes: "Quando desejam praticar uma atividade desse tipo, eles vão até os escravos para vê-los dançar, fazer o *pat juber*, cantar e tocar banjo".[121] Se os escravos, infelizmente, participavam desses divertimentos degradantes, a culpa era de sua condição, e não de sua natureza. Theodore Parker tinha menos certezas quanto a isso: "Se o africano é tão inferior a ponto de a condição da escravidão ser tolerável a seus olhos e de ser capaz de dançar acorrentado, então é ainda mais pecado para o culto e forte, para o cristão, tiranizar os fracos e indefesos".[122] A fronteira permeável, mutável e enganosa entre divertimentos instrumentais e a cultura expressiva dos escravizados era problemática e perturbadora. Para pessoas como Parker, a capacidade dos africanos de dançar era absolutamente insondável.

A crítica incisiva de Douglass aos divertimentos se concentrava em sua função como "válvulas de segurança para desarmar os elementos explosivos inseparáveis da mente humana quando reduzida à condição de escravidão", e evidente nessa condenação está o anseio por uma cultura de resistência.[123] A fim de desenredar anseio e desaprovação, as observações contundentes de Douglass no que diz respeito a essas folias precisam ser consideradas em conjunto com seu comentário sobre as canções de escravos. Na maior parte das vezes, suas objeções a essas festas faziam referência ao impedimento do "pensamento perigoso" por meio da diversão. Em outras palavras, esses prazeres instrumentais impossibilitam a emergência de uma consciência de oposição:

> Para ter êxito na escravização de um homem e fazer isso de modo seguro, é necessário manter a mente dele ocupada com pensamentos e aspirações que não cheguem à liberdade da qual ele é privado [...]. Essas festas serviam ao propósito de manter a mente dos escravos ocupada com a perspectiva do prazer dentro dos limites da escravidão. [...] Certo grau de bem tangível deve ser colocado ao alcance deles. [...] Não fosse isso, os rigores do cativeiro teriam se tornado severos demais para serem suportados, e o escravo teria sido forçado na direção de um perigoso desespero. [...] Não era a felicidade do escravo, mas sim a segurança de seu dono o objetivo buscado.[124]

Douglass deseja que haja música perigosa e pensamento perigoso. A implacabilidade da crítica e seus traços gerais pretendem destruir o discurso da servidão e do contentamento que autorizava a instituição. Entretanto, mesmo no contexto dessa análise visceral dos prazeres proporcionados nos confins da escravidão, Douglass consegue captar vislumbres de oposição — nesse caso, "os golpes violentos contra os proprietários de escravos" nos "batuques do Jubileu".

Essa procura por uma cultura de oposição, ou um análogo simbólico do confronto físico de Douglass com Covey, o feitor e "destruidor de pretos", tem como base a canção de escravos:

> Cantavam isso como refrão entre versos que outros tomariam por jargão ininteligível, mas que, para eles, eram repletos de significados. Às vezes, penso que a mera audição dessas canções faria mais para imprimir em algumas mentes o caráter terrível da escravidão do que a leitura de volumes inteiros de filosofia sobre o assunto. Quando escravo, eu não entendia o sentido profundo daquelas canções grosseiras e aparentemente incoerentes. Eu próprio me encontrava dentro do círculo, então não via nem ouvia como podem ver e ouvir os que estão do lado de fora. Aquelas canções contavam a história de uma tristeza que, àquela altura,

encontrava-se inteiramente além da minha débil compreensão. Eram notas poderosas, longas e profundas; expressavam a prece e o lamento de almas transbordando com a angústia mais amarga. Cada nota era um testemunho contra a escravidão e uma súplica a Deus, implorando a libertação das correntes. Escutar aquelas notas desvairadas sempre deprimia meu espírito, enchendo-me de uma tristeza inefável. Muitas vezes me via às lágrimas ao ouvi-las. A mera lembrança daquelas canções, mesmo agora, me aflige; e enquanto escrevo estas linhas uma expressão de sentimento já encontrou seu caminho pelas minhas faces. Remonta àquelas canções minha primeira impressão, ainda vacilante, do caráter desumanizante da escravatura.[125]

Entretanto, essas canções satisfazem de maneira insuficiente os requisitos de uma cultura de oposição, capaz de combater ostensivamente diversões benéficas e preparada para destruir esses projetos de domínio. Embora cada nota testemunhe contra a escravidão, essas canções são caracterizadas pela tristeza, e não pela resistência; além disso, constituem emblemas dos "efeitos dilacerantes da alma causados pela escravidão". A mera escuta impressiona ao revelar o caráter horrível da escravidão. Essas canções são avaliadas como cantos fúnebres expressivos da morte social da escravidão e expressões incipientes de uma consciência política latente. Nesse sentido, desmentem os retratos populares de felicidade e contentamento. Sua opacidade triste e semiarticulada deixa perplexo e confunde aquele que está dentro e fora da roda da escravidão. Quando escravo, Douglass foi incapaz de enxergar e ouvir como os de fora, mas estes muitas vezes interpretavam mal as canções como evidências de satisfação. Antecipando a avaliação de Du Bois sobre as canções de lamento — "a música de um povo infeliz, dos filhos da desolação; falam sobre a morte e o sofrimento e um desejo não expressado por um mundo mais verdadeiro, de andanças nebulosas e caminhos secretos" —, Douglass enfatizou a singularidade da tristeza, esperando estabelecer uma linha divisória absoluta entre a diversão e o despertar do protesto.[126] Essa distinção não poderia ser sustentada, pois as trocas promíscuas de cultura e os difíceis termos de agência confundiam as linhas de oposição, e, como o próprio Douglass reconheceu, em raras ocasiões os prazeres disponíveis dentro dos limites da escravidão traziam, de fato, lampejos de insurgência e transformação.

TRÂNSITO NA CARNE

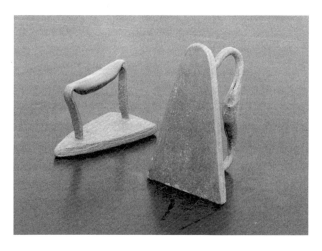

SOBRE SER OBJETO DE PROPRIEDADE

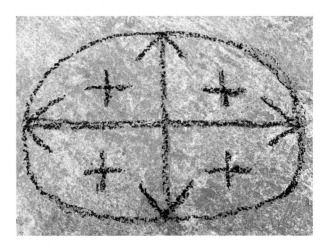

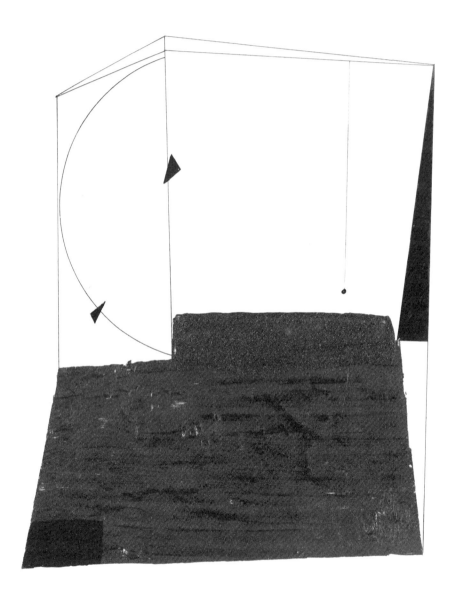

lugares que existem porque lembramos e imaginamos

Reparando o corpo aflito: para uma teoria da prática

> *A História é o que fere, o que recusa o desejo e impõe limites inexoráveis à práxis individual e coletiva, que suas "artimanhas" transformam em reversões espantosas e irônicas de sua intenção declarada.*
>
> Fredric Jameson, *O inconsciente político**

O dono da escrava Lu Lee a encorajava a dançar nas noites de sábado, embora ele fosse um homem religioso e achasse que era errado dançar. Lee se lembrava dele dizendo: "Procure se divertir, os pretos têm de se dar prazer de algum jeito". A promoção de prazeres inofensivos era uma estratégia central no esforço dos proprietários para cultivar uma sujeição satisfeita. No entanto, a cumplicidade do prazer com os fins instrumentais da dominação do dono de escravos levou aqueles como Mary Glover a declarar, enfaticamente: "Eu não quero [esse] tipo de prazer". A resposta dos escravizados ao gerenciamento e à orquestração do "gozo negro", como um todo, era mais complexa que uma simples rejeição de "divertimentos inocentes". Em vez disso, o sentido de operar dentro e contra os desígnios do senhor tornava a experiência do prazer decididamente ambivalente. Se "bons momentos", ou diversões destinadas a apaziguar e distrair, eram uma manobra para aumentar o lucro e o domínio do proprietário, que possibilidades o prazer poderia dar? Para aqueles como John McAdams, o prazer era menos uma forma geral de dominação e mais um modo de nomear, por contradistinção, o consumo e a posse do corpo negro e das necessidades e possibilidades negras. Foi mais do que uma tendência ao eufemismo o que fez McAdams caracterizar sua experiência e aquela de outros escravos

---

* *O inconsciente político: a narrativa como ato socialmente simbólico*. Trad. de Valter Lellis Siqueira e Maria Elisa Cevasco. São Paulo: Ática, 1992, p. 93. Tradução modificada. (N.T.)

como "sem prazer, já que tínhamos que trabalhar assim que tivéssemos ficado grandes o bastante para trabalhar".[1]

O contraste entre o trabalho e o prazer era provisório e insustentável. A ambivalência do prazer deveria ser explicada pela submissão do corpo cativo às ambições, caprichos, fantasias e abusos do proprietário e pela constância dos anseios não atendidos do escravo, seja por comida, seja por liberdade. Porém, as observações de McAdams também sugerem que "falta" descreve de modo insuficiente o estado incômodo do prazer, uma vez que os escravizados também ansiavam pelas danças de sábado à noite. A oportunidade de se juntar e se reunir era valorizada acima de todo o resto, e se divertir facilitava a identificação coletiva: "Nós fizemos um bom uso daquelas noites, já que era todo o tempo que os escravos tinham juntos para dançar, conversar e se divertir entre aqueles de sua própria cor".[2] O prazer estava enredado em uma teia de dominação, abjeção, resignação e possibilidade. Não era nada se não fosse malicioso, mercurial, traiçoeiro e indiferentemente cúmplice com desejos e aspirações bastante divergentes, que iam dos objetivos instrumentais dos planos de domínio dos proprietários à promessa e possibilidade de libertar o corpo do constrangimento e reparar a dor do cativeiro.

As lutas travadas contra a dominação e a escravização na vida cotidiana assumiam uma série de formas, inclusive oportunidades obtidas no domínio de diversões permissíveis e reguladas. Se essas ocasiões eram planejadas, como Frederick Douglass argumentou, para "melhor assegurar os fins da injustiça e da opressão", elas também ofereciam um contexto no qual se desafiava o poder, e se faziam reivindicações em nome do prazer, da necessidade, da falta e do desejo.[3] O prazer estava carregado desses investimentos concorrentes. Como notou Toby Jones, as danças de sábado à noite permitidas pelo senhor eram reformuladas e usadas para seus próprios fins pelos escravizados: "A diversão foi no sábado à noite quando o sinhô deixou a gente dançar. Tinha muito toque de banjo e batucada com panela de latão e dança e todo mundo falava sobre quando vivia na África e fazia o que queria".[4] Dentro dos confins da vigilância e da não autonomia, a resistência à submissão procedia às escondidas: agia-se furtiva, secreta e imperceptivelmente, e os escravizados agarravam toda e qualquer oportunidade de escapar do jugo.

Nestas páginas, eu delineio as formas clandestinas de resistência, as ilegalidades populares e a "guerra de posição" conduzidas sob o disfarce de diversão e brincadeira. Não pretendo sugerir que as práticas cotidianas eram estratégias de revolução passiva, mas apenas enfatizar que peregrinações, apropriação sub-reptícia, reuniões e perambulações eram características centrais da resistência ou do que poderia ser descrito como a "política" subterrânea dos escravizados ou como modos de fazer e fabricar que resistiam aos valores do mundo fabricado pela escravidão. Com isso em mente, me empenho em iluminar a luta social travada no "gozo do negro" e os desafios à dominação iniciados sob a rubrica do prazer. Para fazê-lo, devemos primeiro situar a performance dentro do contexto das práticas cotidianas e considerar as possibilidades da prática em relação a formas específicas de dominação; em segundo lugar, temos de desfamiliarizar diversão e brincadeira ou a performance da negritude para tornar visíveis os desafios que emergem nessa arena; e, em terceiro, liberar o performativo das clausuras do sentimento e da sujeição satisfeita para tomar parte no trabalho crítico da reparação.[5]

A CENTRALIDADE DA PRÁTICA

Explorar os limites do permissível e criar zonas transitórias de liberdade eram elementos centrais da prática cotidiana. A prática é, para usar a frase de Michel de Certeau, "uma maneira de fazer" definida pela "não autonomia de seu campo de ação", manipulações internas da ordem estabelecida e vitórias efêmeras. As táticas que compõem as práticas cotidianas dos dominados não têm nem os meios para assegurar um território fora do espaço de dominação, nem o poder para reter ou manter o que é ganho em vitórias sub-reptícias e necessariamente incompletas.[6] A reformulação dos prazeres permitidos no esforço de minar e reparar a condição de escravização estava em consonância com outras formas de prática cotidiana. Esses esforços geralmente tinham como foco o status de objeto e a personalidade castigada do escravo, o corpo exaurido e violado, afiliações rompidas e alienação natal, e a afirmação de necessidades negadas. As práticas buscavam alcançar o impossível: reanimar os mortos, cuidar do objeto de propriedade como carne humana, atender aos esgotados e aos feridos, chamar os nomes daqueles que se foram, remediar os feridos e os despedaçados, anunciar coletivamente que somos os escolhidos, tramar e estudar, sonhar a liberdade. Não eram simplesmente um modo de nomear esses esforços, mas também um modo de pensar no caráter da resistência, na precariedade das investidas travadas contra a dominação, na natureza fragmentária desses esforços e das batalhas transitórias vencidas e nas características de uma política sem lócus próprio.

As práticas cotidianas dos escravizados envolviam uma série de táticas que documentam a resistência à escravidão, tais como desaceleração do trabalho, doença simulada, viagem sem autorização, destruição da propriedade, roubo, automutilação, dissimulação, confrontação física com proprietários e capatazes.[7] Essas formas de resistência cotidianas e de pequena escala interrompiam e desafiavam os constrangimentos do dia a dia sob a escravidão, explorando aberturas no sistema para o uso dos escravizados. O que une essas táticas variadas é o esforço de reparar a condição dos escravizados, restaurar as afiliações interrompidas dos socialmente mortos, desafiar a autoridade e o domínio do proprietário e aliviar o estado de aflição do corpo cativo. Porém, tais atos de reparação são realizados com o reconhecimento de que as condições muito provavelmente permanecerão as mesmas. Isso não implica resignação ou fatalismo, mas a admissão da enormidade da quebra instituída pela escravidão e da magnitude da dominação.

Reparar o corpo aflito inclui operar dentro e contra as demandas do sistema, negociar a exploração disciplinar do corpo e nele contrainvestir como um lugar de possibilidade. A dor deve ser reconhecida em sua historicidade e como a articulação de uma condição social de constrangimento brutal, necessidade extrema e violência constante; é o estado perpétuo do esgotamento administrado, de corpos quebrados e pessoas despedaçadas, de assassinato de almas e destituição de parentesco. É a experiência encarnada da vida roubada e da morte social. A dor é a condição normativa que engloba a subjetividade legal dos escravizados, que é construída em termos de dano e punição, de violação e sofrimento inextricavelmente imbricados com os prazeres do espetáculo de menestréis e do melodrama, com a operação do poder sobre corpos negros e com a vida da propriedade, em que o gozo pleno do escravo como coisa suplanta o reconhecimento admitidamente provisório da humanidade escrava e permite seu uso desmedido como bem móvel. Essa dor pode ser mais bem descrita como a história que fere — a narrativa ainda em desenvolvimento do cativeiro e da expropriação que engendra o sujeito negro nas Américas.

Se essa dor tem sido amplamente não dita e não reconhecida, isso se deve à absoluta recusa da senciência negra, e não à inexpressibilidade da dor. A suposta imunidade dos negros à dor é absolutamente essencial para o espetáculo da sujeição satisfeita ou, pelo menos, para desacreditar as reclamações de dor.[8] O negro é tanto insenciente quanto satisfeito, indiferente à dor e induzido ao trabalho por ameaças de punição corporal. Essas contradições são explicadas, em parte, pelo status ambíguo e precário dele na "grande corrente do ser", pela patologização do corpo negro, de modo que essa condição aberrante serve para justificar atos de violência que excedem os padrões normativos do humanamente tolerável, embora dentro dos limites do socialmente tolerável no que concernia ao escravo negro. A dor é essencial para a fabricação de trabalhadores escravos produtivos. A absoluta enormidade dessa dor excede ou prepondera sobre as formas limitadas de reparação disponíveis para os escravizados. À luz disso, a significação do performativo reside não na capacidade de superar essa condição ou oferecer cura, mas em criar um contexto para a enunciação coletiva dessa dor, transformar a necessidade em política e cultivar o prazer como uma resposta limitada à necessidade e uma forma desesperadamente insuficiente de reparação.

AS CLAUSURAS DO SENTIMENTO

É impossível imaginar os escravizados em um conjunto de associações no qual não figurem, de modo proeminente, dançando em correntes literais ou figurativas, no convés de um navio, no caminho para o mercado, na praça de leilões ou diante do senhor. Essa imagem indelével de um Sambo prostrado, mas alegre, evoca um estado idealizado e fetichizado de servidão, no qual a consciência atribuída aos escravizados assegura a submissão e a docilidade mais efetivamente do que o chicote ou a corrente. A figura concilia a força de vontade infantilizada e o status abjeto do objeto destituído de vontade. Essa imagem é não apenas paradigmática, mas também tão difundida e repressiva que faz com que alegações sobre o performativo como uma prática de resistência e reparação sejam bastante incertas. Pois o "Pompeu" do relatório missionário recitando sonambulamente o catecismo, o Jim Crow do palco de menestréis e o escravo satisfeito cantando para o senhor ou dançando na praça de leilões conspiram para erradicar a experiência social da escravização — o terror, o sofrimento, o cativeiro, a troca, a objetificação e a predação, para nomear apenas alguns dos elementos significativos em uma litania possivelmente interminável de violência — precisamente na medida em que parecem dar voz ao escravo. No caso desses agentes nomeados, a falsificação efetivamente anula qualquer possibilidade de reparação ou resistência.

Será que é possível considerar, para não dizer imaginar, a agência do performativo negro quando este está inextricavelmente ligado ao espectro da sujeição satisfeita, da exibição obscena e da violação e abuso do corpo que é a condição do prazer do outro? Além disso, como é possível explicar as condições da agência escrava quando a própria expressão parece pouco mais do que um oxímoro que reafirma o paradoxo implacável do status de objeto e da terrível constituição de sujeito dos escravizados? Como é possível pensar a agência quando a própria condição de ser ou existência do escravo é definida como um estado de negação determinada ou morte social? Quais os elementos constitutivos da agência quando a personalidade é reconfigurada nos termos fetichizados e fungíveis do objeto de propriedade?

Geralmente, a representação do performativo tem sido inscrita em um enquadramento de agência consensual e voluntarista que reforça e romantiza a hierarquia social. A pastoral tem sido o modo dominante desse discurso. Na paisagem social da pastoral, a escravidão é retratada como uma "relação orgânica" tão totalizante que nem senhor nem escravo poderiam expressar "os mais simples sentimentos humanos sem fazer referência ao outro". O senhor e o escravo são vistos em uma coexistência pacífica, ou, no mínimo, gozando de uma relação de dependência paternalista e reciprocidade. Noções de paternalismo e hegemonia minimizam o caráter extremo da dominação com asserções sobre a humanidade mutuamente reconhecida do senhor e do escravo. Mesmo o regime de produção se torna naturalizado como "os ritmos do trabalho", como se o trabalho escravo fosse meramente mais uma extensão da capacidade dos negros de cantar e dançar. O engodo da pastoral reside na conciliação do sentimento com a força bruta da escravidão racial. Como resultado, a brutalidade e os antagonismos da condição de bem móvel são obscurecidos em favor de uma encantadora reciprocidade. A pastoral apresenta o estado de dominação como um ideal de cuidado, dever, obrigação familiar, gratidão e humanidade. O uso cruel do trabalho forçado e a extração de lucro são imaginados como uma troca consensual e racional entre proprietário e escravo. Isso se dá por meio da representação de formas diretas e primárias de dominação como coercivas e consensuais — em suma, por meio da representação da escravidão como uma relação social hegemônica.

Essa problemática repressiva do consentimento enquadra as práticas cotidianas em termos de obrigação mútua e reciprocidade entre os proprietários e os escravizados. Ao fazê-lo, ela apresenta a agência dos escravizados como uma forma de autoimolação voluntária na qual aquilo com o que se "consente" é um estado de submissão da mais extrema ordem. A esse respeito, as representações da agência escrava intensificaram os efeitos da sujeição e da expropriação disfarçadas de vontade e negaram o reconhecimento da personalidade abjeta e ambivalente do cativo na fácil e espúria tentativa de incorporar o escravo nos reinos etéreos do sujeito normativo através de demonstrações de seu consentimento e/ou autonomia. Mas essa figura indefinida, esvaziada, colapsa quando é analisada. Certamente, a noção do eu autônomo dotado de livre-arbítrio é inadequada e, mais importante, inapropriada para examinar a questão da agência escrava. O sujeito dono de si com seus atributos inalienáveis é completamente impensável ou inimaginável nesse caso. No entanto, ao enfatizar a complementaridade, a reciprocidade e os valores compartilhados, esse modelo hegemônico ou consensual das relações escravistas neutraliza o dilema do status de objeto e da constituição dolorosa dos escravizados como sujeitos, obscurecendo a violência da escravidão.[9] O que reciprocidade, mutualidade e o reconhecimento da humanidade do cativo significam no contexto da escravidão? Em outras palavras, quem é protegido por tais noções — o senhor ou o escravo?

Essa visão de mutualidade e ordem orgânica encontra uma expressão na pastoral.[10] Como um modo de representação histórica, a pastoral se apodera das variedades de canções e histórias, sempre uma parte da vida escrava, como componentes preciosos na descrição da paisagem moral da escravidão, dando voz aos valores da ordem social nos tons apropriadamente simples e melodiosos dos escravizados. Canção, dança e história se tornam os emblemas de uma economia moral integral. Falar grotescamente da "melhó história" é o disfarce sentimental da dominação. O status reverencial da voz do escravo, e mais geralmente sua agência, vinculam de forma efetiva o exercício da vontade e a sujeição satisfeita. A ortografia absurda oferece a ilusão de testemunho direto e autenticidade, que somente serve para (re)produzir o texto do senhor, mesmo quando vestido nos trapos do escravo.[11] (Esse modo, dominante em boa parte da historiografia da escravidão e no testemunho escravo coletado pela Works Progress Administration, sublinha a dificuldade de representar a experiência dos escravizados, mesmo quando se tem acesso a relatos "em primeira mão". A política, os interesses, os investimentos psíquicos e as relações de poder que condicionam tais representações devem ser levados em conta, mesmo quando tentamos ler esse testemunho a contrapelo; a pastoral como modo de investigação e quadro de interpretação reprime as relações de dominação que possibilitam esse conhecimento do passado.)[12]

Dentro dos limites das relações declaradamente totais e recíprocas entre senhor e escravo, em que a expressão mais simples dos sentimentos humanos é impossível sem fazer referência ao outro, o fetiche ou artifício do consentimento e da agência do escravo une o exercício da vontade com a sujeição satisfeita.[13] Não surpreendentemente, a canção, a dança e uma série de atos cotidianos, aparentemente autodirigidos, mas na verdade regulados e dirigidos pelo proprietário, são as expressões privilegiadas dessa agência permissiva. Os dons paternais de vontade, voz e humanidade negam a violência necessária da escravidão racial. O performativo é apresentado como pouco mais do que cenas de folia e diversão que aliviam o fardo da escravidão, e o trabalho forçado é representado como uma extensão do lazer. A servidão adquire um caráter festivo e celebratório.[14] Mais frequentemente, essas práticas, quando não são encaradas como concessões dos proprietários, planejadas para "conquistar" ou rebaixar os escravizados, foram apresentadas através das lentes idílicas da pastoral, na qual os "horários de folga" — não a escravidão ou o trabalho forçado — definem a vida escrava.[15] Certamente Douglass estava ciente desse duplo vínculo, responsável pela inquietude que acompanhou sua discussão sobre as recreações dos escravos. Ele lidou com isso ao identificar os divertimentos nos feriados com a humilhação e enfatizar a importância da interpretação e da análise contextual para desvendar os elementos críticos ou a "consciência social implícita" da cultura escrava.

O CARÁTER DA PRÁTICA

Como podemos reconsiderar o performativo para iluminar as relações sociais da escravidão e as práticas cotidianas de resistência que atravessam essas relações; ou representar o trabalho crítico dessas práticas sem reproduzir o sujeito satisfeito da pastoral ou o ator heroico do romance de resistência? Apresentar as práticas cotidianas com alguma complexidade requer uma desfiguração e uma desnaturalização dessa história do sujeito como romance, mesmo que seja um romance de resistência. Isso requer que renunciemos a simplesmente celebrar a agência escrava e, em vez disso, que nos empenhemos em examinar e investigar as formas, disposições e constrangimentos da ação e o status desfigurado e liminar dos agentes de tais atos. Em contraste com abordagens que excluem a performance no quadro perturbado da autonomia, arrogando aos escravizados os privilégios ilusórios do sujeito burguês ou indivíduo dono de si, ou invocam a performance como evidência da ordem harmoniosa da hegemonia dos donos de escravos e do consentimento destes em relação a essa ordem, ou como um indulto do terror da escravidão racial, eu confronto a performance e outros modos de prática na medida em que são determinados e excedidos pelos constrangimentos da dominação.

Como as formas, relações e instituições do poder condicionam o exercício da agência? O status particular do escravo como objeto e como sujeito requer uma consideração cuidadosa da noção de agência, caso se deseje fazer mais do que "dotar" os escravizados de agência como uma espécie de dom dispensado por historiadores e críticos para os expropriados. Os constrangimentos da agência são enormes nessa situação, e é difícil imaginar um caminho no qual a interpelação do escravo como sujeito possibilite formas de agência que não reinscrevam os termos da sujeição. Embora tenha se tornado um lugar-comum, em abordagens foucaultianas das relações de poder, conceituar a agência como um constrangimento possibilitador ou uma violação possibilitadora, o problema aqui é que essa abordagem pressupõe que todas as formas de poder são normativamente equivalentes, sem estabelecer distinções entre violência, dominação, força, legitimação, hegemonia etc.[16] A escravidão é caracterizada por formas diretas e simples de dominação, de assimetria brutal de poder, de exercício regular de violência e de negação da liberdade que dificultam, quando não impossibilitam, a condução da conduta própria, ainda mais a conduta dos outros. Como observa Foucault, só é possível haver relações de poder quando os sujeitos forem livres. Se um dos dois estiver completamente à disposição do outro e se tornar sua coisa, um objeto sobre o qual ele possa exercer uma violência infinita e ilimitada, não haverá relações de poder. Portanto, para que se exerça uma relação de poder, é preciso que haja sempre, dos dois lados, pelo menos uma certa forma de liberdade.[17]

Certamente essa análise do poder desafia afirmações fáceis de agência escrava e lança dúvidas sobre a amplitude da transgressão. Em um estado de dominação extrema, as operações de poder parecem mais repressivas que produtivas e são dirigidas para a mortificação do eu, e não para o seu cultivo, e as formas de sujeição correspondentes parecem ter a intenção de impedir que o cativo ganhe qualquer medida de agência que não seja punida. O escravo existe como o objeto da violência, como uma propriedade em carne e osso.

Permanece em questão que tipo de exercício de vontade, formas de ação ou encenação de possibilidade está disponível para animar o bem móvel, ou o socialmente morto, ou os excluídos que fornecem o próprio fundamento da liberdade do homem.[18] O duplo vínculo, afirmado de modo simples, é: como dar conta do estado de extrema dominação e das possibilidades apreendidas na prática? Como representar os vários modos de prática sem reduzi-los a condições de dominação ou romantizá-los como puras forças de resistência? Para complicar o quadro ainda mais, como fazer qualquer alegação sobre a política do performativo sem se arriscar ao absurdo quando se discutem as resistências encenadas por uma dança não autorizada diante dos funcionamentos cotidianos do medo, da submissão e da violência? Como calcular ou medir tais atos no âmbito da escravidão e de seu terror ponderado e rotinizado, de suas regulações da subjetividade e da dor, e da absoluta incomensurabilidade da força que a escravidão mobiliza em resposta aos pequenos desafios lançados contra ela? Em última análise, as condições de dominação e submissão determinam quais tipos de ação são possíveis ou efetivos, embora se possa dizer que esses atos excedem essas condições e não são redutíveis a elas.

Se as formas de poder determinam que tipos de prática são possíveis dentro de um dado campo, quais são as perspectivas para que haja uma ação calculada, considerando que o próprio significado de propriedade escrava é "estar sujeito à vontade do senhor em todas as coisas" e que as questões de consentimento, vontade, intencionalidade e ação são totalmente desprovidas de sentido, exceto no caso de atos "criminosos"? Com isso em mente, quais são as possibilidades para a agência que não colocam a escravizada em risco de sofrer um grau maior de dor e punição, uma vez que a escrava é uma pessoa com inscrição legal apenas na medida em que ela é criminosa, e um corpo violado que necessita de formas limitadas de proteção? A atribuição do status de sujeito e o reconhecimento da humanidade expõem os escravizados a uma violência adicional no caso da agência criminosa ou requerem o evento da violência excessiva, a crueldade para além dos limites do socialmente tolerável, para o reconhecimento e a proteção da pessoa escrava. É possível que tal reconhecimento efetivamente impeça de antemão a agência e que, como sujeito, a escravizada é ainda apresentada sem vontade ou reinscrita como o objeto da punição? Ou essa atribuição limitada de humanidade é meramente uma reinscrição da sujeição e da existência aflita? A designação de "criminosa" ou "propriedade danificada" intensifica ou alivia o ônus de pessoa angustiada e responsável?

O que estou tentando insinuar aqui é a relação de agente e ato — em particular, o status anômalo do escravo como sujeito e a ação circunscrita característica dessa condição. A clivagem ou cisão do escravo como objeto de propriedade, carne dolorida e agente fora da lei situa os escravizados em uma relação indefinida e paradoxal com a categoria normativa de "pessoa". É preciso tratar desse paradoxo para discernir e avaliar a agência dos escravizados, porque as formas de ação tomadas não transcendem essa condição, mas são antes um índice das figurações particulares de poder e modos de sujeição.

É também importante lembrar que estratégias de dominação não esgotam todas as possibilidades de intervenção, resistência, fuga, recusa ou transformação. Assim, que possibilidades existem dadas essas determinantes, as inúmeras e infinitesimais formas como a agência é exercida, a disposição ou probabilidade de certos atos, e os mecanismos através dos quais estas "formas de operar" desafiam e minam as condições da escravização? Deve a agência dos escravizados ser localizada em atos reiterativos que minam e reelaboram discursivamente as condições da sujeição e da repressão?[19] A agência é fundada sobre o desejo de negar o constrangimento, de reencenar e recordar a ruptura que produziu esse estado de morte social, de exceder essa negação determinada através de atos de rememoração e/ou de tratar das necessidades e desejos do corpo aflito?

A PERFORMANCE DA NEGRITUDE

As dificuldades de repensar a relação entre performance e agência estão relacionadas principalmente à difusão do espetáculo da satisfação e abjeção negras, à problemática da vontade e do voluntarismo, à constituição punitiva e carregada do escravo como sujeito e às encenações extremas e violentas do poder.[20] A performance dominante da negritude frustrava os esforços de reavaliar a agência, pois simulava tão magistralmente a "vontade" negra apenas para reancorar a subordinação. Como discernir "condições capacitantes" quando a própria constituição do sujeito o torna socialmente morto ou remobiliza subversivamente uma identidade determinada pela dominação violenta, desonra e alienação natal? Nesse caso, a redenção, e não a repetição, se torna a figura privilegiada do performativo? Como é possível desalojar a performance e a performatividade em relação a essas clausuras e reavaliar a performance em termos das reivindicações feitas contra o poder, da interrupção e corrosão das normas regulatórias da escravidão racial, um modo de fazer sob coação e constrangimento, e uma articulação de impulsos utópicos e transformadores?

O sentido do performativo, como indicado por aqueles como Toby Jones ou John McAdams, está na articulação das necessidades e desejos que radicalmente colocam em questão a ordem de poder e sua produção de "inteligibilidade cultural" ou "corpos dóceis e legíveis".[21] Questões de redenção e reparação são centrais para tais práticas, e o efeito pretendido ou antecipado do performativo não é apenas a reelaboração da negritude, mas também sua negação afirmativa. É importante lembrar que a negritude é definida aqui em termos de posição social, relacional e estrutural, e não em relação à identidade; a negritude incorpora sujeitos normativamente definidos como negros, as relações entre negros, brancos e outros, e as práticas que produzem a diferença racial. A negritude marca uma relação social de dominação e abjeção, e potencialmente uma relação de reparação e emancipação; é uma figura disputada no cerne da luta social.[22]

A "performance da negritude" transmite tanto as finalidades cruzadas quanto a circulação de vários modos de performance e performatividade que dizem respeito à produção do significado social e da subjetividade: o nexo de raça, sujeição e espetáculo, as formas de prazer racial e racializado, as encenações da dominação e do poder brancos e a reiteração e/ou rearticulação das condições da escravização. Espera-se que a "performance da negritude" não seja demasiado pesada e, ao mesmo tempo, que essa indisciplina capte o alcance e a magnitude do performativo como uma estratégia de poder e tática de resistência. O uso intercambiável de performance e performatividade pretende ser inclusivo em relação a exibições de poder, à encarnação punitiva e teatral de normas raciais, à reelaboração discursiva da negritude e à mobilização afirmativa e negação da negritude no foco da reparação. Optei por usar o termo "performance da negritude" como uma forma de iluminar os emaranhados das enunciações dominantes e subordinadas da negritude e a dificuldade de distinguir entre encenações concorrentes dela com base na forma, na autenticidade ou mesmo na intenção.

Essas performances não são de forma alguma a "posse" do escravizado; são encenações da luta social e articulações concorrentes da negritude. O processo incessante e interminável de revisão, reelaboração, mímica e repetição impede os esforços de localizar um ponto originário ou definitivo na cadeia de associações que fixaria a identidade de um ato particular ou nos permitiria filtrar performances autênticas e derivativas, como se o significado desses atos pudesse ser separado dos efeitos que produzem, dos contextos em que ocorrem ou dos desejos que catalisam, ou como se divertimentos instrumentais pudessem ser separados das perspectivas de prazer, ou o performativo, divorciado de cenas de tortura. Implicitamente, essas performances levantam questões sobre o status do que está sendo performado — o poder da branquitude ou o bom momento do negro, uma canção escrava disparatada ou rememorações de deslocamento.

A ênfase na negritude, na sujeição e no espetáculo pretende desnaturalizar a raça e sublinhar seu caráter dado — as estratégias utilizadas para que a negritude se mostre como se sempre tivesse existido, negando assim a produção coerciva e cultivada da raça. (Esse é particularmente o caso no período anterior à Guerra Civil, no qual a raça se tornou um marcador absoluto de status ou condição, e ser negro passou a constituir uma condição identificada, se não idêntica, à da escravização.) A "naturalização" da negritude como uma encenação particular da satisfação aflita ou do sofrimento paciente requer um extremo de força e violência para manter esse aparente "caráter dado". O "caráter dado" da negritude resulta da captura brutal e da exploração do corpo, da extração de sua capacidade e da fixação em suas partes constitutivas como índices de verdade e significado racial. A construção dos corpos negros como objetos fobogênicos (incitando medo e a ameaça de dissolução, contaminação ou absorção)[23] alienados em uma maldição corpórea e a aparente certeza biológica dessa maldição atestam o poder do performativo de produzir o próprio sujeito que parece expressar.[24] O ponto aqui é que o corpo não existe antes dos discursos e práticas que o produzem como tal. E particular à constituição discursiva da negritude é a prisão inescapável da carne ou da indelével gota de sangue — a materialidade supostamente intratável e obstinada da diferença fisiológica.

Apesar do esforço de contextualizar e apreender a negritude como produção e performance, a força absoluta da enunciação "negro" parece afirmar uma primazia, quididade, ou materialidade que excede o quadro dessa abordagem. A menção dessa força não é um passo inicial na construção de uma metafísica da negritude ou um esforço para localizar uma essência dentro dessas performances, mas apenas um reconhecimento do peso absoluto de uma história de terror palpável na própria enunciação "negro" e inseparável do corpo torturado dos escravizados. Isso funciona como um lembrete dos efeitos materiais do poder sobre os corpos e como uma injunção para lembrar que a performance da negritude é inseparável da força bruta que estigmatiza, estupra e rasga a carne na inscrição racial do corpo. A aparente persistência ou o "caráter dado" da "negritude" registra a "fixação" do corpo pelo terror e pela dominação e o modo como essa fixação ou captura foi constitutiva.

Se, como argumentei, as performances dominantes da negritude dizem respeito ao espetáculo do domínio e à encenação da sujeição desejada, então as instâncias nas quais o dominante é usado, manipulado, refeito e desafiado poderiam ser lidas como articulações perturbadoras ou reconfiguradas da negritude? Que outros modos são possíveis? Existem marcadores estilísticos que distinguem as articulações diferenciais da "negritude"? As performances aqui consideradas estão de fato preocupadas em criar o sentido de uma identidade negra coerente? Ou as articulações da negritude estão primariamente preocupadas com — e são inseparáveis do — o desejo de cessar aquilo que é dado, a liberdade, a reparação e as afiliações restauradas? Em outros termos, como as danças de sábado à noite constituem articulações ou reelaborações do significado racial? Ou tais performances dão significado ou forma para a negritude apenas inadvertidamente? Se a negritude é reelaborada, então como, em que termos, e por quais meios? Se a condição de servidão é por definição uma atribuição de classe e raça, então qualquer esforço de abordar, criticar ou minar a dominação racial e a escravização seria necessariamente uma performance da negritude? Como o objeto é transformado e reconfigurado na prática?

Se a negritude é produzida por meios específicos de fazer uso do corpo, é importante considerar esse "ato sobre o corpo" não somente nos termos dos modos pelos quais o poder faz uso do corpo, mas também nos termos das possibilidades da carne. O prazer é central para os mecanismos de identificação e reconhecimento que desacreditam as reclamações de dor; porém, é crítico em um sentido de possibilidade — reparação, emancipação, transformação e afiliação sob a pressão da dominação e a total falta de autonomia. Muita atenção tem sido dada ao modo dominante do gozo branco, mas e as formas de prazer que se mantêm como figuras de transformação ou, no mínimo, reconfiguram a negritude em termos não relacionados à abjeção? Modos particulares de fazer uso do corpo são marcados diacriticamente como "negros" ou como formas autoconscientes de prazer em grupo: "se divertir com gente da nossa própria cor", para citar McAdams. Esses atos se tornam produções da negritude focadas em padrões particulares de movimentos, zonas de investimento erótico, formas de expressão e noções de prazer. A negritude é produzida como um "efeito imaginário" por um contrainvestimento no corpo e pela identificação de um lócus particular de prazer, como nas danças *snake hips*, *buzzard lope* e *funky butt*. Esse contrainvestimento muito provavelmente ocasiona um protesto ou rejeição da anátomo-política que produz o corpo negro como um corpo aberrante. Mais importante, é um modo de atentar para a constituição dolorida e a maldição corpórea que é a negritude.

DESFAMILIARIZAR O "GOZO DO NEGRO"

O sentido de comunidade negra expresso por "se divertir com gente da nossa própria cor" depende de atos de identificação, restituição, criação e recordação. As redes de afiliação encenadas na performance, eventualmente denominadas como a "comunidade entre nós", são definidas não pela centralidade da identidade racial, pela autoidentidade ou pela transparência da negritude, nem simplesmente pela condição de escravização, mas pelas conexões forjadas no contexto de afiliações despedaçadas, socialidade em meio à ameaça constante de separação e séries inconstantes de relações particulares ao local, localização, crença e ação. Em outras palavras, a "comunidade" ou as redes de afiliação construídas na prática não são redutíveis à raça — como se a priori a raça atribuísse um significado à comunidade ou como se a comunidade fosse a expressão da raça —, mas devem ser entendidas em termos das possibilidades de fabricar e fazer, condicionadas por relações de poder e pela aspiração muito determinada de construir comunidade, de cultivar reciprocidade.

Apesar da qualidade "calorosamente persuasiva" e utópica que a palavra "comunidade" possui, com sua sugestão de uma localidade definida por interesses comuns, reciprocidade, unidade, crenças partilhadas e valores, não se pode presumir que apenas as condições de dominação tenham sido suficientes para criar um sentido comum de valores, confiança ou identificação coletiva.[25] A comunalidade constituída na prática depende menos da presença ou da mesmidade e mais da mudança desejada — a abolição da escravidão. Em vez de oferecer o fundamento da comunidade, a identidade é figurada como a negação desejada da própria série de constrangimentos que cria a comunalidade: o anseio de libertação da condição de escravização possibilita as redes de afiliação e identificação.

As relações entre escravos eram caracterizadas tanto por conflito, desconfiança, traição, valores e crenças em disputa quanto por cooperação mútua e solidariedade. Como um ex-escravo afirmou: "Eles nos ensinaram a ficar um contra o outro, e para onde você fosse, encontraria sempre alguém passando boatos adiante e as pessoas brancas importunando. Eles tentavam suavizar as coisas para eles mesmos".[26] Outro exemplo é o dos perigos decorrentes de reuniões sub-reptícias, que, se descobertas pelo proprietário ou pelos capatazes, seriam objeto de punição. Havia também a possibilidade de que um outro escravo delatasse o encontro. Esse dissenso ou embate interno é documentado pelo número de planos de revoltas e rebeliões escravas frustradas por informantes.[27] Atos de traição e conluio com proprietários revelam os limites da comunidade, na medida em que documentam o choque e a discórdia dentro da vida do grupo e também as exclusões e linhas de divisão que inevitavelmente davam forma à existência coletiva. Como um episódio relatado por um ex-escravo ilustra, a cumplicidade e o conluio eram punidos pela exclusão além dos limites da comunidade:

> Eu lembro que uma vez ele construiu uma casa pro senhor mais jovem e ele disse que ia deixar os crioulos fazerem uma dança lá, e eles pensaram que

ele tinha certeza disso; mas ele não tinha, então decidiram fazer a dança de todo jeito. Era uma noite de luar, e eles fizeram essa grande dança no campo, e os capatazes vieram e pegaram um homem e jogaram ele sobre mim, e ele veio e me pegou e disse "Maldito seja", e colocou a mão bem no meu colarinho e me segurou e me levou pra casa pro senhor. Ele disse ao senhor que tinha me falado que, se eu contasse quem eram todos lá, ele não ia me açoitar, mas se eu não contasse, ele ia me chicotear o dia todo, e você devia ter me ouvido contar! Era perto da hora em que os pretos se levantavam, e eles me perguntaram se eu ouvi eles atirando. "Você viu alguma arma?" E eu disse: "Não, não vi nenhuma arma, mas eu ouvi eles atirando". Eu não tinha ouvido nada, mas sabia o que eles queriam ouvir, então eu disse o que disse [...]. Eu não podia ir a nenhuma festa depois disso. Os pretos iam me expulsar se me vissem; eles não iam me aceitar lá.

Qualquer invocação da comunidade deve levar em conta as diferenças entre os escravizados, a significação de "comunidade entre nós" como uma figura utópica de transformação, e o fato de que os atos de resistência cotidiana costumavam ser, em sua maioria, solitários ou envolver apenas uma outra pessoa.[28] Um ataque coletivo contra a lei e a autoridade do proprietário de escravos estaria sujeito a maior escrutínio e mais provavelmente à traição. Tanto os escravizados quanto os proprietários reconheciam a possibilidade e o perigo dessas reuniões coletivas.

O prazer associado às reuniões sub-reptícias se devia, em parte, ao sentido de empoderamento e possibilidade derivado da ação coletiva e à precariedade e fragilidade da "comunidade". Nessas reuniões, a "companhia com outros" era valorizada. Como John McAdams recordou:

> É certo que nós, negros, vivíamos para aquelas danças de negro que tínhamos todo sábado à noite lá na fazenda — ninguém para incomodar ou mexer com a gente e acredite em mim, filho, fizemos bom uso dessas noites, já que esse era todo o tempo que os escravos tinham juntos pra dançar, falar e *se divertir com gente de sua própria cor*. Os brancos, eles nunca nos incomodavam nesses momentos de jeito nenhum, só quando

fazíamos muita baderna, então eles podiam vir e obrigar a gente a se comportar [grifos meus].[29]

A identificação intersubjetiva e coletiva ocasionada nesses contextos não deve ser superestimada. Essas práticas eram importantes, pois constituíam veículos para criar conexões de apoio e de nutrição, experimentar uma alegria fugaz e efêmera. Esses momentos do ordinário ocasionavam uma prática de sonhar em conjunto. Eram encenações de comunidade, e não expressões de uma unidade a priori.

A linguagem da comunidade foi moldada por uma visão orgânica das relações sociais, em contraste com as relações instrumentalistas, utilitárias, violentas e distanciadas da sociedade ou da ordem social. Como é tradicionalmente invocada, a comunidade nos oferece uma fantasia no lugar de relações sociais complexas e conflituosas. A fantasia da comunidade falha em reconhecer tanto a dificuldade quanto a realização da coletividade no contexto da dominação e do terror. Isso não significa minimizar ou negligenciar as redes de apoio e cuidado que existiam entre os escravizados, mas manter em mente os limites e fraturas da comunidade precisamente por causa da violência rotineira da escravidão. Dominação, vigilância, terror, interesse próprio, desconfiança, conflito, inveja, perda regular de amigos e familiares para o comércio escravista transformavam a comunidade em uma realização, e não em algo dado. É crucial abordar a questão da comunidade através do dissenso e da diferença que são também seus elementos constitutivos. Aqui, nós podemos pensar na significação da conjuração como uma articulação de inveja e contestação dentro da comunidade escrava, e não simplesmente como uma "sobrevivência" africana.[30]

A "comunidade entre nós" é a articulação de um ideal e uma forma de nomear as redes de afiliação existentes no contexto do terror, das relações interrompidas, da perda e da morte.[31] Não se deve subestimar a significação do devir ou pertencer conjuntamente em termos diferentes daqueles definidos pela condição de propriedade, de objeto desprovido de vontade e de não exatamente humano. Esse copertencimento tenta reparar e nutrir o corpo quebrado; é um devir em conjunto dedicado a estabelecer outros termos de socialidade, ainda que transitórios, e a oferecer uma pequena medida de alívio diante das degradações constitutivas da própria condição.[32] A produção dessas afiliações e interesses era constantemente reconfigurada e negociada, e também fraturada por diferenças e antagonismos, e não definida de modo estático e contínuo. A comunidade não é homogeneidade ou autoidentidade, ou mesmo um conjunto compartilhado de valores, mas uma fabricação ou um devir em conjunto através das diferenças: *se divertir com gente de sua própria cor*. As redes de afiliação ou as formas evanescentes de socialidade, o "nós" fabricado dentro do círculo, são encenados na associação e na reunião; essas práticas atravessam uma série de diferenças e criam linhas fugazes e transitórias de relação e conexão.

A afinidade ou sentimento compartilhado experimentado ao "se divertir com gente de sua própria cor" ou "conversar sobre quando éramos livres na África" não é fixa, mas efêmera. Esses atos não podem ser reduzidos à dominação ou explicados fora dela. Excedem os parâmetros da resistência e criam visões alternativas e experiências para aqueles reunidos, permitem que se diga "nós" com intenção e atenção, e desafiam de fato a construção dominante da negritude. Esse conjunto compartilhado de identificações e afiliações é encenado em instâncias de luta, prazeres compartilhados, formas transitórias de solidariedade e formas nômades, frequentemente ilegais, de associação.

A POLÍTICA SEM UM LÓCUS PRÓPRIO

A resistência e a recusa são engendradas em formas de prática cotidianas excluídas do lócus do "propriamente político".[33] Ambos os aspectos dessa avaliação são significativos, pois com muita frequência as intervenções e os desafios dos dominados foram obscurecidos quando medidos contra o pano de fundo de noções tradicionais do político e suas características centrais: o eu desimpedido, o cidadão, o indivíduo dono de si e o sujeito autônomo da vontade. O conceito de prática nos permite discernir a capacidade de agir (a agência dos dominados) e a natureza limitada e transitória dessa agência. As principais características da prática, centrais para essa análise da agência dos escravizados, são: a não autonomia do campo de ação; as formas provisórias de operar dentro do espaço dominante; as posições de resistência locais, múltiplas e dispersas, que não foram estrategicamente codificadas ou integradas; e a condição anômala do escravo como pessoa e propriedade. Práticas cotidianas e ordinárias foram excluídas do político, tal como tradicionalmente concebido. Isso tem consequências e efeitos entre os quais se incluem a constituição do sujeito, a exequibilidade e a conveniência de certas formas de ação, a incomensurabilidade das noções liberais de vontade e autonomia como padrões para avaliar o comportamento subalterno, a inscrição da agência como criminosa ou, no mínimo, como merecedora de punição, e a incompletude da reparação.

Quando pensamos sobre essas práticas como a "infrapolítica dos dominados", para usar o termo de James Scott, ou como uma "política de uma frequência mais baixa", para usar o de Paul Gilroy, é importante notar tanto os efeitos produzidos pelas ilegalidades populares, pela intransigência ou pela recalcitrância dos escravizados quanto sua exclusão do lócus próprio do político.[34] Isso é especialmente importante no caso dos escravizados se desejamos nos envolver com as particularidades da constituição de sujeito e da condição de objeto deles. O indivíduo burguês, o eu desimpedido e a pessoa sem características que dão significado ao termo "político" em seus usos convencionais, com todas as pressuposições associadas a respeito da relação do sujeito e do Estado, não pode incorporar os escravizados, pois como é possível expressar uma vontade individual quando não se possui direitos individuais, ou mesmo uma pessoa no sentido usual do termo? Afinal, os direitos do indivíduo dono de si e o conjunto das relações de propriedade que definem a liberdade dependem, quando não exigem, do negro como actante sem vontade e objeto sublime. Se os valores mais venerados — liberdade, igualdade, posse de si mesmo e direitos invioláveis de personalidade — foram adquiridos com o trabalho escravo, então que possibilidades ou oportunidades existem para o cativo negro que atua como receptáculo da idealidade branca?[35]

O escravo é o objeto ou fundamento que possibilita a existência do sujeito burguês e, por negação ou contradistinção, define liberdade, cidadania e os enclausuramentos do corpo social. Como Edmund Morgan argumentou, o significado e a garantia da igualdade (branca) dependia da presença de escravos. Homens brancos eram "iguais em não serem escravos".[36] O escravo está inquestionavelmente fora dos termos normativos da individualidade, e em tal grau que o próprio exercício da agência é visto como uma contravenção dos direitos ilimitados de um outro sobre o objeto. (Até mesmo o trabalho não é considerado agência, porque é a propriedade de um outro, sendo extraído por meios coercitivos, e parte das capacidades brutas do negro, simplesmente personificando o poder e o domínio do proprietário.) Não surpreendentemente, a agência do escravizado é inteligível ou reconhecível somente como crime, e a designação de personalidade sobrecarregada com incríveis deveres e responsabilidades, que serve principalmente para reforçar os mecanismos repressivos do poder, denota os limites das formas socialmente toleráveis de violência, obrigando mais rigorosamente a mercadoria senciente sob o disfarce da proteção e punindo por meio do reconhecimento da humanidade escrava. Esse reconhecimento oficial da agência e da humanidade, em vez de desafiar ou contradizer a condição de objeto e a submissão absoluta dos escravizados como bens móveis, reinscreve a condição em termos de personalidade.

Enquanto aborda principalmente questões de resistência, restituição e reparação, essa análise da agência escrava também se atenta aos constrangimentos da dominação e ao exercício brutal do poder que dão forma à resistência. Consciente das preocupações já mencionadas a respeito do sujeito, essa exploração da agência e da resistência está menos preocupada com questões de ação heroica e consciência opositiva do que com as formas contingentes e submersas de contestação.[37] A abordagem enfatiza tanto a preponderância da resistência quanto a ausência de um lócus próprio que garantiria autonomia para essas práticas. Estas são significativas na medida em que constituem ataques locais e desafios triviais à escravidão, ao proprietário de escravos, ao direito e ao Estado, e, ao mesmo tempo, são provisórias e efêmeras, explorando as divisões da ordem social. O foco sobre o caráter contingente e transitório dessas práticas não é uma tentativa de subestimar a magnitude desses atos, pois se trata de atos carregados de impulsos utópicos e transformadores irrealizáveis nos termos da ordem dominante, precisamente por causa do escopo dessas reivindicações ambiciosas e alegóricas de liberdade, libertação, reparação e restituição.

A pluralidade das resistências encenadas na vida cotidiana detalha e é produzida pelas relações e mecanismos do poder. Os perigos decorrentes dessas práticas e as ameaças lançadas contra a ordem dominante oferecem um mapa dos mecanismos específicos de repressão e poder nas relações sociais antes da Guerra Civil. Por exemplo, a própria incongruência ou incomensurabilidade dos alegados perigos decorrentes das reuniões de escravos e a grande força usada para responder a elas e esmagá-las documentam a crise da escravidão e a tentativa de administrá-la por meio de uma estratégia de combinação de paternalismo e repressão brutal. No contexto da crise, ataques infinitesimais à ordem escravista adquirem significado ainda maior. A importância dessas práticas é evidenciada não apenas no testemunho dos escravizados ou ex-escravizados, e nos termos por meio dos quais representam sua experiência, mas no poder exercido tanto para encorajar e administrar divertimentos para eles quanto para constranger, proibir e policiar tais atividades. As perturbações causadas por um ato pequeno como sair sorrateiramente para dançar ou participar de um encontro de louvor desencadeavam uma série de eventos perturbadora, efêmera e até certo ponto esperada. Os escravizados desafiavam e redefiniam sua condição de submissão absoluta em atos de transgressões menores: deslocando-se sem passe para visitar um ente querido, roubando e participando de reuniões não permitidas.

Certamente, seria difícil descrever tais atos como revolta ou como uma ameaça de destruir a plantocracia, porém o próprio excesso de força com o qual eram respondidos serve para ilustrar o terror que integra a paisagem cotidiana da escravidão e, mais importante, a dificuldade da ação em tais circunstâncias. Como a resistência é registrada em um contexto no qual ser surpreendido com uma caneta ou um lápis era quase tão ruim quanto ter assassinado seu senhor, de acordo com Elijah Green? Ou quando ser pego em uma dança sem autorização poderia resultar na punição de ser despido e receber, com sorte, 25 chibatadas, ou, sem sorte, sofrer um espancamento potencialmente fatal? Como alguém pode praticar a resistência no espaço do permissível ou explorar as "concessões" dos proprietários sem simplesmente reproduzir os mecanismos da dominação? Qual forma a resistência e a rebelião assumem quando a força da repressão é praticamente ilimitada, quando o terror reside confortavelmente dentro do necessário e do permitido, quando o inócuo e o insurgente são confrontados com uma força de punição equivalente, ou quando o clandestino e o sub-reptício marcam uma variedade infinita de perigos? Nesse contexto, o encontro em uma dança não autorizada, ou a ida a uma reunião secreta, ou a saída sorrateira para visitar um companheiro, não poderiam talvez parecer atos insurgentes ou, no mínimo, atos bastante perigosos, mesmo quando as "ameaças" que apresentam não são articuladas como uma confrontação direta, mas expressas em termos muito diferentes?

Como Toby Jones recordava, essas reuniões criavam uma estrutura de sentimentos liberatória e utópica. Raymond Williams define uma estrutura de sentimentos como "um tipo de sentimento e pensamento de fato social e material, mas em fases embrionárias, antes de se tornar uma troca plenamente articulada e definida".[38] Essa consciência prática e incipiente é expressa por Jones como a antecipação rememorativa da liberdade e por outros como um impulso ou "instinto de que seríamos livres".[39] Obviamente, essa estrutura de sentimento existia em uma relação problemática com a escravidão, pois se uma escrava que nutria pensamentos de liberdade fosse descoberta, ela seria sortuda se escapasse sofrendo um espancamento. Outras escravas e escravos eram forçados a testemunhar esse espancamento e ameaçados com o mesmo tratamento se fossem pegos.[40] Como um ex-escravo comentou, "o açoite de pretos era a alegria do homem branco naquele tempo".[41]

Mesmo pequenos desafios à escravidão podiam ter efeitos desastrosos. Como John McAdams relatou:

> Os escravos só podiam ir de uma plantation para outra com um passe de seu Senhor ou Senhora; se fosse sem um passe, esse negro cairia na desgraça, pois o senhor do lugar pediria nosso passe, e se não pudéssemos mostrar um, era simplesmente ruim demais. Ele nos daria um dos piores açoites que já levamos. Claro que eu costumava escapulir e ir ver minha garota em uma outra fazenda, mas eu cuidava muito para não deixar ninguém nos pegar.[42]

Mesmo a demonstração de rebeldia de uma criança poderia ser confrontada com a ameaça de morte. Quando criança, Susan Snow "arranhava e brigava" com outras crianças, negras e brancas. Para acabar com esse hábito, seu senhor a forçava a olhar para os corpos dos escravos que tinham sido enforcados por lesar um homem branco.[43]

Como alguém sobrevive às atrocidades ordinárias da escravidão, mas conserva uma sensibilidade, um sentimento, um impulso, uma confiança inexplicável, porém irreprimível, nas possibilidades de liberdade? É difícil imaginar a possibilidade, quem dirá a liberdade, dentro de um mundo com uma incomensurabilidade tão fatal, um mundo em que o gesto mais inócuo convida à ameaça da morte. No testemunho escravo, atos extremos de violência são representados de forma natural porque ocorriam com regularidade. As recordações de Susan Snow e de outros catalogam a coexistência do mundano e do inimaginável e a difusão e racionalidade do terror. A incongruência entre ato e punição e a magnitude da violência que aguardava até mesmo a menor transgressão documentam o caráter provisório e restrito dessas práticas ou de quaisquer alegações que poderiam ser feitas em seu nome. Tais instâncias demonstram que mesmo em circunstâncias nas quais formas diretas e primárias de dominação predominavam, havia incontáveis lugares de confrontação e luta, apesar do grande custo desses atos.

Para iluminar a significação da performance e a articulação da luta social em eventos aparentemente inócuos, as formas de prática cotidianas precisam ser situadas no interior dos poderes quase ilimitados da classe detentora de escravos, e dos brancos em geral, para lançar mão de todos os meios necessários com vistas à garantia da submissão. Não surpreende que essas formas de prática cotidianas sejam habitualmente subterrâneas. Reluto em descrevê-las como "um tipo de política", não por questionar se as práticas consideradas aqui são formas de luta em pequena escala ou por desconsiderá-las como atos catárticos e contidos.[44] Minha hesitação diz respeito às possibilidades de prática tal como se relacionam com as circunstâncias dos escravizados enquanto exteriores ao "propriamente político", e isso me faz questionar a adequação do político a esse domínio da prática e a reimaginar o político em sua totalidade. (Da mesma forma, levo a sério as observações de Jean Comaroff de que "a verdadeira política da opressão impõe que a resistência seja expressa em domínios aparentemente apolíticos".)[45]

O status contraditório dos escravizados, sua relação ambígua com o Estado e a não autonomia de sua condição social e de sua prática determinam esse uso limitado e hesitante do político e o esforço de arrancá-lo de seu referente próprio. Diante da exclusão do escravo da esfera do político, quais formas a asserção de necessidades e desejos assume? Quais pressuposições do político são de todo relevantes ou adequadas para sua localização social? Escravos não são atores intencionais e consensuais, o Estado não é um veículo para a promoção de suas demandas, eles não são cidadãos, e sua condição de pessoa é contestada. Assimilar essas práticas ao quadro normativo do político é menos importante do que examinar as dimensões de prática e se a prática realmente requer um sujeito. Qual forma o político assume para os escravizados? Como poderíamos melhor descrever a política do objeto de propriedade ou da mercadoria? Será que a prática ou a performance são mais apropriadas para explicar como o corpo quebrado se move ou como o cativo foge e habita o mundo? Em que sentidos as (im)possibilidades da prática estão relacionadas com as clausuras da política, quando não são determinadas por elas? Como as reivindicações dos dominados são articuladas ou promovidas e suas necessidades são contempladas ou acomodadas? Se a esfera pública está reservada ao sujeito branco burguês e a divisão público/privado replica a separação entre o político e o não político, então a agência dos escravizados, cuja relação com o Estado é mediada pelos direitos de um outro, está invariavelmente relegada ao lado não político dessa divisão. Isso nos dá algum sentido do peso e do significado totais da dominação do proprietário de escravos. Com efeito, aqueles sujeitos removidos da esfera pública são formalmente excluídos do espaço da política.

As práticas cotidianas dos escravizados geralmente ficam de fora das formas diretas de confrontação; não são sistêmicas em sua ideologia, análise ou intento e, mais importante, o escravo não é um homem civil nem um trabalhador livre, mas excluído da narrativa de "nós, o povo" que efetiva o vínculo entre o indivíduo e o Estado. Os escravizados não eram vistos nem lhes era concedido o privilégio de se verem como parte da "soberania fictícia do Estado" ou como "dotados de uma universalidade irreal".[46] Mesmo o modelo gramsciano, com sua reformulação da relação entre Estado e sociedade civil no conceito do bloco histórico e sua definição expandida do político, mantém uma noção do político inseparável do esforço e da capacidade de uma classe de produzir hegemonia.[47] Ao questionar o uso do termo "político", espero iluminar as possibilidades de prática e o que está em jogo nessas resistências dispersas. Isso tudo não é um preâmbulo para uma discussão sobre a consciência "pré-política" dos escravizados, mas uma tentativa de apontar os limites do político e a dificuldade de traduzir ou interpretar as práticas dos escravizados dentro desse enquadramento. As práticas cotidianas dos escravizados ocorrem na falha do político, na ausência dos direitos do homem ou das garantias do indivíduo dono de si, e talvez mesmo na ausência de uma "pessoa", no sentido habitual do termo.

ROUBAR UM TEMPO, O ESPAÇO DA LUTA E A NÃO AUTONOMIA DA PRÁTICA

Quando escapavam para fazer reuniões secretas, os escravizados chamavam isso de "roubar a reunião", de modo a destacar a apropriação do espaço e a expropriação do objeto de propriedade necessárias para esses encontros.[48] Assim como os escravos em fuga "rouba[vam] a si mesmos", até as mais breves "escapadas" do cativeiro eram denominadas *stealing away* ["roubar um tempo", "sair de fininho"]. Roubar um tempo designava uma ampla gama de atividades, de encontros de louvor, festas de costura de colchas e danças até visitas ilícitas a amantes e familiares em plantations vizinhas. Isso abrangia uma série de ilegalidades populares, centradas em contestar a autoridade da classe proprietária e contrariar o status do escravizado como posse. A própria frase "roubar um tempo" brincava com o paradoxo da agência da propriedade e com a ideia da propriedade como roubo, aludindo à condição do cativo como uma forma legal de captura ilegal ou amoral, o que Hortense Spillers descreve como "a violenta usurpação da força de vontade e do desejo ativo do corpo cativo".[49] Ecoando a frase de Pierre-Joseph Proudhon, "propriedade é roubo", Henry Bibb colocou a questão de modo simples: "Propriedade não pode roubar propriedade". É a brincadeira com esse ato originário de roubo que gera as possibilidades de transporte, já que a pessoa era literal e figurativamente levada pelo próprio desejo.[50] A apropriação do espaço dominante em atos itinerantes de desafio contesta o confinamento espacial e a vigilância da vida escrava e, ironicamente, redefine o significado de propriedade, roubo e agência. Apesar da variedade de atividades abrangidas por essa rubrica, o que esses eventos compartilhavam era a centralidade da contestação. Roubar um tempo era o veículo para a figuração redentora dos expropriados e para a reconstituição das relações de parentesco, contrariando o status de objeto dos escravos como bens móveis, transformando o prazer, e, ao investir no corpo como local de atividade sensual, sociabilidade e possibilidade, era um esforço de reparar uma condição irreparável.

As atividades abrangidas no escopo de roubar um tempo jogavam com a tensão entre a posse do proprietário e a expropriação do escravo e buscavam compensar a condição de escravização por quaisquer meios (limitados) disponíveis. A expressão mais direta do desejo de reparação era o encontro de louvor. Os apelos feitos a um "Deus que salva na história" se concentravam de forma avassaladora na liberdade.[51] Por essa razão, William Lee disse que os escravos "não podiam servir a Deus, a não ser que a gente escapasse pra cabana ou pro mato".[52] West Turner corroborou isso, afirmando que, quando caçadores de escravos descobriam esses encontros, batiam nos escravos sem misericórdia, para impedir que servissem a Deus. Turner relatou as palavras de um caçador a esse respeito: "Se eu pego você aqui servindo a Deus, vou te bater. Você não tem tempo pra servir a Deus. Nós te compramos pra nos servir".[53] Servir a Deus era um lugar crucial de luta, pois dizia respeito a assuntos relacionados ao estilo e ao intento da adoração e ao próprio significado de servir, já que a expressão da fé era invariavelmente uma crítica das condições sociais de servidão e domínio. Como o relato de Turner documenta, a ameaça corporificada na servidão a Deus era que o reconhecimento da autoridade divina pudesse suplantar, se não negar, o domínio do proprietário de escravos. Embora nos anos 1850 a cristandade fosse muito difundida entre os escravizados, e a maioria dos proprietários não mais se opusesse à conversão ou à instrução religiosa deles, havia, contudo, uma luta ética e política travada na prática religiosa, que dizia respeito a interpretações conflitantes da palavra e dos estilos de adoração. Mesmo aqueles escravos cujos proprietários estimulavam a religião ou os enviavam para igrejas brancas julgavam importante frequentar encontros secretos. Eles se queixavam que nas igrejas brancas não lhes era permitido falar ou expressar sua fé em seus próprios termos.

> A gente costumava escapar pro mato naquela época da escravidão nas noites de domingo, lá no rumo dos brejos, pra cantar e rezar do jeito que a gente gostava. A gente rezava por esse dia de liberdade. A gente andava sete ou oito quilômetros pra rezar junto a Deus, que se a gente não vivesse pra ver isso acontecer, que por favor deixasse nossos filhos viverem pra ver isso, que por favor deixasse nossos filhos viverem pra ver um dia melhor e serem livres, pra que pudessem servir de modo honesto e justo o Senhor e toda a humanidade por toda parte. E a gente cantava "nosso pequeno encontro está quase acabando, crianças, e precisamos partir. A gente precisa partir em corpo, mas esperamos que não na mente. Nosso

pequeno encontro está destinado a acabar". Então a gente cantava: "Caminhamos e apertamos as mãos, adeus, minhas irmãs, estou indo pra casa".[54]

Esses encontros realizados em "matas secretas" ou disfarçadamente nas senzalas iluminam a diferença significativa entre os termos da fé e o peso da cristandade para o senhor e o escravizado. Por exemplo, o *ring shout*, uma forma de dança devocional, desafiava as proscrições cristãs contra a dança. O grito fazia do corpo um veículo da comunicação divina com Deus, em contraste com a visão cristã do corpo como o receptáculo maculado da alma ou como uma simples mercadoria. E a atenção à alma contestava o status de objeto dos escravizados, pois a troca de negros como mercadorias e sua dominação violenta se caracterizavam pelo tratamento dispensado a eles como se não tivessem alma.[55]

A crença ávida em uma liberdade iminente desafiou e anulou radicalmente o evangelho da escravidão, que fazia da subordinação uma virtude e prometia recompensas na "cozinha do céu". Eliza Washington afirmou que os pastores "pregavam para pessoas de cor que, se fossem bons negros e não roubassem ovos e galinhas e coisas de seus senhores, eles poderiam ir para a cozinha do céu quando morressem".[56] Não era incomum que os proprietários apresentassem uma visão da cristandade na qual os escravizados também lhes assistiriam na vida após a morte. Como uma senhora afirmou, "eu daria qualquer coisa se pudesse ter Maria no céu comigo para fazer pequenas tarefas para mim".[57] Para os escravizados, a crença em uma autoridade divina minimizava e restringia o domínio do senhor. Esses encontros favoreciam um sentido de identificação coletiva, criando um nosso e um nós através da invocação de uma condição comum como um povo oprimido e de um destino compartilhado. Servir a Deus, em última instância, era algo que seria atualizado na abolição da escravidão.

Roubar um tempo envolvia o movimento não autorizado, a assembleia coletiva e uma revogação dos termos da sujeição em atos tão simples quanto dar uma escapada para rir e conversar com amigos ou fazer visitas noturnas a pessoas amadas.[58] Sallie Johnson disse que os homens costumavam escapar sorrateiramente para visitar suas esposas.[59] Essas visitas noturnas a amantes e familiares eram um modo de reparar a alienação natal ou a destituição forçada do parentesco dos escravizados; práticas de nomeação, fuga e recusa de se casar com um companheiro não escolhido ou de se casar novamente após a venda de um marido ou esposa eram esforços para manter, se não para reconstituir, esses laços.[60] O tio de Dora Frank escapava furtivamente à noite para ver sua mulher. Uma vez, ele não conseguiu retornar antes do amanhecer, e "cães de caçar pretos" foram enviados em seu encalço. Ele recebeu cem chicotadas e foi mandado para o trabalho com o sangue ainda escorrendo pelas costas.[61] Dempsey Jordan reconhecia que os riscos envolvidos nessas viagens eram grandes, mas se esgueirava à noite para ver sua garota apesar deles:

> Eu corria um grande risco. Eu ia ver minha garota muitas noites e uma vez rastejei por uns cem metros até seu quarto e me deitei na cama com ela e fiquei lá até quase amanhecer falando com ela. Certa vez, eu estava lá com ela, mas aqueles capatazes vieram naquela noite e ficaram andando pelo quarto inteiro, e este negro aqui estava embaixo da cama dela, debaixo daquele musgo, e eles nunca me encontraram. Eu estava muito assustado.[62]

O fato de que a força da violência e a ameaça de venda não impediam essas ações ilustra a forma como as injunções das relações de propriedade eram desafiadas no decorrer de práticas cotidianas.

As consequências desses desafios de pequena escala por vezes eram um risco à vida, quando não fatais. Fannie Moore recordava a violência que sucedeu a descoberta de uma dança secreta. Eles estavam dançando e cantando quando os capatazes invadiram a reunião e começaram a bater nas pessoas. Quando o filho do Tio Joe decidiu que era "hora de morrer", porque ele não conseguia aguentar mais um espancamento e revidou, os patrulheiros bateram nele até a morte e açoitaram mais meia dúzia, antes de mandá-los para casa.[63] Se os escravos organizassem uma festa ou reza com muito barulho, os patrulheiros batiam neles e por vezes os vendiam. Os patrulheiros pegaram dois dos irmãos de Jane Pyatt, e ela nunca mais os viu.[64] Geralmente, a punição para reuniões ou viagens não autorizadas era de 25 a cinquenta chicotadas.

Roubar um tempo era sinônimo de rebeldia, pois envolvia necessariamente tomar a propriedade do senhor e reivindicar o eu, transgredindo a lei. As infrações que invariavelmente faziam parte do ato de roubar um tempo eram uma fonte de perigo, de orgulho e de muita ostentação. Garland Monroe notou que os encontros secretos dos quais participava eram realizados ao ar livre, e não em cabanas ou matas. Eles confiavam que poderiam enganar e afrontar patrulheiros. Se estes viessem, os escravos se aproveitavam de um conhecimento superior do território para fugir da captura ou da prisão.[65] Confrontações físicas com patrulheiros eram um elemento regular desses relatos, e um cipó esticado através da estrada para fazer os cavalos dos patrulheiros tropeçarem era o método mais comum de despistar os perseguidores.[66] Como se gabava James Davis: "Eu vi a Ku Klux na época da escravidão e cortei um bocado de videiras. A gente podia estar ali dançando e tocando banjo, e o cipó de videira estirado na estrada, e a Ku Klux vinha cavalgando e tropeçava nele, caindo de cima dos cavalos".[67] Os escravizados eram fortalecidos pelo desafio coletivo imposto ao poder e pelo apoio mútuo diante do medo da descoberta ou da punição. Desta perspectiva, as reuniões pastorais e populares de escravos manifestam-se como batalhas em pequena escala com os proprietários, os brancos locais e a lei.

Essas formas de contestação rotineiras e cotidianas operavam dentro dos limites das relações de poder e desafiavam simultaneamente essas mesmas relações, na medida em que, ocultadas e camaleônicas, tanto obedeciam quanto perturbavam as demandas do sistema, por meio da expressão de um contradiscurso de liberdade. No decorrer dessas práticas, mesmo a extensão do rio Potomac podia ser transformada em uma ponte de comunidade e solidariedade. Como James Deane lembrou, eles usavam conchas como apitos para sinalizar uma reunião. "Nos encontrávamos todos nas margens do rio Potomac e cantávamos pro outro lado do rio para os escravos na Virgínia, e eles cantavam de volta pra nós."[68]

Tais infrações da lei em pequena escala também produziam divisões na organização espacial da dominação. O jogo com "roubar", "tomar ou se apropriar sem direito ou autorização e com a intenção de manter ou usar de modo ilegal" ou "se apropriar de algo tomando-o completamente para si ou além de sua própria parte" articula o dilema do sujeito sem direitos e o grau em que qualquer exercício de agência ou apropriação do eu é inteligível apenas como crime ou já codificado como crime.[69] Isso destaca a transgressão dessas peregrinações furtivas e clandestinas, já que a própria afirmação de roubar um tempo enfatiza o gesto de tomar de volta o que foi roubado e tornar visível o roubo originário que produziu o escravo. A atividade exigida para as reuniões em encontros de louvor e danças era nada menos do que um desafio fundamental e uma quebra das reivindicações de propriedade escrava — o cativo negro como objeto e fundamento dos direitos inalienáveis, do ser e da liberdade do senhor.

A agência do roubo ou o simples exercício de quaisquer reivindicações do eu, mesmo que restritos, desafiavam a figuração do cativo negro como alguém desprovido de vontade ou força.[70] Roubar um tempo englobava ironicamente a impossibilidade da posse de si mesmo, pois expunha a ligação entre liberdade e propriedade escrava ao jogar com e contra os termos da expropriação. O uso do termo "jogo" [play] não tem o intuito de fazer pouco-caso do profundo deslocamento e ruptura experimentados pelos escravizados ou insinuar que essas negociações provisórias do próprio status ou condição atenuavam a violência e a brutalidade da escravidão, mas de destacar a dimensão performática dessas investidas como atos encenados, repetidos e ensaiados — o que Richard Schechner denomina "comportamento duplamente exercido".[71] Além disso, talvez seja possível que a expropriação implicasse sua própria força e aspiração. Quando se roubava um tempo, contrarreivindicações de justiça e liberdade eram levadas adiante, e a santidade ou legitimidade dos direitos de propriedade eram refutadas, em um gesto duplo que jogava com o significado do roubo. Estava implícita, na apropriação do objeto da propriedade, uma insistência que jogava na cara da lei: a liberdade definida pelos direitos inalienáveis de propriedade era um roubo. Roubar um tempo explorava a condição ambivalente do cativo negro como sujeito e objeto, por meio da afirmação flagrante do comportamento não autorizado e delinquente e da alegação de inocência, precisamente porque, como um objeto, o escravo era a própria negação de uma consciência intencional ou vontade. As afirmações disruptivas, necessariamente integrantes do ato de roubar um tempo, contrariavam a lei da propriedade.

Roubar um tempo era confrontar e se apropriar subversivamente dos desígnios de domínio e controle dos proprietários de escravos — o uso do corpo cativo como extensão do poder do senhor e a organização espacial da dominação e do enclausuramento. Envolvia não apenas uma apropriação do eu, mas uma perturbação dos arranjos espaciais da dominação, que confinavam os escravos ao local policiado da senzala, exceto quando obtivessem permissão por escrito do proprietário para ir a algum outro lugar.[72] A organização do espaço dominante envolvia a separação entre domínio público e privado; essa fronteira reproduzia e estendia a subordinação e o controle dos escravizados. Se o domínio público é reservado ao sujeito cidadão burguês, e o domínio privado é designado pelas relações domésticas ou domiciliares, pela inviolabilidade da propriedade e das transações contratuais baseadas no livre-arbítrio, então em que espaço as necessidades e os desejos dos escravizados podem ser articulados?[73] Como é possível contestar os limites do político? Em última análise, a luta contra a escravidão era travada nas práticas cotidianas, que se apropriavam do — e transfiguravam o — espaço em atos locais e triviais, como organizar um encontro de louvor no mato, encontrar um amante no canavial ou dar um baile clandestino na senzala. A negação ou recusa do próprio status como objeto transacionável ou como veículo dos direitos de um outro era um aspecto essencial dessa prática espacial. Nesses espaços sociais, afirmavam-se necessidades e desejos; ofereciam-se preces; sonhos e contrarreivindicações podiam ser expressos coletivamente, assegurando uma vida social para a propriedade e uma arena de identificação compartilhada com outros escravos. Como o caminhante mencionado por De Certeau, que desafia o aparato disciplinar do sistema urbano com seus passos indolentes, essas práticas também criam possibilidades no espaço da dominação, transgridem o espaço policiado da subordinação, por meio de viagens não autorizadas e de assembleias coletivas, escapam do isolamento e da divisão das plantations e perturbam as fronteiras entre o público e o privado na articulação de reivindicações insurgentes.[74]

NECESSIDADES ENCARNADAS E A POLÍTICA DA FOME

A afirmação coletiva da necessidade e os anseios radicais dos escravizados raramente assumiam uma forma reconhecida como política. A visão e a antecipação de uma vida livre eram criadas de modo furtivo em matas silenciosas, clareiras e pântanos.[75] A afirmação da necessidade negra não foi recebida como política, como Patricia Williams observa, mas escutada apenas "contra o pano de fundo de sua musicalidade de outrora".[76] É a expressão insistente e incessante da necessidade negra que define, de modo amplo, o trabalho crítico do performativo e uma política subordinada caracterizada pela impossibilidade da autonomia decisiva, ou da adesão ao Estado nacional, ou dos direitos do sujeito nos termos normativos do homem e do cidadão. Um exemplo tão lugar-comum quanto a *juba* ilumina a forma como a necessidade oferece uma figura para a transformação radical. Uma dança popular vernacular, a *juba* permitiu e favoreceu o contrainvestimento no corpo como um lugar de prazer. Nesse canto e dança corpo-tambor, o corpo cativo exaurido e esvaziado se torna o veículo para a transfiguração do valor.

A *juba* era um texto codificado de protesto. Ela utilizava o ritmo e palavras absurdas como um disfarce para a crítica social. O conteúdo das músicas da *juba* examinava as dinâmicas do cativeiro, a expropriação e a dominação e abordava as necessidades dos escravizados. O ataque à escravidão se centrava no uso do escravo para a riqueza e o divertimento do senhor e nos anseios não satisfeitos do corpo violado e exaurido.[77] O consumo e a extração da possibilidade do corpo e a constância da fome estão no centro do comentário frequentemente espirituoso da *juba*,[78] cuja característica mais importante, além dos "batuques" ou do uso rítmico do corpo, eram as canções. Mesmo quando a natureza exata de seus passos, sejam de *jig*, *reel* ou *shuffle*, era incerta, a *juba* podia ser identificada pelo repertório das canções que a acompanhavam.[79] Geralmente, as canções encenavam a resistência e transmitiam o dissenso sob o disfarce de jogo e do puro nonsense.[80] Solomon Northup as caracterizou de modo equivocado como "canções sem sentido, compostas antes para [sua] adaptação a um certo tom ou medida do que para o propósito de expressar qualquer ideia distinta".[81] E o disfarce de puro jogo e nonsense conduziu aqueles como William Smith, após se deparar com uma performance de *juba*, a concluir que "os escravos eram as pessoas mais felizes da raça humana".[82]

Douglass designou batucar a *juba* como as "batidas do jubileu" para enfatizar o alcance revolucionário da reparação e as possibilidades de emancipação, necessidades saciadas e corporificação não punitiva. Embora apresentada no palco de menestréis, a *juba* foi caracterizada por ele como uma performance exclusivamente sulista, e Douglass defendia que toda fazenda tivesse seu dançarino de *juba*, porque isso "supria o lugar do violino ou outro instrumento musical". A *juba* também acompanhava música instrumental.[83] A representação que Douglass construiu da *juba* enfatizava os aspectos insurgentes da performance, a condenação da escravidão e as ânsias por liberdade:

> O ator improvisava enquanto batia no instrumento, marcando as palavras à medida que cantava, de modo que correspondessem ao movimento de suas mãos. De vez em quando, em meio a uma massa de brincadeira selvagem e sem sentido, um golpe certeiro recaía sobre a maldade dos donos de escravos.

A canção detalha as crueldades da escravidão, a exploração do trabalho escravo e a apropriação da produção dos cativos pelos proprietários. Em meio à aparente falta de sentido da canção *juba*, estava um apelo pela liberdade:[84]

A gente cresce o trigo,
Eles dá o joio pra gente;
A gente assa o pão,
Eles dá a casca pra gente;
A gente cata a comida,
Eles dá os resto pra gente;
A gente corta a carne,
Eles dá a pele pra gente;
E desse jeito
Eles engana a gente;
A gente desnata o pote,
Eles dá cachaça pra gente,
E diz que já tá bom pra preto.
Passa em cima! Passa em cima!
Sua manteiga e a gordura;
Preto coitado, cê não dá conta disso!
Passa em cima!*

A versão de Douglass da canção *juba* era similar a uma versão cantada por Bessie Jones, uma artista popular das Ilhas do Mar da Geórgia. Jones afirmou que a canção *juba* que ela aprendeu com seu avô era uma mensagem críptica sobre as condições abomináveis da vida escrava, em particular os restos de comida que eram forçados a comer.[85]

Juba daqui e Juba dali
Juba matou um gato amarelo
Dá um jeito em todo problema, Juba.
Você cata a comida,
Você me dá só o resto.
Você assa o pão,

---

* No original: *We raise de wheat,/ Dey gib us de corn;/ We bake de bread,/ Dey gib us de crust;/ We sif de meal,/ Dey gib us de huss;/ We peel de meat,/ Dey gib us de skin;/ And dat's de way/ Dey take us in;/ We skim de pot,/ Dey gib us de liquor,/ And say dat's good enough for nigger./ Walk over! Walk over!/ Your butter and de fat;/ Poor nigger, you can't get over dat!/ Walk over!* (N.T.)

Você me dá a casca,
Você frita sua carne,
Você me dá a pele.
E é aí que começa o problema da mamãe.*

O corpo da canção é quase idêntico àquele relatado por Douglass. Jones interpretava esse trecho da seguinte forma: "A mãe sempre falava que gostaria de poder dar a eles um pouco daquele bom pão de milho quente, daquelas tortas quentes ou qualquer outra coisa quente. Mas ela não podia. Ela tinha que esperar e dar aquela coisa velha que sobrava. E então eles começavam a cantar e a tocar".[86] Em ambas as versões da canção, as letras dão voz à resistência e destacam a exaustão e a exploração no conteúdo tacitamente político da linguagem codificada e dos atos disfarçados de protesto.

A forma da ação reparatória em operação na *juba* trata de necessidades não satisfeitas e cultiva o prazer, enquanto protesta contra as condições da escravização. O repertório das canções aborda a fome e a distribuição injusta de recursos entre os produtores e os proprietários. Nesse caso, a utilização do corpo como receptáculo literal da comunicação facilitava a expressão da necessidade e do anseio, assim como do dissenso. Bater no corpo como em um tambor e para seus próprios fins gera uma certa medida de prazer, conforta o corpo aflito e oferece um vislumbre fugaz de autonomia. Nesse sentido, a *juba* pode ser vista, talvez, como "uma reivindicação do próprio corpo contra o poder".[87] Essas formas de prática cotidiana envolvem a apropriação do espaço, a afirmação de necessidades, a confissão do antagonismo, o protesto contra a subordinação e o uso do prazer como um veículo de dissenso e transformação. A arte da necessidade é nada menos que uma política da fome.

---

* No original: *Juba this and Juba that/ Juba killed a yella cat/ Get over double trouble, Juba./ You sift the meal,/ You give me the husk./ You cook the bread,/ You give me the crust,/ You fry your meat,/ You give me the skin./ And that's where mama's trouble begin.* (N.T.)

MEMÓRIA E HISTÓRIA

O espaço tomado e refeito na prática cotidiana possibilitava que necessidades e desejos fossem transmitidos e abordava, implicitamente, a história de violência e deslocamento que produziu o cativo, assim como as possibilidades de reparação que poderiam desfazer esse estado. Esse espaço apropriado da coletividade social, segundo a definição de Henri Lefebvre do espaço de representação, está "repleto de elementos imaginários e simbólicos" que têm sua origem na história violenta do povo.[88] A violência, a desonra, a desfiliação e a perda constitutivas da escravização e a quebra radical introduzida pela Passagem do Meio são articuladas dentro dessas práticas cotidianas e determinam as possibilidades ou a impossibilidade da reparação. O espaço dominante é furtado e manipulado ao dar voz à necessidade e ao fazer contrarreivindicações sobre liberdade, carne humana e o eu (um eu reconstruído que nega os termos dominantes da identidade e da existência); ele é transformado e refeito como uma paisagem sacralizada e ancestral, de modo que possa abrigar a vida, o espírito, os deuses e os ancestrais. Esses elementos sacralizados e ancestrais são criados, imaginados e lembrados no uso de árvores de reza e panelas viradas, desempenhados no *shout* e convocados em reuniões sagradas. As danças de devoção para os espíritos ancestrais, as lembranças de coisas que não testemunharam ou experimentaram, como "quando eles viviam na África e faziam o que queriam", e uma nostalgia insurgente que expressava um anseio por uma casa que a maioria poderia apenas vagamente recordar, ou que vivia apenas na imaginação, transfiguravam o espaço do cativeiro em um espaço habitado pelas assombrações de um passado desmembrado.

As relações vividas de dominação e subordinação não coexistem de modo simples com a evocação dos ancestrais e a recordação e antecipação da liberdade; dentro dessas práticas, o deslocamento e a remoção envolvidos na escravização eram marcados de formas variadas e multifacetadas. O objetivo aqui não é criar um índice de sobrevivências ou resgates de vestígios Kongo, Fon, Ibo ou Yorubá, mas considerar a historicidade cotidiana dessas práticas — os modos como o cotidiano articula as feridas da história e a enormidade da quebra instituída pela travessia transatlântica de cativos negros e pelo processo de escravização: dominação violenta, desonra, alienação natal e status de bem móvel. As práticas cotidianas são textos de deslocamento e transculturação que registram em sua "perversão das linhas originais de descendência" a violência do processo histórico e, ao fazê-lo, prestam testemunho. Esse ato de testemunhar tem pouco ou nada a ver com a veracidade da recordação ou com a confiabilidade ou falibilidade da memória. Aqui, o mais importante são as formas pelas quais a memória atua a serviço da reparação, e não como um inventário do mundo perdido.[89]

Por exemplo, a panela virada, usada para impedir a detecção durante danças e encontros secretos, exemplifica os modos como as práticas se sedimentam com vestígios de um passado que, talvez, não sejam nem lembrados nem esquecidos, mas existam como uma "memória da diferença".[90] Nos relatos que envolvem roubar um tempo para os encontros, há uma ênfase sobre os métodos usados para evitar ser descoberto por proprietários ou capatazes. A panela ou a bacia de lavagem virada é o meio de escapar à detecção mencionado com mais frequência. Millie Simpkins afirmou que nas *quilting parties*, as festas de costura de colchas, enquanto as pessoas mais velhas trabalhavam na tecedura e as mais jovens dançavam e se divertiam, elas colocavam uma panela na porta para impedir que pessoas brancas as escutassem. Mary Gladdy se lembrava de participar de reuniões duas ou três vezes por semana, em encontros de rezas e vivências. Depois de cantar, rezar e compartilhar experiências durante toda a noite, as pessoas iam embora acreditando que a liberdade estava prestes a acontecer.[91]

O uso de uma panela de cozinha ou bacia virada para evitar a detecção é amplamente mencionado nas narrativas. Segundo Anderson e Minerva Edwards:

> Quando a gente rezava entre nós, a gente não ousava deixar os brancos saberem disso e aí a gente virava uma bacia de lavar no chão pra captar a voz. A gente rezava muito pela liberdade e o Senhor nos ouviu. A gente

não tinha um cancioneiro e o Senhor nos deu nossas canções, e quando a gente canta à noite é só sussurrando pra ninguém. Ninguém ouve.[92]

"Eles emborcavam a chaleira do lado de fora da porta, levantada de modo que o som entrasse ali embaixo e desse para ouvir. Se eles ouviam as mulheres rezando, na manhã seguinte davam cinquenta chicotadas por isso."[93] Patsy Hyde afirmava que a panela não só impedia os brancos de ouvirem o que diziam, mas também mostrava que Deus estava com os escravos.[94]

Essa prática foi relacionada ao uso de potes de água e tambores sagrados na África.[95] Sidney Mintz sugeriu que pode ser uma inversão que compensa a proibição dos tambores, pois a cuba virada consome ou absorve o som, em vez de produzi-lo.[96] Albert Raboteau especula que pode ser um emblema fragmentário de Exu Elegba, porque, na tradição dos orixás, "é obrigatório começar o culto com uma oferenda para Exu Elegba, garantindo que a ordem e o decoro do serviço não sejam perturbados".[97] O uso da panela virada é análogo à colocação de vasos de flores virados em túmulos afro-americanos para representar espíritos que partiram. Robert Farris Thompson argumenta que, nesses gestos em direção aos mortos, há vestígios da cultura Kongo: "A inversão significa resistência, como um trocadilho visual com a força dos ancestrais, pois a raiz de *bikinda*, 'estar de cabeça para baixo, estar no reino dos ancestrais, morrer', é *kinda*, 'ser forte', porque aqueles que estão de cabeça para baixo, aqueles que morrem, são os mais fortes".[98]

Em vez de situar as origens dessas práticas ou classificar africanismos, quero explorar o modo como elas testemunham e registram as violentas descontinuidades da história introduzidas pela Passagem do Meio, pela catástrofe do cativeiro e da escravização e pela experiência de perda e filiação. Esses vestígios de memória funcionam de forma similar a um membro fantasma, pois o que é sentido não está mais ali. É uma recordação autoconsciente de conexão, experimentada no local da ruptura, onde a própria consciência de desconexão atua como forma de testemunho e memória. O reconhecimento da perda é um elemento crucial na reparação da fratura introduzida pela escravidão. Esse reconhecimento transmite uma recordação do corpo fraturado, não por meio de uma totalidade simulada, mas precisamente através do reconhecimento do corpo amputado em sua amputação, na atestação do corpo violado como carne humana, na cognição de suas necessidades e na antecipação de sua libertação. O paradoxo é que o corpo violentado oferece a possibilidade de restituição, e não a invocação de uma totalidade ilusória ou o retorno desejado a uma plenitude originária.

O status do passado, seja ele figurado como "a vida na África quando éramos livres" ou incorporado por um pai, mãe, avô ou avó africanos, uma natalidade não violada (contra a alienação natal da escravização) ou um entendimento do eu em relação aos milhões que se foram e/ou aqueles do outro lado do Atlântico, é experimentado mais significativamente em termos de perda e descontinuidade.[99] Esse passado não pode ser recuperado, porém a história da cativa emerge precisamente nesse local de perda e ruptura. Nas elaborações da memória, há uma reiteração e uma encenação intermináveis dessa condição de exílio e deslocamento. O passado é intraduzível no atual quadro de significado por causa das desassociações radicais do processo histórico e da descontinuidade introduzida no ser da cativa conforme ela é castigada e inserida na categoria abstrata da propriedade. A Passagem do Meio, a travessia do Atlântico, o caminho da morte, o rasgo no mundo, o grande evento da fratura, engendra essa descontinuidade. A invocação do passado articulada na prática retorna a esse ponto de ruptura. A esse respeito, a memória não está a serviço da continuidade, mas reitera e encena incessantemente as contradições e antagonismos da escravização, as rupturas da história e as redes rompidas e dispersas de parentesco e filiação. É por meio desse refrão ou da invocação diferencial do passado, por meio dessa memória da diferença, que as práticas cotidianas evocam a história do cativeiro e da escravidão. Essa elaboração através do passado, ou o engajamento recursivo com a fratura e a ruptura, é um aspecto significativo da reparação.

A memória na prática cultural negra tem sido interpretada mais frequentemente por meio de narrativas continuístas da tradição ancorada no status fundacional da África. Porém, é absolutamente necessário desmistificar, deslocar e enfraquecer o conceito de África para abordar as descontinuidades da história e a complexidade da prática cultural. Como argumenta Paulin Hountondji, é preciso enfraquecer o conceito de africanidade "por meio da dissipação do halo místico de valores arbitrariamente enxertados nesse fenômeno pelos ideólogos da identidade". Para confrontar a complexidade da história e da(s) tradição(ões),

> [é] necessário decididamente enfraquecer o conceito de África, libertá-lo de todas as suas conotações éticas, religiosas, filosóficas, políticas etc., com as quais uma longa tradição antropológica o sobrecarregou, e o efeito mais visível era o fechamento do horizonte, o enclausuramento prematuro da história.[100]

A própria identificação e catalogação dos africanismos está comumente atolada em uma metafísica primitiva e redutora da africanidade, que situa a África como o outro temporal do Ocidente e os valores da africanidade como pouco mais que uma abreviação para sensualidade, instinto, ritmo, superstição, improvisação, naturalidade e destreza física.[101]

Eu procurei atenuar a africanidade mística e homogeneizante do discurso das "sobrevivências" e enfatizar a historicidade dessas práticas descrevendo a operação da memória de uma forma alternativa e interrogando a africanidade.[102] Contrariamente à metafísica da africanidade e à "submissão à consanguinidade", aqui está em jogo precisamente o *corpo* da memória — a coletividade social dominada dos africanos escravizados e a operação brutal do poder sobre esses corpos cativos.[103] A história é iluminada não apenas pela recitação da litania de horrores que caracterizavam a "deportação comercial de africanos", mas também pelas práticas de performance que servem como um meio de reparar o corpo fraturado e reencenar o evento da ruptura ou fratura que engendrou "o outro lado". A constância das necessidades insatisfeitas, a violência rotineira, a perda, o parentesco ferido, a morte brutal e abundante são articulados na própria tentativa de curar a carne e libertar o corpo cativo. O transporte e o retorno encenados na performance oferecem um modo de recordação e reparação.

Os limites de um relato etnológico e continuísta da memória foram confrontados de modo a abrir espaço para as considerações da memória que focam na ruptura, na fratura, na descontinuidade e na crise. A partir dessa posição, vamos considerar novamente o exemplo da *juba* como o fio condutor de histórias subterrâneas e reprimidas, e não de uma recordação de origens distantes, mas recuperáveis, ou da eterna recorrência de particularismos essencialistas dentro de *milieux de mémoire* populares e pastorais. Essa abordagem da memória confronta diretamente os problemas do deslocamento, da ruptura, do choque e do esquecimento, assim como a textura fragmentada da memória. O objetivo é tratar da perda inscrita no corpo social e incrustada em formas de prática, e não recuperar a pré-história da cativa, mas examinar o que Édouard Glissant descreve como nossa não história: "A experiência do choque, da contradição, da negação dolorosa e das forças explosivas que fazem com que uma filosofia totalitária da história seja uma impossibilidade".[104] Denominá-la uma história subterrânea é sublinhar os milhões de "enterrados sem cerimônia" que marcam a travessia transatlântica.[105] Sob essa luz, é possível descrever a *juba* como uma prática de contramemória que se distingue pela ruptura e pela dispersão. A (contra)memória perturba a narrativa do progresso da etno-história ou pré-história para a história, ou de *milieu* para *lieu*,[106] tratando da fratura instituída pela Passagem do Meio e do corpo cativo, violado e desmembrado.

O CORPO DA MEMÓRIA

A história subterrânea de morte e descontinuidade informa a prática cotidiana de inúmeras maneiras.[107] Talvez as formas mais significativas sejam a memória da diferença e o papel da repetição na performance. A repetição ou iteratividade é o que nos permite "regenerar a nós mesmos através do processo continuado de redefinição".[108] Porém, o fracasso da recuperação ou recompensação total, a incapacidade de ocupar por completo uma condição anterior imaginada ou construir uma ponte sobre a divisão do sujeito cindido, é o que conduz a reparação e a considera inadequada. É esse fracasso que necessita de repetição. Se a repetição "'corta' caminho, voltando continuamente ao início" ou é uma homenagem a uma "instância ou ato generativo original", como argumenta James Snead, então aquilo a que se retorna é a perda inevitável ou fratura que reside na origem e engendra o sujeito negro do "Novo Mundo" e formas "neoafricanas" como a *juba*. O "corte" retorna a necessidades negadas ou insatisfeitas.[109] O corte retorna a domínios estilhaçados, ao abismo do útero.

O evento da ruptura é articulado de várias maneiras. A descontinuidade na descendência da *juba* torna impossível a recuperação de origens: era uma dança de roda africana, um passo ou uma quadrilha? Gestos isolados insinuam as linhas divergentes de descendência, mas recusam uma classificação definitiva. Rastros mnêmicos de práticas passadas não podem ser seguidos até um local de origem. A impossibilidade das origens pode ser conceituada também em relação à economia sexual da escravidão: a incerteza da descendência, a negação da maternidade, a interdição relativa ao nome do senhor-pai e o legado ambíguo de herança e expropriação.[110] Essa abordagem da descendência "fragmenta o que era pensado como unificado, revelando a heterogeneidade do que era imaginado como algo consistente em si mesmo".[111]

A própria designação *"juba"* se refere a uma variedade de práticas: o uso percussivo do corpo, batucar no peito, nas coxas e nos joelhos enquanto se sapateia ou dança a passos curtos, gingando e pulando; uma dança de roda competitiva, em que o dançarino batuca com a mão ou quem está na roda mantém o tempo ou cria ritmos complexos para o dançarino ou a dançarina central ou para o casal; e uma performance solo composta principalmente por batucadas no peito, nos joelhos e nas coxas.[112] Era comumente descrita como "um tipo de *reel* com um líder que chama" e como uma jiga, uma designação que se aplicava à "jiga irlandesa" e a uma "dança bacanal grosseira de movimentos grotescos" identificada como "africana".[113] O próprio termo "*juba*" invoca essa incerteza e as raízes submarinas do Atlântico negro. A etimologia dessa revisão ou reconhecimento equivocado tem sido rastreada até palavras Bantu como *juba*, *diuba* ou *guiba*.[114] Porém, no espaço dessa revisão e repetição emerge a história subterrânea da ruptura. A repetição é um resultado, uma consequência, uma acumulação da prática, e também estrutura a prática.[115] Aponta para aquilo que jamais pode ser completamente recordado e para a impossibilidade de restaurar aquilo que foi fraturado. A constância da repetição é catalisada pela inadequação da reparação e pela dominação e terror inabaláveis. Esses fatores impelem a "rememória"; em outras palavras, a compulsão ou propensão para a repetição é impulsionada pelos processos ingovernáveis do social.[116] A fratura desencadeia a memória, e a enormidade da fratura talvez sugira que ela não pode ser reconciliada ou reparada.

As formas de reparação encenadas na performance são uma elaboração necessariamente incompleta do evento da fratura por causa do ataque implacável e da incapacidade de transformar as relações sociais através de tais práticas ou de gerar um evento que resultaria na reversão das forças. A fratura não pode nunca ser completamente reparada ou compensada, mas pelo menos os esforços para corrigir as coisas acarretariam uma revolução da ordem social, um conjunto inteiramente novo de arranjos. Dessa forma, a inadequação da ação reparadora operada nas práticas cotidianas não sinaliza a fratura dessas práticas, mas serve para destacar o modo como o prazer, ou o cuidado, ou o tratamento da carne servem como figuras limitadas da transformação social.

REPARAÇÃO: COMO O CORPO QUEBRADO SE MOVE

Se a reparação não restaura ou não pode restaurar ou remediar a perda, redimir o que foi enterrado sem cerimônia ou transpor o fosso transatlântico, então que possibilidades de alívio ou restituição pode oferecer? Primeiramente, a reparação é uma re-cordação do corpo social, que ocorre precisamente no reconhecimento e na articulação da devastação, do cativeiro e da escravização. A re-cordação do corpo violado deve ser considerada em relação ao corpo des-membrado do escravo — ou seja, sua segmentação e organização com o propósito de trabalho, reprodução, gozo e punição. Essa re-cordação assume a forma de um tratamento do corpo como um local de prazer, eros, socialidade, e de uma articulação de sua condição violada. Em segundo lugar, a reparação é uma forma limitada de ação cujo intuito é aliviar o corpo quebrado através de configurações alternativas do eu ou do abandono de si, e a redenção do corpo como carne humana. Em terceiro lugar, a reparação diz respeito à articulação de necessidades e desejos e à tentativa de satisfazê-los. É uma forma de fazer e agir voltada para a libertação do cativo, a reconstituição da natalidade rompida e a lembrança da violação. Destina-se a minimizar a violência do deslocamento e da dissolução histórica — a história que fere. A ação reparadora envolve uma atenção intensificada aos eventos que culminaram na crise e à transfiguração do corpo em uma cerimônia compartilhada, tornando-o um receptáculo para a comunicação, uma carne a ser amada e uma ponte entre os vivos e os mortos. O evento do cativeiro e da escravização instaura a necessidade de reparação, a inevitabilidade de seu fracasso e a constância da repetição gerada por esse fracasso.

O corpo é tanto a "testemunha corroída" dessa história de terror quanto o objeto da reparação. Certamente, o corpo quebrado pelo regime de trabalho, pela regularidade da punição, pela persistência da tortura e pela violência do estupro e da exploração sexual tem uma necessidade extrema de restituição. Porém, as próprias condições que produziram o corpo quebrado e esgotado e o corpo como objeto, instrumento e mercadoria garantem que o trabalho de restauração ou compensação permaneça necessariamente incompleto. Os meios limitados de reparação disponíveis para os escravizados não podem compensar a grandeza da perda; ao contrário, a reparação é, por si só, uma articulação da perda e um anseio por cura e reparação. É impossível reparar essa condição violada ou desfazer a catástrofe sem que ocorra um evento de proporções épicas e revolucionárias — a abolição da propriedade, a destruição da ordem racista, a compensação pela vida e pela terra roubadas, a transvaloração daquilo que foi dado. A incompletude da reparação está relacionada à grandeza da violação — os milhões perdidos na Passagem do Meio e os mais de 15 milhões que foram capturados e escravizados nas Américas — e à inadequação da remediação.[117]

Adotei e adaptei o termo "reparação" a partir do esquema em quatro partes do drama social de Victor Turner, embora meu modelo do social se diferencie significativamente do dele, com sua totalidade social de cisma e integração. No modelo de Turner, a ação reparadora diz respeito à limitação ou contenção de uma quebra. A necessidade de conter ou conciliar a quebra não é menos desesperada diante de sua impossibilidade e de seu inevitável fracasso, especialmente quando a crise é ininterrupta e os atos de quebra são perpetuados interminavelmente.[118] Na fase reparadora daquilo que Turner denomina "processos desarmônicos" — nos meus termos, as contradições e antagonismos do social —, "técnicas pragmáticas e ação simbólica alcançam sua mais completa expressão".[119] A reparação tem características liminares, a qualidade de ser "no meio e entre", posicionando-se entre a quebra e a crise crescente e, como tal, fornecendo "uma replicação distanciada e uma crítica dos eventos que conduzem à crise e que a compõem".[120] Essas técnicas implicam remediar filiações interrompidas, cuidar do corpo esgotado e quebrado e reconstituir os termos da existência dos socialmente mortos. As ações simbólicas variam da redentora "marcha para o paraíso", outra forma de descrever o *shout*, até atividades mundanas como a troca de histórias, passar a noite em claro conversando com seu amante, ou cantar às margens do Potomac para os escravos do outro lado. A incompletude da reparação e a constância da quebra e da crise são determinantes primários da força de repetição na performance negra e da formação ambivalente do prazer.

Essas práticas oferecem mais do que uma suspensão da dominação, expressando as tensões, limites, fissuras, feridas e estragos que inevitavelmente fazem parte da história de séculos de escravidão. Quando Anna Lee descrevia as danças de sábado à noite, ela enfatizava o fato de que elas ofereciam a única ocasião para reuniões coletivas e diversão:

Nós *tínhamos de ter* um jeito de ver pessoas do outro sexo e estar juntos, e aquele era o único momento em que nosso senhor nos permitia estar junto só entre os nossos, e nós com certeza tirávamos o melhor da situação, porque geralmente dançávamos, gritávamos e nos divertíamos a noite toda.[121]

A dança não era uma ocasião para esquecer ou escapar da "realidade" da escravidão, pois o prazer que essas oportunidades ofereciam era agridoce, fugaz e atenuado pela perpetuidade da servidão. O prazer que se podia ter estava infundido em desespero, medo, insatisfação, melancolia, raiva e desejo de liberdade. Essas reuniões sub-reptícias eram assombradas pela ameaça da descoberta e das represálias.

Se através da performance os escravizados "afirmavam sua humanidade", não é menos verdade que a performance articulava sua relação perturbada com a categoria "humano". Além disso, não se podia traçar nenhum limite absoluto entre o caminho agradável do gerenciamento de escravos e a articulação coletiva das necessidades, da solidariedade e da possibilidade. Enquanto os prazeres oferecidos nos confins da escravidão eram vulneráveis à crítica de Douglass sobre distração degradante e diversões reacionárias, eles também ofereciam a ocasião para ataques em pequena escala contra a escravidão e oportunidades para reflexão coletiva sobre a condição partilhada. É impossível separar o uso do prazer como uma técnica de disciplina do uso do prazer como uma figuração da transformação social.[122] A confusão entre os bons momentos do escravo e o ato de roubar um tempo nesses breves transportes opera contra afirmações absolutas sobre o prazer. As alegações feitas sobre o prazer são provisórias e conflitantes.

O prazer era inseparável do dispêndio e do colapso do corpo. Como recordava Celeste Avery, em brincadeiras e danças semanais, as pessoas "dançavam até cair".[123] As festas eram chamadas de *drag downs*, *hoe downs* ou *dig downs*, de acordo com Charles Anderson, porque as pessoas "chegavam com tudo e davam tudo o que tinham".[124] Sem dúvida, o prazer se misturava inevitavelmente ao dispêndio e à dissolução — corpos exaustos e restaurados, quebrados e sem soberania, angustiados e reparados. Esse estado de dispêndio, de acordo com Victor Turner, integra o processo da performance, pois no "colapso" [*breakdown*], o indivíduo é "reduzido ou triturado para ser novamente modelado".[125] O colapso também ilumina o dilema do prazer e da posse, uma vez que o corpo quebrado pela dança insinua seu outro, seu duplo, o corpo quebrado pelo regime de trabalho e (des)possuído pelo princípio da propriedade escrava.[126] Essa duplicação do corpo evidencia a ambivalência do prazer e ilumina os usos brutais e incontáveis da propriedade escrava e os ataques infinitesimais e inumeráveis afirmados na expressão da necessidade e do desejo.

ANTAGONISMO

A formação social anômala da carga molda o campo de ação

O sofrimento diminui o valor da mercadoria

Curar a carne/Libertar o corpo

A reparação é uma re-cordação do corpo social que ocorre precisamente no reconhecimento e na articulação da devastação

O cotidiano articula as feridas da história e a enormidade da fratura

Reivindicações insurgentes transformam a necessidade em política

Política sem um lugar próprio

A arte da malícia e da dissimulação

A prerrogativa do não

A recusa dela culmina na morte do senhor

A pluralidade da resistência encenada na vida cotidiana é produzida por e detalha as relações e mecanismos do poder

História subterrânea

Infrapolítica dos dominados

O prazer como uma figura da transformação social

Fuga

PRÁTICA

A não autonomia da prática

Assembleia

A moralidade da sociedade livre não pode ter aplicação para a sociedade escrava

Há pequenos atos, há brechas, há tentativas de se esquivar do terror da violência esperada, da morte antecipada

Inesperadas, contingentes e submersas formas de contestação

NEGRO

Juba

A gente cresce o trigo,
Eles dá o joio pra gente;
A gente assa o pão,
Eles dá a casca pra gente;
A gente cata a comida,
Eles dá os resto pra gente;

    A transgressão do espaço policiado da
    subordinação por meio de viagens não
    autorizadas e de assembleias coletivas

        O contrainvestimento no corpo como
        um local de prazer e a articulação da
        necessidade e do desejo

          Formas de operar que desfazem
          a lei da propriedade

          Encontrar um amante no canavial

            A dança sub-reptícia

lareira   Roubar o encontro

    O *Shout*   Pensamento perigoso

        As afirmações perturbadoras, necessariamente
        parte integrante do ato de roubar um tempo, em
    Quilombo última instância contrariam a lei da propriedade

REUNIÃO

CRIMINALIDADE

    Recusa   Roubar um tempo é o veículo para
              a figuração redentora dos
              expropriados

Crime

        Reivindicações insurgentes.
        Ela faz uma ameaça àqueles que
        pretendem olhar e apalpar

Ela jogou o bebê
fora

    Assassinato. Veneno. Incêndio.

A declaração do limite de
Celia era uma articulação
emancipatória do desejo por
uma outra economia do gozo

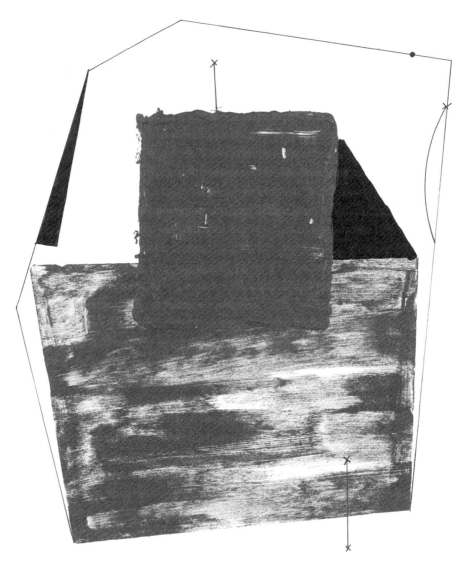

matriz de incremento futuro

A sedução e as artimanhas do poder

Pela própria natureza das coisas, ele [o escravo] está sujeito ao despotismo. A lei, quanto a ele, é apenas um pacto entre seus dominadores, e as questões que lhe dizem respeito são assuntos agitados entre eles.
Magistrado D. L. Wardlaw, *Ex parte Boylston*

Você nunca soube o que é ser uma escrava; estar inteiramente desprotegida pela lei ou pelo costume; ser reduzida à condição de bem móvel pelas leis, inteiramente sujeita à vontade de outro.
Harriet A. Jacobs,
Incidentes na vida de uma menina escrava*

A relação entre a interpretação jurídica e a inflição de dor permanece operante mesmo nos atos jurídicos mais rotineiros.
Robert Cover, "Violence and the Word"
[A violência e a palavra]

No direito consuetudinário do século 19, o estupro era definido como o ato carnal forçado com uma pessoa do sexo feminino contra a vontade e sem o consentimento dela.[1] Entretanto, o estupro de fato ou

---

* O relato de Harriet A. Jacobs citado por Hartman na epígrafe desta página e discutido de modo detalhado ao longo do capítulo tem diferentes edições em língua portuguesa: *Incidentes na vida de uma menina escrava, escrito por ela mesma*. Trad. de Ana Ban. São Paulo: Todavia, 2019; *Incidentes na vida de uma garota escrava escritos por ela mesma*. Trad. de Felipe Vale da Silva. São Paulo: Aetia Editorial, 2019; *Incidentes da vida de uma escrava: escritos por ela mesma*. Org. de Tâmis Parron. Trad. de Francisco Araújo da Costa. São Paulo: Editora Hedra, 2020; e *Incidentes na vida de uma escrava*. Trad. de Rayssa Galvão. Jandira: Principis, 2021. Nas citações do livro usadas por Hartman, comparamos as traduções brasileiras e optamos por soluções específicas para cada trecho, mas mantivemos as notas da versão original deste *Cenas*, que remetem à edição em língua inglesa. (N.T.)

a tentativa de estupro de uma mulher escravizada não eram delitos reconhecidos, tampouco punidos pela lei. O estupro era inimaginável por causa da suposta lascívia e carnalidade negras; a supressão do estupro como categoria de dano ou agressão autorizou a violência e deslocou a culpabilidade branca. Tanto o reconhecimento da humanidade negra no direito escravista quanto a designação do sujeito negro como o lócus originário de transgressão e crime resultaram em distribuições de dor e morte permitidas por lei. Ser reconhecido como um sujeito de direito não remediava a sujeição ou posicionava o cativo fora do alcance do terror da escravidão, mas, ao contrário, fortalecia as garras desse terror e possibilitava o desdobramento de uma outra ordem de violência.

Os casos *Estado do Missouri vs. Celia* e *George vs. Estado* asseveraram que os escravizados não eram sujeitos do direito consuetudinário e, consequentemente, que as escravizadas não eram protegidas do estupro.[2] Elas foram situadas exclusivamente sob a regulamentação da lei estatutária (os códigos escravistas), e não cobertas pelo direito consuetudinário, embora o estupro de escravas também não fosse um delito estatutário. Entretanto, a supressão ou a obliteração do estupro não podem ser completamente explicadas pela inaplicabilidade do direito consuetudinário aos escravizados. A rasura ou negação desse ato de violência é central não apenas à constituição dolorida da negritude, mas também à figuração e ao dispositivo da sexualidade no contexto do cativeiro. A negação do estupro envolve, mais obviamente, questões de consentimento, agência e vontade, que estão enredadas em um dilema maior sobre a construção de pessoa e o cálculo da humanidade negra no direito escravista, uma vez que essa supressão da violência constitui o gênero feminino como lócus de um dano não reparado e negligenciável.[3]

A dupla invocação de pessoa e propriedade tornava questões de consentimento, vontade e agência complicadas e embaraçosas. Porém, o direito se esforçou para conter as tensões geradas por essa invocação aparentemente contraditória da escravizada como propriedade e pessoa, como absolutamente sujeita à vontade de outro e como sujeito da ação, recorrendo ao poder dos sentimentos ou do afeto mútuo entre escrava e senhor e à "força da fraqueza" ou à capacidade da dominada de influenciar, se não controlar, o dominador. A existência geminada da escrava como propriedade e pessoa era um esforço de combinar reciprocidade e submissão, intimidade e dominação, a legitimidade da violência e a necessidade de proteção. O reconhecimento seletivo da humanidade escrava pelo direito anulava a capacidade da cativa de consentir ou atuar como agente e, ao mesmo tempo, reconhecia a intencionalidade e a agência da escrava, mas apenas na medida em que assumia a forma de criminalidade. O reconhecimento e/ou estipulação da agência como criminalidade servia para identificar a personalidade com a punição. Nos termos da lei, a escravizada era um objeto destituído de vontade ou um agente castigado.

Se a definição do crime de estupro depende da capacidade de consentir ou exercer vontade, como então tornar legível a violação sexual das escravizadas quando o que constituiria a evidência da intencionalidade e a prova do crime — a condição do consentimento ou vontade da agredida — abre uma caixa de Pandora na qual a formação de sujeito e a constituição de objeto da mulher escravizada são tão relevantes quanto o próprio crime; ou quando a definição legal de escravizado nega a própria ideia de "resistência justificável"?[4] Também podemos considerar se os usos devassos e indiscriminados do corpo cativo podem ser compreendidos ou apreendidos no interior de um enquadramento heteronormativo da violação sexual como estupro. Se é possível dizer que um crime de fato existe, ou se é de todo sondável no âmbito de qualquer entendimento normativo do estupro, isso talvez possa ser precisamente apreendido ou discernido apenas na medida em que está emaranhado à construção de pessoa no direito escravista e à estipulação punitiva da agência como subserviência ou criminalidade. A condição anômala ou a crise de categorias associada à cativa surgem apenas quando sondamos os limites do direito e examinamos questões de vontade e consentimento, subjetividade e dano, e instâncias da violência sexual que extrapolam o enquadramento racista e heteronormativo de estupro. A exploração sexual de mulheres escravas, disfarçada de uso legítimo da propriedade, e a castração e agressão de homens escravos estão fora da definição jurídica de estupro. Eu sinto que é justificável considerar essa gama de violências como violações sexuais porque os homens escravizados não eram menos vulneráveis aos abusos devassos de seus donos, embora a extensão de sua exploração sexual provavelmente nunca vá ser conhecida. A elusividade ou instabilidade do gênero em relação ao escravo como propriedade tornam infinitas as variedades de violência, que vão do terrível espetáculo de Tia Hester* no pelourinho até o espectro do linchamento no pós-Guerra Civil. A erótica do terror no imaginário racista se apodera do corpo cativo e o habita, indiferente às categorias de masculino e feminino. O objetivo é tornar visíveis os "crimes" autorizados e negados na lei ao destacar a violência da omissão (os crimes de Estado) e a categorização de dano negligenciável.

O que Thomas Jefferson chamou de paixões turbulentas da escravidão, "despotismo incessante" dos proprietários de escravos e "submissões degradantes" dos escravizados foi curiosamente abraçado, negado, invertido e deslocado no direito escravista.[5] As paixões turbulentas evidenciam as dinâmicas do gozo em um contexto em que prazer e dominação e o uso e a violência não poderiam ser separados. Além disso, essa linguagem da paixão expressa a fusão essencial de força e sentimento. A confusão entre consentimento e coerção, sentimento e submissão, intimidade e dominação, e violência e reciprocidade constitui o que eu denomino *discurso da sedução* no direito escravista.[6] O discurso da sedução ofusca a primazia e o caráter extremo da violência nas relações senhor-escravo e na construção do escravo como propriedade e pessoa. Parafraseando John Forrester, a sedução

---

* Frederick Douglass relata que seu "primeiro senhor", chamado capitão Anthony, chegava a "sentir prazer em açoitar os escravos". Tia Hester é uma de suas tias, que Douglass se recorda de testemunhar enquanto era açoitada pelo capitão Anthony: "Não raro fui despertado ao nascer do sol pelos gritos mais lancinantes de uma tia minha [...]. Recordo-me de quando testemunhei essa exibição terrível pela primeira vez. Eu era ainda bem menino, mas me lembro bem. Nunca me esquecerei, enquanto tiver memória. Foi o primeiro de uma longa série de crimes dos quais eu estava condenado a ser testemunha e participante. Aquilo me impactou com uma força tremenda. Era a porta sangrenta, a entrada do inferno da escravidão, que eu me preparava para atravessar. Um espetáculo terrível. Queria eu poder registrar no papel os sentimentos com que testemunhei tudo aquilo". *Narrativa da vida de Frederick Douglass e outros textos*, op. cit. (e-book). (N.T.)

é uma meditação sobre liberdade e escravidão, vontade e sujeição na arena da sexualidade.⁷ A sedução recorre à ideia de relações recíprocas e conspiratórias e engendra uma construção precipitada da sexualidade negra feminina em que o estupro é inimaginável. Como a escravizada é legalmente incapaz de consentir ou oferecer resistência, presume-se que ela está sempre querendo.⁸

Se a existência jurídica do crime de estupro depende da avaliação da *mens rea* e da *actus reus** do perpetrador e, mais importante, do consentimento ou não consentimento da vítima, como lidar com questões de consentimento e vontade quando a negação ou o reconhecimento restrito desses termos determina o significado da escravização?⁹ Se o entendimento comum sobre a "vontade" implica o poder de controlar e determinar nossas ações e identifica a capacidade expressiva do sujeito intencional e dono de si, então certamente isso está muito longe das condições ou termos de ação disponíveis aos escravizados. Entretanto, a noção de vontade conota mais do que simplesmente a capacidade de agir e fazer; antes, ela estabelece uma distinção entre o agente autônomo e o escravizado, o sobrecarregado e o constrangido. O caráter extremo do poder e a submissão absoluta exigida do escravo tornam os conceitos de consentimento e vontade suspeitos ou insignificantes, enquanto a completa falta de limitações no que diz respeito à violência "necessária" para a manutenção das relações escravistas — ou seja, a submissão negra — desfaz a noção de "força". Que limite deve ser excedido para que a violência dirigida ao corpo negro se torne legível na lei? No caso de mulheres escravas, o reconhecimento limitado de consentimento e vontade na lei ocorria somente com o intuito de intensificar e assegurar a subordinação delas, suprimir o crime e negar o dano. Diante da lei, a cativa era destituída de vontade e, ao mesmo tempo, estava sempre querendo. A negação absoluta da vontade da cativa, exigida para garantir a submissão absoluta, era identificada como submissão *voluntária* ao senhor no enredo embaralhado das paixões onerosas. No

---

* A expressão *mens rea* pode ser traduzida literalmente como "mente culposa" ou "mente culpada", designando a ideia de uma intenção criminosa na prática de um ato, enquanto *actus reus* pode ser "ato culposo", com a ideia de um ato ou omissão cometido voluntariamente. (N.T.)

interior desse enredo, os constrangimentos do sentimento não eram menos severos que os da violência. As paixões que supostamente vinculavam as relações senhor-escravo eram predicadas na incapacidade da escravizada de exercer sua vontade de qualquer outra maneira que não servindo ao senhor, e, no que tange a isso, ela existia somente como uma extensão ou corporificação dos direitos de propriedade do dono. Agir fora do escopo da submissão voluntária era desafiar a lei. A garantia da punição aguardava essas transgressões.

A VIOLÊNCIA DA LEI

> Fui conversar com Celia (ré) a pedido de vários cidadãos. O objetivo da minha conversa era verificar se ela teve cúmplices no crime. Isso aconteceu oito ou dez dias depois de ela ter sido presa. Perguntei se ela achava que seria enforcada pelo que havia feito. Ela disse que achava que seria enforcada. Então fiz com que falasse da questão toda. Ela falou que o velho (Newsome, o falecido) estava tendo relações sexuais com ela. Que ele a avisou que ia descer para a cabana dela naquela noite. Ela disse para ele não ir e que, se ele fosse, iria feri-lo. Ela então pegou um galho e deixou no canto da cabana. Ele desceu naquela noite. Havia muito pouco fogo na cabana naquela noite. Quando ouviu que ele estava vindo, ela alimentou o fogo para ter um pouco de luz. Ela disse que o rosto dele estava voltado para ela e que ele estava falando com ela quando o atingiu. Ele não levantou a mão quando ela foi dar o primeiro golpe, mas estatelou-se no chão, em cima de um banquinho. Ele jogou as mãos para o alto conforme caía [...]. O galho com que ela o atingiu era tão grande quanto o encosto de uma [...] cadeira, mas não tão longo. [...] Ela disse que depois de matá-lo, o corpo ficou ali um bom tempo, por uma hora, pensou. Ela não sabia o que fazer com ele. Disse que tentaria queimá-lo.

No caso *Estado do Missouri vs. Celia, uma Escrava*, Celia foi processada pelo assassinato de seu proprietário, Robert Newsome. A primeira vez que Newsome estuprou Celia foi no dia em que a comprou. Ele só foi parar quatro anos depois, quando ela o matou. Celia foi considerada culpada pelo tribunal e condenada à morte por enforcamento. Embora seu advogado tenha argumentado que as leis do Missouri relacionadas aos crimes de defloramento incorporavam tanto mulheres escravas quanto mulheres brancas e que Celia agira para se defender, esse argumento foi rejeitado pelo tribunal. *Missouri vs. Celia* levanta questões críticas sobre sexualidade, agência, consentimento e subjetividade. Talvez por isso o caso nunca tenha sido reportado ou publicado. Esse processo foi negligenciado por mais de 145 anos; não foi citado em nenhum índex legal, mas abandonado em uma gaveta de arquivos no Tribunal do Condado de Callaway. Processos que envolvem crueldade de natureza sexual muitas vezes não foram registrados ou foram omitidos dos relatórios jurídicos.[10] Os poucos processos sobre questões de estupro e violência sexual disponíveis nos índices legais são, sem surpresa alguma, processos civis relacionados à reparação de prejuízos pela perda de propriedade escrava ou processos criminais em que os escravizados e seus "crimes", usualmente esforços de resistência, defesa ou fuga dessas violações, estão sob julgamento. Por exemplo, *Humphrey vs. Utz*, em que um proprietário processou seu capataz pela morte de um escravo que tinha sido brutalmente espancado por ele e então submetido a uma série de crueldades, entre as quais ter o pênis pregado na cabeceira de uma cama, foi também omitido dos relatórios jurídicos estaduais. Esses processos confirmam e documentam a violência sexual rotineiramente direcionada aos escravizados e a forma obscena pela qual essas atrocidades entravam nos autos processuais como ações por prejuízo à propriedade ou acusações criminais contra os escravizados.

Como *Missouri vs. Celia* demonstrou, as escravizadas não podiam dar nem recusar o consentimento, tampouco oferecer resistência justificável; entretanto, elas eram criminalmente responsabilizadas e responsáveis. O escravo era reconhecido como um sujeito racional que possuía intenção e racionalidade apenas no contexto da responsabilidade penal. Ironicamente, a vontade do escravo só era reconhecida quando proibida ou punida. Eram os crimes dele que geralmente estavam em julgamento, e não a violência branca ou a brutalidade corriqueira da instituição. A dor era infligida pelos atos jurídicos mais rotineiros. Em um esforço de mudar o lócus da culpabilidade do cativo, minha atenção se volta para os crimes do Estado e do mundo branco e a violência inescapável que caracterizava a existência da mercadoria humana.[11] Ao situar o negro como criminoso, o Estado ofuscava seu papel instrumental no terror, projetando toda a culpabilidade e transgressão no escravizado. O corpo negro era simplesmente o local em que esses "crimes" da classe dominante e a violência do Estado eram externalizados na forma de uma ameaça. A criminalidade imputada aos negros negava a violência branca como uma resposta necessária à ameaçadora agência da negritude. Eu emprego os termos "culpabilidade *branca*" e "crime *branco*" porque a submissão absoluta exigida por lei não era simplesmente a submissão da escrava ao seu senhor, mas a dos escravizados a todos os brancos.[12]

A atribuição de direito e culpa, privilégio e punição, era um elemento central na construção da diferença racial e nas distinções absolutas de status entre pessoas brancas livres e cativos negros. Como o processo *Estado vs. Tackett* deixou claro: "A relação entre um homem branco e um escravo difere daquela que subsiste entre pessoas livres". Nesse processo, a Suprema Corte da Carolina do Norte reverteu uma decisão de primeira instância que condenara um branco, que não era proprietário, pelo assassinato de um escravo. (*Estado vs. Tackett* também envolvia os arranjos sexuais da escravidão e as relações conjugais dos escravizados, embora considerados incidentais para o caso. Daniel, o escravo assassinado, havia acusado Tackett de "ficar com sua esposa", Lotty, e ameaçara matá-lo se não a deixasse em paz.) O tribunal considerou que os padrões do direito consuetudinário de provocação e mitigação não eram aplicáveis à relação entre um homem branco e um escravo: "O homicídio de um escravo pode ser atenuado por atos que não produziriam uma provocação legal se realizados por uma pessoa branca".[13] As circunstâncias atenuantes incluíam arrogância, insulto, invasão ou conduta problemática. Atos de homicídio, lesão corporal e mutilação eram sancionados se considerados essenciais para as relações adequadas entre pessoas brancas livres e cativos negros e para a manutenção da submissão negra.[14]

A culpabilidade branca foi deslocada como criminalidade negra, e a violência, legitimada como princípio governante das relações sociais da escravidão racial, assim como as constantes violações de Newsome foram eclipsadas pela agência criminosa de Celia. *Missouri vs. Celia* ilustra quão difícil é descortinar e articular a violação sexual de mulheres escravizadas exatamente porque o crime surge de modo oblíquo e apenas quando a cativa confessa sua culpa. Em última análise, considerou-se inadmissível a motivação do ato de Celia, cuja voz foi usurpada e negada, seus inquisidores brancos falando por ela durante o julgamento. Como nem escravos nem negros livres eram autorizados a testemunhar contra os brancos, o "crime" que precipitou o assassinato de Newsome foi negado.

Afirmar que Celia foi estuprada é lançar uma provocação. Trata-se de uma declaração com o intuito de desviar nossa atenção para um outro lócus de crime. É vislumbrar o inimaginável, escavar o suprimido e discernir o ilegível. É revelar o sentimento e a proteção como disfarces da violência na construção jurídica da pessoa cativa e, em particular, o deslizamento do desejo e da dominação na "relação sexual", um termo frouxamente construído. Nos autos do julgamento, a "sexualidade"[15] de Celia estava enredada numa série de demandas alheias, e o rastro do que eu arrisco chamar de "desejo" dela apenas era discernível no cumprimento e no desafio dessas declarações em disputa. Como se afirma no processo, Newsome vinha mantendo uma "relação sexual" com Celia, ele "a obrigara" no dia em que a adquiriu, e, por último, George, companheiro escravizado de Celia, "não teria nada para fazer com ela se ela não *largasse* o velho". "Coerção", "desejo", "submissão" e "cumplicidade" são os termos em circulação que passam a caracterizar menos a sexualidade de Celia ou da mulher escravizada e mais o modo como ela é habitada pela sexualidade e a forma como seu corpo é possuído.[16] Simplificando, Celia encarnava os direitos adquiridos dos outros.

A abjeção do corpo cativo excede o que pode ser transmitido pela designação de — ou diferença entre — mulheres "escravas" e mulheres "livres". Nesse caso, o que está em questão é a diferença entre o dispositivo da sexualidade nos contextos do parentesco branco — a relação de posse do patriarca com sua esposa e filhos, a formação de herdeiros legítimos e a transmissão de propriedade — e do cativeiro negro — a reprodução da propriedade, as relações de domínio e sujeição, a alienação natal e a destituição de parentesco e a regularidade da violência sexual —, mais do que a imputada "liberdade" de mulheres brancas ou de mulheres negras livres. A generificação da raça ocorre nessas diferentes economias de constrangimento e por meio de métodos divergentes de controle sexual. Parentesco e cativeiro designam condições radicalmente distintas de encarnação e revelam a determinação da raça no dispositivo da sexualidade, sublinhando os mecanismos particulares através dos quais os corpos são disciplinados e regulados.

A (re)produção da escravização e a codificação jurídica da subordinação racial dependiam de vários métodos de controle sexual e de dominação: estatutos antimiscigenação, leis sobre estupro que tornam o estupro de mulheres brancas por homens negros um crime passível de pena de morte, a sanção da violência sexual contra mulheres escravas em virtude do cálculo de dano negligenciável na lei, a negação do parentesco e a corrupção comercial da maternidade como um meio para a reprodução e a transmissão de propriedade e para a subordinação negra.[17] *Alfred vs. Estado* ilumina a convergência entre essas variadas técnicas na manutenção da dominação dos escravizados e no cultivo de uma personalidade dolorida e sobrecarregada. Nesse processo, Alfred, um escravo, foi indiciado pelo assassinato de seu capataz, Coleman. Uma testemunha relatou que Alfred admitiu ter matado o capataz:

> O réu queria apresentar uma testemunha a seu favor, uma escrava chamada Charlotte, que afirmou ser esposa do prisioneiro. [...] O advogado do prisioneiro então se propôs a provar, por meio de Charlotte, que por volta das nove ou dez horas da manhã [...] Coleman "a tinha forçado a se submeter a uma relação sexual com ele"; e que ela tinha comunicado o fato ao prisioneiro antes do homicídio.[18]

Embora a defesa tenha tentado apresentar Charlotte como testemunha e, portanto, provar que a ação de Alfred fora motivada pelo estupro de sua esposa, o promotor do distrito se opôs ao testemunho da mulher. O tribunal sustentou a impugnação; o prisioneiro foi condenado e sentenciado à morte por enforcamento.[19]

O que está em jogo aqui são as formas pelas quais vários mecanismos de dominação sexual — a sanção e a negação do estupro, a negação do parentesco e a invalidação legal do casamento entre escravos — agem em conjunto. Nessa instância, a sexualidade é uma dimensão central do poder exercido sobre e contra a população escrava e envolve tudo o que vai de cópulas obrigatórias ao direito de administrar a vida.[20] O testemunho de Charlotte foi rejeitado porque sua relação com Alfred não tinha status jurídico, motivo pelo qual ela não poderia oferecer um álibi ou uma causa para a ação de Alfred. A desautorização da relação marital, por sua vez, tornou supérflua a violação sexual de Charlotte.[21] Por meio da rejeição de Charlotte como testemunha, seu status de esposa e companheira de Alfred também foi negado, seu estupro deslocado como adultério e depois indeferido, e a violência que catalisou o assassinato do capataz foi apagada.

É também significativo que o estupro de Charlotte seja estritamente interpretado no interior do quadro dos "ultrajes de afetos conjugais" e como adultério. O argumento da defesa se concentrou na violação dos direitos de Alfred como "marido", não no estupro de Charlotte. O advogado de Alfred, sem sucesso, argumentou que

> a humanidade da nossa lei [...] considera com a mesma sensibilidade os excessos dos afetos conjugais ultrajados tanto no negro quanto no homem branco. A condição servil [...] não o privou de seus instintos sociais e morais, e ele tem tanto direito à proteção das leis quando age sob a influência de seus instintos quanto teria se fosse liberto.

A discussão dos direitos conjugais do marido, mesmo se o "marido" for um escravo, suplanta o estupro da "esposa".[22] Com toda a probabilidade, o tribunal negou a Alfred o direito de justificar esse ultraje porque o falecido era branco. Entretanto, em processos dessa natureza que envolviam como vítimas outros escravos, o tribunal às vezes reconhecia os direitos sexuais exclusivos do marido em relação à esposa e "a súbita fúria despertada ao flagrar um homem em pleno ato vergonhoso com sua esposa".[23] Em última análise, a motivação do ato de Alfred foi considerada irrelevante por causa da necessidade de preservar a subordinação negra e afirmar o status presumivelmente negligenciável do dano.

Alfred vs. Estado ilumina os mecanismos jurídicos pelos quais a sexualidade e a subordinação se unem para assegurar as relações sociais da escravidão. Por um lado, a administração da sexualidade dos escravos traduzia, indiferentemente, o estupro de mulheres escravas como adultério ou relação sexual; por outro, recusava-se a reconhecer ou conceder qualquer legitimidade às relações forjadas entre os escravizados. O estupro de mulheres negras existe como uma condição não dita, mas normativa, totalmente dentro do alcance das práticas sexuais cotidianas, seja nos arranjos implícitos do enclave de escravos, seja na casa-grande da plantation. Isso é evidenciado de inúmeras formas, desde a evasão e a falta de objetividade que eufemizavam o estupro como defloramento ou o sexo como ato carnal até a total omissão e supressão do crime no estatuto escravista e na jurisprudência. Nesse caso, a normatividade do estupro deve ser derivada da violência da lei — a identidade ou coincidência de usos legítimos da propriedade escrava e o que Hortense Spillers chama de "crimes graves contra a carne". Ainda nesse caso, a normatividade da violência sexual estabelece uma ligação inextricável entre diferença racial e sujeição sexual.[24] Além disso, a virtual ausência de proibições ou limitações na determinação da violência socialmente tolerável e necessária prepara o terreno para o uso indiscriminado do corpo.

A transposição jurídica do estupro como relação sexual encobre essa condição de dominação violenta com a sugestão de cumplicidade. A relação sexual, independentemente de ser coagida ou consensual, aparece para descrever os arranjos, ainda que violentos, entre homens e mulheres escravizadas. (Mulheres escravas também eram estupradas por homens escravizados. Mulheres e meninas também não eram protegidas nesses casos.) O que a sexualidade designa quando o estupro é um modo normativo de seu dispositivo? Que conjuntos de efeitos produz? Como o estupro pode ser diferenciado da sexualidade quando o "consentimento" é inteligível apenas como submissão? Como podemos discernir o crime quando se trata de um uso legítimo da propriedade, ou quando a cativa negra se torna o lócus originário da responsabilidade?[25] A regularidade da violação a transforma em um arranjo ou em uma ligação da qual a cativa pode se retirar, se ela escolher, como o pedido de um amante ou um adultério poderiam sugerir?[26] Ela pode usar ou exercer a sexualidade como uma arma dos fracos? Quatro anos e dois filhos depois implicam submissão, resignação, cumplicidade, desejo ou o extremo da coação?[27]

É esse deslizamento que o ato de Celia interrompe por meio da intervenção de sua vontade ou do que inadequadamente se aproxima do desejo. Falar de vontade ou desejo levanta uma série de questões que giram em torno dos termos, dimensões e condições de ação. Além disso, o termo "vontade" é uma aproximação exagerada da agência do sujeito expropriado/objeto de propriedade, ou talvez simplesmente irreconhecível em um contexto em que ato e intencionalidade são inseparáveis da ameaça de punição. É possível ler o ato de Celia como uma libertação do corpo cativo ou uma fuga do domínio do senhor, por mais transitória que seja essa libertação, ou como uma mudança decisiva na encarnação, um movimento da Celia de Newsome para o corpo de Celia, embora minha intenção seja apenas enfatizar a complexidade do ato. As dimensões completas desse ato e a resignação, coragem ou vislumbre de possibilidade que podem tê-lo nutrido resistem a uma análise abrangente, uma vez que só temos acesso à vida de Celia conforme foi registrada por seus interrogadores e representada como crime. A negociação fatídica da autonomia no local do corpo esgotado e explorado afirma tanto a impossibilidade do consentimento quanto a luta para mitigar os constrangimentos brutais do cativeiro por meio de um direito negado ao cativo — "não", a prerrogativa da recusa. Em última análise, Celia foi enforcada por essa recusa. Esse esforço de reclamar o corpo e experienciar a encarnação como algo pleno, inviolável e prazeroso, e não como uma extensão da vontade ou direito de outro, nem como uma condição de despesa ou profanação, levou Celia a construir uma fronteira no limiar de sua cabana que a protegeria da violência tácita considerada "condizente" com a relação entre o proprietário de escravos e a mulher escravizada. Como A. Leon Higginbotham observa, o tribunal do Missouri, ao sentenciar Celia como culpada, "sustentou que o fim do sistema da escravidão não é meramente 'o lucro [econômico] do senhor', mas também o prazer do senhor na conquista sexual da escrava".[28] No fim, a declaração do limite de Celia foi uma articulação radical do desejo por uma diferente economia do gozo.

OS LAÇOS DE AFETO

O apagamento do estupro no contexto da escravização está a serviço do gozo pleno do escravo como coisa. A elisão do estupro também deve ser considerada em relação ao que é insensivelmente chamado de reconhecimento da humanidade escrava e aos mecanismos particulares do poder tirânico que convergem para o corpo negro. Tirania não é uma inflação retórica, mas uma designação do caráter absoluto do poder. O gênero, se de todo apropriado nesse enredo, deve ser compreendido como indissociável da violência, da refiguração viciosa do estupro como desejo mútuo e compartilhado, da exploração desenfreada do corpo cativo tacitamente sancionada como um uso legítimo da propriedade, da negação do dano e da posse absoluta do corpo e de sua "prole". Em resumo, a diferença negra *e* feminina é registrada em virtude do caráter extremo do poder que opera sobre os corpos cativos e autorizada no âmbito do humano e do tolerável.[29]

A violência sexual condizente com o exercício dos direitos de propriedade e essencial para a produção da submissão perfeita era dissimulada pelos "excessos" femininos negros — sexualidade imoderada e superabundante, apetites e capacidades bestiais mais frequentemente comparados àqueles do orangotango e uma prontidão incansável superada apenas pela extensão da disposição da mulher negra.[30] A lascívia tornava desnecessária a proteção da lei do estupro, pois o insaciável desejo negro pressupunha que toda relação sexual era bem-vinda, se não procurada. Os crimes de omissão e proatividade do Estado — o fracasso em estender proteção e a sanção da violência em nome dos direitos de propriedade — desapareciam diante do espetáculo da concupiscência negra. A não existência do estupro como uma categoria de dano apontava não para a violência da lei, mas para a mulher escravizada como uma cúmplice culpada e sedutora. As omissões da lei devem ser lidas sintomaticamente no interior de uma economia de corpos em que o gozo pleno do escravo como coisa dependia da autoridade absoluta e do consumo exaustivo do corpo em suas inúmeras capacidades.[31]

A construção da subjetividade negra como destituída de vontade, abjeta, insaciável, dolorida, e o dispositivo instrumental da sexualidade na reprodução da propriedade e da diferença racial usurpavam a categoria do estupro. A sexualidade formava o nexo em que as condições de negra, mulher e bem móvel estavam inextricavelmente ligadas e atuavam juntas para intensificar os constrangimentos do status de escravo ao sujeitar o corpo a uma outra ordem de violações e caprichos.[32] O exercício despótico do poder (o domínio do senhor de escravos e de todas as pessoas brancas) tornava a violência indistinguível do gozo pleno da coisa. As tensões geradas pela dupla invocação, por parte da lei, da propriedade e da pessoa, ou pelo "gozo pleno" e proteção limitada à vida e à integridade física, eram mascaradas pelo fascínio fantasmagórico do negro carnal.[33] O estupro desaparecia por meio da intervenção da sedução — a afirmação da cumplicidade e submissão voluntária da mulher escrava. A sedução era central na própria constituição e imaginação do Sul pré-guerra, do Sul erótico, pois fornecia um caminho para mascarar as fissuras antagônicas do social atribuindo ao objeto de propriedade uma agência envolvente e criminosa. A carnalidade negra proporcionava o álibi e a roupagem para as formas bárbaras de gozo branco permitidas por lei.

O discurso da sedução possibilitou que mulheres como Mary Boykin Chesnut, que se enojavam e se enfureciam com os arranjos sexuais da escravidão, mirassem nas mulheres escravas, culpando-as pela perdição de seus maridos. A cumplicidade das escravas deslocava o ato de violência sexual. De acordo com Chesnut, mulheres brancas decentes eram forçadas a viver com maridos degradados pela baixeza de suas "amantes" escravizadas: "Sob a escravidão, nós vivíamos cercadas por prostitutas, mas uma mulher depravada é despachada de qualquer casa decente. Quem poderia menosprezar mais uma mulher mulata ou negra por ser uma coisa que não conseguimos nomear?".[34] A exploração sexual da escravizada serviu, de forma inacreditável, como evidência de seu conluio com a classe senhorial e como evidência de seu poder, o poder de enfraquecer o senhor e, implicitamente, de ser a senhora de sua própria sujeição. A mulher cativa não apenas sofria com a responsabilidade de seu próprio (ab)uso sexual, mas também era condenável por causa de sua suposta capacidade de tornar fracos os poderosos.

Mesmo aquelas como Fanny Kemble, que descreveu com eloquência o "simples horror e a miséria" que as mulheres escravas experienciavam regularmente, as responsabilizavam por seus abusos. Quando confrontada com a incontornável constância do estupro e "a sequência de detalhes detestáveis" que envolvia a vida das mulheres escravizadas — e depois de outra mulher, Sophy, compartilhar sua experiência de violação —, Kemble exclamou: "Ah! Mas você não sabe — ninguém ensinou nenhuma de vocês que é pecado viver com homens que não são seus maridos?!".[35] Sophy, apropriada e veementemente, respondeu: "Ah, sim, senhora, a gente sabe — a gente sabe bem disso, mas fazemos qualquer coisa pra livrar nossa pobre carne do chicote; quando ele me fez seguir ele pro mato, do que adiantava eu falar não? Ele tem força pra me obrigar".[36]

Os equívocos que cercam as questões das relações sexuais consensuais sob dominação, a elisão da violência sexual pela imputação do apetite sexual ou falta de virtude da escrava e a presunção de consentimento como consequência da total impotência do seu "não" (a filosofia do "não significa sim") são constituintes importantes do discurso da sedução. Em um sentido mais amplo ou genérico, a sedução denota uma teoria do poder que demanda a submissão absoluta e "perfeita" das escravizadas como princípio orientador das relações escravistas e ainda busca mitigar a brutalidade declaradamente necessária das relações escravistas por meio de afetos compartilhados entre proprietário e cativa. O que significa mutualidade ou reciprocidade no limiar da cabana de Celia? Que afeto pode ser imaginado após quatro anos de abuso? A doutrina da "perfeita submissão" conciliou a violência e as afirmações de benevolência mútua entre senhor e escrava, tornando-as necessárias para garantir a harmonia da instituição. A suposta mutualidade de sentimentos encantava a violência brutal e direta das relações senhor-escravo. Tendo isso em mente, o termo "sedução" é empregado aqui para designar esse deslocamento e eufemização da violência, pois a sedução sintetiza a alquimia discursiva que encobre formas diretas de violência sob o "véu das relações encantadas" — as relações recíprocas e mútuas entre senhor e escravo.[37] Essa exploração do discurso da sedução tenta iluminar a violência obscurecida pelo véu, filtrando a linguagem do poder e dos sentimentos, especificamente as manipulações que seriam exercidas pelos fracos e a bondade e a instrução moral que caracterizariam os poderosos.

A representação benigna da instituição paternal no direito escravista retratava o relacionamento senhor-escravo como uma ligação tipificada pelos laços de afeto, e essa alquimia discursiva transformava relações de violência e dominação em relações de afinidade. Mutualidade ou relação dependiam de uma construção da escravizada negra como alguém facilmente inclinado à submissão, uma artífice habilidosa que manejava a fraqueza com maestria e uma insubordinada potencialmente ameaçadora que só poderia ser disciplinada pela violência. O que está em jogo na fantasia social é a representação da violência extrema e do uso brutal para qualquer fim e por qualquer meio como uma relação orgânica, complementar e não antagônica. A capacidade do Sul (e da nação) de imaginar a escravidão racial como uma instituição paternal e benigna e as relações senhor-escravo como ligações vinculadas por sentimentos dependiam de que houvesse o espectro do escravo obsequioso e ameaçador. Essa construção maniqueísta sustentava tanto a violência necessária quanto os laços de afeto estabelecidos no direito escravista. Além disso, a fantasia possibilitou uma visão da branquitude definida principalmente por sua relação complementar com a negritude e pelo desejo de incorporar e regular o excesso negro.[38] A sedução fornecia uma visão holística da ordem social, não dividida por antagonismos, mas equilibrando precariamente barbárie e civilização, violência e proteção, benevolência mútua e submissão absoluta, brutalidade e sentimento. Essa visão harmoniosa de comunidade, essa fantasia, dependia do exercício da violência e dos laços de afeto. A consonância dos fracos e dos poderosos, como presumida e elaborada no estatuto escravista, tornava desnecessária a proteção contra a violência; e as consequências dessa crença foram devastadoras e frequentemente fatais.

Como a sedução pode sustentar a submissão perfeita e, ao mesmo tempo, afirmar a força atraente, se não ameaçadora, dos dominados? Promovendo a força da fraqueza. Como uma teoria do poder, a sedução assevera que há uma igualdade aparente entre os dominadores e os dominados. Os dominados adquirem poder com base na identificação de força e sentimento. A sedução, como escreve Jean Baudrillard, "joga triunfantemente com a fraqueza".[39] O artifício da fraqueza não apenas concede poder à sedução, mas também define seu caráter essencial, pois a encenação da fraqueza e a "obscuridade impenetrável" da feminilidade e da negritude abrigam uma conspiração de poder.[40] Os dominados catalisam inversões de poder não desafiando o sistema, mas sucumbindo à lógica do sistema. Nesse quadro, o poder passa a ser definido não pela dominação, mas pelas manipulações dos dominados. A reversibilidade do poder e o jogo dos dominados colocam em descrédito a força da violência por meio da afirmação de relações recíprocas e íntimas. Nesse sentido, o reconhecimento do poder dos fracos sustenta a sujeição enquanto proclama a força e a influência daqueles sujeitos aos grilhões.

George Fitzhugh, um ideólogo pró-escravidão, celebrava a reversibilidade do poder efetivada através da entrega. Em *Cannibals All! Or, Slaves Without Masters* [Todos canibais! Ou escravos sem senhores], Fitzhugh argumentou que a força da fraqueza rompe com a hierarquia de poder dentro da família e com o relacionamento senhor-escravo. As aparências conspiram para propósitos contrários; o escravo aparentemente fraco, como a criança ou a mulher (branca), exerce um domínio caprichoso: "Os dependentes exercem, por causa de sua dependência, tanto controle sobre seus superiores, na maioria das coisas, quanto estes exercem sobre aqueles. Assim, e somente assim, as condições podem ser equalizadas".[41] A sedução parece ser um trabalho necessário, exigido para estender e reproduzir as reivindicações de poder, embora desenvolvido sob a forma de controle e perturbações pelos subalternos: "A escrava humilde e obediente exerce um certo controle sobre o senhor mais brutal e sem coração. É uma lei invariável da natureza que a fraqueza e a dependência sejam elementos de força e em geral limitem suficientemente esse despotismo universal, observável em toda a natureza humana e animal".[42] Se, como insiste Fitzhugh, o melhor escravo é o senhor da casa-grande, e o escravizado domina em virtude da "força da fraqueza", então, com efeito, a escrava se torna a senhora de sua sujeição.

Como Fitzhugh vislumbrava, bondade e afeto forneciam a base das relações de subordinação e dependência. Como modelo de ordem social, a família patriarcal dependia de dever, status e proteção, em vez de consentimento, igualdade e liberdade civil. A sujeição não apenas era naturalizada, mas também consonante com a igualdade sentimental de reciprocidade na medida em que o poder do afeto autorizava a força da fraqueza. Essencialmente, "a força da fraqueza" prevaleceu graças à bondade do pai: "A armadura de afeto e benevolência". A generosidade do pai possibilitou a vitória reclamada pelo escravo, pela criança tirânica e pela esposa mãe de família. Os laços de afeto dentro do círculo familiar escravista permitiam a tirania da fraqueza e suplantavam o controle do pai governante. Ironicamente, o círculo familiar permaneceu intacto tanto pelos laços de afeto quanto pela tirania dos fracos. O sentimento vinculava os interesses do senhor e os do escravo em um delicado estado de equilíbrio, pois uma forma de força modificava a outra.[43] Então, somos levados a acreditar que o exercício do controle pelos fracos suaviza o despotismo universal, subjuga o poder do pai ao comandar seus cuidados e garante a harmonia das relações escravistas.

A sedução erige um romance familiar, encobrindo a destituição de parentesco dos escravizados com uma ficção da casa-grande ligada à senzala por laços de afeto (não de sangue). A elaboração de uma fantasia racial e sexual transpõe a dominação como afeto mútuo, a sujeição abre caminho para a igualdade, e a subordinação perfeita é declarada como o meio de assegurar grande felicidade e harmonia. O modelo patriarcal de ordem social erigido por Fitzhugh une igualdade e despotismo por meio de uma crítica explícita do consentimento, do individualismo possessivo e das relações contratuais.[44] Os sentimentos, e não o contrato, são os corretivos necessários ao despotismo universal; dever e reciprocidade, em vez de consentimento, se tornam a base para a igualdade. O poder despótico e soberano celebrado por Fitzhugh só poderia ser abrandado pelos "laços de afeto", uma frase que ressoa com a ambivalência presente na relação de proprietário e objeto.

Se uma conspiração de poder reside na sedução, então surgem questões sobre a natureza exata dessa conspiração: quem seduz quem? A escrava cai na armadilha da teia encantada do domínio do dono, atraída por promessas de proteção e cuidado? A astúcia e o subterfúgio dos dependentes mitigam os efeitos do poder? As manipulações e transgressões dos dominados estão destinadas a reproduzir a própria ordem presumivelmente desafiada por essas ações? Ou tais encenações por parte dos donos e das escravizadas, as fingidas concessões de poder e a performance estilizada de ingenuidade, efetuam mudanças ou rupturas de força ou reencenam compulsivamente o poder e a impotência?

UMA MÃO BRUTAL, UM CORAÇÃO COMPLACENTE

A sedução reifica a ideia de submissão, proclamando-a como o caminho para a igualdade, proteção e harmonia social aparentes. Tal como exposta por ideólogos pró-escravidão como Fitzhugh ou como um princípio jurídico que guia as relações senhor-escravo, a sedução professava que o poder e a proteção eram obtidos por meio da entrega. Para reiterar a tautologia, os dominados exercem influência sobre os dominantes em virtude da sua fraqueza e, portanto, proteções mais formais contra o despotismo ou que operam como fiadoras de mutualidade são redundantes. A insinuação de que os escravizados estavam igualmente investidos na sua subjugação reformulava a violência sob o manto ambíguo do afeto e declarava a hegemonia, e não a dominação, como o termo de ordem vigente.[45] A afirmação de que a coerção *e* o consentimento caracterizavam a condição de escravização pode ser vista nas promessas implícitas e explícitas de proteção estendidas pelo direito.

A necessidade da submissão — o escravo deve estar sujeito à vontade do senhor em todas as coisas — mantinha-se como o princípio orientador das relações escravistas. O conjunto de leis escravistas assegurava os direitos de propriedade e a submissão absoluta do escravo, ao mesmo tempo que tratava de formas limitadas de subjetividade escrava. Concedia aos proprietários direitos quase absolutos e combatia os abusos dessa autoridade, concedendo proteção limitada aos escravos contra assassinato, tortura e mutilação "cruéis e a sangue frio", embora restrições procedimentais — mais notavelmente, o fato de que um escravo ou negro livre não podia atuar como testemunha contra uma pessoa branca — atuassem como salvaguardas contra a responsabilidade branca, tornando a aplicação dessas leis praticamente impossível. No esforço de tratar dos interesses do senhor e do escravo, o direito elaborou uma teoria do poder na qual o afeto de proprietários e a influência dos escravizados compensavam suas falhas e omissões. Consideração e influência mútua deveriam superar as deficiências da lei a respeito da proteção da vida negra. A ética da submissão perfeita reconhecia o domínio ilimitado do proprietário, mas moderava esse domínio invocando a centralidade dos afetos na regulação das assimetrias de poder na relação senhor-escravo.[46] A existência dupla do escravo como propriedade e pessoa e os interesses e domínio absoluto do proprietário deveriam ser mantidos em um equilíbrio precário pela promoção do papel do apego na mitigação da brutalidade.

O caso *Estado vs. Mann*, embora não envolva especificamente questões de sexualidade ou estupro, é importante para considerar o lugar do afeto, da violência e da entrega no direito. Mann foi acusado de agressão e lesão corporal contra Lydia, uma escrava de Elizabeth Jones que ele havia arrendado por um ano: "Durante o período, a escrava tinha cometido alguns pequenos delitos, pelos quais o Réu procedeu a castigá-la — e durante o ato de assim fazê-lo, a escrava fugiu, pelo que o Réu requereu que parasse, o que lhe foi recusado, então ele atirou e feriu-a".[47] A primeira instância condenou Mann, julgando-o culpado de "punição cruel e injustificável, desproporcional em relação ao delito cometido pela escrava". Porém, em um recurso à Suprema

Corte da Carolina do Norte, a decisão foi revertida. Enquanto a responsabilidade do arrendatário, Mann, para com a proprietária, por um dano presumivelmente prejudicial ao valor da propriedade escrava, foi relegada às regras gerais de pagamento de fiança (a transferência de posse, o que, nesse caso, seria a entrega da escrava lesionada e da quantia equivalente à diminuição do seu valor em decorrência do dano), as acusações de lesão corporal criminosa foram anuladas. Ainda que o dano diminuísse o valor da propriedade escrava, não era passível de acusação como lesão corporal cruel e injustificada. O tribunal julgou que o poder do senhor era absoluto, e não um tema para debate.[48]

A sentença da instância superior considerava que o senhor tinha poder absoluto para tornar perfeita a submissão da escrava; contudo, também se argumentou que a severidade de tal princípio seria contrabalançada não pela legislação existente, mas por sentimentos — a benevolência e o afeto entre senhor e escrava e o código moral dominante. Em outras palavras, o tribunal julgava que o afeto era um princípio regulador interno das relações escravistas. A Suprema Corte reverteu a decisão da primeira instância nos seguintes termos: o poder do senhor tinha de ser absoluto para "tornar perfeita a submissão da escrava", embora, "como um princípio de direito moral, cada pessoa em seu foro deva repudiá-lo. Mas, na condição real das coisas, assim deve ser". Ainda assim, a severidade envolvida nessa decisão difícil, mas inevitável, seria mitigada pela

> proteção já proporcionada por diversos estatutos (que consideravam ilegal o assassinato de escravos a sangue frio), [...] o interesse privado do proprietário, *a benevolência de uns em relação aos outros, assentada nos corações daqueles que nasceram e cresceram juntos*, [e] as [...] profundas execrações da comunidade contra o bárbaro, que é culpado de crueldade excessiva em relação ao escravo desprotegido [grifos meus].

Embora tenha reconhecido que o escopo de tais direitos absolutos de propriedade deixava os escravizados suscetíveis a abusos violentos, o tribunal também afirmou que o direito ao abuso tinha de ser garantido para salvaguardar a instituição, uma vez que o amorfo "bem comum" preconizava a subordinação absoluta dos escravizados. O parecer decisório retificou essa admissão brutal com a garantia de que os direitos de propriedade de modo geral excluem tais abusos, por interesse próprio, isto é, por considerações pecuniárias. Os direitos patrimoniais, mesmo os direitos temporários de posse, permitiam todo e qualquer meio necessário para tornar perfeita a submissão; porém, era esperado que o uso de força excessiva fosse desnecessário diante da benevolência recíproca das relações senhor-escravo.

Em vez de distinguir entre relações subentendidas e domínio absoluto, ou separar afeto e violência, o tribunal considerou que ambos eram essenciais para a manutenção e a longevidade da instituição da escravidão racial. A ética da submissão contemplava o poder absoluto e os sentimentos humanos, uma mão brutal e a força dos sentimentos mais profundos. Reconhecendo o abismo entre o princípio moral e as condições reais necessárias para sustentar e reproduzir a escravidão, o tribunal declarou abertamente: a obediência do escravo era "tão só a consequência de uma autoridade não controlada sobre o corpo". De que outra maneira se poderia garantir mão de obra vitalícia e submissão? Os serviços de alguém "condenado em sua pessoa e sua posteridade" e "sem conhecimento ou capacidade para fazer nada seu, e a labutar para que outro possa colher os frutos", poderiam ser esperados somente de "quem não tem vontade própria" e "entrega sua vontade em obediência perfeita à vontade de outro".[49] Certamente, o poder do senhor tinha de ser absoluto para produzir essa entrega da vontade. Para o "condenado em sua pessoa e posteridade", a lei infligia dor e morte, oferecendo-as como remédio.

A submissão perfeita era um princípio ordenador do social, a ser alcançado por quaisquer meios violentos necessários; a única restrição a esse poder extremo dependia dos sentimentos, não do direito, para garantir proteções básicas aos escravizados. A submissão não apenas abrangia a aquisição de poder, mas também, explicitamente, o poder do afeto em influenciar as relações entre senhor e escravo, embora o tribunal estabelecesse uma distinção entre o relacionamento de senhor e escravo e os outros vínculos domésticos, como aqueles entre pai e filho, tutor e aluno, mestre e servo, com os quais era frequentemente comparado. A centralidade atribuída ao papel dos sentimentos reconhecia implicitamente a violência irrestrita que o parecer decisório de *Mann* havia autorizado, mas minimizava as consequências disso por meio de um apelo ao "direito moral", em vez da condição real das coisas. Os sentimentos deveriam equilibrar o uso e o papel da força. Como afirmou o juiz Ruffin: "Eu devo livremente confessar minha noção da brutalidade dessa proposição; sinto-o tão profundamente quanto qualquer homem pode fazê-lo; e como um princípio de direito moral, cada pessoa em seu foro deve repudiá-lo. Mas, na condição real das coisas, assim deve ser".

A importância atribuída às intimidades da dominação ilustra o papel da sedução no direito. Como o parecer decisório claramente afirmava, o poder residia não apenas no título de propriedade escrava, mas também nos laços de afeto. Os sentimentos repudiavam e corrigiam a violência legitimada por lei. Os interesses materiais e a benevolência mútua "mitigavam os rigores da servidão e amenizavam a condição do escravo", protegendo-o dos estragos do abuso desencadeados pela sentença. Em outras palavras, o domínio absoluto e brutal assegurado pela lei deveria ser ajustado pela influência das escravizadas — sua força sobre os sentimentos do senhor. O direito escravista afirmava contraditoriamente que o domínio absoluto era tanto necessário quanto voluntário. A intimidade do senhor e da escrava supostamente operava como um regulador interno do poder e refreava o terror indispensável ao domínio ilimitado. Em resumo, a violência é deslocada como desejo mútuo e recíproco.

Os significados atribuídos aos sentimentos, ao apego, à reciprocidade e à familiaridade da escravidão doméstica apresentavam a dominação sob uma luz reconfortante. O poder de influência nutrido pela escravizada — o poder que os fracos têm de abalar os poderosos — e o lugar atribuído ao sentimento na moderação dos excessos das relações de mercado reconfiguravam a dominação e a exploração como afeto, e às vezes até mesmo como amor. Tal raciocínio considerava que a violência era essencial, enquanto insistia que os sentimentos determinavam o caráter do relacionamento senhor-escrava, bem como a organização social, familiar e política. Em resumo, as relações escravistas eram dependentes e determinadas por "aquilo que se passava em cada coração".[50]

O apelo contraditório ao bem comum argumentava que a tranquilidade pública exigia a violência e, ao mesmo tempo, servia para garantir que esse direito a um poder praticamente ilimitado nunca precisasse ser exercido. A invocação do bem comum também estabelecia padrões mínimos para o reconhecimento da humanidade escrava e exigia que fossem garantidas certas provisões ou proteções, como moradia, vestuário, comida e apoio aos escravos idosos ou enfermos. Contudo, essa preocupação com o bem-estar dos escravizados e as provisões que lhes eram asseguradas não deveriam ser confundidas com uma distribuição de direitos. Como um juiz comentou em outro processo, que girava em torno da determinação dos graus de violência necessária e excessiva, embora a violência excessiva "perturbasse a harmonia da sociedade, fosse ofensiva à decência pública e tendesse diretamente a uma violação da paz", os direitos do escravo não deveriam ser levados em conta em tais considerações: "A lei seria a mesma se um cavalo fosse espancado dessa forma. E, no entanto, não alegaríamos aplicá-la em respeito aos direitos do cavalo, ou aos sentimentos de humanidade".[51] O bem comum preconizava submissão absoluta e proteções mínimas com o intuito de manter a harmonia e a segurança. Mesmo quando a apelação feita em nome do bem comum atuava minimamente em favor dos escravizados, isso se dava, não surpreendentemente, por meio da concessão de direitos limitados de modo a "reconhecer" a humanidade negra conforme padrões mínimos de existência. Essa construção truncada do escravo como pessoa, em vez de diminuir os constrangimentos do status de bem móvel, reforçou-os ao tornar a personalidade consubstancial ao dano.

Embora o bem comum servisse como árbitro do cuidado e da coerção, o status precário do escravizado dentro dessa esfera traz à tona questões sobre o significado da pessoa escrava, as proteções propostas a seu favor e as limitações da decência pública. Ao contrário dos pronunciamentos de que o afeto abrandaria a brutalidade, os sentimentos intensificavam a violência da lei e traziam consequências desastrosas para o cálculo da humanidade negra, pois a existência dupla da escrava como objeto de propriedade e pessoa requeria que os sentimentos conferidos a ela fossem em grande parte circunscritos. Embora a escrava fosse reconhecida como um ser senciente, o grau de senciência tinha de ser cuidadosamente calibrado, de forma a evitar a intensificação dos antagonismos da ordem social. Como propriedade e pessoa poderiam ser reconciliadas com base na benevolência e no afeto mútuos? Como a invocação da humanidade e a submissão absoluta poderiam ser sustentadas, ou como a escravizada poderia ser protegida, ainda que condenada em sua pessoa e sua posteridade?

A existência dupla do escravo como pessoa e propriedade pode ser atribuída às formas de dominação e coerção, acumulação e produção que integravam a escravidão racial.[52] O direito tentava administrar essa tensão ou conflito entre o escravo como sujeito de senciência limitada e como instrumento de produção ao tornar mais robusta a linguagem da pessoa e do humano no estatuto escravista. Esse esforço foi vital para manter o domínio da classe senhorial escravista, particularmente em um período de crise nacional da instituição. O crescente reconhecimento da pessoa escrava no período de 1830 a 1860 foi um esforço de combater a polêmica abolicionista sobre as degradações do status de bem móvel e a falta de direitos dos escravos.[53] A vida dupla não era uma questão de contradição ética essencial nem um conflito entre relações burguesas e escravistas (um ponto de vista que supõe a escravidão racial não como fundadora, mas como precursora do capitalismo), e sim uma expressão da multivalência da sujeição. A dupla invocação acomodava muito facilmente o reconhecimento restrito do escravo como pessoa e a violência necessária para a acumulação do lucro e para a administração da população cativa, pois a figuração do humano no direito escravista estava totalmente de acordo com a dominação dos escravizados. O reconhecimento do escravo como pessoa não conflitava com sua existência como um objeto senciente com um valor em circulação ou com as exigências estruturais da escravidão racial, nem desafiava as relações sociais do mundo pré-guerra.

A dupla invocação do direito ampliava e contraía os limites dos direitos de propriedade, conforme necessário para a preservação da instituição. Por um lado, havia responsabilização crescente pela violência branca cometida contra escravos; e, por outro, a lei continuava a descriminalizar a violência que se pensava ser necessária para a existência e a reprodução da instituição. O que nunca mudou foi a submissão e a obediência demandadas do escravo. Quando muito, as proibições e interdições destinadas a regular os excessos violentos da escravidão estendiam essa violência sob a roupagem do sentimento. O reconhecimento do escravo como sujeito e a figuração da pessoa cativa no direito serviam para explicar o significado do domínio. Ser sujeito dessa maneira não era menos desumanizante do que ser um objeto de propriedade.[54]

Na arena do afeto, o corpo não era menos vulnerável às demandas e excessos do poder. A concessão que garantia ao escravo uma identidade circunscrita e fragmentada como pessoa encobria, por sua vez, a violência desse gesto beneficente e humano. Dizendo sem rodeios, a violência da sujeição dissimulava e expandia a si mesma por meio da mão estendida da preocupação legislada. A escrava era considerada sujeito somente na medida em que era criminosa (e criminalizada), corpo ferido ou carne mortificada. Essa construção do sujeito parece conflitar bastante com uma proclamada preocupação com a "pessoa total".[55] Porém, isso não significa que os esforços para regular os abusos da escravidão foram menos "genuínos", mas que, nos próprios esforços para proteger os escravizados dos estragos da instituição, uma mutilação de outra ordem foi posta em movimento. A proteção era uma dissimulação exemplar, pois truncava de forma brutal as dimensões da existência, já que o esforço para salvaguardar a vida escrava a reconhecia como sujeito apenas na medida em que ela violava a lei, ou era violada. Nesse quadro restritivo, "pessoa" significava pouco mais que um corpo mutilado ou lesionado, um acréscimo de valor perdido e capacidade diminuída, ou um indisciplinado que precisava de punição.[56]

A designação como pessoa estava inescapavelmente ligada à violência, e o esforço de proteger encarnava um grau de violência não menos severo que os excessos que estavam sendo regulados. Apesar da proclamada preocupação da lei com a vida do escravo ou com o reconhecimento da humanidade negra, padrões mínimos de existência determinavam a personalidade, *pois o reconhecimento do escravo como pessoa dependia do cálculo dos lucros e dos danos*. O direito constituía o sujeito como um corpo ferido ou lesionado ou como um transgressor a ser punido; esse reconhecimento da subjetividade certamente intensificou a objetificação do status de bem móvel. Paradoxalmente, o reconhecimento negava por completo a possibilidade de habitar o corpo ou existir em uma condição diferente daquela definida por uma vulnerabilidade tremenda à violência e à morte. O cativo negro desaparecia no abismo entre objeto, criminoso, corpo aflito e carne mortificada.[57] A exposição de sentimento no direito culminava em um violento vaivém do sujeito entre condições variadas de dano, escamoteadas entre a plantation e o Estado e dispersadas pelas categorias de propriedade, dano e punição.

A MEDIDA DA HUMANIDADE

Em *Inquiry Into the Law of Negro Slavery* [Investigação sobre o direito da escravidão negra], Thomas Cobb explicou as condições nas quais o domínio do senhor e a pessoa do escravo deveriam ser acomodados no direito. Ao examinar as dimensões particulares da personalidade no direito consuetudinário e nos estatutos escravistas, Cobb defendeu que o escravo era reconhecido, primeiro, como pessoa e, em segundo lugar, como propriedade, principalmente porque em todos os estados escravistas "o homicídio de um escravo é considerado como assassinato, e na maioria deles [isso] foi expressamente declarado por lei"; e, mesmo quando não expressamente declarado por lei, os princípios do iluminismo cristão estendem a proteção à vida e à integridade física.[58] Apesar disso, ele argumentou que os escravos não eram sujeitos apropriados ao direito consuetudinário e propôs uma definição mínima da proteção da vida e da integridade física.

O cálculo da existência escrava era determinado pelas condições básicas necessárias que asseguravam trabalhadores efetivos e produtores de "lucro futuro" ou mercadorias humanas por meio de procriação ou reprodução forçada.[59] A extensão da proteção à vida e à integridade física era determinada por reduções no valor do capital. Dentro desses limites, graus de dano e magnitudes de valor estabeleciam o significado da pessoa escrava. É difícil admitir essa quantificação brutal da vida e da pessoa como um reconhecimento da humanidade negra, pois a estipulação restrita do humano intensificava o sofrimento dos escravizados. Essa escala de valor subjetivo, essa métrica da menor humanidade, era um complemento, e não um corretivo, da violência que fundava o direito escravista.[60] Ao mesmo tempo que pretendia estabelecer responsabilidade penal por atos de violência cometidos contra escravos, essa admissão da humanidade se baseava em reduções no valor da propriedade ao determinar e reconhecer o dano. Em outras palavras, o "corretivo" se assemelhava ao mal, na medida em que o esforço de reconhecer a humanidade escrava resultava na reinscrição da vida negra como propriedade. A escala de valor subjetivo era ditada pelo uso e pelo valor da propriedade. As consequências dessa construção de pessoa intensificavam o dano em nome da própria reparação. A inclusão seletiva do escravo na rede de direitos e deveres em que consistia o direito consuetudinário demonstrava o caráter provisório desse reconhecimento da personalidade.

Não surpreendentemente, as calibragens de Cobb e as dimensões de pessoa severamente limitadas da lei constituíam a "mulher" como uma condição de dano negligenciável e não reparado, em sua desconsideração da violência sexual como um "crime [que] não afeta a existência da escrava".[61] Diferentemente de outras formas de violência, como a mutilação ou o espancamento, o estupro não era penalizado pelo estatuto da escravidão, nem era provável que os proprietários dessem início a processos por "invasões" de propriedade. Esse dano negligenciável, diferente de outras formas de agressão, podia aumentar o valor da propriedade escrava, em vez de reduzi-lo, quando dele resultavam crianças. O corpo era transformado em vítima de violência sexual e, de forma simultânea, essa violência e esse dano eram negados. O corpo deflorado, o corpo violado pela agressão sexual, ao contrário de um braço ou uma perna quebrados, não conferia nenhum incremento de subjetividade, pois não acarretava diminuição da produtividade nem redução do valor — podia até mesmo aumentar o valor da cativa. O corpo violado também não ofendia os princípios do iluminismo cristão. Era declarado como algo irrelevante no cálculo da humanidade escrava e exterior aos direitos e proteções garantidos às mulheres negras:

> Se a provisão geral da lei contra o assassinato deve ser considerada aplicável a escravos, por que não se considera, pelo mesmo raciocínio, que todas as outras sanções penais devam ser aplicadas a delitos similares, quando cometidos contra escravos, sem que sejam explicitamente nomeados? [...] Ao reconhecer a existência do escravo como pessoa, a lei não lhe confere, por isso, direitos ou privilégios, exceto aqueles necessários para proteger sua existência. Todos os outros direitos devem ser concedidos de modo especial. Assim, as penas por estupro não seriam e não deveriam ser, por tal implicação, estendidas ao ato carnal forçado com uma escrava, sendo que esse crime *não afeta a existência da escrava*, e essa existência é a extensão do direito que a implicação da lei garante.[62]

Ao mesmo tempo que estava preocupado com a desconsideração pelo dano sexual e com o fracasso em proteger as mulheres escravas contra o estupro, Cobb afirmava que, "embora mereça consideração pelos legisladores", a questão não precisa causar preocupação indevida, porque "a ocorrência de um tal delito é quase desconhecida; e a conhecida lascívia do negro torna bastante remota a possibilidade de sua ocorrência".[63] Assim como a natureza do homem negro fazia do "estupro muito frequentemente uma ocorrência", o apetite carnal da mulher negra excluía isso de consideração inteiramente. Não é simplesmente fortuito que o gênero emerge em relação à violência — isto é, a condição negra feminina é constituída em termos de dano negligenciável e não reparado e de maior vulnerabilidade à violência. Dizendo de outra maneira, a diferença negra e generificada é marcada e determinada pela capacidade para a violência sexual e/ou pela impossibilidade de que tal violência afete a existência. A generificação da raça, tal como é refratada através da escala de valor subjetivo de Cobb, acarreta a negação da violação sexual como uma forma de dano, afirmando ao mesmo tempo a prevalência da violência sexual em decorrência dos apetites do Negro. Enquanto a consideração de

Cobb a respeito da violação sexual inicialmente postula as diferenças de gênero no interior da comunidade escravizada em termos de vítima feminina e do perpetrador masculino, em última análise as "intensas paixões" do Negro anulam tais distinções e, concomitantemente, quaisquer preocupações sobre "a violação da pessoa de uma escrava". Uma vez que os negros eram menos dotados de sexualidade do que de criminalidade, eles precisavam, segundo Cobb, ser disciplinados e administrados, e não protegidos. Em um primeiro olhar, é tentador dizer que as mulheres negras foram abandonadas pela lei, mas a realidade é muito mais complicada. A lei determinava o escopo da existência calibrando a vulnerabilidade à violência e delimitando o tipo de dano ou crime que afetava a vida das escravizadas. Nesse quadro, a vida não era um direito dado, mas um ajustamento preciso do esgotamento administrado.[64] Ser negra e do sexo feminino significava ser invulnerável ou indiferente ao dano sexual e ser capaz de transmitir a expropriação por gerações. Em termos mais simples e fortes, não se acreditava que a violação sexual de garotas e mulheres negras tivesse um impacto em sua existência. Todavia, elas são as figuras mais agudamente marcadas por seu status de mercadoria e por sua capacidade de reproduzir a condição de expropriação muito adiante no futuro.

Em *George vs. Estado*, George, um escravo, foi acusado de estupro com base em um estatuto que criminalizava a relação sexual com uma criança de menos de dez anos de idade. A Suprema Corte do Mississípi derrubou uma sentença de um tribunal de primeira instância que condenava George pelo estupro de uma escrava de menos de dez anos e o sentenciou à morte por enforcamento. O advogado de George citou *Law of Negro Slavery*, de Cobb, em sua argumentação diante do tribunal, declarando que

> o crime de estupro não existe neste Estado entre escravos africanos. Nossas leis não reconhecem direitos conjugais entre escravos; a regulação de suas relações sexuais é deixada a critério de seus proprietários. As regulações da lei, quanto à raça branca, a respeito do tema das relações sexuais, não são e não podem ser, por razões óbvias, aplicadas a escravos;

suas relações são promíscuas, e a violação de uma escrava por um escravo seria mera agressão e lesão corporal.[65]

Segundo o advogado de George, os arranjos sexuais da comunidade cativa eram tão diferentes daqueles da ordem dominante que estavam além do alcance da lei, e era melhor que sua regulação fosse deixada a critério dos proprietários de escravos. A Suprema Corte do Mississípi concluiu que, com base em um

> cuidadoso exame da nossa legislação a respeito desse tema, estamos convencidos de que *não há ato que englobe seja a tentativa, seja o real cometimento de um estupro por um escravo contra uma escrava*. [...] Senhores e escravos não podem ser governados pelo mesmo sistema comum de leis, tão diferentes são suas posições, direitos e deveres [grifos meus].

O julgamento em primeira instância foi revertido, a acusação invalidada e o réu liberado, com base no argumento de que "essa acusação não pode ser mantida, nem pelo direito consuetudinário nem sob nossos estatutos. Não traz qualquer delito conhecido em qualquer desses sistemas". O parecer decisório considerava que escravos não estavam sujeitos à proteção do direito consuetudinário, e que casos anteriores nos quais brancos haviam sido processados pelo assassinato de escravos com base no direito consuetudinário tiveram como fundamento "a tagarelice sem sentido [...] 'direito natural', 'civilização e iluminismo cristão', alterando por *propio vigore* o rigor do direito consuetudinário".

O ESTUPRO E OUTROS CRIMES CONTRA A EXISTÊNCIA

Se a subjetividade é calculada de acordo com os graus de dano, e a violação sexual não está dentro do escopo dos crimes que afetam a existência escrava, quais são as consequências dessa repressão e dessa negação em relação ao gênero e à sexualidade? Será que essa severa circunscrição da senciência negra define a condição da escrava, ou será que ela desafia a adequação do gênero como um modo de dar sentido à expropriação e ao uso/exploração de corpos cativos? Em outros termos, que lugar a escravizada ocupa dentro do escopo reconhecidamente circunscrito da existência negra ou da personalidade escrava? A existência dela está ainda mais restrita e truncada? Ela existe exclusivamente como propriedade? Ela é insenciente? Ou ela está no limiar ou limite que define o que a violência é ou não é, o que uma pessoa é ou não é? Quais são as repercussões dessa construção de pessoa para o significado de "mulher"?

A "ocorrência demasiado comum do crime" e um "crime [que] não afeta a existência" diferenciavam o que Cobb descreveu como a mais intensa paixão dos negros — a luxúria — em categorias generificadas de criminalidade ubíqua e dano negligenciável. Tais designações iluminam os processos combinados de racialização, diferenciação de gênero, dominação e sujeição sexual. Aqui, não é minha intenção reproduzir uma visão heteronormativa da violência sexual como algo apenas e sempre direcionado a mulheres ou ignorar o "grande prazer ao açoitar um escravo" experimentado por proprietários e capatazes, ou eliminar atos de castração, sodomia e mutilação genital do escopo da violência sexual, mas antes considerar os termos em que o gênero — em particular, a categoria "mulher" — ganha significado em um contexto jurídico no qual a subjetividade é equivalente ao dano. A negação da violência sexual é específica não somente do engendramento da "mulher" nessa instância particular, mas também da condição de escravização em geral. Em casos como *Humphrey vs. Utz* e *Werley vs. Estado*, decidia-se essencialmente se atos de mutilação genital e castração (juridicamente definidos como atos de lesão física) eram crimes quando perpetrados contra os escravizados ou atos de violência justa e justificável. Obviamente, o terror cotidiano do mundo pré-guerra dificultava os discernimentos de violência socialmente tolerável versus violência criminosa. Como identificar o tratamento "cruel" em um contexto no qual atos habituais de barbárie eram considerados não apenas justificáveis, mas também necessários?

O reconhecimento seletivo da personalidade escrava pela lei estava atrelado ao dano e ao valor reduzido da propriedade escrava. A proteção fracassava em reconhecer o tema da violação sexual, especificamente o estupro, e como resultado definiu a identidade da escrava pela negação da senciência, por uma invulnerabilidade à agressão sexual e pela negligenciabilidade de suas feridas. Porém, é importante que a descriminalização do estupro não seja entendida como algo que despossuía a escravizada do seu gênero feminino, mas em termos da produção diferencial da identidade generificada. O que está em jogo aqui não é manter o gênero como uma categoria de identidade universal em seu alcance; em vez disso, minha intenção é examinar a formação do gênero em relação à violência extrema, à expropriação, à economia sexual da escravidão racial e ao cálculo do dano e da personalidade.

Assim como a ponderação de pessoa e propriedade criava uma hierarquia do humano racialmente diferenciada, a omissão do estupro também o fazia. O reconhecimento limitado da escrava como pessoa, na medida em que não interferia no pleno gozo dela como coisa, conferia às escravizadas proteções limitadas e as tornava vulneráveis ao dano, precisamente porque o reconhecimento da pessoa e a calibração da subjetividade estavam de acordo com os imperativos da instituição. A proteção da propriedade (definida de modo estreito pela capacidade de trabalho e pelo valor de capital), o bem comum (a manutenção da subordinação negra) e a salvaguarda da instituição da escravidão determinavam o escopo restrito da personalidade e os termos do reconhecimento.[66] Essas preocupações também governavam "a regulação das suas relações sexuais" e a negação da maternagem, o que contrasta fortemente com as proteções concedidas às mulheres brancas para controlar sua conduta sexual e produzir herdeiros legítimos. A subordinação negra se consolidava por uma variedade de meios jurídicos.[67]

No caso da maternidade, a reprodução e a transmissão de propriedade decidiam o equilíbrio entre o reconhecimento limitado da humanidade escrava e os direitos de propriedade do dono em favor deste último. A função materna não era consagrada com direitos mínimos ou restritos, mas indistinguível da condição de escravização e de sua reprodução. A maternidade era crucial para a reprodução da propriedade e da sujeição negra, mas direitos parentais eram desconhecidos para a lei. Essa negação ou dilaceramento do parentesco ocorria em instâncias que variavam desde a venda e separação de famílias até a renomeação de crianças negras pelo proprietário de escravos como uma demonstração de poder e domínio. A questão da maternidade preocupava a lei apenas em relação à disposição e transmissão de propriedade e à determinação e reprodução do status subordinado. O conceito de "dano" não incluía a perda de crianças, a alienação natal e a destituição forçada do parentesco. A preocupação da lei diante da maternagem envolvia exclusivamente questões de propriedade: reduções no valor da propriedade escrava se a cativa fosse incapaz de reproduzir ou disputas a respeito da transmissão e perda de propriedade — não nos esqueçamos de que estamos falando de crianças aqui. A maternidade, especificamente, e a parentalidade, no geral, eram relações sociais sem reconhecimento legal em termos de elegibilidades positivas ou negativas de direitos.[68]

As leis a respeito da miscigenação, da sedução e do estupro, assim como as proteções concedidas às mulheres brancas, revelam não apenas a indeterminação dos direitos, mas também o modo como essas elegibilidades são usadas para assegurar a subordinação, quando não para intensificá-la. Nesse caso, a "proteção" assegurava diferenças de raça e de gênero e era um instrumento de controle social. Por exemplo, o recurso civil para o crime de sedução exigia uma ação do pai, na qual o processo por prejuízos era conduzido sob o manto da relação senhor-servo. Os prejuízos eram adjudicados com base nos serviços perdidos.[69] Em casos de sedução, a proteção concedida às mulheres era articulada não na forma de seus direitos encarnados, mas em termos das prerrogativas do senhor aos serviços de sua serva e do direito à compensação pelo dano ou pelo comprometimento dela. Essas leis protegiam as mulheres brancas de serem lesadas ou, mais apropriadamente, colocavam uma bonificação sobre a virgindade, na medida em que intensificavam a regulação e o controle da sexualidade feminina branca, uma vez que a segurança da família e da propriedade dependia do comportamento casto e virtuoso e de uma fidelidade a normas regulatórias racistas. Essa proteção seletiva da lei só incluía mulheres "respeitáveis", e em última instância esse respeito dependia dos direitos de propriedade legítimos dos homens sobre a sexualidade feminina. (Como nem pais nem maridos negros escravizados tinham qualquer relação sancionada ou legal com suas filhas e esposas, mulheres escravizadas também existiam fora do círculo de proteção a esse respeito.)

Relações próprias e legítimas determinavam a respeitabilidade de uma mulher branca. Em casos de estupro envolvendo mulheres brancas e homens negros, as acusações eram às vezes indeferidas se essas mulheres fossem conhecidas por suas associações com negros. As ligações de mulheres brancas com homens negros negavam a elas a proteção da lei. Igualmente, o fato de que o estupro de mulheres negras não era um crime tinha consequências importantes para as mulheres brancas. As condições mínimas de existência consideradas adequadas para mulheres escravas tornavam necessário proteger a branquitude de modo a garantir que apenas as mulheres brancas recebessem certas proteções. Porque as mulheres escravas não estavam sujeitas à proteção do direito consuetudinário (ou do direito escravista) no que concernia ao estupro, a branquitude das mulheres brancas que eram estupradas por homens escravos ou homens negros livres tinha de ser demonstrada para dar andamento ao processo contra o agressor. Eram indeferidos os processos em que a raça das mulheres brancas não era explicitamente declarada.

Em *Commonwealth vs. Jerry Mann*, Mann foi acusado, julgado e condenado por "criminosamente cometer uma agressão contra uma mulher, com a intenção de deflorá-la. A lei declara que se um escravo vier a tentar deflorar uma mulher branca, ele será considerado um criminoso".[70] Porém, o julgamento foi interrompido porque "não se afirmou em nenhum trecho da acusação que Mary M'Causland era uma mulher branca". Em *Grandison (um Escravo) vs. Estado*, Grandison foi condenado à morte por agressão e espancamento com a intenção de deflorar Mary Douglass.[71] Mas o julgamento foi revertido e interrompido, e o prisioneiro voltou ao cárcere, porque "um tal ato cometido contra uma mulher negra não seria punido com a morte. [...] Esse fato [de a mulher agredida ser branca] dá ao delito a sua enormidade. [...] [Isso] deve ser alegado na acusação e provado em julgamento". Porém, a "enormidade do crime" e dos "crimes que não afetam a existência" não são nem direitos dados nem privações de gênero, mas, ao contrário, demonstram o modo como os dispositivos da sexualidade atuam em conjunto com processos de racialização, acumulação e dominação.

É necessário elaborar a questão porque muito frequentemente foi argumentado que a escravizada existia fora do universo generificado por não estar incluída na esfera de prerrogativas das mulheres burguesas dentro da família branca patriarcal. Como consequência, o gênero se torna uma categoria descritiva para os arranjos sociais e sexuais da ordem dominante, em vez de uma categoria analítica. Além disso, naturaliza o discurso da proteção e mistifica seu papel instrumental no controle e regulação do corpo, da sexualidade e do parentesco e, mais importante, afirma a branquitude normativa da categoria "mulher". O que estou tentando explorar aqui é a produção divergente do gênero, em vez de uma comparação entre mulheres negras e brancas que supõe, de modo implícito ou inadvertido, que o gênero é relevante apenas na medida em que critérios generalizáveis e universais definem uma identidade comum. Podemos empregar o termo "mulher" e ainda assim permanecer vigilantes de que "todas as mulheres não têm o mesmo gênero?".[72] Ou "nomear como 'mulher' aquela mulher privada de direitos que nós estrita, histórica e geopoliticamente *não podemos imaginar* como um referente literal", em vez de reproduzir a própria normatividade que obstruiu uma compreensão da produção diferencial do gênero?[73] Ao supor que "mulher" designa um referente conhecido, uma unidade a priori, um feixe preciso de características, traços e disposições facilmente reconhecíveis, nós falhamos em lidar com a produção contingente e disjuntiva da categoria. Em outras palavras, o conceito "mulher" deve ser dissociado do sujeito feminino branco e de classe média que normatiza a categoria. A desconsideração da violação sexual contra mulheres escravizadas, a reprodução do status escravo através de gerações e a negação do parentesco não podem simplesmente ser explicadas ou justificadas como a ausência de condições normativas de mulheridade, pois o trabalho da crítica feminista é precisamente interrogar e desconstruir essa normatividade, e não determinar quem é ou não é mulher de acordo com essa medida. Como conceber a diferença racializada generificada (ou a generificação da diferença racial) da cativa negra em termos outros que não a deficiência ou falta em relação a condições normativas, mas compreendendo essa produção do gênero no contexto de economias de poder, propriedade, parentesco, personalidade e sexualidade muito diferentes?

Se abordamos essa negação da violência e desconsideração do dano como específicas da generificação feminina e como algo que define, de modo amplo, a categoria "mulher", em vez de "cativa", estamos reproduzindo a presumida masculinidade das categorias "pessoa" e "escravo"? O que acontece se supomos que a escrava serve como um caso geral para explicar a morte social, as relações de propriedade e a construção dolorida e punitiva da negritude? O que se tornaria possível se, em vez de supor o sujeito, começássemos nossa investigação com uma descrição da subjetificação que não tentasse nomear e interpretar nada, mas simplesmente descrever suas superfícies? Como seria moldada a mulher (ou fêmea [*female*] ou *femme* ou *mater*) nesse processo? Nós poderíamos de fato liberar a categoria mulher de sua fixidez e normatividade branca e, do mesmo modo, examinar a sujeição racial em articulação com a diferenciação de gênero? Que possibilidades de ressignificação seriam então possíveis?[74]

A desconsideração do dano sexual não despoja as mulheres escravas do seu gênero, mas revela o papel das relações de propriedade — a posse da escravizada, a fabricação e troca de mercadorias humanas, a exploração da capacidade reprodutiva, a herança e transmissão da condição escrava pela linhagem materna e o gozo da coisa — na fabricação de gênero e sexualidade. Nesse caso, a posse ocorre não por meio das proteções da família patriarcal e de seu controle da sexualidade feminina, mas por meio de direitos absolutos de propriedade. Termos como *proteção*, *domesticidade* e *honra* precisam ser reconhecidos como articulações específicas de posicionamento racial e de classe. A cativa não possui o gênero tanto quanto é possuída pelo gênero — isto é, por meio de um investimento particular no (e de um uso do) corpo. O que "mulher" designa no contexto do cativeiro não deve ser explicado em termos de domesticidade ou proteção, mas em termos da violência negada do direito escravista, do caráter sagrado da propriedade e da necessidade de submissão absoluta, da alienabilidade da capacidade íntima, da venda de descendentes, da patologização do corpo, da restrição da senciência, do uso multifacetado da propriedade e do status precário da escrava dentro da esfera pública e da casa-grande da plantation. O dispositivo instrumental da sexualidade operava desconsiderando normas regulatórias brancas, como castidade e casamento. As características constitutivas da escravidão como um modo de acumulação e produção — a extrema violência, a posse da vida e da capacidade, a reprodução forçada, a destituição do parentesco, a fungibilidade e o valor do escravo como um produtor direto e uma mercadoria — marcavam e determinavam o caráter da sexualidade e do gênero. Nessa economia, relações legítimas e adequadas estavam previamente impedidas. O investimento particular no — e a exploração do — corpo cativo dissolvia todas as redes de aliança e filiação que não se definiam pela posse de propriedade. Isso se evidenciava pelas descrições dos tribunais a respeito de crianças escravas nem como ilegítimas, nem como bastardas, mas simplesmente como "não legítimas".[75]

Aqui, está em jogo a construção da "mulher", não como uma categoria fundacional com características, atributos ou circunstâncias dadas, mas como uma figura marcada e particular dentro de uma economia racial da propriedade que intensificava seu controle sobre o objeto da propriedade por meio do dispositivo da sexualidade. Apesar dos proclamados laços de afinidade entre quem "nascia e se criava junto", a escravizada estava sujeita à violência na casa-grande da plantation e na arena pública. No âmbito privado da casa-grande, ela estava sujeita ao domínio absoluto do proprietário e também vivenciava abusos dentro do enclave escravo, enquanto, na esfera pública, a submissão absoluta definia a relação do "público" com os negros, fossem cativos ou livres. O fracasso da lei em reconhecer o estupro como crime ou dano pode ser relacionado com as prerrogativas e direitos da esfera privada, com o gozo pleno da propriedade que definia os direitos dos proprietários de escravos e, na esfera pública, com a necessidade da submissão negra e a autorização assegurada a todos os brancos de exercer a violência exigida para preservar o bem comum.

Em muitos aspectos, a dominação do corpo cativo tornava a experiência de homens e mulheres mais similar que diferente, e homens escravizados também estavam sujeitos a formas de violação sexual. Contudo, a lei também criava sujeitos generificados, mesmo que apenas em relação à distribuição e severidade da punição e à negação do dano.[76] O que o sexo feminino designa dentro do escopo restrito de valor subjetivo de Cobb? Será que apenas marca a violência negada e a condição aflita da escravização ou torna palpável o dano negligenciável? Será que a condição da escravizada sugere uma impassibilidade à dor e ao dano? Ao interrogar o gênero na alçada de "crimes contra a existência" e examinar a formação feminina de sujeito no campo da violência sexual, não estou propondo que o sexo forçado constitui *o* significado do gênero, mas que a rasura ou negação da violência sexual engendrou a feminilidade negra como uma condição de dano não reparado, o que apenas intensificava os laços de cativeiro e a objetificação mortífera do status de bem móvel.[77] Diferentemente da violência reconhecidamente indispensável e necessária de *Estado vs. Mann*, ou das proteções concedidas contra outras formas de dano, ou da criminalização de atos particulares de violência, homicídio, mutilação, lesão física e espancamento (apesar das restrições procedimentais que tornavam o processo extremamente difícil, se não impossível), o estupro recebeu uma sanção tácita por meio de sua rasura. A violência sexual proliferava sem limites porque era desconhecida para a lei. Ironicamente, a intervenção do afeto e o cálculo da senciência negra ampliavam a violência permissível dentro do escopo da lei. O estupro tornava aparentes as muitas categorias de dano, as muitas maneiras de ser ferida que não poderiam ser e nunca seriam reparadas. O esforço para regular a violência simplesmente sublinhava a grande violência necessária para manter a escravidão. Na própria tentativa de reconhecer o escravo como pessoa, a negritude era reinscrita como uma encarnação aflita e uma indiferença ao sofrimento. A humanidade negra era constituída como um estado de dano e punição.

A SOMBRA DA LEI

O fracasso em reconhecer a ferida da violência sexual tinha consequências devastadoras para a cativa. A categoria de dano negligenciável reduzia ainda mais o escopo já circunscrito da humanidade negra. O corpo podia ser capturado, quebrado, agredido, tomado por capricho, mas o estatuto escravista considerava irrelevantes esses crimes contra a carne. Crimes que *não* afetam a existência sintetizavam o cálculo brutal da subjetividade em suas várias designações — negra, escrava, feminina — e desafiavam um eixo singular ou soberano de expropriação. Um dano que não é levado em conta determina a produção diferencial da mulher e a generificação da negritude. Nos confins da escravidão de pessoas como bens móveis, o gênero é discernível principalmente em termos dos usos, reprodução e transmissões de propriedade, das medidas de senciência, das magnitudes do dano e das determinações de punição. Esses elementos estruturais determinam a vida da menina escrava, inaugurando a crise do consentimento ou das relações sexuais consensuais sob dominação.

Em *Incidentes na vida de uma menina escrava*, Harriet A. Jacobs explora as dimensões íntimas da expropriação da cativa: a incapacidade de escolher um amante, a vergonha produzida pela violência sexual, a negação da maternidade, a perda e a venda de crianças. Jacobs exige que consideremos não apenas o escopo restrito da humanidade negra, mas também o esforço de agir como um sujeito desejante em um contexto em que o consentimento designava inadequadamente a encenação da possibilidade e os constrangimentos da agência.[78] Ao explorar essas questões no quadro da sedução, a narrativa impede distinções fáceis que nos permitiriam desemaranhar o desejo e a dominação ou a troca supostamente voluntária e a coerção. Ao destacar o caráter complicado da sexualidade — os emaranhados de instrumentalidade e prazer — e a crise induzida por esse estado contraditório das coisas, *Incidentes* desafia as interpretações convencionais que consideram questões de desejo e consentimento irrelevantes no contexto da escravização ou que celebram o desejo como o triunfo da vontade cativa. Ao contrário, a narrativa ilumina as ambiguidades que circundam a agência, as ligações inevitáveis entre desejo e dominação e os riscos da sedução. O nexo de desejo, consentimento, violência e coerção que situa a discussão da sexualidade da menina escrava talvez implique uma reconsideração da sedução atenta à agência das dominadas em termos diferentes daqueles considerados anteriormente, pois, se não é uma conspiração do poder, a sedução nessa instância possibilita oportunidades de perturbação e oferece um vislumbre de possibilidade no contexto do perigo.

Os riscos da sedução dizem respeito à insinuação ou simulação da vontade e da agência da subordinada para legitimar os arranjos do poder e da dominância. Esse enquadramento do consentimento encena a vontade da cativa através do deslocamento da coerção e da designação da escravizada como lócus originário de transgressão e vergonha. A questão sobre a qual ainda precisamos nos decidir é se há mais em jogo na sedução do que a legitimação de poder despótico e domínio absoluto e o deslocamento da força bruta por meio da projeção da agência culpada da escrava. Ao utilizar a sedução e investigar seus riscos, *Incidentes* sugere os ganhos que podem ser obtidos ao "se virar" com o que está dado ou "usar" a sedução. Um tal esforço está repleto de riscos precisamente porque não há exterioridade segura ou autônoma a partir da qual as escravizadas possam operar ou para a qual possam se retirar. A natureza dupla desse jogo com o poder ameaça intensificar constrangimentos, despedaçar o corpo ou resultar em perdas inevitáveis, uma vez que nesse âmbito as chances de salvaguardar ganhos já estão impedidas previamente. Então, como alguém age sem exacerbar os constrangimentos do cativeiro ou a violação da entrega?

Surge a questão de saber se a sedução pode oferecer um modo de obter poder ou permanece como vantagem exclusiva dos dominantes — uma negação estratégica do poder que mascara a violência das relações de propriedade e o despotismo das instituições domésticas sob o disfarce da entrega voluntária da subalterna e de seu consentimento à sujeição. Pode a sedução também servir como uma arma dos fracos ou um veículo para a articulação de necessidades e desejos? É possível considerar nesse quadro a interação contestada entre a cativa e o homem branco/proprietário de escravos? Será que pontos de resistência habitam a encenação da entrega voluntária, ou seria ela uma entrega de outra ordem? Se a última opção for a verdadeira, então os traçados do poder são turvos e incertos. Isso não mitiga a brutalidade ou instrumentalidade da sedução, mas sinaliza um uso de táticas e possibilidades não consideradas anteriormente. Tal como mobilizada na narrativa de Jacobs, a sedução também sugere agência e sujeição, um desvio em torno da violência esperada, um passo em direção a algo difícil de nomear, uma expansão do desejo refratário, se não impossível. A exploração da sedução em *Incidentes* empenha-se em diferenciar entre os constrangimentos de agir em circunstâncias que tornam o consentimento inadequado, as táticas empregadas pelas escravizadas para negociar e manipular relações de poder e o domínio absoluto exercido pelo proprietário. Dadas a coerção extrema e a submissão absoluta características da escravidão, como pode a escravizada escapar dos usos e caprichos irrestritos do senhor e de seus sucedâneos? A relação entre dano e subjetividade é revisitada em lugares cruciais da repressão e da omissão da lei — a violação sexual da cativa, a negação do parentesco e a posse/expropriação do corpo e de sua prole. Esses elementos ou "incidentes" determinam a condição de escravização e sua diferenciação generificada. No discurso jurídico da sedução, as ambiguidades entre vontade e submissão são tomadas como garantias de reciprocidade e possíveis inversões de poder; em *Incidentes*, as ambiguidades da sedução envolvem problemas de cálculo, coerção e apresentação de fatos (e a falha em fazê-lo) no âmbito da lei. Mais importante, a encenação textual do enredo da sedução oferece uma oportunidade para explorar o significado de consentimento a partir da perspectiva do sujeito expropriado e não contratual. Essa investigação aborda especificamente as possibilidades de ação, reconhecimento e relacionalidade que existem na falta de consentimento. O "cálculo deliberado" da menina escrava conta com as possibilidades de agir sob condições de intimidação, coerção, expropriação, manipulação e constrangimento e busca possibilidades onde não existe nenhuma. A sedução, como o veículo dessa exploração, levanta a questão: um sujeito não contratual pode dar consentimento? Se for o caso, em que termos?

A NARRATIVA DA SEDUÇÃO: ESCRAVA E AMANTE

Incidentes recorre à sedução e a reapresenta ao enfatizar as degradações da escravização, a domesticidade perversa da casa-grande da plantation, o corte do parentesco e a violência exercida sobre o corpo cativo dentro de uma arena supostamente definida por laços de sentimento, afeto mútuo e interesse. A narrativa relata intermináveis episódios de violência como um modo de expor as prerrogativas tácitas das relações de propriedade e a "morte em vida" da escravidão, na medida em que concerne ao dano não reparado da escravizada. Nesse dispositivo da sedução, a inadequação do consentimento e a encenação contrariada do desejo no contexto da dominação são destacados em primeiro plano. O texto oferece uma visão mais complexa do poder e das condições de agência incertas e circunscritas, recusando-se a colocar a questão do desejo em termos de coação versus escolha desimpedida. Ao fazê-lo, *Incidentes* representa o complicado campo da sexualidade e as possibilidades limitadas de ação sob constrangimento e intimidação. Isso é alcançado por meio da desmistificação da virtude e da exposição dos mecanismos legais que a asseguram e a salvaguardam. A virtude e o consentimento são ressituados através de uma análise do contrato sexual — casamento, paternidade e a proteção da pureza da filha.[79] A performance textual da sedução historiciza a virtude, revelando o papel do direito na sustentação e na profanação da virtude. O trabalho da narrativa implica tornar visíveis os mecanismos que negam e intensificam o dano e que produzem e sustentam a castidade como uma prerrogativa racial e de status. E também se empenha em confrontar a empreitada arriscada do desejo e os prazeres da encarnação inviolada e não punitiva.

"Uma passagem perigosa na vida da menina escrava"[*] encena o dilema da sedução na condução da entrega e da coação. Como a passagem a seguir deixa claro, o "cálculo deliberado" do interesse e a esperança de evitar a submissão degradante e forçada, em vez da liberdade de

---

[*] Trata-se do décimo capítulo de *Incidentes na vida de uma menina escrava*, de Harriet Jacobs (Trad. de Ana Ban. São Paulo: Todavia, 2019). (N.T.)

escolher os objetos de seu afeto, determinam o que pode ser descrito como uma "troca" pela liberdade:

> Parece menos degradante entregar o próprio eu do que se submeter à coação. Há um quê de liberdade em ter um amante que não tem controle sobre você, exceto o que ele ganha por bondade e apego. Um senhor pode tratá-la tão rudemente quanto lhe aprouver, e você não ousa falar. [...] A vingança e cálculos de interesse se adicionaram à vaidade lisonjeada e à gratidão sincera pela bondade. Eu sabia que nada iria enfurecer tanto o dr. Flint quanto saber que eu preferia outro; e era um triunfo sobre meu tirano, ainda que pequeno.[80]

Embora "dar o próprio eu" ocorra sem a coerção de ameaças violentas, propriedade e controle direto e seja descrito como "um quê de liberdade", o ato está dentro do escopo do poder e da dominação que, invariavelmente, estruturam as relações entre homens brancos e mulheres escravizadas. É importante notar que, nessa inscrição do "cálculo", não são celebradas a igualdade ou a ausência de constrangimento, mas os possíveis ganhos a serem obtidos dentro dos confins da dominação. Jacobs enfatiza isso ao descrever o ato de Linda Brent (a identidade pseudônima de Jacobs) como "um quê de liberdade", embora diferente da liberdade de escolher o objeto de seu afeto da qual gozavam as mulheres brancas por causa dos arranjos domésticos legítimos/legais da família branca.

A escolha de Linda não pode ser explicada de acordo com a variedade de opções disponíveis para mulheres brancas. "Um quê de liberdade" expressa as possibilidades limitadas, o constrangimento, o desespero e a intimidação que condicionam a entrega de si, e não opções ilimitadas ou uma escolha desimpedida. Mesmo se entendemos a proteção como uma idealização do controle e uma regulação da sexualidade branca feminina, o ponto é que a "perdição da virtude" é inteligível somente em um contexto em que haja uma proteção consuetudinária e jurídica das mulheres, seja por meio da sanção do casamento, do reconhecimento do direito paternal, ou da criminalização da violência sexual. O status desse ato, seja um "mergulho de cabeça" ou uma aposta vingativa e interessada pela liberdade, importa menos que o exercício de uma agência bastante restrita sobre e contra a coerção e a intimidação. Essa "entrega de si" é uma opção "menos degradante" e só é inteligível dentro do escopo de "leis [que] reduzem você à condição de bem móvel" e que tornam as escravas "inteiramente sujeitas à vontade de outro".

A questão do consentimento é enquadrada pela negação da vontade cativa segundo o direito e pela violenta dominação das relações escravistas.[81] Porém, se esse estado restrito ou truncado de consentimento é determinado pelas falhas e omissões do direito, também refrata criticamente o não consentimento que continuamente estipula a disposição da cativa. Sem dúvidas, a comparação detalhadamente elaborada entre os arranjos domésticos das mulheres livres brancas do Norte e aqueles das escravizadas destina-se a expor o papel do direito na construção e na negação do consentimento na família patriarcal e na casa-grande da plantation. A esse respeito, é apropriado que o dr. Flint só consiga dar sentido à provocação calculada de Linda — essa atuação ou encenação em nome da esperada liberdade — como vingança e como um crime, reinscrevendo qualquer esforço limitado de vontade, fora do escopo do domínio do senhor e alheio ao seu uso, como algo interdito: "Linda [...] você cometeu um crime contra mim". A soberania conferida ao dono de escravos se estende nessa inversão de crime e lei, na qual a lei atua para infligir dano e então negá-lo, e o crime, em sua elasticidade, engloba todos os esforços para escapar, expor e reparar o dano. O uso repetido do termo "crime" no decorrer da narrativa documenta o ônus da culpa projetada sobre a escravizada e a criminalidade como um modo predominante de sujeição negra.[82]

A façanha de *Incidentes* não é simplesmente sua representação do caráter habitual e rotineiro da violência sexual, mas a tentativa de atualizar esse "quê de liberdade", mesmo que isso proporcione pouco mais que ter um amante e se sentir grata por não desprezá-lo. A atenção da narrativa ao dano serve para expor a violência do direito e as prerrogativas exigidas para o exercício do consentimento, isto é, virtude e castidade, uma vez que é impossível para uma mulher incasta ser estuprada. Essas prerrogativas e a negação da escolha ou o esvaziamento do consentimento passam a depender não apenas do estado civil, mas também da presunção de virtude. A virtude designa uma prerrogativa racial não conferida às escravizadas; o consentimento é anulado em razão do estado civil e também com base nas supostas predileções sexuais e no suposto excesso, que, no caso das mulheres escravas, passam a ser definidos como padrão.

A SEDUÇÃO DA LEITORA

"Uma passagem perigosa" relata a "perdição da virtude" da menina escrava de modo a recontextualizar pudor e inocência dentro da economia sexual da escravidão e perturbar distinções entre as castas e as dissolutas. A encenação da sedução engloba os cálculos deliberados de Linda e as tentações e a adulação de Sands (o amante branco de Linda e pai de suas duas crianças), assim como as táticas empregadas para superar as resistências da leitora, especificamente uma exibição orquestrada de fraqueza. Os apelos envergonhados à leitora e o tom confessional da narrativa revelam a contingência da virtude e efetuam uma inversão na qual os padrões de virtude são considerados inadequados para medir as vidas das mulheres escravizadas.[83] A linguagem da prostração culpada atrai a leitora por meio da manipulação de seus investimentos e desejos. As declarações desculposas e aparentemente ingênuas operam seus desígnios sobre a leitora. Essa encenação da sedução exemplifica a malícia necessária para sobreviver à escravidão.[84] Como Jacobs escreve em outro trecho da obra: "Quem pode culpar os escravos por serem maliciosos? São constantemente forçados a recorrer à malícia. É a única arma dos fracos e oprimidos contra a força dos seus tiranos". O exercício da malícia ludibria a leitora precisamente no ponto da narrativa em que o público leitor contemporâneo mais provavelmente romperia a identificação com a menina escrava por causa da "imprudência" dela. Com a ajuda das "arma[s] dos fracos", a narradora exerce magistralmente sua autoridade e sustenta a identificação empática da leitora.

A narradora nos guia através da passagem perigosa na vida da menina escrava, documentando os obstáculos constantes que a confrontam e a inevitabilidade de sua violação. São os efeitos cumulativos dessas "circunstâncias adversas" os responsáveis por sua "condição degradada". O apelo da narradora situa a leitora na posição da menina escrava e implora à leitora envolvida que não julgue a partir da perspectiva daquelas cujas casas estão protegidas pela lei.[85] Afinal, o desespero e a "morte em vida" é que conduzem Linda aos braços de Sands. Sua imprudência registra a inexorabilidade de sua ruína, assim como seu desespero. A ingenuidade de uma garota de quinze anos e o anseio da escrava por liberdade viabilizam a sedução de Linda pelas palavras eloquentes de Sands. Detalhando as profanações que caracterizam a vida da menina escrava, a narradora mostra à leitora que a "condição degradada" da mulher cativa deve ser situada dentro da tirania da relação senhor-escravo, e não naturalizada como uma predileção ou propensão racial para o excesso sexual. O caráter inescapável dessa condição violada autoriza a narradora a falar o indelicado, ainda que dentro de limites definidos, e, ao mesmo tempo, antecipa a condenação das mulheres brancas do Norte. A narrativa cria um turbilhão dramático que engole a leitora e exibe vividamente as forças implacáveis da ruína sexual; mesmo a leitora mais inflexível não pode resistir a tais súplicas.

"Uma passagem perigosa" é narrado no modo da recordação. Porém, o tom comedido dessa lembrança é perturbado aqui pela urgência da narradora. "E *agora*, leitora, chego a um período na minha vida infeliz que, se pudesse, eu esqueceria alegremente" [grifo meu].[86] O uso do "agora" na recordação de Linda parece indicar que toda a narrativa conduzia a esse ponto. "Agora" reflete a urgência do esforço de manter a empatia da leitora e se refere ao relacionamento entre narrativa e leitora em um ponto no qual o controle narrativo está sob perigo, sinalizando um arriscado momento de negociação entre leitora e narradora. Isso indica não apenas a localização narrativa, mas a autorreflexividade da narrativa sobre a crise de sua autoridade, enquanto tenta conduzir o público leitor contemporâneo pela perigosa passagem.[87] O evento de crise revisitado relampeja diante da leitora através dessa erupção temporal, que figura a perdição (da virtude) como o presente ameaçado, colocando a leitora no momento do perigo e possibilitando que ela apreenda a enormidade da crise e a fatalidade da ruína da menina escrava. Esse instante de perigo brilha diante da leitora, acenando para que ela experiencie totalmente o momento, esse "momento extremo". A leitora, inundada por dor, vergonha, tristeza, súplicas e culpa, se torna vítima das palavras eloquentes da narradora, assim como Linda havia se tornado vítima de Sands.

"Pode haver logro em tudo isso", reconhece a narradora; porém, o logro é essencial para a sedução da leitora. Apesar de dissimulada pelo teor confessional e pela ingenuidade proclamada da narrativa, a duplicidade da narrativa reside em seu apelo à leitora por simpatia e compreensão, enquanto efetivamente destitui a leitora do papel de juíza. Aparentemente concedendo a posição moral superior às boas mulheres do Norte, a narradora lhes apresenta à ética situacional das escravizadas e às práticas necessárias de malícia, duplicidade e logro: "Os escravos, por estarem rodeados por mistérios, trapaças e perigos, aprendem cedo a ser desconfiados e vigilantes e prematuramente cautelosos e maliciosos". Como uma estratégia narrativa, essa duplicidade envolve conformar o desejo da leitora para desenvolver argumentos contrários e transformar sua incredulidade e resistência em identificação e empatia.[88]

A crise da sedução é amenizada pelo caráter sedutor da narrativa.[89] Conformando-se e aquiescendo aos desejos da leitora, a narrativa procede de forma furtiva, afirmando o que vai negar — a superioridade moral da querida leitora branca. A narração derruba o pedestal sobre o qual elas estão, desancorando-as na tempestade de eventos e afirmando explicitamente que mulheres brancas do Norte não podem julgar a menina escrava pelos mesmos padrões com os quais julgam a si mesmas. O apelo por humildade que a narradora faz à leitora promove disfarçadamente seus próprios desejos e assegura um reconhecimento desses desejos. A identificação da menina escrava como "vítima" não nega seu papel como agente.

Porém, o processo narrativo de negociação entre desejo e violação não escapa inteiramente do deslocamento da violência e da omissão do dano que caracterizam o discurso da sedução no direito escravista. O deslocamento da violência é inscrito como aquilo que a narradora "não ousa falar". O esforço urgente e desesperado para manter a leitora ao alcance da autoridade da narradora cria perturbações na narrativa e oferece uma rota de fuga que possibilita evitar fatos brutais. Por um lado, nós devemos acreditar que Linda engana seu senhor, apesar do caráter extremo da violência exercida por Flint para forçá-la a "mudar essa linha de atuação".[90] Por outro lado, a máxima recorrente da narradora de que ela não ousa contar o pior, os lembretes constantes da autora de que "nenhuma caneta pode oferecer uma descrição adequada da corrupção onipresente produzida pela escravidão" e a crença da menina escrava de que "a resistência é desesperançada" pareceriam impedir qualquer fuga da violência sexual.[91]

A impossibilidade de representar adequadamente a vida da menina escrava se deve não apenas à severidade da degradação do corpo cativo e à indisposição da leitora em penetrar ou acreditar no caráter extremo ou na magnitude dessa violência, mas também ao fato de que, quando fala desses crimes, a narradora carrega o fardo do indecente e do obsceno. Nas ocasiões em que Linda tenta expor à sua senhora o abuso que sofre, se abrir com a avó ou agir para escapar da agressão de Flint, ela se torna objeto de repreensão e é sobrecarregada com culpa, crime, vergonha e desgraça. O duplo vínculo se define pelo seu dever de oferecer testemunho sobre essas degradações para ajudar as irmãs em servidão e pelo fato de que esses crimes colocam o fardo da culpa sobre ela. Falar das faltas graves cometidas contra ela é encenar o indecente e dar voz ao indizível. Como consequência desse duplo vínculo, o estupro é representado apenas em termos de seus efeitos — mulheres mudas, grávidas e descendência quase branca. Esse é também o caso da narrativa de Elizabeth Keckley, *Behind the Scene; or, Thirty Years a Slave and Four Years in the White House* [Por trás da cena; ou trinta anos como escrava e quatro anos na Casa Branca], na qual crianças aparecem como a encarnação da violência sexual não revelada e não dita: "Basta dizer que ele me perseguiu por quatro anos, e eu — eu — me tornei uma mãe". As elisões articulam tanto a ausência literal do estupro na lei, "os editos daquela sociedade que considerou não ser um crime comprometer a virtude de meninas [escravas]", quanto a crise textual engendrada pelo esforço de representá-lo.[92]

O não dito e o censurado assombram a narrativa: "As degradações, as falhas, os vícios que crescem da escravidão são mais do que eu posso descrever. São maiores do que você acreditaria de boa vontade".[93] Os constrangimentos diante do que pode ser dito e a impossibilidade de representar a magnitude da violência da escravidão e a dor da recordação explicam o caráter seletivo da narrativa: "Eu sei que algumas são tão brutalizadas pela escravidão que não sentem a humilhação da sua posição; mas muitas escravas a sentem da forma mais aguda e se encolhem diante da sua memória".[94] A evasão do estupro na narrativa é uma evasão da memória? A descrença antecipada por parte da leitora e a dor da recordação proíbem uma plena exposição? Ou a evasão de Jacobs pode ser atribuída a uma preocupação com a sensibilidade e a delicadeza da leitora? O caráter declaradamente fragmentário da narrativa e as inibições à plena exposição nos impedem de defender facilmente a suposta fuga de Linda da(s) agressão(ões) sexual(is) do dr. Flint.

A ansiedade e a retenção caracterizam os relatos de violência sexual na narrativa. Uma indisposição geral para revelar "as humilhações da sua posição" pode ser atribuída a um complexo de fatores: a negação da violência pela lei, os rigores da decência, a relutância em oferecer sua vida íntima ao escrutínio público, a dor da recordação, a resistência da leitora e as convenções da literatura sentimental.[95] Em uma carta para Amy Post, Jacobs descreveu a dificuldade de apresentar um relato completo de seu passado por causa das degradações que vivenciou e da dor da lembrança: "Eu me esforcei fielmente para oferecer um relato verdadeiro e justo da minha vida na escravidão. Há algumas coisas que eu poderia ter deixado mais simples — a Mulher pode sussurrar suas falhas cruéis ao ouvido de uma amiga querida muito mais facilmente do que poderia registrá-las".

Os travessões na carta de Jacobs para Post, como os incidentes reconhecidamente seletivos da narrativa, obscurecem a materialidade da violência de modo a evitar a dor e a humilhação que necessariamente fazem parte do ato de recontá-la. Quando pensados como cortes literais e figurativos na narrativa, os travessões e as elisões exibem e deslocam as feridas do corpo cativo violado, um corpo que encena suas lembranças sem as dotações simbólicas para articular sua história de dano. Os travessões, as elipses e as circunlocuções insinuam o termo excluído através dos corpos de mulheres escravas, que são enigmas textuais a ser interpretados pela leitora, já que estão literalmente grávidos dos segredos da escravidão. Essas figuras dramatizam o dilema da encarnação. Isso não é incomum na ficção sentimental, em que "sinais corporais são apresentados de modo inflexível e repetidamente como os mecanismos preferidos e mais potentes, tanto para comunicar o significado quanto para marcar o fato de sua transmissão".[96] A grandeza absoluta da violência excede o escopo do representável e impede uma exposição completa dos crimes da escravidão. Mesmo descrições que "ficam muito aquém dos fatos" correm o risco de ser lascivas e acarretam um esforço de Sísifo para desvelar aquilo que se afirma não existir no domínio do fato do direito.

A ansiedade que acompanha a narração discreta e declaradamente seletiva da violência sexual de Jacobs deve também ser atribuída ao caráter dessa acusação específica, que macula quem a profere; ser uma vítima é convidar à suspeição e carregar o estigma da infração. Pronunciar as "palavras obscenas" ou apontar para o crime, mesmo por via indireta, é ser reclamada por ele, ser condenável, carregar toda a responsabilidade pela violência que despedaça o corpo e o põe a descoberto. A fusão de negritude e criminalidade intensifica o estrangulamento. Admitir o ato é ser engolida por ele. Todas as coisas terríveis que aconteceram são acomodadas em silêncio, seladas em vergonha.

As profanações e violações da escravidão são incorporadas como vergonha. Não apenas as escravizadas suportam o fardo do crime — o ônus da culpa indissociável do ato de declarar a obscenidade da escravidão — e aguentam a violência que define a cativa ou objeto como destituídos de vontade, afetáveis, vulneráveis às demandas e ânsias de todos os brancos enquanto senhores. A incapacidade de se casar torna todo desejo ilegítimo, uma vez que não há autorização nem domínio sancionado. Arranjos íntimos de amor e parentesco são usurpados e anexados pelo mercado. A escravidão racial marca e desfigura as formas de amar, vinculando-as à perda antecipada e à violência inevitável. Na ausência de um espaço lícito para o desejo da cativa, esse desejo também passa a ser identificado como crime. A menina escrava é culpada porque escolheu um objeto de amor não decidido pela "administração da [sua] relação sexual" por parte do proprietário, ou pelos planos dele em relação a um lucro futuro impulsionado pela cópula não desejada ou procriação forçada. Assim como o logro articula os constrangimentos da agência, a vergonha revela o dilema jurídico do sujeito, definido pela negação da vontade e pela disposição ilícita e criminosa. A vergonha articula sintomaticamente a construção inevitável de desejo, disposição e agência em termos do desonroso e contrário à lei. Dentro da economia da escravidão, nem o amor nem a filiação são legitimados por meio do reconhecimento formal do casamento ou da parentalidade. Essas relações são simplesmente não legítimas e não se sustentam porque não são reconhecidas ou dotadas de legalidade. Para criar um espaço para o desejo, completamente ciente dessa ausência de direito, a narrativa enfatiza o papel do direito na determinação da (i)legitimidade do desejo e da inevitabilidade da infração. Como uma estrutura de sentimento, a vergonha expressa a desvalorização do status de bem móvel, a dissolução experienciada ao ser sujeitado ao outro de modo absoluto e o reconhecimento da própria abjeção. Ela denota a dimensão afetiva da condição geral de desonra que constitui a escravização.[97] A esse respeito, o sentimento de ficar "envergonhada ao contar" não pode ser explicado somente pelo contraste com a virtude ou com a verdadeira mulheridade; esse sentimento registra os mecanismos específicos da sujeição.

CÁLCULO DELIBERADO

Para a menina escrava, a desgraça é condicionada pelo próprio ato que confere uma liberdade limitada e provisória. Se é incapaz de provocar ou incitar um "evento", uma inversão de forças nas relações de dominação, o cálculo deliberado é claramente uma faca de dois gumes, pois a aposta na liberdade culmina em outro "laço" ou "ligação" com a servidão, uma criança ameaçada pela venda ou pela violência. O mesmo ato ao mesmo tempo resguarda a possibilidade da liberdade e intensifica os fardos e constrangimentos da escravização. Se essa negociação do desejo é eclipsada pela vergonha, também é importante reconhecer a transitoriedade desse desejo e seu caráter resolutamente ambivalente. Trata-se de um desejo renunciado e justificado, alimentado pela necessidade de reconhecimento, proteção e reciprocidade e por vingança, embora não possa ser nem sustentado nem efetivado por causa da ausência de um domínio adequado. O desejo pressupõe a culpa. Por essas razões, Jacobs destaca em primeiro plano o papel do direito na construção do "não legítimo": a culpa deve ser vista como a produção social da infração diante da ausência de relações conjugais providas de qualquer sustentação jurídica, da negação da maternidade e da destituição de parentesco; da incapacidade de formar contratos; e da atenuação da sociabilidade pelo princípio do bem móvel. Despojada desses direitos legais, à menina escrava restam o cálculo em vez do cortejo, a influência em vez do pedido e a alforria em vez do casamento delimitando os circuitos do desejo na economia da escravidão.

Esses circuitos ou passagens perigosas ocorrem à revelia de arranjos convenientes ou legais. Fora da sombra do direito, a coação eclipsa a escolha, já que nem direito nem proteção asseguram a linha entre consentimento e não consentimento. O esforço para distinguir entre ser obrigada a se submeter e "entregar o próprio eu" se apoia nas propostas vis e nas agressões de Flint para definir a escolha por contradistinção. Contudo, a linha entre algo similar à escolha e o não consentimento é permeável e incerta porque nenhuma distinção absoluta entre eles pode ser sustentada no contexto da escravidão sexual. Essa incerteza expressa o dilema do consentimento para o sujeito não contratual. O próprio termo "cálculo deliberado", em contraste com "escolha livre", ilumina a incomensurabilidade do consentimento e sua dívida para com o modelo contratual das relações sociais. A escolha é uma prerrogativa legal além do alcance das escravizadas, que são reduzidas a bens móveis, desprotegidas por lei e "inteiramente sujeitas à vontade de outro". Ao mesmo tempo, a narrativa tenta representar a escolha de Linda justamente com o objetivo de fazer reivindicações de liberdade, reivindicações que são inteligíveis apenas dentro dos termos da troca voluntária, da posse de si e da alienabilidade do eu como uma propriedade que define a liberdade.

O esforço para diferenciar entre a coação e o ato de "entregar o próprio eu" se prova difícil. Coerção e cálculo se entrelaçam na narrativa, assim como na lei. Principalmente porque a afirmação do consentimento exige uma aproximação impossível, supõe um espaço de desejo que não é definido nem pela dominância branca ("um amante que não tem controle sobre você") nem pela coerção, mas pela bondade e pela troca voluntária ("parece menos degradante entregar o próprio eu"). Essa "entrega do eu" pressupõe um grau de autonomia sobre o eu. Esse "cálculo deliberado" atua como uma transmutação da propriedade na qual o bem móvel, absolutamente sujeito à vontade de outro, dá lugar à propriedade no eu. Como no caso de "roubar um tempo", a propriedade no eu da escravizada é definida não por posse ou titularidade jurídica, geralmente entendidos como direitos inalienáveis, mas por apropriação e roubo. A relação da escravizada com o eu é possível apenas por via de posse indevida ou de posse sem direito ou permissão. O ato do cálculo deliberado reinscreve o status do eu como propriedade de modo a desfazê-lo. Isso se aplica em um nível formal e substantivo, pois Linda espera que essa troca vá resultar em liberdade para ela e suas crianças. Essa condição dotada de "um quê de liberdade", como a liberdade em si mesma, revela o endividamento da liberdade em relação à propriedade e a um eu alienável e permutável.

O esforço para representar o desejo e momentaneamente conferir-lhe um espaço exige que um grau de escolha, mesmo que constrangido, seja exercido, ou então não há base sobre a qual diferenciar a relação de Linda com Sands e sua relação com Flint, ou a escolha e o não consentimento. No esforço de distinguir entre "entregar o próprio eu" e "se submeter à coação", a narrativa reinscreve o paradoxo da sedução. A força, a vontade e a submissão vão se emaranhando de modos que obscurecem a violência e negam o dano. Isso é mais aparente no que concerne à resistência de Linda e à recusa dela em "ceder" a Flint. Jacobs afirma repetidamente que a resistência da menina escrava à violação por seu senhor é desesperançada, e sua degradação, inevitável. Porém, diferentemente de outras garotas açoitadas e obrigadas a passar fome até se submeterem, Linda se esquiva desse destino. Isso é atribuído à sua vontade determinada.

Essa afirmação parece contradizer o principal foco do argumento de Jacobs, segundo o qual ser forçada a se submeter à vontade do senhor em todas as coisas define o dilema da escravização, embora essa condição de sujeição, resignação e destituição forçada de vontade imposta pela dominação não deva ser confundida com a conformidade ou a anuência. Essa condição simplesmente registra o fato de que a resistência é desesperançada. Essa inevitável derrota, atrelada à desmistificação da virtude, desloca o fardo da culpa que tinha sido impingido à menina escrava no decorrer de sua violação. Retratando as evasões aparentemente bem-sucedidas de Linda em relação ao estupro pretendido por Flint, Jacobs contraria esse argumento e reforça, de modo inadvertido, a ideia de que, se houver determinação suficiente, pode-se escapar da violação, sugerindo implicitamente que a submissão é, em algum grau, um ato de conformidade e que a resistência extrema estabelece o significado do não consentimento. Claramente, ela não pretende dar a entender que a ausência de resistência física representa consentimento ou que a luta até a morte define o não consentimento. Não obstante, quando nos deslocamos do caso geral para o específico, da menina escrava para Linda, Jacobs tenta estabelecer sua inocência ao aderir estritamente a essa fórmula. A incapacidade de resistir ao senhor não implica consentimento, mas a resistência determinada e frontal é exigida para estabelecer o não consentimento. Essas afirmações estão em sentidos opostos e atuam para deslocar e estender o discurso da sedução, ao mesmo tempo que iluminam completamente o duplo vínculo da agência. Isso é agravado com a representação das agressões de Flint, cujo intuito é assegurar a submissão de Linda precisamente como uma admissão ou declaração de seu consentimento e de sua participação voluntária em arranjos sexuais coagidos. Em vez de ilustrar a total negação do consentimento e o triunfo da violência, o evento do estupro seria tomado como o próprio emblema da submissão voluntária.

No esforço de revelar a violência exigida para obter a submissão e de documentar a resistência, Jacobs precisa recorrer a medidas extremas a fim de propor a hipótese de um exercício de vontade não subjugado à submissão. A resistência extrema se torna o meio pelo qual ela estabelece a diferença entre destituição de vontade e obstinação ou submissão perfeita e consentimento. Se a possibilidade de recusar ou escapar de Flint é impedida, então a escolha de Sands por Linda não pode ser diferenciada da agressão sexual (o uso indiscriminado do objeto da propriedade) por Flint. Além disso, a presunção é que apenas uma mulher casta pode exercer o não consentimento.[98]

A oportunidade para o não consentimento é necessária para estabelecer o consentimento, pois este é desprovido de significado se a recusa não for uma opção. No entanto, o próprio esforço para demonstrar o consentimento revela sua impossibilidade se este for entendido como uma concordância voluntária livre de constrangimento ou coação ou como algo desimpedido por relações de poder e dominância. Afinal, se o desespero, a imprudência e a desesperança determinam o ato de "escolher seu amante", distinções absolutas entre coação e anuência não podem ser sustentadas. O ato de ceder a um outro ou entregar o próprio eu não está menos sujeito a constrangimentos, embora sem dúvida seja diferente de — e preferível a — ser forçada a se submeter. O consentimento é inconveniente em um contexto no qual a própria noção de subjetividade está baseada na negação da vontade. A impossibilidade de uma dissociação absoluta entre escolha e coação e a incapacidade de escapar dos emaranhados da destituição de vontade e obstinação condicionam a representação ambígua da violência sexual na narrativa e culminam no deslocamento do estupro como sedução.

À luz disso, como é possível dar conta da força da vontade determinada sem reproduzir os dilemas da sedução — fáceis declarações de reciprocidade e inversão que servem para obscurecer a violência do direito, o caráter extremo da dominação e a regularidade do dano — no esforço mesmo de escapar da agressão sexual? Parece que a sedução acarreta inevitavelmente uma leitura ou reconhecimento equivocados e calculados do estado de dominação, uma leitura que presume um grau de liberdade na direção da conduta de outros e é firmada na reciprocidade e nos laços de afeto mútuo ou, inversamente, na contenção e na ação calculada. Seja para os fins instrumentais de assegurar a subordinação ou para agarrar oportunidades de se proteger e promover os próprios objetivos sob condições incontroláveis, a sedução supõe que as escravizadas possuem o poder de se conter e/ou exercer influência quando cedem ou entregam a si mesmas. As formas provisórias de ação disponíveis para as escravizadas necessariamente implicam postulados utópicos que supõem um maior grau de poder e possibilidade do que usualmente existe? Essas leituras equivocadas são necessárias ou têm um propósito? Podem ser recusadas essas aproximações impossíveis do desejado e do ansiado ou seriam elas simplesmente um aspecto do trabalho árduo e imaginativo exigido para desenvolver reivindicações de liberdade? Se essas táticas são incapazes de efetivar inversões de poder e, em vez disso, evidenciam o caráter provisório da resistência e o fardo da dominação, elas no mínimo são guiadas pela ânsia de recusar e transformar aquilo que é dado.[99]

Contrariamente à vontade instrumental que produz o corpo dócil ou à vontade simulada da escravizada que garante a brutalidade e a beneficência da relação senhor-escravo em casos como *Estado vs. Mann*, a vontade determinada ou obstinação que permite a Linda escapar de Flint não é uma forma de ação ou de poder-fazer assegurada pela volição ou pela posse de si, mas uma forma rudimentar de ação subordinada pelo constrangimento. É um exercício de obstinação e malícia alienado da capacidade expressiva assegurada e unívoca do sujeito intencional. Antes, as armas dos fracos são contingentes e repletas de contradições. O cálculo deliberado de Jacobs é um esforço para encenar e imaginar a vontade em termos contrários à reprodução da subordinação ou ao incitamento à punição. A obstinação da menina escrava é uma ocasião para a ação e para a mudança.

Para agir, Linda deve fazer o impossível e "supor o eu" como seu próprio, não apenas de modo a "entregar a si mesma", mas também para experienciar algo similar à liberdade. Para ser um sujeito, ela deve fingir a posse de si mesma, em vez de elaborar ou expor a expropriação ampliada, implicada em escolher um amante. Esse cálculo deliberado possibilita a experiência de uma liberdade limitada; porém, exige que ela tome posse e ofereça a si mesma a um outro. Esse ato também intensifica os constrangimentos da escravidão e reinscreve seu status como propriedade, ainda que figurativamente uma propriedade de outra ordem, no próprio momento em que ela tenta desfazer e transformar seu status. Se ela deve entrar nessa troca fazendo uma aposta na liberdade, então isso serve para revelar a dívida da liberdade em relação a noções de propriedade, posse, soberania e troca.[100] Essa ordem de propriedade, embora marcadamente diferente daquela da escravidão de bens móveis, constrói o eu essencialmente como algo alienável e permutável, e a sexualidade está notavelmente no cerne dessa transação. Ao "entregar a si mesma a um outro", Linda esperava alcançar sua liberdade e a liberdade de suas crianças. Em última instância, o que é revelado no decorrer do "cálculo deliberado" de Linda é que o próprio esforço de "libertar" a menina escrava a posiciona em uma rede de troca, constrangimento e propriedade da qual ela havia esperado ser desenredada.

Na conclusão da narrativa, Jacobs escreve:

> Leitora, minha história termina com a liberdade; não no sentido usual, com o casamento. Meus filhos e eu somos livres agora! Estamos tão livres do poder dos senhores de escravos quanto as pessoas brancas do Norte; e embora isso, de acordo com minhas ideias, não seja dizer muita coisa, é uma enorme melhoria da *minha* condição.

Essa crítica implícita aos limites da liberdade, prefigurada pela "brecha do refúgio", antecipava a individualidade sobrecarregada que aguardava as massas emancipadas, cujo único recurso era uma recém-adquirida propriedade no eu.

PARTE II

O sujeito da liberdade

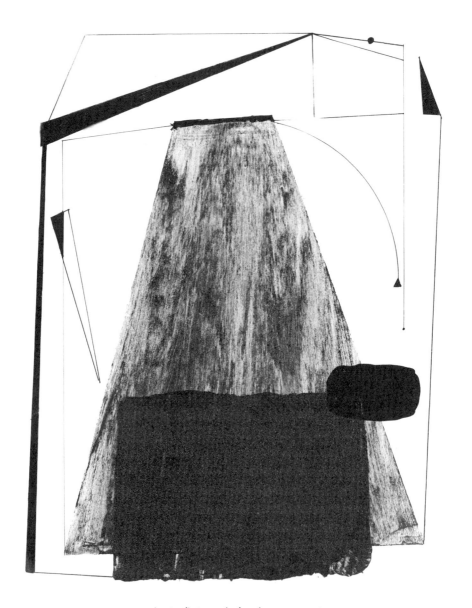

conjunto/intervalo/enclausuramento

O fardo do indivíduo livre

> *Os limites da emancipação política aparecem imediatamente no fato de que o Estado pode se libertar das restrições sem que o homem seja realmente liberto, de que um Estado pode ser um Estado livre sem que o próprio homem seja um homem livre.*
> Karl Marx, *Sobre a questão judaica*

> *A emancipação dos escravos só é submetida até certo ponto, uma vez que a escravidão de bens móveis na forma antiga não poderia ser mantida. Mas embora o liberto não seja mais considerado propriedade do senhor individual, ele é considerado o escravo da sociedade.*
> Carl Schurz, *Report on the Condition of the South* [Relatório sobre a condição do Sul]

> *Devemos estimar a escravidão pelo que ela causou, ou devemos desafiar nossa concepção de liberdade e o valor que atribuímos a ela?*
> Orlando Patterson, *Escravidão e morte social*

O entrelaçamento entre servidão e liberdade moldou a imaginação liberal da liberdade, nutriu a emergência e a expansão do capitalismo e gerou concepções proprietárias do eu. Essa controversa genealogia atormentou o grande evento da Emancipação, ou, como foi descrito em termos messiânicos e populistas, o Jubileu. A cumplicidade entre escravidão e liberdade, ou pelo menos as maneiras pelas quais elas se assumiram, presumiram e espelharam uma à outra — a liberdade encontrando sua dignidade e autoridade nesse "primeiro símbolo da corrupção" e a escravidão se transformando e se expandindo nos limites e na sujeição da escravidão — perturbaram, quando não apagaram, qualquer marcador absoluto e definitivo entre a escravidão e seu rescaldo.[1] A longa e íntima afiliação entre liberdade e servidão tornou impossível vislumbrar a liberdade independente dos constrangimentos ou da personalidade, bem como a autonomia separada da santidade da propriedade e de noções proprietárias do eu. Além disso, uma vez que o domínio e a dominação da escravidão eram fundamentalmente definidos pela sujeição negra, a raça enquadrava, de modo apropriado, as questões de soberania, direito e poder.[2]

Os atravessamentos entre liberdade e subordinação, soberania e sujeição, autonomia e compulsão eram marcadores significativos do dilema ou da via de mão dupla da liberdade. Ao descrever uma dimensão desse paradoxo, Marx referiu-se a ele, com humor ácido, como uma dupla liberdade — ser livre para vender seu trabalho e livre de recursos materiais. No interior do liberal "Éden dos direitos inatos do homem", facilmente o ter deu lugar ao ser propriedade, a soberania deu lugar à fungibilidade, e a igualdade abstrata, à subordinação e à exploração.[3] Se a soberania servia para "apagar a dominação intrínseca ao poder" e os direitos "permitiam e facilitavam relações de dominação", como Michel Foucault argumenta, então o que somos levados a considerar é a subjugação que os direitos instigam e a dominação que apagam.[4]

Não se trata simplesmente de que os direitos sejam inseparáveis das prerrogativas da branquitude ou de que os negros deveriam ser reconhecidos como portadores legítimos de direitos; antes, o que está em questão é a maneira pela qual a estipulação da igualdade abstrata produz a prerrogativa branca e a sujeição negra ao promulgar a igualdade formal. O frágil "como se fossem iguais" do discurso liberal conflita, de forma inadequada, com a história da sujeição racial e da escravização, uma vez que a textura da liberdade está carregada de vestígios da escravidão, e a igualdade abstrata está completamente enredada com a narrativa da sujeição negra. A escravidão reforçou a retórica republicana, assim como a igualdade foi definida para sancionar a subordinação e a segregação. Em última análise, estou tentando lidar com as mudanças operadas no tecido social depois da abolição da escravatura e com o não evento da emancipação insinuado pela perpetuação do sistema da plantation e pela refiguração da sujeição.

Ao examinar a metamorfose de "bem móvel para homem" e as estratégias de individuação constitutivas do indivíduo liberal e do sujeito portador de direitos, espero sublinhar as maneiras pelas quais a liberdade e a escravidão pressupõem uma à outra, não apenas como modos de produção e disciplina, mas também por meio de formas contíguas de sujeição. A narrativa fundadora do sujeito liberal foi revisada no contexto da Reconstrução, permitindo a entrada tardia dos ex-escravizados; no entanto, as mudanças avassaladoras provocadas pela Emancipação falharam em desestruturar ou erradicar a escravidão. Em jogo estão as articulações conflitantes de liberdade e as formas de sujeição que elas originam. Não é minha intenção defender que as diferenças entre escravidão e liberdade eram insignificantes; certamente, tal declaração seria ridícula. Em vez disso, trata-se de investigar as relações de poder mutáveis e transformadas que provocaram a ressubordinação dos libertos, o controle e a dominação da população negra liberta e a produção persistente da negritude como abjeta, ameaçadora, servil, perigosa, dependente, irracional e corrompida. Em resumo, o advento da liberdade marcou a transição da existência aflita e minimamente senciente do escravo para o fardo da individualidade da pessoa liberta responsável e sobrecarregada.

O nascente individualismo do liberto designa uma autonomia precária, uma vez que a exploração, a dominação e a sujeição habitam o veículo dos direitos. O poder de dividir e individualizar da disciplina, operando em conjunto com o controle sequestrador e segregador dos corpos negros como corpos de uma espécie, autorizado sob o pretexto dos direitos sociais e facilitado pelo poder regulador do Estado, resultou na construção paradoxal do liberto tanto como indivíduo autodeterminado e imensamente sobrecarregado quanto como membro de uma população cujo trabalho, capacidade, formas de movimento e associação e práticas sexuais eram regulados e policiados de maneira feroz com base nos interesses de uma economia capitalista em expansão e da preservação de uma ordem racial sobre a qual a república branca foi fundada. Para que a "república branca" não pareça um floreio retórico inflamado ou injustificado, devemos lembrar que a transformação do governo nacional e a cidadania forjada pelas Emendas da Reconstrução foram, em geral, lamentadas como expressões da perda do "governo do homem branco".[5]

À luz das restrições que trespassavam as concepções de liberdade, soberania e igualdade, não é possível transmitir adequadamente a experiência contraditória da emancipação por meio de frases bonitas como "os direitos do homem", "igual proteção da lei" ou "a santidade da vida, da liberdade e da propriedade". Assim como a articulação peculiar e ambivalente da condição de bem móvel do negro escravizado e a afirmação dos seus direitos perante a lei, embora limitados, criaram uma noção de personalidade ou subjetividade negra em que todos os fardos e poucos dos direitos de personalidade caracterizaram essa humanidade, o advento da liberdade e a igualdade de direitos conferiram aos negros um status não menos ambivalente. O advento da liberdade pregava a possibilidade de um mundo antitético ao da escravidão e prenunciava transformações de poder e status que foram capturadas em descrições zombeteiras como "os de baixo agora estão por cima". No mesmo momento, formas existentes e emergentes de dominação intensificaram e exacerbaram as responsabilidades e as afiliações dos recém-libertos. Caracterizo esse nascente individualismo como "individualidade sobrecarregada" para sublinhar o duplo vínculo da liberdade: livre da escravidão e livre de recursos, emancipado e subordinado, dono de si e endividado, igual e inferior, libertado e sobrecarregado, soberano e dominado, cidadão e sujeitado. (A transformação da subjetividade negra efetuada pela emancipação é descrita como um individualismo nascente porque antes dela os negros eram considerados menos que humanos e como um híbrido entre propriedade e pessoa, e porque a abolição da escravidão lhes conferiu tardiamente os direitos inalienáveis do homem e os trouxe para o seio do individualismo liberal. Antes disso, precedentes legais como *Estado vs. Mann* e *Dred Scott vs. Sanford* tornaram as noções de direitos dos negros e da cidadania negra insustentáveis, se não impossíveis.)

A produção antagônica de igualdade abstrata e subjugação negra se baseava em predicações conflitantes e incompatíveis dos libertos — como soberanos, indivisíveis, donos de si, e como sujeitos fungíveis e individuados cujas habilidades poderiam ser extraídas, quantificadas, trocadas e alienadas. Os direitos civis e políticos concedidos aos libertos encobriram as formas invasoras e invasivas de controle social exercidas sobre corpos negros por meio da veneração dos costumes; da regulamentação, produção e proteção das desigualdades racial e de gênero sob a forma de direitos; da instrumentalidade repressiva do direito; e das formas de coerção extraeconômica que permitiram o controle da população negra e o aproveitamento eficaz dela como força de trabalho. A responsabilidade atribuída ao indivíduo liberal serviu para deslocar a responsabilidade da nação em fornecer e garantir direitos e privilégios conferidos pelas Emendas da Reconstrução e transferiu o fardo do dever para os libertos. Era seu dever se provarem merecedores da liberdade, e não um dever da nação garantir, no mínimo, o exercício da liberdade e da igualdade, se não oportunidades de subsistência que não fossem a servidão por dívida. A emancipação foi o catalisador para a transformação da definição de cidadania e fortaleceu o Estado nacional. Entretanto, a identidade nacional que emergiu no rescaldo disso se consolidou com a expulsão dos libertos do corpo revitalizado do Estado-nação que a sua incorporação transitória havia criado.[6] Após a Guerra Civil, a cidadania nacional assumiu uma importância maior como resultado da Décima Quarta Emenda, que garantia direitos civis em nível nacional contra violações do Estado e, assim, tornou o governo federal o responsável final por garantir os direitos dos cidadãos.[7] Entretanto, a ilusória universalidade da cidadania foi mais uma vez consolidada por mecanismos de sujeição racial que formalmente repudiava.

Esse duplo vínculo foi a condição determinante da liberdade negra. A entrada tardia dos recém-libertos no reino da liberdade, igualdade e propriedade, como talvez fosse esperado, revelou os limites da emancipação e complicou o significado da liberdade. Certamente, a masculinidade e a branquitude eram as normas não reveladas, mas sempre assumidas, da igualdade liberal, embora a Lei dos Direitos Civis de 1886 tenha tornado isso explícito ao definir igualdade como ser igual aos homens brancos. Esse desafio de transmitir de modo adequado os dilemas gerados pela entrada tardia excede o uso de descrições como liberdade "limitada", "truncada" ou "circunscrita";

certamente, essas designações são precisas, mas estão longe de ser exaustivas. Essa primeira ordem de descritivos faz questionar de que forma a raça, em geral, e a negritude, em particular, são produzidas por meio de mecanismos de dominação e sujeição que se uniram, se aproveitaram e se infiltraram no aparato dos direitos. Como essas novas formas de servidão por contrato são engendradas pelo vocabulário da liberdade? É possível uma figuração emancipatória da negritude? Ou devemos esperar que as prerrogativas da branquitude sejam democratizadas? O enraizamento da subordinação negra é mais bem compreendido no contexto das relações de produção e do conflito de classes? A raça seria mais bem considerada como um efeito da operação do poder sobre os corpos e as populações exercido através de relações de exploração, dominação, acumulação e sujeição? A negritude é o produto dessa articulação combinada e irregular de várias modalidades de poder? Se o status de escravo era o determinante primário da identidade racial no período pré-guerra, com "livre" sendo equivalente a "branco" e o status de escravo definindo a negritude, como a produção e a avaliação da raça mudam no contexto de liberdade e igualdade?[8]

A tarefa de descrever o status dos libertos envolve atender à articulação de vários modos de poder, sem recorrer simplesmente a modelos aditivos de dominação ou interligação de opressões que mantêm analiticamente a distinção ou a separação desses modos e seus efeitos, como se fossem elementos isolados que pudessem ser enumerados com facilidade — raça, classe, gênero e sexualidade — ou ingredientes de uma receita para o social em que a mera listagem de elementos permitisse uma representação adequada. Sem dúvidas, aventurar-se a responder essas questões é uma tarefa enormemente difícil ante as capacidades camaleônicas do racismo, os vários registros de dominação, exploração e sujeição por ele atravessados, a plasticidade da raça como um instrumento de poder e o complexo divergente e diversificado de significados condensados por meio do veículo da raça, bem como os riscos implicados em elaborar uma descrição do racismo que não reforce sua fixidez ou que negligencie as variações constitutivas de sua força e violência. É importante lembrar que não existe uma produção monolítica ou invariável de raça/racismo. Ciente dessas preocupações, eu não tento teorizar a negritude dessa forma, mas antes investigar as articulações variadas e contestadas da (anti)negritude no que diz respeito a questões de responsabilidade, vontade, liberdade, contrato e sentimento.

Se a raça anteriormente determinava quem era "homem" e quem era bem móvel, quem tinha seus direitos de propriedade protegidos e reconhecidos e quem era propriedade — o que consequentemente surtiu o efeito de produzir a raça em si mesma como um tipo de propriedade, com a negritude como marca do status de objeto e a branquitude autorizando a propriedade de si mesmo —, então como a emancipação afetou o status da raça? A proximidade entre negros e livres provocou mudanças fundamentais no tecido nacional. Persiste a questão de saber se é possível desvencilhar a liberdade da história da propriedade que a assegurou, pois a segurança da propriedade que sustentou a igualdade abstrata de portadores de direitos foi alcançada, em grande parte, por meio da escravidão negra. Como consequência da emancipação, os negros foram incorporados na narrativa dos direitos do homem e do cidadão; em virtude da dádiva da liberdade e do trabalho assalariado, os ex-escravizados receberam acesso aos salões sagrados da humanidade, enquanto ao mesmo tempo a fabricação inflexível e implacável da negritude como subordinação continuou sob a égide da igualdade formal. Isso não significa negar as conquistas possibilitadas pela estipulação formal da igualdade, mas simplesmente destacar as fraturas e os limites da emancipação e a necessidade de pensar sobre esses limites em termos que não transitem apenas na obviedade do senso comum — a negação de direitos básicos, privilégios e prerrogativas aos ex-escravizados — e, assim, deixem a estrutura do liberalismo por investigar. Resumidamente, a questão a ser considerada é a forma como os ex-escravizados navegaram entre uma emancipação de fachada e uma liberdade ilusória.[9]

Quando examinamos a história da formação racial dos Estados Unidos, é evidente que liberdade, propriedade e branquitude estiveram inextricavelmente enredadas. O racismo foi fundamental para o desenvolvimento e a expansão das relações capitalistas de acumulação e produção, para a organização, divisão e gestão das classes trabalhadoras, para a regulação da população por meio de formas autorizadas de associação sexual e união conjugal e para a alocação e distribuição da morte, bem como para a criação de um perigo interno à pureza do corpo político. A branquitude era uma propriedade valiosa e exclusiva à integridade do sujeito-cidadão e à exemplar posse de si do indivíduo liberal. Embora a emancipação tivesse resultado em uma mudança decisiva na relação entre raça e status, a subordinação negra continuou sob a égide do contrato; a vida permaneceu precária e descartável. Nesse sentido, os esforços dos estados do Sul para codificar a negritude em constituições escritas na esteira da abolição e implementar novas medidas na lei que assegurariam a subordinação da população negra liberta demonstram as disparidades prevalecentes na emancipação. A produção discrepante da negritude, a articulação da raça por meio de diversos registros de sujeição e as capacidades multiformes do racismo iluminam a fragilidade da igualdade em uma ordem social fundada na escravidão de bens móveis. Certamente, os libertos alcançaram a "posse" de si mesmos e os direitos civis básicos resultantes da abolição da escravidão. Entretanto, apesar da concessão simbólica de humanidade que acompanhou a aquisição de direitos, o legado da liberdade era ambivalente. Se o nascente manto da individualidade soberana conferia direitos e prerrogativas, também servia para obscurecer a coerção do "trabalho livre", a transmutação da servidão por contrato ou da servidão involuntária, as formas invasivas de disciplina que moldavam a individualidade e a produção regulatória da negritude.

Apesar da dissolução do aparentemente inviolável conjunto de bens resultantes da abolição da escravidão e do divórcio da díade senhor-escravo, a amplitude da liberdade e a forma da ordem emergente foram locais de intensa luta na vida cotidiana. O domínio absoluto do senhor, baseado na anexação do corpo cativo e na posição deste como "signo e substituto" do corpo do senhor, produziu uma economia de corpos, unidos e atrelados, através do exercício da autonomia, do interesse próprio e do consentimento. O uso, a regulamentação e o gerenciamento do corpo não necessitavam mais de sua propriedade literal, uma vez que a posse de si efetivamente rendeu formas modernas de servidão por contrato. Como Marx observou com notável ironia, a pompa de liberdade, igualdade e consentimento promulgada nesse verdadeiro Éden de direitos sofreu uma transformação radical depois que a troca foi feita, o acordo, fechado, e o contrato, assinado. O agente transacional parecia menos como um agente dono de si e voluntarioso do que como "alguém que trouxe sua própria pele para o mercado e agora nada tem a esperar — a não ser um bronzeado".[10] Embora não seja mais a extensão e o instrumento do direito ou domínio absoluto do senhor, o corpo negro trabalhador permaneceu como um meio de poder e representação dos outros.[11] Se o controle era anteriormente efetuado por direitos de propriedade do corpo cativo, desonra e rotina cotidiana de violência, essas técnicas foram suplantadas pela liberdade contratual, que gerou a servidão por dívida, pela concessão de direitos, que produziu endividamento e obrigação e autorizou formas nuas de dominação e coerção, e pelo cultivo de uma ética de trabalho que promovia autodisciplina e induzia formas internas de policiamento. As exibições espetaculares de terror e violência brancos complementaram essas técnicas.[12]

Ao mesmo tempo, o vislumbre de liberdade possibilitado pela transformação de bem móvel em homem alimentou a resistência à dominação, à disciplina, à exploração e à subjugação e criou novas condições para a reprodução da vida. A igualdade e a liberdade pessoal conferidas pela distribuição de direitos ocasionaram um sentido de direito do grupo a fim de obter reparação coletiva. Esses direitos recém-adquiridos também ofuscaram e autorizaram formas de dominação social, sujeição racial e exploração. A despeito da inabilidade dos recém-libertos para pôr em prática e aproveitar a igualdade plena ou a liberdade estipulada pela lei, e apesar das formas pelas quais esses direitos recém-adquiridos mascaravam os modos de dominação que acompanhavam a transição da escravidão para a liberdade, a posse de direitos era significativa.

Os fracassos da Reconstrução são talvez mais bem compreendidos pelo exame das linhas cruzadas da escravidão e da liberdade como modos de dominação, sujeição e acumulação.[13] Tal como "a escravidão velada dos trabalhadores assalariados na Europa necessitava da escravidão inqualificável do Novo Mundo como seu fundamento", também a escravidão forneceu a base sobre a qual a igualdade de direitos parecia resplandecente e dissimulava as relações de dominação e exploração abrigadas no interior da linguagem dos direitos. Se a violação da liberdade e dos direitos exigida pela presença da escravidão desfigurou o legado revolucionário de 1776 — vida, liberdade e busca por felicidade —, então não menos prodigiosa foi a legitimação e a sanção da raça como princípio ordenador natural do social durante a transformação da identidade nacional e da cidadania. O legado da escravidão foi evidenciado pela intransigência do racismo, especificamente o compromisso persistente com classificações raciais discriminatórias, apesar da proibição de declarações explícitas de desigualdade ou violações da vida, da liberdade e da propriedade com base em condições prévias de servidão ou raça. Por um lado, as restrições raciais eram formalmente negadas pela estipulação da individualidade soberana e da igualdade abstrata; por outro, discriminações e predileções raciais eram estimadas e protegidas, postas além do escopo da lei. Ainda mais perturbador foi o papel instrumental da igualdade na construção de uma medida do homem ou de uma escala descendente da humanidade que legitimou e naturalizou a subordinação. O papel da igualdade na consolidação e expansão da branquitude como norma de humanidade e na escala e medida do homem não foi diferente dos efeitos surpreendentemente adversos provocados pela avaliação jurídica da Décima Terceira Emenda, que resultou em noções progressivamente restritas de escravização e seus incidentes que, por sua vez, estreitaram de modo severo o alcance da liberdade.

    O advento da liberdade foi caracterizado por formas de restrição semelhantes àquelas experimentadas durante a escravidão, baseadas sobretudo na força, na compulsão, no terror, e que, sinalizando o novo dia, restringiam e coagiam por meio da linguagem da soberania, do contrato e da posse de si. A revolução do sentimento derivada da emancipação substituiu os afetos paternalistas pela antipatia racial e a reciprocidade pela repulsa. Essa concessão discrepante ou divergente de emancipação pode ser detectada na lei e numa série de locais e práticas diárias, implicando novas formas de sujeição. "Individualidade sobrecarregada", como termo crítico, tenta transmitir a produção antagônica do indivíduo liberal, do portador de direitos e do sujeito enegrecido como um igual mas inferior, independente mas servil, livre mas vinculado pelo dever, responsável mas imprudente, despreocupado mas abatido. "Individualidade sobrecarregada" designa o duplo vínculo da emancipação — o ônus das responsabilidades de liberdade acompanhado do gozo de algumas de suas prerrogativas, o conluio entre a igualdade desencarnada da individualidade liberal e a encarnação dominada e disciplinada da negritude, os emaranhados de soberania e sujeição e a transformação da servidão involuntária, efetuada sob a égide do trabalho livre. Isso não quer dizer simplesmente que os negros foram incapazes de alcançar a individualidade democrática dos cidadãos brancos, mas denota algo mais sombrio — o discurso sobre a liberdade negra enfatizava as dificuldades e as angústias, o fardo e o ônus de uma existência. A individualidade sobrecarregada é um dispositivo descritivo e conceitual utilizado para explicitar os modos particulares e as técnicas de poder em que o indivíduo serve como objeto e instrumento. O poder generativo dessa condição de individualidade sobrecarregada engloba repressão, dominação, técnicas de disciplina, estratégias de autoaperfeiçoamento e intervenções regulatórias do Estado.

O manto de individualidade efetivamente recrutou os libertos como trabalhadores endividados e obedientes e estimulou formas de coerção, disciplina, punição e regulação que complicaram profundamente o significado da liberdade. Se parece paradoxal que a designação "indivíduo livre" ilumine as fraturas da liberdade e gere métodos de servidão bastante adequados a uma economia de trabalho livre, é apenas porque os mecanismos pelos quais o direito, a troca e a igualdade reforçam e promovem a dominação, a sujeição e a exploração não foram questionados. Discursos liberais de liberdade permitem formas de sujeição aparentemente contrárias aos seus princípios declarados, uma vez que acomodam de pronto a autonomia e a dominação, a soberania e a submissão, a igualdade abstrata e a subordinação. Isso pode ser atribuído à herança lockeana do constitucionalismo dos

Estados Unidos, que propôs um ideal de liberdade fundado na santidade da propriedade, e à visão de liberdade transmitida na narrativa originária da Constituição, que uniu escravidão e liberdade na fundação da nação e na formação de "nós, o povo".[14] Permanece em questão a forma como o esforço de romper o acoplamento entre liberdade e escravidão, embora rejeitado, inaugurou a república e continuou a produzir novos modos de dominação.[15] Como as figurações emancipatórias de um indivíduo portador de direitos, destinadas a abolir os emblemas da escravidão, resultaram em uma individualidade sobrecarregada?

Concepções restritivas e estreitas de liberdade, derivadas de construções burguesas de mercado, do caráter atomizador e individualizador dos direitos e de uma igualdade baseada na semelhança, facilitaram a dominação e a exploração da ordem pós-guerra. Designações valorizadas, como "independência", "autonomia" e "livre-arbítrio", são as iscas do liberalismo, mas a representação do indivíduo como proprietário (de si mesmo) e soberano é drasticamente minada pelas formas de repressão e terror que acompanharam o advento da liberdade, as técnicas de disciplina que confinaram o indivíduo por meio de consciência, autoconhecimento, responsabilidade e dever, e a gestão de corpos e populações enegrecidas efetuadas através do racismo do Estado e da sociedade civil.[16] O liberalismo, no geral, e o discurso dos direitos, no particular, asseguram direitos e privilégios na medida em que permitem e apagam formas elementares de dominação, principalmente por causa do retrato atomístico das relações sociais, da inabilidade de abordar interesses e necessidades coletivas e da sanção à subordinação e à liberdade de preconceito na construção do social ou do privado. A universalidade ou individualidade não sobrecarregada do liberalismo se baseia em exclusões e normas tácitas que impedem a igualdade substantiva; nem todos participam igualmente da singularidade resplandecente e inflexível que ele oferece. A igualdade abstrata pressupõe formas particulares de encarnação e exclui ou marginaliza outros,[17] pois os sujeitos expropriados, aqueles castigados e oprimidos por diversas maldições corporais, são a substância carnal que permite ao universal alcançar seu esplendor etéreo.

A universalidade abstrata dos direitos do homem e do cidadão permite potencialmente que esses direitos sejam usufruídos por todos, ao menos em teoria. As restrições estipuladas e constitutivas da universalidade poderiam ser superadas na medida em que essas reivindicações fossem aceitas e articuladas por aqueles sujeitos que costumam não ter direito aos privilégios da universalidade desencarnada e não sobrecarregada. Pelo menos, essa é a promessa. A abstração e a instabilidade dos direitos possibilitam sua ressignificação. Quando àqueles antes excluídos são conferidos tardiamente direitos e garantias de proteção igualitária, eles muitas vezes têm dificuldades de exercer esses direitos, por serem vistos como encarnações menores, derivadas ou subordinadas da norma.[18] De forma mais direta, essa é a lacuna existente entre a estipulação formal dos direitos e seu exercício. À luz disso, é preciso considerar se o esforço dos dominados de "assumir" o universal não resolve apenas um conjunto de danos para infligir danos de outra ordem. Vale a pena examinar se o universalismo apenas dissimula os danos e estigmas constitutivos da negritude com afirmações abstratas de igualdade, soberania e individualidade. Na verdade, se for esse o caso, os dominados poderão ser libertados por meio de afirmações universalistas?[19]

Como cidadãos e detentores de direitos, os recém-libertos estariam meramente desempenhando um papel que nunca poderiam ocupar de forma legítima ou autêntica? Estariam fadados a ser aspirantes infelizes que, em seu esforço para exercer os direitos recém-conferidos, apenas revelavam a distância entre a norma e eles próprios? Como a sra. Freeman, uma personagem de *John Freeman and His Family* [John Freeman e sua família], de Helen E. Brown, uma narrativa ficcional da emancipação, declarou: "Quero que a gente fique tão próximo dos brancos quanto a gente conseguir".[20] Certamente, essa observação destaca o abismo entre o mimético e o legítimo. Não é fortuito que a sra. Freeman expresse esse sentimento, pois ela, ainda mais que seu marido, é inapropriada para os privilégios e responsabilidades inerentes à cidadania. O discurso da cidadania pressupunha um sujeito masculinista sobre o qual eram aplicados os direitos e privilégios inerentes à liberdade, esclarecendo por que a transição da escravidão para a liberdade era em geral e de forma muito apropriada narrada como a jornada da condição de bem móvel para a de homem. Infelizmente, a piada recai sobre a sra. Freeman, como expressam as frases complicadas e a ortografia disparatada que articulam sua distância insuperável da norma e insinuam as exclusões tácitas dos direitos universais do homem e do cidadão.

O bem móvel se torna homem por meio da ascensão ao reino sagrado dos donos de si. O indivíduo fabricado é "livre da dependência da vontade dos outros, entra voluntariamente em relações com os outros com vistas ao seu próprio interesse, é proprietário de sua própria pessoa e capacidades e livre para alienar seu trabalho".[21] Afirmações de livre-arbítrio, singularidade, autonomia e consentimento necessariamente obscurecem as relações de poder e dominação; mas a genealogia da liberdade revela a intimidade entre liberdade, violência, roubo e sujeição. Essa intimidade é percebida na desigualdade consagrada nos direitos de propriedade, bem como na conquista e no cativeiro que estabeleceram "nós, o povo" e na identidade da raça como propriedade, evidenciada nas inscrições corporais da escravidão e seus emblemas ou nos limites da integridade corporal da branquitude assegurada pela abjeção dos outros.[22] O indivíduo, desnudado sob a dura luz do escrutínio, revela um sujeito amarrado por várias ordens de coerção e obscurecido pela figura do dono de si, pois esconder-se atrás do indivíduo desencarnado e dono de si é a substância carnal do descartável e do sobrecarregado, a particularidade castigada que sustenta o universal.[23] Tendo isso em mente, a transubstanciação do cativo em sujeito volitivo, do bem móvel em proprietário, do corpo circunscrito da negritude no universal incorpóreo e abstrato parece improvável, se não impossível.

A transição da escravidão para a liberdade não pode ser adequadamente representada como um triunfo da liberdade sobre a dominação, da livre vontade sobre a coerção, do consentimento sobre a compulsão. Os valiosos preceitos do liberalismo fornecem um guia insuficiente para compreender o evento da emancipação. A facilidade com que se vinculam a soberania, a submissão, a posse de si e a servidão é digna de nota. Na verdade, nos leva a questionar se a produção insistente e repudiada de subordinação, a desigualdade consagrada pela santidade da propriedade e a universalidade vazia do liberalismo são tudo o que a emancipação oferece. O livre-arbítrio do indivíduo não é precisamente medido por meio do exercício do constrangimento e da autonomia determinado pela capacidade de tomar parte em relações de troca que apenas acorrentam e prendem o sujeito? A estimada vontade substitui o bárbaro chicote ou apenas serve como seu suplemento? À luz dessas questões, a identidade do emancipado como detentor de direitos e trabalhador livre deve ser considerada no que diz respeito aos processos de dominação, exploração, acumulação e sujeição, não no sentido de termos obscuros que se esforçam desesperadamente para demonstrar que a escravidão foi a "pré-história" do homem.

CICLOS DE ACUMULAÇÃO

PROP

Evasão como uma forma rudimentar de ação explorada pela coação

Andar por aí ocorria abaixo do limiar da igualdade formal e dos direitos e articulava os limites da emancipação

Reparação como contexto para uma ação coletiva e transformação social

Roubar / Expropria

Zonas fugitivas sem traços de morada human

A transformação do corpo quebrado em um lugar de prazer, em um receptáculo de comunicação, em uma ponte entre os vivos e os mortos

Distinções absolutas entre escravidão e liberdade são insustentáveis

Política sem lócus própr

Enquadramento *Pieza*

O cuidado do corpo cativo como carne humana

Carne

PRÁTICA

ABI

A articulação do desejo por uma diferente economia do gozo

A apropriação do espaço dominante nos atos itinerantes de desafio contesta o confinamento espacial e a vigilância da vida do escravo e, ironicamente, reconsidera o significado de propriedade, roubo e agência

Roubar um tempo

Opacidac

Outros modos de existência

A pluralidade da resistência detalha as relações de poder

Prática como uma articulação coletiva de liberdade, como um processo sem sujeito

A gente é carne human

A constância das pequenas transgressões

RECUSA

As formas de ação dos escravizados são um índice d irrealizável; uma política da transfiguração excede o dac

N

E EXPROPRIAÇÃO

DE

xtensão da proteção à vida e à
egridade física era decidida pelas
inuições do valor do capital

A longa duração da nossa expropriação

PESSOA

são colhidos como
quer outra safra.
narcas maternas da
dição de servidão.
nação natal,
smo do útero.

A personalidade do
escravizado só aparece
como criminosa

Partus sequitur ventrem

história

O objeto de propriedade
escapa da rede de
legibilidade

O escravo é o objeto
ou o fundamento que
possibilita a existência
do sujeito burguês e, por
meio da negação, define
liberdade, cidadania e as
clausuras do corpo social

Vida fungível

O reconhecimento do eu
como propriedade é a
definição da liberdade

DIREITOS

RO   Proprietários/
       propriedades

As capacidades figurativas
da negritude subentendem
o gozo da propriedade

Um eterno estrangeiro

mações
malas

Uma não pessoa social
desprovida de parentes

O entrelaçamento entre
escravidão e liberdade
perturba noções
condescendentes de
progresso. Direitos
não negam os vestígios
da escravidão

Vontade =
criminalidade

egritude caracteriza
a relação social de dominação
jeição e potencialmente de
aração e liberdade; é uma
ura contestada no próprio
tro da luta social

O estupro da escravizada como
um "dano negligenciável" que
não viola a lei ou ameaça a
existência da propriedade

Ela se torna uma
especialista das
artimanhas

SUJEIÇÃO

A recusa dela toma a forma de
uma revolução no nível
da reprodução

s quebram as
ramentas

DE

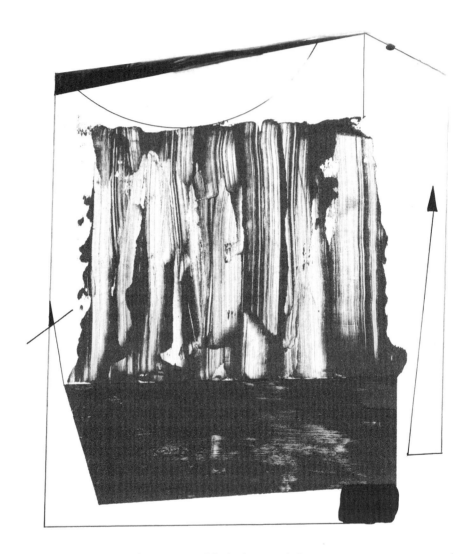

elementos residuais de morada humana

Moldando a obrigação: a servidão por dívida e o legado da escravidão

> *Com o gozo dos privilégios de um homem liberto vêm também os deveres e responsabilidades do liberto. Eles são pesados. Você não pode se livrar deles; eles devem ser cumpridos, e a menos que você esteja preparado para cumpri-los com o espírito adequado e com paciência e alegria realizar essas obrigações, você não é digno de ser um liberto. Você pode tremer em face desses deveres e responsabilidades, mas não precisa temer. Tenha fé em Deus e se curve com alegria e esperança diante do fardo.*
> Isaac W. Brinckerhoff, *Advice to Freedmen*
> [Conselhos para os libertos]

> *Não basta dizer que seremos respeitados conforme nos mostrarmos dignos disso. Quando temos direitos que os outros respeitam, o respeito próprio, o orgulho e a iniciativa crescerão imensamente. Não creio que possuir tais direitos nos exaltará, colocando-nos acima da média, ou roubará a glória do homem branco.*
> *National Freedman* [Liberto Nacional]

A emancipação anunciou o fim da escravidão de bens móveis; entretanto, de forma alguma marcou o fim da servidão. O indivíduo livre/liberto não era nada se não fosse sobrecarregado, responsabilizado e obrigado. A responsabilidade envolvia a prestação de contas das próprias ações, o cumprimento do dever, a obrigação contratual e a reciprocidade calculada. O exercício do livre-arbítrio, muito literalmente, era inseparável das infrações culposas, delitos criminais, transgressões puníveis e uma elaborada micropenalidade cotidiana.

A responsabilidade tornava o homem um fim em si mesmo, e, como tal, o agente autônomo e intencional era, acima de tudo, culpado. Como Nietzsche observou:

> A orgulhosa realização do privilégio extraordinário de responsabilidade, a consciência dessa rara liberdade e poder sobre si mesmo e seu destino, penetraram profundamente e se tornaram um instinto dominante: como ele chamará seu instinto dominante, assumindo que necessita de uma palavra para isso? Não há dúvida quanto à resposta: esse homem soberano chama isso de sua consciência.[1]

O fardo da consciência que acompanha a formação do indivíduo soberano foi decisivo não apenas na forma como facilitou a autodisciplina, mas também em sua capacidade de criar ressentimento e justificar a punição daqueles que ficavam aquém do "limiar da responsabilidade" ou não conseguiam atingir o grau necessário de autocontrole.[2] O ônus da responsabilidade que recaía sobre os ombros do indivíduo autorresponsável — a tarefa de provar que é digno de liberdade —, combinado com as dificuldades excessivas da emancipação, produziu uma condição anômala entre a escravidão e a liberdade. O indivíduo não se encontrava apenas sob as amarras da consciência e do dever, obrigado pelos imperativos ascéticos de contenção e autoconfiança, mas era literalmente constrangido dentro de um sistema de trabalho misto em que o contrato era o veículo da servidão e a responsabilidade era inseparável da servidão por dívida. Além disso, a volição culpada gozada pelo agente livre tinha uma estranha semelhança com a única forma de agência legalmente exercida pelo escravizado: a responsabilidade criminal.

Responsabilidade e constrangimento cederam com facilidade a uma condição de servidão involuntária, e a culpabilidade inevitavelmente deu lugar ao endividamento. Eu uso o termo "servidão por dívida" para ressaltar as restrições de consciência (disciplina internalizada e elogiada como uma virtude), a coerção e a coação do sistema de trabalho livre e o "enxerto de moralidade na economia" na formação do trabalhador livre e obediente, bem como para iluminar a elasticidade da dívida na prática da servidão e de outras formas de servidão involuntária.³ Os sentimentos de culpa, obrigação e responsabilidade, segundo Nietzsche, originaram-se na relação entre credor e devedor. A dívida como medida de moralidade sanciona a imposição da punição; serve para reinscrever tanto a servidão quanto a constituição punitiva da negritude.⁴ Um exemplo revelador desse cálculo de consciência ou do entrelaçamento entre dívida e dever pode ser encontrado em *Advice to a Young Christian* [Conselhos para um jovem cristão], de Jared Bell Waterbury. Aqui o dever de se autoinvestigar é comparado à escrituração contábil:

> Que o dever [de se autoinvestigar] seja devida e completamente cumprido e que nos elevemos ao padrão do comerciante habilidoso e prudente que registra devidamente cada item de seu negócio, que nunca encerra sua contabilidade até que o balanço seja feito, e que, por meio de uma única referência, pode determinar a verdadeira situação de suas contas e formar uma estimativa correta da sua situação comercial.⁵

No caso dos libertos, o cultivo da consciência operou no lugar do chicote como supervisor da alma, embora o uso da coação fosse empregado no dia a dia contra aqueles aparentemente negligentes em seus deveres. Como vimos, o estorvo da liberdade tornou o sujeito não apenas culpável e vulnerável a dificuldades e aflições em nome de interesses materiais, mas também não menos suscetível aos corretivos de coerção e restrição.

PREOCUPAÇÕES INDOLENTES

A ironia permeou o evento da emancipação. Como narrar uma história de liberdade quando nos confrontamos com o legado discrepante da emancipação e com os caminhos decididamente circunscritos disponíveis para o liberto? O que significa autonomia em um contexto de coerção, fome, violência e incerteza? Seria o duplo inevitável da emancipação uma liberdade ilusória e uma libertação de fachada? No mínimo, devemos encarar a enormidade da emancipação tanto como uma ruptura com a escravatura quanto como uma reprodução ou reorganização do sistema da plantation. O que se segue é um exame da possibilidade eclipsada e mais um lamento diante da revolução fracassada.[6]

O paradoxo da emancipação envolvia a conexão entre coerção e contrato, liberdade e necessidade, igualdade e sujeição. No nível mais básico, esse paradoxo era articulado na oposição dos fazendeiros a um sistema de trabalho livre e na subjugação do trabalho livre através de meios contratuais e extralegais cujos exemplos mais notáveis são os esquemas de trabalho compulsório, muitas vezes apoiados pela Agência dos Libertos, a predominância do trabalho não assalariado e compulsório, as leis de vadiagem que criminalizavam aqueles que não possuíam contratos de trabalho e a prevalência da violência branca. Para minimizar o caso, o Sul mostrou-se relutante em abraçar um sistema de trabalho livre ou tolerar afirmações de liberdade negra. Os negros foram culpados por essa oposição ao trabalho livre, presumivelmente porque nutriam noções fantasiosas e perigosas de liberdade e se recusavam a trabalhar, exceto sob coação. Como veremos, essas "noções fantasiosas" articulavam uma imaginação alternativa de liberdade e resistência à imposição de uma nova ordem de restrição.

A questão premente não era simplesmente se os ex-escravos trabalhariam, mas se poderiam ser transformados em uma classe trabalhadora dócil e produtiva. Eles poderiam ser assimilados a padrões de produtividade, sobriedade, racionalidade, prudência, limpeza e responsabilidade? As noções imoderadas deveriam ser erradicadas, e uma ética de trabalho racional deveria ser inculcada através da educação, da religião e da instrução e, quando necessário, da coação. Sob a escravidão, o chicote em vez do incentivo, a coerção em vez do consentimento, o medo em vez do interesse próprio fundamentado, tinham motivado o seu trabalho; agora era considerado imperativo cultivar o comportamento e a perspectiva moral necessários para transformar os ex-escravizados em trabalhadores livres.[7] Por mais incongruente e inconcebível que fosse, quase três séculos de servidão negra não conseguiriam aliviar a ansiedade da nação quanto à produtividade do trabalho negro ou amenizar o receio de que os libertos ficariam ociosos se não fossem obrigados a trabalhar.[8] O advento da liberdade foi atormentado pelas ansiedades em torno da indolência negra que sugeriam a necessidade de gerenciar trabalhadores negros livres por meios mais convincentes.[9] Do ponto de vista dos abolicionistas, dos legisladores, dos oficiais da Agência dos Libertos e dos empreendedores do Norte, os ex-escravizados precisavam ser treinados como trabalhadores livres, uma vez que nunca haviam trabalhado sob condições de consentimento e contrato e ignoravam os princípios de autodisciplina e contenção. O objetivo desse treinamento, liderado por missionários, professores e oficiais da Agência dos Libertos, era substituir o amor ao lazer pelo amor ao ganho e os prazeres obscenos pela ganância desapaixonada.[10]

O discurso sobre a ociosidade centrou-se nas formas de conduta e comportamento que conflitavam com as exigências de um sistema de trabalho livre, consideradas todas as suas anomalias no contexto do pós-guerra. Diversas práticas itinerantes e intemperantes tidas como subversivas e perigosas para a ordem social foram nomeadas como crimes. O pânico ou alarme acerca da indolência registrou os entendimentos conflitantes e díspares que proprietários das plantations e libertos tinham sobre a liberdade. Os perigos visados por esse discurso emergente de dependência e ociosidade foram o movimento dos libertos, a recusa em entrar em relações contratuais com ex-proprietários de escravos e a capacidade de subsistir sem um trabalho assalariado graças às necessidades limitadas. A indefinição da emancipação era indicada pela contínua dependência da força e da coação na gestão dos trabalhadores negros, e, da mesma forma, a fuga da plantation, o perambular e a busca, o movimento inquieto dos libertos revelavam o abismo entre a grande narrativa da emancipação e a arena restrita de possibilidades. Como prática, "andar por aí" não acumulava nada e não efetuava nenhuma inversão de poder, mas era uma forma de se manter no irrealizável — ser livre —, escapando, por um tempo, das restrições da ordem. Como "roubar um tempo", isso era mais simbolicamente evocativo do que materialmente transformador. Essas práticas itinerantes eram elaborações de fugitividade e extensões da greve geral contra a escravidão. Como Absalom Jenkins recordou: "As pessoas vagavam por cinco ou seis anos tentando se virar igual na escravidão. Foi anos antes de eles voltarem pra isso". Se andar por aí existia na fronteira entre o não realizado e o imaginado, isso no entanto estava em desacordo com o projeto de socialização dos trabalhadores negros nas relações de mercado.[11] Com efeito, ao se recusar a permanecer em seu lugar, os libertos insistiram que a liberdade era uma saída, literal e figurativamente, de sua condição anterior.[12]

No esforço de implantar uma ética racional de trabalho, erradicar as práticas prosaicas de liberdade, amenizar os receios sobre o sistema de trabalho livre e garantir o triunfo das relações de mercado e do trabalho assalariado, os autoproclamados "amigos do negro" foram para o Sul. Lançando mão de manuais pedagógicos, escolas para libertos e instrução religiosa, professores, missionários e administradores de plantations se empenharam em inculcar uma ética de ganância e interesse próprio que motivaria os ex-escravizados a serem trabalhadores zelosos e produtivos. O comportamento indecoroso, orgulhoso, rebelde e aparentemente imprudente com o qual os recém-libertos afirmavam sua liberdade deveria ser corrigido com doses adequadas de humildade, responsabilidade e contenção. Essas virtudes definiriam principalmente a conduta apropriada de homens livres. Manuais práticos como *Advice to Freedmen*, de Isaac Brinckerhoff, *Friendly Counsels for Freedmen* [Conselhos amigáveis para os libertos], de Jared Bell Waterbury, *John Freeman and His Family*, de Helen E. Brown, e *Plain Counsels for Freedmen* [Conselhos simples para os libertos], de Clinton Bowen Fisk, tentavam remediar a situação da emancipação por meio da formação de um sujeito ascético e ganancioso, estimulado a consumir em virtude de seus desejos e levado a negociar seu trabalho para suprir suas necessidades.[13] Questões de produtividade e disciplina eram preocupação direta dos autores desses textos, não apenas em seu papel como "velhos e queridos amigos do negro" ou como simpatizantes que "trabalhavam de maneira incessante para seu bem-estar", mas também como administradores de plantations e agentes da Agência dos Libertos diretamente envolvidos na transição para uma economia de trabalho livre. Isaac Brinckerhoff havia atuado como superintendente de uma plantation nas Ilhas do Mar da Geórgia. Clinton Bowen Fisk, epônimo da Universidade Fisk, foi um comissionário assistente da Agência dos Libertos no Tennessee e no Kentucky.

Advice to Freedmen, *Friendly Counsels for Freedmen*, *John Freeman and His Family* e *Plain Counsels for Freedmen* foram manuais escritos para os libertos com o objetivo de ajudá-los na transição da escravidão para a liberdade. As cartilhas foram publicadas pela American Tract Society, uma organização evangélica criada em 1825 para "difundir o conhecimento de nosso Senhor Jesus Cristo como o Redentor dos pecadores e para promover os interesses da piedade vital e sólida moralidade por meio da circulação de folhetos religiosos, calculados para receber a aprovação de todos os cristãos evangélicos".[14] Os textos, projetados para transmitir conceitos práticos para adultos e crianças, concentravam-se principalmente nas regras de conduta que permitiriam que os libertos superassem a degradação da escravidão e enfrentassem os desafios da liberdade. As lições transmitidas tratavam de trabalho, conduta, consumo, higiene, casamento, decoração doméstica, castidade e oração. O mais importante nesse panorama de virtudes era a disposição de suportar as dificuldades, que por si só garantiria sucesso, mobilidade social e os privilégios da cidadania. Sem surpresas, certas tensões surgiram no ensino dessas lições porque o antagonismo entre os proprietários de escravos e aqueles que outrora haviam sido propriedade era agudo e indisfarçável. O esforço para conciliar o ascetismo e a ganância, os interesses materiais e os baixos salários (ou nenhum), a autonomia e a obediência, não esteve isento de dificuldades notáveis devidas à economia mista do pós-guerra. As disparidades entre a ideologia liberal democrática e o mercado pós-guerra eram gritantes. As diversas formas de coação utilizadas para forçar os trabalhadores livres a assinar contratos excederam em muito a coerção inerente às relações de trabalho e capital, baseando-se em formas diretas de coerção extraeconômica. Em resumo, a violência permaneceu como um dispositivo significativo no cultivo da disciplina do trabalho.[15] A dominação, tanto quanto a exploração, definiram a condição de labuta dos negros. Inegavelmente, a desigualdade era a base das relações econômicas e sociais que se desenvolveram no rescaldo da emancipação.[16] E foram essa coerção explícita e a dependência da força que resultaram nas relações de trabalho de caráter distintivo do Sul.[17]

Advice to Freedmen, como as demais cartilhas, visava incutir ideais racionais de aquisição material e contenção social e corrigir noções "absolutas" de liberdade e os excessos e indulgências que resultavam da adoção de tais concepções "distantes". Como os títulos indicam, esses manuais eram voltados para fins práticos: instruções sobre a forma de fazer algo, orientações para a vida e regras de conduta sendo suas principais preocupações. Os objetivos instrumentais desses livros eram explicitamente declarados nas lições de disciplina, dever e responsabilidade. As lições neles contidas eram basicamente uma série de imperativos — seja trabalhador, econômico, útil, produtivo, casto, gentil e respeitoso com os ex-senhores, bom cristão e cidadão obediente. Os plenos privilégios da cidadania aguardavam aqueles que percebessem a importância de uma conduta adequada e aplicassem os princípios de boa gestão em todos os aspectos da vida, desde a higiene pessoal até as despesas domésticas. Não é de surpreender que a liberdade fosse definida em termos contraditórios nesses livros didáticos. Eles encorajavam tanto uma visão republicana de trabalho livre, em que o trabalho assalariado era o trampolim para a pequena propriedade, quanto uma visão liberal, na qual a liberdade era definida exclusivamente pela liberdade contratual.

Essas noções díspares de liberdade se complicaram ainda mais com o servilismo que os trabalhadores livres eram estimulados a assumir na negociação da antipatia racial do período pós-guerra. O apelo ao servilismo admitia a contragosto as condições de trabalho nada ideais do Sul e os sentimentos raciais aversivos a serem negociados e neutralizados pela obediência dos libertos. Acima de tudo, era imperativo não roubar a glória do homem branco. Igualmente evidente era a agência restrita conferida pela vontade do contrato; embora fosse o veículo celebrado da posse de si, o contrato documentava a expropriação inseparável de se tornar uma pessoa proprietária. Esse discurso liberal ascendente revelou a agência restrita da liberdade porque vontade e coação eram regularmente confundidas e o exercício legal da vontade resultava, na maioria das vezes, em servidão e endividamento. Como vimos, a liberdade contratual e a servidão foram conciliadas na economia social das relações do pós-guerra. Apenas o cultivo da racionalidade e da responsabilidade poderia erradicar os emblemas da escravidão, mas às vezes eram necessárias medidas duras para reformar o negro conforme as novas exigências. A esse respeito, o sucesso da emancipação dependia da reconstrução ou da criação de si dos ex-escravizados como indivíduos racionais e subordinados obedientes.

É difícil ler esses textos sem cair num pessimismo premonitório baseado na certeza da percepção tardia. Afinal, estamos dolorosamente conscientes do que se seguiu — servidão por dívida, um reinado de terror, quase cem anos de permanência separada e decididamente desigual, cidadania de segunda classe e uma liberdade ainda não realizada. Minha abordagem a esses escritos enfatiza a individuação disciplinar, punitiva e normalizadora conduzida sob a rubrica do autoaperfeiçoamento. É uma leitura interessada que não pretende esgotar o significado dos textos, mas antes considera a formação da individualidade, a circulação da dívida, as formas de subjugação que prevaleceram nessa proclamada esfera de igualdade e liberdade e, o mais importante, a impossibilidade de instituir uma ruptura definitiva entre escravidão e liberdade, coação e consentimento, terror e disciplina. Ao explicar os termos dessa nova expropriação, minha interpretação se concentra nas formas de sujeição produzidas pela narrativa da emancipação e pela constituição da individualidade sobrecarregada da liberdade.

A DÍVIDA DA EMANCIPAÇÃO

"Meu amigo, você já foi escravo. Agora você é um liberto." *Advice to Freedmen* começa com essa concessão, como se pela força de sua declaração alforriasse os escravizados, ou como se a liberdade fosse um presente dado por um benfeitor gentil aos menos afortunados ou indignos. Gestos beneficentes abrem as histórias de liberdade negra narradas nesses textos e também estabelecem a obrigação e a dívida dos libertos para com seus amigos e benfeitores. O fardo da dívida, do dever e da gratidão impostos aos recém-libertos em troca ou como reembolso por sua liberdade é instituído nas histórias originárias que introduzem os textos didáticos. Na seção "How You Became Free" [Como você se tornou livre] de *Advice to Freedmen*, os libertos são informados de que sua liberdade foi comprada com riqueza, milhões de dólares do governo e inúmeras vidas: "Com riqueza e sangue precioso sua liberdade foi comprada. Que esses sofrimentos e sacrifícios nunca sejam esquecidos quando te lembrares de que agora não és um escravo, mas um liberto".[18] De modo similar, *Plain Counsels* aconselhava os libertos a não encarar de maneira leviana a dádiva da liberdade, mas "valorizar sua liberdade acima do ouro, pois custou rios de sangue".[19] O sangue de irmãos guerreiros e filhos que manchou o campo de batalha devastado dos Estados Unidos concedeu a liberdade aos escravizados, mas aquele regularmente derramado no pelourinho ou pelo chicote de nove pontas, aqueles dos 200 mil soldados negros que lutaram pela União, ou a greve geral, as centenas de milhares de escravos que contribuíram para a derrota dos Confederados ao fugir das plantations e se reunir atrás das fileiras da União, não foram incluídos nesses relatos de morte da escravidão. O sangue, o símbolo da redenção cristã, da reunião nacional e das diferenças imutáveis e indeléveis entre as raças, costumava ser justaposto com o ouro e outras riquezas despendidas em nome da liberdade negra e que, presumivelmente, deixara os libertos em dívida com a nação. A linguagem do sangue não apenas figurava as despesas estimadas da guerra, mas também descrevia as dificuldades da liberdade. Como Jared Bell Waterbury observou em *Southern Planters and the Freedmen* [Fazendeiros do Sul e os homens libertos]: "Dificuldades sociais de longa data não podem ser súbita ou violentamente superadas. São como feridas que devem sangrar um pouco antes de sarar, e o processo de cura, embora lento e exigindo muita paciência, é certo".[20] O corpo ferido representava a figura da nação e os ferimentos da guerra seriam reparados não apenas pela passagem do tempo, mas também pela troca compulsória e pelas remessas morais dos libertos.

A emancipação instituiu o endividamento. Culpa, dever, sangue e dólares marcaram o nascimento do sujeito livre/liberto. A própria concessão da liberdade estabeleceu o endividamento dos libertos por meio de um cálculo de culpa e responsabilidade que determinava que os ex-escravizados retribuíssem esse investimento de fé e provassem seu valor. Os atributos temporais do endividamento se ligam ao passado, pois o que é devido atrai o passado para o presente e suspende o sujeito entre o que foi e o que é. Endividamento confere durabilidade, uma vez que o indivíduo é passível de responder e é responsável pelas ações passadas, devendo se abster no presente na esperança de garantir o futuro. O endividamento foi fundamental para a criação de uma memória do passado em que benfeitores, soldados corajosos e mães virtuosas se sacrificaram pelos escravizados. Essa memória deveria ser gravada nas mentes dos libertos. A dívida estava no centro de uma economia moral de submissão, e a servidão era instrumental na produção de servidão por dívida, ou escravidão em tudo, exceto no nome. Acima de tudo, a dívida operava para vincular o sujeito, ao compor o saldo devido, aumentando o déficit através de juros acumulados e adiantando o crédito que estendia interminavelmente a obrigação de servir. Os libertos foram introduzidos em circuitos de trocas por meio da implantação figurativa da dívida, que os obrigou a entrar em relações contratuais coercitivas e remunerar fielmente a riqueza despendida em seu nome. O paradoxo é que aqueles de quem tudo havia sido tirado — com o roubo de suas vidas e trabalhos, a separação e a venda dos filhos — emergiam como sujeitos livres que deviam tudo ao mundo. A dívida literalmente sancionou a servidão e impulsionou os libertos à servidão por contrato, na qual vendiam o trabalho futuro.[21] Como observa Gerald Jaynes: "O meeiro do Sul suportou todos os fardos de um empresário, mas foi despojado da liberdade de escolha na tomada de decisões gerenciais. [...] Nenhum governo que permite à sua população trabalhadora hipotecar seu trabalho por meio da servidão por dívida pode afirmar que mantém o trabalho livre".[22] Entretanto, a dívida não era simplesmente um pretexto, mas uma articulação de reivindicações duradouras sobre a vida e o trabalho dos negros, o eixo afetivo da reciprocidade, da mutualidade, da extração e da desigualdade e, o mais importante, o agente da servidão. A transição da escravidão para a liberdade introduziu o ex-escravo nos circuitos de troca por meio dessa construção de uma dívida já acumulada, de um presente abstêmio e de um futuro hipotecado. Em todos os aspectos essenciais, ser livre era ser um devedor — isto é, obrigado e vinculado por dever a outros.[23] Os gestos inaugurais que introduziam essas cartilhas anunciavam o advento da liberdade e, ao mesmo tempo, atestavam a impossibilidade de escapar da escravidão.

As histórias de "How You Became Free" apresentaram um relato do passado e da transição da escravidão para a liberdade que gerou o indivíduo liberto, endividado e servil. Essas cartilhas ultrapassaram os objetivos imediatos de um livro de instruções e produziram uma crônica de eventos recentes, uma história, por assim dizer, que iniciou o processo de revisão, repressão e reconciliação essencial para a narrativa xenófoba e familiar da identidade nacional que imperou nas décadas de 1880 e 1890.[24] Entretanto, como muitos ex-escravizados afirmaram, eles não contraíram nenhuma dívida que não tivessem pagado mil vezes mais. Nos contradiscursos negros de liberdade, buscou-se o remédio para os ferimentos da escravidão não através da reconstrução do negro — em outras palavras, da remodelação dos libertos como indivíduos racionais e dóceis —, mas através de reparações. Andy McAdams reclamava que o governo concedera aos ex-escravos nada além de um negócio difícil: "Tinha muita terra que não tinha dono, que era do governo. [...] A gente não conseguiu nada além de trabalho duro, e a gente estava em uma situação pior na liberdade do que na escravidão porque a gente não tinha nada — não podia ler nem escrever".[25] Em termos similares, Anna Lee, uma ex-escrava, transmitiu o peso do dever e o fardo da transformação postos sobre os libertos. Notando que os esforços para transformar o Sul no rescaldo da guerra se concentraram excessivamente nos negros livres, ela disse: "A reconstrução do negro foi difícil demais pra nós".[26] Esses relatos conflitantes sobre a escravidão e a liberdade representam o passado de forma bastante diferente e avaliam o fardo da responsabilidade. À luz disso, precisamos questionar se as histórias de emancipação narradas nesses manuais para libertos simplesmente não reconfiguravam a escravização por meio da imposição da dívida. Discerníveis nessas histórias de origem estava a disputa sobre o significado da emancipação e as possibilidades de reparação, uma vez que estas, na verdade, dependiam dos termos da recordação.

Apesar da invocação dos direitos naturais do homem, a ênfase na "dádiva" da liberdade e nos deveres que a acompanhavam implicava, pelo contrário, não só que era preciso trabalhar em troca do que se considerava como direitos naturais e inalienáveis, mas também que o fracasso em fazê-lo poderia resultar na revogação deles. A liberdade e a igualdade conferidas pela emancipação instituíram a dívida e estabeleceram os termos de sua amortização. Mas o que poderia render uma liberdade hipotecada? A tabulação do dever e da responsabilidade resultou em uma individualidade sobrecarregada, na qual se desfrutava das obrigações da liberdade sem suas prerrogativas. A importância disso não pode ser subestimada, pois a acumulação literal e figurativa da dívida reproduziu a servidão negra nos termos de uma narrativa emancipatória.

A imposição da dívida era baseada em uma representação seletiva e benigna da escravidão que enfatizava o paternalismo, a dependência, a reciprocidade e a destituição da vontade. Dada essa interpretação da escravidão, a responsabilidade era considerada o melhor antídoto para as destruições do passado; não importava que isso obliterasse a imensidão dos danos, demandasse o apagamento da história e colocasse o ônus de tudo o que havia acontecido sobre os ombros do indivíduo. A jornada do status de bem móvel para o de homem implicou um movimento da sujeição para a posse de si, da dependência para a responsabilidade, da coerção para a contratação. Sem responsabilidade, autonomia, vontade e posse de si não haveria sentido.[27] Se o escravo era dependente, destituído de vontade e sujeito aos ditames do senhor, o indivíduo liberto estava livre do passado e era capaz de se refazer por meio do puro exercício da vontade. A responsabilidade foi um componente inestimável da concessão da liberdade e produziu culpabilidade individual e inocência nacional, durabilidade temporal e amnésia histórica.

Segundo a linguagem do individualismo liberal, os vestígios da escravidão de bens móveis e as degradações que ainda acometiam os libertos após séculos de sujeição à raça branca eram obstáculos a ser superados por meio da autodisciplina, da renúncia à dependência e a hábitos imoderados e da contenção pessoal. Ao identificarem a escravidão, e não a raça, como responsável por essa condição degradada, esses textos refletiam um compromisso, ainda que circunscrito, com a igualdade. As cartilhas sobre liberdade também revelam os limites do discurso liberal: uma visão atomizada das relações senhor-escravo impedia uma compreensão estrutural da ordem social criada pela plantation e atribuía responsabilidade individual, quando não culpa, diante das óbvias consequências de uma dominação sistêmica extrema. Aparentemente, os negros conseguiram entrar no corpo do Estado-nação como expiadores do passado, como se a escravidão e seu legado fossem a sua cruz que eles tinham de carregar sozinhos. Essa visão a-histórica e amnésica da escravidão racial instituiu o fardo da obrigação imposta aos libertos. Isso nos leva a considerar se a dádiva da emancipação era o ônus da responsabilidade individual, ou se a culpa era inseparável da atribuição de direitos. Ou se os direitos recentemente reconhecidos/adquiridos salvaguardavam o indivíduo ou apenas obscureciam as relações sociais da escravidão e a situação difícil dos libertos. Recriminação e punição eram as recompensas da posse de si? A emancipação conferiu soberania e autonomia apenas para abandonar o indivíduo em uma sociedade livre que se culpa e se penaliza?[28] O eu vinculado e soberano dos direitos era uma ilha para si mesmo, responsável por sua própria criação e por seus fracassos; o mundo construído sobre o trabalho roubado e as vidas mercantilizadas retrocedeu diante de um exercício singular da vontade e de um indivíduo culpável e isolado.

A repressão das características indizíveis da escravidão e o retrato chocantemente benigno daquela instituição peculiar produziram uma inocência nacional; entretanto, aumentaram a degradação do passado para aqueles que ainda eram prejudicados por seus vestígios porque se tornaram o lócus da culpa e o local da aberração. Embora o legado duradouro da escravidão fosse discernível nessas desfigurações da liberdade, seus vestígios e degradações foram abordados quase exclusivamente como problemas de conduta e caráter. É claro que os danos do passado não poderiam ser remediados através de simples atos de esquecimento ou atos seletivos de apagamento, nem poderiam ser eliminados pela simples declaração da abolição, nem o ônus da responsabilidade posto sobre os recém-libertos poderia instituir uma ruptura definitiva entre escravidão e liberdade.

Embora apresentassem os libertos como uma classe endividada e servil, essas histórias de origem exigiam ao mesmo tempo que eles fossem atores responsáveis e soberanos. Mas se os libertos estavam em dívida com amigos, benfeitores e até com antigos senhores na sua nova condição, como poderia ser cultivado o interesse próprio racional no lugar da subserviência? Como poderiam aqueles marcados pelas "degradações do passado" superar a história da escravidão por meio de seus próprios esforços individuais, especialmente tendo em conta os resquícios da escravidão que moldavam o presente? Como poderiam os portadores designados da escravidão ser libertados daquele passado? Não teriam os vestígios da condição anterior perdurado, para além do triunfo ou do fracasso de seus próprios esforços, na difusão da violência branca, nas formas emergentes de servidão voluntária e na intransigência do racismo? Antecipando tais questões e cientes das dificuldades da liberdade, os autonomeados conselheiros dos libertos repetiram incansavelmente a diretriz de que a obtenção da liberdade dependia dos esforços dos próprios libertos. Seguindo conselhos de sabedoria e a partir de seu próprio empenho, eles um dia se tornariam, como *Advice to Freedmen* garantia, "cidadãos dignos e respeitados dessa grande nação".[29]

Arriscamos afirmar o óbvio ao observar que as circunstâncias impostas aos libertos — a total ausência de recursos, a ameaça da fome, a falta de educação e a falta de terras e propriedades, consideradas essenciais à independência — foram tratadas como assuntos privados a ser resolvidos por suas próprias mãos ensanguentadas, costas curvadas e corações partidos, e não como o resultado de três séculos de servidão. Se um mar de sangue e ouro permitira a reconstrução violenta da nação e depois reunira "famílias" que haviam estado em guerra, adquiridas à custa e a partir da exclusão dos libertos, ele relegou os negros às margens da liberdade e, aos pés deles, depositou os destroços do conflito. Como os fantasmas dos mortos confederados que desfilavam pela Ku Klux Klan em seus ataques noturnos para intimidar os negros, lembrando-lhes de que a guerra continuava e que ainda seria cobrado o preço pelos homens brancos perdidos em combate, a dívida também reconfigurou o passado de forma assustadora. Ela garantia a submissão; insinuava que a servidão ainda não havia terminado e que as agruras da liberdade eram o preço a ser pago pela emancipação.

O ESTORVO DA LIBERDADE

A concessão discrepante da emancipação conferiu soberania ao mesmo tempo que produziu sujeição. As lições de independência e servilismo adotadas de forma contraditória nesses textos resumem o duplo vínculo de liberdade — a tensão entre as premissas universalistas, que incluíam o liberto no interior do escopo de direitos e prerrogativas definidores da liberdade e da cidadania, e as estratégias excludentes baseadas na presumida inferioridade dos negros. As cartilhas advogavam o domínio e o controle sobre a condição e o destino de alguém — autonomia, posse de si, determinação e disciplina — e fundiam a criação de si com a submissão. Na imensa maioria das vezes, a posse de si foi expressa por meio do corpo do trabalhador. Em *John Freeman and His Family*, as mãos trabalhadoras são a sinédoque para o indivíduo dono de si: "Olha aqui, você vê essas mãos? Elas foram obrigadas a trabalhar, estou certo disso, pois sempre funcionaram bem, não? Eu as usei e entreguei tudo que fiz ao Senhor Lenox; agora vou usá-las e dar tudo que ganhei para o *Senhor John*".[30] Ser sujeito era dominar o corpo, possuí-lo como objeto, alienar e negociar suas habilidades em troca de um salário. Se os ganhos da posse de si são iluminados pelos lucros a serem obtidos e usufruídos pelas mãos trabalhadoras de John, por sua perigosa inclusão na categoria de "senhor", então a ênfase nas mãos trabalhadoras e nas costas projetadas para a labuta árdua insinuam que esse novo papel pode não ser tão diferente. Seja escravo ou livre, o trabalho braçal definia os horizontes.

Ser senhor de si foi invariavelmente caracterizado como submissão voluntária aos ditames dos antigos senhores, do mercado e do inquisidor interno. Se, como declarou *Advice to Freedmen*, "seu futuro, sob Deus, deve ser forjado por vocês mesmos", então claramente o futuro a ser forjado consistia em labuta, obrigação e humildade intermináveis. Seguindo esses valores, os libertos foram encorajados a permanecer na plantation, ser pacientes, labutar de modo incessante e se contentar com o que estava à mão, incluindo os baixos salários. Essa ênfase nítida na submissão, na abnegação e na obediência servil não foi considerada contrária à autonomia ou ao interesse próprio. Em vez disso, o domínio passou a ser definido por autorregulação, endividamento, subordinação e responsabilidade, consideração cuidadosa pelas predileções dos ex-senhores e agilidade para se desviar dos "dedos calejados" do preconceito e do ressentimento. As capacidades robustas e mutáveis de domínio são dignas de admiração. Se o domínio foi um antídoto para a dependência da escravidão — a falta de autonomia e de vontade, a incapacidade de dirigir o próprio trabalho e desfrutar suas recompensas, a disposição psicológica para a servidão —, ele apresentava uma impressionante semelhança com a prostração produzida pela escravidão. Na verdade, a pessoa proprietária (de si) permaneceu vulnerável à expropriação exigida pela violência, dominação, predação e exploração.

As imagens do corpo trabalhador representadas nesses textos deixavam claro que os deveres do homem liberto conjugavam as exigências da servidão com as responsabilidades da independência. Vamos reconsiderar a seguinte passagem de *Advice to Freedmen*:

> Com o gozo dos privilégios de um homem liberto vêm também os deveres e responsabilidades do liberto. Eles são pesados. Você não pode se livrar deles; eles devem ser cumpridos, e a menos que você esteja preparado para cumpri-los com o espírito adequado e com paciência e alegria realizar essas obrigações, você não é digno de ser um liberto. Você pode tremer em face desses deveres e responsabilidades, mas não precisa temer. Tenha fé em Deus e *se curve com alegria e esperança diante do fardo* [grifos meus].[31]

As alegres costas curvadas reconfiguravam o regime "extenuante" do trabalho escravo e se dobravam diante das bênçãos e privilégios da liberdade. As costas curvadas com alegria aos fardos que lhes foram impostos transformaram a individualidade sobrecarregada e o estorvo da liberdade em um exercício auspicioso de livre-arbítrio e criação de si. Essa descrição perturbadora declara o servilismo e a submissão como pré-requisitos para o gozo dos privilégios da liberdade. Curvar as costas com alegria aos fardos existentes e antecipados une a ética sentimental da submissão e os ideais ascéticos e racionais do mercado. A liberdade, embora uma libertação da escravidão, impunha, sem dúvidas, fardos de outra ordem. O corpo não mais acorrentado ou governado pelo chicote foi amarrado pelo peso da consciência, do dever e da obrigação. Nesse cenário, o endividamento instituído pela dádiva da liberdade era inconfundível. A liberdade exigia um retorno digno — costas curvadas, mãos ágeis, olhos baixos e expectativas reduzidas. O fracasso em cumprir com essa obrigação ameaçava a honra, o status e a hombridade, quando não a liberdade ou a vida.[32] Apenas a iniciativa, a diligência e a vontade de trabalhar, mesmo com um salário insignificante, provavam a dignidade de uma pessoa para a liberdade.

As costas alegremente curvadas do trabalhador evocam um repertório de imagens familiares que atravessam a divisão entre escravidão e liberdade. Se codifica a liberdade, essa figura assim o faz dificultando, quando não impossibilitando, a distinção entre a sujeição da escravidão e o interesse próprio satisfeito do trabalhador livre. As costas curvadas oferecem uma imagem de liberdade que nos impede de discernir se o trabalhador no campo é movido pelo chicote ou pelo impulso interior do dever e da obrigação. A figura trabalhadora, as costas curvadas e o burro de carga convocados por essa cadeia de associação omitem a discutida distinção entre vontade e falta de vontade. Acontece que a anatomia da liberdade exposta nesses textos considera o corpo como objeto e instrumento, apagando as distinções entre escravo e trabalhador. Como nos diz *John Freeman and His Family*, o corpo "feito pra trabalhar" insinua a divisão racial do trabalho em que "alguns devem trabalhar com as mãos, enquanto outros trabalham com a cabeça. [...] Cada um deve estar disposto a fazer sua parte, justo onde é mais necessário".[33] No entanto, as costas curvadas invocam prontamente a deferência, a obediência, a prostração e a humildade e indicam o uso do corpo como uma máquina de trabalho. Assim como os olhos baixos, os ombros curvados e os pés arrastados eram a linguagem gestual da escravização, as costas curvadas articulavam de forma semelhante o servilismo e a exploração da economia pós-guerra.

O dever também impôs fardos à alma. Para o trabalhador livre, dobrado pelo simples peso de suas responsabilidades, esperançoso e obediente, a labuta deveria trazer em si uma recompensa, já que os esforços do trabalho braçal também eram demonstrações de fé.[34] As costas curvadas constituíam um testemunho da fé em Deus. Como John Freeman informou a seus irmãos: "Se você não trabalha, você não pode orar, pois não diz o senhor Jeová que, se considerarmos o pecado em nossos corações, ele não nos ouvirá?".[35] A ociosidade era o "parque de diversões do diabo". O coração partido replicou o corpo subjugado e suplicante e transformou as regras de conduta em artigos de fé. Como Waterbury declarou: "Você deve ter o 'coração partido', tristeza pelo pecado — tristeza diante de Deus, porque você desrespeitou suas leis".[36] Assim como o coração partido denotava o reconhecimento da culpa e do pecado diante de Deus, também as costas curvadas assumiam a postura do arrependimento, como se os pecados da escravidão fossem pagos pelas angústias dos libertos.

Se a liberdade mostrou-se apenas como uma dificuldade diante da aliança entre liberdade, servilismo e obrigação, isso se explicava pelo recurso à dependência da escravidão, à falta de facilidade e ociosidade e à adversidade inseparável da independência. *Friendly Conseuls for Freedmen* admitia as dificuldades da emancipação, mas prometia que a perseverança traria recompensas:

> Sua condição é em alguns aspectos muito melhor, e em outros um pouco pior, do que sua condição de escravos. Seu senhor, se era gentil, cuidou bem de vocês. Agora que estão livres, vocês precisam cuidar de si mesmos. No início, pode ser difícil, mas aos poucos vocês verão que é uma coisa boa. Na escravidão vocês recebiam pouca ou nenhuma atenção, a não ser para garantir que sua tarefa fosse cumprida. Agora que são donos de si mesmos, vocês precisam refletir e trabalhar.[37]

Enquanto os manuais pedagógicos atribuíam as dificuldades da liberdade à ociosidade, à dependência e à intemperança, ou contrastavam o fardo da independência com a facilidade da escravidão, os libertos identificavam as fontes da adversidade na falta de recursos, na má vontade do governo em oferecer reparações, na difusão da violência branca e no fracasso do direito em proteger vidas negras. Os libertos também compartilhavam uma perspectiva diferente sobre quem compunha a classe dependente da escravidão. Argumentavam de modo irrefutável que eram eles a classe produtora e que as riquezas de seus proprietários e da nação advinham do seu trabalho. Andy McAdams reconhecia que, embora não tivesse certeza sobre o significado da liberdade, ele certamente esperava algo diferente do que havia experimentado: "Acho que eles deviam ter dado pra nós, nego véio, umas mulas e terras também, porque tudo que nossos brancos tinham, a gente que deu pra eles".[38]

Os libertos reclamavam das dificuldades da liberdade, mas suas queixas acusavam a ausência de um suporte material que teria tornado finalmente realizável a liberdade substancial. Ser liberto sem recursos não era liberdade nenhuma. Como recordou Felix Haywood:

> A gente sabia que tava livre, mas não sabia o que viria disso. A gente achou que ia ficar rico igual os brancos. A gente achou que ia ficar mais rico que os brancos porque a gente era mais forte e sabia trabalhar, e os brancos não sabiam e eles não tinham mais a gente pra trabalhar pra eles. Mas não foi assim que aconteceu. A gente logo descobriu que a liberdade podia deixar as pessoas orgulhosas, mas não deixava elas ricas.[39]

Necessidade extrema, em vez de oportunidade ou gratidão pela dádiva do trabalho assalariado, resultou no retorno à plantation. Como muitos salientaram, a devastação da fome e da violência branca desenfreada foram os amargos presentes da emancipação. "Dependência" e "responsabilidade" eram termos flexíveis e contestados que nomeavam de forma ambígua o dilema da liberdade. Por um lado, a responsabilidade restaurava o respeito próprio que a escravidão havia tirado e, por outro, significava que os negros estavam mais sobrecarregados depois da emancipação do que antes dela. De acordo com Parker Pool, os libertos eram mais escravos do que tinham sido quando eram propriedade porque continuavam sem ter nada e, no entanto, precisavam arcar com suas próprias despesas.[40] Contrariando essas afirmações, *Plain*

Counsels ordenava aos libertos que se lembrassem: "Você não pode ficar feliz demais por ser livre; porque suas mãos, sua cabeça, seu coração são seus".[41] No entanto, não era a falta de alegria que afligia os libertos; mas, antes, a consciência de que, embora as mãos, o coração e a cabeça fossem deles agora, era impossível viver sem recursos, e o corpo que trabalhava para o lucro alheio talvez fosse apenas aparentemente dono de si. A posse de si garantia pouca coisa, especialmente quando esse sentimento nascente de encarnação autônoma era identificado com a fome, a degradação e os ataques violentos à pessoa e rapidamente eclipsado pelo ônus existencial da emancipação.

POSSE POR CONTRATO

É de se perguntar como os leitores dessas cartilhas reagiram ao se depararem com representações da escravidão como dependência em vez de cativeiro e a descrição do aspecto devastador da instituição como hábitos descuidados.[42] Se a alfabetização era o caminho para a humanidade, a lição a ser extraída dos textos era que o preço de entrada implicava silenciar os próprios fatores que determinavam a condição de degradação e empobrecimento. Não apenas a violência da escravidão era expurgada, mas também a produtividade do trabalho escravo era negada. Entretanto, como o prazer da emancipação poderia ser compreendido sem que se recorresse à enormidade da perda, aos insensíveis e inúmeros atos de violência, ao parentesco violado e à constância da desonra e humilhação que tipificavam a escravidão? Não parecia um paradoxo que a linguagem da dominação fosse o veículo da autorrealização? A posse e a propriedade podiam parecer inalienáveis? Como a ambivalência da liberdade poderia ser verbalizada sem ser lamentavelmente distorcida como uma ânsia pelos velhos tempos da escravidão? Como o terrível sentimento de ser solto como um "gado desgarrado", sem posses e sem ter para onde ir, poderia ser expresso sem parecer nostalgia pela vida na plantation?[43]

Embora esses textos tenham sido escritos por autoproclamados amigos dos negros que "marcharam com eles através do mar Vermelho dos conflitos, simpatizaram com eles em todos os seus sofrimentos, trabalharam incessantemente por seu bem-estar e se regozijaram com sua prosperidade", o caráter coercitivo e servil da liberdade neles adotado deve ser considerado em relação ao ascendente discurso liberal de liberdade contratual e mercados autorreguláveis. A liberdade parecia elusiva quando a escravidão não era mais sua antagonista. O discurso abolicionista, expurgado dos detalhes aterrorizantes que escandalizaram e deleitaram as audiências do Norte, era pouco mais do que um colóquio sobre o caráter degradado dos escravizados e a improdutividade do trabalho deles. Na maioria das vezes, a visão anêmica de liberdade exposta pelos industriais do Norte e pelos brancos abolicionistas não conseguiu ir além de apontar os requisitos mínimos para uma força de trabalho disciplinada e produtiva. A retórica implantada no contexto da Reconstrução insinuou a necessidade de coação quando a inclinação falhava e tolerou o uso da coerção, se e quando esta auxiliava na transição para o trabalho livre. Isso se refletia na política da Agência dos Libertos e nos conselhos dados pelos autores desses manuais, entre os quais havia legisladores e gestores da Reconstrução. As tendências liberais do discurso abolicionista no período anterior à guerra forneceram um poderoso argumento de direitos naturais contra a instituição da escravidão, mas no período pós-guerra produziu efeitos ambivalentes — argumentos elitistas e racistas sobre privilégios da cidadania, uma preocupação com a disciplina e o cultivo da hombridade, e noções contratuais de trabalho livre.[44]

É importante observar o papel desempenhado pelos reformadores abolicionistas e antiescravistas na conceituação e disseminação de ideais repressivos de trabalho livre. Ao examinar a relação entre a escravidão e o discurso de gestão de trabalho no início da Inglaterra industrial, David Brion Davis argumenta que a visão de Jeremy Bentham sobre a prisão-modelo foi uma intensificação paródica dos ideais de gestão da plantation.[45] Se o panóptico de Bentham é o modelo de disciplina — o exercício exemplar de um poder moderno moderadamente brando-leniente-produtivo —, como a nossa compreensão da sociedade carcerária se altera quando, na verdade, o carcerário é um derivado ou uma ramificação da plantation e presume continuidades entre a gestão de escravos e o trabalho livre? Se a visão totalizante da gestão do trabalho tinha um olho voltado para a escravidão e o outro para a liberdade, então se torna necessário considerar o modo como a própria disciplina suporta o vestígio do que Foucault descreveria como formas pré-modernas de poder, mas que talvez sejam mais apropriadamente descritas como "disciplina sem roupas".* Nada disso surpreende quando a escravidão é contextualizada no interior de um sistema capitalista transatlântico que negociava informações e estratégias de gestão de trabalho entre a plantation e a fábrica.[46] Não só a crise da industrialização — os problemas de pauperismo, subemprego e gestão do trabalho — ocorria no contexto de um amplo debate sobre o destino da escravidão, mas também a escravidão indicava as premissas e os princípios da disciplina no trabalho. Como observa Davis, o foco na coerção e na barbárie da escravidão e no chicote como único incentivo ao trabalho "conferiu sanção a modos menos bárbaros de disciplina social. Para os reformadores, a plantation ofereceu a perspectiva de combinar virtudes da antiga ordem agrária com novos ideais de elevação e incentivos projetados".[47] O terror e a violência da plantation também moldariam os contornos da nova ordem racial.

As formas de coação usadas contra desempregados, vadios, mendigos e outros no Norte pós-guerra, como Amy Dru Stanley observa, espelham a transição da escravidão para a liberdade. Os aspectos contraditórios da liberdade contratual e a confiança na coerção para estimular o trabalho livre modelado no rescaldo da Guerra Civil foram as lições de emancipação empregadas contra os pobres. Muitos dos arquitetos da caridade científica (uma campanha da burocracia

---

* A expressão "disciplina sem roupas" ("*discipline with its clothes off*", no original), que pode ser traduzida como "disciplina despida" ou, de modo menos literal, como "disciplina indisfarçada" ou "disciplina sem pudores", alude a uma expressão usada por Orlando Patterson para descrever a escravidão. Em um artigo de 1979, o autor escreve: "A variante escravista do capitalismo é apenas o capitalismo sem roupas. Isso é nitidamente o que Marx tinha em mente quando se referia repetidamente ao capitalismo como escravidão assalariada" ("*The slave variant of capitalism is merely capitalism with its clothes off. This is clearly what Marx had in mind when he repeatedly referred to capitalism as wage slavery.*"). Ver Orlando Patterson, "Slavery in Human History". *New Left Review*, n. I/117, 1º out. 1979, pp. 31-67. (N.T.)

para ajudar os pobres transformando seu comportamento, na qual a ociosidade e a dependência da caridade, e não a pobreza, foram identificadas como as inimigas dos despossuídos), das leis da vadiagem e de contratos compulsórios eram líderes abolicionistas — Edward Pierce, Josephine Shaw Lowell e Samuel Gridley Howe, para citar alguns.[48] Stanley escreve:

> A experiência da guerra e da emancipação não apenas aprimorou técnicas eficientes de filantropia, mas também instruiu os ianques em esquemas que forçavam os mendigos a trabalhar. O esforço de reconstruir o sistema de trabalho do Sul e implementar práticas contratuais reformulou concepções de dependência, obrigação e trabalho compulsório. Assim como o ideal de trabalho livre foi transportado para o Sul, seus aspectos coercitivos — articulados em regras que governam as pessoas libertadas — foram transferidos para o Norte.[49]

A compulsão e a intimidação necessárias para dominar o ex-escravo autorizaram a força adicional exercida contra os pobres. A coação os conduziria ao mundo da troca.

O espectro da barbárie da escravidão, simbolizado pelo chicote e pelo leilão, legitimou formas de disciplina mais brandas e, ao mesmo tempo, mais intensas. A escravidão serve como modelo e fornece as condições para a exploração da classe trabalhadora branca. A circulação de técnicas de disciplina através do Atlântico, entre a plantation e a fábrica, e da plantation para as cidades do Norte, perturba argumentos baseados em mudanças históricas de poder ou noções definitivas de formas de poder pré-modernas e modernas. Pelo contrário, esse movimento revela as formas pelas quais a violência da acumulação primitiva e os múltiplos modos de dominação e coerção condicionaram as relações burguesas de produção e exploração.[50] Certamente, as técnicas de administração do trabalho livre empregadas durante a Reconstrução eram baseadas em estilos de gestão utilizados na escravidão, e frequentemente esses métodos eram abandonados apenas como resultado da resistência às rotinas de trabalho da escravidão.[51] O contrato compulsório que era a assinatura das relações de trabalho livre também viajou para além do Sul. O que me preocupa aqui são as formas de disciplina desencadeadas pelo abandono do chicote. Embora o sistema escravista tivesse se tornado "uma forma descredibilizada de autoridade, que exigia a imposição pessoal de uma dor constante", em contraste com os incentivos racionais ao trabalho livre, essas novas formas de disciplina também eram invasivas e coercitivas.[52] As formas predominantes de constrangimento e coação não dependiam da exibição das chicotadas, mas produziam corpos complacentes e produtivos. Para os negros que faziam o trabalho pesado, o espetáculo da violência, fosse o pelourinho ou o sistema de trabalho dos condenados, fosse a brutalidade policial ou o assassinato extrajudicial (massacre), nunca cessou. O espetáculo da violência e o direito soberano de matar provaram ser duradouros.

Uma investigação comparativa entre escravidão e liberdade revela menos sobre a barbárie da escravidão e mais sobre as contradições e antagonismos da liberdade. Quando se focalizam os modos pelos quais o discurso antiescravidão e reformista abriu caminho para formas brutais de poder "moderno", torna-se evidente que a escravidão é menos a antítese do trabalho livre e mais um consorte imoderado, um contraponto moral, uma barbárie superada e o pedestal sobre o qual as virtudes do trabalho livre são declamadas. Aqui, não se trata de obliterar as diferenças entre escravidão e liberdade, apesar de precárias, ou negar a desonra, a degradação e a extrema violência da escravidão, mas de destacar a dificuldade para instituir uma distinção absoluta entre escravidão e liberdade e revelar os perversos entrelaçamentos da "grande narrativa da emancipação".[53] A escravidão estabeleceu o trabalho livre como um ideal racional e determinou o escopo da liberdade e da igualdade conferido pelas Emendas da Reconstrução e examinado nos *Processos dos Direitos Civis* e em *Plessy vs. Ferguson*. Quer tenha sido entendida como a negação de liberdades fundamentais ou como "mera negociação de bens móveis", a escravidão moldou fundamentalmente a experiência e a interpretação da liberdade. A liberdade era simplesmente a ausência de constrangimento, ou a proteção total e igual das leis?[54] Significaria mais do que a capacidade de alienar o próprio trabalho ou abraçar a expropriação como autonomia? À medida que as noções liberais substituíam os ideais republicanos, a liberdade se tornou cada vez mais definida em termos de libertação de restrições e de liberdade contratual, e não em termos de direitos positivos.

A liberdade permaneceu fugaz, apesar da proclamação do consentimento, do contrato, da autonomia e da igualdade. Violência e coerção subjazem ao discurso de razão e reforma. É preciso enfatizar que, para os trabalhadores negros, a liberdade contratual servia, primeiro, ao fim de aprisioná-los em um sistema de servidão por dívida.[55] Talvez fosse uma diferença suficiente para deixar claro que você não era mais um escravo, ou talvez não, mas sem dúvidas estava muito aquém da autonomia ansiada.[56] Como Anna Lee e inúmeros outros testemunharam: "A gente fez quase tudo que era capaz depois da guerra, porque a gente tava em uma situação pior do que no tempo do cativeiro".[57] Somente uma leitura errônea poderia interpretar os desapontamentos da liberdade, constantemente reiterados nos testemunhos de ex-escravos, como uma saudade dos tempos da escravidão. Pelo contrário, o que assombra esses lamentos é a ânsia por uma liberdade ainda não realizada, o não evento da emancipação e o entrelaçamento entre escravidão e liberdade.

Se alguém ousa "abandonar o catálogo absurdo da história oficial" e as divisões históricas às quais os dominados estão sujeitos, como sugere Édouard Glissant, então a violência e a dominação perpetuadas em nome da reversão da escravidão vêm à tona.[58] A emancipação se torna uma denominação ambígua e talvez confusa, uma vez que servidão involuntária e liberdade eram sinônimos para muitos dos ex-escravizados. Embora os fiéis às narrativas do progresso histórico recebam tal afirmação com desaprovação e descrença, consideremos comentários como os dos ex-escravos Anna Lee e Absalom Jenkins. Ao concentrar-me na ambiguidade e na indefinição da emancipação, espero recolher essa história subterrânea, uma história não totalmente recuperável e apenas vislumbrada por meio da rede de narrativas organizadoras dominantes — a pastoral repressiva dos testemunhos da WPA, a grande narrativa da emancipação e os discursos liberais de livre-arbítrio e posse de si.

A VONTADE E O CHICOTE

A liberdade não aboliu o açoite. O uso regular da coerção, o sistema de meação, a servidão por dívida, o sistema de arrendamento de condenados, o predomínio da violência branca e a ameaça de morte dificilmente sinalizam a soberania da vontade, a ascendência do contrato ou o triunfo dos métodos "racionais" de gestão sobre a barbárie da escravidão. Em vez disso, o que ocorreu foi o deslocamento do chicote pelo cultivo da consciência, a instrumentalidade repressiva do direito, as formas coercitivas de gestão de trabalho e a violência orquestrada e espontânea, destinadas a restaurar as relações de domínio e servidão e a reprimir afirmações de liberdade e igualdade. Maria Sutton Clements se recordava do exercício habitual da violência — os ataques da Ku Klux Klan a lares negros forçavam as pessoas "a se esconder principalmente no mato". Quando os negros se reuniam, eram acusados de sedição, ou seja, de falar sobre igualdade: "Se eles escuta você falando, eles dizem que você tá falando de igualdade. Eles gritam".[59] Tom Holland dizia que as pessoas tinham medo de sair e afirmar sua liberdade porque "eles passavam por um negro e atiravam nele como se fosse um porco selvagem e nunca falavam ou faziam nada sobre isso".[60]

Nos manuais dos libertos, o deslocamento do chicote pode ser discernido na ênfase na autodisciplina e no policiamento. O açoite não deveria ser abandonado; pelo contrário, precisava ser internalizado. A ênfase no treinamento correto, no espírito adequado e nas costas curvadas iluminavam as formas invasivas de disciplina idealizadas, como a automodelação do sujeito moral e racional. O chicote era invocado rotineiramente, menos para transmitir a violência real da instituição do que para expressar a falta de vontade daqueles que eram obrigados a trabalhar. Essa invocação estabelecia o contraste entre uma ordem legitimada, fundada no contrato, e a coação da escravidão, e entre agentes racionais e aqueles que eram motivados pela força ou pelo medo. *Plain Counsels* fornece um exemplo disso: "Quando você era escravo, pode ter sido seu hábito fazer o mínimo possível para assim evitar o chicote. Mas agora que está livre, você deveria ser movido por um princípio mais nobre que o medo".[61] A avaliação inflacionada da vontade, a exaltação da liberdade e a idealização da escolha mascaravam a violência da troca. A disparidade entre livre-arbítrio e coerção que fundamentalmente define a ordem econômica pós-guerra podia ser cômica se suas consequências não fossem tão trágicas. Se a vontade, em última instância, distingue a liberdade da servidão, com os pressupostos concomitantes do poder de controlar e definir as circunstâncias ou ações de alguém, então o evento da emancipação instituiu uma crise em relação ao significado da liberdade e do indivíduo livre. No século 19, a teoria contratual da vontade era dominante. "A ideia de que a obrigação contratual tem a sua fonte na vontade individual", observa Clare Dalton, "persistiu até a última parte do século 19, consistente com o individualismo generalizado da época e com a incorporação geral, no direito, de noções da teoria política liberal."[62] No entanto, apesar do elogio à vontade, a característica dos contratos mais enfatizada foi o caráter vinculativo dos acordos e a força legal para constranger a conduta do signatário. A questão aqui não é simplesmente expor o que é rejeitado por essa construção do livre-arbítrio ou se engajar em uma crítica frequentemente repetida do individualismo possessivo, mas explorar a tensão entre o cultivo do individualismo liberal, com sua ênfase na vontade, no domínio, na autonomia e na volição, e a exigência de submissão, docilidade, medo e temor. A fácil coexistência do trabalhador livre coagido e do sujeito volitivo que se move de forma desimpedida pelo caminho do interesse próprio e da prosperidade sugere a distância entre o ideal emancipatório e as condições de sua realização. A incerteza suscitada pela figura do trabalhador sobrecarregado e cansado que labuta no campo, a dúvida intimidadora em relação ao seu status de escravo ou homem livre, expõe a ruptura entre o ideal sagrado da posse de si e os estorvos da liberdade.

A única diferença entre liberdade e escravidão deveria ser determinada pela escolha entre trabalhar de forma obediente, curvando as costas com alegria, ou agir voluntariamente como seu próprio inquisidor? Se sim, isso não revelaria apenas a fugacidade e a intangibilidade da liberdade? O trabalhador negro não desfrutava nem as ilusões da livre troca nem a volição, por causa da imposição do sistema de contrato de trabalho pela Agência dos Libertos, da coerção e repressão que moldavam o mercado, do estabelecimento de tetos salariais e dos esforços para impedir a livre circulação de trabalhadores com leis da vadiagem, quebras de contrato e antialiciamento e predomínio da violência.[63] A ameaça de prisão ou de fome, e não a ação voluntária ou a autocompulsão, resultou no retorno à plantation. À luz disso, o que se ganharia com o cultivo do nobre em vez do vil? Afinal, a única opção não era trabalhar ou morrer de fome?

A obrigação e a responsabilidade, e não a necessidade, revestiram a exortação ao trabalho obediente. A necessidade estava em desacordo com a liberdade proclamada do sujeito volitivo/indivíduo liberal, uma vez que se distinguia pela sobrecarga, pela coação e pela total falta de opções. Conflitava de modo desconfortável com a soberania e a autonomia que supostamente delineavam a liberdade; isso exemplificava tudo o que fora presumivelmente anulado com a abolição da escravatura — a primazia da coação, o peso da encarnação e o domínio das necessidades. Certamente, as dores da fome não eram menos penosas que as do chicote, mas razões mais nobres que o impulso da necessidade e a esquiva ao desconforto motivariam o trabalhador livre. A faculdade racional foi enfatizada em detrimento da corporal, e a liberdade baseou-se em uma vontade sem amarras e na capacidade de escolher. A necessidade presumia uma falta de escolha. Sinalizava o retorno do reprimido — a primazia dos motivos básicos e das necessidades corporais.[64] Os manuais revestiram a necessidade, sobretudo, de uma escolha racional, a fim de moldar um indivíduo liberal movido pelo livre-arbítrio e reforçar o desgaste da divisão entre coação e consentimento.

Em *Friendly Counsels*, a necessidade era minimizada em favor de histórias de dever e autoconstrução, e os obstáculos reconhecidos, facilmente superados por meio de esforço direcionado. Por exemplo, Waterbury escreve que a liberdade "age na mente. Obriga-nos a ganhar a vida — a procurar um trabalho que possamos fazer para sustentar-nos e a nossa família". Ao enfatizar a vontade de trabalhar, a disposição mental e a perspectiva de liberdade, esses textos privilegiavam a faculdade racional em lugar da necessidade corporal como motivação primária ou determinante da resolução pelo trabalho. A escolha racional e as obrigações morais e éticas motivavam essa decisão. Embora admita mais decididamente as dificuldades materiais da liberdade do que outros textos, *Friendly Counsels* se concentra exclusivamente na natureza dos libertos, na medida em que a dificuldade das circunstâncias ainda deveria ser superada pela força do caráter: "Pessoas livres têm de trabalhar, e algumas delas têm de trabalhar ainda mais para conseguir seu ganha-pão. Algumas das pessoas de cor livres alcançaram por conta própria os meios para uma vida confortável, fazendo-se respeitáveis. Vocês podem fazer o mesmo, podem se valer da mesma diligência".[65] O ônus da necessidade pode ser administrado, se não superado, pelo exercício da vontade.

Em *Southern Planters and the Freedmen*, um texto escrito para ex-proprietários de escravos, Waterbury admitiu com franqueza que o fardo da liberdade caiu nas costas dos libertos porque a emancipação o transferiu do proprietário para o trabalhador: "Considerando a pobreza e a condição de dependência do negro, é evidente que ele será o primeiro a sofrer e vai experimentar os maiores inconvenientes até o acordo [do trabalho livre] ser estabelecido".[66] A ênfase no cultivo moral, tão pronunciada em *Friendly Counsels*, desempenha papel secundário em relação à necessidade e à ameaça da fome nesse diálogo com os proprietários. Eles estão certos de que os libertos trabalharão simplesmente por não ter escolha: "Quaisquer que sejam as noções fantasiosas que ele possa ter alimentado de que a liberdade confere felicidade, ele logo será obrigado, diante das necessidades severas, a olhar para sua condição real, que é trabalhar ou morrer de fome".[67] Nesse contexto da emancipação, a necessidade, em vez do chicote, compele o trabalhador negro: "A necessidade pode, a princípio, obrigar a um serviço relutante, que depois pode ser prestado sob a influência de motivos superiores".[68]

Apesar da fixação na vontade, questões de agência e volição, embora diferentes, não eram menos problemáticas para os libertos do que para os escravizados. É igualmente claro que a ênfase na volição era estratégica e pretendia cultivar a motivação e o interesse próprio. Assim, o primeiro passo no caminho para a independência era um trabalho árduo e consciente. Em *Advice to Freedmen*, Brinckerhoff explicou que a liberdade não significava que a pessoa não era mais obrigada a trabalhar, mas que escolhia trabalhar. Ele transmitiu essa lição por meio de uma anedota sobre Isaac, um liberto que conhecera quando era superintendente de várias plantations nas Ilhas do Mar. Isaac erroneamente pensara que, como liberto, não precisaria trabalhar, a menos que desejasse. Mas como explicou Brinckerhoff:

> Um dos maiores privilégios de um homem livre é *escolher* por si mesmo. Os escravos devem fazer o que lhes é ordenado, mas os homens livres *escolhem* por si próprios. "E agora, Isaac", eu disse, "você pode fazer sua *escolha*. Você pode ficar nesta plantation com sua família e trabalhar, e assim ter seu ganha-pão, ou deve deixar a plantation e encontrar um lar em outro lugar. O que você vai *fazer*?" Ele, como um homem livre, fez a *escolha* dele, e como um homem sábio, permaneceu com sua família e trabalhou com eles naquele campo.[69]

Como o uso repetido da palavra "escolher" indica, a ação autodirigida e deliberada foi da maior importância, uma vez que a volição distinguia trabalho livre de escravidão. Ao mesmo tempo, não é possível esquivar-se da obrigação de trabalhar, pois o privilégio de escolher não inclui a opção por trabalhar ou não, mas sim a orientação e a disposição em direção a essa exigência. A capacidade de escolher de Isaac só é possível por causa da liberdade de que ele desfruta. Esse exemplo é revelador porque o trabalho consiste exclusivamente em labutar na mesma plantation onde ele era escravizado. Uma recusa em fazê-lo é recebida com a ameaça de expulsão para um lugar sem nome, identificado como o espaço da ociosidade. O trabalho livre é identificado unicamente como mão de obra contratada na plantation; a autonomia pessoal exercida na decisão de resistir ao trabalho assalariado e lutar por si mesmo nunca entrou nessa concepção de escolha.

A ênfase na volição também tem como consequência o apagamento do trabalho escravo, uma vez que este era coagido, ao contrário do trabalho voluntário e autodirigido dos libertos. O trabalho como atividade social só se torna visível no contexto da liberdade. Como resultado disso, uma pastoral da plantation com trabalhadores escravos improdutivos dependentes da bondade de seu senhor e casualmente estimulados pelo chicote é o cenário predominante da escravidão. O chicote era discutido somente em contraste com ideais racionais de disciplina; figurava não na violência da escravidão, mas na dependência de trabalhadores escravos, não no roubo e na destruição de vidas, mas na falta de impulso e motivação. Ao apagar o trabalho real da escravidão e ao abordar a questão da ociosidade, esses textos endossaram argumentos paternalistas sobre as incapacidades dos trabalhadores negros e a necessidade de um controle extensivo sobre eles para garantir a produtividade.[70] Com respeito a isso, visões do Norte e do Sul sobre a escravidão coincidiam, assim como suas respectivas ideias sobre a gestão do trabalho. Como Amy Stanley observa, "os vencedores e os vencidos [o Norte triunfante e o Sul derrotado], aparentemente ainda lutando para implementar visões opostas de emancipação [...], adotaram métodos similares de trabalho compulsório".[71] Os interesses dos capitalistas do Norte e dos plantocratas do Sul convergiram na instituição de novas formas de servidão. As consequências foram profundas. O discurso emergente sobre ociosidade tinha como alvo personagens irresponsáveis e condutas impróprias como um perigo social, justificando a coerção laboral e as medidas repressivas do Estado decretadas em nome da prosperidade da população. (Os sem senhores, assim como os fugitivos, haviam roubado e precisavam ser devolvidos ao seu lugar.)

A fixação na figura de vadios e malandros nesses manuais atesta o pânico generalizado diante da recusa de trabalhar. Em *John Freeman and His Family*, o amor ao lazer e ao trabalho zeloso são contrastados em uma previsível troca de clichês entre personagens que discutem os desafios da liberdade. A conversa entre George e Prince, dois libertos, lembra as idas e vindas de Jim Crow e Zip Coon no espetáculo de menestréis e merece exame. George, um trabalhador rural que dava duro, acusa Prince de preguiça: "Acho que cê voltava pra escravidão se pudesse. Cê não vale o que come; cê não passa de um preto velho". Prince tem um nome apropriado, pois possui todas as pretensões do protótipo de Zip Coon, um amor por produtos sofisticados e uma recusa em se esforçar. O amor pelo lazer, os excessos suntuosos e o vício pelo prazer marcam Prince como um "preto".

A srta. Horton, uma boa professora branca do Norte, ouve a conversa deles ao retornar de uma de suas visitas semanais às mulheres libertas, a quem transmite lições de economia doméstica. Horrorizada, ela pergunta aos homens: "Ouvi bem?... Algum de vocês, jovens, estaria disposto a voltar para a escravidão?".[72] A srta. Horton fica incrédula e desapontada ao pensar que eles voluntariamente voltariam à escravidão. Sua interpretação equivocada da conversa reproduz a problemática repressiva do consentimento e a obstinação simulada típica dos gestos retóricos do discurso pró-escravidão. Em suma, o escravo feliz consente na escravidão. Na expressão de horror da srta. Horton percebem-se os sentimentos contrários desses textos — o discurso abolicionista sedimentado com visões racistas e paternalistas do caráter negro e, ao mesmo tempo, as noções restritivas de trabalho livre, que encorajam descaradamente os trabalhadores negros a aceitar salários baixos e a cumprir contratos injustos. Basicamente, os libertos são aconselhados a trabalhar a todo custo, pois "trabalhar com salários baixos é melhor que a ociosidade".[73]

George responde ansioso à pergunta desanimada da srta. Horton, defendendo a si mesmo e a outras pessoas libertas: "Não essa criança, mas aquele crioulo ali", apontando para Prince e acusando-o. A srta. Horton repete sua pergunta, dirigindo-a a Prince: "Mas por que você gostaria de voltar à escravidão?". Prince responde: "Nunca me acostumei a trabalhar, senhorita, e a verdade é que não gosto disso, não". Suas observações, flexionadas com o romantismo e a nostalgia dos espetáculos de menestréis, atestam os bons e velhos tempos na plantation. Sob a escravidão, ele tinha vivido a vida tranquila de um cocheiro, com trabalho mínimo e roupas elegantes; sob a liberdade, seria ensinado a trabalhar. A lição de liberdade era, antes de mais nada, a obrigação de trabalhar com obediência.

As outras cartilhas endossavam essas opiniões. *Friendly Counsels* comparava notavelmente os desafios da liberdade com a facilidade da escravidão: "Na escravidão você tinha pouco ou nenhum cuidado, exceto em garantir que sua tarefa fosse cumprida". Mas alertava os libertos para não "caírem no erro de alguns, de que a liberdade significa ociosidade".[74] As lições expostas nesses manuais didáticos encorajavam os libertos a trabalhar para seus ex-proprietários, permanecer na plantation, aceitar salários baixos e cumprir com rigor um contrato, mesmo que ruim. *Plain Counsels* enfatizava a santidade do contrato e suas prescrições, e não a liberdade conferida por seu exercício. O respeito pela palavra de cada um, o respeito pelos direitos dos outros e o interesse próprio exigiam o cumprimento estrito dos seus termos. Cumprir os termos de um contrato rígido era do interesse da pessoa porque a boa reputação adquirida ao permanecer fiel às promessas levaria a mais empregos. Não eram mencionadas as obrigações ou deveres do outro membro da parte contratante, nem as violações que com frequência levavam à quebra de contratos. Esta tinha como razão mais comum o tratamento precário dado pelo empregador, incluindo violência física e outras formas de abuso. Entre as razões, havia ainda medidas invasivas que implementavam formas de controle praticadas durante a escravidão — aprovação de leis, restrições para sair da plantation durante a semana, proibição de visitas e interferência na vida doméstica dos trabalhadores. Os proprietários não cumpriam os termos do contrato relativos a divisões e salários, e as altercações rotineiras expressavam o antagonismo racial e o conflito de classes do período pós-guerra. É notável que o interesse próprio, a vontade ou a liberdade não fossem mencionados na explicação do contrato em *Plain Counsels*; em vez disso, o contrato é simplesmente descrito como "algo que liga duas ou mais partes".[75] Isso é particularmente escandaloso, pois o autor era um comissário da Agência dos Libertos, mas não é surpreendente, porque a agência negociava contratos de trabalho anuais entre proprietários e libertos. O controle dos ex-escravizados por meio do sistema de contrato de trabalho e as medidas punitivas instituídas pelos Códigos Negros e pelas leis sobre vadiagem transformaram em crime ficar sem contrato, quebrar contratos, recusar trabalho, agir indevidamente ou desfrutar da liberdade de uma forma ofensiva aos brancos. As consequências desse imperativo social e econômico de devolver os trabalhadores negros às plantations contradisseram as construções burguesas de livre mercado e retiveram trabalhadores livres pela força e por todos os meios disponíveis. O direito do contrato e a adoção da volição garantiram a servidão involuntária.

CONDUTA IMPRÓPRIA

Os manuais dos libertos revelavam as ligações entre a dominação e a formação da população liberta. Esses livros de conduta visavam cultivar uma classe trabalhadora zelosa e produtiva e uma população negra submissa e ordeira. A preocupação desmedida com a ociosidade e outras formas de conduta imprópria expõe uma convergência de interesses entre a missão pedagógica da Agência dos Libertos e as determinações dos proprietários de plantations e dos donos de fábricas do Norte. O cultivo de trabalhadores dóceis e obedientes, seja moldando um sujeito moral e racional, garantia de controle do corpo trabalhador, seja policiando a população, era o objetivo comum. Por exemplo, os Códigos Negros do Mississípi declaravam que se "o trabalhador deixar o serviço de seu empregador antes do término do seu período de serviço, sem justa causa, ele perderá o salário daquele ano até o momento da desistência". Qualquer pessoa branca ou oficial civil tinha o direito de prender um trabalhador negro que tivesse abandonado o serviço de seu empregador sem justa causa. As leis antialiciamento criminalizavam o abandono de uma plantation e a assinatura de contrato em outra. (Essas leis mantiveram os salários baixos e limitaram severamente as opções de emprego dos trabalhadores. Eram comuns e continuaram a controlar a mobilidade e as opções dos trabalhadores rurais negros até a década de 1940.)

As leis da vadiagem facilitaram o sistema de trabalho forçado e a servidão por contrato, na medida em que qualquer pessoa que não possuísse um contrato era acusada de vadiar. Essa pessoa era multada e, se não conseguisse pagar a multa, alugada para fazendeiros ou colocada para trabalhar em vias públicas por um período de até um ano.[76] Embora as leis da vadiagem que se aplicavam em específico aos negros tenham sido revogadas, as leis da vadiagem racialmente neutras continuaram a ter o mesmo efeito.[77] Essas leis forneciam um meio para fazer cumprir o sistema contratual, pois basicamente sujeitavam à prisão os membros das classes que não possuíam propriedades caso não tivessem um contrato de trabalho. Com exceção do Tennessee e do Arkansas, todos os antigos estados confederados aprovaram leis da vadiagem em 1865 e 1866.[78] O efeito dessas medidas, de acordo com o major-general Alfred Howe Terry, foi *"uma condição de servidão pior do que aquela da qual eles foram libertos* — uma condição que será *escravidão em tudo, menos no nome"* [grifos meus].[79] O Código Negro da Louisiana exigia que todos os trabalhadores libertos firmassem um contrato de um ano nos primeiros dez dias de janeiro. Os contratos, que deviam ser assinados pelo chefe da família, abrangiam o trabalho de todos os membros daquele arranjo, incluindo os menores de idade. A quebra de contrato resultava na perda de todos os salários auferidos até o "momento do abandono".

Nesse contexto, a liberdade contratual pode ser corretamente chamada de ficção, uma vez que era empregada para reforçar a subordinação negra e legitimar uma série de medidas coercitivas, do sistema contratual à regulação de assuntos domésticos. Que tipo de liberdade era concedida por meio dessas negociações compulsórias da propriedade do eu? As lições de dever e autodisciplina disseminadas nos manuais conspiravam para a produção de um novo cerco racializado e estendiam a vida na plantation para um outro século com práticas de dominação conduzidas sob a sanção da lei. É notável a cumplicidade entre a moldagem da individualidade propagada nos manuais e a individuação e governança repressivas dos Códigos Negros, que regulavam os libertos como uma população ao instaurar classificações raciais nas constituições estaduais, ao proibir relações sexuais inter-raciais e associações sociais e ao ditar os termos contratuais e as regras de conduta apropriada. As formas de dominação e controle lançadas pelos Códigos Negros centraram-se no comportamento individual e na gestão dos negros livres como elemento interno ameaçador.

Os Códigos Negros e o sistema contratual exigiam formas de conduta zelosa e adequada. Inequivocamente, o espírito adequado era o da submissão. O Código Penal da Geórgia declarava que "todas as pessoas que vagueiam ou perambulam na ociosidade, que são capazes de trabalhar e que não têm propriedade para sustentá-las; todas as pessoas que levam uma vida ociosa, imoral ou libertina, que não têm propriedades para sustentá-las" deviam ser consideradas vadias e podiam ser multadas, presas, condenadas a prestar serviços públicos ou ser vinculadas a um empregador privado por um período de um ano. Aqueles sem propriedade ou contrato estavam sujeitos à prisão. De acordo com o Código Negro da Flórida, qualquer pessoa fisicamente apta que não tivesse meios visíveis de sustento levava uma vida ociosa, imoral ou libertina e estava sujeita à prisão. Contudo, as preocupações do Estado sobre a conduta apropriada não se limitavam àqueles sem meios visíveis de sustento; sua intervenção se estendeu aos contratos e às relações laborais. Um trabalhador poderia ser condenado em um tribunal criminal por desobediência deliberada a ordens, atrevimento ou desrespeito a seus empregadores.[80] Na Louisiana, o descumprimento de ordem, a saída da plantation sem autorização, o atrevimento, o uso de linguagem indecente e as brigas eram atos de desobediência que sujeitavam o infrator a multas que variavam de um a dois dólares por dia.[81] Decididamente, essa micropenalidade da vida cotidiana reforçou a virtude da submissão elogiada nos manuais.

As acusações de ociosidade e libertinagem, que autorizaram uma governança repressiva da população negra, iluminam as formas de luta social diante das condições de trabalho e como um meio de contestar o alcance da liberdade. O problema da ociosidade e da coação necessária para comandar o trabalho do ex-escravo sublinha a convergência entre policiar os pobres e policiar a população negra liberta.[82] Se os negros recusassem as condições de trabalho, seriam forçados a trabalhar sob ameaça de detenção e prisão ou morte. Diversas atividades cotidianas que permitiam certa medida de subsistência ou autonomia foram consideradas afirmações de liberdade "problemáticas" e criminalizadas. Entre elas, desde andar por aí ou a errância, até viver do que a terra dava, garantindo a subsistência sem um salário, ou adotar estilos de comportamento que desafiavam a hierarquia racial de vida e valor. Além das leis da vadiagem, surgiram leis que obrigavam a cercar os animais, exigiam licenças para caçar e pescar e anexavam e privatizavam terras públicas, o que tornou a subsistência algo cada vez mais difícil e, em grande medida, ilegal.[83] As punições eram agravadas no caso de crimes que os negros "provavelmente" cometeriam, como roubar porcos. Esses crimes recebiam penas severas e representavam pelo menos metade dos presos no sistema de arrendamento de condenados.[84] A liberdade contratual era eclipsada por um sistema de contrato compulsório, o interesse próprio, superado pela ameaça de sanção criminal, e práticas cotidianas de liberdade e estilos de autoelaboração, frustrados e interditados. As contracorrentes da escravidão e da liberdade produziram um novo modo de servidão involuntária. O "eu" do eu proprietário cedeu facilmente à individualidade sobrecarregada da liberdade.

Os contratos administrados pela Agência dos Libertos ditavam os termos de conduta apropriada. A magnitude da interferência dos empregadores nas vidas e nos assuntos domésticos dos trabalhadores é realçada pelos termos contratuais. Um exemplo da extensão da invasão do empregador na vida privada dos trabalhadores era um contrato em que o trabalhador, na tentativa de proteger sua vida doméstica e a família, estipulava que ele teria justa causa em abandonar o trabalho se o empregador violasse seus direitos conjugais.[85] Em um estudo de contratos de trabalho administrados pela Agência dos Libertos, Lewis Chartock descobriu que aqueles acordados pelo órgão eram usados principalmente para regular comportamentos, e não para estabelecer as tarefas a serem executadas.[86] As palavras-chave utilizadas para descrever a forma desejada de comportamento pessoal eram "quieto", "ordenadamente", "respeitável", "prudente", "bem-comportado" e "sóbrio". Os contratos também estabeleciam os termos de governança pessoal e privada. Um deles estipulava que um marido estava autorizado a visitar a esposa contanto que se conservasse ordeiro e respeitoso; outros autorizavam os empregados a visitar seus cônjuges no sábado à noite, desde que voltassem na segunda de manhã.[87] Chartock conclui que "os proprietários do Sul foram capazes de usar o sistema contratual para definir um papel social para os libertos que não estava muito distante da condição que ocupavam quando eram escravos".[88] A liberdade contratual forjou o vínculo entre a escravidão e a liberdade não apenas porque fornecia a ficção da livre troca que permitia a servidão por dívida, mas também porque prescrevia termos de interação social, reproduzindo a dinâmica das relações senhor-escravo e regulando a vida pessoal e privada dos trabalhadores livres.

A liberdade contratual não poderia ser desassociada da imposição das formas de servidão involuntária facilitadas via Códigos Negros, leis da vadiagem, sistema de arrendamento de condenados, sistema de fiança criminal, leis de quebra de contrato e sistema de arrendamentos. Certamente, mesmo aqueles trabalhadores assalariados que atuavam sob as condições presumivelmente ideais do "livre mercado" eram incapazes de gozar dos frutos de seu próprio trabalho. A liberdade contratual ocultava a desigualdade que estava no cerne dessa negociação. Na ausência de um livre mercado, mesmo tal como entendido nos termos mistificados da economia burguesa, o que significava definir a liberdade ou o trabalho livre, em primeiro lugar, em termos de liberdade contratual? Consideradas as medidas coercitivas regularmente empregadas por capitalistas agrários para recuperar o controle sobre os trabalhadores negros, a liberdade contratual agia simplesmente como um veículo da servidão involuntária. O consentimento encobriu a coerção, e as relações de dominação e exploração foram mascaradas pela designação de "livre-arbítrio". O contrato consagrou a servidão involuntária como liberdade e reduziu o trabalhador livre a um devedor, peão e servo por contrato.

A formação de indivíduos racionais e morais projetada nos manuais estava em sintonia com os ditames do capitalismo e com a nova ordem racial do Sul pós-guerra. A autodisciplina e a humildade defendidas nesses textos pedagógicos também devem ser consideradas no contexto da violência pós-guerra, em que a conduta inadequada e imprópria — em outras palavras, o comportamento em desalinho com a condição — era penalizada na lei e sancionava formas extrajudiciais de violência branca.[89] A sempre presente ameaça de punição e morte, legal ou não, aguardava atos de transgressão ou o não cumprimento adequado das regras. A maior parte da violência cometida contra os libertos após a escravidão foi incitada por acusações de conduta imprópria, que incluíam o vestuário, o comportamento, a circulação no espaço público, o tom de voz e as companhias. A "conduta imprópria" abrangia toda e qualquer afronta possível aos costumes racistas e impunha grandes penalidades às expressões cotidianas de liberdade.[90] Os manuais encorajavam a autonomia fomentada no espírito de servidão, e as acusações de conduta imprópria minavam brutalmente qualquer noção de "domínio do eu", mesmo aquela conduzida no espírito de autodisciplina, precisamente porque qualquer comportamento que não fosse o servilismo corria o risco de afrontar a raça dominante e os ditames do decoro racial que estruturavam o social.[91]

As semelhanças impressionantes entre as regulações da conduta negra no pré-guerra e os códigos de conduta no pós-guerra nos impedem de identificar até mesmo expressões intangíveis e incipientes de liberdade negra. Casos anteriores à guerra, como *Estado vs. Tackett*, sustentavam que o "atrevimento e insolência de um escravo" deveriam ser considerados circunstâncias atenuantes no homicídio de um escravo, embora isso não se aplicasse ao homicídio de uma pessoa branca porque, diante da relação entre o homem branco e o escravo, tal atrevimento equivalia a uma "grave indignidade pessoal". Da mesma forma, *Estado vs. Jowers*, caso que envolvia um homem branco indiciado por agressão contra um homem negro livre, chegou a conclusões semelhantes ao argumentar que o remédio para a insolência negra, fosse livre ou escravizada, requeria violência:

> Se um escravo for insolente, ele pode ser açoitado por seu senhor ou por ordem de um juiz de paz; mas um negro livre não tem um senhor para corrigi-lo, um juiz de paz não pode puni-lo por insolência, não é uma ofensa acusável, e a menos que um homem branco, a quem a insolência é oferecida, tenha o direito de pôr fim a isso de forma extrajudicial, não há remédio. Isso seria intolerável.

A enormidade do crime residia no status do agressor. A insolência desafiava a própria fundação da ordem social — subordinação negra e dominação branca. No contexto da emancipação, a necessidade de impor novamente a subordinação negra não era menos urgente, sendo atualizada não apenas por meio da inculcação de regras de conduta. Como Carl Schurz observou: "Um negro é chamado de insolente sempre que sua conduta difere em qualquer aspecto daquilo a que um homem sulista estava acostumado quando a escravidão existia".[92]

As lições de conduta transmitidas nas cartilhas dos libertos reconfiguraram a deferência e o servilismo das relações sociais da escravidão. Ter escravos como propriedade foi anulado por lei, mas as relações estruturais da escravidão perduraram. A restauração da plantation se deu por meio de regulamentação da conduta, imposição de dívidas, formação da individualidade e naturalização da raça. Claramente, essas lições instilaram padrões de comportamento que minimizavam o desconforto branco diante da liberdade negra. A regulamentação da conduta diminuía as desarticulações da guerra ao restaurar a subordinação negra no nível da vida cotidiana.

> Os brancos têm preconceitos antigos e fortes, e você deve evitar tudo o que puder para não inflamar esses preconceitos. Você sabe como é fácil machucar dedos dos pés doloridos. Os preconceitos são como dedos sensíveis. Não pise neles quando puder evitá-lo.

Diante dos insultos frequentes que sofriam, os libertos deviam oferecer a outra face, respondendo a palavras duras com gentileza, como se os obstáculos para a liberdade pudessem ser facilmente evitados ou a boa vontade dos brancos pudesse ser nutrida com a ajuda de estímulos simples que declaravam o desmerecimento negro — "Não sou tão bom quanto pretendo ser". As lições sobre conduta adequada superavam as advertências sobre dever e desafio, exigindo a autoimolação do indivíduo livre; só isso garantiria a reconciliação de ex-senhores e ex-escravos. Os libertos não eram apenas encorajados a ser subservientes, obedientes, respeitosos e humildes e a permanecer com seus antigos proprietários até a morte, mas também lhes era pedido que se abstivessem de afirmar sua liberdade de todas as formas significativas e imagináveis. Eles eram obrigados a suportar essas invasões à liberdade não porque ainda fossem escravos sem escolha, mas, ironicamente, porque precisavam exemplificar o comportamento zeloso e racional de uma pessoa livre; isso só deve nos intrigar se formos incapazes de compreender o modo pelo qual a auto-humilhação foi idealizada como uma virtude. Implicitamente, a ênfase na conduta apropriada coincidiu com a violência excessiva e indiscriminada do período pós-guerra.

As lições de *Plain Counsels* promoviam a nobreza do trabalho e criticavam a ociosidade enquanto procuravam reconciliar ex-senhores e ex-escravos. As seções intituladas "About Your Old Master" [Sobre seu antigo senhor] e "About White Folks [Sobre os brancos] enumeravam as predileções e os preconceitos dos brancos com o intuito de prevenir a insolência e outras afirmações de igualdade potencialmente problemáticas. Os libertos eram instruídos sobre regras de etiqueta racial que lhes permitiriam navegar de modo efetivo pelo ressentimento e pelo racismo dos brancos e se ajustar ao seu novo status sem criar turbulências desnecessárias. Uma vez que a tarefa da conciliação recaía, primeiro, sobre as costas dos negros, eram estimuladas a humildade e a paciência em suas interações com os brancos. Como "About Your Old Master" explicava, as dificuldades experimentadas pelos ex-proprietários de escravos como resultado da abolição da escravidão — a perda de riquezas, da propriedade escrava e dos filhos nos campos de batalha, além do "novo estado de coisas" — naturalmente induziam à raiva e ao ressentimento. Além disso, informava que ainda se passariam anos até que os antigos proprietários "abandonassem os ares e os modos de um senhor, assim como é difícil livrar-se dos hábitos dos escravos".[93] Não só os vestígios do passado deveriam ser suportados, como também as restrições do presente tinham de ser abraçadas de boa-fé. Alegava-se que essa explicação simpática do ressentimento branco era em benefício dos libertos, o que não surpreende; ou pelo menos é bastante consistente com o espírito geral de educá-los para uma "nova escravidão", uma vez que as lições de liberdade envolviam invariavelmente a adaptação dos libertos a uma nova ordem de relações laborais e sociais que transformava e reconfigurava aquelas próprias da escravidão. Instruir os libertos quanto aos "modos dos brancos" tinha como objetivo melhorar as interações entre os negros e seus ex-proprietários e outros brancos. Se os ex-escravizados considerassem as perdas sofridas por seus proprietários, poderiam compreender melhor as ações e atitudes dos brancos, e os sentimentos gentis seriam restabelecidos com mais rapidez. Os negros foram advertidos a "pensar gentilmente sobre seu antigo senhor [...]. Não discutam agora, mas unam seus interesses se puderem e vivam e morram juntos". Embora a escravidão tivesse sido abolida, esperava-se que os laços entre ex-senhores e ex-escravos durassem até a morte, ligando o trabalhador livre ao seu empregador para sempre. Essa servidão interminável já não necessitava da marca da mãe para a sua justificação. O dever e a coerção alcançaram esse fim. No novo estado de coisas, os laços de afeto e de interesses mútuos possibilitavam essa propriedade eterna.

A afeição familiar existente entre ex-senhores e ex-escravos acabaria por superar o ressentimento se os negros transitassem de maneira discreta pelos pontos sensíveis da emancipação. Essa reaproximação, que pressagiava os termos da reconciliação nacional, seria concretizada à custa dos negros.[94] Por meio dessa ressurreição de costumes da escravidão, juntamente com a retórica sentimental de reciprocidade, o passado continuou a perdurar nesse "novo estado de coisas". Ao fornecer uma justificativa para o ressentimento branco, *Plain Counsels* minimizava os danos impostos pelo "sentimento severo", particularmente o dano de estigmatização permanente do racismo e o reinado de terror iniciado por essa antipatia. Infelizmente, a boa conduta não conseguiria mitigar o domínio da coerção, do ressentimento, da violência e do terror. Clinton Fisk declarou a escravidão como um crime contra a humanidade por causa da revogação dos direitos naturais e descreveu as relações da escravidão como benéficas. *Plain Counsels* insistiu que os sentimentos gentis que existiam anteriormente entre senhores e escravos não haviam terminado com a Guerra Civil, como se a expropriação absoluta imposta pela escravidão fosse semelhante à lealdade e tivesse sido alcançada através do afeto mútuo, e não da violência desenfreada e da dominação brutal. Os aspectos da escravidão mais facilmente criticados nesses livros didáticos eram a dependência dos negros e as suas persistentes falhas de caráter exibidas na desonestidade, na libertinagem, na ociosidade, na irracionalidade e nos excessos suntuosos.

Plain Counsels afirmava que, apesar da raiva do antigo senhor em relação ao novo estado de coisas, ele ainda mantinha "uma espécie de afeição familiar e, apesar de seus sentimentos ruins, percebi [que] ele deseja ver você bem-sucedido".[95] Não é de surpreender que esse preâmbulo sobre afeto familiar tenha culminado na diretriz para permanecer onde se estava: "Não pense que, para ser livre, você deve se desentender com seu ex-senhor, juntar suas trouxas e marchar para uma cidade estranha. Isso é um grande erro".[96] A plantation era a esfera designada onde os negros superariam a influência desanimadora de pertencer a uma raça subjugada e alcançariam um mínimo de igualdade. Ficava claro, dadas as recomendações sobre uma conduta despretensiosa e modesta, que os negros não deveriam circular como iguais na sociedade civil, e que tampouco possuíam direitos que os outros fossem obrigados a respeitar ou autorização para nutrir ideias de igualdade sem correr o risco de acusações de que [a liberdade] "subiu à cabeça". Os limites trágicos da emancipação foram revelados na designação da plantation como o espaço imaginado de liberdade e felicidade; essa paisagem restrita foi considerada um lugar presumivelmente tão bom como qualquer outro lugar do mundo para explorar a experiência nascente de libertação. Os libertos poderiam ser tão "livres e felizes" no seu antigo lar "como em qualquer outro lugar do mundo".[97] Isso era verdade: a liberdade não era menos fugaz numa plantation do que em outra, nem mais fácil na Geórgia do que no Alabama.

Para muitos, a única evidência palpável de liberdade era a simples capacidade de se mover, como demonstrado pelo abandono em massa da plantation, apesar da decepção ou da perda experimentada no destino tão esperado.[98] Como recordou Felix Haywood, quando ex-escravos receberam a notícia de sua liberdade

> todo mundo ficou louco. Nos sentíamos heróis e ninguém nos fez assim a não ser nós mesmos. Sem mais nem menos, estávamos livres [...]. Ninguém tirou nossas casas, mas logo os negros começaram a se mexer. Eles pareciam querer chegar mais perto da liberdade, para saberem o que era, como se fosse um lugar ou uma cidade. [99]

Esse desejo colocou milhares de pessoas na estrada em busca de uma liberdade distinta e tangível. As expressões ambulantes de liberdade são detalhadas repetidas vezes nos testemunhos dos ex-escravos. A procura de um pai, filho ou amante, o desejo de regressar ao local de nascimento ou simplesmente vivenciar a liberdade através do exercício dessa mobilidade nascente. A locomoção era definidora da liberdade pessoal. Os *Commentaries* [Comentários] de Blackstone definem a liberdade pessoal em termos do poder de locomoção: "A liberdade pessoal consiste no poder de locomoção, de mudar a própria situação ou de se retirar para qualquer lugar que a inclinação pessoal possa direcionar, sem restrições, a menos que por devido processo legal".[100] A itinerância, a fugitividade, o nomadismo, a migração, a perambulação, a viagem sem rumo ou o "andar por aí" ocorreram abaixo do limiar da igualdade formal e dos direitos e articularam os limites da emancipação. É evidente que a liberdade experimentada estava na busca, e não no destino.

As advertências para permanecer na plantation, ficar no lugar, abster-se de afirmações de igualdade, oferecer a outra face quando confrontado com insultos e contornar com cautela o ódio branco atestam a reorganização da plantation e o caráter duradouro do servilismo, que era considerado necessário para navegar nas convulsões da Reconstrução. *Plain Counsels* começa com um sermão sobre a liberdade que proclamava com vigor os direitos naturais de todos os homens à vida, à liberdade e à propriedade e denunciava o grave crime da escravidão ao revogar esses direitos; ainda assim, o corpo da obra é dedicado à instrução sobre subserviência e humildade nas interações sociais inter-raciais. Dessa maneira, reconhecimentos regulares de indignidade, em vez de manifestações desagradáveis de igualdade, serviriam melhor aos negros em sua transição para a liberdade: "Alguns homens brancos vão se colocar num pedestal e desprezar você. Agora, em vez de fingir também e dizer: 'Eu sou tão bom quanto você', é melhor não dizer nada, ou se responder, diga: 'Eu não sou tão bom quanto deveria ser, como quero ser e como espero ser'".[101] A combinação de afirmações radicais sobre os males da escravidão com advertências conciliatórias e conservadoras para evitar a incitação de turbulência social, "não se dando ares" e permanecendo no seu lugar, muito parecidas com a avaliação judicial cada vez mais conservadora da Décima Terceira

Emenda e da medida de igualdade, preservou os incidentes e os vestígios da escravidão enquanto exaltava a sua abolição.

A boa conduta encorajada por tais conselhos facilitou a transição da escravidão para a liberdade, implorando aos libertos que continuassem nas velhas formas de subserviência, que implicavam principalmente a permanência na plantation como trabalhadores fiéis e obedientes, mas também incluíam hábitos, modos de comportamento em relações de trabalho, objetos de consumo, lazer e relações domésticas.[102] Em sua ênfase na conduta adequada, esses manuais que ensinavam formas apropriadas de ser livre ressuscitaram os papéis sociais da escravidão, agindo de forma não muito diferente da regulamentação do comportamento nos contratos de trabalho ou da criminalização da insolência nos Códigos Negros. As imposições pedagógicas à obediência e ao servilismo colocaram os libertos num papel totalmente semelhante àquele em que sofreram durante a escravidão. Esses textos proclamavam os direitos naturais de todos os homens e aconselhavam os negros a se absterem de desfrutar essa igualdade recém-conferida. Apesar das proclamações sobre o fim do chicote e a dádiva da emancipação, formas novas de servidão involuntária e formas rotineiras e espetaculares de violência foram empregadas para regular toda conduta que estivesse fora de sintonia com a condição de escravo. A vida cotidiana revelava os entrelaçamentos entre escravidão e liberdade.

TODO HOMEM É UM SENHOR

Se as declarações de igualdade eram evitadas para que não se corresse o risco de ofender os brancos, isso não significa que todas as oportunidades de autoaperfeiçoamento tenham sido prejudicadas por essas ordens reiteradas com vistas a retomar o comportamento social da escravidão. Embora os compromissos de liberdade fossem incessantemente negociados nos manuais, ainda se acreditava que cada homem possuía a capacidade de (re)fazer-se de acordo com seus ideais.[103] O discurso sobre autoaperfeiçoamento afirmava que nem a raça nem o emblema da escravidão deviam impedir as possibilidades de sucesso ou progresso.

A ênfase na criação de si representou uma tentativa de oposição aos argumentos racistas sobre as capacidades limitadas dos negros e a noção prevalente de que "o negro existe com o objetivo especial de cultivar algodão, arroz e açúcar para os brancos, e que é ilegítimo para ele entregar-se, como outras pessoas, à busca da felicidade à sua própria maneira", mas ao mesmo tempo relegou exclusivamente ao indivíduo o fardo do progresso próprio.[104] A história era sobrepujada pelo indivíduo, ungido como senhor de seu destino. O único impedimento ao avanço estava no eu. Outros obstáculos para o aprimoramento social e a independência eram convenientemente esquecidos, o fracasso sendo atribuído a deficiências de caráter e hábito. Ao indivíduo largado ao léu dos seus próprios esforços sugeria-se que o mercado proporcionava condições de concorrência equitativas e que a distribuição de prêmios se baseava nos esforços e nos méritos. Todo homem, de acordo com *Plain Counsels*, estava "abaixo de Deus, apenas pelo que ele faz para si mesmo; não importa se ele é branco ou de cor. Frederick Douglass nasceu escravo e não teve nenhum amigo para ajudá-lo [...]. Agora você está no comando e quero que você se torne um homem. Você fará isso?".[105]

Se a ênfase na responsabilidade individual e na criação de si atribuía, de maneira inevitável, a condição desgraçada dos negros às suas deficiências, a solução invariavelmente sugerida era "mostrar-se um homem", e a demonstração preferida dessa nova masculinidade era o trabalho obediente. Como declara John Freeman: "Somos homens agora e também somos homens livres; e temos de fazer exatamente o que os homens livres fazem. Você olha em volta e vê que todo homem livre, negro ou branco, trabalha para viver; trabalha, eu digo, não se mata de trabalhar".[106] A equação de homem e trabalhador combina o cultivo de si com as amplas capacidades do corpo trabalhador; estabelece o isomorfismo entre criar o eu e produzir objetos, comparando formas distintas de produção e, notavelmente, apagando a presença das mulheres no discurso da liberdade e restringindo o ato de criação de si à masculinidade. Essa ênfase na capacidade criativa de produzir e de construir a si mesmo identificava a liberdade como trabalho. Contudo, ao elogiar as amplas capacidades do corpo e a facilidade inata do indivíduo para a criação de si, várias técnicas de produção e utilização foram classificadas — "trabalhar para ganhar a vida" e "se matar de trabalhar" marcando a diferença entre a constância da dedicação e a mera subsistência e, em última análise, a responsabilidade da ociosidade.

O indivíduo preparado para enfrentar os desafios da liberdade e pronto para se tornar um homem era considerado capaz de se livrar dos vestígios da escravidão por meio de seus próprios esforços. As frequentes referências a pessoas brancas que haviam começado com menos do que os libertos e alcançado grande sucesso endossavam essa capacidade de criação de si. Tais comparações só seriam plausíveis se fechássemos os olhos para a instrumentalidade da raça como um veículo de subjugação e para a oposição branca a uma nova ordem social: "Muitas pessoas brancas que começaram a vida de casadas há 25 anos com tão pouco quanto você tem agora, e que trabalharam com suas próprias mãos por menos do que é pago a você [...] estão [agora] em condições muito fáceis". As pessoas brancas deveriam ser consideradas como uma prova viva das recompensas obtidas pelo trabalho duro, e não como exemplos dos privilégios concedidos pela branquitude. Certamente a raça importaria pouco se as recompensas fossem concretizadas com base no trabalho árduo e todos gozassem dos frutos de seu trabalho. A inocência voluntária da igualdade abstrata representava uma distribuição democrática de oportunidades no contexto da dominação racista, da violência generalizada e da exploração extrema, antecipando resultados que ofuscavam a condição do Sul. Além disso, a branquitude continuou a ser o porta-estandarte do valor, de modo que as possibilidades e oportunidades oferecidas foram inerentemente racializadas.

John Freeman and His Family representava as perspectivas de cidadania e masculinidade como inseparáveis da branquitude. Se os negros avançassem e modelassem a si próprios segundo os brancos, eles também poderiam receber as recompensas que estes últimos desfrutavam. John Freeman, levando a sério essa promessa, torna-se o imitador definitivo:

> Todos os bons costumes dos brancos, que chegaram ao seu conhecimento, inspiraram nele a ambição de fazer o mesmo; embora fosse humilde e

respeitoso como *subordinado*, ele estava ansioso para ser e fazer tudo o que faria dele um *homem verdadeiro*. Ele certamente tinha a ideia correta de masculinidade e liberdade [grifos meus].[107]

Infelizmente, John estava destinado a ser um imitador por causa da distância palpável entre a verdadeira *masculinidade* à qual aspirava e sua condição real de subordinado humilde e respeitoso. As distintas temporalidades da real condição de John (ele era um subordinado humilde e respeitoso) e sua ainda não realizada aspiração ("ele estava ansioso para ser [...] um homem verdadeiro") insinuam que, embora desejasse alcançar a medida da verdadeira masculinidade, ele podia não ser capaz de conquistá-la. *John Freeman* sugeria que o abismo entre os princípios universais da igualdade e as condições de sua realização talvez nunca fosse superado. Ficamos, então, a nos perguntar se o prometido gozo igualitário das recompensas materiais, como a própria masculinidade, era uma aspiração a não se realizar, ou se a liberdade oferecida com uma mão era tirada com a outra.

Era possível para John Freeman ser um subordinado humilde e um homem verdadeiro? As articulações entre raça, gênero e cidadania exigem que respondamos sim e não. Certamente, em termos formais, homens e mulheres negros, como indivíduos portadores de direitos protegidos pelo Estado, eram cidadãos. Entretanto, alcançar esses direitos e prerrogativas era outra questão. Não só a igualdade política era fortemente contestada e a igualdade social, combatida, como até mesmo o gozo dos direitos civis básicos era irrealizável, dadas as relações de poder e propriedade que ridicularizavam e negavam esses direitos elementares. O cidadão implícito da Constituição e sujeito de "nós, o povo" era o homem branco proprietário. A cidadania pressupunha a igualdade de pessoas abstratas e desencarnadas, e essa abstração dissimulava os privilégios dos homens brancos e da elite dominante. A suposta branquitude e masculinidade do cidadão transpôs o particular para o universal, permitindo que os homens brancos gozassem dos privilégios da abstração e de uma universalidade incorpórea.[108]

Na medida em que os negros eram desafiados a assumir os deveres da liberdade e a provar seu valor mostrando-se como homens, o masculinismo implícito da cidadania foi reforçado. No entanto, a tarefa de demonstrar a "masculinidade da raça" não foi simplesmente imposta de fora, mas também assumida como o brasão de uma cidadania negra emergente.[109] O peso considerável atribuído à masculinidade da raça determinou em grande medida a abolição da escravidão, a atribuição da cidadania e a eventual concessão do sufrágio masculino.[110] O serviço militar dos homens negros na Guerra Civil foi um fator importante na aprovação da Décima Terceira Emenda e da Lei dos Direitos Civis de 1866. (A guerra das mulheres contra a escravidão não figurou nos debates públicos sobre os contornos da liberdade.) A participação de mais de 200 mil homens negros no serviço militar tornou necessário que a nação reconhecesse os negros como cidadãos.[111] A importância atribuída ao serviço militar exemplifica o masculinismo da cidadania e, além disso, mostra que a própria cidadania é uma espécie de serviço militar. Essa concepção do cidadão-soldado, de acordo com Nancy Fraser, imagina o cidadão como "o defensor da política e o protetor daqueles — mulheres, crianças e idosos — que alegadamente não podem proteger a si próprios". O cidadão-soldado introduz uma divisão de gênero entre aqueles que protegem e aqueles que são protegidos e sugere que alguém alcançou a verdadeira masculinidade através do teatro ritual do fratricídio e estabeleceu a sua humanidade pela capacidade de matar e pela disposição de morrer.[112] *Advice to Freedmen* defendia esse sentimento ao observar que a presença de combatentes negros confirmava que "os homens de cor valoriza(va)m a liberdade o suficiente para lutar por ela". (Essa disposição de morrer negava o status de escravo, uma vez que, em teoria, o escravo havia perdido sua liberdade pessoal para salvar sua vida.) O soldado cumpria a obrigação do cidadão de "apoiar o governo e ajudar a salvar nosso país e suas instituições".[113]

Como homens e cidadãos, os negros estavam implicitamente envolvidos na representação mimética da identidade e dos direitos. Certamente, a formação da masculinidade de John Freeman foi modelada dessa maneira: "Um propósito de fazer o que era certo, uma vez que ele sabia como se animar diariamente, e o desejo ardente de se elevar acima da esfera degradada em que sempre existiu, de viver e pensar, aprender e fazer como os brancos, nunca diminuíram por um momento sequer".[114] O mimetismo, segundo Homi Bhabha, é uma produção do sujeito como o mesmo e como o outro. O homem mímico é uma representação parcial do sujeito dominante; no entanto, ele não se sente tranquilizado por esse deslocamento, mas ameaçado. O familiar transportado para o distante torna-se estranho e grotesco.[115] Contudo, a ameaça ou perigo que possivelmente acompanha esse deslocamento e a reprodução do dominante foi minimizado pela distância tranquilizadora que separava o homem verdadeiro e John Freeman. Apesar do desejo inabalável de "fazer o que é certo", de se elevar acima da sua "esfera degradada" e de "fazer como os brancos", que animava todos os dias de John Freeman, ele permaneceu preso nessa esfera degradada. Seus esforços de autopromoção foram ridicularizados pela sutil insinuação de uma barreira intransponível na passagem entre essa esfera em que ele sempre existiu e a esfera celestial do direito, da igualdade e da branquitude. Essa barreira intransponível era a negritude. O perigo do mimetismo foi eclipsado pelo conforto do espetáculo dos menestréis. A necessária subordinação dos negros barrou a ameaça da "verdadeira masculinidade".

A ansiedade e o desconforto em torno da masculinidade negra foram registrados na demanda ambivalente de "mostrar-se homem". Esse comando lembra a exibição obrigatória do valor negro no leilão de escravos. O medo e o desejo influenciavam a diretriz, pois o liberto era obrigado a provar sua hombridade e a permanecer um subordinado humilde. Esse delicado ato de equilíbrio exigia que ele exibisse e encobrisse a verdadeira masculinidade com a facilidade de um ilusionista — agora você vê; agora você não vê. A obrigação de exibir dessa forma o eu contrariava a intenção declarada da diretriz. Como o sujeito, exibido diante do escrutínio do olhar do examinador, representava a masculinidade? Será que a ostentação da hombridade negra diante de inquisidores, céticos e inimigos brancos estabeleceria a vitalidade e o valor da raça? Poderiam tais exibições estabelecer outra coisa que não a distância entre o ex-escravo e o verdadeiro homem?

A relação entre o tenente Hall, um oficial do exército da União que auxiliava na transição da escravidão para a liberdade, e John Freeman sublinha a distância entre o autêntico e o mimético, ou entre o verdadeiro homem e o liberto. O tenente branco, cumprindo seus deveres missionários com os "africanos ignorantes" dos Estados Unidos, é salvador, pai e disciplinador. Concede a John o nome Freeman: "Era um novo nome, distinto, livre da escravidão, saboreando a vida de liberdade e direitos iguais na qual ele estava entrando. Ele estava determinado a nunca desonrá-lo pela ociosidade ou falta de integridade, ou por qualquer ato indigno de liberdade; e ele desejava sinceramente que aqueles que o carregassem, como ele, o estimassem e valorizassem como ele fez".[116] O sobrenome é atribuído, e não adotado, de maneira que a conotação de independência e a dignidade que se pretende conferir é prejudicada. Figurativamente, amplia o alcance patriarcal do tenente ao conferir o patronímico. O sobrenome, à luz disso, não expressa apenas a nova condição de John e a ambivalência dessa condição, mas também designa o tenente Hall como um pai branco.

Henry Banner, um ex-escravo, notou ironicamente que o sobrenome era a única herança de liberdade:

> Os escravos não esperavam nada. De alguma forma, se ouvia falar que eles iriam nos dar quarenta acres e uma mula. Fomos todos para a cidade. Eles me perguntaram a quem eu pertencia e eu disse que meu senhor era Banner. Um homem disse: "Meu jovem, eu usaria o nome da minha mãe se fosse você". Eu disse a ele que o nome da minha mãe também era Banner. Então ele abriu um livro e me contou todas as leis. Me disse para nunca usar outro nome a não ser Banner. Essa foi a única mula que me deram.[117]

No relato de Banner, o sobrenome não confere a verdadeira hombridade, apenas o paradoxo da emancipação e da expropriação, que é o único legado do escravo. O sobrenome aqui denota "a presença zombeteira do pai captor", para usar o termo de Spillers, e a herança de expropriação que engendra o afro-americano. É um substituto pobre para o que é devido e uma forma inadequada de reparação, sendo "toda a mula" que Banner recebeu.

Em *John Freeman*, o patronímico anuncia a lei do pai e o seu legítimo direito à sua esposa, Clarissa, e aos seus descendentes, marcando a mudança decisiva na economia reprodutiva da liberdade. A esposa e os filhos de John são postos sob seu controle e domínio em virtude de seu sobrenome: "Você deve dar à sua esposa o mesmo sobrenome, então, lembre-se, e a todos os seus filhos. Assim saberemos que todos vocês pertencem um ao outro. Vocês serão a família Freeman".[118] Quando Clarissa é chamada pela primeira vez de sra. Freeman, ela fica maravilhada com sua nova aquisição: "Ela nunca foi chamada de sra. Freeman antes. Isso é muito coisa de gente branca, ela pensou consigo mesma, e agora devo honrar o nome, como John diz".[119] No entanto, essa aquisição, valorizada pela simulação da branquitude, e não pela nova ordem de relações conjugais e contratuais que anuncia, pressagia tanto a sua liberdade como a sua morte como sujeito civil. Na doutrina da dissimulação, a esposa existia sob o disfarce do status e da identidade do marido; portanto, as mulheres casadas foram incluídas na personalidade civil dos homens.[120] No entanto, as mulheres libertas existiam dentro e fora do cerco privado da domesticidade, uma vez que a sra. Freeman atendia às exigências de trabalhadora, cuidadora e dependente legal. É importante notar que essas cartilhas tratavam as mulheres libertas da mesma forma que os homens em um aspecto: esperava-se que trabalhassem e sustentassem suas famílias.[121]

Assim como as ansiedades sobre a prosperidade nacional e a ordem social exigiam que os libertos provassem seu valor, exibissem suas capacidades, confirmassem sua lealdade aos ex-senhores e praticassem a temperança, a moderação e a humildade, a responsabilidade de cada cidadão de assumir sua parte do fardo comum e aumentar a força e a riqueza da nação criou uma curiosa domesticidade na interface entre público e privado, regulada pelo Estado.[122] A ênfase na domesticidade ordenada é mais bem compreendida em relação a questões de prosperidade e higiene, criação de novos cidadãos trabalhadores, policiamento do privado e estratégias de racismo do Estado. A limpeza e a ordem doméstica confluem com a estabilidade social, a saúde econômica, a segurança e proteção e a erradicação da ociosidade. Nesse caso, a família não cria uma barreira para os valores do mercado; pelo contrário, o doméstico é valorizado porque é essencial para administrar famílias trabalhadoras, inculcando ideias adequadas de assentamento e estabilidade, regulando populações e nutrindo indivíduos responsáveis e racionais. A complementaridade entre casa e trabalho pode ser percebida na desatenção geral às virtudes femininas e no imperativo de que todos os membros da família trabalhem. Se o gênero da mulher escrava se torna inteligível através de um cálculo de dano e herança, então ele deve ser reconsiderado aqui dentro de uma economia diferente de parentesco e reprodução, expropriação e servidão. Em questão estão o papel ambíguo da sra. Freeman e o trabalho de normalização conduzido na esfera doméstica.

Muitos estudos excelentes foram escritos sobre a agência das mulheres na esfera privada, sobre a domesticidade como uma alegoria do desejo político e sobre o casamento como o símbolo da "libertação e do direito à democracia e ao desejo".[123] A linha de raciocínio empreendida aqui não pretendeu subestimar a alegria experimentada na criação e manutenção de famílias para aqueles que durante muito tempo foram privados desse benefício, ou minimizar a ação das mulheres dentro do agregado familiar, ou apresentar a família como uma instituição monolítica e uniformemente opressiva, mas considerar a questão da família no que diz respeito às questões de formação racial e de classe e ao governo do social.[124] O advento da liberdade situou as mulheres e as crianças negras num lugar de controle e proteção patriarcal que significava as conquistas da liberdade. No entanto, a privatização das relações conjugais e familiares não garantiu a proteção das mulheres nem contra a violência de estranhos nem contra a de seus cônjuges.[125] Os conflitos e tensões dentro da família liberta resultavam por vezes no abuso físico das mulheres. Além disso, a segurança e o conforto ilusórios do espaço privado exigem que esqueçamos os tipos de violência a que as mulheres estão sujeitas dentro de casa, ou no lar privado como um enclausuramento. Tradicionalmente, a esfera privada designa a liberdade dos homens em relação ao Estado e às invasões de outros e garante a custódia das mulheres e crianças, e não a segurança das mulheres. Isso não serve para argumentar que as mulheres libertadas fossem controladas por seus maridos nem que não gozassem de certa autonomia em suas vidas pessoais, mas para destacar a constituição masculinista do privado e os ônus que permitiram aos homens garantir a sua liberdade. Da mesma forma, a santidade do privado não protegeu mulheres ou homens negros de ataques racistas em suas casas.

Tem sido argumentado com vigor que a domesticidade e a consequente reprivatização da sexualidade feminina dentro das redes de parentesco em comparação com as redes do cativeiro foram avanços marcantes em relação à escravidão e grandes saltos na estrada do progresso negro, considerando a destruição das relações natais e conjugais sob a escravatura. No entanto, aqui apresento uma leitura diferente, menos preocupada em celebrar a conquista da domesticidade heterossexual do que em ilustrar a permeabilidade do parentesco às incursões do capital e do Estado. Embora a capacidade de estabelecer e manter relações familiares não deva ser minimizada, a família também não deve ser naturalizada como medida do progresso racial. Pelo contrário, a utilidade da família como mecanismo de racismo do Estado e de reprodução social atenua as afirmações de progresso. Na verdade, no âmbito da família é articulada uma preocupação partilhada sobre questões de higiene racial, moralidade e prosperidade. A articulação da política negra no âmbito da família é muitas vezes consistente com os esforços reguladores do Estado. A articulação doméstica de uma política de elevação racial corre o risco de deslocar o político, endossando uma economia moral repressiva e privilegiando a família como local de reprodução de valores raciais. A configuração mutável das relações familiares não pode ser vista como inerentemente progressista ou opressiva, mas como uma instituição cambiante, ou, como descreve Jacques Donzelot, "uma forma incerta cuja inteligibilidade só pode advir do estudo do sistema de relações que mantém com o nível sociopolítico".[126]

UMA CURIOSA DOMESTICIDADE, UMA FORMA INCERTA

A transição para um sistema de trabalho livre exigiu que a família funcionasse como unidade de trabalho e local de reprodução social, impondo um novo conjunto de obrigações e expectativas a esse parentesco ferido e emergente. Assim como a diferença entre "se matar de trabalhar" e "trabalhar para ganhar a vida" fornecia uma medida da aptidão do ex-escravo para a liberdade e uma escala de desenvolvimento, a domesticidade era contrastada com a itinerância e a subsistência daqueles que pretendiam escapar ao sistema contratual. Uma família ordenada e estabelecida, governada por um patriarca, era sinal de civilização e desejo racional. Nas cartilhas, questões familiares e de domesticidade emergem de modo oblíquo e em relação a questões de trabalho, higiene, progresso e disciplina. Nessas representações da economia doméstica, o social entra em cena — isto é, o espaço híbrido que move as linhas do público e do privado com o propósito de garantir o bem público, como a saúde, a segurança e a moralidade das pessoas. Os conselhos dados nas cartilhas acerca dos arranjos domésticos e íntimos eram um componente crítico de um discurso mais amplo sobre a gestão dos trabalhadores pobres, a erradicação do pauperismo, a anexação da casa ao local de trabalho e a domesticação de classes antissociais, perigosas e itinerantes. A importância da domesticidade e da implantação de uma ideia adequada de vida doméstica foi elaborada em textos como *Public Relief and Private Charity* [Assistência social e caridade privada], de Josephine Shaw Lowell, e *A Handbook of Charity Organization* [Um manual da organização de caridade], do reverendo S. Humphreys Gurteen.[127] Esses tratados teóricos e práticos sobre a erradicação do pauperismo e a implementação de formas eficazes de ajuda humanitária que não produzissem dependência compartilham uma linguagem comum com os manuais dos libertos. Uma convergência de questões relacionadas a associação, higiene, trabalho árduo e frugalidade adequados se estende para além da esfera imediata da família e da pobreza e alcança os temores sobre a prosperidade nacional e a saúde do corpo social. Essas ansiedades e medos seriam cruciais para o aval da segregação racial em *Plessy vs. Ferguson*.

A segunda edição de *Advice to Freedmen* trouxe um novo capítulo sobre a vida em casa, que imprimia grande ênfase na associação e na higiene na sua representação de um cotidiano doméstico devidamente regulamentado: "Até agora, embora pai, mãe e filhos tenham residido na mesma cabana, vocês em grande parte não viveram em família. Esperamos que em breve haja uma mudança para melhor nesse aspecto. E como é agradável, ao voltar do trabalho diário no campo, sentar-se numa sala arrumada, onde tudo está em ordem, os móveis livres de poeira, o chão e a lareira bem varridos e o teto e as paredes bem caiados de branco". A convivência define o lar, mas esses arranjos são ameaçados pela sujeira e pela desordem, que não só apresentam perigos físicos na forma de doenças e pestilências, como também indicam imoralidade. A higiene — o asseio das pessoas, a necessidade de ar fresco, a limpeza da roupa de cama, o não dormir com as roupas do dia a dia — é tão importante quanto fazer as refeições em família em um sistema de "geração e regularidade na gestão dos assuntos domésticos" e "cultivar aquelas maneiras e hábitos graciosos que distinguem a sociedade cultivada e refinada".[128] Brinckerhoff induz os libertos a seguirem com rigor tais orientações, não apenas para fins de cultivo e refinamento moral, mas também para combater a doença que aflige seus filhos devido à falta de higiene pessoal.

A ênfase na higiene expressa preocupações maiores sobre o bem-estar nacional, uma vez que o asseio legitimou, se não provocou, o policiamento das habitações e o estabelecimento de diretrizes para o casamento e outras formas de associação social, particularmente aquelas consideradas perigosas ou desestabilizadoras da ordem social. Regular a higiene ou garantir a saúde pública era um aspecto fundamental do poder de polícia do Estado.[129] No governo da pobreza, como observa Giovanna Procacci, a higiene fornece uma "grade para a leitura das relações sociais, um sistema que serve ao mesmo tempo para canalizá-las e para inventar novos caminhos de circulação que sejam mais 'ordenados' e mais decifráveis".[130] Administrar a imoralidade, a indolência, a criminalidade e a doença era o alvo dessas lições de higiene, e elas estavam fundamentalmente aliadas à Reconstrução, ao retorno da prosperidade nacional e à reunificação, à pureza e à elevação da raça branca e ao estabelecimento de uma classe trabalhadora negra responsável e domesticada. A coincidência entre a boa administração doméstica e a prosperidade nacional é claramente articulada em *John Freeman*, que utiliza os recursos da literatura sentimental, especificamente a cozinha, como o microcosmo da nação e a ética da submissão. Como nota Gillian Brown, na política interna do sentimentalismo, "a uniformidade e a limpeza na cozinha são profundamente importantes, uma vez que esses hábitos criam um padrão de harmonia para os Estados Unidos".[131] No entanto, a economia doméstica não está separada nem se opõe ao mercado, mas é concomitante a ele. Por causa disso, a família, em sua maior parte, não é tratada como um território especial das mulheres. *Advice to Freedmen*, *Friendly Counsels* e *Plain Counsels* associam o lar bem administrado e ordenado à transição da escravidão para a liberdade e ao nascimento do eu proprietário. Os entrelaçamentos entre Estado e família, capitalismo e agregado familiar iluminam a não autonomia do privado.

As visões de domesticidade promovidas nesses textos representam a família como uma unidade de trabalho. Assim, a casa está a serviço da plantation e do mercado, e sua gestão adequada estabiliza e induz bons hábitos nas classes trabalhadoras. O discurso sobre domesticidade visa principalmente combater a degradação moral e a ociosidade. Tem o objetivo de administrar as classes trabalhadoras e os pobres, e não de criar uma esfera protegida fora das relações de mercado. Até mesmo a guardiã do lar, a sra. Freeman, participa do mundo do mercado como trabalhadora, lavando roupas, o que mais uma vez elimina as distinções entre o lar e o mundo exterior. É importante notar que todos esses manuais estimulavam as mulheres libertas a trabalhar, apesar dos desejos contrários exibidos por elas no êxodo em massa de mulheres e crianças do campo.

A desordem doméstica era considerada responsável pela criminalidade e por uma série de outros pecados, desde a vaidade e o consumo de tabaco e bebidas alcoólicas até o roubo. Em *John Freeman*, a srta. Horton tenta erradicar os "hábitos velhos, preguiçosos e imundos das senzalas" que ainda estavam presentes nos libertos, dando-lhes lições de higiene durante suas visitas regulares às casas. É claro que a desordem que ela observa nessas habitações indica que os libertos não possuem "a verdadeira ideia de lar".[132] A srta. Horton não é apenas a professora e amiga da raça, mas a visitante domiciliar com uma missão.

Ao visitar as mulheres, a srta. Horton esquadrinhava imediatamente a sala, detalhava os problemas e identificava as mudanças necessárias. Enquanto seus olhos examinavam um cômodo, ela ficou surpresa "que uma mulher com um vestido tão arrumado, como Clarissa, pudesse viver em um lugar tão cheio de lixo e imundo; e ela decidiu dar algumas dicas úteis para a nova conhecida". Clarissa está determinada a seguir essas dicas menos por causa da importância do asseio e mais por sua inclinação para a imitação. O asseio não é apenas uma virtude, mas também uma expressão de branquitude, pelo menos até onde Clarissa consegue discernir. As virtudes da domesticidade e a imagem perfeita dos arranjos heteronormativos eram indistinguíveis da branquitude e da família burguesa. A ligação da branquitude com a pureza, a limpeza, a moralidade e a saúde corrobora uma política de contágio que servirá para justificar a segregação e autorizar as estratégias racistas do Estado para garantir a saúde do corpo social. A esse respeito, o desejo de Clarissa de ser "tão próxima dos brancos quanto possível" evidencia a associação entre raça e higiene ou, mais especificamente, entre pureza e branquitude, que dá forma aos imperativos biopolíticos do Estado do século 19.

A falta de limpeza e a desordem doméstica são associadas a depravação moral, hábitos animalescos e criminalidade. A conexão entre higiene e perigo social é demonstrada no caso de Sam Prentiss. Sam era orgulhoso, usava roupas elegantes, botões brilhantes e outras coisas que não podia comprar, fumava e mascava tabaco e bebia uísque. Para manter esses hábitos, roubava dinheiro de seu empregador, motivo pelo qual foi preso. Clarissa, sentindo pena da mãe dele, Prudence, e do sofrimento e da vergonha que a prisão do filho lhe causara, faz-lhe uma visita. Com o aprendizado dos princípios da administração doméstica, Clarissa reproduz literalmente a cena anterior; ela fica no lugar da srta. Horton, e Prudence desempenha o papel de uma versão mais miserável do antigo eu de Clarissa. O narrador onisciente descreve a cabana escura, suja e miserável de Prudence, e quando Clarissa entra na cabana, ela olha ao redor e confirma essa avaliação. A falta de habilidades domésticas de Prudence e sua casa suja e desorganizada, cheia de louça por lavar, são tão responsáveis pela criminalidade de Sam quanto seus próprios maus hábitos. Os hábitos de consumo de Prudence coexistem com os dele. Ela não sabe como usar suas provisões de modo adequado e as consome todas de uma vez.¹³³ Esse excesso de consumo está associado à sujeira e à desordem, à ingestão de tóxicos e ao comportamento criminoso. Contudo, como resultado da instrução de Clarissa, Prudence passa a encarnar a virtude denotada por seu nome. Quando Sam é libertado da prisão, ele retorna para um lar alegre e agradável, o que o faz se sentir melhor e o induz a tentar fazer melhor: "Como sua mãe estava se esforçando para ser inteligente, ele tentaria fazer melhor".¹³⁴

A esfera doméstica elaborada nesses textos representava um limiar entre o público e o privado, e não uma esfera privada fortificada. Nesses retratos, a fragilidade do privado era exemplificada pela intrusão de estranhos e "amigos da raça" que policiavam a gestão dos assuntos domésticos, ultrapassando regularmente a fronteira entre o lar e o mundo. Os reformadores sociais do século 19 consideravam a visita domiciliar essencial para erradicar hábitos de preguiça e aumentar a dignidade moral dos pobres. *A Handbook of Charity Organization*, de Gurteen, afirmava que a principal necessidade dos pobres — podemos facilmente substituí-los pelos libertos — era

> o apoio moral da verdadeira amizade — a posse de um amigo verdadeiro, cuja educação, experiência e influência, cujo conhecimento geral da vida, ou conhecimentos especiais da economia doméstica, são postos a serviço daqueles que não têm nem a inteligência, o tato, nem a oportunidade de extrair o máximo de benefício dos seus recursos escassos.¹³⁵

A visitante domiciliar foi a antecessora da assistente social; ela distribuía conselhos domésticos e avaliava o caráter e o desenvolvimento dos libertos.¹³⁶ As idas da srta. Horton se enquadram no gênero da visita filantrópica; a avaliação do progresso, a inspeção da ordem, o exame da higiene doméstica adequada e a distribuição de conselhos eram os propósitos da visita.

A casa era o cenário máximo de vigilância; uma cerca que precisasse ser caiada, uma casa empoeirada ou uma criança desobediente, portanto, convidavam a julgamentos punitivos. A descrição da boa vida, embora supostamente relacionada aos prazeres proporcionados por uma esfera doméstica bem administrada, autorizava o olhar normalizador, que através da observação detalhada de todas as áreas da vida julgava a adequação dos ex-escravizados à liberdade e sua conformidade com as regras de gestão doméstica. Como aconselha *Friendly Counsels*:

> Torne as coisas o mais agradáveis possível dentro e ao redor de sua casa. Que diferença faz!... Agora, quando um estranho se aproximar de sua casa, deixe-o notar um lindo jardim, com flores e plantas, tudo bem cuidado. Quando ele entrar, deixe seus olhos se alegrarem ao ver como tudo está bonito, como o chão está bem varrido, como brilham os utensílios de metal. Deixe-o notar alguns livros, com marcas de estudo ou leitura neles [...]. Ao olhar ao redor, seria agradável se ele pudesse ver um pequeno quadro aqui e ali pendurado na parede, ou um vaso de flores com uma linda rosa ou uma rosa desabrochando, mostrando que você gosta dessas coisas. Ele diria: "Bom, isso parece liberdade. Acho que vocês devem ser uma família muito feliz". Será uma visão muito bonita para mostrar a alguns que afirmam que é inútil tentar elevar ou aprimorar a condição da raça de cor.[137]

Sob a avaliação inspetora e o escrutínio do olhar do estranho, cada item da casa era repleto de significado e preso num drama moral em que a desordem e a ineficiência decidiam o destino da pessoa. Sanções aguardavam aqueles que estavam fora do âmbito do comportamento aceitável. A inculcação de bons hábitos era obtida através da criação de uma sensação de hipervisibilidade. A crua intervenção do poder assume a forma do estranho, ou do "amigo da raça". O visitante personificava de modo figurado o poder de polícia do Estado de fiscalizar e supervisionar questões familiares, de sexualidade e higiene, que eram necessárias para manter a saúde e a segurança da sociedade. O bem público sustentava a invasão do privado e, assim como a entrada do amigo/inspetor, essa vigilância determinava se todos os objetos e pessoas estavam em seu devido lugar.

Embora ideologicamente designado como a suposta esfera da liberdade, o privado não conseguiu se salvaguardar contra as intrusões de indivíduos ou do Estado.[138] Em vez disso, o lar era uma extensão do local de trabalho, mais especificamente da plantation, e estava sujeito às imposições de inspetores da caridade como a sra. Horton e aos regulamentos do Estado. Aqueles que não tivessem uma "casa adequada" poderiam ser presos por vadiagem e alugados ou ser privados dos filhos, correndo risco de prisão, quando não de morte, por violarem regras de higiene racial relativas às relações sexuais e conjugais. As fronteiras mutáveis do privado também eram utilizadas para restringir a mobilidade e a liberdade de associação dos negros, designando grande parte do espaço público como domínio privado e exclusivo dos brancos. O santuário do privado era violado com frequência, muito diferente do retrato da domesticidade anunciado pela cultura do sentimento e pelos expoentes da economia doméstica. Claramente, as questões íntimas estavam subordinadas aos interesses econômicos e aos imperativos sociais da ordem pós-guerra. A privacidade do privado era bastante tênue. A domesticidade proposta nesses textos revelava a utilidade do agregado familiar para o mercado, bem como a regulação do privado através de técnicas de disciplina e normalização.[139]

PERIGOS VIZINHOS, RELAÇÕES CORRIQUEIRAS

Em *Southern Planters and the Freedmen*, um guia para a amargurada classe dominante da plantocracia, Jared Waterbury observa que a saúde e o bem-estar da nação dependiam da capacidade de controlar e conter os perigos representados pela presença de negros libertos dentro do corpo político. O manual torna explícitos os fins instrumentais do cultivo racional e moral: a produção de trabalhadores servis e obedientes e a gestão de uma população potencialmente ameaçadora dentro do corpo político. O trabalho de moldar os libertos em sujeitos racionais e morais é explicado sobretudo em termos de perigos sociais e corporais, da ameaça de desordem e dos perigos apresentados pela proximidade física de homens sensuais e infantis governados por paixões. *Southern Planters* revela que o cultivo é fundamentalmente um trabalho de disciplina e regulação. Empregando a linguagem do sentimento, Waterbury primeiro apela à reciprocidade da relação senhor-escravo ao delinear as obrigações dos proprietários para com os libertos: "Os longos anos de trabalho desses escravos pacientes, e na maioria dos casos fiéis, agora que são livres, impõem aos seus antigos senhores um compromisso de simpatia e obrigação". É uma obrigação paterna que ordena os proprietários a ajudar na elevação moral e na educação dos libertos. Contudo, se motivos nobres não inspiram, Waterbury adota uma estratégia infalível; ele explora instintos básicos e sugere os perigos ocultos que aguardam a mistura de um elemento inculto e passional com os civilizados:

> Os proprietários têm um interesse direto em educar e elevar essa grande classe trabalhadora com a qual deverão daqui em diante, e por um longo tempo, manter contato íntimo. [...] Estar cercado por hordas de homens e mulheres, tão diferentes dos brancos em seus antecedentes; tão marcados e contrastantes em seus traços físicos; que possuem a força da masculinidade e a paixão das crianças; estar em contato constante com eles, como criados domésticos e trabalhadores e servos do campo, deve tornar evidente aos homens razoáveis e reflexivos que alguma cultura é absolutamente necessária para garantir segurança e conforto.[140]

Ao doméstico é atribuído um papel fundamental na gestão dessa população negra ameaçadora. O cultivo da razão e da moralidade é necessário para manter a segurança e o conforto. A ameaça que espreita no espectro dos homens poderosos e infantis e nas relações corriqueiras entre duas raças muito diferentes beira o indecente e, sem as restrições impostas pela educação e pelo desenvolvimento, uma associação tão estreita representa grandes perigos. O corpo — suas características físicas e sua grande força, a vasta diferença entre as raças, a primazia do elemento sensual — incita medos sobre a proximidade e a intimidade. Em outras palavras, como poderá essa classe trabalhadora livre ser incorporada no corpo político como cidadã, mantendo ao mesmo tempo a integridade da branquitude? Para que as raças vivessem confortavelmente lado a lado, o cultivo das hordas negras era essencial, a fim de que os perigos de tal proximidade não rasgassem o tecido da ordem social:

É do seu interesse e segurança colocar o negro num trajeto de melhoria para que o sensual não engula a vida intelectual. Sua hombridade deve ter se desenvolvido pela educação ou ele permanecerá na escuridão e na depressão; e quem poderia suportar morar em meio a massas de homens e mulheres cujos impulsos ardentes são restringidos pelo desconhecimento de suas relações com a sociedade e com Deus?[141]

Somente o trabalho de cultivo de si permitiria aos libertos exercer e desfrutar adequadamente os privilégios dos quais ainda eram indignos: "Passo a passo, ele deve conquistar aquela posição social e moral que justificará sua reivindicação ao privilégio da cidadania, e o isentará dos privilégios que até então lhe negaram seu exercício".[142] A necessidade de justificar a reivindicação dos privilégios de cidadania indica, sem dúvida, uma suspeita persistente sobre a dignidade dos negros e expõe o abismo entre a concessão de direitos e a capacidade de exercê-los. Os libertos são obrigados a "defender, manter e insistir no reconhecimento" dos seus direitos inalienáveis e naturais.[143]

A ênfase posta na moldagem de um sujeito razoável e moral, restrito pelo reconhecimento de Deus e das relações sociais, sugeria a mudança no registro da negritude, passando da raça-status — a negritude atribuindo status de escravo — para a raça formal — uma concepção "neutra" de raça sustentada por noções de diferenças biológicas e culturais.[144] A abolição da escravidão presumivelmente anunciou o fim da subjugação baseada na raça ou na servidão, mas a ascendência da raça formal — isto é, diferenças raciais imutáveis e naturalizadas — perpetuou o "estigma de inferioridade com base na raça" ou "dano estigmático", para empregar a linguagem de *Brown vs. Board of Education*, sob o pretexto de neutralidade e objetividade.[145] Embora os libertos já não "sentissem as influências desanimadoras de pertencer a uma raça subjugada", esperava-se que eles "tivessem de lutar contra dificuldades e constrangimentos decorrentes da escravidão recente, ou relacionados com uma repugnância social fundada principalmente em características físicas".[146] O conflito entre a igualdade no corpo político e a presença física ameaçadora da negritude também esteve em questão nos debates relativos à Décima Quarta

Emenda e às Leis dos Direitos Civis de 1866 e 1875. A "repugnância do físico" denota a abjeção da negritude e explica a incorporação ambivalente e incerta de cidadãos negros no corpo nacional e a contenção ou cerco da negritude necessários para manter a integridade da branquitude.[147] Essa aversão visceral reinscreveu as degradações da escravidão, embora aumentada pela antipatia incitada pela percepção dos perigos da liberdade — a proximidade das raças que vivem lado a lado, os impulsos ardentes e as paixões indomadas dos incultos.

O perigo associado à proximidade de corpos negros e brancos alimentou a ansiedade desencadeada pela igualdade jurídica dos cidadãos — em particular, a masculinidade ameaçadora do homem liberto dotado de direitos e privilégios. Foi essa ansiedade que invariavelmente associou a igualdade à miscigenação e ao risco da sociabilidade promíscua, que ameaçava a linha providencial traçada entre as raças. A coexistência pacífica das raças, segundo Waterbury, dependia não apenas da educação dos negros, mas da manutenção da linha inabalável que as separava e estabelecia a superioridade dos brancos: "As duas raças devem, parece provável, viver lado a lado nos próximos anos. A fusão não é desejável. Uma linha ampla, distinta e separadora foi fixada por uma Providência onisciente".[148] O direito também acabaria por aderir a uma "Providência onisciente" e atuaria no sentido de restringir a liberdade e repartir a igualdade em conformidade com a linha de cor; como resultado, a cidadania conferida aos negros reproduziu as marcas duradouras da inferioridade. Como o próprio Waterbury admitiu, apesar dos esforços de autoaperfeiçoamento empreendidos pelos libertos, "o africano ainda deve reconhecer a superioridade da raça saxônica".[149]

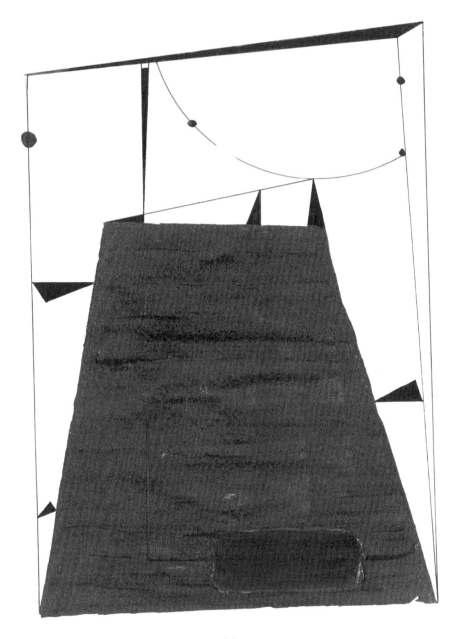

a manhã negra

Instinto e dano: a desigualdade justa e perfeita da linha de cor

> *Mas quando um feito é realizado para a escravidão, casta e opressão, e um golpe recai sobre o progresso humano, seja intencionalmente ou não, o coração da humanidade adoece em tristeza e se contorce em dor.*
> Frederick Douglass,
> *A vida e a época de Frederick Douglass*

> *Há certas palavras que são consideradas tão universalmente danosas a uma pessoa em suas relações sociais ou de negócio, se faladas a seu respeito, que os tribunais sustentaram que o orador de tais palavras está sujeito a um processo por calúnia, e os danos são passíveis de compensação ainda que a pessoa sobre a qual as palavras foram ditas não prove que sofreu qualquer dano especial decorrente de tais palavras ditas a seu respeito [...]. Desde tempos primordiais, foi sustentado como calúnia, passível de processo* em si, *dizer de um homem branco que ele é um Negro ou parecido com um Negro.*
> Gilbert Thomas Stephenson,
> *Race Distinctions in American Law*
> [Distinções de raça no direito norte-americano]

Em "The Freedman's Case in Equity" [O caso do liberto em termos de equidade], George Washington Cable, refletindo sobre os sentimentos raciais aversivos que tinham adquirido o status de instinto divino no rescaldo da Guerra Civil, notou que acima de tudo, entre os sentimentos responsáveis pelas restrições das liberdades dos libertos, estava a ideia de que o africano era inerente ou inalteravelmente "um estrangeiro". A convicção de que o africano, por decreto da natureza, seria um "subalterno perpétuo" e um malfeitor incorrigível também era identificada como algo que incitava essa qualificação das liberdades. Era convocada como evidência dessa servilidade inata a disposição animada do escravo, e obscureciam essa amabilidade o vício e a depravação que se presumia residir em toda e qualquer gota de sangue negro.[1] Conectando à instituição da escravidão a fonte dos sentimentos que alimentaram a "odiosa distinção" racial e as "humilhações públicas" sofridas por negros, Cable observou que, embora tivesse destruído a fundação da raça que governa e da raça que serve, a guerra assim o fizera "sem remover um único sentimento no qual [as raças] se enraizavam".[2] Ao contrário, solidificara esses sentimentos: "Quando o escravo se tornou um homem livre, o sentimento de alienação se tornou completo pela primeira vez".[3] Sem a ilusão dos "laços patriarcais" ou os "sentimentos benevolentes de dependência ou proteção", o africano parecia somente um intruso e um perigo para a ordem social.

Se, como Cable afirmava, o maior problema social diante do povo estadunidense nos anos 1880 era, como fora por cem anos, "a presença do negro entre nós", então esse problema residia precisamente no posicionamento e na proximidade das pessoas negras em meio e dentro da sociedade mais ampla dos norte-americanos. A percepção de um "nós" discernível lesado por intrusos negros identificava o "problema do Negro" com a questão do social, um domínio nebuloso e intersticial que envolvia questões de intimidade, associação e necessidade. "Aqueles de tonalidade africana", como Cable estava habituado a descrever os negros, ocupavam amplamente a posição de um elemento estranho, inferior e ameaçador dentro do corpo social. Em suas palavras, "enxertada na cidadania de uma das nações mais inteligentes do mundo [estavam] seis milhões de pessoas de uma das raças mais rebaixadas no globo". Essa descrição da cidadania negra como um apêndice estrangeiro enxertado no corpo nacional evidencia as ansiedades sobre a fusão de raças associada à emancipação dos negros. A transformação do Estado nacional e da cidadania instituída pela Guerra Civil e pela Reconstrução se manifestava nos temores de profanação corporal instigados pela igualdade civil dos negros. Esses apêndices estrangeiros simbolizavam a metamorfose da "república do homem branco" e expressavam o desconforto e as hostilidades com que essas mudanças eram recebidas.

No ensaio publicado na *The Century Magazine* em 1885, Cable desafiou a segregação das raças na sociedade pública sustentada pela decisão da Suprema Corte nos *Civil Rights Cases* [Casos do direito civil] de 1883, insistindo que a linha de cor servia apenas para perpetuar relações de dominação e subserviência. Os *Civil Rights Cases* se concentravam no cumprimento do Ato dos Direitos Civis de 1875. A primeira seção concedia a todas as pessoas igual e pleno gozo de acomodações em pousadas, transportes públicos e lugares de diversão pública, independentemente da raça ou da condição anterior de servidão, e a segunda seção indicava as multas decorrentes da violação do ato. Porém, como escreve John Hope Franklin: "A determinação dos negros de gozarem seus direitos civis era no mínimo correspondente à resistência espiritual e vigorosa oferecida pelos brancos em todas as partes do país". Essa resistência, combinada com um apoio federal indiferente, sinalizava a derrota do ato antes de este ser derrubado formalmente pela Corte.[4] Os *Civil Rights Cases* envolviam a negação de acomodações a negros em pousadas no Kansas e no Missouri, no vagão das senhoras em um trem em Memphis, em um teatro em São Francisco e na Grand Opera House em Nova York. A Suprema Corte julgou inconstitucionais a primeira e a segunda seção do Ato dos Direitos Civis de 1875, sustentando que *a discriminação racial não constituía um emblema da escravidão* e que a Décima Quarta Emenda era proibitiva somente em relação ao Estado; ela não estendia igual proteção a ferrovias públicas e hotéis. Além disso, a Corte fez uma distinção entre o legal e o social, uma distinção que lançou as bases para a segregação e a subordinação racial, ao mesmo tempo que sustentava a igualdade jurídica. A "separação ignominiosa exigida pela linha racial", observou Cable, marcava brancos e negros como a raça que governa e a raça que serve, respectivamente, prenunciando o "silêncio pela paz" depois do turbilhão da guerra e da Reconstrução. A linha racial permitia a perpetuação da escravidão em todos os seus aspectos, exceto os oficiais, e negava os princípios básicos da igualdade humana.[5]

Opondo-se às distinções humilhantes da raça, que eram indiferentes à aparência externa e à decência, Cable argumentava que a separação das raças presumivelmente necessária diante da ameaça da presença negra resultava, de fato, em um perigo muito maior — a mistura e a associação, impostas pela linha de cor, entre camadas superiores e classes inferiores. A linha de cor colocava as classes brancas superiores em um contato regular com brancos grosseiros e lacaios negros no espaço público de privilégio reservado à raça governante. Em vez disso, Cable defendia a "ordenação justa" de elementos refinados e grosseiros a independer da cor, substituindo questões de raça por questões de decência e refinamento. Enquanto mantinha a necessidade de uma linha de distinção entre os decentes e os malcriados, Cable defendia a elevação das "massas inferiores" ou, em termos menos caridosos, advogava o policiamento e o treinamento das repugnantes e degradadas classes inferiores, principalmente diante da ameaça que representavam — "o medo de que os estúpidos, os indigentes e os depravados se juntassem contra elas [as classes superiores] para governar pelo mero peso dos números".[6] Porém, os padrões de virtude e decoro sustentados no lugar de distinções raciais odiosas não eram menos influenciados pelas aversões dos homens brancos proprietários. A decência codificava as antipatias nutridas contra negros e contra as classes inferiores nos termos iluminados da civilidade burguesa e fortaleciam a alienação que Cable condenava. Mas a linguagem da decência tinha a vantagem de, aparentemente, oferecer um padrão ou medida a que todos podiam aspirar e, igualmente, permitir aos "sábios, corretos e ricos" que abraçassem o homem comum na luta contra a ignorância e o vício, sem perturbar as linhas de classificação ou distinção.[7]

Cable fazia objeções severas à linha de cor, que igualava todos os brancos e permitia a presença de negros servis entre as classes brancas superiores. A presença das classes inferiores, dos brancos maltrapilhos, rudes, e dos negros subalternos a quem era permitido atravessar o limiar do privilégio, incitava a desaprovação de Cable tanto quanto o tratamento humilhante concedido aos negros refinados. Ele desejava uma medida diferente para a discriminação, em vez da abolição da classe e da distinção. Para esse fim, argumentava que, sem a intromissão de distinções raciais ofensivas, haveria classificações justas, de forma agradável e natural, com atenção à decência e ao refinamento:

> Nada é mais fácil de demonstrar que o fato de que essas distinções da linha de cor são criadas realmente não a partir de qualquer necessidade, mas tão só em benefício próprio — para preservar a velha supremacia arbitrária da classe dominante sobre os subalternos, sem considerar a decência ou a indecência de aparência ou modos, seja no indivíduo branco ou no indivíduo de cor. [...] Qualquer homem de cor é admitido sem questionamento em inúmeros lugares no momento em que aparece como o criado subalterno de uma pessoa branca, onde ele não atravessaria nem a soleira da porta por seus próprios direitos como um bem-vestido e bem-comportado mestre de si mesmo.

Aqui o interessante é o deslocamento da raça como a questão central do social e a recomendação de um modo mais abrangente e, ousamos dizer, nefastamente "igualitário" de encarceramento social direcionado às classes mais inferiores. Em outras palavras, Cable esperava que a abolição de distinções raciais iníquas conduzisse a uma ordem social estruturada por preferências e afinidades, bem como, é claro, por diferenciações de classe. (Em *As almas do povo negro*, W. E. B. Du Bois promoveria posição similar, argumentando que a linha de cor impediu uma união de inteligência e simpatia entre os melhores homens de cada grupo racial, que seriam amigos naturais, e reclamando que o preconceito classificava os educados e refinados junto aos mais inferiores de cada povo.) Podemos perguntar: o que se pretende ganhar com isso? Em primeiro lugar, a façanha confusa realizada por Cable com esse foco nas classes inferiores foi, no mínimo, uma exposição das raízes não exumadas da escravidão e, mais importante, o desemaranhamento das tramas da raça e da propriedade. Dois séculos e meio de escravidão de bens móveis haviam conseguido fundir raça e status; a tentativa vacilante de desatar esse nó revelou o grau em que a raça operava para obscurecer a própria presença das classes euro-americanas inferiores ao promovê-las para o outro lado da linha de cor. Em segundo lugar, ao enfatizar a heterogeneidade daqueles que desfrutavam uma igualdade ilusória apenas em virtude da linha de cor, Cable deixava claro que o objetivo principal da linha racial era preservar o domínio, invisibilizando os brancos sem propriedade por meio de sua inclusão na raça dominante e sustentando a sujeição dos negros. Em terceiro lugar, a presença efêmera, mas conspícua, dos brancos sem propriedade insinuava uma configuração de necessidade, segurança e felicidade bastante diferente daquela que se desdobrou no rescaldo da Reconstrução. Tudo isso determinou amplamente os contornos e o caráter do social.

As discriminações públicas feitas somente com base na raça eram imprudentes e perigosas, porque "embota[va]m a sensibilidade da classe dominante" e "dispensa[va]m toda exigência rigorosa de esmero nas maneiras ou nas vestimentas do patrão ou do empregado e, como resultado, [tornavam] a média dos trens do Sul mais desconfortável que a média dos vagões de outros lugares". Basicamente, a ameaça da segregação era que ela reforçava a própria igualdade social que pretendia evitar, tornando todos os brancos iguais uns aos outros, independentemente de serem decentes ou ofensivos, e, da mesma forma, todos os negros eram iguais entre si em seu status inferior. Cable usou habilmente o medo da igualdade social (o pilar retórico dos argumentos tanto da supremacia branca quanto da soberania do Estado) contra esse próprio medo e, no decorrer dessa disputa, expressou sua antipatia pela igualdade social — definida aqui pela associação compulsória de damas e cavalheiros brancos com as classes inferiores brancas e os negros subalternos (que serviam às classes superiores) — imposta pela linha de cor. A "justa classificação" das pessoas defendida por Cable se baseava, inegavelmente, na identificação e no isolamento das classes inferiores degradadas e ameaçadoras — as hordas sem instrução que existiam em ambos os lados da linha racial e que causavam desconforto em seus superiores devido à sua chocante proximidade. Cable argumentava que a imposição da igualdade social interferia na "autodistribuição natural da sociedade" e que distinções justas eram essenciais para uma sociedade esclarecida.[8] O que separava Cable do juiz Henry Billings Brown, que emitiu a opinião majoritária em *Plessy vs. Ferguson*, era uma perspectiva diferente sobre o que constituía uma distinção artificial e arbitrária, em oposição a uma distinção natural. Para reafirmar isso na forma de uma pergunta: como as "justas classificações" deveriam ser determinadas, e essas classificações seriam mais razoáveis ou menos iníquas que as distinções raciais?

Apesar de se opor à segregação e de condenar a aversão que conduzia à violação dos direitos e liberdades das pessoas negras, Cable, em sua visão do que seria uma ordem democrática liberal, reservava lugar de destaque para sentimentos raciais, preferências sociais, discriminações fundamentadas e afinidades naturais. Em última análise, sua discordância diante da decisão da Suprema Corte nos *Civil Rights Cases* envolvia o mapeamento do privado — especificamente, a determinação de onde deveria ser traçada a fronteira entre a sociedade pública e a privada. Para Cable, as ambiguidades do público e do privado e a confusão entre igualdade civil e igualdade social eram atribuíveis à "confusão social" da escravidão. O contato próximo entre senhor e escravo e o caráter da escravidão como uma instituição civil e pública exigiam a aniquilação do direito público e da escolha privada para que se pudesse escapar da "confusão total de raça e corrupção" que caracterizava as Índias Ocidentais. Consequentemente, todos os negros que não fossem visivelmente servos eram considerados "um ataque à pureza da sociedade privada".[9]

A convergência entre a construção do domínio social de Cable e aquela da Suprema Corte reside em privilegiar o sentimento e a emoção na determinação dos limites sociais e na "justa desigualdade da sociedade privada". Não devemos minimizar as consequências de estabelecer a localização exata desses limites ou dos benefícios de uma elaboração mais "esclarecida" do sentimento racial e da preferência social em oposição ao "instinto racial" aversivo. As designações do público e do privado envolviam, em última análise, a ratificação ou a proibição da desigualdade. Na maioria dos casos que envolviam questões de igualdade racial ou direitos e liberdades a serem desfrutados pelos ex-escravizados, o conceito de privado e o privilégio do sentimento e da afinidade natural autorizavam e apoiavam a subordinação dos negros, bem como a violação de direitos e liberdades. Digno de nota nos ensaios de Cable é o esforço para desvincular a questão do negro da questão social, mesmo que por meio de um éthos burguês de cultivo, boas maneiras e decência e do acolhimento disciplinador das classes inferiores. A questão não é se a "autodistribuição natural" era menos insidiosa ou prejudicial do que as distinções raciais, mas se, como eu defendo, o próprio esforço para separar a questão do negro e a questão social expõe seus emaranhamentos duradouros. No trabalho de Cable, o imbróglio de afeto, instinto e aversão assume uma importância que não pode ser descartada por conveniência. Que melhor prova disso do que a própria incapacidade de Cable para escapar desse nó confuso de questões, seja pela rejeição dos instintos raciais como tolices, pela substituição das distinções raciais por autodistribuição natural ou pelas diferenças sutis entre suas preferências e as afinidades naturais da Suprema Corte? De fato, o esforço bem-intencionado, mas ainda assim fracassado, desse amigo dos negros e inimigo declarado da segregação torna evidente a importância indevida do "biológico", quer sob a forma de instinto racial, afinidades naturais ou a falta de vontade de se misturar, no recrutamento e roteirização [*(con)scripting*] da negritude. O "biológico" representa as necessidades e os desejos, os julgamentos sobre a saúde, a moralidade e a prosperidade da população e os deveres designados do Estado — proteção, retenção e interferência. Não menos importante nesse recrutamento da negritude é o papel do afeto de silenciar a violência e ocultar os danos.

UMA OBSCURIDADE MAIS NEGRA QUE A POBREZA

A "questão do negro" eclipsou a questão do social nos Estados Unidos. O racismo frustrou o desenvolvimento dos direitos sociais; talvez a incrível indiferença às necessidades físicas e materiais resultasse da atribuição dos negros como portadores finais das necessidades corporais e/ou silenciadas da classe trabalhadora branca efetivada por meio de uma integridade racial imaginada — pertencer a um grupo dominante grandioso e incorruptível que permitia uma fuga do imediatismo das necessidades ou uma disposição de renunciar a elas. Em grande parte, os negros ocultaram e representaram o social e, em virtude disso, o problema dos direitos sociais foi negligenciado até o New Deal. Pior ainda, quando tardiamente foram abordados, os direitos sociais foram configurados para manter a desigualdade racial e a segregação.[10] Quando se examina a questão social a partir desse ponto de vista histórico, fica claro que a história da escravização e do racismo moldou a emergência do social nos Estados Unidos. Isso não significa minimizar o conflito entre capital e trabalho, que estimulou os esforços regulatórios do Estado na tentativa de aliviar a crise, ou o papel das organizações privadas na ajuda aos pobres e na caridade científica.[11] Entretanto, é igualmente evidente que os parâmetros do social foram moldados pela escravidão racial e seus vestígios e por uma indiferença à miséria negra.

Hannah Arendt observou a "ausência da questão social na cena americana" e correlacionou essa negligência a uma indiferença à miséria abjeta e degradante presente em toda parte sob a forma de escravidão e trabalho negro. Os famintos, os sofredores e os miseráveis não marcaram a cena estadunidense porque o espectro da miséria negra não conseguiu despertar "a paixão da compaixão", como a miséria da plebe havia feito durante a Revolução Francesa. A compaixão pelos empobrecidos e famintos levou a questão dos direitos sociais ao palco na França. Nos Estados Unidos, porém, o sofrimento negro não provocou resultados similares. Arendt escreve: "A partir disso, só podemos mesmo concluir que *a instituição escravocrata traz uma obscuridade ainda mais negra do que a obscuridade da pobreza; quem passava 'totalmente despercebido' não era o pobre, e sim o negro*".[12] A obscuridade da negritude, de formas insuspeitadas por Arendt, tem tudo a ver com a aparente ausência de pobreza na cena norte-americana.[13] No entanto, Arendt celebra essa indiferença às vozes da pobreza e o desprezo pelo social como essenciais para o sucesso da Revolução Americana, uma vez que "o espectro temível da miséria humana" e as "vozes espectrais da pobreza abjeta" nunca penetraram a torre de marfim da Revolução Americana.[14] Ela rebaixava o social como a intrusão das necessidades corporais e dos processos biológicos da vida no domínio da política.[15] O social representava o triunfo da necessidade sobre a razão. Essa obsessão com os processos corporais e biológicos da vida também caracterizou a emergência obstruída da questão social nos Estados Unidos, mas as preocupações eram o sangue, a coabitação, a intimidade e o conforto, e não a fome e a segurança das barulhentas classes inferiores.[16] A gestão da vida era primordial para a pureza e a saúde da nação.

A obscuridade da negritude observada por Arendt e a decência louvada por Cable estão no próprio nexo do social tal como foi elaborado no século 19, pois as ligações forjadas entre moralidade e opacidade vieram justificar os esforços normalizadores do Estado. A opacidade ou obscuridade da negritude era considerada responsável pelo vício e pela degradação que justificavam a vigilância e a intervenção reguladora do Estado.[17] Isso exigia simultaneamente a gestão da vida pelo Estado e sua supressão ostensiva, o poder de deixar viver ou de fazer morrer.[18] A "questão negra" como *a* questão social manifestou-se sobretudo porque dizia respeito aos perigos oferecidos pela associação e pela intimidade, uma vez que os esforços incipientes do Estado para satisfazer as necessidades materiais dos libertos foram rapidamente abandonados. (Além disso, a Agência dos Libertos, de curta duração, exemplifica a natureza dupla da intervenção e da ajuda do governo, já que a ajuda estava vinculada à coerção e à disciplina. Os esforços reformistas foram empreendidos sobretudo por organizações privadas, geralmente sociedades missionárias e associações filantrópicas, e dedicavam-se particularmente à criação de uma classe trabalhadora negra racional e submissa.) Tal como surgiu no século 19, o social solidificou a barreira entre as raças e a considerou oportuna, pois os esforços abortados do governo federal para proporcionar segurança econômica contribuíram largamente para a evolução da servidão involuntária. Além disso, a divisão do poder federal e do poder estadual e a soberania do Estado autorizaram a supremacia branca, por meio da concessão de poder policial aos estados — para regular e proibir formas de relação social e impor a segregação — e da "não interferência" do governo federal. A emergência do social pode ser rastreada em relação ao poder de polícia exercido pelo Estado e à sua severidade, e o que ocorreu na sequência foi o banimento dos negros da sociedade pública ou civil.[19] O Estado definiu seu dever de proteger a saúde e a moralidade da população, e esse dever implicava o isolamento ou a exclusão dos negros. A doutrina "separados mas iguais" conseguiu isolar o espaço público em prol da saúde e da felicidade da maioria dos estadunidenses e produziu uma série de cercos racializados para o resto de nós.

Essa expulsão ou separação atuou no sentido de consolidar a identidade nacional, tal como a incorporação dos negros tinha anteriormente operado a sua transformação. Embora tivessem gozado brevemente de uma participação e de um estatuto de membros qualificados no corpo político, os negros também eram vistos como perigos internos, quando não inimigos. A transformação da identidade nacional, a reformulação da Constituição e a redefinição dos Estados Unidos como Estado-nação tinham sido catalisadas pela abolição da escravidão e pela emancipação dos negros. No entanto, à medida que esse processo se desdobrava, a definição da relação dos estados e dos cidadãos com o governo nacional assumia a primazia em detrimento da condição dos libertos, sobretudo porque o interesse nacional pela condição dos negros e pela garantia de sua liberdade e igualdade tinha enfraquecido.[20] De modo similar, a recriação da identidade nacional e a construção da memória pública que facilitaram a reconciliação entre o Norte e o Sul não incluíram os negros.[21] A indiferença em relação à miséria negra que obstou a questão do social durante a Revolução Americana marcou, de fato, sua emergência subsequente, pois, à medida que se desdobra, o social reforçava o status subordinado dos negros. No fim do século 19, a saúde e a prosperidade da sociedade exigiam, presumivelmente, a segregação e a reimposição da escravidão em todas as suas formas, exceto a oficial.

As distinções raciais consideradas toleráveis no quadro da "igualdade perante a lei" e a aparente facilidade com que as classificações razoáveis cediam às ultrajantes revelam um conflito central sobre o significado da escravidão, seus constituintes formais, seus emblemas e índices. Essas questões determinavam o escopo dos direitos e liberdades de que gozavam os libertos e a vontade ou recusa do Estado em proteger esses direitos e liberdades. A rendição da distinção à discriminação pode ser apreendida no planejamento e na análise das leis da Reconstrução. A questão a se considerar é como a promulgação legislativa e a avaliação judicial de princípios universais como a liberdade e a igualdade facilitaram a sujeição dos recém-libertados.

Ao me concentrar no debate em torno das Emendas da Reconstrução no Congresso, não tenho como objetivo recuperar a "intenção original" ou entrar na discussão sobre a interpretação constitucional per se, mas antes vislumbrar as tensões e contradições que assolaram o discurso da igualdade.[22] Esses debates traçam os contornos discursivos da ordem social pós-emancipação e lançam luz sobre as esperanças e antagonismos que definiram esse momento de transição. Minha ideia não é impor limites historicistas à interpretação das leis da Reconstrução, e sim examinar os termos controversos e antagônicos da liberdade. Embora reconheça a indeterminação da lei, é igualmente importante considerar o impacto das linhas de interpretação prevalecentes e seu terrível efeito para a liberdade negra. A leitura aqui apresentada explora os limites e as contradições da igualdade e as características do racismo de Estado.[23] Acima de tudo, eu não argumento que os debates estabeleçam *o* significado, *a* aplicação ou *a* interpretação das emendas e, na maior parte dos casos, tento resistir à certeza da presunção historicista. O objetivo é iluminar os limites da igualdade e as filiações subterrâneas que fazem a ponte entre a legislação do Congresso e a avaliação judicial. Não se trata de ignorar as disparidades entre a avaliação que a Corte faz da legislação da Reconstrução e a intenção e o âmbito imaginado pelo Congresso para essas emendas, pois não há dúvida de que o objetivo da Lei dos Direitos Civis de 1875 e da Décima Quarta Emenda era proporcionar proteção igual perante a lei. No entanto, nem o Congresso nem a Corte consideraram a igualdade de proteção contrária a certas formas de discriminação. Em vez disso, a questão era o caráter e o contexto dessa discriminação.

Grande parte desta análise reconhecidamente heterodoxa se concentra naquilo que, de modo oficial, está fora do âmbito da lei ou diante do qual esta é presumivelmente impotente. Minha leitura dedica-se à fronteira da lei e ao seu excesso na revelação das disparidades da proteção igualitária. Por isso, não me interessa a "aberração" de *Plessy vs. Ferguson* nem saber se a Corte tinha razão em sua avaliação da Décima Terceira e da Décima Quarta emendas; me interessa, antes, a retirada da lei diante da aversão e do instinto, do desejo e das afinidades naturais, porque essa retirada é ao mesmo tempo uma declaração de valor. De notável importância em *Plessy* é que o direito produza e se envolva em questões sociais, e também a primazia concedida ao afeto na determinação do gozo dos direitos e dos deveres do Estado.[24] Para esse fim, passemos aos debates no Congresso sobre as Emendas da Reconstrução.[25]

A AMBIVALÊNCIA DA LIBERDADE

A abolição da escravidão incitou um debate sobre o significado da igualdade, os constituintes dos direitos e a soberania dos estados e de suas instituições. A discussão sobre a Décima Terceira Emenda incidiu principalmente sobre as consequências da abolição da escravatura e a constitucionalidade dessa ação. Os receios desencadeados pelo espectro da liberdade negra diziam respeito à proximidade ameaçadora das raças, ao iminente desaparecimento do governo dos brancos devido à inclusão dos negros no corpo político e à relação do governo federal com os estados. Além disso, havia muitas desconfianças de que as alterações introduzidas pela Décima Terceira Emenda violariam a santidade das "instituições domésticas" que não a escravidão, ou mesmo a integridade da raça branca, uma vez que a igualdade e a miscigenação estavam indissociavelmente ligadas.[26] Um debate furioso a respeito do caráter da escravidão suscitou questões sobre o significado e o alcance de sua abolição. O que implica o desmantelamento da escravidão? Quais eram os elementos que a constituíam e qual a melhor forma de erradicá-los? Essas questões decidiriam os limites da abolição e moldariam os contornos da liberdade. Dessa forma, as raízes da liberdade foram localizadas na escravidão e o significado da liberdade foi determinado por sua negação; não é de surpreender que as narrativas contraditórias da escravidão tenham inaugurado o debate sobre a liberdade.

As imbricações entre escravidão e liberdade determinaram o caráter da ordem social pós-guerra. Não só a escravidão e a liberdade tinham sido mutuamente constitutivas como modos de produção, conforme Marx observou, com o trabalho livre se apoiando no pedestal da escravidão, como também essa história, por sua vez, condicionou as formas de liberdade e de servidão que surgiram no rescaldo da Guerra Civil. Essa observação não pretende apagar as descontinuidades e transformações inauguradas pela abolição da escravatura, mas sublinhar como essa dependência e conivência mútuas afetaram o caráter da formação social pós-guerra. Os emaranhamentos da escravidão e da liberdade desorientam noções fáceis de progresso que se esforçam por estabelecer distinções inequívocas entre escravidão e liberdade.[27] Embora a Décima Terceira Emenda tenha abolido a instituição da escravidão, os vestígios desta continuavam a atuar no sentido de restringir o âmbito da liberdade negra. Revelou-se praticamente impossível romper com o passado diante da persistência da servidão involuntária e da reinscrição da sujeição racial. O que se torna claramente evidente são as continuidades da escravidão e da liberdade como modos de dominação, exploração e sujeição.

A Décima Terceira Emenda conferiu ao Estado nacional o poder de erradicar os "sinais da escravidão" que ainda subsistiam. Certamente, isso era imperativo para que a emancipação fosse mais do que o esgotamento da instituição da escravidão sob uma nova forma. No entanto, os ferozes desacordos sobre o caráter da escravidão e seu legado lançam luz sobre a incorporação ambivalente e tardia dos negros no corpo político e sobre o fato de essa emancipação demorada ser atribuível à conveniência militar. Após a aprovação da emenda, o status e a condição dos libertos permaneceram em questão. Por exemplo, a igualdade e o sufrágio sucederam a abolição da escravidão? Os negros eram cidadãos? A abolição da escravidão anulava todas as distinções de raça?[28] Implicava mais do que a liberdade nominal, a liberdade de não ser constrangido e o direito de ser proprietário de sua própria pessoa, ou "assegurava ao escravo oprimido os seus direitos naturais e concedidos por Deus" e anulava as detestáveis distinções de cor?[29] A escravidão era apenas um status, uma condição ou uma situação privada em que um homem pertencia a outro e estava sujeito ao seu controle absoluto, e, portanto, poderia ser abolida sem conferir aos antigos escravos os direitos civis ou políticos de que os brancos gozavam?[30] A abolição da escravidão implicava uma igualdade de direitos e privilégios? Seriam os antigos escravizados livres se não possuíssem uma igualdade de direitos e imunidades civis?[31]

Se os elementos constitutivos da escravidão, tal como entendida em sentido amplo, eram a ausência de direitos e de liberdade, a coerção, a condição de propriedade, a submissão absoluta à vontade de um proprietário e de outras pessoas brancas e a não existência na comunidade nacional, a erradicação da escravidão implicava, no mínimo, a concessão de direitos fundamentais, a liberdade contratual, o manto da individualidade soberana e, subsequentemente, direitos políticos, bem como o cultivo da personalidade ou, mais exatamente, da hombridade, da autossuficiência e da responsabilidade nos recém-libertos, pois essas eram as normas da individualidade liberal. O direito de cada homem de usufruir as recompensas de seu trabalho e o conforto de sua família, de acordo com Ebon Ingersoll, determinou a Décima Terceira Emenda.

> Acredito que o homem negro tem certos direitos inalienáveis, que são sagrados aos olhos do céu e aos de qualquer outra raça. [...] Ele tem o direito de cultivar o solo, de ganhar o pão com o suor do seu rosto e de gozar as recompensas do seu próprio trabalho. Ele tem o direito ao afeto e ao gozo dos laços familiares; e nenhum homem branco tem o direito de roubá-lo ou infringir qualquer uma dessas bênçãos.[32]

Alguns, como Thaddeus Stevens e Charles Sumner, defendiam que a caraterística central da escravidão era a inferioridade e a subordinação dos negros; por isso, a abolição desse legado exigia, no mínimo, um compromisso com a igualdade formal, se não a proibição de qualquer discriminação em razão da raça ou da cor.[33] Embora a escravidão e as suas circunstâncias devessem ser abolidas, a raça era considerada uma categoria neutra e uma classificação razoável. A incapacidade de aprovar projetos anteriores da Lei dos Direitos Civis de 1866 e da Décima Quarta Emenda que continham disposições explícitas de não discriminação documenta um compromisso permanente com a discriminação. Apesar das afirmações de que os negros já não eram uma raça subjugada diante do triunfo da liberdade, da igualdade e do contrato, o deslocamento do registro da raça, de uma atribuição de status para uma categoria formal e supostamente neutra, reconfigurou inelutavelmente a negritude como uma categoria abjeta, como o marcador de uma vida descartável.[34]

Ex post facto, a amplitude da Décima Terceira Emenda foi clarificada, principalmente devido à escalada de violações da liberdade negra e à reimposição da escravidão através dos Códigos Negros. Como discutido anteriormente, esses códigos reduziam os negros a uma condição descrita pelos funcionários da Agência dos Libertos como pior do que a da escravidão. Embora as leis da vadiagem, as leis do passe e as sentenças desiguais para delitos penais cometidos por negros, impostas pelos Códigos Negros, mais tarde tenham sido anuladas, ainda que apenas para reaparecerem com uma roupagem neutra em termos de raça, a codificação da raça empreendida nessas constituições estatais não foi considerada contrária à liberdade ou à igualdade, nem os estatutos antimiscigenação foram considerados uma violação dos direitos civis. As agressões onipresentes contra negros libertos exigiram uma legislação que garantisse a liberdade pessoal e uma clarificação adicional dos direitos civis fundamentais conferidos pela Décima Terceira Emenda. No rescaldo da emancipação, o lugar dos negros no corpo político ainda era incerto. Teria a Décima Terceira Emenda conferido direitos de cidadania? A abolição pressagiava a igualdade dos negros? E, em caso afirmativo, quais eram os componentes dessa igualdade contestada?

Aqueles que defendiam que a Décima Terceira Emenda não conferia direitos civis básicos aos ex-escravizados argumentavam que a escravidão não era uma relação pública entre o escravo e o Estado, mas uma relação privada entre duas pessoas — o senhor e o escravo —, e que, por isso, sua abolição não exigia mais que a revogação dessa relação:

> O que é a escravidão? Não se trata de uma relação entre o escravo e o Estado; não se trata de uma relação pública; trata-se de uma relação entre duas pessoas pela qual a conduta de uma é posta sob a vontade da outra. É pura e inteiramente uma relação doméstica. [...] A emenda constitucional rompeu essa relação privada entre o senhor e seu escravo, e o escravo, no que diz respeito ao direito do senhor, tornou-se livre; mas será que o escravo, ao abrigo da emenda, adquiriu outro direito que não

o de se libertar do controle de seu senhor? [...] Nenhum novo direito [foi] conferido ao liberto.[35]

Essa linha de argumentação tornou a escravidão um assunto doméstico, obscurecendo a autorização e o apoio do Estado à instituição e negando a ordem racial fundada no domínio e na servidão. Essa interpretação restrita da escravidão posicionava os libertos como agentes liminares, nem escravos nem cidadãos, repudiando a necessidade de um remédio nacional para erradicar os vestígios da escravidão e anular a existência de raças dominantes e subjugadas. Além disso, tais argumentos, ao recusarem reconhecer a escravidão como uma instituição pública autorizada pela Constituição e por leis federais e estaduais, tentavam apagar a situação dos emancipados da agenda nacional.

Essa negação descarada da escravidão como instituição pública fabricou a inocência da nação mascarando o caráter fundamental da escravidão para o Estado e para a sociedade civil e se concentrando nas relações privadas entre indivíduos. Certamente, *Prigg vs. Pennsylvania*, a Lei do Escravo Fugitivo, o poder de polícia exercido por toda e qualquer pessoa branca sobre escravos e negros livres, a interferência do Estado na alienação da propriedade escrava, as leis que proibiam a reunião inter-racial e a modelação das relações raciais à imagem das relações senhor-escravo atestam o caráter público da instituição. Em suma, se a Décima Terceira Emenda não conferiu novos direitos e apenas aboliu a "mera negociação de bens móveis", então os negros viram efetivamente negados seus privilégios da cidadania. Como seria de esperar, os defensores dessa posição argumentavam que a república era um governo de homens brancos e que, tal como *Dred Scott* sustentava, os negros não estavam abrangidos nem incluídos na "pessoa" da Constituição. Se a Décima Terceira Emenda apenas libertava o escravo do seu senhor, então os negros ocupavam a posição precária de serem livres, mas destituídos dos direitos básicos de cidadania.[36]

Esses argumentos eram contrariados por interpretações conflitantes da escravidão que colocavam em primeiro plano a negação dos direitos civis fundamentais, o desrespeito nacional pelos direitos individuais e a proteção da escravidão pelo armamento da Constituição, bem como pela lei federal e estadual.[37] O que melhor ilustrava a degradação da escravidão do que as práticas sexuais que ela tolerava? Os republicanos condenavam a miscigenação como uma instituição dos democratas e imaginavam que uma das principais recompensas da liberdade era a preservação dos laços familiares destruídos pela escravidão. Republicanos radicais insistem que a abolição da escravidão abrangia todas as leis, relações e costumes que agiam para negar aos negros os seus direitos. Portanto, a servidão abolida pela emenda incluía tanto o Estado quanto o indivíduo. Como argumentou Lyman Trumbull, a não ser que

> tenhamos apenas retirado do senhor o poder de controlar o escravo e o tenhamos deixado à mercê do Estado para ser privado dos seus direitos civis, a trombeta da liberdade que temos tocado por toda a terra tem emitido um "som incerto", e a liberdade prometida é uma ilusão. [...] Com a destruição da escravidão segue-se necessariamente a destruição das circunstâncias da escravidão.[38]

Qualquer estatuto que privasse os cidadãos negros de direitos civis que eram garantidos a outros era um "emblema da servidão", sobretudo porque os negros estavam sendo sistematicamente reescravizados através de leis de vadiagem e do sistema de fiança criminal.[39] Se a escravidão anulava direitos fundamentais, a correção exigia a restauração desses direitos. Segundo Trumbull, esses direitos incluíam

> o direito de fazer e executar contratos, de processar e ser processado, de apresentar provas, de herdar, comprar, vender, arrendar, deter e transmitir bens imóveis e pessoais, e de beneficiar-se plena e igualmente de todas as leis e procedimentos para a segurança da pessoa e da propriedade.[40]

No entanto, se aos ex-escravizados eram concedidos os direitos de que gozavam os homens brancos, independentemente das distinções de raça ou da anterior condição de servidão, isso sugeria que todas as discriminações de raça deviam ser negadas ou apenas aquelas que envolviam direitos civis básicos?[41] Como se pôde verificar, a igualdade dos negros não implicava "igualdade em todas as coisas [...] simplesmente perante as leis, nada mais".⁴² No entanto, a questão levantada por essa afirmação factual era o alcance da lei e, em particular, a aquiescência da lei à afinidade natural e à distinção natural.⁴³

A PESSOA MAIS REPRESENTATIVA, OU UM HOMEM COMO OUTRO QUALQUER

> *Em qualquer lugar a masculinidade madura é o tipo representativo da raça humana.*
> Senador Jacob Howard, Congressional Globe,
> 39º Congresso, 1ª Sessão

Os debates no Congresso sobre a Lei dos Direitos Civis de 1866 e a Décima Quarta Emenda documentam a união da exclusão e da igualdade na ordem liberal. A lei destinava-se a clarificar o status dos libertos e a proteger as formas de liberdade pessoal regularmente violadas pelos Códigos Negros e pelos costumes sociais. Declarava que todas as pessoas

> terão o mesmo direito, em todos os estados e territórios dos Estados Unidos, de celebrar e executar contratos, de processar, de ser partes e apresentar provas, de herdar, comprar, arrendar, vender, deter e transmitir bens imóveis e pessoais, e de beneficiar-se plena e igualmente de todas as leis e procedimentos para a segurança de pessoas e bens, tal como os cidadãos brancos.

De particular importância no debate no Congresso sobre a Lei dos Direitos Civis e a Décima Quarta Emenda é a medida em que essa nova igualdade de direitos dependia da transformação de ex-escravos em homens responsáveis e razoáveis. As normas em questão eram a masculinidade, a racionalidade, a indústria e a contenção, e determinavam a capacidade de cada um para lidar com os deveres e privilégios do cidadão-sujeito e participar no corpo político. Aparentemente, o que estava em jogo na questão da masculinidade eram os critérios de cidadania, mas era evidente que a defesa da masculinidade responsável e da igualdade suscitava invariavelmente preocupações quanto à mistura das raças. À luz desses receios, a masculinidade responsável adquiriu uma gravidade indevida.

A maturidade masculina, a razão, a vontade e a responsabilidade foram invocadas de várias formas na promulgação da legislação em nome dos libertos e nos esforços conjuntos para inviabilizar legislações "especiais" como a Lei dos Direitos Civis, o Projeto de Lei da Agência dos Libertos e a Décima Quarta Emenda. A invocação da masculinidade deve ser entendida como um convite aos libertos para entrarem na irmandade dos homens. O cultivo de uma masculinidade responsável compelia à proteção dos direitos civis básicos que permitiriam aos libertos tornarem-se trabalhadores independentes e autossustentáveis, proprietários e provedores e, ao mesmo tempo, sublinhava a distância entre os libertos e os homens brancos proprietários que, presumivelmente, eram seus homólogos. Os oponentes da Reconstrução estavam empenhados em explorar essa discrepância. Afinal, segundo essa lógica, se o negro era um homem como outro qualquer, por que os negros precisavam de uma legislação especial para assegurar os direitos e privilégios garantidos pela Constituição? Como o senador James McDougall protestou no debate sobre o Projeto de Lei da Agência dos Libertos: "Se o negro, ao ser libertado, não pode cuidar de si próprio, até quando seremos nós os seus tutores e cuidaremos mais dele do que cuidamos dos rapazes pobres da nossa própria raça e povo?".[44] Da mesma forma, no seu veto ao Projeto de Lei da Agência dos Libertos, o presidente Andrew Johnson argumentou que o Congresso "nunca se considerou autorizado a gastar dinheiro público com os milhares, para não dizer milhões, da raça branca que trabalham honestamente dia após dia para a sua subsistência".[45] Tal legislação subentendia que os libertos eram incapazes de se sustentar, era "prejudicial ao seu caráter e às suas perspectivas". Desse ponto de vista, os esforços para remediar o legado da escravidão ainda existente, como o Projeto de Lei da Agência dos Libertos ou a Lei dos Direitos Civis de 1875, só podiam figurar como uma legislação especial que "favorecia" os negros ou como esforços para impor uma associação indesejada.

A responsabilidade denotava essencialmente o dever da criação de si e a virtude da responsabilização individual. Invocada dessa forma, apagava os traços marcantes da escravidão racial e os vestígios que impediam até a ilusão de autonomia ou independência.[46] Para os defensores democráticos da responsabilidade, os remédios legislativos propostos para ajudar os libertos eram considerados desnecessários diante dessa fé conspícua na capacidade dos libertos de ultrapassarem os obstáculos com que se deparavam. Embora cínica e dissimulada, essa linha de argumentação revelava que a criação de si era um princípio central da individualidade democrática e evidenciava uma crença inabalável de que a justiça do mercado daria a cada homem o que lhe era devido. A ênfase na criação de si na atribuição da igualdade formal iluminava a tensão entre igualdade e reparação em um enquadramento liberal. Era mais fácil reconhecer e corrigir a exclusão e a inferioridade inscritas na lei da escravidão por meio de medidas formais como a Décima Terceira Emenda do que remediar as disparidades e desigualdades que eram a consequência dessa condição anterior. Basicamente, a subjugação devia ser desfeita pela atribuição da igualdade formal; acreditava-se que isso era suficiente para abolir a escravidão e separar o presente dos séculos anteriores de escravização. Como resultado dessa derrogação, os libertos passaram a ter as mesmas vantagens e oportunidades disponíveis aos demais e a gozar da liberdade natural que lhes fora anteriormente negada. Embora a atribuição de direitos civis básicos e de proteção igualitária na Lei dos Direitos Civis de 1866 e na Décima Quarta Emenda tenha anulado o precedente estabelecido em *Dred Scott vs. Sanford* — os negros não eram cidadãos nem possuíam quaisquer direitos que os brancos fossem obrigados a respeitar —, esses direitos recém-adquiridos foram muito menos eficazes na eliminação dos vestígios cotidianos da escravidão.[47]

Ao insistir que os negros utilizassem os recursos já disponíveis na lei, a igualdade era definida por uma identidade de tratamento, e não por uma intervenção legislativa destinada a efetivar essa igualdade. Ironicamente, aqueles que defendiam um tratamento idêntico — o que, nesse caso, significava não oferecer qualquer assistência aos emancipados em matéria de auxílio — insistiam em um tratamento equivalente quanto a questões delicadas que poderiam potencialmente perturbar as disposições existentes da ordem racial. A equiparação de um tratamento igual a um tratamento semelhante, como na comparação das raças brancas e negras trabalhadoras, negava o fosso produzido por séculos de escravização e os privilégios que estavam disponíveis a todos os brancos, devidos à escravidão de bens móveis. Reconhecer a diferença apresentava perigos não menos graves. O reconhecimento da diferença na lei mais autorizava e legitimava a negação de direitos civis e políticos, e depois a doutrina do "separados mas iguais", do que remediava o legado duradouro da escravidão.

O "homem" fabricado em documentos como a Décima Terceira Emenda, a Lei dos Direitos Civis de 1866 e a Décima Quarta Emenda foi libertado do passado pela abolição da escravidão e em virtude dos seus próprios dons, a capacidade de criação de si e o exercício razoável do livre-arbítrio. Os argumentos a favor das medidas da Reconstrução também atribuíam grande peso ao desenvolvimento da "verdadeira masculinidade" na realização da liberdade e da igualdade. Como defendeu o congressista Ignatius Donnelly em nome do Projeto de Lei da Agência dos Libertos:

> Se a degradação e a opressão, como se alega, não o prepararam para a liberdade, certamente que a degradação e a opressão continuadas não o prepararão. Se não quisermos que ele continue a ser um bruto, temos de dar-lhe aquilo que fará dele um homem — a oportunidade. Se ele é, como se afirma, um ser inferior e incapaz de competir com o homem branco em termos de igualdade, certamente não se aumentará a injustiça da natureza lançando-o sob os pés do homem branco. Com que autoridade podem censurá-lo por sua degradação, no preciso momento em que os senhores se esforçam por degradá-los ainda mais? Se ele não está, como dizem, apto a votar, que se dê a ele uma oportunidade; que se lhe permita tornar-se um trabalhador independente como os senhores; que se lhe permita possuir a sua terra; e que se permita que a sua inteligência, obscurecida por séculos de negligência, seja iluminada por todas as luzes gloriosas da educação. Se depois de tudo isto ele se revelar um selvagem indigno e um desgraçado brutal, que seja condenado, mas não até lá.[48]

É evidente que o termo genérico "homem" não está sendo utilizado aqui; em vez disso, a masculinidade do cidadão-sujeito é o que se afirma. A atenção à virilidade, à criação de si, ao amadurecimento e à assimilação revelava a dedicação republicana à transformação dos brutos em homens e à efetivação dos fins admiráveis da autonomia, da inclusão política, da autossuficiência e do esclarecimento. Do sucesso ou do fracasso desse projeto dependia o futuro do negro — homem verdadeiro ou selvagem indigno? As reverberações sexuais desse projeto, embora silenciadas, são veiculadas por termos como "selvagem" e "bruto", e a voracidade sexual que espreita esses termos ultrapassa sua dissimulação. Como Jared Waterbury argumentou em *Southern Planters and the Freedmen*, o fracasso em educar os libertos e efetuar essa transformação de bruto para homem colocava em perigo os próprios termos da ordem social, pois os homens sem instrução e apaixonados que viviam e circulavam no seio da sociedade insinuavam perigos indescritíveis, mas perigos regularmente explorados por aqueles que se opunham à igualdade negra. Em seu veto à Lei dos Direitos Civis de 1866, o presidente Johnson equiparou a "perfeita igualdade das raças branca e negra" proposta na lei ao "contrato de casamento entre as duas raças".

Para Johnson, a necessidade comprovada de legislações como o Projeto de Lei da Agência dos Libertos e as Leis dos Direitos Civis alimentou os argumentos de que o negro era uma criança, não um homem, porque essas disposições o tornavam um protegido do Estado.[49] Como argumentou o senador Edgar Cowan: "Se forem colocados no mesmo patamar que os brancos, então possuem os mesmos recursos que os brancos; possuem os mesmos recursos que o ilustre senador; e não há nenhuma nova necessidade para que essa jurisdição, esse novo poder instituído, seja invocado para a sua proteção".[50] Aqueles que se opunham a uma legislação "especial" exigiam que os negros se sustentassem sozinhos ou se prostrassem para sempre perante a superioridade da raça saxônica. Talvez cínica, essa insistência em uma igualdade de tratamento, indiferente à história de servidão e aos vestígios persistentes da escravidão, negou o legado existente de subordinação racial, mantendo o domínio branco. No entanto, quando a igualdade é definida pela semelhança, os negros ou provam que são iguais e, portanto, não precisam da intervenção do Estado para auxiliar em sua condição, ou carregam o estigma da diferença. Outros argumentavam que, depois de terem sido reduzidos ao "mais baixo grau da existência", como os libertos seriam instantaneamente capazes de retomar os deveres da cidadania? Como alegou um representante do Missouri:

> Durante trinta anos, tem sido constantemente proclamado que a escravidão africana reduziu o escravizado ao mais baixo grau da existência. Por consequência, a escravização do seu corpo quase obliterou seu intelecto. Ele mal podia ser chamado de homem. Para que pudesse ser salvo, tinha de ser libertado. Ele é livre. Presto, mudança! Assim que as correntes caem, ele já não é o ser brutalizado por quem, durante trinta anos, fizemos a terra chorar; é um cidadão americano, totalmente qualificado e preparado para assumir as responsabilidades de um eleitor, e qualificado para todos esses importantes deveres. Maravilhoso![51]

Tanto os amigos como os inimigos do negro partiam do princípio de que a degradação da escravização tornava os negros menos do que homens; assim, essa masculinidade emergente era antecipada, preparada, posta em dúvida e temida. A condição infantil da raça exigia uma legislação a seu favor e justificava a subordinação negra. É notável o teor discursivo dessas afirmações — a lente masculinista e paternalista através da qual a condição dos libertos era refratada, com termos como "raça infantil" e "masculinidade madura" enquadrando questões de igualdade e cidadania. A degradação descrevia com exatidão as condições materiais e sociais miseráveis dos libertos, mas, quando utilizada no debate do Congresso, era transposta em uma ontologia da diferença negra, que reproduzia, inadvertida ou intencionalmente, o sofisma do juiz Roger Taney em *Dred Scott*. A decisão estabeleceu a inferioridade inata dos negros fazendo referência às leis e condições sociais que os situavam como inferiores. Uma tautologia brutal. (A concepção liberal do indivíduo como uma entidade isolada, divorciada das condições sociais e materiais, tornava difícil, se não impossível, reconhecer a diferença sem ontologizá-la como anormalidade ou inferioridade.) Um deslize entre raça e status pode ser detectado na identificação incerta da fonte da degradação negra — seria a natureza responsável, as condições miseráveis da escravidão, ou ambas? A degradação pode ser curada ou é inata? E se a natureza era responsável por essa degradação e pelo antagonismo entre as raças, então o que a abolição da escravidão agourava? E como a igualdade devia ser entendida? Os negros seriam incorporados no corpo político ou expulsos e condenados?

A única forma segura de dissipar essas dúvidas e de provar o valor dos negros seria autorizar essa questão da igualdade e da mesmidade, aspirando a satisfazer e a ultrapassar a norma — adaptando-se ou aspirando a uma masculinidade normativa, esforçando-se por ser dono de si e soberano, ideais que, em última análise, eram inseparáveis dos direitos da branquitude. Não admira que a "hombridade da raça" fosse a figura privilegiada do discurso de elevação racial. No entanto, essa estratégia revelou-se impossível; embora os homens libertos tenham conseguido entrar no discurso da cidadania, ao contrário das mulheres libertas, o nexo entre raça, sexualidade e capital operava para disciplinar e regular essa masculinidade nascente.[52] A produção ineluctável de taxonomias de pureza e contágio, supremacia e degradação, decência e lascívia, e ordem e perigo, constituía uma barreira intransponível e insuperável para a "igualdade perfeita". A construção da natureza em que esses debates se basearam acabou por frustrar a igualdade. Enquanto o discurso dos direitos civis e (eventualmente) políticos pressupunha que era possível alcançar um mínimo de normalização e inculcar ao bruto de outrora as virtudes da masculinidade madura, os marcadores indeléveis da diferença, inscritos no social, assinalavam os limites da igualdade. A lei recuava diante do instinto e da afinidade.

O abraço universalista do homem não era tão abrangente como se pretendia. Deixando de lado, por ora, a exclusão das mulheres do âmbito da igualdade de direitos e de proteção, uma vez que o gênero era considerado uma base razoável para a discriminação, a raça ou a anterior condição de servidão já não eram consideradas essa mesma base razoável. O universalismo masculinista da igualdade era desmentido pelo racismo. Como muitos teóricos e críticos do liberalismo justamente notaram, a fórmula identitária em que se baseia a igualdade encerra a diferença em uma arena marcada como inferior, patológica, imoral ou perversa.[53] O abraço universalista e as exclusões constitutivas do liberalismo revelam o fosso entre a igualdade formal e a igualdade substantiva. Segundo Uday Mehta, o alcance universalista do liberalismo, apesar de suas proclamações de igualdade natural, esconde "o conjunto mais denso de credenciais sociais que constituem as bases reais da inclusão política".[54] "O compromisso do liberalismo com os princípios da universalidade é praticamente sustentado apenas pelas exclusões reinventadas e racionalizadas da particularidade racial."[55] A exigência de mostrar o valor de cada um justificava apenas o desejo por direitos iguais, e não seu gozo, e revelava igualmente o ameaçador duplo vínculo da mímica — quase igual, mas não exatamente.[56] Humano, mas não exatamente.

O conteúdo da igualdade era incerto.[57] Como confirmam os debates sobre as Emendas da Reconstrução, a igualdade estava enredada em uma proliferação de classificações e categorias, discernimentos entre discriminações razoáveis e ilegais, e dúvidas sobre as classes de indivíduos que se encontravam dentro do alcance das emendas. Um desacordo entre Robert Hale e Thaddeus Stevens é esclarecedor a esse respeito. Aqui, é notável a resposta confusa de Stevens à interrogação de Hale sobre a cobertura da Décima Quarta Emenda, em particular quando questionou se a emenda previa "igual proteção para todas as pessoas". A emenda anularia a discriminação que, segundo ele, era praticada em quase todos os estados da União? Stevens argumentou que ela simplesmente estipulava que "quando qualquer estado fizer uma distinção na mesma lei entre *diferentes classes de indivíduos*, o Congresso terá o poder de corrigir tais discriminações e tal desigualdade", e que a desigualdade só dizia respeito às discriminações feitas entre *indivíduos da mesma classe*. "Quando é feita uma distinção entre duas pessoas casadas ou duas mulheres solteiras, trata-se de legislação desigual; mas quando todos da *mesma classe* são tratados da mesma forma, não há qualquer pretensão de desigualdade" [grifos meus].

Hale argumentou que "por paridade [desse] raciocínio, será suficiente estender a um negro os mesmos direitos oferecidos a um outro, mas não aqueles estendidos a um homem branco".[58] Segundo a lógica de Stevens, o reconhecimento seletivo da semelhança garante a identidade de direitos e privilégios, enquanto a diferença determina os direitos em função do lugar que cada um ocupa na sociedade. Resta perguntar o que a igualdade implica exatamente e, da mesma forma, o que constituiria uma violação da igualdade de proteção. Os negros compunham uma classe diferente de indivíduos ou todos os homens pertenciam a uma mesma classe? A vacilação entre a negação e o reconhecimento da diferença contém em si o dilema da igualdade. O raciocínio de Stevens exemplifica o caráter indefinido e nebuloso da igualdade e a incerteza quanto ao seu objeto — indivíduos ou classes de indivíduos. Resta saber o que constitui uma classe de indivíduos. Os homens são uma classe, mas as mulheres casadas e as solteiras são classes distintas? Os negros e os chineses estão igualmente incluídos no conceito de pessoa?[59] Essas questões estiveram certamente no cerne do debate sobre quem e o que estava incluído no âmbito da igualdade.[60] Como observa Andrew Kull: "Homens como Stevens pensavam que era tão óbvio quais 'desigualdades' tinham como alvo que por um momento perderam de vista o fato de que todo o sistema jurídico é necessariamente um tecido de desigualdades e discriminações, de categorias e classificações".[61]

A igualdade proposta nas Leis dos Direitos Civis de 1866 e na Décima Quarta Emenda se baseava em classificações de classes semelhantes e indivíduos semelhantes em situações comparáveis. A igualdade de proteção permitia discernir entre privilégios equivalentes e privilégios idênticos e autorizava o tratamento diferenciado de indivíduos tecnicamente abrangidos dentro do âmbito da lei.[62] A esse respeito, a igualdade estava enredada em avaliações discriminatórias de classes de pessoas, pois ser tratado de forma diferente era inevitavelmente ser tratado como inferior ou subordinado. Isso é, sem dúvida, indiscutível quando se trata do status de negros e mulheres. A transparência da natureza — a diferença natural e as afinidades naturais — era por toda parte suposta na lei, e as discussões sobre classificações razoáveis e injustas pressupunham, no entanto, a anterioridade de tais categorias; a questão a decidir era se os direitos deveriam ser concedidos em reconhecimento dessas diferenças ou ser "cegos" a elas. Como essas questões foram resolvidas na sequência da Décima Terceira e da Décima Quarta emendas, as classificações razoáveis tiveram permissão, e as danosas, proibição. Obviamente, o que constituía "razoabilidade" ou dano era objeto de debate. No fim, o reconhecimento e a rejeição seletivos da diferença na atribuição de direitos pressupunham a neutralidade da lei e a exterioridade dessas diferenças, como se elas não habitassem o texto da lei ou como se a lei não estivesse envolvida em sua produção, sendo o exemplo mais flagrante disso a ideia de uma Constituição cega à cor. Por isso, precisamos perguntar: como foi possível que o texto racializado da Constituição declarasse sua neutralidade, promulgando sua cegueira? O êxito da legislação da Reconstrução girava em torno dessa questão. A forma como essas questões foram decididas na prática significou frequentemente ignorar as distinções de raça e as antigas condições de servidão em relação a certos direitos, ao mesmo tempo que se permitia que essas distinções fossem consideradas razoáveis em relação a outros. O que está em questão é a relação entre as distinções raciais e o exercício legítimo dos direitos, bem como as formas de desigualdade que os direitos sustentam. Os direitos eram instáveis e mutáveis, e o seu alcance ou exercício era decidido por esse reconhecimento da diferença ou da semelhança.

A rejeição de uma cláusula antidiscriminação explícita na Lei dos Direitos Civis de 1866 e na Décima Quarta Emenda em favor da linguagem da proteção igualitária atesta o caráter nebuloso da igualdade conferida. A Lei dos Direitos Civis permitiu a discriminação em certos domínios e definiu de forma restrita o âmbito dos direitos civis.[63] Um projeto anterior da Lei dos Direitos Civis continha a seguinte declaração, que acabou sendo eliminada pela comissão judicial do Senado: "Não haverá discriminação nos direitos civis ou imunidades entre os habitantes de qualquer estado ou território em virtude de raça, cor ou condição anterior de servidão". Essa cláusula foi suprimida para garantir a aprovação da lei e em meio à incerteza de que os direitos e prerrogativas concedidos pelo "benefício total e igual das leis" ultrapassavam o âmbito dos direitos explicitamente mencionados na lei.[64] Pior ainda, o próprio termo "direitos civis" foi suprimido porque "alguns cavalheiros estavam apreensivos com a possibilidade de que as palavras que propomos suprimir pudessem autorizar uma construção extensiva não pretendida". A construção obviamente não pretendida era a de que todas as formas de discriminação baseadas na raça, cor ou condição anterior seriam proibidas pela lei.

 A visão da igualdade promovida em documentos como a Lei dos Direitos Civis de 1866 e a Décima Quarta Emenda era suficientemente maleável para permitir certas classes de discriminação e proibir outras. Os discernimentos de identidade e equivalência produziram um conceito multiforme de igualdade. Por exemplo, a linguagem da Lei dos Direitos Civis de 1866 autorizava a restrição dos direitos das mulheres libertas, concedendo aos libertos os mesmos direitos civis básicos de que gozavam os cidadãos brancos. A visão de igualdade forjada na lei permitia a subordinação das mulheres, ao mesmo tempo que tentava impedir a discriminação com base na raça ou em uma condição anterior de servidão. Sem dúvida, a igualdade estava emaranhada em uma rede de classificações, categorias e medidas que, em última análise, repousavam sobre uma tautologia: aqueles que são iguais devem ser tratados igualmente.[65]

 O conteúdo amorfo da retórica da igualdade de proteção resultou, em grande medida, do esforço para proibir certas classes de discriminação e permitir outras. Essa amplitude era justificada pelo fato de que praticamente todos os estados da União discriminavam com base na raça no que concernia aos direitos civis. Apesar de Stevens, Trumbull e Sumner terem defendido a inclusão de uma cláusula explícita de não discriminação na Lei dos Direitos Civis de 1866 e na Décima Quarta Emenda, essas propostas foram derrotadas.[66] A compatibilidade da igualdade de proteção com as formas existentes de discriminação de gênero é indiscutível; menos óbvias são as formas existentes de discriminação racial permitidas nesse âmbito. A igualdade diante da lei também não pressupunha a igualdade dos homens em suas condições sociais e materiais, mas simplesmente que os homens mereciam igual tratamento como seres humanos dotados de direitos e liberdades naturais. O tratamento como igual, escreve Judith Baer, "dependia do status do indivíduo como ser humano. Era esse direito que impedia o tratamento inferior, e não uma noção de que os escravos libertos eram iguais aos brancos em capacidades e, por isso, mereciam o mesmo status".[67] Essa noção restrita explica por que radicais como Trumbull afirmaram que a proteção igualitária das leis não pressupunha a igualdade do negro, pois a igualdade natural dos homens não negava nem minimizava as capacidades, aptidões ou posições desiguais dos homens sociais.[68] Como escreve Wendy Brown, a igualdade liberal "garante apenas que todos os indivíduos serão tratados como indivíduos soberanos e isolados [...] e que o Estado nos considerará a todos igualmente abstraídos dos poderes sociais que constituem nossa existência, igualmente descontextualizados das condições desiguais das nossas vidas".[69]

O hiato entre a igualdade abstrata e os arranjos sociais existentes expunha a carência, ou a insensatez, da igualdade substantiva, como defendia Cowan. Ao explorar a discrepância entre a igualdade estipulada de todos os homens e os arranjos sociais vigentes, a retórica inebriante da igualdade natural e da individualidade soberana foi esvaziada. Esse desnudamento celebratório do homem universal não só revelou as propriedades distintivas do cidadão-sujeito, como também insinuou que o "plano da masculinidade" poderia, afinal, ser um clube social privado. As repercussões desse fato viriam a ser desenvolvidas em *Plessy*. Nesse espírito, Cowan questionou se a igualdade determinava que

> todos os homens deste país devem ter um metro e oitenta de altura, e todos devem pesar noventa quilos, e todos devem ter cabelo louro e bochechas vermelhas? É esse o significado de igualdade? Será que todos serão igualmente ricos e igualmente joviais, igualmente bem-humorados e igualmente felizes? O que se quer dizer com igualdade, tal como a entendo, na linguagem da Declaração de Independência, é que cada homem terá o direito de buscar, à sua maneira, a vida, a liberdade e a felicidade. Isso é tudo. [...] Se todos os homens fossem tão instruídos como o meu ilustre amigo de Massachusetts [Sumner], quem engraxaria botas e trataria dos cavalos, quem cumpriria as tarefas domésticas do mundo? [...] Este mundo [...] está muito bem ordenado. [...] Os males imaginários que as pessoas veem na distribuição de honras e todo esse tipo de coisa não são

tão opressivos como se faz crer nas imaginações calorosas e brilhantes daqueles que consideram adequado defender suas vítimas.[70]

É bastante apropriado que a impossibilidade de igualdade seja representada por meio de um inventário de características físicas imutáveis. O alegre reconhecimento de Cowan de um mundo bem ordenado não apenas sublinhava a fácil coexistência da igualdade com a distribuição desigual da riqueza e da honra, como também distinguia implicitamente a encarnação normativa do cidadão-sujeito dos escalões inferiores. Essa visão da igualdade exaltava a ordem racial existente de senadores e engraxates. Nas observações alegres de Cowan, é inequívoco que a liberdade natural, o direito de cada homem de buscar seu próprio modo de vida e sua felicidade sem a interferência de outros, na realidade, dava como certa a distribuição desigual da riqueza, da honra e do poder e abraçava o servilismo negro. Enquanto as declarações de igualdade anunciavam o fim da escravidão, o mundo bem ordenado se mantinha.

SANGUE E SENTIMENTO

Em 1865, a Constituição da nação passava por transformações. A entrada de 4 milhões de negros no corpo político transfigurava a narrativa da identidade nacional. Os sinais triviais dessa agitação eram evidentes no movimento dos libertos, que percorriam o campo, tomavam as estradas e debandavam para as cidades; no mínimo, essa peregrinação demonstrava o colapso da ordem anterior. Contudo, as mudanças provocadas por essa enorme agitação e pela revisão da cidadania também instituíram uma crise coletiva, uma vez que o pertencimento à comunidade cívica e política e o âmbito dos direitos e prerrogativas eram anteriormente definidos pela exclusão e pela subordinação negras. A integridade e a autoconfiança fundadas na divisão entre as raças de senhores e escravos careciam agora de fundamento. Como observa Theodore W. Allen:

Ao fazer da liberdade um direito humano, a emancipação dos negros destruiu-a como um privilégio racial e, assim, ameaçou dissolver no mesmo instante a argamassa que mantinha unidos o sistema de controle social burguês e o sistema de privilégio do trabalho branco, baseado na prescrição da servidão de escravos afro-americanos.[71]

A visão de ex-senhores e ex-escravos como membros iguais da comunidade nacional incitou uma onda de reação registrada na oposição à Décima Terceira Emenda, na imposição dos Códigos Negros, no ressurgimento da violência branca, em uma série de massacres e no reinado do terror.[72] A emancipação, vista pelas lentes da saudade nostálgica da velha ordem e de uma resistência determinada ao novo, foi regular e insistentemente desacreditada como a "proclamação da miscigenação" e o "governo dos negros". As inquietações em relação ao poder recém-adquirido e à centralidade do governo federal no rescaldo da Guerra Civil e também acerca da posição subordinada dos estados individuais quanto aos direitos dos cidadãos, bem como as queixas segundo as quais os estados haviam sido transformados em servos do governo e posicionados como subalternos truculentos sujeitos a vários modos de correção e aplicação da lei, foram articuladas como temores sobre a insolência dos negros, a mistura sexual, os corpos mestiços e as famílias inter-raciais. Os abusos do governo federal eram temidos e descritos como a intrusão do negro. Para os opositores da Reconstrução, parecia que o aumento do poder federal no contexto da Guerra Civil atuava no sentido de fundir os interesses dos negros com a supremacia do governo nacional.

Nos debates do Congresso, a questão da miscigenação surgia praticamente sempre que uma nova emenda, projeto de lei ou ato legal era apresentado, desde a Décima Terceira Emenda até a Lei dos Direitos Civis de 1866, a Décima Quarta Emenda e a Lei dos Direitos Civis de 1875 — a ansiedade dos democratas era acompanhada pelo riso dos republicanos. Os republicanos zombavam desses receios com piadas que revelavam uma clássica ansiedade abolicionista, pavor e fascínio pelos corpos negros.[73] A visão republicana da liberdade, parecida com a da srta. Ophelia ou a da própria Harriet Beecher Stowe, defendia uma distância necessária entre as raças, se não o banimento da negritude.[74] Depois de explicar repetidamente que uma igualdade de direitos civis não incluía o casamento inter-racial nem a discriminação entre as raças, uma vez que era negado ao negro o direito de se casar com uma pessoa branca, e às pessoas brancas, com um negro, Trumbull argumentou de forma incisiva que as leis contra a miscigenação eram desnecessárias por não haver disposição para a fusão de raças:

> O senador diz que as leis do Kentucky proíbem o casamento de um homem ou mulher branca com negros, e que essas leis do Kentucky devem existir para sempre; que no estado do Kentucky são impostas penalidades severas contra a fusão entre as raças branca e negra. Bem, senhor, lamento que no nobre Kentucky haja uma tal disposição para a miscigenação que nada, a não ser penas e castigos, a possa impedir.[75]

Essas observações serviram para repudiar o fascínio abolicionista pelos corpos miscigenados e, ao mesmo tempo, para afirmar o compromisso republicano com a liberdade e a linha de cor. Esse compromisso dividido entre igualdade e inferioridade explica melhor a posição anômala dos negros no corpo político. As observações de Trumbull tinham o mesmo espírito que a piada de campanha favorita e muitas vezes repetida de Lincoln: "Protesto, agora e para sempre, contra essa lógica falsa que presume que, pelo fato de não querer uma negra como escrava, a quero necessariamente como esposa".[76] Essa piada era regularmente recebida com risos e aplausos na campanha eleitoral. É claro que girava em torno da noção absurda da mulher negra como esposa, mas, tal como as observações de Trumbull, sugeria outras formas de posse. Dado que o peso da proibição do casamento inter-racial e da fusão de raças recaía em grande parte sobre os homens negros e as mulheres brancas, a piada sobre a esposa negra unia oponentes políticos em obscenas gargalhadas e deixava em aberto a possibilidade de outros arranjos.

O compromisso republicano com a igualdade de privilégios da cidadania e a inferioridade dos negros foi evidenciado ao longo dos debates. Como um representante gracejou:

> Se eu acreditasse que haveria um homem neste país com tão pouco senso ao ponto de acreditar que se igualaria ao negro, apesar da proteção que pode obter do Congresso, então eu estaria disposto a votar uma resolução para lhe dar duas medalhas, uma para ser usada à frente e outra atrás, com a inscrição: "Tenho medo do negro, e aqui está o meu sinal, bem visível, de que não devo ser considerado igual ao negro".[77]

Como os apoiadores dessas emendas recordavam regularmente a seus opositores, igualdade não significava "igualdade em todas as coisas — simplesmente perante as leis, nada mais".[78] Se conduziram os ex-escravizados para "o âmbito da Constituição", as Emendas da Reconstrução certamente não implicavam que as distinções de raça fossem anuladas ou que todos fossem iguais.

Se a abolição, como defendiam os opositores da emancipação e da igualdade dos negros, predeterminava a fusão das raças, então só o regresso dos libertos a seu papel correto como subordinados impediria isso. A igualdade foi responsabilizada pela acentuada probabilidade de miscigenação. Era "impossível que duas raças distintas pudessem existir harmoniosamente no mesmo país, em pé de igualdade diante da lei. O resultado deve ser uma mistura repugnante e deteriorante das raças".[79] O presidente Johnson também explorou esse raciocínio racial no seu veto à Lei dos Direitos Civis de 1866. Embora a igualdade de proteção das leis promovida nesse ato legal e na Décima Quarta Emenda não englobasse nem autorizasse o casamento inter-racial, isso não o impediu de erguer a bandeira da miscigenação na sua oposição à extensão dos direitos civis aos libertos: "Se o Congresso pode revogar todas as leis estatais de discriminação entre as duas raças em matéria de bens imóveis, de processos e de contratos em geral, o Congresso não pode também revogar as leis estatais no que diz respeito ao contrato de casamento entre as duas raças?".[80] O fantasma da igualdade negra, como alguns costumavam chamá-lo, pressagiava homens negros com mulheres brancas, porque os direitos civis a serem concedidos eram fundamentalmente entendidos como os direitos e prerrogativas dos homens brancos e, por extensão, incluíam o direito de se casar com mulheres brancas. Como um representante argumentou durante a discussão da Décima Quarta Emenda:

Se essa emenda for aprovada, o Congresso pode aprovar uma lei que obrigue a Carolina do Sul a conceder aos negros todos os direitos lá concedidos aos brancos; e como os homens brancos lá têm o direito de se casar com mulheres brancas, os negros, ao abrigo dessa emenda, teriam o mesmo direito; e assim a miscigenação e a mistura das raças poderiam ser autorizadas em qualquer estado, uma vez que todos os cidadãos, ao abrigo dessa emenda, teriam direito aos mesmos privilégios e imunidades e à mesma proteção em vida, liberdade e propriedade.[81]

Ocupando papel central no sentimento popular contrainsurgente, a miscigenação deu expressão ao ultraje pelo fato de a linha inferior parecer figurar no topo, à raiva pelo ataque à propriedade branca de pessoas negras, ao receio de que a branquitude, tal como havia existido outrora, estivesse ameaçada ou condenada, e à indignação pela proeminência do governo federal e pelo status subordinado dos estados em relação às questões de cidadania e de igualdade. O espectro do corpo miscigenado adquiriu essa grande visibilidade, segundo Eva Saks, por constituir um local para a resolução das questões políticas do federalismo e da raça.[82] Em suma, o corpo "alegorizava o campo de batalha do federalismo".[83] O corpo mestiço materializava a temida perda de integridade racial/corporal associada à abolição da escravidão e à violação da soberania dos estados pela jurisdição federal. Além disso, as dúvidas persistentes sobre se a igualdade de direitos civis incluía o contrato de casamento colocaram a miscigenação no centro da discussão sobre a igualdade de proteção.

Os estatutos antimiscigenação surgiram durante o período colonial; no entanto, 38 estados haviam incorporado esses estatutos no século 19.[84] No rescaldo da emancipação, a miscigenação adquiriu uma circulação política talvez sem precedentes. Durante a Reconstrução, os estados aprovaram leis mais rigorosas contra a miscigenação. Embora a circulação política da miscigenação possa ser creditada, em parte, às táticas de medo dos democratas utilizadas para minar a liberdade negra, como tinha sido o caso na controvérsia sobre a miscigenação de 1864, isso dificilmente esgota o assunto.[85] Sobretudo, a miscigenação revela as obsessões do Estado com o sangue puro, a procriação, a vida e a união legítima. Era um sintoma da antipatia e da ansiedade emergentes associadas aos novos termos da associação inter-racial, agora que a escravidão já não fornecia as diretrizes ou regras para essas interações. Essa fixação em delitos sexuais imaginados revelava o grau em que a integridade e a segurança da branquitude dependiam da subordinação negra. A coexistência das raças como supostos iguais no seio do corpo político ameaçava a integridade de ambas — a mestiçagem da raça branca e/ou a absorção de negros libertos pela raça branca diante da superioridade saxônica.[86] A proximidade e a intimidade entre corpos negros e brancos, consideradas adequadas ou apropriadas nas relações sociais da escravidão, tornaram-se ameaçadoras no rescaldo da emancipação. Sob a escravidão, essa intimidade ampliava o poder e o domínio do senhor, uma vez que os corpos cativos eram os apêndices literais e figurativos do corpo do senhor e "o signo e o substituto" de seu poder. Essa proximidade não ameaçava a ordem racial, pois o intercurso estava a serviço da subordinação negra e do gozo branco.

A miscigenação articulava de forma figurativa os deslocamentos de poder, propriedade e status causados pela abolição da escravidão e pela Reconstrução, bem como as ansiedades e apreensões incitadas por esse tumulto; os estatutos antimiscigenação eram uma expressão concreta do racismo como política de Estado.[87] A materialidade do racismo como um modo ou técnica de poder envolve uma série de processos sociais: é uma forma de gerir a vida e a morte, de extrair valor e acumular capital, de traduzir seres humanos em objetos e matérias-primas, de separar as vidas valorizadas das descartáveis; não se trata de uma "ideologia". Uma extensa rede de instituições estatais e civis atuava em conjunto para manter a pureza da família e da nação, para regular a raça e a reprodução. Afinal, a miscigenação era um comportamento aberrante e ilegal, alvo dos esforços reguladores do Estado. Como constituía uma ameaça à saúde e à moralidade da população, os recursos do Estado foram dedicados à sua prevenção e punição. Isso implicava a codificação da raça, a garantia da propriedade, as proscrições sexuais e de gênero e a gestão de indivíduos e populações. A produção de uma crise de miscigenação fomentou a classificação e o controle dos negros como uma população subjugada. A ameaça de contágio e a profanação associadas à negritude demandaram esses estatutos, que visavam proteger e policiar a branquitude.[88] O primeiro passo nesse esforço foi a codificação da raça — quem era negro e quem não era, quem era branco e quem não era —, envolvendo uma metafísica do sangue que transformou a raça em uma substância sanguínea detectável não só por traços discerníveis, mas também por genealogia. A miscigenação desmentia a pretensa neutralidade da codificação racial e mostrava a aversão e a antipatia que explicavam a demanda pelo policiamento dessas distinções. O trabalho de classificação, vigilância e regulação que integrava esse controle das uniões legítimas e sólidas dirige nossa atenção para o papel do Estado na produção de sujeitos raciais e no gerenciamento das populações, enquanto ao mesmo tempo atua, aparentemente, para erradicar as formas de discriminação baseadas na raça e na servidão.

As taxonomias da raça que encontraram seu lugar na lei da liberdade evidenciaram as contradições que moldavam a visão emergente da igualdade negra. A "igualdade de proteção da lei", embora destinada a corrigir a violação da liberdade negra por meio dos Códigos Negros e dos costumes sociais, incluía classificações legais da diferença racial — branco, negro, mestiço e pessoa de cor. Certamente, essas taxonomias produziram a raça, e não apenas a explicaram, e foram fundamentais para a efetivação de novas formas de servidão. (Permitam-me dizer claramente que esse não é um argumento a favor da cegueira de cor. A insinceridade ou ingenuidade da posição da cegueira de cor não pode reparar os danos do racismo querendo que a raça desapareça no desejo de uma neutralidade imaginada. Os efeitos iníquos do racismo também se manifestam sob formas neutras em termos de raça, como se pode ver na aplicação bem-sucedida de leis "imparciais" que multaram, condenaram e prenderam de forma desproporcional os libertos e que se transformaram no sistema de arrendamento de condenados. A cegueira de cor naturaliza a raça ao supor sua anterioridade em relação ao discurso. Diante dessa falha ou "cegueira", é incapaz de explicar a produção social do racismo ou suas consequências materiais.) A produção e o reconhecimento das distinções raciais pelo Estado não eram considerados contrários às suas garantias de uma igualdade de direitos e de proteção (embora a diferença produzisse invariavelmente uma hierarquia da vida e do valor humanos).

A concepção de raça produzida por séculos de escravidão tornou "negro" praticamente um sinônimo de "escravo", e "branco" um sinônimo de "livre", bem como criou uma raça senhorial e uma raça assujeitada. Nas palavras de Cable, a escravidão "transformou a nossa casta de senhores em uma massa sólida e fixou um domínio e uma subserviência comuns entre a raça dominante e a raça servidora. Cada um de nós [brancos] cresceu com a ideia de que tinha, por nascimento e por raça, grandes poderes policiais sobre toda e qualquer pessoa de cor".[89] Agora que a raça já não definia um status, eram necessários esquemas de classificação para conservar essas linhas de divisão. O esforço para manter a linha de cor ou, propriamente falando, a subordinação negra, envolvia assegurar a divisão entre as raças e controlar a população negra livre. No âmago desse esforço estava a codificação da raça, que se centrava principalmente na definição e na contenção da negritude.

A classificação dos negros ou das pessoas de cor foi mais frequentemente discutida no contexto da designação, pela lei, do que eram uniões lícitas ou ilícitas, estabelecendo firmemente a conexão entre sexualidade e sanguinidade. Como afirmava a Lei do Mississípi para Conferir Direitos Civis aos Libertos:

> Não será lícito a qualquer liberto, negro livre ou mulato, casar-se com qualquer pessoa branca; nem a qualquer pessoa branca casar-se com qualquer liberto, negro livre ou mulato; e qualquer pessoa que assim intercasar será considerada culpada de um crime e, se condenada, será confinada na penitenciária do estado por toda a vida; e serão considerados libertos, negros livres e mulatos os que tiverem sangue negro puro e os que descendam de um negro até a terceira geração, embora um antepassado de cada geração possa ter sido uma pessoa branca.[90]

Essa lei também reconhecia as relações de coabitação como uniões legais e assegurava o direito dos libertos de se casarem, embora proibisse as uniões inter-raciais. A Carolina do Norte declarou que "os negros e seus descendentes, mesmo que um antepassado de cada geração sucessiva até a quarta, inclusive, seja branco, serão considerados pessoas de cor".

Entre os estatutos estaduais pós-Guerra Civil incluíam-se disposições que legalizavam o casamento entre negros, puniam a coabitação ilícita e proibiam os casamentos entre pessoas brancas e pessoas de cor. Na maioria dos estados, as pessoas com um oitavo de sangue negro ou africano eram designadas pessoas de cor (mas, na Carolina do Sul, sete oitavos de sangue caucasiano faziam com que uma pessoa fosse considerada branca). Embora o código do Alabama de 1866 afirmasse não fazer distinção em função da cor, os casamentos entre brancos e negros eram proibidos. A seção 4189 do código do Alabama de 1876 impunha uma punição severa para a fornicação inter-racial. A Lei Relativa às Licenças de Casamento da Flórida, de 1866, reconhecia os casamentos inter-raciais anteriormente celebrados, mas estipulava que

> se qualquer residente branca doravante tentar se casar, viver em estado de adultério ou fornicação com qualquer negro, mulato ou outra pessoa de cor, será considerada culpada de uma contravenção e, se for condenada, será multada em uma quantia não superior a mil dólares ou será confinada na cadeia pública por um período não superior a três anos, ou ambos, a critério do júri; e será, além disso, desqualificada para testemunhar contra qualquer pessoa branca.

Segundo a lei da Flórida, coabitar com um negro era tornar-se negro e, em última análise, perder o privilégio de testemunhar contra outros brancos.

Essa ordem de codificação e proibição não era considerada discriminatória nem uma violação da igualdade de proteção perante a lei, pois se acreditava que estava a serviço das leis da providência, dos limites da natureza e dos fatos imutáveis da existência humana. O casamento era mais que um contrato civil — era uma instituição doméstica sagrada controlada pelo poder soberano do Estado. Fazia parte do exercício do poder de polícia do Estado, motivo pelo qual os estados controlavam essa instituição.[91] Segundo *Estado vs. Gibson* (1871), o casamento era uma

> instituição pública estabelecida pelo próprio Deus [...] e é essencial para a paz, felicidade e bem-estar da sociedade. [...] O direito de todos os estados de regular e controlar, guardar, proteger e preservar essa instituição divina, civilizadora e cristianizadora é de importância inestimável e não pode ser renunciado, nem os estados podem sofrer ou permitir qualquer interferência nesse quesito.[92]

(Esse caso foi citado como precedente em *Plessy* para confirmar o poder de polícia do Estado e a constitucionalidade da proibição de certas formas de relações sociais entre as raças.) De modo similar, *Green vs. Estado*, que defendeu a constitucionalidade do código do Alabama contra a fornicação inter-racial, sustentou: "O casamento não é um mero contrato, mas uma instituição social e doméstica sobre a qual se funda toda a sociedade e a ordem, a ser regulada e controlada pelo poder soberano para o bem do Estado".[93] Ao afirmar a importância do casamento para o bem-estar da sociedade, o tribunal descreveu os "*lares* de um povo" como os "verdadeiros *officinai gentium* — os berçários dos estados".[94] *Green vs. Estado* evidencia o deslizamento entre o público e o privado e a autorização para que o Estado faça incursões na arena doméstica como exercício legítimo de seu poder de polícia.

Os estatutos antimiscigenação não eram considerados uma violação da Décima Quarta Emenda, pois essas leis presumivelmente se aplicavam a brancos e negros de forma idêntica. Argumentava-se repetidamente que as leis serviam à "paz e felicidade" das raças negra e branca: "E certamente não pode haver qualquer tirania ou injustiça em exigir que negros e brancos formem essa união apenas com aqueles da sua própria raça, a quem Deus uniu por peculiaridades indeléveis, que declaram que ele fez as raças distintas". É evidente que as distinções raciais, embora repudiadas pela lei ou ordenadas por Deus, facilmente deram lugar à discriminação. Em *Pace vs. Alabama*, o Supremo Tribunal confirmou a seção 4189 do código do Alabama contra a fornicação inter-racial, porque alegadamente tratava de modo igual os transgressores negros e brancos.[95] A vinculação entre a codificação racial, a união legítima e o poder do Estado atuou no sentido de segregar os negros do resto da população e de reproduzir a dominação. A vida, a sexualidade, a reprodução, o sangue e a aliança estavam nas mãos do Estado. Os casos de antimiscigenação expõem a ligação entre raça, higiene e degeneração, uma vez que a lógica que proibia os casamentos inter-raciais também proibia que pessoas com doenças hereditárias se casassem; em ambos os casos, as restrições à liberdade tinham em vista "o bem-estar físico das gerações futuras". Tais questões estavam no âmbito do poder de polícia do Estado, porque a "saúde das gerações ainda por nascer [era] uma questão de profunda preocupação para a comunidade, que de modo justo pode assumir a tutela de seus interesses".[96] A proibição do casamento inter-racial, das associações mistas e da intimidade por meio da linha de cor era um elemento precioso de um esforço mais amplo voltado à preservação da ordem racial — isto é, da hierarquia vertical da vida e da relação de domínio e sujeição. A manutenção dessa hierarquia e fragmentação (do humano em grupos racializados) era um sinônimo de saúde e prosperidade da população. Em *Jones vs. Commonwealth* [da Virgínia], ser negro determinava a existência do crime:

> Ser negro não é um crime; casar com uma mulher branca não é um crime; mas ser negro e, *sendo negro*, casar com uma mulher branca é um crime; por conseguinte, é essencial para o crime que o acusado seja negro — a não ser que seja um negro, não é culpado de qualquer crime.

Uma acusação anterior havia sido anulada, em parte, porque a branquitude da mulher de Jones não tinha sido estabelecida pelo estado da Virgínia.[97] O deslizamento entre ser negro e ser criminoso é bastante notável nessa ontologia punitiva da raça. A esta altura, é evidente que classificação e condição não podem ser separadas, mesmo depois da Décima Terceira Emenda. A classificação, a discriminação e os direitos e prerrogativas delimitados estavam indissociavelmente ligados.

Os estatutos de miscigenação protegiam e preservavam a exclusividade da branquitude como propriedade. Como Stephenson observa, de modo revelador, em *Racial Distinctions in American Law* [Distinções raciais no direito estadunidense]: "A miscigenação nunca foi uma ponte sobre a qual se pudesse atravessar da raça negra para a caucasiana, embora tenha sido uma via de passagem da caucasiana para a negra".[98] O caráter absoluto dessa afirmação desmente sua confiança; pelo contrário, trai a ansiedade do mandato antimiscigenação e o temor de que talvez a via de passagem permitisse também a travessia de negros. A ironia desse tipo de raciocínio é que, embora pretenda proteger as fronteiras da natureza com a força do direito positivo, expõe as leis da natureza como leis bastante debilitadas. Apesar das afirmações de onipotência e sanção divina, as leis da natureza requerem proteção e intervenção estatal para impedir a proliferação de práticas antinaturais e expressamente repugnantes. Inequivocamente, é o medo de que os negros se infiltrem na talvez permeável fronteira entre as raças que fomenta esses estatutos, em realidade instituídos para policiar essas esperadas infrações. Como veremos em *Plessy*, essas taxonomias produzem valor racial, de tal modo que a reputação da branquitude se torna, em si mesma, uma forma de propriedade.

O medo desmedido incitado pela ameaça de miscigenação também deve ser considerado diante da revolução nas relações de propriedade determinadas pela Décima Terceira Emenda. Como resultado da guerra, observa Eva Saks, o dinheiro confederado deixou de ter valor; o valor das terras despencou; a propriedade escrava foi libertada; havia a ameaça de redistribuição de terras; e, por último e mais importante, "o valor da pele branca despencou quando a pele negra deixou de significar o status de escravo. Contudo, essa desvalorização racial seria invertida se o sangue branco conseguisse interiorizar o status dos brancos em relação aos negros antes da guerra".[99] A miscigenação, que havia permitido aumentar a propriedade durante a escravidão, agora ameaçava democratizar ou expropriar a propriedade exclusiva da branquitude, tal como a própria emancipação, ao tornar a liberdade um direito de todos, e não um privilégio racial.[100] O conceito de propriedade-na-branquitude é de importância primordial quando examinamos os estatutos antimiscigenação, e as prescrições de gênero do mandato racial do Estado colocavam as mulheres brancas sob intenso escrutínio e regulação, combatendo a transgressão sexual com toda a força da lei. Como ilustra o código da Flórida, uma pessoa podia, de fato, perder o privilégio de ser branca por se associar a pessoas negras.[101] O casamento inter-racial era punido de forma mais severa do que o concubinato, que era a forma habitual de relações sexuais entre homens brancos e mulheres negras; pelo contrário, foram feitos esforços para descriminalizar o concubinato.[102] (Todos os casos acima referidos envolviam homens negros casados com mulheres brancas.)

O discurso da fusão de raças revelou os direitos de propriedade que os homens exercem sobre as mulheres. Se a jurisprudência da miscigenação foi fundamental para estabilizar a propriedade branca, então as mulheres e as crianças, herdeiros legítimos, eram os seus objetos específicos de preocupação. Indiscutivelmente, os direitos civis implicavam a propriedade de mulheres e crianças. O desafio consistia em manter as prerrogativas masculinistas do cidadão-sujeito e, ao mesmo tempo, proibir uma extensão não qualificada desses direitos conjugais de propriedade através das linhas raciais. O governo da transmissão da propriedade-na-branquitude moderava as prerrogativas masculinas de que gozavam os homens negros. A soberania dos homens implicava autoridade sobre mulheres e crianças (e escravos), que eram os receptáculos do seu domínio e posse. Extrapolando as premissas racializadas dessa lógica, a posse de mulheres brancas tornou-se a figura máxima da virilidade. A apreensão sobre a fusão de raças expôs as formas de ônus constitutivas da liberdade.[103] As incertezas patriarcais sobre os herdeiros legítimos e a transmissão legítima da propriedade foram exacerbadas pela chegada tardia dos negros como cidadãos-sujeitos. O escândalo provocado por homens negros com esposas brancas confirma o papel central do casamento na reprodução e transmissão da propriedade e na preservação do corpo social. A ênfase no contrato de casamento expõe de forma reveladora o grau em que a liberdade e a igualdade dos homens se baseavam no poder exercido sobre as mulheres na esfera privada. A subjugação contratual e a posse das mulheres eram inseparáveis da elaboração dos direitos civis.

A persistência da miscigenação como um incitamento à reação excedeu as convulsões da Reconstrução e suas consequências. Só em 1967 é que a Suprema Corte considerou inconstitucionais as leis antimiscigenação.[104] A manutenção da supremacia branca foi realizada não apenas por meio da ligação entre sanguinidade e sexualidade, mas também por meio do impedimento de todas as formas de associação que supunham formalmente a igualdade das raças. Prescritos os termos da conduta civil e do contato entre as raças, as relações de domínio e sujeição foram ressuscitadas. A proteção dos direitos civis básicos continuava a ser percebida como um ataque contra a branquitude e uma violação das fronteiras naturais entre as raças. Se a associação cedia inevitavelmente à fusão das raças ou aumentava a antipatia entre elas, que lugar havia para os negros no seio do corpo nacional? Se a igualdade de acesso a instalações públicas, pousadas, teatros, vagões de trem, terminais de ônibus, escolas, igrejas e cemitérios era uma imposição indesejada de igualdade social, e não a simples garantia de direitos civis, o que a igualdade de proteção da lei acarretava? Se a igualdade tinha como premissa formas limitadas de associação na arena pública, e se mesmo essa associação restrita era considerada um incitamento à fusão das raças, então a privação de direitos e a purificação do corpo social andavam de mãos dadas.[105] Aqui, o corpo político adquire uma literalidade sem precedentes, pois era o corpo, na sua materialidade obstinada, que estava no nexo dos direitos sociais e civis.

O LUGAR DA RAÇA

Apesar das garantias de liberdade e igualdade individuais veiculadas por frases como "nem a escravidão nem a servidão involuntária existirão nos Estados Unidos" e "nenhum estado poderá restringir os privilégios e imunidades dos cidadãos", as classificações raciais produziram sujeição, embora disfarçada por natureza, sentimento, saúde ou prosperidade. As condições reais das coisas, tal como foram aperfeiçoadas por séculos de escravidão, expuseram o abismo que separava os ideais de igualdade de sua consumação. Como sustentava *Roberts vs. Cidade de Boston*, um caso de dessegregação de escolas anterior à Guerra Civil citado como precedente em *Plessy*:

> [Igualdade perante a lei] como um princípio geral amplo, tal como deveria constar de uma declaração de direitos, é perfeitamente sólido; não é apenas expresso em termos, mas permeia e anima todo o espírito da nossa constituição de governo livre. Mas, quando esse grande princípio vem a ser aplicado às reais e variadas condições das pessoas na sociedade, não justificará a afirmação de que homens e mulheres estão legalmente revestidos dos mesmos poderes civis e políticos, e que crianças e adultos têm legalmente as mesmas funções e estão sujeitos ao mesmo tratamento; mas apenas que os direitos de todos, tal como são estabelecidos e regulados pela lei, têm igualmente a prerrogativa de consideração paternal e proteção da lei, para a sua manutenção e segurança. Quais são esses direitos, dos quais são titulares os indivíduos na infinita variedade de circunstâncias pelas quais são cercados na sociedade, deve depender de leis adaptadas às suas respectivas relações e condições.[106]

Se a condição real das coisas não justificava que homens e mulheres, negros e brancos gozassem de igualdade perante a lei, então o que a proteção igualitária conferia? Os direitos equivalentes fixavam essas "respectivas condições" autorizando distinções de raça, admitindo o vácuo entre o grande princípio da "igualdade perante a lei" e as condições reais e diversas das pessoas na sociedade.[107]

Essa concepção controversa de igualdade pressagiou a avaliação da Corte em *Plessy*, que não era inevitável. A Constituição havia abolido o status-raça da escravidão, mas a subordinação negra era sustentada pela naturalização da principal circunstância da escravidão — o fardo da raça. A convicção da negritude como classificação legal era inseparável do cativeiro supostamente anulado pela Décima Terceira Emenda. O reconhecimento pela lei de categorias alegadamente naturais como a raça, o sangue e a afinidade negou o papel constitutivo da lei na criação e consolidação dessas categorias. De fato, foi a neutralidade declarada da raça como categoria jurídica que perpetuou efetivamente esse legado durante mais um século. As taxonomias raciais que habitam a lei, quer em termos de propriedade, criminalidade ou contágio, mantiveram o domínio branco e desmentiram as declarações de igualdade formal.[108] Como insistiram os advogados de Homer A. Plessy, a classificação per se era ofensiva e "um insulto a qualquer cidadão dos Estados Unidos enquanto tal".[109]

Embora antecipada por *Roberts vs. Cidade de Boston*, a facilidade com que as classificações raciais odiosas e reguladoras foram adotadas pelo discurso da proteção igualitária é digna de nota no contexto pós-emancipação. Se a citação de *Roberts* e de outros casos anteriores à Guerra Civil na opinião majoritária de *Plessy vs. Ferguson* atesta a longevidade das atitudes anteriores à guerra em relação aos negros e negligencia as mudanças instituídas pela emancipação, são igualmente confirmadas a hesitação ou fragilidade da lei em comparação com a durabilidade do sentimento. A lei, aparentemente impotente, recua diante do sentimento. Ao ceder à influência deste, *Plessy* repercutiu *Roberts*: "O preconceito, se existe, não é criado pela lei e não pode ser alterado pela lei". Mas se a lei não pode mudar o preconceito, será que seu papel é afirmá-lo, sucumbir à sua autoridade? Seguindo essa lógica até o fim, parecia que o "simples servilismo" só seria suplantado pela sujeição legal à (antipatia da) raça dominante. Pois os descendentes dos *Civil Rights Cases* e de *Plessy* eram uma população governada que exercia tentativas de reivindicação da cidadania e à qual era negada a igual proteção da lei. A lógica escorregadia que deu origem a essa concepção esvaziada de liberdade defendia que a discriminação racial não era um emblema da escravidão; em suma, a condição duradoura de sujeição dos negros nada tinha a ver com a escravidão. Afirmava-se que essas taxonomias raciais eram neutras e não danosas, e assim não tinham qualquer relação com a degradação da escravidão. A razoabilidade das classificações raciais atingiu seu apogeu grotesco em *Plessy vs. Ferguson*, e a segregação espacial ratificada nesse caso tem de ser situada no âmbito da obsessão negrofóbica (ou antinegra) pela saúde e pela segurança que inspirava os estatutos antimiscigenação. O sentimento, o instinto, a aversão e a afinidade eram invocados para justificar o casamento entre a igualdade perfeita e as distinções raciais. No contexto pós-emancipação, a antipatia, e não a mutualidade e a reciprocidade, como acontecia no direito escravista, determinava os termos das relações permitidas e proibidas por lei. Ironicamente, a doutrina "separados mas iguais" só pôde ser anulada pelo desenvolvimento da mutualidade e da reciprocidade. A interpretação dos direitos e a separação dos domínios público e privado permitiram que direitos equivalentes substituíssem a proteção igualitária.

O social se encontra sobretudo na mescla da igualdade e da exclusão. É um domínio amorfo e mutável que se sobrepõe às divisões da família, da sociedade civil e do Estado; é uma categoria de crise que designa o deslizamento entre o público e o privado e a "intrusão" do corpóreo — saúde, fome, coabitação e reprodução — no espaço público da política. O reconhecimento constitutivo do social pela lei — em particular, o domínio das diferenças raciais, dos impulsos corporais, dos instintos naturais e dos sentimentos aversivos — autorizava a violação dos direitos inaugurada pela doutrina "separados mas iguais". Nos limites externos da lei, "a desigualdade justa e perfeita se manifestava no social".

As relações de domínio e servidão formalmente anuladas pela Décima Terceira Emenda foram refeitas através de atribuições de raça presumivelmente neutras. A "barreira perpétua e intransponível" entre "a raça branca e a que havia sido reduzida à escravidão" que Taney apontou em *Dred Scott*, ressuscitada no contexto pós-emancipação, instituía relações modernas de servilismo e subjugação. Porém, diferentemente de *Dred Scott*, que defendia que os negros eram "seres de uma ordem inferior e totalmente inaptos para se associarem à raça branca, seja nas relações sociais ou políticas", *Plessy* não afirmava que os negros fossem excluídos do corpo político, mas apoiava a ideia de associações adequadas entre as raças, em vez de uma igualdade forçada que impunha uma proximidade indesejada; endossava os arranjos espaciais da doutrina "separados mas iguais" e a divisão erigida pela diferença imutável. Essa solução pós-emancipação acarretava tanto a expulsão como a incorporação dos negros.[110] *Plessy* reconhecia os direitos limitados de que gozavam os negros e renunciava à linguagem da inferioridade e da subjugação, mas mantinha as relações de domínio e servidão, declarando-os iguais. A afirmação da doutrina "separados mas iguais" destinava-se a evitar e a minimizar a repulsa e o antagonismo entre as raças, que era fomentado pela associação obrigatória. Essa abordagem homeopática impediu o agravamento da antipatia racial através da estigmatização da negritude. Na leitura de *Plessy vs. Ferguson* a seguir, não é minha intenção estabelecer a inevitabilidade da doutrina "separados mas iguais", nem encobrir as descontinuidades entre a Reconstrução e o período posterior, mas antes interrogar as continuidades entre as figurações pré e pós-guerra da negritude como categoria degradada e abjeta, e as soluções sentimentais do "problema do negro".[111]

PLESSY VS. FERGUSON

Em 7 de junho de 1892, Homer A. Plessy embarcou em um trem de passageiros estadual na Louisiana e sentou em um vagão destinado a passageiros brancos. Quando questionado pelo maquinista sobre sua raça, respondeu que era um homem de cor. O condutor exigiu que ele se deslocasse para o carro destinado à raça de cor ou seria retirado do trem e preso.[112] Plessy recusou-se a cumprir a ordem do maquinista, foi expulso do trem e detido. O que estava em questão em *Plessy vs. Ferguson* era o estatuto da Louisiana que obrigava as companhias ferroviárias a providenciar acomodações separadas mas iguais para passageiros brancos e de cor. O estatuto também previa que "nenhuma pessoa será autorizada a ocupar lugares em vagões diferentes dos que lhe foram atribuídos em virtude da raça a que pertence". Plessy embarcou no trem com a intenção de desafiar o estatuto. O querelante contestou a constitucionalidade da lei, por violar a Décima Terceira e a Décima Quarta emendas, e argumentou que as distinções raciais eram marcadores sociais que reproduziam a sujeição legal dos negros. Como se refletia no estatuto da Louisiana, essa medida de manutenção de lugares reduzia os negros à condição de raça assujeitada e reforçava a construção estigmatizada da negritude.

Nas palavras da petição apresentada em nome de Plessy por Albion Tourgée: "Esta lei destina-se a manter o negro no seu lugar. [...] Em vez de se destinar a promover o conforto geral e o bem-estar moral, esta lei se destina, clara e evidentemente, a promover a felicidade de uma classe por meio da afirmação de sua supremacia e da inferioridade de outra classe".[113] Embora a maioria negasse que essa atribuição de lugar "carimb[asse] a raça de cor com o emblema da inferioridade", os negros foram realocados em seu lugar próprio e forçados a ali permanecer. Essa insidiosa atribuição de lugar sob o pretexto da igualdade ressuscitou a subjugação da escravidão. Como argumentou Tourgée, a característica definitiva da escravidão estadunidense era a servidão do escravo a toda a raça branca, bem como ao seu proprietário. Essa sujeição à raça dominante, individual e coletivamente, havia sido abolida pela Décima Terceira Emenda, que se destinava a "desfazer tudo o que a escravidão tinha feito ao estabelecer a discriminação racial e o controle coletivo e pessoal da raça escravizada".[114]

A Corte insistiu que tal interpretação era falaciosa e não era apoiada "por qualquer coisa encontrada na lei, mas apenas porque a raça de cor escolhe impor sua interpretação sobre a lei". Da mesma forma, rejeitou o argumento de que a discriminação racial constituía um emblema da escravidão, reiterando a opinião da maioria nos *Civil Rights Cases*: "A Décima Terceira Emenda diz respeito não a distinções de raça, classe ou cor, mas à escravidão", e "aplicá-la a todo ato de discriminação seria deitar por terra o argumento dos emblemas da escravidão".[115] A Corte argumentou, de forma restrita, que "a escravidão implica servidão involuntária — um estado de servidão; a propriedade da humanidade como um bem móvel, ou pelo menos o controle do trabalho e dos serviços de um homem em benefício de outro, e a ausência de direito legal à disposição da sua própria pessoa, propriedade e serviços". Ao definir a escravidão primordialmente como escravidão de bens móveis, pura e simplesmente, a Corte negava a sujeição dos negros, fundamental para a escravidão e para a ordem social anterior à guerra, bem como a natureza pública da instituição, com o que pôde concluir que as distinções legais entre as raças branca e de cor não tinham "qualquer tendência para destruir a igualdade legal das duas raças, ou restabelecer um estado de servidão involuntária".[116] Essa interpretação da escravidão autorizou a segregação precisamente ao minimizar o alcance da escravidão, negando seu legado existente e seu caráter racial, e intensificando seus emblemas e circunstâncias.

A maioria alegou que o argumento dos emblemas da escravidão era falacioso porque pressupunha que a igualdade social podia ser imposta pela proximidade indesejável das raças. A escolha do termo "igualdade social" transpôs a questão controversa da igualdade civil para uma questão de associação inadequada e resolveu a questão por meio desse truque. Como evidenciado na prática cotidiana, os direitos sociais da raça branca dependiam da segregação.[117] A saúde, a felicidade, a prosperidade e o conforto só podiam ser assegurados impedindo o "contato ofensivo" com negros. No entanto, a Corte insistiu na justiça do estatuto, que previa o tratamento equivalente das raças, como se a simetria do próprio estatuto impedisse efeitos danosos e degradantes. A Corte especulou que, se a situação fosse invertida, e a raça de cor fosse dominante na legislatura estadual e promulgasse uma lei em termos precisamente similares, a raça branca não aceitaria essa presunção de inferioridade. Podemos apenas supor que essa inversão imaginária tinha como objetivo estabelecer a neutralidade das distinções raciais e a reversibilidade da razão racista, negando assim a construção deletéria da negritude e a recriação de uma classe servil realizada através dessa neutralidade ou tratamento equivalente.

A codificação da raça na lei assegurou a sujeição dos negros e prescreveu os termos da conduta e da associação inter-raciais, apesar dos protestos em contrário. A negritude tornou-se o principal emblema da escravidão diante dos fardos, incapacidades e pressupostos de servidão permanentemente associados a essa roteirização racial do corpo; inversamente, a branquitude se tornou "o mais valioso tipo de propriedade" e a "chave-mestra que abre a porta dourada da oportunidade".[118] O estatuto da Louisiana impunha os emblemas da escravidão; interferia na liberdade pessoal e no pleno gozo das prerrogativas de liberdade e regulava os direitos civis comuns a todos os cidadãos com base na raça. Sem dúvida, colocava os negros em uma condição de inferioridade legal. O argumento dos emblemas da escravidão apresentado pelos advogados de Plessy e na opinião dissidente do juiz John Marshall Harlan refutava a pretensa neutralidade das distinções raciais e sustentava que as classificações raciais produziam "distinções de casta" ou uma raça superior e outra inferior entre os cidadãos.

O estatuto da Louisiana colocava os negros em uma condição de inferioridade, e não só pela designação de um local físico, um lugar em um determinado vagão de trem. Ao encaminhar as pessoas para vagões separados, o maquinista, de fato, atribuía uma identidade racial, um perigo que não passou despercebido pela Corte e que estava no cerne da contestação de Plessy. Com que base e com que autoridade podia um maquinista atribuir uma raça? Não seria essa atribuição e triagem com base na raça uma perpetuação das características essenciais da escravidão? Além disso, o que significava atribuir uma raça quando esta ultrapassava o domínio do visualmente verificável? A apresentação de Tourgée enfatizava a instabilidade da raça e afirmava que a codificação racial estava puramente a serviço da dominação branca. Ao questionar por que Homer Plessy não deveria ser autorizado a gozar da reputação da branquitude, Tourgée perguntou:

> Por qual regra se deve então guiar qualquer tribunal na determinação do caráter racial? Pode-se dizer que todos aqueles que aparentam uma mistura visível de sangue de cor devem ser classificados como de cor. Segundo qual lei? Com que justiça? Por que não considerar como brancos todos aqueles em que é visível qualquer vestígio de sangue branco? Só há uma razão para isso: a dominação da raça branca.

O sangue funcionava como o título metafísico da propriedade racial.[119] No entanto, como não havia uma forma efetiva de medi-lo, as linhas emaranhadas da genealogia e da associação — mais precisamente, a proibição da associação — determinavam a identidade racial. Se a herança estipulava a identidade (e o que poderia ser mais apropriado que a herança para nomear a produção de sujeitos raciais pela lei, dada a transmutação do sangue em propriedade?), então ela abria a porta dourada da oportunidade para aqueles que podiam gozar da reputação da branquitude e privava de direitos aqueles que não podiam reivindicar legalmente o título de pessoa branca.

Embora se tenha afirmado que a linha de raciocínio do querelante pretendia pouco mais que conceder aos visivelmente mestiços todos os benefícios da branquitude, o argumento era muito mais ambicioso em seu alcance. Ao arguir que a reputação de ser branco era uma propriedade, que a branquitude possuía um valor pecuniário real e que as regras atuais para a sua distribuição estavam simplesmente a serviço da manutenção da subordinação negra, Tourgée ultrapassava a simples exigência de uma categoria de branquitude mais flexível e abrangente (como era o caso no Caribe e na América Latina), demonstrando, em vez disso, o grau em que a raça, a classe e a casta continuavam a ser moldadas pela escravidão. A exclusividade da branquitude foi identificada como o ingrediente essencial na reprodução da degradação negra. A incerteza da leitura racial, a arbitrariedade da atribuição da raça, a retenção da branquitude e dos seus privilégios e os danos infligidos por essa fixação racial foram questões levantadas pela contestação de Plessy.

A preservação da integridade racial e a consequente imposição de legibilidade racial exigiam o exame constante dos corpos em busca de inscrições visíveis da negritude. No entanto, como no caso do próprio Plessy, esses sinais raciais eram por vezes mal interpretados ou não eram detectados, uma vez que "a mistura de sangue de cor não era discernível nele". Se a negritude já não era visualmente discernível, então como a integridade racial deveria ser preservada? Embora tenha ignorado a reivindicação de Plessy em relação à branquitude, a Corte admitiu que a branquitude era uma propriedade que implicava direitos distintos. A opinião majoritária em *Plessy* se esforçou para assegurar significados raciais através de um realinhamento de status, propriedade e direitos, especificamente limitando quem poderia ser considerado branco, afirmando que a reputação da branquitude era uma propriedade e protegendo sua exclusividade via sanções da lei. A Corte afirmou o valor da branquitude e ao mesmo tempo admitiu a incerteza que acompanhava a leitura e a fixação da raça.

Aqueles que tentassem desafiar a conscrição nesse sistema de atribuição racial se arriscavam a uma localização mais permanente, uma vez que os prováveis transgressores enfrentariam multas, expulsão e/ou encarceramento. O estatuto da Louisiana decidia quem gozaria das prerrogativas da branquitude e, por extensão, dos direitos universais dos cidadãos. Embora sua linguagem abordasse a atribuição de passageiros negros e brancos, era a passagem para a "outra raça", para a branquitude, que estava sendo vigiada. A terceira seção da lei indicava o seguinte: "Nada nesta lei deve ser interpretado como aplicável a babás que cuidam de crianças de outra raça". O estatuto tratava implicitamente sobre a raça de cor em oposição à "outra raça". Entrar no "outro" vagão desafiando o lugar que lhe tinha sido atribuído significava assumir uma identidade que não se possuía legitimamente, conforme a acusação feita contra Plessy, ou ter seus direitos de propriedade na branquitude violados, como Plessy alegava. Tendo sido acusado de impor sua entrada à força na companhia de uma "raça a que não pertencia", apesar de possuir sete oitavos de sangue caucasiano, Plessy contra-argumentou que havia sido privado de sua propriedade na branquitude — isto é, da reputação de pertencer à raça branca. Ele defendia que "era digno de todos os direitos, privilégios e imunidades garantidos aos cidadãos dos Estados Unidos da raça branca".[120]

Embora tenha concordado com a afirmação de Plessy de que a reputação de pertencer à raça branca era uma propriedade, a Corte hesitou quanto à questão da raça. Admitiu o risco envolvido na determinação da raça dos passageiros e nas diferentes interpretações de pessoas brancas e de cor sob leis estaduais específicas; contudo, endossou a necessidade desse perigo. A Corte não decidiu a questão da reivindicação de branquitude de Plessy, resolvendo a questão da raça ao presumir que ele era um homem de cor. Não obstante os esforços do querelante para perturbar a questão da raça, as definições variadas de raça nos estatutos estaduais e a dificuldade de discerni-la ou verificá-la visualmente em determinados casos, a Corte continuou a considerar a raça como substancial e, em última análise, conhecível. Plessy havia contestado o caráter dado da raça através de uma encenação dos registros variados de atribuição racial. (Sua pele visivelmente branca permitiu-lhe entrar no vagão branco. Porém, quando questionado pelo maquinista sobre sua raça, ele admitiu que era um homem de cor e que não estava disposto a se deslocar para o vagão dos negros. Apresentou uma petição de mandado de segurança em que se recusava a declarar sua raça ou cor no pleito e reivindicava o direito de gozar a reputação de ser branco.) Ao afirmar que a branquitude era uma propriedade que lhe era negada em virtude da ação do maquinista e do estatuto da Louisiana, Plessy demonstrou até que ponto a privação de direitos civis e a liberdade pessoal truncada dos negros eram essenciais para o privilégio branco. Para a Corte, a raça permaneceu, até a última análise, como um atributo fixo e estável, apesar do reconhecimento relutante de uma indeterminação ocasional.[121] A raça se tornou a fundação sobre a qual os termos em disputa — "igualdade", "privilégios de cidadania" e "liberdade" — eram resolvidos. Como nota Barbara Fields, era "o meio ideológico através do qual as pessoas colocavam e apreendiam questões básicas de poder e domínio, soberania e cidadania, justiça e direito".[122]

Uma vez que a raça era considerada fundamental e imutável, a Corte argumentou:

> Um estatuto que implica apenas uma distinção legal entre as raças branca e de cor — uma distinção que se baseia na cor das duas raças e que deve existir sempre enquanto os homens brancos se distinguirem da outra raça pela cor — não tem qualquer tendência para destruir a igualdade legal das duas raças, ou restabelecer um estado de servidão involuntária.

No entanto, o problema em *Plessy* era precisamente o fato de que a cor do querelante não o distinguia da raça branca. O papel do Estado na criação de uma raça assujeitada foi negado por esse "mero" reconhecimento das diferenças existentes. Como a Corte afirmou, a "igualdade absoluta das duas raças perante a lei" estabelecida pela Décima Quarta Emenda não se destinava a abolir distinções de raça ou a "impor a igualdade social, tal como se distingue da igualdade política, ou uma mistura das duas raças em termos insatisfatórios para qualquer uma delas".

A introdução da questão da igualdade social favoreceu o gozo, a felicidade e o conforto dos membros da raça dominante em detrimento dos direitos e liberdades alegadamente garantidos a todos os cidadãos. Se a igualdade de acesso aos equipamentos públicos impunha a igualdade social — uma associação obrigatória considerada ofensiva por aqueles que eram obrigados a estar em contato com a raça inferior —, então, como salientou Tourgée, por que babás negras não eram portadoras de contágio? "Se a cor é um fator de contágio em um vagão de trem, por que isentar as babás da aplicação da Lei?"[123] Por que a sua presença não constituía o mesmo perigo para a ordem moral e a saúde pública? A disposição relativa às babás negras deixava claro que a mistura de raças era permitida quando reproduzia a organização estratificada da escravidão e preservava a hierarquia de raças dominantes e superiores articulada pela distribuição dos corpos do estatuto. Como subalternas, as babás não perturbavam as configurações de domínio e servidão, nem a articulação espacial de superioridade e abjeção estabelecida por essa codificação legal da raça. Contudo, mesmo essa exceção só era feita no caso das crianças, talvez diante da proximidade necessária da ama de leite e da intimidade física exigida para esse aproveitamento do corpo. As únicas formas de intimidade e associação autorizadas eram aquelas que estavam a serviço do conforto e domínio dos brancos. Como Cable observou em "The Negro Question", fundamentalmente, a linha racial sustentava relações de domínio e subordinação:

> Toda a essência da ofensa, em todo e qualquer lugar onde se insiste na linha racial, é a aparição do homem ou mulher de cor como seu próprio senhor; o domínio é tudo o que essa tirania pretende preservar, e no momento em que a relação de senhor e escravo é visivelmente estabelecida entre as raças, há o silêncio da paz.[124]

A "razoabilidade" da raça como classificação legal era animada por ansiedades sobre a igualdade negra, o fim da soberania branca, a proximidade social e o contato degradante. A associação inter-racial representava um perigo especial quando os negros deixavam de ser bens móveis e eram abrigados pelo efêmero apanágio da igualdade civil. A segregação e a exclusão se tornaram as estratégias empregadas para reprimir os receios suscitados pela igualdade e para preservar o domínio. A barreira jurídica erigida entre os corpos racialmente marcados, sob a égide dos direitos sociais, endossava essa separação obrigatória dos indivíduos e das populações com o argumento de que o estatuto da Louisiana era razoável e promovia o bem público. A razoabilidade do estatuto foi determinada em referência a "usos, costumes e tradições estabelecidos do povo, e com vistas à promoção de seu conforto e à preservação da paz pública e da boa ordem". Essa reverência antiquada ao costume e à tradição ressuscitava o passado em uma articulação nostálgica da escravidão e de suas circunstâncias; de fato, revivia o espírito de *Dred Scott*. Contudo, a conciliação pós-emancipação de *Plessy* enfatizava o "consentimento voluntário" e o reconhecimento, em vez da degradação ou da repulsa, confirmando o banimento e a exclusão dos cidadãos negros com base em associações impróprias e indesejadas. Segundo Harlan, a opinião majoritária ressuscitou *Dred Scott*, criando "uma raça dominante — uma classe superior de cidadãos, o que pressupõe regular o usufruto dos direitos civis, comuns a todos os cidadãos, com base na raça".[125] Em uma interessante inversão do direito escravista, aqui a falta de reciprocidade e de reconhecimento compartilhado exigia a doutrina "separados mas iguais". Os séculos de reciprocidade e boa vontade mútua que autorizavam legalmente a violência de *Estado vs. Mann*, ao mesmo tempo que a reprovavam moralmente, haviam se evaporado em duas curtas décadas de liberdade. Essa antipatia levou o Estado a intervir nas relações entre seus cidadãos. Tanto sua vontade como sua incapacidade de intervir coincidiam com os interesses e os desejos da "raça dominante".

O estatuto da Louisiana se enquadrava no amplo poder de polícia do Estado, protegendo o bem público ao apoiar e tolerar a sujeição legal. Tal como decidido em *Plessy*, a prosperidade geral e a saúde do público obrigavam à separação das raças. Desse ponto de vista, a Louisiana mais impunha a segregação do que mantinha a felicidade e a saúde dos cidadãos, subordinando a lei aos sentimentos naturais e protegendo os costumes e o conforto. O exercício do poder de polícia do Estado se sobrepunha à questão dos direitos civis individuais e autorizava essa violação dos direitos em nome de um bem maior. O exercício do poder de polícia do estado da Louisiana era considerado razoável, uma vez que fora "aprovado de boa-fé para a promoção do bem público, e não para o incômodo ou a opressão de uma determinada classe". O poder de polícia tal como definido no *Black's Law Dictionary*, implicava "o poder do Estado de impor restrições à liberdade pessoal e aos direitos de propriedade das pessoas para a proteção da segurança, saúde e moral públicas ou para a promoção da conveniência pública e da prosperidade geral".[126] Em suma, legitimava a restrição e a regulação da liberdade e da propriedade em nome do bem-estar público e da saúde e prosperidade da população. Tal como formulado nos *Slaughter-House Cases* [Casos do matadouro], esse poder se estendia

> à proteção das vidas, dos membros, da saúde, do conforto e da tranquilidade de todas as pessoas, e à proteção de todas as propriedades dentro do Estado; [...] e as pessoas e as propriedades estão sujeitas a todos os tipos de restrições e ônus, a fim de assegurar o conforto geral, a saúde e a prosperidade do Estado.[127]

Um senador chegou até mesmo a sugerir que o exercício correto do poder de polícia pelo Estado determinava "que se legislasse em relação aos preconceitos de um povo [...] e não legislar contra os seus preconceitos".[128] Como observa Pasquale Pasquino, o exercício do poder de polícia constitui a população como seu objeto. A ciência do poder de polícia constitui e modela o corpo social. O extenso alcance desse poder, uma de suas características definidoras, é evidenciado na "pletora de pequenos detalhes e preocupações menores". Para pensar na implementação da retenção pelo Estado, é fundamental a observação de Pasquino de que os poderes de polícia são "de certa forma criações espontâneas da lei, ou antes uma exigência de ordem que ultrapassa a lei".[129] A esse respeito, é interessante notar as avaliações divergentes da Corte sobre os usos legítimos do poder de polícia em relação a questões de classe e raça. No domínio das relações de trabalho, as medidas de proteção da classe trabalhadora eram consideradas formas de regulação social injuriosas que violavam a liberdade contratual. No entanto, a violação da liberdade por estatutos estaduais racistas era considerada razoável e legítima. Aqui está em questão a inventividade da lei, a ambiguidade que envolve o que está ao alcance da lei e o que a excede.

Tal como determinado pelo estatuto da Louisiana e pela opinião majoritária em *Plessy*, a saúde, a segurança, o bem público e o conforto dos cidadãos dependiam do banimento e da exclusão dos negros do domínio público. Se o bem público era inseparável da segurança e da certeza de si da branquitude, então a segregação era a profilaxia contra essa temida ameaça e intrusão corporais. Harlan advertiu, com razão, que esse medo levaria a mais violações dos direitos civis:

> Não será agora razoável esperar que homens astutos da raça dominante, que parecem estar perturbados com a possibilidade de que *a integridade da raça branca* seja corrompida, ou de que sua supremacia seja posta em perigo, pelo contato com pessoas negras nas vias públicas, se esforcem por obter estatutos que exijam que os jurados brancos e negros sejam separados na sala do júri por uma divisória? [grifos meus].

A integridade da raça branca delineava o bem público. A identificação da saúde e do conforto da população com a supremacia branca, como Harlan advertiu, resultou de fato em mais violações de direitos e apenas intensificou a repulsa e o sentimento aversivo que supostamente eram contidos por tais medidas. Além disso, se um dos objetivos centrais do poder de polícia era estabelecer a felicidade pública, então as ligações entre o conforto branco e o sofrimento negro foram restabelecidas no contexto da emancipação. O poder de polícia do Estado, tal como invocado em *Plessy*, criava basicamente "inimigos internos biologizados", e a preocupação com o bem público autorizava a imposição de encargos e restrições. É claro que a proteção da "sociedade" contra o contato contaminador, o contágio e a dissolução justificava tudo.[130] Nesse caso, o poder de polícia era pouco mais que a articulação benevolente do racismo de Estado em nome do bem público. A identificação do Estado com os seus súditos era inseparável do processo de criação de inimigos internos contra os quais o conforto e a prosperidade da população podiam ser defendidos. A filiação entre felicidade e sujeição e entre prosperidade e exclusão deu forma a um corpo social caracterizado por estrangeiros internos isolados e estigmatizados e pela ilusória integridade da raça dominante.[131] Basicamente, a integridade do corpo social se tornava possível graças à segregação e à rejeição dos negros, ao isolamento dos elementos perigosos em relação ao resto da população e à contenção do contágio.

A invocação do poder de polícia do Estado eclipsou as questões da igualdade de proteção e dos direitos individuais. A segurança e o sentimento ofuscaram a igualdade e a liberdade na discussão do bem público. A preocupação com a saúde, a associação e a felicidade substituiu a questão dos direitos civis pela questão dos direitos sociais. A separação entre direitos civis, políticos e sociais na cultura do século 19 legitimava a dominação e a cidadania precária ou deficiente. Essa definição de direitos atuava geralmente no sentido de restringir e qualificar a liberdade e a igualdade. Os direitos econômicos limitavam-se à liberdade contratual, e os direitos que iam além disso eram malvistos e considerados esforços sinistros de legislação de classe.[132] Por exemplo, embora os cidadãos gozassem de privilégios e imunidades, incluindo os direitos civis básicos e os direitos constitucionais, a cidadania não implicava nem conferia uma igualdade de direitos políticos. As mulheres eram cidadãs, mas não podiam votar nem fazer parte de júris. Mulheres casadas tinham direitos de propriedade limitados e não podiam celebrar contratos sem a permissão do marido. Os direitos sociais estavam imunes a qualquer reivindicação de igualdade, uma vez que diziam respeito a assuntos designados como privados e/ou íntimos. Como observa Mark Tushnet, "o governo não tinha nada a ver com a garantia dos direitos sociais, a não ser para fazer cumprir os direitos garantidos pelo direito consuetudinário".[133] No entanto, o Estado se envolvia em questões de direitos sociais na medida em que se relacionavam ao poder de polícia. Por exemplo, os casamentos inter-raciais eram proibidos com base no fato de que o casamento era um direito social, e não um direito civil; por conseguinte, a Lei dos Direitos Civis de 1866 e a Décima Quarta Emenda não protegiam esse direito contratual. A aliança dos direitos sociais com o poder de polícia insinuava o papel do Estado no domínio do social. Os "interesses das futuras gerações da república por vir" estavam nas mãos do Estado.

O isolamento dos direitos sociais em relação aos direitos civis e políticos possibilitou a subordinação e a exclusão dos cidadãos negros, declarando as distinções raciais e os sentimentos de medo e ódio que decorriam dessas distinções como naturais e alheios ao âmbito da lei. Embora os direitos civis básicos fossem considerados aqueles de que se gozava em um estado de natureza — o direito à liberdade pessoal, de trabalhar e usufruir dos frutos do próprio trabalho, de possuir propriedades, de celebrar contratos, de casar-se e proteger o próprio domicílio, de possuir a sua própria pessoa e de ter mobilidade —, o social, tal como definido pela maioria nos *Civil Rights Cases* e em *Plessy*, minava os direitos civis e as liberdades pessoais. Por exemplo, a negação de acesso a instalações, instituições ou alojamentos públicos ou a negação do gozo de direitos básicos deviam ser toleradas, porque essas relações caíam inacreditavelmente no âmbito de competência do estritamente privado, e um poder discricionário ilimitado protegia a "justa desigualdade" da sociedade privada.[134] A Lei dos Direitos Civis de 1875 e outros esforços para fazer cumprir a igualdade foram anulados por designações do privado, uma esfera invasiva e mutável, impermeável ao Estado de direito. A Lei dos Direitos Civis de 1875 foi considerada inconstitucional porque "impunha" regras de conduta individual: "Adentra o domínio da jurisprudência local e estabelece regras para a conduta dos indivíduos em sociedade, uns em relação aos outros, e impõe sanções para a aplicação dessas regras".[135] É claro que a segregação estabelecia regras para a conduta civil dos indivíduos; no entanto, não representava qualquer perigo para a ordem local. Era inerente a essa concepção de direitos sociais um entendimento das relações individuais e sociais como relações bifurcadas pelos domínios público e privado e regidas por costumes, preconceitos, desejos e natureza, e não por princípios elevados como a igualdade. Consequentemente, as fronteiras do privado eram ferozmente disputadas. Como insistiu o juiz Harlan em oposição à maioria, em *Plessy* e nos *Civil Rights Cases*, eram os direitos civis dos cidadãos que estavam em pauta, e não os direitos sociais. Uma vez que as pousadas, ferrovias, outros meios de transporte e locais de diversão realizavam uma "função pública e exerciam poder e autoridade sob o Estado", esses estabelecimentos se enquadravam no âmbito de aplicação da Décima Quarta Emenda.[136]

UM REDUTO DA DESIGUALDADE

O social do século 19 é mais bem descrito como um reduto da desigualdade, pois as práticas e relações que podiam prosperar nesse domínio estavam libertas do compromisso mais nominal com a igualdade. Para dizê-lo adequadamente, o social estava além do alcance do Estado e imune à sua intervenção. Porém, um exame mais atento revela menos uma zona autônoma do que uma arena de práticas confusas, contraditórias e clandestinas que ligam o Estado ao seu suposto outro, o privado. O papel do estado da Louisiana na criação de sujeitos subordinados e estigmatizados foi disfarçado pelo poder atribuído ao sentimento; no nível nacional, o governo federal reforçou as leis supremacistas brancas dos estados recorrendo à separação de poderes, à soberania estadual e a uma não interferência declarada. O reconhecimento do sentimento e da afinidade negava o papel do Estado em permitir que prosperasse a "justa desigualdade" do privado e a governança do social exercida através do poder de polícia. O Estado recusava-se a intervir no privado, declarando-o uma esfera livre de leis e voluntária, mas já estava lá e regia ativamente a conduta dos indivíduos.[137] Esse recuo do Estado diante do privado permitia e encorajava a subordinação dos negros, ao mesmo tempo que esse suposto não envolvimento sustentava a supremacia branca. O sentimento de aversão, e não a política do Estado ou a Corte, foi considerado responsável por essa separação e isolamento dos negros em relação ao resto da população. A inocência da lei (que não criou o preconceito e, por isso, não podia alterá-lo) e do Estado (que apenas protegia a segurança pública e promovia a prosperidade geral) era mantida por meio da negação do caráter público e estrutural do racismo e da atribuição do preconceito a prerrogativas individuais.

Uma construção elástica do privado concedeu às relações de exploração e dominação imunidade contra a interferência do Estado, mas, de fato, este produziu e autorizou essas relações, naturalizando-as e declarando-as fora do alcance da lei. Em outras palavras, a construção do privado sustentou e reproduziu a sujeição através dessa divisão da existência social. Muito diferente da esfera de liberdade que se presumia que fosse, o privado era uma esfera em que reinavam a desigualdade, a subordinação e a exploração. Em vez de aceitar a construção bifurcada da existência social traçada pelo liberalismo, em que o privado significa a autonomia individual, e o público, a violação dessa suposta autonomia, esses termos são construções contingentes e tendenciosas da vida social, e não termos explicativos desinteressados. Em vez disso, o público e o privado precisam ser considerados como designações provisórias em um conjunto de relações e instituições sociais mutáveis, interligadas e sobrepostas, que não podem ser destiladas em componentes discretos e independentes sem o risco de reducionismo ou obscurecimento; nem o livre-arbítrio nem a inconveniência descrevem adequadamente a organização social do espaço, dos corpos e do poder.

Plessy revela até que ponto a construção do privado e do social como uma "esfera da sociedade livre de leis e voluntária" viabiliza a política regulatória não admitida do Estado e sustenta a dominação através da liberdade de associação.[138] De longe, o conjunto de interesses protegidos pelo escudo do privado era de interesses dominantes, embora mascarados pelo bem público, por direitos equivalentes, por instintos raciais e pelo consentimento voluntário dos indivíduos. Como argumenta Neil Gotanda, a expansão do privado libertou os prestadores de serviços públicos e de entretenimento do dever consuetudinário de oferecer seus serviços ao público quando esse dever exigia atender a pessoas negras. A esse respeito, a incorporação do público pelo privado estava indissociavelmente ligada aos negros ausentes e banidos.

A Corte criou uma esfera protegida que assegurava o gozo branco contra as invasões negras, invocando e confundindo as distinções entre o privado e o público. Precisamente por essa razão, o social não pode ser reduzido ao privado; pelo contrário, ele omite e borra a distinção entre público e privado. Sua não coincidência com a família, com a sociedade civil e com o Estado delimita a particularidade desse domínio.[139]

Ao transpor a questão dos direitos civis para outra de direitos sociais, a decisão elevou os sentimentos e os costumes acima dos princípios constitucionais, endossou os "instintos raciais" e validou a inferioridade dos negros, uma vez que até mesmo a Constituição era impotente para colocá-los no mesmo plano dos brancos. Dessa maneira, as discriminações raciais que Harlan avaliou como "passos para reduzir os negros a uma raça assujeitada" foram declaradas compatíveis com a proteção igualitária.[140] Para citar a opinião majoritária: "Se duas raças devem se encontrar em termos de igualdade social, isso deve ser o resultado de afinidades naturais, de uma apreciação mútua do mérito de cada um e do consentimento voluntário dos indivíduos". Os termos de mutualidade aqui defendidos caracterizam os arranjos idealizados da sociedade privada. Mas a elaboração dessa mutualidade impede a associação inter-racial e rejeita a proscrição da conduta louvada como liberdade de associação. Do mesmo modo, pressupõe que as preferências e afinidades são imutáveis. Impor a igualdade ou implementar a "mistura" pretensamente colocava em risco a paz pública e a boa ordem, se não o equilíbrio da própria natureza. Em consequência, as afinidades naturais aversivas foram dotadas do status de lei. Como declarado pela Corte, a lei era impotente diante dos instintos raciais e das diferenças imutáveis. A gestão dos corpos e das populações procedia sob o disfarce da natureza ou das "afinidades naturais", apesar das declarações dissimuladas da fraqueza do Estado diante do instinto. Finalmente, a invocação da natureza apenas encobria a obsessão do Estado pelo sangue, a procriação saudável, a integridade racial e as relações sociais, elevando a necessidade e o prazer dos brancos ao status de bem público.

O social, de acordo com Nancy Fraser, é "o local onde necessidades fugidias politizadas com êxito são traduzidas em reivindicações de provimento governamental".[141] No entanto, as necessidades providas no exercício do poder de polícia pelo Estado e sustentadas por *Plessy* são aquelas incitadas por ansiedades de contaminação e dissolução e às quais os desejos de pureza e os receios da mistura de raças davam forma. O que ocorre no contexto do social é precisamente a politização de processos corporais e impulsos corpóreos, a serviço da supremacia branca e da sujeição negra. Mais uma vez, é notável que a inserção particular dessas necessidades privadas no escrutínio público fortalece o racismo, na medida em que oculta outros tipos de necessidades — em particular, as exigências de segurança econômica e outros tipos de amparo, como comida, abrigo e educação, essenciais para a preservação da vida. O social, configurado na linha da soberania branca e do servilismo negro, impedia uma articulação emancipatória das necessidades e um esforço para satisfazê-las. A necessidade, tal como a saúde e a prosperidade da população, estava imbricada com o racismo e com os anseios fugidios da raça dominante. Tudo isso se encontrava abrigado em taxonomias do privado, do doméstico e do mercado.[142]

É interessante observar a maneira como distinções arbitrárias e sólidas sofrem uma inversão quando atravessam a divisão entre o público e o privado, pois a antipatia e a aversão racistas eram consideradas oportunas e justas na sociedade privada. Os atravessamentos de distinções razoáveis e danosas indicam até que ponto o social é uma categoria maleável que se esforça por "consertar" o deslizamento inevitável do público e do privado e por confinar e excluir aqueles que são vistos como infecciosos, aberrantes, perigosos e dependentes. Efetivamente, o social nomeia uma crise e se esforça por mitigá-la através de (re)soluções categóricas, geralmente reajustando as fronteiras do público e do privado que determinam os deveres e as responsabilidades do Estado ao decidir se as distinções, classificações e taxonomias em questão são razoáveis, neutras ou danosas. A natureza da associação e a jurisdição do Estado estão irrevogavelmente enredadas. De modo similar, a classificação dos comportamentos — nesse caso, o tipo de contato em questão —, quer fossem apropriados, protegidos ou corrompidos, ficava dentro do âmbito de competência do social.

Embora Harlan tenha descartado sumariamente a questão do social, declarando-a alheia ao assunto em análise, ele abordou a do sentimento, especificamente o ódio racial:

> O que pode mais certamente despertar o ódio racial, o que [pode] mais certamente criar e perpetuar um sentimento de desconfiança entre as raças, do que decretos estatais que, de fato, se baseiam na ideia de que os cidadãos de cor são tão inferiores e degradados que não podem ser autorizados a se sentar em vagões públicos ocupados por cidadãos brancos?[143]

Cable, também receando os sentimentos suscitados por essas distinções insidiosas, alertava que a linha de cor e a segregação impunham a associação indesejada e que a igualdade civil era a maior salvaguarda da sociedade privada e da afinidade natural.[144] Era o emaranhado do Estado e da sociedade que estava subjacente ao incômodo de Cable quanto à etimologia comum do social e da sociedade. Em "The Negro Question", Cable observa a infeliz semelhança entre os dois e a dificuldade de discutir a sociedade sem que o social entre em cena. Consciente dessa confusão, ele argumenta que o social, inevitavelmente uma abreviatura da nefasta questão da igualdade social, não deve ser confundido com a sociedade em geral. Foi essa confusão que conduziu à separação e à exclusão dos negros da esfera pública e da sociedade civil. Ao exprimir sua frustração com o elevado custo dessa ambiguidade, é evidente que Cable anseia por um espaço livre — um espaço de desejo e afinidade regido apenas pela natureza e livre de todas as intervenções e imposições, sejam elas de casta ou de igualdade — e reconhece tacitamente a impossibilidade de sua realização. As intrusões do Estado significam a violação das leis naturais por um poder arbitrário. Precisamos perguntar por que a questão da sociedade era tão desconcertante. Geralmente, o desconforto suscitado pela questão da igualdade social era o medo da miscigenação e do enegrecimento por meio de uma associação indesejada. No entanto, não parece ser esse o caso de Cable, uma vez que ele está tão convicto em sua crença sobre as inclinações e relutâncias naturais que teme apenas que a linha de cor encoraje o aberrante em sua violação das afinidades naturais.

A presença do Estado é tão desconcertante porque ameaça a categoria do natural, não apenas com a óbvia interferência do poder arbitrário, mas também porque o Estado pode, de fato, ser aquilo que assegura e alimenta o natural, e não o seu outro. Afinal, será que a fronteira fluida entre o que está dentro e o que está fora do Estado não expunha apenas a aleatoriedade do que se pensava serem arranjos providenciais, mas que na realidade não tinham fundamento? Certamente, isso ameaçaria os bens sentimentais mais queridos — a certeza do desejo, a "barreira intransponível" entre as raças, talvez até a existência de afinidades naturais. Embora indesejáveis, será que ficaria evidente que essas preferências eram sustentáveis apenas em virtude da violência ou de suas ameaças? Em outras palavras, a consternação de Cable é dirigida a uma espécie de gigante gramsciano que aumenta seu poder através do acúmulo de instituições familiares, religiosas e civis.[145]

O Estado estava separado da sociedade privada? Ou, mais perto do cerne da questão, de que autonomia gozava o privado? Essa é precisamente a questão posta e enfatizada pela problemática dos direitos sociais. Possivelmente, a sociedade privada era "pessoal, seletiva, associativa, [ignorava] a igualdade civil sem violá-la e [era] formada inteiramente com base em preferências e afinidades privadas mútuas", e, para Cable, essas preferências e afinidades desencorajavam a mistura de "raças diferentes".[146] O que separava Cable dos defensores da segregação racial era a certeza, pelo menos tal como publicamente proclamada, de que, sozinhas, a preferência e a afinidade impediriam a mistura degradante; assim, não havia necessidade de distinções ou regulamentos civis. (Mais uma vez, a espinhosa questão do repúdio se impõe. O que foi responsável por essa improvável confiança de que a afinidade natural por si só impediria a "mistura suja"? Ou Cable estaria simplesmente envolvido na encenação retórica da repreensão?)

Em *Plessy*, foi notória a margem concedida às afinidades e aos desejos do cidadão branco na consagração simultânea da segregação e da autoimolação por parte do Estado (local e nacional). Dito de outra forma, a promulgação da retenção e da não interferência estatal não apenas autorizava as desigualdades sustentadas na esfera do social, como também as alimentava. O recuo ou a não interferência do Estado diante das questões de direitos sociais encobriam o papel regulador estatal na produção e reprodução do racismo, ou das afinidades naturais, para usar a linguagem de *Plessy*. O alcance voraz do social englobava o Estado e a sociedade civil, uma vez que os direitos dos cidadãos e a liberdade pessoal do indivíduo foram invadidos pelo estatuto da Louisiana e por *Plessy*, que anexavam a esfera pública à esfera dos direitos sociais. Ainda que a santidade do privado permitisse que o cidadão gozasse de uma "desigualdade justa" sem culpa ou preocupação desnecessárias diante da imposição de um emblema de escravidão por recusar convidar um negro para a sua sala de estar, a rédea solta da desigualdade se estendia a outros territórios e tinha como custo a restrição da liberdade, mesmo para os brancos. Por exemplo, não se podia escolher um parceiro da outra raça, mesmo que se desejasse fazer isso. Em última análise, a liberdade era definida à custa daqueles que foram estragados e desfigurados pela distinção racial e segregados do resto da sociedade.

O social era uma arena turva, instável e mutável das atividades não reconhecidas do Estado e, por sua vez, definia os deveres e as preocupações do Estado, embora principalmente através da negação. Nesse domínio sombrio, o Estado geria os corpos e policiava as necessidades e os desejos. Como elaborado nos *Civil Rights Cases* e em *Plessy*, o social designava uma determinada crise e/ou transformação do público e do privado que resultava na privatização ou incorporação doméstica do domínio público.[147] Geralmente, as questões dos direitos sociais envolvem os deveres ou não deveres estatais.[148] Embora oficialmente designado como um domínio autônomo, que está além da ou imune à intervenção do Estado, o social era, pelo contrário, o local de um intenso envolvimento estatal. Talvez isso seja mais bem explicado como o excesso da lei — isto é, como um domínio alheio e profundamente emaranhado ao Estado. A produção e a ocultação operam aqui em conjunto. O social organizava as relações e as práticas de forma a ocultar as desigualdades, deslegitimando e valorizando interesses, desejos, atos e anseios particulares. Era uma zona transacional que definia o âmbito e a limitação da intervenção estatal em assuntos considerados privados, íntimos e domésticos.[149]

Os direitos sociais não só protegiam o domínio das relações privadas contra a interferência do Estado e autorizavam uma série de relações de opressão e exploração, como também anexavam e colonizavam a esfera pública. (Se tivermos isso em mente, os desafios às desigualdades autorizadas nesse domínio e a exigência de reparações não podem simplesmente procurar soluções na intervenção estatal, uma vez que o Estado já está lá e desempenha um papel formativo na produção dessas desigualdades. Em vez disso, a reparação depende da desagregação do privado, expondo sua sobredeterminação pelo Estado e tornando legível sua atribuição dos deveres estatais.)[150] É necessário um distanciamento ou desfamiliarização da natureza e do instinto para atingir as estratégias normalizadoras obscurecidas pelas "afinidades naturais". No caso de *Plessy*, primeiro foi necessário estabelecer que essas relações aversivas ou afinidades naturais desafiavam princípios constitucionais mais amplos, não podiam coexistir no quadro dos direitos e privilégios conferidos por esses princípios e violavam direitos civis básicos.[151] A doutrina "separados mas iguais" autorizava uma noção de direitos equivalente, que concedia tratamento simétrico ou proporcional, e não igualdade universal. *Plessy* contestava precisamente esse tratamento separado mas igual, não por meio da exposição da falsidade dessa equivalência pressuposta, mas insistindo que as classificações raciais minavam os princípios universais da liberdade e da igualdade.[152] Contra a alegação de neutralidade e equivalência do Estado, os advogados de Plessy insistiram que essas classificações eram inconstitucionais e que o dano infligido por tais taxonomias colocava o negro em uma condição jurídica reminiscente da escravidão.[153]

Com um olhar mais atento ao caráter produtivo do racismo, podemos compreender que o Estado trabalha para assegurar a integridade racial (branca) e produzir uma raça assujeitada, e não para simplesmente dissimular a aversão na lei. Essa integridade devia ser suportada pelos corpos marcados e sobrecarregados dos cidadãos negros, que carregavam o fardo dos privilégios considerados como direitos sociais. Assim como as costas curvadas dos manuais escolares dos libertos figuravam a liberdade na imagem da escravidão, também o destino da negritude era figurado em *Plessy*. Se a tarefa fundamental conduzida ao abrigo do poder de polícia do Estado era a proteção da saúde da população, então, à medida que tomava forma na emergente era Jim Crow, esse dever exigia a vigilância e o cerco da negritude e a regulação das formas legítimas de intimidade e associação, e, quando necessário, o Estado impunha prontamente dificuldades onerosas, mas justificáveis.

A intenção do estatuto da Louisiana e da opinião da maioria em *Plessy* era impossibilitar encontros entre corpos escandalosamente próximos. A obsessão por corpos legíveis, pela associação saudável e pela proximidade física indica o grau em que o social envolvia o governo e a gestão da vida. Como *Plessy* evidenciou, sentar-se ao lado de um negro em um trem, dormir em uma cama de hotel anteriormente utilizada por um cliente negro ou jantar perto de uma mesa ocupada por um grupo de negros não só diminuía o gozo branco, mas também incitava receios de absorção e contaminação. Claramente, a integridade das fronteiras corporais e da certeza de si branca estava no centro dessa ansiedade, e o remédio para esse medo de uma soberania minguante ou ameaçada era a exclusão e a subordinação dos negros. Assim, parece que a sujeição dos negros era a base tanto da individuação como da segurança coletiva. Essa fobia da dissolução e da absorção iminentes encontrou expressão em uma organização do espaço que dispunha e separava os corpos a fim de evitar a intrusão temida e antecipada. *Plessy* instanciou esse medo e confirmou a necessidade de medidas cautelares. Marcado de forma indelével por uma história de expropriação, mantido em cativeiro por um passado ainda não passado e lançado em uma condição jurídica de sujeição — essas características delimitam as circunstâncias de um sujeito anômalo que já não é escravizado, mas ainda não é livre.

TESES SOBRE O NÃO EVENTO

Tudo que nossos brancos tinham, a gente que deu pra eles. A liberdade podia deixar as pessoas orgulhosas, mas não deixava elas ricas

A elasticidade da dívida produzia a servidão involuntária. Não havia nenhuma maneira de progredir, de entrar no azul. Era como se ainda fôssemos escravos; nossa única opção era fugir.

O exercício da liberdade era indissociável de uma elaborada micropenalidade da vida cotidiana.

A servidão por dívida era o futuro. Obrigação, coerção, encarceramento e ameaça de morte eram os pilares do sistema de trabalho livre. Nós ainda estávamos presos ao registro contábil. Com o mesmo fôlego eles disseram que éramos livres e devedores. Nós éramos aqueles que deviam.

O escravo ficou livre; ficou de pé por um breve momento ao sol; então voltou atrás novamente em direção à escravidão.

Como narrar uma história de liberdade quando nos confrontamos com o legado discrepante da emancipação e com os caminhos decididamente circunscritos disponíveis para o liberto?

Nós mantínhamos noções fantasiosas e perigosas do que poderia ser possível. Nos recusamos a trabalhar. Éramos tão bons quanto qualquer homem branco. Estávamos embriagados de liberdade. Andávamos por aí, sem querer ficar em parte alguma, sem nunca mais dizer "sinhô" ou "patrão". Partíamos de um lugar para o outro, tentando nos sair tão bem quanto nos saímos na escravidão.

b r=1.1°

Quando ouvimos a notícia, as pessoas simplesmente abandonaram os campos. Prometemos que nunca voltaríamos. Doeu muito quando fomos forçados a isso. Para aqueles de nós que ainda trabalhavam na plantation onde tínhamos sido escravos, era como se o mundo zombasse de nós, nos provocando: o que mudou? Nada.

A Reconstrução do negro foi difícil demais pra nós.

DA EMANCIPAÇÃO

Curve suas costas alegremente ao fardo.
Use suas mãos ágeis para trabalhar com dedicação.
Desvie o olhar para não
parecer orgulhoso demais, insistente demais em ser igual
ao homem branco. Abaixe sua cabeça com humildade. Segure
sua língua. Baixe seus olhos e suas expectativas.
De joelhos, agradeça. Alguns devem trabalhar
com as mãos, enquanto outros trabalham com a cabeça.
Curve-se diante do Senhor. Ajoelhe-se diante do
grande Emancipador. Una suas mãos em oração.
Abra suas pernas para o patrão. Feche a boca.
Evite pisar nos dedos sensíveis do preconceito.
Não erga o punho contra um homem branco.
Não se vanglorie. Em mãos desconhecidas. Você deve
ter o coração partido,
tristeza pelo pecado, tristeza por Deus,
por ter violado suas leis,
por sua ociosidade, por sua recusa em trabalhar.
O coração partido.

Exceto como punição por crime,
exceto como um Estado adequado à negritude,
exceto como os termos reais da emancipação,
exceto como necessário ou conveniente,
exceto como a condição natural do negro,
exceto como necessário para produzir a nova
ordem racial, exceto como um capricho,
exceto como um gracejo, exceto como necessário
para manter o valor simbólico da branquitude,
exceto como necessário para o bem público,
exceto como necessário para evitar a dominação negra,
exceto como necessário para derrotar a Reconstrução,
exceto como necessário para privar de direitos,
exceto como necessário para manter o branco
acima do negro,
exceto como necessário para distinguir os
valorizados dos descartáveis.

A emancipação conduziu
os negros até a costa da liberdade
e depositou os destroços
da guerra aos seus pés.

O que poderia render uma liberdade hipotecada?
Tinha muita terra
que não tinha dono,
que era do governo. [...]
A gente não conseguiu nada além de trabalho duro,
e a gente estava em uma situação pior na liberdade
do que na escravidão,
porque a gente não tinha nada —
não podia ler nem escrever.

Éramos livres em todos os sentidos do termo,
livres de um lar, livres de terras, livres de perspectivas.
Livres de quarenta acres e uma mula.
Livres de reparações,
Livres de tudo, menos dos brancos.
Eles eram mais perigosos agora.
Eles nos matariam em um piscar de olhos
e sem pensar duas vezes.
Eles não tinham ninguém a quem prestar contas.
Não tinha ninguém contando os negros mortos
e os que desapareciam.

Não foi um tumulto. Foi um massacre.

Os direitos não nos exaltarão nem roubarão
a glória do homem branco.

Nós ainda não tínhamos nada, mas precisávamos
carregar o peso de tudo.
O pouco que podíamos poupar e
economizar, eles também roubavam.
Como poderíamos viver
sem nada?

A liberdade age na mente.
Ela te obriga a arrumar um sustento,
a jogar seu balde onde estiver.
Pessoas livres têm de trabalhar, e algumas delas
têm de trabalhar ainda mais para ter seu ganha-pão.

A transubstanciação até mesmo dos
brancos mais pobres em oligarcas e
pretensos soberanos. Toda pessoa
branca era dotada do poder
de polícia. A plantation perdurava.
Nenhuma proclamação acabou com isso.

Um negro livre não tem um senhor para corrigi-lo,
e a não ser que um homem branco, a quem a insolência
é oferecida,
tenha o direito de pôr fim a isso de forma extrajudicial,
não há remédio. Isso seria intolerável.

Quaisquer que sejam as noções fantasiosas
que eles possam ter alimentado
de que a liberdade confere felicidade,
eles logo serão obrigados,
diante das necessidades severas, a olhar
para sua condição real,
que é trabalhar ou morrer de fome.

Eles tentaram nos convencer
de que seríamos tão felizes
e livres na plantation
como em qualquer outro lugar do
mundo.

Eu era livre para amar quem eu
quisesse, e ninguém
podia me dizer o contrário.

My soul want's something that's new, that's new
[Minha alma quer algo que é novo, que é novo]

O lamento da revolução fracassada.
Uma mulher velha na periferia
da multidão começou a cantar essa música;
toda a massa se juntou a ela, balançando.
E nós choramos.

Nós ainda estamos esperando que eles devolvam
todo o valor da vida e da terra roubadas.

GRÁFICOS DE UM GEMIDO

Um negro é chamado de insolente sempre que
sua conduta difere em qualquer aspecto
daquilo a que um homem do Sul
estava acostumado quando a escravidão existia.

Não estávamos esperando nada
e foi isso que conseguimos.
Essa foi a única mula que eles
nos deram.

Nós éramos como gado
desgarrado,
sem nunca ter tido nada
e sem ter para onde ir.

Os escravos não esperavam nada.
De alguma forma, se ouvia falar que eles iriam
nos dar quarenta acres e uma mula.
Fomos todos para a cidade. Eles me perguntaram
a quem eu pertencia e eu disse
que meu senhor era Banner.
Um homem disse: "Meu jovem, eu usaria
o nome da minha mãe se fosse você". Eu disse a ele que
o nome da minha mãe também era Banner. Então ele abriu
um livro e me contou todas as leis. Me disse para
nunca usar outro nome a não ser Banner.
Essa foi a única mula que me deram.

Se ela se permitisse sonhar,
talvez um dia pudesse ser uma
empregada doméstica ou ter seu
próprio quarto.
Talvez ela pudesse escapar da
cozinha e do campo.

O máximo que ela podia esperar
era o casamento — para ser
subordinada à personalidade civil de um
homem. Mas, leitora, a história termina
com servidão, não com casamento.

Todo mundo ficou louco.
Nos sentíamos heróis e
ninguém nos fez assim
a não ser nós mesmos. Sem mais nem menos,
estávamos livres.
Logo os negros
começaram a se mexer.
Eles pareciam querer
chegar mais perto da liberdade,
para saberem o que era —
como se fosse um lugar ou uma cidade.

Um eco e um retorno recursivos.
Um gemido negro.

Posfácio

MARISA J. FUENTES E SARAH HALEY

Uma reverência, um retorno, um gesto em direção a um outro modo. Refletir sobre um livro tão transformador para o nosso desenvolvimento intelectual, e escrito por uma pessoa cuja orientação, amizade e exemplo têm sido crucialmente instrumentais nas nossas vidas, revelou-se uma luta significativa. A trajetória intelectual, as inspirações e as insistências radicais de Saidiya Hartman sobre os modos de ver as vidas negras, as nossas vidas, no passado e no presente, alteraram categoricamente a escrita da história, o significado de se concentrar no pensamento feminista negro no nosso trabalho e as formas de pensar com tanto cuidado, graça e rigor sobre vidas e sujeitos negros em situação tão precária. Levamos este livro conosco no isolamento para escrever, nas idas ao arquivo, nos grupos de discussão que tentaram fazer justiça — no nosso trabalho e a este trabalho — e continuamente fazem referência, lutam, ensinam e pensam na companhia de exemplares daquela primeira edição hoje gastos, amassados, sublinhados, manchados de café. E agora temos uma segunda edição.

    Tentaremos identificar as contribuições profundas de *Cenas da sujeição: terror, escravidão e criação de si na América do século 19* em seus 25 anos de vida. Perguntamos: quais são os termos e análises inaugurados por Hartman que se tornaram tão fundamentais para os nossos campos dos estudos críticos da raça e da escravidão? *Cenas* deu origem aos ubíquos questionamentos, métodos e modos de escrita (histórica) que costumávamos assumir sem questionar em nossas investigações éticas sobre as condições que estruturam a vida negra. Vinte e cinco anos após a primeira publicação, refletimos sobre a gênese das formulações conceituais de Hartman que fundamentaram nossos estudos e continuam a acumular análise crítica e pensamento e a assinalar os modos complicados como as suas intervenções teóricas, definidoras de um campo, exigem nosso engajamento sério, mesmo quando reconhecemos e lamentamos a forma como as intervenções teóricas feministas negras são frequentemente submetidas a apagamentos.

> A escravidão era tanto a ama de leite quanto a filha bastarda da liberdade.
> Saidiya V. Hartman

Cenas da sujeição transformou nossa compreensão da relação histórica entre cativeiro e emancipação, demonstrando que a escravidão faz e é feita de algo que podemos chamar de liberdade. A emancipação, tão confundida, tão acusada, é permanentemente reinterpretada no rescaldo de *Cenas*. Saidiya Hartman apresenta uma teoria da história centrada na reprodução social do poder, enfatizando os modos generificados de extração econômica e o papel da repressão na construção da liberdade. As tecnologias do terror e os modos de enclausuramento remodelados, grosseiros em sua dependência cultural de encarnações anteriores, refletem a permanência da antinegritude na modernidade ocidental. Esse desenrolar não linear faz seus leitores perguntarem: o que constitui o fim de uma era? Ao narrar a capacidade da escravidão de se reproduzir, em vez de se encerrar, *Cenas* reescreve o roteiro da história negra e reconfigura a prática da periodização. Ao delinear tanto a história da gestação da escravatura como a do seu obscurecimento, *Cenas* traça a mudança histórica, efetivamente enfatizando-a e ao mesmo tempo instigando crises historiográficas. De modo notável, o livro rejeita o evento da emancipação e tira a abolição do horizonte. Nesta obra, Hartman força uma questão que ocupará gerações acadêmicas por vir: se o declínio está contido na emancipação, o que ou quando seria a abolição?

A resposta permanece esquiva, emaranhada no delineamento de Hartman do projeto de liberdade ainda inacabado. O repúdio da empatia, a limitação da reparação e da resistência, a extração econômica na frivolidade, a fabulação da dívida, as propensões enganosas do desejo, o sofrimento imposto pela legibilidade humana — essa narração da inescapabilidade da violação submerge as raras frases de *Cenas* que detalham o limiar mínimo para uma "revolução da ordem social". O pessimismo de *Cenas* reside, assim, tanto em sua infraestrutura como em sua argumentação, e esse aspecto da obra viria a se revelar monumentalmente influente. Hartman explica, de fato, que a revolução exige "pelo menos [...] uma revolução da ordem social, um conjunto inteiramente novo de arranjos" (p. 171). Permanecer em *Cenas* (por mais difícil que seja não se desgarrar para o futuro território hartmaniano do subjuntivo, do rebelde e do belo) não exclui a perspectiva de uma vida negra para além do cativeiro e da coerção. Em vez disso, o controle analítico inflexível de *Cenas* sobre as "usurpações selvagens de poder" decretadas através das construções presumivelmente progressivas de "reforma, consentimento, reciprocidade e proteção" é, em si, um modo de desvendamento (p. 49). Em vez de rejeitar a possibilidade da possibilidade, *Cenas* apresenta um desafio para o trabalho futuro do radicalismo negro, insistindo que uma explicação das formas paradoxais de poder que impõem a negritude como uma "condição perpétua de violação" é fundamental na produção de um levante suficientemente amplo para contestar uma propensão insensível para a reforma. Há um fazer no desfazer. A própria disciplina da história depende das pedras angulares da mudança e da continuidade. No entanto, *Cenas* questiona o caráter da continuidade e a gravidade da mudança na vida negra, sobrecarregada pelo liberalismo, brutalizada pelo reconhecimento e contida pela liberdade. A mudança é fundamental, ainda que o progresso seja esquivo. A dor, Hartman argumenta, deve ser reconhecida em sua amplitude e em sua *historicidade* (p. 128). Esse compromisso com a produção histórica da violação alterou profundamente a forma como o campo dos estudos negros aborda a operação do poder no contexto de um passado que continua a saturar a vida política e intelectual. Hartman faz uma crítica dupla: à excessiva "dispensa" de agência no campo da história africano-estadunidense e ao não reconhecimento do dano nos discursos dominantes do século 19 sobre a vida negra. *Cenas* sugere que a pesquisa contemporânea é interpelada nos perigos do humanismo liberal — com suas concessões e negações emaranhadas — por meio de formas que intensificam o fardo que os sujeitos negros do passado carregaram para remediar a própria brutalidade que os assediou.

As historiadoras e os historiadores também devem questionar a nossa cumplicidade com o desejo de progresso humanista liberal nas projeções que fizemos sobre o passado das vidas escravizadas. A insistência de Hartman em compreender os termos e as ações indisponíveis na condição de escravização nos força a confrontar rigorosamente nossas próprias imposições políticas e esperanças cegas. A circulação das intervenções de Hartman desviou nossa atenção das histórias sociais tradicionais da vida dos escravizados para a compreensão das implicações do direito na forma como eles eram limitados pela mercantilização e pelas contradições das negações da humanidade cativa pelos proprietários de escravos. Pensando fora dos quadros do humanismo liberal, *Cenas* articula os limites da figura do "humano", mostrando como a lei escravista reconhecia a humanidade escravizada por meio da criminalização da vontade escravizada e, simultaneamente, negava às pessoas escravizadas as próprias categorias sociais da identidade humana ("homem" em *Dred Scott vs. Sandford* [1857] e "mulher" em *Estado do Missouri vs. Celia, uma Escrava* [1855]).

Nos estudos sobre a escravidão, Hartman abre novos caminhos ao examinar as formas de violência que, de outro modo, eram indecifráveis em suas iterações inócuas e cotidianas. A influência de Hartman sobre a historiografia da escravidão e sobre os termos com os quais lutamos para narrar esse passado continua sem igual. Ela nos ensinou os pormenores técnicos violentos da "condição civil" dos escravizados, que criminalizavam a humanidade cativa (p. 77). Aprendemos sobre os emaranhados do prazer e da violência em que os traficantes de escravos e os escravizadores forçavam a cumplicidade das pessoas escravizadas em sua subjugação através de manifestações de prazer — música, canto, dança. A violência, mostra Hartman, emana não apenas do uso do chicote e do poder total utilizado contra as pessoas escravizadas, mas também, de forma igualmente insidiosa, dos "cálculos brutais" da mercantilização dos escravos, em que a performance do contentamento vem à tona para aumentar o valor de venda (p. 100). Com *Cenas*, já não podemos deixar de interrogar os termos e as ações da "agência" e da resistência — as práticas cotidianas que se opunham à condição de morte social —, mas temos de considerar as formas pelas quais a ação e as recusas contra os constrangimentos da dominação permaneciam precárias, provocavam violência, tornavam fugaz a verdadeira reparação e demonstravam a "enormidade da quebra" e a "magnitude da dominação" (p. 128).

É difícil exagerar a enormidade da intervenção de *Cenas* na disciplina da história. No entanto, a própria onipresença de suas intervenções — as críticas da agência e do consentimento, os debates sobre a morte social e a condição escravizada, a linguagem que Hartman origina sobre o projeto inacabado da liberdade, a perturbação das disciplinas — permitiu uma espécie de expropriação deste trabalho feminista negro na política de produção de conhecimento que assola as práticas de citação acadêmicas. O livro de Hartman inaugura uma genealogia da ética e dos métodos feministas negros que, por vezes, escapa com demasiada facilidade às notas de rodapé das histórias proeminentes da escravidão.

Ainda assim, a escrita e o pensamento sobre a escravidão, a condição de escravização e a liberdade devem agora lidar com um arquivo histórico desestabilizado e interrogar a escravidão em sua relação com a liberdade, o livre-arbítrio e a agência. *Cenas* antecipa a longa intervenção de Hartman nas teorias do arquivo e nas metodologias histórico-críticas necessárias para lidar cuidadosamente com a violência da escravidão. Hartman pensa em conjunto com vozes narrativas negras que testemunham uma compreensão profunda dessas contradições. Ela demonstra a cumplicidade do arquivo na subjugação da voz, da experiência e da sensibilidade negras. É na declaração do poder do arquivo para obscurecer, violar e servir como conhecimento autorizado que nós podemos observar a influência duradoura de Hartman na escrita histórica. O trabalho das historiadoras e dos historiadores sobre a escravidão reconheceu os silêncios das perspectivas das pessoas escravizadas inerentes aos registros que documentam esse passado. No entanto, para Hartman, a pergunta "como utilizar essas fontes?" insiste que não abandonemos o projeto de produção histórica, mas que tomemos como ponto de partida um questionamento do poder que historicamente destitui a vida negra de importância e impossibilita sua autorrepresentação. Seus métodos resolutos reivindicam as fontes "para propósitos contrários" (p. 56) e ao mesmo tempo admitem que o projeto de recuperar as pessoas escravizadas do arquivo e de tornar a vida negra plenamente visível nunca está "livre das desfigurações impostas pelas preocupações do presente", nem que é possível arrancar os sujeitos negros escravizados de um arquivo que seja uma violação epistemológica da subjetividade negra (p. 58). Hartman deixa claro como as vidas negras escravizadas nunca se destinaram à história, mas nos oferece uma forma de elaborar os contornos de suas lutas. É aqui que o método da *fabulação crítica* germina (p. 59).

O projeto de uma prática histórica ética está no cerne deste trabalho. Hartman insiste em dar conta das expressões cotidianas das vidas negras nos arquivos, sem nunca tomar como garantido o poder implacável do arquivo de (des)apresentar rastros da vida escravizada. Com uma análise pioneira do gênero racializado, Hartman expõe os limites da certeza e da generalização historiográficas. Quer trabalhemos com a "abundância" de fontes do período pré-Guerra Civil ou com a escassez de registros nos arquivos coloniais, a autora nos conduz a um método que nos permite manter e trabalhar com a impossibilidade de recuperação, de modo a elaborar os constrangimentos e as possibilidades da produção histórica. Não podemos, portanto, nos engajar em um projeto de narrativa da escravidão sem nos determos em sua impossibilidade — o fracasso da recuperação da experiência histórica completa dos escravizados. Também não podemos nos deter em cenas de violência da escravidão sem tratar da reprodução do dano ou da ética do testemunho e dos limites da empatia.

Perturbando ainda mais a confiança de historiadoras e historiadores em uma agência libertadora, Hartman coloca no centro a situação aterradora das mulheres escravizadas, cuja recusa em ceder à violência sexual da venda ou do senhor expôs a construção dos perigos da vontade e das impossibilidades de consentimento na vida de uma mercadoria humana e no contexto da lei escravista. De fato, estudiosas feministas negras continuam a lutar com uma linguagem do consentimento e da coerção nas histórias da escravidão que não reproduza os termos da produção capitalista e do romance. Ao mesmo tempo que traça a imposição simultânea da humanidade e a negação da subjetividade, Hartman apresenta um relato impressionante de Celia e da sua sobrevida no gênero racializado, perguntando: "E se os supostos atributos do homem — consciência, sentimento, vontade e razão —, em vez de garantirem a liberdade ou negarem a escravidão, agissem para unir escravidão e liberdade?" (p. 48). O gênero aparece tanto como uma negação da capacidade de sofrimento que constitui a subjetividade quanto como um jugo para o humano que intensifica o dano e assegura a violência da escravidão. Hartman argumenta que o gênero possui sujeitos negros, um enquadramento que evidencia tanto a utilização como a desfiguração da categoria — uma presença ausente. Celia está ligada a Sukie, cujo ato de levantar as saias no leilão é o território da teoria crítica, uma "performance desconstrutiva" que expõe o poder na arena sexual e encena uma "crise de categoria" em que a agência está atrelada à criminalidade, a propriedade está atrelada à sexualidade, e o prazer está atrelado à violação (pp. 107-8). Aqui é crucial o complexo engajamento de Hartman com o arquivo histórico para obter teorias negras do poder. A teoria da performance de Sukie expõe as artimanhas do liberalismo. *Cenas* revela que as posições de sujeito negras foram constituídas por danos negados, enquanto tensiona o arquivo histórico para iniciar o que será um processo — em desenvolvimento e definidor de sua carreira — de colaboração com sujeitos históricos negros como teóricos críticos.

Hartman encontra essas figuras históricas naquelas "cenas em que o terror dificilmente pode ser discernido", cenas que vão desde a atividade dos interiores domésticos até a produção da personalidade jurídica negra, demonstrando como a ideologia da supremacia branca adquire sua força através da dissimulação e da alquimia (p. 46). Ela elucida modos invisíveis, discretos e íntimos de poder através de análises da brincadeira, da sedução, da vontade, do contentamento, da performance, da posse, da obrigação e da criação, entre outras configurações. *Cenas* insiste no fato de que essas são as categorias úteis da teoria cultural e da história cultural. O livro revolucionou os campos da história estadunidense, da história do gênero, da teoria feminista e queer e dos estudos da performance. É um clássico dos estudos culturais negros no geral e um texto obrigatório para os estudiosos do radicalismo negro em particular. É conhecido pela magnitude de seu escopo, por sua linguagem ousada, pela pesquisa extraordinária e por seu peso teórico. Sua publicação não foi inofensiva, nem incontroversa. A presciência viria a ser a base de sua proeminência.

Refletir sobre as profundas contribuições de *Cenas*, um divisor de águas em diferentes campos, é assustador — um eufemismo. Este é um livro que transformou a compreensão dos legados persistentes da escravidão em nosso presente. Um exemplar de trabalho intelectual que nos forneceu a linguagem e as metodologias para analisar as forças aterrorizantes do racismo e da violência de gênero, mas também para que nossa atenção se desviasse do óbvio para o cotidiano: aquilo que é "quase imperceptível". Nos últimos 25 anos, Hartman nos concedeu a dádiva de pensar mais profundamente sobre as configurações, limitações e possibilidades da vida negra em um sistema que conspira para nos prejudicar. Devemos refletir um pouco mais sobre os conceitos que hoje damos como certos. Esperamos que os próximos 25 anos de vida desta obra monumental possam lançar pesquisadoras e pesquisadores no desafio de resistir às estruturas disciplinadoras e formalmente limitadoras que obscurecem e negam os perigos enfrentados pelo povo negro, no passado e no presente.

Embora pudesse ser quase obsceno usar aqui a linguagem da dívida, é necessário afirmar que, depois de *Cenas*, pesquisadoras e pesquisadores dos estudos literários, culturais e negros não podem fugir aos enclausuramentos do humanismo, do liberalismo e da agência. A força da recusa inicial de *Cenas* moldará o texto e o tom de futuras sentenças elaboradas por escritoras e escritores dentro e fora da academia. Depois de *Cenas*, é reescrita a proporção entre a narrativa e a restrição. Depois de *Cenas*, o potencial criativo da retenção é muito mais evidente. Depois de *Cenas*, as historiadoras e os historiadores voltam a se debater com o caráter da continuidade e com o horror da mudança. Depois de *Cenas*, somos convocados a ser mais responsáveis pelos termos da vida negra. Depois de *Cenas*, o paradigma da emancipação é o paradigma da punição. Depois de *Cenas*, o papel do arquivo como um recurso resistente é alterado na teoria crítica negra. *Cenas* opera na quebra do gênero e *Cenas* rompe o gênero. Grupos de estudiosas e estudiosos vêm tentando seguir seu caminho turbulento. O livro nos ofereceu as ferramentas intelectuais e a coragem para fazermos nosso trabalho mesmo no desassossego; estamos entre as multidões cuja escrita é historicamente determinada por *Cenas*. Talvez Hartman soubesse que seu desordenamento do registro, sua consideração da constância, seu estranhamento do tempo, seu vadiar pela impossibilidade e sua rebelião da forma eram um Rubicão dos estudos negros. A segunda parte de *Cenas* é a sobrevida ainda sem nome da escravidão: o início do experimento.

Agradecimentos

Este livro deve muito a muitas pessoas. A Fundação Charlotte W. Newcombe, a Fundação Rockefeller e o Instituto de Investigação em Humanidades da Universidade da Califórnia forneceram apoio financeiro e tempo livre, o que ajudou no desenvolvimento e na conclusão deste projeto. O falecido George Bass ofereceu apoio e entusiasmo durante as fases iniciais do projeto, vendo promessas quando as coisas ainda estavam muito vagamente definidas. Gostaria de agradecer aos membros do grupo Feminism and Discourse of Power [Feminismo e Discurso do Poder] pela crítica rigorosa e pelo debate intenso: Wendy Brown, Judith Butler, Nancy Campbell, Rey Chow, Nancy Fraser, Angela Harris, Jenny Sharpe, Jacqueline Siapno e Irene Wei. Gostaria de agradecer especialmente a Judith Butler, que se disponibilizou de inúmeras formas para apoiar o meu trabalho.

Sou igualmente grata a minhas professoras e professores. Hazel Carby foi um modelo de integridade acadêmica, encorajou minhas buscas interdisciplinares e foi uma leitora rigorosa. Alan Trachtenberg partilhou sua paixão pelo estudo da cultura, forneceu críticas inestimáveis e continuou a me apoiar mesmo após o fim do meu tempo oficial de aluna. John Szwed compartilhou inúmeras citações e muitas anedotas instrutivas. Outros leram o manuscrito e fizeram comentários valiosos: Barbara Christian, VèVè Clark, Michael Davidson, Julie Ellison, Mae Henderson, George Lipsitz, Eric Lott, Arnold Rampersad, David Roediger e Michael Rogin. Minha assistente de pesquisa, Hershini Bhana, prestou um trabalho imensamente valioso para este projeto; sua dedicação, seu entusiasmo e seu comprometimento tornaram a minha tarefa muito mais fácil. Jan Anderson me ajudou a completar a bibliografia. Glenda Carpio preparou o índice.

O apoio de amigos e colegas foi inestimável: Elizabeth Abel, Elizabeth Alexander, Lindon Barrett, Rhakesh Bandari, Tobe Correal, Aya de Leon, Rosa Linda Fregoso, Herman Grey, Tera Hunter, Donna Jones, Lata Mani, Ruth Frankenberg, Sharon Holland, Lisa Lowe, David Lloyd, Michael Rogin, Caren Kaplan, Abdul JanMohamed, Harryette Mullen, Donny Webster e Wendy White. Agradecimentos especiais a Ula Taylor por ser a melhor colega que eu poderia esperar e uma boa amiga. Norma Alarcón foi um modelo de paixão intelectual e comprometimento sob fogo cruzado. bell hooks sempre me lembrou que a coragem é um ingrediente fundamental para o trabalho intelectual. Angela Harris, Paul Rogers e Robert St. Martin Westley leram os capítulos minuciosamente, partilharam muitas ideias importantes e preencheram muitas tardes com conversas instigantes.

Farah Jasmine Griffin e Donna Daniels foram as parteiras deste livro, ajudando em muitos momentos difíceis, oferecendo inspiração quando eu dela precisava desesperadamente e doando generosamente seu tempo. Bill e Julia Lowe têm sido uma fonte inesgotável de inspiração e amor em minha vida. Agradeço-lhes por acreditarem que tudo é possível, mesmo quando eu não acreditei. Meus pais, Beryle e Virgilio Hartman, compartilharam generosamente seu amor.

Oakland, Califórnia
S. V. H.
Setembro de 1996

Pós-escrito para a nova edição

Gostaria de agradecer à minha agente Jacqueline Ko, da Wylie Agency, por ter trabalhado diligentemente para tornar possível esta edição de 25º aniversário. Meu editor John Glusman acolheu este projeto na Norton e cuidou cautelosamente desta nova edição. Foi um prazer trabalharmos juntos novamente. Helen Thomaides acompanhou o cronograma e ajudou imensamente no processo de produção. Aqueles e aquelas que contribuíram para esta nova edição: Torkwase Dyson, Marisa Fuentes, Sarah Haley, Cameron Rowland, Keeanga-Yamahtta Taylor inspiraram esta segunda vida de *Cenas* com muito brilhantismo e sabedoria. As observações de Marisa, Sarah e Keeanga forneceram um rico contexto para o livro, embora eu receie que tenham me dado crédito em demasia. Mesmo que não merecidas, eu me deliciei com suas palavras. Obrigada por seus olhares generosos e por ajudarem a colocar este livro no mundo. Vocês são suas sentinelas. Torkwase, muita, muita gratidão por fazer essa incrível série de desenhos em meio a diversas exposições internacionais e a um cronograma assustador. Sou muito grata por sua contribuição. Aprendi muito com seu trabalho sobre o Plantationceno e sobre a arquitetura do enclausuramento e da fuga. A colaboração de um ano com Cameron Rowland me trouxe muita alegria. Vou sentir falta de nossas conversas de duas a três horas analisando a diferença entre recusa e antagonismo, prática e contramemória, geografias negras e espaços cativos, e nossas discussões sobre Sylvia Wynter, Eric Williams,

Frantz Fanon, W. E. B. Du Bois, NourbeSe Philip e Cedric Robinson. Obrigada por sua disposição para revisar incansavelmente as notações depois que nós dois já tínhamos dado o trabalho por encerrado. Levou meses até que percebêssemos que essas "partituras para o pensamento" estarão sempre incompletas e abertas para revisão e improvisação. Aprecio sua disposição para tentar fazê-lo, transformando conceitos em gráficos visuais, honrando Du Bois dessa maneira oblíqua. Beneficiei-me do fato de ter pensado profundamente com você sobre a escravidão e sua sobrevida, a propriedade e o capitalismo, e de ter refletido sobre o que a abolição poderia parecer. Crédito para Ellen Louis, Tina Campt, Mabel Wilson, Sarah Haley e Arthur Jafa por oferecerem comentários valiosos sobre os esboços iniciais dos nossos mapas conceituais. Juliana Ariel DeVaan conseguiu permissões de uso para as imagens no livro. Ellen Louis e Runnie Exuma ajudaram a preparar o índice.

Sampada Aranke e Nikolas Oscar Sparks editaram um número especial de *Women & Performance* (v. 27, primavera 2017), "Sentiment and Sentience: Black Performance Since *Scenes of Subjection*" [Sentimento e senciência: a performance negra desde *Cenas da sujeição*], dedicado à contribuição do trabalho para os estudos da performance. Sinto-me honrada pela brilhante introdução dos editores e pelos ensaios de Olivia Young, Matthew Morrison, Jeremy Glick, Sarah Haley, Sarah Jane Cvernak, J. Kameron Carter, sidony o'neal, Autumn Womack, Andrew Brown, Jared Richardson, Sara Mameni, Frank B. Wilderson III e Nijah Cunningham. Os colaboradores desse número especial analisaram *Cenas* de modo rigoroso e generoso, me estimulando a refletir sobre o que eu havia tentado fazer.

Marisa Fuentes, Carter Mathes, Myisha Priest e Lisa Ze Winters, não tenho palavras para dizer o quanto a conferência *Scenes* at 20 [*Cenas* aos 20] significou para mim, embora os meus soluços no púlpito quando proferi as observações finais possam dar uma ideia de como fiquei profundamente comovida. Vocês honraram meu trabalho em um momento muito difícil da minha vida, o que adoçou muito a dádiva que me ofereceram. Quero agradecer a todos os participantes e aos meus amigos e interlocutores pelos trabalhos extraordinários e pela rica troca de ideias: Herman Bennett, Yarimar Bonilla, Rizvana Bradley, Hazel Carby, Adrienne Davis, Erica Edwards, Nicole Fleetwood, Jennifer Morgan, Fred Moten, Tavia Nyong'o, Jared Sexton, Christina Sharpe, Stephanie Smallwood, Rinaldo Walcott e Alexander Weheliye. Todos os que estiveram presentes trouxeram muito amor ao evento. Gostaria de agradecer a Michelle Stephens e Deborah Gray White e à falecida Cheryl Wald pelo apoio com recursos e entusiasmo. A celebração do vigésimo aniversário e a edição especial de *Women & Performance* abriram o caminho para esta nova edição. Aos meus brilhantes alunos, obrigada pela experiência contínua de pensarmos juntos.

Fred Moten, o falecido Lindon Barrett, Mark Reinhardt, Herman Bennett, Jennifer Morgan, Denise Ferreira da Silva e David Scott foram os meus primeiros interlocutores após a publicação de *Cenas*. Serei sempre grata por seu generoso envolvimento e pela amizade intelectual. Huey Copeland e Jared Sexton proporcionaram a primeira ocasião para uma reflexão ampliada sobre o livro em um número especial de *Qui Parle*, que assumiu a forma de uma conversa com Frank Wilderson, "The Position of the Unthought" [A posição do impensado].

Tive muita sorte por estar com essas companhias. Aos ancestrais, aos professores, aos interlocutores, aos amigos e aos alunos que habitam estas páginas e que tornaram este livro possível, eu não citei todos os seus nomes, mas saibam que vocês estão aqui.

Notas

APRESENTAÇÃO [PP. 17-32]

1 Belinda Hurmence, *Before Freedom: 48 Oral Histories of Former North and South Carolina Slaves*. Nova York: Penguin Books, 1990, pp. 68-9. Em *Cenas*, Hartman observa a dificuldade de usar as entrevistas da WPA de modo acrítico, como fontes singulares para capturar as experiências dos escravizados. Havia diferentes tipos de dinâmica de poder que moldavam essas entrevistas, inclusive o uso de entrevistadores brancos e questões redutoras destinadas a retratar a escravidão como pastoral, e os escravizados como simples, especialmente por meio do destaque do dialeto e dos padrões de fala negros. Mas lidas em conjunto com outras fontes e a contrapelo, sabendo-se quem conduziu as entrevistas, quais perguntas foram feitas e quais objetivos podem ter animado os participantes, também é possível obter conhecimento e compreensão.

2. Thomas Holt, *The Problem of Freedom: Race, Labor, and Politics in Jamaica and Britain, 1832-1938*. Baltimore: Johns Hopkins University Press, 1991.

3. Walter Johnson, "On Agency". *Journal of Social History*, v. 37, n. 1, 2003, pp. 113-24.

PREFÁCIO [PP. 33-42]

1. Frantz Fanon, *The Wretched of the Earth*. Trad. de Richard Philcox. Nova York: Grove Press, 2005 [Ed. bras.: *Os condenados da terra*. Trad. de Ligia Fonseca Ferreira e Regina Salgado Campos. Rio de Janeiro: Zahar, 2022.]; e Sylvia Wynter, "Black Metamorphosis" (manuscrito não publicado).

2. Olaudah Equiano, *The Interesting Narrative of Olaudah Equiano*. Londres, 1789. [Ed. bras.: *A interessante narrativa da vida de Olaudah Equiano*. Trad. de João Lopes Guimarães Júnior. São Paulo: Ed. 34, 2022. Tradução não consultada.]

3. Saidiya Hartman, *Perder a mãe: uma jornada pela rota atlântica da escravidão*. Trad. de José Luiz Pereira da Costa. Rio de Janeiro: Bazar do Tempo, 2021; e "Venus in Two Acts".

Small Axe, v. 12, n. 2, jun. 2008, pp. 1-14. ["Vênus em dois atos". Trad. de Fernanda Silva e Sousa e Marcelo R. S. Ribeiro. *Revista ECO-Pós*, v. 23, n. 3, pp. 12-33, 24 dez. 2020.]

4. Sylvia Wynter, "Beyond the Categories of the Master Conception: The Counterdoctrine of the Jamesian Poiesis". In: Paget Henry e Paul Buhle (Orgs.), *C. L. R. James's Caribbean*. Durham: Duke University Press, 1992.

5. Os trabalhos de Orlando Patterson, Hortense Spillers e Patricia Williams foram críticos para pensar além desse impasse. Ver Orlando Patterson, *Slavery and Social Death*. Cambridge: Harvard University Press, 1982 [Ed. bras.: *Escravidão e morte social: um estudo comparativo*. Trad. de Fábio Duarte Joly. São Paulo: Edusp, 2008.]; Hortense Spillers, "Mama's Baby, Papa's Maybe". *Diacritics*, v. 17, n. 2, verão 1987, pp. 64-81 [Ed. bras.: "Bebê da mamãe, talvez do papai: uma gramática estadunidense". Trad. de Kênia Freitas e Allan K. Pereira. In: Clara Barzaghi, Stella Z. Paterniani e André Arias (Orgs.), *Pensamento negro radical*. São Paulo: Crocodilo; n-1 edições, 2021, pp. 28-66.]; e Patricia Williams, "On Being the Object of Property". *Signs*, v. 14, n. 1, outono 1988, pp. 5-24. Igualmente importantes foram Édouard Glissant, *Caribbean Discourse: Selected Essays*. Trad. de J. Michael Dash. Charlottesville: University of Virginia Press, 1989; e Toni Morrison, *Beloved*. Nova York: Knopf, 1987. [Ed. bras.: *Amada*. Trad. de José Rubens Siqueira. São Paulo: Companhia das Letras, 2011.]

6. James Anderson, "Aunt Jemima in Dialectics". *Journal of Negro History*, v. 61, n. 1, jan. 1976, pp. 99-114.

7. Os trabalhos de Paule Marshall, Toni Morrison, Maryse Condé, David Bradley, Jamaica Kincaid, Caryl Phillips, Derek Walcott, Robert Hayden, Édouard Glissant e Kamau Brathwaite foram indispensáveis para o meu pensamento.

INTRODUÇÃO [PP. 45-62]

1. Frederick Douglass, *Narrative of the Life of Frederick Douglass, an American Slave, Written by Himself*. Boston, 1845. Reimp. Nova York: New American Library, 1968, pp. 25-6. [Ed. bras.: *Narrativa da vida de Frederick Douglass e outros textos*. Trad. de Odorico Leal. São Paulo: Penguin-Companhia das Letras, 2022.]

2. Jean Laplanche e Jean-Bertrand Pontalis, *The Language of Psycoanalysis*. Trad. de Donald Nicholson-Smith. Nova York: W. W. Norton, 1973, p. 332. [Ed. bras.: *Vocabulário da psicanálise*. Trad. de Pedro Tamem. São Paulo: Martins Fontes, 1991.]

3. Elaine Scarry, *The Body in Pain: The Making and Unmaking of the World*. Nova York: Oxford University Press, 1985; e Dori Laub, "An Event Without a Witness: Truth, Testimony, and Survival". In: Shoshana Felman e Dori Laub, *Testimony: Crises of Witnessing in Literature, Psychoanalysis, and History*. Nova York: Routledge, 1992.

4. George P. Rawick (Org.), *The American Slave: A Composite Autobiography*, v. 7, pt. 2. Westport: Greenwood Press, 1973, p. 117.

5. Ibid., v. 11, pt. 7, p. 211.

6. Sylvia Wynter, "On Disenchanting Discourse: 'Minority' Literary Criticism and Beyond". In: Abdul R. Jan Mohamed e David Lloyd (Orgs.), *The Nature and Context of Minority Discourse*. Nova York: Oxford University Press, 1990, p. 447.

7. Toni Morrison, *Playing in the Dark: Whiteness and the Literary Imagination*. Nova York: Vintage, 1993, p. 37.

8. Ibid., p. 17.

9. James C. Scott, *Domination and the Arts of Resistance*. New Haven: Yale University Press, 1991, p. 45. [Ed. bras.: *A dominação e a arte da resistência*. Trad. de Pedro Serras Pereira. Lisboa: Letra Livre, 2013, p. 83. Tradução adaptada.]

10. Valerie Smith, *Self-Discovery and Authority in Afro-American Literature*. Cambridge: Harvard University Press, 1987, pp. 28-32.

11. "Slavery in all but name" (W. E. B. Du Bois, "The Hands of Ethiopia". In: *Darkwater: Voices from Within the Veil*. Nova York: Harcourt, Brace and Howe, 1920).

12. Gayatri Chakravorty Spivak, "Subaltern Studies: Deconstructing Historiography". In: Ranajit Guha e Gayatri Chakravorty Spivak (Orgs.), *Selected Subaltern Studies*. Nova York: Oxford University Press, 1988, pp. 11-2.

13. Lata Mani, "Cultural Theory, Colonial Texts: Reading Eyewitness Accounts of Widow Burning". In: Lawrence Grossberg, Cary Nelson e Paula Treichler (Orgs.), *Cultural Studies*. Nova York: Routledge, 1992, pp. 392-408.

14. Michel Foucault, *The Archaeology of Knowledge*. Trad. de Alan Sheridan. Nova York: Pantheon, 1972, pp. 130-1. [Ed. bras.: *A arqueologia do saber*. Trad. de Luiz Felipe Baeta Neves. Rio de Janeiro: Forense Universitária, 2008, pp. 148-9.]

15. Gyanendra Pandey, "In Defense of the Fragment: Writing About Hindu-Muslim Riots in India Today". *Representations*, n. 37, inverno 1992, pp. 27-55; Gayatri Chakravorty Spivak, "The Rani of Sirmur: An Essay in Reading in the Archive". *History and Theory*, v. 24, n. 3, 1987, pp. 247-72; e Renato Rosaldo, "From the Door of His Tent: The Fieldworker and the Inquisitor". In: James Clifford e George E. Marcus (Orgs.), *Writing Culture: The Poetics and Politics of Ethnography*. Berkeley: University of California Press, 1986. [Ed. bras.: "Da porta de sua tenda: o etnógrafo e o inquisidor", *A escrita da cultura: poética e política da etnografia*. Rio de Janeiro: EdUERJ; Papéis Selvagens Edições, 2016, pp. 125-50.]

16. Ranajit Guha, "The Prose of Counter-Insurgency". In: Ranajit Guha e Gayatri Chakravorty Spivak (Orgs.), op. cit., p. 77.

17. John W. Blassingame (Org.), *Slave Testimony: Two Centuries of Letters, Speeches, and Autobiographies*. Baton Rouge: Louisiana State University Press, 1977, pp. 16-65; e C. Vann Woodward, "History from Slave Sources". In: Charles T. Davis e Henry Louis Gates Jr. (Orgs.), *The Slave's Narrative*. Nova York: Oxford University Press, 1985, pp. 48-58.

18. De acordo com Paul Escott, a raça dos entrevistadores da WPA determinava o que era dito ou revelado, bem como as variações na representação dessas declarações. Paul Escott, *Slavery Remembered: A Record of Twentieth-Century Slave Narratives*. Chapel Hill: University of North Carolina Press, 1979.

19. Édouard Glissant, *Caribbean Discourse: Selected Essays*. Trad. de J. Michael Dash. Charlottesville: University of Virginia Press, 1989, p. 89.

20. Antonio Gramsci, *The Prison Notebooks*. Org. e trad. de Quintin Hoare e Geoffrey Nowell Smith. Nova York: International Publishers, 1971, pp. 419-25 [Ed. bras.: *Cadernos*

do cárcere, v. 1. Org. e trad. de Carlos Nelson Coutinho. Coed. de Luiz Sérgio Henriques e Marco Aurélio Nogueira. Rio de Janeiro: Civilização Brasileira, 1999, pp. 114-9. Tradução modificada.]; e David Forgacs e Geoffrey Nowell Smith (Orgs.), *Selections from Cultural Writings*. Trad. de William Boelhower. Cambridge: Harvard University Press, 1895, p. 189.

21. Paul Gilroy, *The Black Atlantic: Modernity and Double-Consciousness*. Cambridge: Harvard University Press, 1993, p. 37 [Ed. bras.: *O Atlântico negro: modernidade e dupla consciência*. Trad. de Cid Knipel Moreira. São Paulo: Ed. 34; Rio de Janeiro: Universidade Cândido Mendes, Centro de Estudos Afro-Asiáticos, 2001, pp. 95-6.]; e Seyla Benhabib, *Critique, Norm, and Utopia: A Study of the Foundations of Critical Theory*. Nova York: Columbia University Press, 1986, pp. 13, 41.

22. Walter Benjamin, "Theses on the Philosophy of History". In: *Illuminations*. Trad. de Harry Zohn. Nova York: Schocken, 1969, p. 255. [Ed. bras.: "Sobre o conceito da história". In: *Magia e técnica, arte e política*. Trad. de Sérgio Paulo Rouanet. São Paulo: Brasiliense, 2012, p. 244. Tradução alternativa disponível na edição crítica: *Sobre o conceito de História – Edição crítica*. Trad. de Adalberto Müller e Márcio Seligmann-Silva. São Paulo: Alameda, 2020, pp. 37, 70, 115-6: "Apenas tem o dom de atiçar no passado aquelas centelhas de esperança o historiógrafo atravessado por esta certeza: nem os mortos estarão em segurança se o inimigo vencer. E esse inimigo não tem cessado de vencer".]

PARTE I — FORMAÇÕES DO TERROR E DO GOZO

DIVERTIMENTOS INOCENTES: O PALCO DO SOFRIMENTO [PP. 65-121]

1. John Rankin, *Letters on American Slavery* (1837). Reimp. Wesport: Negro Universities Press, 1970, pp. 45-7. Em *An Appeal in Favor of That Class of Americans Called Africans*, Lydia Maria Child, ao condenar o tráfico interno, descreve uma cena similar: "No verão de 1822, um jugo de escravos acorrentados, andando por Kentucky, foi encontrado pelo reverendo James H. Dickey, antes de chegar em Paris. Ele assim retrata: 'Cerca de quarenta homens negros estavam acorrentados juntos; cada um deles estava algemado, e eles estavam enfileirados como recrutas. Uma corrente, de provavelmente doze metros, foi esticada entre duas fileiras, e a ela foram unidas outras correntes, conectadas com as algemas. Atrás deles havia cerca de trinta mulheres, amarradas pelas mãos. Cada semblante estava tingido de uma tristeza solene; e o sinistro silêncio de desespero era rompido apenas pelo som de dois violinos. Sim — como se para acrescentar insulto ao dano, o casal à frente recebeu dois violinos; o segundo casal foi adornado com cocares; enquanto perto do centro nosso estandarte nacional era literalmente carregado por mãos acorrentadas'". Carolyn Karcher (Org.), *An Appeal in Favor of That Class of Americans Called Africans* (1833). Reimp. Amherst: University of Massachusetts Press, 1996, p. 32. As descrições de jugos de escravizados acorrentados encontradas em textos abolicionistas, como esse exemplo de Child, costumam ser relatos de segunda mão dos encontros com esses jugos. Essa prática de citação era uma resposta à crise do testemunho escravo e um meio de reunir "centenas de testemunhas" contra a escravidão em todo texto e documentar o infortúnio e a miséria da escravidão.

2. John Rankin, op. cit., p. 45.

3. Ibid., pp. 56-7.

4. Philip Fisher, *Hard Facts: Setting and Form in the American Novel*. Nova York: Oxford University Press, 1985, p. 100.

5. John Rankin, op. cit., p. 56.

6. Peter A. Angeles, *Dictionary of Philosophy*. Nova York: Barnes and Noble Books, 1981; e *Webster's New Twentieth Century Dictionary, Unabridged*. 2. ed. Cleveland: Collins World, 1976.

7. Jonathan Boyarin escreve que "a hegemonia da empatia como uma ética da obliteração da alteridade [...] ocorre quando o humanismo demanda o reconhecimento do sofrimento da humanidade do Outro... [...] [e] quando a ligação paradoxal de humanidade compartilhada e alteridade cultural não podem ser expressas". *Storms from Paradise: The Politics of Jewish Memory*. Minneapolis: University of Minnesota Press, 1994, p. 86. Ver também Karl F. Morrison, *"I Am You": The Hermeneutics of Empathy in Western Literature, Theology, and Art*. Princeton: Princeton University Press, 1988.

8. Em "The Politics of Translation", Gayatri Spivak sublinha que uma política de tradução é útil para pensar sobre as relações éticas e os termos de identificação de alguém com os outros. Ela observa que, como agentes éticos, "não é possível para nós imaginar a outridade ou alteridade ao máximo. Nós temos que transformar o outro em algo como o eu para sermos éticos". Em vez de similitude ética, ela sugere uma erótica da entrega que é consciente da impossibilidade da tradução. *Outside in the Teaching Machine*. Nova York: Routledge, 1993.

9. Zygmunt Bauman, *Modernity and the Holocaust*. Ithaca: Cornell University Press, 1991, p. 192. [Ed. bras.: *Modernidade e Holocausto*. Trad. de Marcus Penchel. Rio de Janeiro: Zahar, 1998, p. 222; versão consultada: "Inextricavelmente atada à proximidade humana, a moralidade parece conformar-se à lei da perspectiva ótica. Parece grande e espessa quando perto do olho".]

10. Karen Sanchez-Eppler, *Touching Liberty: Abolition, Feminism, and the Politics of the Body*. Berkeley: University of California Press, 1993.

11. Thomas Jefferson, *Notes on the State of Virginia* (1787). Reimp. Nova York: W. W. Norton, 1982, p. 138.

12. A mais horrenda das cenas trágicas descritas por Rankin envolve o esquartejamento e a incineração de um menino escravo.

13. Ver Stephen R. Munzer, *A Theory of Property*. Cambridge: Cambridge University Press, 1990, pp. 61-3. Em uma discussão sobre a incorporação e a projeção de teorias da propriedade, Munzer observa que a teoria da incorporação sustenta que as coisas externas se tornam propriedade ao serem trazidas para o corpo. A teoria da projeção, por sua vez, defende que elas se tornam propriedade quando incorporam uma pessoa a coisas externas.

14. John Rankin, op. cit., p. 57. Narradores escravos eram literal e figurativamente forçados a se expor para contar suas histórias. Ver Houston Baker, *Workings of the Spirit: The Poetics of Afro-American Women's Writing*. Chicago: University of Chicago

Press, 1991; Robert B. Stepto, *From Behind the Veil: A Study of Afro-American Narrative*. Urbana: University of Illinois Press, 1979; William L. Andrews, *To Tell a Free Story: The First Century of Afro-American Autobiography, 1760-1865*. Urbana: University of Illinois, 1986; e Valerie Smith, *Self-Discovery and Authority in Afro-American Narrative*. Cambridge: Harvard University Press, 1987.

15. Elaine Scarry, *The Body in Pain: The Making and Unmaking of the World*. Nova York: Oxford University Press, 1985.

16. Já foi discutido que essa intimidade entre trabalho e canção é tipicamente africana. Ver LeRoi Jones, *Blues People: Negro Music in White America*. Nova York: William Morrow, 1963; Sterling Stuckey, *Slave Culture: Nationalist Theory and the Foundations of Black America*. Nova York: Oxford University Press, 1987; Lawrence Levine, *Black Culture and Black Consciousness: Afro-American Folk Thought from Slavery to Freedom*. Nova York: Oxford University Press, 1977; e John Miller Chernoff, *African Rhythm and African Sensibility: Aesthetics and Social Action in African Musical Idioms*. Chicago: University of Chicago Press, 1979.

17. Gozo, como definido pelo *Oxford English Dictionary*, abrange deleite ou prazer; ter relação sexual, bem como usar ou se beneficiar de alguma coisa. As várias dimensões de uso ou posse, desde ter o título de propriedade até a relação sexual, são o que eu quero explorar aqui.

18. Esse argumento será explicado e substanciado de forma completa pelo processo legal discutido no terceiro capítulo.

19. George M. Stroud, *A Sketch of the Laws Relating to Slavery in the Several States of the United States of America* (1827). Reimp. Nova York: Negro Universities Press, 1968, p. 65.

20. Ibid., p. 98.

21. William Goodell, *The American Slave Code* (1853). Reimp. Nova York: Johnson Reprint Colaboration, 1968, p. 308.

22. Eu argumento que mesmo leis projetadas para proteger a vida dos escravos foram enquadradas em termos de perda de propriedade e, mais do que isso, não puderam ser consolidadas, uma vez que nem escravos nem negros livres podiam testemunhar contra brancos.

23. Slavoj Žižek, *Tarrying with the Negative: Kant, Hegel, and the Critique of Ideology*. Durham: Duke University Press, 1993, p. 206.

24. Ver Karl Marx, "The Commodity". In: *Capital*, v. 1. Trad. de Ben Fowkes. Nova York: Vintage, 1977, pp. 125-77. [Ed. bras.: "A mercadoria". In: *O capital: crítica da economia política, livro I: O processo de produção do capital*. Trad. de Rubens Enderle. São Paulo: Boitempo, 2013, pp. 113-58.]

25. A estrutura do melodrama é basicamente maniqueísta, com a luta entre o bem e o mal formando seu núcleo dramático. A virtude, a heroína e a ameaça da catástrofe fornecem seus ingredientes essenciais. A linguagem dramática utilizada é emblemática, apoiando-se num gestual e algumas vezes numa língua inarticulada, que Peter Brooks descreve como uma estética do mutismo, fornecendo uma clareza moral que suplanta a palavra. A ânsia por visibilidade moral culmina no tableau. Em alguns aspectos, os

espetáculos de menestréis são bem o oposto do melodrama, apesar do uso frequente de dispositivos sentimentais. Entretanto, em geral, esses espetáculos se deleitam em dissimulações e jogando com a falta de confiabilidade das aparências, e, pela mesma razão, violam fronteiras morais e sociais. Formalmente, os espetáculos de menestréis eram uma mistura de canções, danças, interações, esquetes curtos, discursos eleitoreiros, diálogos cômicos e pequenas comédias de encerramento, geralmente compostas de farsas breves, paródias shakespearianas ou sátiras teatrais. Ver David Grimsted, *Melodrama Unveiled: American Theater and Culture*. Berkeley: University of California Press, 1968, pp. 171-203; Peter Brooks, *The Melodramatic Imagination: Balzac, Henry James, Melodrama, and the Mode of Excess*. New Haven: Yale University Press, 1985, pp. 27-62; Bruce A. McConachie, *Melodramatic Formations: American Theatre and Society, 1820-1870*. Des Moines: University of Iowa Press, 1992, pp. 163-97; Carl Wittke, *Tambo and Bones: A History of the American Minstrel Stage*. Durham: Duke University Press, 1930, pp. 135-209; Hans Nathan, *Dan Emmett and the Rise of Early Negro Minstrelsy*. Norman: University of Oklahoma Press, 1962, pp. 50-69, 123-34, 227-42; e Robert C. Toll, *Blacking Up: The Minstrel Show in Nineteenth-Century America*. Nova York: Oxford University Press, 1974, pp. 25-65.

Essa discussão sobre melodrama é confinada a textos que exploram questões de raça, gênero e escravidão. Ver William Wells Brown, *The Escape; or, A Leap for Freedom*. In: James V. Hatch e Ted Shine (Orgs.), *Black Theatre USA*. Nova York: New American Library, 1979; e George Aiken e Harriet Beecher Stowe, *Uncle Tom's Cabin*. In: Daniel C. Gould (Org.), *American Melodrama*. Nova York: Performing Arts Journal, 1983.

26. Embora Karen Sanchez-Eppler, em seu perspicaz ensaio "Bodily Bonds: The Intersecting Rhetorics of Feminism and Abolition", argumente corretamente que o corpo mulato mina a certeza da legibilidade racial, eu defendo que o corpo de Zoe se torna legível como um corpo negro em virtude da violência que o ameaça. Ver *Representations*, n. 24, outono 1988, p. 41. Hazel Carby observa o status liminar da figura do mulato como um veículo para explorar a relação entre raças. *Reconstructing Womanhood: The Emergence of the Afro-American Woman Novelist*. Nova York: Oxford University Press, 1987, pp. 89-91.

27. No mundo dualista do melodrama, a identificação ou era absoluta ou não existia de jeito algum, pois bem e mal não poderiam ser reconciliados. Convicções inabaláveis e distinções absolutas permitiam ao espectador um estado indivisível de ser que Robert Heilman define como "o monopático — a singeleza de sentimento que proporcionava o senso de completude". *Tragedy and Melodrama: Versions of Experience*. Seattle: University of Washington Press, 1968, p. 84. De maneira similar, Peter Brooks descreve os "prazeres saudáveis" do melodrama como a "alegria de uma completa indulgência emocional". Peter Brooks, op. cit., pp. 56-80.

28. Na visão de mundo do sentimentalismo, o subordinado exerce seu poder por meio de atos de autoimolação e submissão. Ver Jane Tompkins, *Sensational Designs: The Cultural Work of American Fiction, 1790-1860*. Nova York: Oxford University Press, 1985, p. 128. Ann Douglas argumenta na direção contrária, alegando que o sentimentalismo simplesmente naturalizava a ordem social ao afirmar o poder dos mais subordinados. *The Feminization of American Culture*. Nova York: Avon, 1977, pp. 11-3.

29. David Grimsted, *Melodrama Unveiled: American Theater and Culture*, op. cit., p. 206.

30. E. A. Andrews, *Slavery and the Domestic Slave-Trade in the United States* (1836). Reimp. Detroit: Negro History Press, s. d.

31. De acordo com Brooks, o motivo do tableau era "dar ao espectador a oportunidade de ver os significados representados, as emoções e estados morais apresentados em sinais visivelmente claros". A confiança no gestual, no mutismo e no choro inarticulado marca a inadequação do código convencional "para transmitir uma carga completa de significado emocional". Peter Brooks, op. cit., p. 62.

32. David Grimsted, *Melodrama Unveiled: American Theater and Culture*, op. cit., p. 191.

33. J. C. Furnas, *Goodbye to Uncle Tom*. Nova York: William Sloane Associates, 1956, pp. 257-84; Robert C. Toll, op. cit., pp. 90-6; William L. Van Deburg, *Slavery and Race in American Popular Culture*. Madison: University of Wisconsin Press, 1984, pp. 47-9; Stephen A. Hirsch, "Uncle Tomitudes: The Popular Reaction to Uncle Tom's Cabin". In: Joel Myerson (Org.), *Studies in the American Renaissance*. Boston: Twayne, 1978, pp. 303-30; e Eric Lott, *Love and Theft: Blackface Minstrelsy and the American Working Class*. Nova York: Oxford University Press, 1992, pp. 211-33.

34. Sam Lucas foi o primeiro ator negro a representar o Pai Tomás em versões não menestréis d'*A cabana do Pai Tomás*. Ironicamente, Lucas não ficou famoso por esse papel, mas por sua performance menestrel da morte do Pai Tomás.

35. A circulação promíscua dessas formas é especialmente clara na obra de Brown. *My Southern Home* [Meu lar no Sul] é uma obra repleta de conteúdos racistas. Furnas observou que a rendição de Tomás em "Old Folks at Home" havia então se tornado recentemente popular por meio do Christy Minstrels e que "Uncle's Tom Religion" tinha um ar menestrel, embora também fosse melodramática, com efeitos sonoros graves de tremolo para evocar chicotadas. Stephen A. Hirsch, op. cit., p. 315.

36. "Old Folks at Home". In: Stephen Foster, *Minstrel Show Songs*. H. Wiley Hitchcock (Org.). Nova York: Da Capo Press, 1980.

37. Geralmente, críticos descreveram o desenvolvimento dos espetáculos de menestréis em termos de triunfos do homem comum. O ataque à pretensão, o romance pastoral e as questões de identidade e nação eram também temas significativos. Ver Robert C. Toll, op. cit., pp. 3-21, 160-94; e Eric Lott, op. cit., pp. 63-88.

38. A farsa "convida ao riso por meio da violação de tabus sociais", mas "mesmo assim evita ofender [...] ao aderir a uma estrutura equilibrada em que os personagens e valores sob ataque são, em última análise, restaurados para suas posições convencionais". Jessica Milner Davis, *Farce*. Londres: Methuen, 1978, p. 85. Ver também Eric Bentley, *The Life of Drama*. Nova York: Atheneum, 1964.

39. Como Houston Baker observa, a máscara do menestrel "é um espaço de habituação que abriga não apenas os aspectos reprimidos da sexualidade, as brincadeiras lúdicas, a satisfação do id, a ansiedade de castração e um estágio de espelho do desenvolvimento, mas também uma negação profundamente arraigada da humanidade incontestável dos habitantes do continente africano e seus descendentes". Ver *Modernism and the Harlem Renaissance*. Chicago: University of Chicago Press, 1987, p. 17.

40. David Roediger, *Wages of Whiteness*. Londres: Verso, 1991, p. 127.

41. "Two Declarations of Independence: The Contaminated Origins of American National Culture". In: Michael Rogin, *Blackface, White Noise: Jewish Immigrants in the Hollywood Melting Pot*. Berkeley: University of California Press, 1996, p. 34.

42. Ver Edmund Morgan, *American Slavery, American Freedom: The Ordeal of Colonial Virginia*. Nova York: W. W. Norton, 1975; e Theodore W. Allen, *Invention of the White Race*. Nova York: Routledge, 1994.

43. Temas antiescravidão eram raros nos espetáculos de menestréis. "Ambivalência" descreve melhor as representações da escravidão que não glorificavam a plantation. A partir da década de 1850, quaisquer traços de sentimentos antiescravistas já haviam desaparecido. Para uma discussão sobre temas antiescravidão nos espetáculos de menestréis, ver William F. Stowe e David Grimsted, "White-Black Humor". *Journal of Ethnic Studies*, v. 3, verão 1975, pp. 78-96; e Robert C. Toll, op. cit., pp. 81-8, 112-4.

44. Stephen Foster, op. cit.

45. *New York Clipper*, 6 abr. 1872, citado por Hans Nathan, *Dan Emmett and the Rise of Early Negro Minstrelsy*. Norman: University of Oklahoma Press, 1962, p. 288.

46. George M. Fredrickson, *The Arrogance of Race: Historical Perspectives on Slavery, Racism, and Social Inequity*. Middletown: Wesleyan University Press, 1988, p. 215.

47. Sam Dennison, *Scandalize My Name: Black Imagery in American Popular Music*. Nova York: Garland, 1982, p. 215.

48. Hans Nathan, op. cit. A autoria de "Dixie" é contestada. Trinta e sete compositores brancos a reivindicam, bem como uma família negra, os Snowdens. A mãe de Ben e Lou Snowden, Ellen Cooper Snowden, foi identificada como a autora. Ver Howard L. Sacks e Judith Rose Sacks, *Way Up in Dixie: A Black Family's Claim to the Confederate Anthem*. Washington: Smithsonian, 1993. Os Sackses defendem que "Dixie" pode ser lido como um protesto por meio da paródia baseado na autoria de Ellen Snowden. Em todo caso, a controvérsia em torno da autoria não afeta os usos políticos de "Dixie".

49. "Gayly de Niggas Dance", reimpresso em *The Negro Forget-Me-Not Songster* (Filadélfia, 1855), citado por ibid., p. 94.

50. "Dandy Jim from Caroline" (Nova York: Firth and Hall, 1843) e "Pompey Squash", em *The Negro Forget-Me-Not Songster*, ambos citados por ibid., pp. 138-40.

51. Gary D. Engle (Org.), *Oh, Hush! or, the Virginny Cupids, the Quack Doctor*, e *'Meriky; or, the Old Time Religion*. In: *This Grotesque Essence: Plays from the Minstrel Stage*. Baton Rouge: Louisiana State University Press, 1978.

52. Ver *Oh, Hush! or, the Virginny Cupids, the Quack Doctor, Old Zip Coon*, e *'Meriky; or, the Old Time Religion*, em ibid. Ver também T. Allston Brown, *History of the American Stage* (1870). Reimp. Nova York: Benjamin Blom, 1969.

53. "Quashie". In: *Oxford English Dictionary*. 2. ed. Nova York: Oxford University Press, 1989.

54. "Jim Along Josey", reimpresso em Hans Nathan, op. cit., p. 437.

55. Ibid., p. 399.

56. Em seu brilhante e magistral estudo, *Love and Theft* [Amor e roubo], Eric Lott apresenta uma leitura dos espetáculos de menestréis que focaliza a ambivalência dos textos dos menestréis e as identificações transgressoras que operam no uso do *blackface* e do *cross-dressing*. Embora muito possa ser admirado na investigação hábil

e abrangente de Loft, discordo de suas afirmações sobre solidariedade inter-racial e os efeitos subversivos dos espetáculos de menestréis.

57. Dion Boucicault, op. cit., p. 427.

58. George Tucker, *Letters from Virginia*. Trad. de F. Lucas. Baltimore: J. Rubinson, 1816, pp. 29-34.

59. American Anti-Slavery Society, *American Slavery, As It Is: Testimony of a Thousand Witnesses* (1839). Reimp. Nova York: Arno, 1968; Jesse Torrey, *American Slave Trade* (1822). Reimp. Westport: Negro Universities Press, 1971; Theodore D. Weld, *Slavery and the Internal Slave Trade in the United States* (1841). Reimp. Nova York: Arno, 1969.

60. George W. Featherstonhaugh, *Excursion Through the Slave States*, v. 1. Londres: J. Murray, 1844, pp. 119-24.

61. Tyrone Power, *Impressions of America During the Years 1833, 1834 and 1835*, v. 2. Filadélfia, 1836, pp. 80-3, apud Willie Lee Rose (Org.), *A Documentary History of Slavery in North America*. Nova York: Oxford University Press, 1976, p. 154.

62. "Letter to Mary Speed", 27 set. 1841. In: Abraham Lincoln, *Abraham Lincoln: Speeches and Writings, 1832-1858*. Nova York: Library of America, 1989, pp. 74-5.

63. Toni Morrison, *Playing in the Dark: Whiteness and the Literary Imagination*. Nova York: Vintage, 1993, p. 39.

64. Paul Gilroy, op. cit., p. 37. [Ed. bras.: *O Atlântico negro: modernidade e dupla consciência*, op. cit., pp. 95-6.]

65. Édouard Glissant, op. cit., pp. 2, 4, 161.

66. Gilles Deleuze discute a operação da negação como "o ponto de partida de uma operação que não consiste em negar nem mesmo em destruir, mas em contestar radicalmente a validade daquilo que é; ela suspende a crença em e neutraliza o dado de tal maneira que um novo horizonte se abre além do dado e no lugar dele". *Masochism: Coldness and Cruelty* (1989). Reimp. Nova York: Zone, 1991, pp. 28-9. [Ed. bras.: *Sacher-Masoch: o frio e o cruel*. Trad. de Jorge Bastos. Rio de Janeiro: Zahar, 2009: "o ponto de partida de uma operação que não consiste em negar nem mesmo em destruir, mas, sobretudo, em contestar a fundamentação do que é, em afetar o que é com uma espécie de suspensão e neutralização capazes de nos abrir, para além do que é dado, uma nova perspectiva não dada".]

67. Narrativa de Sellie Martin em John W. Blassingame (Org.), *Slave Testimony*. Baton Rouge: Louisiana State University Press, 1977, p. 704.

68. William Wells Brown, *Narrative of William Wells Brown, a Fugitive Slave*. In: Gilbert Osofsky (Org.), *Puttin' On Ole Massa*. Baton Rouge: Louisiana State University Press, 1968, p. 194.

69. John W. Blassingame (Org.), *Slave Testimony: Two Centuries of Letters, Speeches, Interviews, and Autobiographies*, op. cit., p. 691.

70. A tortura, de acordo com Elaine Scarry, "converte a visão do sofrimento na totalmente ilusória, mas [...] totalmente convincente exibição da agência". Elaine Scarry, op. cit., p. 27.

71. Ibid., p. 47.

72. Cato Carter em George P. Rawick (Org.), *The American Slave*, op. cit., supl. 2, v. 3, pt. 2, p. 646.

73. Catherine Slim em ibid., v. 16, pt. 4, p. 74.

74. Mary Gaffney em ibid., supl. 2, v. 5, pt. 4, p. 1445.

75. James Martin em ibid., supl. 2, v. 5, pt. 3, p. 63.

76. Polly Shine em ibid., supl. 2, v. 9, pt. 8, pp. 3514-5.

77. John W. Blassingame (Org.), op. cit., p. 138.

78. *New Orleans Daily Picayune*, 26 mar. 1853, apud Richard Tansey, "Bernard Kendig and the New Orleans Slave Trade". *Louisiana History*, v. 23, n. 2, primavera 1982, p. 160.

79. John W. Blassingame (Org.), op. cit., p. 503.

80. Dave Byrd em George P. Rawick (Org.), *The American Slave*, op. cit., supl. 2, v. 3, pt. 2, pp. 564-5.

81. Ethel Dougherty em ibid., supl. 1, v. 5, pt. 1, p. 63.

82. Edward Lycurgas em ibid., supl. 1, v. 17, pt. 1, p. 206.

83. John W. Blassingame (Org.), 1977, op. cit., p. 347.

84. Millie Simpkins em George P. Rawick (Org.), *The American Slave*, op. cit., supl. 1, v. 16, pt. 6, p. 66.

85. Winger Vanhook em ibid., supl. 2, v. 10, pt. 9, p. 395.

86. Mattie Gilmore em ibid., supl. 2, v. 5, pt. 4, p. 1492. Ver também Emma Taylor em ibid., supl. 2, v. 9, pt. 8, p. 3762.

87. Elaine Scarry, op. cit., p. 152.

88. Louis. A. Chamerovzow (Org.), *Slave Life in Georgia: A Narrative of the Life, Sufferings, and Escape of John Brown*. Londres: W. M. Watts, 1855, pp. 112-8.

89. Charles L. Perdue Jr., Thomas E. Barden e Robert K. Philips (Orgs.), *Weevils in the Wheat: Interviews with Virginia Ex-Slaves* (1976). Reimp. Bloomington: Indiana University Press, 1980, p. 325.

90. Louis A. Chamerovzow, op. cit., p. 117.

91. Mrs. Fannie Berry em Charles L. Perdue Jr., Thomas E. Barden e Robert K. Philips (Orgs.), op. cit., p. 49.

92. Ibid., p. 166.

93. Michael Tadman observa que "os verdadeiros males do comércio residem não nas experiências físicas, mas nas suposições brancas profundamente racistas sobre as quais o tráfico foi construído e nos sofrimentos emocionais de escravos separados de maneira insensível de seus pais, filhos, irmãos e outros membros de sua comunidade". Entre 1830 e 1850, mais de 250 mil escravos foram deslocados por ocasião de vendas e migrações de fazendeiros. De acordo com Tadman, adolescentes e jovens adultos

constituíam a base do comércio. Para os escravos do alto Sul, a chance de serem vendidos nos primeiros quarenta anos de vida chegava a 30%, e separações forçadas de escravos à venda destruíram cerca de um a cada três entre todos os primeiros casamentos. *Speculators and Slaves: Masters, Traders, and Slaves in the Old South*. Madison: University of Wisconsin Press, 1989, pp. 82, 113, 133-78. Ver também Herbert Gutman, *The Black Family in Slavery and Freedom, 1750–1925*. Nova York: Vintage, 1976.

94. Pierre Bourdieu, *Outline of a Theory of Practice*. Trad. de Richard Nice. Londres: Cambridge University Press, 1977, p. 191. [Ed. bras.: "Modos de dominação". In: *A produção da crença: contribuição para uma economia dos bens simbólicos*. Trad. de Maria da Graça Jacintho Setton. Porto Alegre: Zouk, 2006, p. 205.]

95. Peter Sloterdjik, "Pain and Justice". In: *Thinker on Stage: Nietzsche's Materialism*. Trad. de Jamie Owen Daniel. Minneapolis: University of Minnesota Press, 1989, p. 77. Sloterdjik habilmente argumenta que a construção do socialmente suportável permite o espetáculo do terror.

96. Solomon Northup, *Twelve Years a Slave*. In: Gilbert Osofsky (Org.), op. cit., pp. 323-4. [Ed. bras.: *Doze anos de escravidão*. Trad. de Caroline Chang. São Paulo: Penguin-Companhia das Letras, 2014.]

97. Ser forçado a dançar em frente ao senhor era um acontecimento comum segundo testemunhos de escravizados.

98. Jacob Stroyer, *My Life in the South*. In: William Loren Katz (Org.), *Five Slave Narratives: A Compendium*. Nova York: Arno and New York Times, 1968, p. 45.

99. Ibid., p. 45.

100. Disciplina, como Foucault definiu, "é uma técnica de poder que opera primeiramente no corpo". Ela cria um corpo dócil que pode ser "submetido, usado, transformado e melhorado". Michel Foucault, *Discipline and Punish: The Birth of Prison*. Trad. de Alan Sheridan. Nova York: Vintage, 1979, p. 136. [Ed. bras.: *Vigiar e punir: nascimento das prisões*. Trad. de Raquel Ramalhete. 35. ed. Petrópolis: Vozes, 2008, pp. 118-9.]

101. Frederick Douglass, *Life and Times of Frederick Douglass*. Nova York: Collier, 1962, p. 147. [Ed. bras.: *A vida e a época de Frederick Douglass: escritas por ele mesmo*. Trad. de Rogério W. Galindo. São Paulo: Carambaia, 2022.]

102. J. Hamilton Couper, Theo B. Bartow e George Adams, "Premium Essay on the Treatment of Slaves". *Soil of the South*, n. 3, mar. 1853, pp. 458-9, apud James O. Breeden (Org.), *Advice Among the Masters: The Ideal in Slave Management in the Old South*. Westport: Greenwood, 1980.

103. Tattler, "Management of Negroes". *Southern Cultivator*, n. 8, nov. 1850, pp. 162-4. Ver também James O. Breeden (Org.), op. cit., p. 65.

104. Guion Griffis Johnson, *A Social History of the Sea Islands, with Special Reference to St. Helena Island*. Chapel Hill: University of North Carolina Press, 1930, p. 143.

105. De acordo com George Fredrickson, o racialismo romântico "projetava uma imagem do Negro que poderia ser construída como lisonjeira ou laudatória no contexto de alguns ideais atualmente aceitos de comportamento e sensibilidade humana [...]. A visão racialista romântica endossou o estereótipo de 'criança' da escola mais

sentimental de paternalistas pró-escravidão. Desse ponto de vista, as características notáveis do africano eram a despreocupação, um talento natural para a música e uma disposição de servir". *The Black Image in the White Mind: The Debate on Afro-American Character and Destiny, 1817-1914.* Middletown: Wesleyan University Press, 1971, pp. 103-5.

106. "The Peculiarities and Diseases of Negroes". *American Cotton Planter and Soil of the South* (1860). In: James O. Breeden (Org.), op. cit., p. 280.

107. Fazendeiro anônimo do Mississípi em "Management of Negroes upon Southern Estates". *De Bow's Review*, n. 10, jun. 1851, apud Paul F. Paskoff e Daniel J. Wilson (Orgs.), *The Cause of the South: Selections from De Bow's Review, 1846-1867.* Baton Rouge: Louisiana State University Press, 1982, p. 24.

108. Pequeno fazendeiro em "Management of Negroes". *De Bow's Review*, n. 11, out. 1851. In: ibid.

109. Adeline Jackson, "South Carolina Narratives". In: George P. Rawick (Org.), *The American Slave*, op. cit., v. 3, pt. 3, p. 3.

110. Gary Stewart, "Texas Narratives". In: ibid., v. 5, pt. 4, p. 62.

111. Henry Bland, "Georgia Narratives". In: ibid., v. 12, pt. 1, p. 90.

112. Norman R. Yetman, *Life Under the "Peculiar Institution": Selections from the Slave Narrative Collection.* Nova York: Holt, Rinehart and Winston, 1970, p. 78.

113. Ed Shirley, "Kentucky Narratives". In: George P. Rawick (Org.), *The American Slave*, op. cit., v. 16, pt. 2, p. 23.

114. Ann Thomas, "Florida Narratives". In: ibid., v. 17, pt. 1, p. 330.

115. Charles L. Perdue Jr., Thomas E. Barden e Robert K. Philip (Orgs.), op. cit., p. 267.

116. Nicolas Herbemont, "On the Moral Discipline and Treatment of Slaves". *Southern Agriculturalist*, n. 9, fev. 1836. In: James O. Breeden (Org.), op. cit., pp. 277-8.

117. Eda Harper, "Arkansas Narratives". In: George P. Rawick (Org.), *American Slaves Narratives*, op. cit., v. 9, pt. 3, p. 164.

118. Drew Gilpin Faust, *The Creation of Confederate Nationalism: Ideology and Identity in the Civil War South.* Baton Rouge: Louisiana State University Press, 1988, p. 69.

119. Frederick Douglass, *Life and Times of Frederick Douglass*, op. cit., p. 148. [Ed. bras.: *A vida e a época de Frederick Douglass: escritas por ele mesmo*, op. cit.]

120. A reação aos "divertimentos inocentes" pela comunidade escravizada será examinada ao longo do segundo capítulo.

121. Henry Bibb, *Narrative of the Life and Adventures of Henry Bibb, an American Slave, Written by Himself.* In: Gilbert Osofsky (Org.), op. cit., p. 68.

122. Theodore Parker, "A Sermon on Slavery". In: *Works*, v. 4. Londres, 1863, 1870, apud George Fredrickson, op. cit., pp. 119-20.

123. Frederick Douglass, *Life and Times of Frederick* Douglass, op. cit., p. 147. [Ed. bras.: *A vida e a época de Frederick Douglass: escritas por ele mesmo*, op. cit., pp. 138-9.]

124. Ibid.

125. Frederick Douglass, *Narrative of the Life of Frederick Douglass,* op. cit., p. 31. [Ed. bras.: *Narrativa da vida de Frederick Douglass e outros textos,* op. cit., pp. 53-4.]

126. A posição de Douglass sobre a cultura dos escravos era ambivalente. Ele a considerava tanto uma expressão de descontentamento, aflição e resistência como um exemplo da condição degradante do escravo. Waldo E. Martin defende que Douglass, como muitos de seus contemporâneos, assumiu a superioridade da cultura euro-americana e "aceitou a ideia da inferioridade cultural afro-americana ao mesmo tempo que a desassociou de seu compromisso com a igualdade humana". *The Mind of Frederick Douglass.* Chapel Hill: University of North Carolina Press, 1984, p. 243.

REPARANDO O CORPO AFLITO: PARA UMA TEORIA DA PRÁTICA [PP. 125-75]

1. John McAdams, "Texas Narratives". In: George P. Rawick (Org.), *The American Slave,* op. cit., supl. 2, v. 7, pt. 6, p. 2461; Lu Lee em ibid., supl. 2, v. 6, pt. 5, p. 2297; e Mary Glover em ibid., supl. 2, v. 5, p. 1518.

2. McAdams em ibid., supl. 2, v. 7, pt. 6, p. 2467.

3. Frederick Douglass, *Life and Times of Frederick Douglass,* op. cit., p. 147. [Ed. bras.: *A vida e a época de Frederick Douglass: escritas por ele mesmo,* op. cit., p. 138-9.]

4. Toby Jones, "Texas Narratives". In: George P. Rawick (Org.) *The American Slave,* op. cit., v. 4, pt. 2, p. 249.

5. A encenação hiperbólica do poder que é central para a dominação conecta a performance e a prática cotidiana.

6. Michel de Certeau, *The Practice of Everyday Life.* Berkeley: University of California Press, 1984, p. 21. [Ed. bras.: *A invenção do cotidiano: artes de fazer.* Trad. de Ephraim Ferreira Alves. Petrópolis: Vozes, 1998, p. 83. Tradução modificada.]

7. Raymond A. Bauer e Alice H. Bauer, "Day to Day Resistance to Slavery". In: John H. Bracey, August Meier e Elliott M. Rudwick (Orgs.), *American Slavery: The Question of Resistance.* Belmont: Wadsworth, 1971, pp. 37-60.

8. Elaine Scarry, *The Body in Pain.* Nova York: Oxford University Press, 1985, p. 33.

9. Ulrich Philips, *American Negro Slavery.* Nova York: Vintage Books, 1972; Eugene D. Genovese, *Roll, Jordan, Roll: The World the Slaves Made.* Nova York: Vintage, 1972; Mark Tushnet, *The American Law of Slavery, 1810-1860: Considerations of Humanity and Interest.* Princeton: Princeton University Press, 1981; e Robert William Fogel e Stanley L. Engerman, *Time on the Cross: The Economics of American Negro Slavery.* Nova York: W. W. Norton, 1974.

10. Raymond Williams, *The Country and the City.* Nova York: Oxford University Press, 1973. [Ed. bras.: *O campo e a cidade na história e na literatura.* Trad. de Paulo Henriques Britto. São Paulo: Companhia das Letras, 1989.]

11. Ver Clarence E. Walker, "Massa's New Clothes". In: *Deromanticizing Black History: Critical Essays and Reappraisals.* Knoxville: University of Tennessee Press, 1991. Em "Aunt Jemima in Dialectics", James Anderson observa a reprodução da perspectiva da

escola da plantation em relatos que utilizam o testemunho dos escravizados. *Journal of Negro History*, v. 61, n. 1, jan. 1976, pp. 99-114; e James Oakes, *The Ruling Race: A History of American Slaveholders*. Nova York: Vintage, 1983.

12. Como Renato Rosaldo escreve, "a pastoral como um modo de investigação etnográfica e histórica suprime e dissimula a relação entre poder e conhecimento". Ver "From the Door of His Tent: The Fieldworker and the Inquisitor". In: James Clifford e George Marcus (Orgs.), *Writing Culture: The Poetics and Politics of Ethnography*. Berkeley: University of California Press, 1986, p. 97. [Há uma edição em português, mas ela não foi consultada para a tradução: "Da porta de sua tenda: o etnógrafo e o inquisidor". In: James Clifford e George E. Marcus (Orgs.), *A escrita da cultura: poética e política da etnografia*. Rio de Janeiro: EdUERJ; Papéis Selvagens Edições, 2016, pp. 125-50.]

13. Ver Raymond Williams, 1973, op. cit., pp. 36-8; e Eugene D. Genovese, *Roll, Jordan, Roll*, op. cit., p. 3.

14. A pastoral é um romance cômico que aborda genericamente a conciliação de forças opostas. Hayden White argumentou que o modo como uma história é contada revela que se trata de uma história de um tipo particular. De acordo com o esquema de estilos históricos de White, quando a história tem sua trama elaborada no modo cômico, seu modo de explicação tende a ser organicista, com implicações ideológicas e conservadoras. O foco na acomodação, nos processos integrativos e sintéticos e em uma visão conservadora da boa sociedade — nesse caso, a humanidade da escravidão — é certamente adequado à nossa compreensão da pastoral. As características da pastoral são replicadas nos próprios termos da imaginação histórica. Assim, o que é explicado vem a espelhar os próprios termos da explicação. Ver Hayden White, *Metahistory: The Historical Imagination in Nineteenth-Century Europe*. Baltimore: Johns Hopkins University Press, 1973 [Ed. bras.: *Meta-história: a imaginação histórica do século 19*. Trad. de José Laurênio de Melo. 2. ed. São Paulo: Edusp, 2019.]; e *Tropics of Discourse: Essays in Cultural Criticism*. Baltimore: Johns Hopkins University Press, 1978 [Ed. bras.: *Trópicos do discurso: ensaios sobre a crítica da cultura*. Trad. de Alípio Correia de Franca Neto. 2. ed. São Paulo: Edusp, 2014]. O trabalho de Roger D. Abrahams sobre o debulho do milho como performance escrava descreve a escravidão como uma "pastoral americana" e os membros da plantation como "engajados em um vigoroso empreendimento comum em que a natureza era posta a serviço dos proprietários e lavradores da terra [...]. Capatazes e senhores desempenhavam um papel em uma peça de teatro que transformava o sistema de relações de poder da plantation em uma comédia e em um romance pastoral". *Singing the Master: The Emergence of African-American Culture in the Plantation South*. Nova York: Pantheon, 1992, p. 24.

15. Sobre representações da cultura escrava nesse modo, ver ibid. e Charles Joyner, *Down by the Riverside: A South Carolina Slave Community*. Urbana: University of Illinois Press, 1984, p. 127.

16. Nancy Fraser, *Unruly Practices: Power, Discourse, and Gender in Contemporary Social Theory*. Minneapolis: University of Minnesota Press, 1989, pp. 17-33.

17. Em "A ética do cuidado de si como prática da liberdade", Foucault descreve o poder como a capacidade dos indivíduos de conduzir ou determinar o comportamento de outros. James Bernauer e David Rasmussen (Orgs.), *The Final Foucault*. Cambridge: MIT

Press, 1994, pp. 12, 18. [Ed. bras.: "A ética do cuidado de si como prática da liberdade". In: *Ditos & Escritos V – Ética, Sexualidade, Política*. Rio de Janeiro: Forense Universitária, 2004, pp. 276-7.]

18. Estou me referindo ao significado bastante exclusivo de homem estabelecido na Constituição e no discurso político dos séculos 18 e 19.

19. Ver Judith Butler, *Bodies That Matter*. Nova York: Routledge, 1993, pp. 223-42. [Ed. bras.: *Corpos que importam: os limites discursivos do sexo*. Trad. de Veronica Daminelli e Daniel Yago Françoli. São Paulo: n-1 edições; crocodilo, 2019.]

20. Uso os termos "performance" e "performatividade" de modo intercambiável. Butler diferencia esses termos e argumenta que seria um equívoco reduzir a performatividade à performance. Define a performance como "atos delimitados" caracterizados pela hipérbole, pela mímica e por encenações desnaturalizantes, como a da drag. Em contraste, a performatividade "consiste em uma reiteração das normas que precedem, constrangem e excedem o ator e, nesse sentido, não podem ser tomadas como uma fabricação da 'vontade' ou 'escolha' do ator; mais ainda, aquilo que é 'performado' trabalha para esconder, quando não para repudiar, o que permanece opaco, inconsciente, não performado". Ibid., p. 234 [Ed. bras.: ibid., tradução modificada.]. Em vez de reduzir a performatividade à performance, mobilizo ambos os termos em um sentido expandido que considera as encenações do poder, as manifestações desnaturalizantes e a reelaboração discursiva como um conjunto de estratégias e práticas inter-relacionadas.

21. Ibid., p. 14. Ver também Judith Butler, *Gender Trouble: Feminism and the Subversion of Identity*. Londres: Routledge, 1990, pp. 128-31. [Ed. bras.: *Problema de gênero: feminismo e subversão da identidade*. Trad. de Renato Aguiar. Rio de Janeiro: Civilização Brasileira, 2003, pp. 185-9.]

22. Michael Omi e Howard Winant, conforme sua definição de raça como um "complexo instável e 'descentrado' de significados sociais que é constantemente transformado pela luta política", argumentam que "o significado da raça é definido e disputado através da sociedade, tanto na ação coletiva quanto na prática pessoal. No processo, as próprias categorias raciais são formadas, transformadas, destruídas e reformadas". *Racial Formation in the United States*. Nova York: Routledge and Kegan Paul, 1986, pp. 61-73.

23. Frantz Fanon, *Black Skin, White Masks*. Trad. de Charles Lam Markham. Nova York: Grove, 1967, pp. 109-40 [Ed. bras.: *Pele negra, máscaras brancas*. Trad. de Raquel Camargo e Sebastião Nascimento. São Paulo: Ubu Editora, 2020, pp. 125-56.]; Judith Butler, *Gender Trouble*, op. cit., p. 24.

24. Paul Gilroy, "Sounds Authentic: Black Music, Ethnicity, and the Challenge of a Changing Same". *Black Music Research Journal*, v. 11, n. 2, 1991, pp. 111-36. A performance "produz o efeito imaginário de um cerne ou essência racial interna, mas o produz sobre a superfície do corpo, através do jogo de ausências significantes que sugerem, mas nunca revelam, o princípio organizador da identidade como uma causa. Tais atos, gestos, encenações, geralmente construídos, são performativos no sentido de que a essência ou identidade que de outro modo pretendem expressar são [sic] fabricações manufaturadas e sustentadas através de signos corpóreos e outros meios discursivos". Judith Butler, *Gender Trouble*, op. cit., p. 136. [Ed. bras.: op. cit., pp. 194-5.]

25. Raymond Williams define comunidade da seguinte forma: "Comunidade pode ser a palavra calorosamente persuasiva para descrever um conjunto de relações existentes, ou a palavra calorosamente persuasiva para descrever um conjunto alternativo de relações. O mais importante, talvez, é que, ao contrário de todos os outros termos de organização social (estado, nação, sociedade etc.), parece nunca ser utilizada de forma desfavorável e nunca lhe é atribuído qualquer termo positivo de oposição ou distinção". *Keywords: A Vocabulary of Culture and Society*. Nova York: Oxford University Press, 1976, p. 76.

26. Fisk University, *Unwritten History of Slavery: Autobiographical Accounts of Negro Ex-Slaves*. Nashville: Fisk University Social Science Institute, 1945.

27. Herbert Aptheker, *American Negro Slave Revolts* (1943). Reimp. Nova York: International Publishers, 1987; Gerald Mullin, *Flight and Rebellion: Slave Resistance in Eighteenth-Century Virginia*. Nova York: Oxford University Press, 1972; e Eugene D. Genovese, *From Rebellion to Revolution: Afro-American Slave Revolts in the Making of the New World*. Baton Rouge: Louisiana State University Press, 1979.

28. Ver Peter Kolchin, *American Slavery, 1619-1877*. Nova York: Hill and Wang, 1993, pp. 161-8; e Kenneth M. Stampp, *The Peculiar Institution: Slavery in the Ante-Bellum South* (1956). Reimp. Nova York: Vintage, 1956, pp. 109-40.

29. John McAdams, "Texas Narratives". In: George P. Rawick (Org.), *The American Slave*, op. cit., supl. 2, v. 7, pt. 6, p. 2467.

30. Albert Raboteau define a conjuração como um "sistema de magia, adivinhação e herbalismo" derivado de sistemas africanos e europeus. *Slave Religion: The "Invisible Institution" in the Antebellum South*. Oxford: Oxford University Press, 1978, pp. 80-6, 275-88. Ver também John Roberts, *From Trickster to Badman: The Black Folk Hero in Slavery and Freedom*. Philadelphia: University of Pennsylvania Press, 1986, pp. 66-7.

31. John W. Blassingame, *The Slave Community: Plantation Life in the Antebellum South*. Oxford: Oxford University Press, 1979, pp. 315-7. Blassingame observa que "os senhores notavam frequentemente o sentido de comunidade nas senzalas; eles relatavam que os escravos partilhavam habitualmente seus poucos bens, raramente se roubavam uns aos outros, e os mais fortes ajudavam os mais fracos [...]. A solidariedade grupal nas senzalas permitia que os escravos se unissem na luta contra o senhor". Ibid., pp. 315-7.

32. Drucilla Cornell, "The Postmodern Critique of Community". In: *The Philosophy of the Limit*. Nova York: Routledge, 1992; e Iris Marion Young, *Justice and the Politics of Difference*. Princeton: Princeton University Press, 1990, pp. 226-56.

33. Este subtítulo é retirado da discussão de Michel de Certeau sobre a tática: "chamo de *tática* a ação calculada que é determinada pela ausência de um lócus próprio. Então, nenhuma delimitação de uma exterioridade dá a ela a condição necessária para a autonomia. O espaço da tática é o espaço do outro". Michel de Certeau, op. cit., p. 38. [Ed. bras.: op. cit., p. 100. Tradução modificada.]

34. James C. Scott, *Domination and the Arts of Resistance: Hidden Transcripts*. New Haven: Yale University Press, 1985. [Ed. bras.: *A dominação e a arte da resistência*. Trad. de Pedro Serras Pereira. Lisboa: Letra Livre, 2013.]; e Paul Gilroy, *The Black Atlantic*, op. cit., p. 37. [Ed. bras.: *O Atlântico negro*, op. cit., pp. 95-6.]

35. David Brion Davis, *The Problem of Slavery in the Age of Revolution, 1770-1823*. Ithaca: Cornell University Press, 1975, p. 260.

36. Morgan argumenta que o racismo tornou possível "a devoção à igualdade que os republicanos ingleses tinham declarado ser a alma da liberdade". A assimilação de nativos norte-americanos, negros e mulatos na classe dos párias permitiu que os brancos se unissem como uma "classe senhorial". Edmund Morgan, *American Slavery, American Freedom*. Nova York: W. W. Norton, 1975, pp. 381, 386.

37. A resistência, como sugere Lila Abu-Lughod, deve ser lida como um diagnóstico do poder. Parafraseando o seu argumento, a resistência não é um fim em si mesmo, nem uma mera celebração da liberdade humana ou do exercício da vontade, mas "um índice de uma figuração e de uma transformação particulares do poder". As resistências da performance escrava não estão "nunca em uma posição de exterioridade em relação ao poder". "The Romance of Resistance: Tracing Transformations of Power Through Bedouin Women", *American Ethnologist*, v. 17, n. 1, 1990, p. 53.

38. Raymond Williams, *Marxism and Literature*. Oxford: Oxford University Press, 1977, p. 131. [Ed. bras.: *Marxismo e literatura*. Trad. de Waltensir Dutra. Rio de Janeiro: Zahar, 1979, p. 133. Tradução modificada.]

39. Toby Jones, "Texas Narratives". In: George P. Rawick (Org.), *The American Slave*, op. cit., v. 4, pt. 2, p. 249.

40. Mingo White, "Alabama Narratives". In: ibid., v. 6, pt. 1, p. 413.

41. Fisk University, op. cit., p. 173.

42. John McAdams, "Texas Narratives". In: George P. Rawick (Org.), *The American Slave*, op. cit., supl. 2, v. 7, pt. 6, p. 7.

43. Susan Snow, "Mississippi Narratives". In: ibid., v. 9, p. 138.

44. Nem as noções liberais nem as marxistas do sujeito político são adequadas à situação particular dos escravizados. O modelo marxista se preocupa com um tipo diferente de opressão-exploração e com o trabalhador livre sem oferecer uma análise da opressão racial. Ironicamente, as interpretações "marxistas" da escravidão têm sido bastante conservadoras em suas análises e têm se concentrado no paternalismo, e não na dominação ou no terror, e nas relações totais em lugar da subordinação racial.

45. Jean Comaroff, *Body of Power, Spirit of Resistance: The Culture and History of a South African People*. Chicago: University of Chicago Press, 1985, p. 261.

46. Karl Marx, "On the Jewish Question". In: Robert C. Tucker (Org.), *The Marx-Engels Reader*. Nova York: W. W. Norton, 1978, p. 34. [Ed. bras.: *Sobre a questão judaica*. Trad. de Nélio Schneider. São Paulo: Boitempo, 2010, p. 41. Tradução modificada.]

47. Anne Showstack Sassoon escreve que a palavra "política" só adquire seu sentido pleno em relação ao potencial de uma classe para fundar um novo estado integral. Mesmo quando se consideram as possibilidades de outras entidades políticas não definidas pela classe, o fundamental é uma noção de ação estratégica e de análise sistêmica. *Gramsci's Politics*. Minneapolis: University of Minnesota Press, 1987, p. 185.

48. Elizabeth Sparks em Charles L. Perdue Jr., Thomas E. Barden e Robert K. Philips (Orgs.), op. cit., p. 276.

49. Hortense Spillers, "Mama's Baby, Papa's Maybe: An American Grammar Book". *Diacritics*, v. 17, n. 2, verão 1987, p. 67. [Ed. bras.: "Bebê da mamãe, talvez do papai: uma gramática estadunidense". Trad. de Kênia Freitas e Allan K. Pereira. In: Clara Barzaghi, Stella Z. Paterniani e André Arias (Orgs.). *Pensamento negro radical: antologia de ensaios*. São Paulo: crocodilo; n-1 edições, 2021, pp. 33-4. Tradução modificada.]

50. Richard Schechner descreve as performances de transporte como performances em que os atores são "'levados a algum lugar', mas no final, frequentemente ajudados por outros, são 'acalmados' e entram novamente na vida ordinária praticamente ali onde começaram". *Between Theater and Anthropology*. Philadelphia: University of Pennsylvania Press, 1985, pp. 125-6.

51. Gustavo Gutiérrez, *A Theology of Liberation: History, Politics, and Salvation*. Trad. de Caridad Inda e John Eagleson. Maryknoll: Orbis, 1973, p. 154, apud David B. Morris, *The Culture of Pain*. Berkeley: University of California Press, 1991, p. 147.

52. William Lee em Charles L. Perdue Jr., Thomas E. Barden e Robert K. Philips (Orgs.), op. cit., p. 196.

53. West Turner em ibid., p. 290.

54. Norman R. Yetman, *Life Under the "Peculiar Institution": Selections from the Slave Narrative Collection*. Nova York: Holt, Rinehart, and Winston, 1970, p. 263. Ver também Albert J. Raboteau, op. cit., pp. 212-88; Sterling Stuckey, *Slave Culture: Nationalist Theory and the Foundations of Black America*. Nova York: Oxford University Press, 1987, pp. 1-100; e George P. Rawick, *From Sundown to Sunup: The Making of the Black Community*. Westport: Greenwood, 1973, pp. 30-52.

55. Sobre o status cristão como uma categoria racial, ver Winthrop D. Jordan, *White Over Black: American Attitudes Toward the Negro, 1550-1812* (1968). Reimp. Nova York: W. W. Norton, 1977.

56. William Adams, "Texas Narratives". In: George P. Rawick (Org.), *The American Slave*, op. cit., v. 4, pt. 1, p. 10.

57. Eliza Washington em ibid., v. 11, pt. 7, p. 53.

58. Ibid., v. 12, pt. 2, pp. 322-3.

59. Sallie Johnson em ibid., supl. 2, v. 6, pt. 5, p. 2048.

60. Hortense Spillers, op. cit., p. 74. [Ed. bras.: op. cit., pp. 43-5.]

61. George P. Rawick (Org.), *The American Slave*, op. cit., supl. 1, v. 7, pt. 2, p. 784.

62. Ibid., supl. 2, v. 6, pt. 5, p. 2161.

63. Norman R. Yetman, op. cit., p. 229. Silas Jackson ofereceu um relato similar. Ver ibid., p. 177.

64. Jane Pyatt em Charles L. Perdue Jr., Thomas E. Barden e Robert K. Philips (Orgs.), op. cit., p. 235.

65. Garland Monroe em ibid., p. 215.

66. West Turner em ibid., p. 290. Essa tática é mencionada frequentemente em relatos de resistência à Klan. Ver Gladys-Marie Frye, *Night Riders in Black Folk History*. Knoxville: University of Tennessee Press, 1977.

67. James Davis, "Arkansas Narratives". In: George P. Rawick (Org.), *The American Slave*, op. cit., v. 8, pt. 1, p. 111.

68. Michel de Certeau, op. cit., p. 14. [Ed. bras.: op. cit., p. 41.] *La perruque* é o exemplo clássico da perturbação e obediência ao sistema: "*La perruque* é o trabalho próprio do trabalhador disfarçado de trabalho para o seu empregador. [...] ele trapaceia pelo prazer de inventar produtos gratuitos destinados somente a significar por sua *obra* um saber-fazer pessoal e a responder por uma *despesa* a solidariedades operárias ou familiares". Ibid., pp. 25-6 [Ed. bras.: ibid., pp. 87-8. N.T.: A primeira frase citada por Hartman não consta na tradução consultada, tendo sido traduzida a partir da citação de Hartman, enquanto a segunda traz diferenças significativas em sua construção.]; James Deane, "Maryland Narratives". In: George P. Rawick (Org.), *The American Slave*, op. cit., v. 16, pt. 3, p. 8.

69. *Webster's New Twentieth Century Dictionary, Unabridged*. Cleveland: Collins World, 1976.

70. Para uma discussão da destituição de vontade, ver Patricia J. Williams, "On Being the Object of Property". In: *The Alchemy of Race and Rights: Diary of a Law Professor*. Cambridge: Harvard University Press, 1991, pp. 218-20.

71. Richard Schechner, op. cit., pp. 36-8.

72. Henri Lefebvre, *The Production of Space*. Trad. de Donald Nicholson-Smith. Cambridge: Basil Blackwell, 1991, p. 141.

73. Jürgen Habermas, *The Structural Transformation of the Public Sphere: An Inquiry into a Category of Bourgeois Society*. Trad. de Thomas Burger. Cambridge: MIT Press, 1991, pp. 75-6. [Ed. bras.: *Mudança estrutural da esfera pública: investigações quanto a uma categoria da sociedade burguesa*. Trad. de Flávio R. Kothe. Rio de Janeiro: Tempo Brasileiro, 2003, pp. 93-4. Edição mais recente (não consultada): *Mudança estrutural da esfera pública: investigações sobre uma categoria da sociedade burguesa*. Trad. de Denilson Luís Werle. São Paulo: Editora Unesp, 2014.]

74. Como De Certeau afirma, o espaço é "composto de intersecções de elementos móveis. É de certo modo animado pelo conjunto dos movimentos que aí se desdobram. Espaço é o efeito produzido pelas operações que o orientam, o circunstanciam, o temporalizam". Michel de Certeau, op. cit., pp. 101, 117. [Ed. bras.: op. cit., p. 202.]

75. De acordo com Nancy Fraser, a política da necessidade implica três momentos distintos, mas relacionados: "O primeiro é a luta para estabelecer ou negar o status político de uma dada necessidade, a luta para validar a necessidade como uma questão de preocupação política legítima ou para isolá-la como uma questão não política. O segundo é a luta pela interpretação da necessidade, a luta pelo poder de defini-la e, portanto, de determinar o que a satisfaria. O terceiro momento é a luta pela satisfação da necessidade, a luta para assegurar ou reter a provisão". Os dominados geralmente não têm o poder de politizar a necessidade; por isso, as necessidades são um aspecto importante na autoconstituição de novos agentes coletivos e sujeitos políticos. Nancy Fraser, *Unruly Practices*, op. cit., pp. 164-73.

76. Patricia J. Williams, op. cit., p. 152.

77. Arrebatar: apoderar-se e levar embora pela força e pela violência e capturar emoção; encher de grande alegria e deleite; transportar; extasiar. [No original: *Ravish: To seize and carry away by force and violence and to carry away emotion; to fill with great joy and delight; to transport; to enrapture.*] *Webster's New Twentieth Century Dictionary*.

78. A *juba* ilumina outras facetas da luta social, especificamente a disputa em relação às formas culturais. Os divertimentos instrumentais, o espetáculo mercantilizado da negritude e os prazeres resistentes convergem na *juba*. Ela destaca os vários circuitos do performativo negro, a disputa e a transvalorização que integram a mercantilização e a circulação das formas culturais. A *juba* era uma peça emblemática dos menestréis, um exemplo importante do "bom momento do negro" na ideologia pró-escravista e uma articulação simbólica da luta social.

79. John F. Szwed e Morton Marks, e também Melville J. Herskovits, argumentam que é importante considerar a dança como parte de um conjunto dança-música, pois "os passos e a música estão inextricavelmente interligados". A música e a dança têm uma relação integral, e a identidade que uma dança assume, assim como seu uso, depende da música. A dança encarna a música, e os significados das canções se alteram conforme são apresentadas. "The Afro-American Transformation of European Set Dances and Dance Suites". *Dance Research Journal*, v. 20, n. 1, verão 1988, p. 29; e Melville J. Herskovits, *The Myth of the Negro Past*. Boston: Beacon Press, 1958, p. 265.

80. Stearns escreve que "batucar a *juba*" se referia a "qualquer forma de batida com as palmas, com qualquer dança, para animar outro dançarino"; tornou-se "uma rotina especial de bater as mãos, joelhos, coxas e o corpo em uma manifestação rítmica". Marshall Stearns e Jean Stearns, *Jazz Dance: The Story of American Vernacular Dance*. Nova York: Schirmer, 1968, p. 29.

81. A caracterização de Northup é inequivocamente condescendente e satírica. Como ele era um violinista de formação e antigo homem livre, as inflexões de desprezo e superioridade colorem sua descrição. A expressão musical absurda, sem ideias distintas, é certamente uma fórmula para o primitivismo. De um modo geral, sua descrição dos escravizados utiliza características-chave das representações racistas (por exemplo, "os dentes de marfim, contrastando com a sua tez negra, exibem duas longas estrias brancas sobre toda a extensão da mesa"). Ele sublinha a importância do prazer e, ao fazê-lo, enfatiza a dureza da escravidão. Contrasta os três dias da celebração do Natal com os "362 [...] dias de cansaço, medo, sofrimento e trabalho incessante". Solomon Northup, *Twelve Years a Slave*, op. cit., pp. 163-9. Northup descreveu os batuques como uma música peculiar aos escravos: "Os batuques são executados batendo as mãos nos joelhos, depois batendo no ombro direito com uma mão e no esquerdo com a outra — ao mesmo tempo que se mantém o ritmo com os pés e se canta".

82. William B. Smith, "The Persimmon Tree and the Beer Dance". *Farmer's Register*, n. 6, 1838, pp. 58-61.

83. Embora Douglass enfatize a crítica da escravidão encarnada na canção *juba*, tal como havia destacado o tom de protesto nos *spirituals*, avaliando a canção como "um bom resumo da injustiça palpável e da fraude da escravidão", ele continuava desconfortável com os prazeres proporcionados aos escravizados, pois estava convencido de que os prazeres desfrutados dentro dos limites da escravidão eram

apenas meios de "manter baixo o espírito de insurreição". Douglass era incapaz de imaginar os prazeres proporcionados pelos bailes, pelas folgas e pelos festejos dos escravos como pouco mais do que "parte integrante dos erros grosseiros e da desumanidade da escravidão", concebidos para melhor "garantir os fins da injustiça e da opressão". Frederick Douglass, *Life and times of Frederick Douglass*, op. cit., pp. 146-7. [Ed. bras.: op. cit. Tradução não consultada.]

84. Ibid., p. 146. A representação de Douglass de uma canção de *juba* se diferenciava significativamente das versões mais comuns:

Juba de cá, Juba de lá;
Juba matou um gato amarelo.
Juba em cima, Juba embaixo;
Juba correndo pra todo lado.
Juba pula, Juba canta,
Juba corta as asa daquela pomba.
Juba chuta longe esse sapato velho,
Juba dança aquele Júbilo.
Juba rodopia os pé por aí,
Juba apaga a vela.
Juba chacoalha, destranca o fecho,
Juba faz aquele arranhado do cão.
[No original: *Juba dis and Juba dat;/ Juba kill a yaller cat./ Juba up and Juba down;/ Juba runnin' all aroun'./ Juba jump, Juba sing,/ Juba cut that pigeon wing./ Juba kick off this old shoe,/ Juba dance that Jubilo./ Juba whirl them feet about,/ Juba blow the candle out./ Juba swing, undo the latch,/ Juba do that long dog scratch.*]

85. Beverly J. Robinson, "Africanisms and the Study of Folklore". In: Joseph E. Holloway (Org.), *Africanisms in American Culture*. Bloomington: Indiana University Press, 1990, p. 215.

86. Beverly J. Robinson, op. cit., p. 216.

87. A intensidade da disciplina e da vigilância do corpo cativo, para citar Foucault, "engendra ao mesmo tempo uma intensificação do desejo de cada indivíduo por, em e sobre seu corpo". Porém, "o poder, depois de se investir no corpo, encontra-se exposto a um contra-ataque no mesmo corpo". In: Colin Gordon (Org.), *Power/Knowledge: Selected Interviews and Other Writings, 1972-1977*. Trad. de Colin Gordon, Leo Marshall, John Mepham e Kate Soper. Nova York: Pantheon, 1980, p. 56.

88. Henri Lefebvre, op. cit., pp. 41-2. Aqui, jogo com a ideia de Lefebvre de que o espaço de representação tem a sua fonte "na história do povo, bem como na história de cada indivíduo pertencente a esse povo".

89. Os brilhantes trabalhos de estudiosos como Melville J. Herskovits, Zora Neale Hurston, Mechal Sobel, Sterling Stuckey, John F. Szwed e Robert Farris Thompson iluminaram a relação entre a cultura africana e a africano-estadunidense. Certamente, meu trabalho tem uma dívida com essa linhagem de estudos e não está em desacordo com esses trabalhos, mas simplesmente adota um ponto de vista diferente.

90. De acordo com Benjamin, a diferença entre a memória voluntária e a involuntária gira em torno do status da informação. A memória voluntária é o repositório da informação sobre o passado que não guarda qualquer traço dele. Em contraste, a *mémoire*

involontaire não transmite qualquer informação sobre o passado, mas é um repositório de seus traços. Walter Benjamin, "On Some Motifs in Baudelaire". In: *Illuminations: Essays and Reflections*. Trad. de Harry Zohn. Nova York: Schocken, 1969, p. 160. [Ed. bras.: "Sobre alguns temas em Baudelaire". In: *Charles Baudelaire, um lírico no auge do capitalismo*. Trad. de José Martins Barbosa e Hemerson Alves Baptista. São Paulo: Brasiliense, 1989, p. 106.] Como observou Freud, os traços de memória "nada têm a ver com o processo de tornar-se consciente. Eles são, com frequência, mais fortes e mais permanentes quando o evento que os deixa nunca atinge a consciência". *Beyond the Pleasure Principle*. Trad. de James Strachey. Nova York: W. W. Norton, 1961, p. 19. [Ed. bras.: *Obras completas*, v. 14. *História de uma neurose infantil ("O homem dos lobos"), Além do princípio do prazer e outros textos (1917-1920)*. Trad. de Paulo César de Souza. São Paulo: Companhia das Letras, 2010.] Tomei a expressão "memória da diferença" emprestada do texto "Katherine Dunham and the Memory of Difference", de VèVè Clark, em Geneviève Fabre e Robert O'Meally (Orgs.), *History and Memory in African-American Culture*. Nova York: Oxford University Press, 1995. Porém, meu uso da expressão se distingue significativamente daquele de Clark, que está baseado no conceito de coreografia de Susan Foster. Eu emprego a expressão para abranger tanto a memória voluntária quanto a involuntária, e para reconhecer a presença e a ausência estruturantes do passado. Diferentemente da expressão de Clark, essa "memória da diferença" não depende da cognição da diferença entre uma prática anterior e uma atual. É simplesmente um modo de insistir no status diferencial e descontínuo da memória.

91. George P. Rawick (Org.), *The American Slave*, op. cit., v. 12, pt. 2, pp. 26-7. O uso da panela é mencionado frequentemente por toda a coleção de narrativas escravas. Ver Mary Hudson em ibid., v. 16, pt. 6, pp. 31, 34, 45.

92. Anderson e Minerva Edwards, "Texas Narratives". In: George P. Rawick (Org.), *The American Slave*, op. cit., v. 4, pt. 2, p. 6.

93. Fisk University, op. cit., p. 98.

94. Patsy Hyde em George P. Rawick (Org.), *The American Slave*, op. cit., v. 16, pt. 6, p. 34.

95. Mechal Sobel, *Trabelin' On: The Slave Journey to an Afro-Baptist Faith*. Princeton: Princeton University Press, 1988, p. 171.

96. Albert J. Raboteau, op. cit., p. 216.

97. Ibid., p. 360, nota 7.

98. Robert Farris Thompson, *Flash of the Spirit*. Nova York: Random House, 1984, p. 142.

99. Drucilla Cornell define a natalidade como "a possibilidade de iterações regenerativas que realmente inovam no sentido de efetivar uma mudança de autodefinição". A natalidade "enfatiza como o eu é continuamente 'renascido' no decorrer do tempo e de seus encontros com os outros". *Transformations: Recollective Imagination and Sexual Difference*. Nova York: Routledge, 1993, p. 42.

100. Paulin J. Hountondji apud V. Y. Mudimbe, *The Invention of Africa: Gnosis, Philosophy, and the Order of Knowledge*. Bloomington: Indiana University Press, 1988, p. 37. [Ed. bras.: *A invenção da África: gnose, filosofia e a ordem do conhecimento*. Trad. de Fávio Ribeiro. Petrópolis: Vozes, 2019, p. 73. Tradução modificada.]; Paulin J. Hountondji, *African Philosophy: Myth and Reality*. Trad. de Henri Evans e Jonathan Rée. Bloomington: Indiana University Press, 1976, p. 177; Tsenay Serequeberhan, *The*

Hermeneutics of African Philosophy: Horizon and Discourse. Nova York: Routledge, 1994, pp. 31-53 (Serequeberhan desconstrói a africanidade ou o "particularismo essencialista"); Kwame Anthony Appiah, *In My Father's House: Africa in the Philosophy of Culture.* Nova York: Oxford University Press, 1992. [Ed. bras.: *Na casa de meu pai: a África na filosofia da cultura.* Trad. de Vera Ribeiro. Rio de Janeiro: Contraponto, 1997.]; e Denise-Constant Martin, "Out of Africa!: Should We Be Done with Africanism?". In: V. Y. Mudimbe (Org.), *The Surreptitious Speech: Presence Africaine and the Politics of Otherness, 1947-1987.* Chicago: University of Chicago Press, 1992.

101. Tsenay Serequeberhan, op. cit., p. 46.

102. Embora, tradicionalmente, a avaliação dessas práticas tenha sido realizada sob a rubrica de "África", tentei suspender e deslocar a questão da África pelos seguintes motivos: a prática da conquista, do cativeiro, do deslocamento e do "tempero" (transculturação) torna impossível a recuperação das origens; a própria identificação de práticas "africanas" está atolada em um discurso africanista redutor e racista que reproduz a África como "a-histórica" e temporalmente alterada; investir os relatos de testemunhas oculares dessas práticas com a autoridade da evidência histórica reproduz o domínio do olhar branco e dá crédito a relatos desinformados e frequentemente racistas; e, nesses relatos, a África passa a representar os conhecimentos limitados dos brancos e seu fracasso em fazer uma avaliação significativa ou informada dessas práticas. Além disso, o próprio repertório invocado para designar a África inclui uma gama genérica de características como o sapateado, pergunta e resposta, o movimento pélvico etc. Isso é equivalente a descrever o balé em termos de queixos salientes, dedos dos pés estirados e torsos rígidos. Que conhecimento uma tal variedade de descrições oferece em termos de compreensão dessas práticas?

103. A expressão "submissão à consanguinidade" é emprestada de Rey Chow, *Writing Diaspora: Tactics of Intervention in Contemporary Cultural Studies.* Bloomington: Indiana University Press, 1993, p. 24.

104. Édouard Glissant, op. cit., p. 62.

105. Glissant discute essa genealogia não continuísta ou subterrânea em termos de "raízes submarinas: que flutua livremente e não está fixa em uma posição em algum ponto primordial, mas se estende em todas as direções no nosso mundo através de sua rede de ramificações". Ibid., pp. 62-7.

106. Ver Pierre Nora, "Between Memory and History: Les Lieux de Mémoire". Trad. de Marc Roudebush. *Representations*, n. 26, primavera 1989, pp. 7-25. [Ed. bras.: "Entre memória e história: a problemática dos lugares". *Projeto História: Revista do Programa de Estudos Pós-Graduados de História*, v. 10, 1993, p. 7-28.] A distinção que Nora faz entre memória e história depende de uma noção evolucionária e antropológica de progresso e desenvolvimento histórico. Depende de distinções entre tradição e modernidade. A memória existe em um ambiente protocampesino e é uma pré-história ou uma ordem primitiva de relato do passado. É uma espécie de etno-história. Para uma releitura interessante de Nora, ver Clark, "Katherine Dunham and the Memory of Difference", op. cit.

107. A noção de "história subterrânea" é informada pela noção de Foucault de conhecimentos reprimidos e subjugados e pela noção de Glissant de raízes submarinas da diáspora africana.

108. De acordo com Cornell, "a recordação de si é sempre um ato que imagina, através da lembrança das suas próprias reivindicações de identidade, aquilo que nunca pode ser totalmente recordado, mas apenas eternamente reimaginado e recontado". Drucilla Cornel, *Transformations*, op. cit., p. 42.

109. James A. Snead, "Repetition as a Figure in Black Culture". In: Russell Ferguson, Martha Gever, Trinh T. Minh-ha e Cornel West (Orgs.), *Out There: Marginalization and Contemporary Cultures*. Nova York: The New Museum of Contemporary Art/MIT Press, 1990, p. 221. Outro aspecto da repetição, ainda que não considerada como reparação, é a circulação e mercantilização da *juba* no palco dos menestréis. É ironicamente apropriado que a *juba* tenha sido memorializada por um artista negro, William "Juba" Lane, no palco dos menestréis, confundindo absolutamente, assim, a imitação e a autenticidade, e realçando as linhas perversas de descendência que caracterizam as formas/transculturações diaspóricas. Lane era famoso por suas interpretações da "autêntica dança negra" e do *clogging*. Foi-lhe atribuída a responsabilidade pela integridade das danças do espetáculo dos menestréis como uma "forma de arte negra". Que melhor ilustração da cumplicidade entre o autêntico e o falsificado? Certamente, os particularismos essencialistas do verdadeiro negro estão ligados à normatividade tácita da branquitude, marcada, nesse caso, pelo olhar classificador que mede os graus tanto de negritude como de autenticidade. No palco dos menestréis, a autenticidade da *juba* é avaliada em termos da capacidade de simular o negro. Esse jogo de autenticidade e imitação transgride as fronteiras raciais apenas para reinscrevê-las.

110. Édouard Glissant, op. cit., p. 80; e Patricia J. Williams, op. cit., p. 217.

111. Michel Foucault, "Nietzsche, Genealogy, History". In: Donald F. Bouchard (Org.), *Language, Counter-Memory and Practice*. Trad. de Donald F. Bouchard e Sherry Simon. Ithaca: Cornell University Press, 1977, p. 147.

112. Marshall e Jean Stearns descreveram a *juba* da seguinte forma: "É dançada pela roda circundante de homens, antes e depois de cada performance dos dois homens no centro. Tanto as palavras quanto o passo são em forma de pergunta e resposta, e as palavras devem soar de modo tão rítmico quanto o solo de um percussionista. Os dois homens no centro começam a performance com o passo da *juba*, enquanto os homens ao redor batem palmas, e então mudam para o novo passo que tenha sido nomeado na pergunta, logo antes de soar a resposta 'Juba! Juba!' e de todo o círculo começar a se mover novamente. O resultado é uma dança de grupo contínua e completamente coreografada, combinando o padrão de pergunta e resposta, a dança em roda (geralmente em sentido anti-horário), os pés arrastados, a improvisação e os ritmos entre chamar e bater palmas". Marshall Stearns e Jean Stearns, op. cit., p. 29.

Katherine Dunham descreveu a *juba* como uma dança folclórica da plantation que combinava elementos da *square dance* inglesa e da *quadrille* francesa. Dunham argumentou que o processo de escravização e aculturação resultou na transvaloração das formas africanas — seu significado e valor mudaram, mesmo quando se mantiveram semelhanças notáveis: "A desintegração da ideologia religiosa africana sob o impacto das influências europeias levou à incorporação das formas da sua dança na dança secular". Muitas danças africanas reapareceram na figura de formas seculares e incorporaram também formas populares europeias estadunidenses. A transformação e o aparecimento das formas de dança afro-americanas são uma crônica da história da conquista, da escravização, da colonização e da aculturação. As transições definitivas das formas africanas nas Américas são as seguintes: "1. O uso de padrões rituais africanos para a expressão da ideologia cristã; 2. A degeneração dos padrões rituais religiosos, em virtude da desintegração da ideologia que os sustenta, para um uso secular; e 3. A combinação de padrões seculares africanos com os padrões seculares de qualquer nação europeia que dominasse o território". A reagregação e a transformação desses padrões dificultam a localização de suas origens, que é praticamente impossível em alguns casos. Dunham argumenta que, em virtude das modificações, as tradições africanas existentes nos Estados Unidos "têm uma relação funcional sólida com uma cultura contemporânea, e não com uma cultura em declínio; portanto, essas tradições que foram mantidas têm a garantia de sobrevivência enquanto sobreviver o grande e forte corpo cultural de que fazem parte". A autora traça a transformação da *juba* desde a *majumba*, uma dança folclórica das plantations, até à *Big Apple*, uma dança dos anos 1930 popular na cidade de Nova York. "The Negro Dance". In: Sterling A. Brown, Arthur P. Davis, e Ulysses Lee (Orgs.), *The Negro Caravan*. Salem: Ayer, 1991, p. 998.

Muitos críticos argumentaram que a *juba* tinha padrões africanos típicos: o movimento de "descer" com os pés firmemente plantados no chão, agachamentos, pisadas, a combinação polimétrica de batidas de pés, de palmas e batuques, a animação vital das partes do corpo, a utilização de partes do corpo como instrumentos independentes com força percussiva, efeitos rítmicos sincopados, dança com os pés e pergunta e resposta. Ver Robert Farris Thompson, *African Art in Motion*. Berkeley: University of California Press, 1974. As canções são dançadas com o corpo, os elementos rítmicos são realçados e a pergunta e resposta e a repetição estruturam a dança, orientando a performance coletiva. Dentro desse quadro de "africanidade", a *juba* tem muito em comum com a dança africana. O que essas designações produzem? Seria possível tentar destilar uma visão europeia do mundo a partir de elementos reduzidos de forma semelhante? Não segui uma linha de argumentação que se concentrasse em questões de africanidade ou de existência africana por causa da codificação redutora, e muitas vezes grosseira, das coisas africanas, do ritmo, dos movimentos das partes inferiores do corpo, das mãos nos quadris etc. Mais importante, as condições e os termos desse conhecimento da África e os contornos de um discurso africanista inevitavelmente integraram um esforço colonizador e o conhecimento baseado em relatos e descrições de missionários, depoimentos de viajantes etc. Não só o conhecimento está a serviço do racismo, mas, antes, o que o conhecimento revela são os contornos da Europa na África e a autoconsolidação da Europa através da produção da África.

113. Essas classificações fáceis, que dependem de pressupostos raciais essencialistas, abandonam a análise cultural em favor da explicação da cultura como uma expressão da identidade racial. É possível compreender essas tentativas de fixar linhas claras de descendência ou pontos de origem como a negação da miscigenação da cultura popular nos Estados Unidos. Como afirma Brenda Dixon, "embora a dança negra permaneça indefinida, os dançarinos negros são definidos e delimitados pelo consenso branco de que a dança negra e os dançarinos negros são sinônimos". Em segundo lugar, ela argumenta que o fato de a dança negra ter se tornado um meio de expressão geral na esfera pública torna a classificação ainda mais difícil. A cultura estadunidense foi tão moldada pela africana que é simplesmente uma conveniência analítica ou uma ilusão agir como se a cultura dominante fosse externa à dominada, ou vice-versa. Qualquer avaliação da dança negra deve levar em conta as culturas negras africanas e do Novo Mundo e as formas europeias. "Black Dance and Dancers and the White Public:

A Prolegomenon to Problems of Definition". *Black American Literature Forum*, v. 24, n. 1, primavera 1990, pp. 119-20.

114. Robinson traça a etimologia da *juba* ao Bantu *juba*, *diuba* ou *guiba*, que significa "dar palmadas, bater ou contar o tempo, o sol, a hora". Beverly J. Robinson, op. cit., p. 225.

115. A repetição caracteriza também a forma musical e poética desse conjunto de canções e danças, de padrões de pergunta e resposta e de reiteração de frases curtas. A repetição é também um elemento funcional que "ajuda a dançar sem cansaço". John Storm Roberts, *Black Music of Two Worlds*. Tivoli: Original Music, 1972, p. 184.

116. Toni Morrison, *Beloved*, op. cit.

117. Uma estimativa conservadora do número de africanos transportados para as Américas é de cerca de 15 milhões. No entanto, esse número não leva em conta a taxa de mortalidade durante a Passagem do Meio, que era em média de 15 a 20%, nem as numerosas mortes resultantes da captura e do embarque. Além disso, se considerarmos o papel da guerra como o meio principal de aquisição de cativos, o número de mortos aumenta consideravelmente. Assim, as perdas do tráfico de escravos excedem em muito até a estimativa conservadora de 12 milhões de africanos. Ver Philip D. Curtin, *The Atlantic Slave Trade: A Census*. Madison: University of Wisconsin Press, 1969; Joseph E. Inikori e Stanley L. Engerman (Orgs.), *The Atlantic Slave Trade: Effects on Economies, Societies, and Peoples in Africa, the Americas, and Europe*. Durham: Duke University Press, 1992; Joseph E. Inikori, "The Slave Trade and the Atlantic Economies". In: Unesco, *The African Slave Trade from the Fifteenth to the Nineteenth Century*. Paris: Unesco, 1979; Patrick Manning, *Slavery and African Life: Occidental, Oriental, and African Slave Trades*. Nova York: Cambridge University Press, 1991; e Walter Rodney, *How Europe Underdeveloped Africa*. Washington: Howard University Press, 1982.

118. Victor Turner, *Dramas, Fields, and Metaphors: Symbolic Action in Human Society*. Ithaca: Cornell University Press, 1974, p. 41. [Ed. bras.: *Dramas, campos e metáforas: ação simbólica na sociedade humana*. Trad. de Fabiano Morais. Niterói: Editora da Universidade Federal Fluminense, 2008, p. 36.]

119. Ibid.

120. Ibid.

121. Anna Lee em George P. Rawick (Org.), *The American Slave*, op. cit., supl. 2, v. 6, pt. 5, p. 2281.

122. Fredric Jameson escreve que "o prazer é, finalmente, o consentimento da vida ao corpo, a reconciliação — por mais momentânea que seja — com a necessidade da existência física em um mundo físico". Isso está de acordo com os critérios de Jameson, segundo os quais, para que o prazer seja político, "deve sempre de uma forma ou de outra ser capaz de se sustentar como uma figura para a transformação das relações sociais como um todo". Esse argumento depende de uma noção de totalidade social com a qual não concordo. Além disso, não leva em conta o uso instrumental do prazer justamente na proibição de tais transformações. "Pleasure: A Political Issue", em *The Ideologies of Theory*, v. 2. Minneapolis: University of Minnesota Press, 1989, p. 74.

123. Celeste Avery em George P. Rawick (Org.), *The American Slave*, op. cit., v. 12, pt. 1, p. 23.

124. Charles Anderson, "Ohio Narratives". In: ibid., v. 16, pt. 4, p. 3.

125. Victor Turner, *The Ritual Process: Structure and Anti-Structure*. Ithaca: Cornell University Press, 1969, p. 95. [Ed. bras.: *O processo ritual: estrutura e antiestrutura*. Trad. de Nancy Campi de Castro. Petrópolis: Vozes, 1974, p. 118. Tradução modificada.]

126. *The breakdown* era também o nome de uma dança popular das plantations, que foi descrita variavelmente como uma dança afim à *juba* e a outras danças de desafio, caracterizada por movimentos bruscos de pulo que serviram de base para danças posteriores. Ver Lynne Fauley Emery, *Black Dance from 1619 to Today*. 2. ed. rev. Princeton: Dance Horizons, 1988; e Katrina Hazzard-Gordon, *Jookin': The Rise of Social Dance Formations in African American Culture*. Filadélfia: Temple University Press, 1990.

A SEDUÇÃO E AS ARTIMANHAS DO PODER [PP. 179-237]

1. *Cato (a Slave) vs. State*, 9 Fl. 166, 182 (1860); Francis Wharton, *A Treatise on the Criminal Law of the United States*. Filadélfia, 1857, pp. 1123-61; e John Prentiss Bishop, *Commentaries on the Law of Statutory Crimes*, pp. 478-96.

2. *State of Missouri vs. Celia*, a Slave, arq. 4496, Callaway County Court, out. 1855, Callaway County Courthouse, Fulton, Missouri. Todas as citações do caso são do registro do processo; entretanto, *Celia, a Slave* (Nova York: Avon, 1991), de Melton McClaurin, chamou minha atenção para o processo.

3. O direito escravista engloba tanto os estatutos escravistas do Sul quanto os precedentes estabelecidos na jurisprudência. Não pretendo sugerir que este seja um corpo unificado de material ou que não haja diferenças, inconsistências e contradições entre as jurisdições. No entanto, estou preocupada com os traços exemplares e característicos do direito escravista, na medida em que afetam a construção da subjetividade negra, a violência sexual e outras categorias de dano.

4. De acordo com a definição de estupro do direito consuetudinário, a mulher estuprada deve, de fato, provar que foi estuprada, apresentando evidência de "resistência justificável".

5. Thomas Jefferson, *Notes on the State of Virginia* (1787). Reimp. Nova York: W. W. Norton, 1982, p. 162.

6. O papel da sedução nos processos de estupro foi examinado previamente em termos de "não significa sim" em Susan Estrich, "Rape". *Yale Law Journal*, v. 95, n. 6, 1986, pp. 1087-184; e Catherine A. MacKinnon, "Feminism, Marxism, Method, and the State: Toward Feminist Jurisprudence". *Signs: Journal of Women in Culture and Society*, v. 8, n. 4, verão 1983, pp. 635-58. Minha ênfase é diferente aqui. Não se trata simplesmente de uma questão do "não" da mulher não ser levado a sério ou de desvendar o crime quando "parece sexo". O que está em jogo aqui é a recusa e o reconhecimento restrito da vontade ou submissão por causa da construção jurídica da subjetividade negra e da negação absoluta do crime. Além disso, ao explorar o estupro e a dominação sexual sob o quadro da sedução, corro o risco de ser acusada de confundir os dois ou de apagar a violência do estupro por meio desse enquadramento. Compartilho o desconforto justificável com a justaposição de estupro e sedução porque muda o foco da violência para a culpabilidade ou cumplicidade das mulheres. Entretanto, é exatamente isso que

está em questão nesta investigação — as formas pelas quais a cativa é responsabilizada por sua ruína e o corpo negro se torna o lócus originário de sua violação. Meu emprego do termo "discurso da sedução" não deve ser confundido com o crime de sedução no direito consuetudinário. Como crime, a sedução envolve "desviar uma mulher solteira do 'caminho da virtude' por meio de tentação, trapaça, lisonja e falsas promessas de casamento".

7. John Forrester, *The Seductions of Psychoanalysis*. Cambridge: Cambridge University Press, 1990, p. 86.

8. Essa presunção do consentimento também está criticamente relacionada à patologização do corpo negro como um lugar de excesso sexual, entorpecimento e indolência. Ver Winthrop D. Jordan, *White Over Black: American Attitudes Toward the Negro, 1550-1812* (1968). Reimp. Nova York: W. W. Norton, 1977.

9. Estou trabalhando com as definições jurídicas de estupro para demonstrar que a violação sexual de mulheres escravizadas não era englobada pelo direito. Não apenas elas não eram protegidas pelo direito consuetudinário ou pelo estatuto escravista, como também o caráter extremo da violência socialmente tolerável lança em crise noções de força e vontade. Assim, a violência e a dominação a que são comumente sujeitas estão fora dos constituintes legais do estupro como uma consequência do caráter puro e extremo da violência que é a norma no caso delas. Ver Sue Bessmer, *The Laws of Rape*. Nova York: Praeger Special Studies, 1976; Susan M. Edwards, *Female Sexuality and the Law*. Oxford: Oxford University Press, 1981; Zillah R. Eisenstein, *The Female Body and the Law*. Berkeley: University of California Press, 1988, pp. 42-116; Susan Estrich, *Real Rape*. Cambridge: Harvard University Press, 1987; Frances Ferguson, "Rape and the Rise of the Novel". *Representations*, n. 20, outono 1987, pp. 88-112; e Carol Smart, *Feminism and the Power of Law*. Londres: Routledge, 1989, pp. 26-49.

10. Sobre a Suprema Corte de Louisiana no período pré-guerra, ver Judith K. Schafer, "Sexual Cruelty to Slaves". *Chicago-Kent Law Review*, v. 68, n. 3, 1993, pp. 1313-42; e *Slavery, the Civil Law, and the Supreme Court of Louisiana*. Baton Rouge: Louisiana State University Press, 1996. *Humphreys vs. Utz* é um dos casos que ela desenterrou.

11. Crime não é empregado aqui de acordo com o uso jurídico tradicional, mas como uma forma de desafiar e interrogar a lógica da propriedade, o uso de pessoas como bens móveis e as contradições do direito escravista. Para uma discussão sobre crime de Estado, ver Gregg Barak (Org.), *Crimes by the Capitalist State: An Introduction to State Criminality*. Nova York: State University of New York Press, 1991; Alexander George (Org.), *Western State Terrorism*. Nova York: Routledge, 1991; e Robert Cover, "Violence and the Word". *Yale Law Journal*, v. 95, n. 8, jul. 1986, pp. 1601-30.

12. Mark Tushnet observa que "pareceres decisórios em processos de escravos apoiavam fortemente a equação direito escravista/direito negro, pois a oposição retórica entre escravos e homens brancos, e não entre escravos e homens livres, provou ser quase impossível de ser sustentada". *The American Law of Slavery, 1810--1860: Considerations of Humanity and Interest*. Princeton: Princeton University Press, 1981, p. 140.

13. *State vs. Tackett*, 8 N.C. (1 Hawks) 218 (dez. 1820).

14. Havia sanções criminais contra homicídios e agressões violentas aos escravos. No entanto, a violência extrema e torturante era legitimada se exercida com o intuito de

assegurar a submissão. Ver *Ex parte Boylston*, 33 S.C.L. 20, 2 Strob. 41 (1845); *State vs. Mann*, 13 N.C. (2 Dev.) 263 (1829); e *Oliver vs. State*, 39 Miss. 526 (1860). Além disso, a discriminação processual que proibia os negros de testemunharem contra os brancos tornava esses estatutos ineficazes, se não insignificantes. Processos em que proprietários eram processados por assassinato e lesão corporal envolviam uma violência tão extrema que as "enormidades" eram "repugnantes em demasia para ser particularmente designadas". Ver *State vs. Hoover*, 20 N.C. 396, 4 Dev. & Bat. 504 (1839). Sobre os "usos legítimos" da propriedade escrava no que diz respeito ao abuso sexual e à dominação, ver William Goodell, *The American Slave Code* (1853). Reimp. Nova York: Johnson, 1968, p. 86; e Andrew Fede, *People Without Rights: An Interpretation of the Fundamental Laws of Slavery*. Nova York: Garland, 1992.

15. Eu uso o termo "sexualidade" com cautela, à luz da advertência de Hortense Spillers de que é "duvidosamente apropriado" como um termo de "relacionamento e desejo implícito no contexto da escravidão". Ver "Mama's Baby, Papa's Maybe: An American Grammar Book". *Diacritics*, v. 17, n. 2, verão 1987, pp. 64-81. [Ed. bras.: "Bebê da mamãe, talvez do papai: uma gramática estadunidense". Trad. de Kênia Freitas e Allan K. Pereira. In: Clara Barzaghi, Stella Z. Paterniani e André Arias (Orgs.), *Pensamento negro radical: antologia de ensaios*. São Paulo: crocodilo; n-1 edições, 2021, pp. 29-66.]

16. Michel Foucault, "The Deployment of Sexuality". In: *The History of Sexuality*. Trad. de Robert Hurley. Nova York: Vintage, 1980, pp. 75-132. [Ed. bras.: "O dispositivo de sexualidade". In: *História da sexualidade, v. 1: a vontade de saber*. Trad. de Maria Thereza da Costa Albuquerque e J. A. Guilhon Albuquerque. 11. ed. São Paulo: Paz & Terra, 2020.]

17. Edmund Morgan, *American Slavery, American Freedom*. Nova York: W. W. Norton, 1979. Como Margaret Burnham observou, "em contraste com o direito consuetudinário, todos os estados escravistas adotaram a regra civil *partus sequitur ventrem* — a prole e os descendentes dos escravos seguem o status da mãe". "An Impossible Marriage: Slave Law and Family Law". *Law and Inequality*, v. 5, n. 2, 1987, p. 215. Ver também Karen Getman, "Sexual Control in the Slaveholding South: The Implementation and Maintenance of a Racial Caste System". *Harvard Women's Law Journal*, v. 7, 1984, pp. 115-52.

18. *Alfred vs. State*, 37 Miss. 296 (Out. 1859).

19. Ibid. A defesa recorreu da decisão com base na seleção de jurados, na competência de um jurado parcial, na confissão de Alfred, no adultério como defesa para o homicídio e na exclusão da confissão de Charlotte. O tribunal superior manteve a decisão da primeira instância.

20. Os mecanismos de controle sexual podem ser compreendidos como uma espécie de biopolítica soberana — um poder absoluto com o direito de tirar a vida e controlar e administrar as formas de vida. A modalidade de poder que operava sobre os escravizados combinava características dos poderes moderno e pré-moderno. Era uma combinação da "ameaça à vida" que caracteriza o poder soberano, bem como a gestão da vida no caso da população escravizada. Ver Michel Foucault, "Right of Death and Power Over Life". In: Michel Foucault, *The History of Sexuality*, op. cit., pp. 133-59. [Ed. bras.: "Direito de morte e poder sobre a vida". In: Michel Foucault, *História da sexualidade*, op. cit.]

21. Em *State vs. Samuel*, 19 N.C. (2 Dev. & Bat.) 177 (1836), Samuel foi condenado por assassinar o amante de sua esposa. Ao recorrer da condenação, seu advogado

argumentou que o testemunho da esposa de Samuel contra ele deveria ter sido barrado pelo privilégio conjugal. O tribunal considerou que, uma vez que "o privilégio se baseia na exigência legal de permanência conjugal, portanto não deve ser considerado aplicável quando não existe contrato para exigir tal permanência. [...] Portanto, um casamento de facto não excluirá, mas apenas um casamento de jure exclui uma das partes de depor a favor ou contra a outra".

22. Isso é consistente com a linguagem de proteção da lei. Esposas e filhas (brancas) são protegidas por meio da ficção jurídica da relação senhor/servo e são os veículos de direitos e propriedade do pai/marido. Ademais, Carby observa que, no discurso abolicionista e nas narrativas de escravizados, "a vítima [da violência sexual] aparecia não apenas imputada como uma figura de opressão, mas também ligada a uma ameaça ou à negação da masculinidade do homem escravo". Hazel V. Carby, *Reconstructing Womanhood: The Emergence of the Afro-American Woman Novelist*. Oxford: Oxford University Press, 1987, p. 35.

23. *Keith vs. State*, 45 Tenn. (5 Cold.) 35 (1867).

24. Hortense Spillers, op. cit., p. 67. [Ed. bras.: op. cit., p. 34.]

25. O estupro de mulheres negras é registrado na jurisprudência quase que exclusivamente em contextos nos quais elas, seus maridos ou amantes estavam sendo processados por crimes que de outra forma seriam reconhecidos como legítima defesa.

26. Uso os termos "feminino" [*female*] e "mulher" [*woman*] de forma intercambiável. No entanto, "feminino" não se refere ao suposto alicerce do gênero — o sexo —, mas à construção dominante da mulheridade negra na qual o sexo e a sexualidade foram postos em primeiro plano. O uso de "feminino" é uma tentativa de sublinhar a ideologia do natural e do bestial que definia seu status e seu uso no interior da economia sexual da escravidão.

27. Na época do julgamento de Celia, ela tinha dois filhos que provavelmente eram de Newsome e estava grávida de um terceiro, que nasceu morto. Melton A. McLaurin, *Celia, A Slave: A True Story*. Athens: University of Georgia Press, 1991. Reimp. Nova York: Avon Books, 1993.

28. A. Leon Higginbotham, "Race, Sex, Education, and Missouri Jurisprudence: Shelley v. Kraemer in a Historical Perspective". *Washington University Law Quarterly*, v. 67, 1989, p. 694.

29. Eu argumentei que a violência sexual é crucial para a construção e a experiência de gênero das mulheres negras, diferentemente de Elizabeth Fox-Genovese, que defende que a violação sexual de mulheres escravas demonstrava que elas eram de alguma forma destituídas de gênero ou dotadas de um gênero menor, uma vez que sua violação sexual desafiava as "convenções de gênero apropriadas" da classe dominante. Fox--Genovese falha em considerar que o gênero não é uma unidade preexistente, mas sobredeterminada por outras práticas e discursos sociais. *Within the Plantation Household: Black and White Women of the Old South*. Chapel Hill: University of North Carolina Press, 1988, p. 193: "Violações da norma [de gênero] lembravam dolorosamente as escravas que elas não desfrutavam do status pleno de seu gênero, que não podiam contar com a 'proteção' — por mais constrangedora e às vezes hipócrita — que cercava as mulheres brancas".

30. Ver Winthrop D. Jordan, op. cit.; e Thomas Jefferson, op. cit.

31. Em *Commonwealth vs. Turner*, 26 Va. 560, 5 Rand. 678 (1827), o tribunal manteve o direito do senhor a formas extremas de punição. O único juiz divergente argumentou que um escravo tinha direito à proteção como pessoa, "exceto na medida em que a aplicação disso entrasse em conflito com o gozo do escravo como coisa". William Goodell observou: "Outro uso da propriedade escrava é indicado nos anúncios de belas jovens mulatas à venda; e pelo fato de geralmente serem vendidas a preços mais altos do que os trabalhadores do sexo masculino mais hábeis ou dotados de quaisquer outras atribuições. [...] O concubinato forçado de mulheres escravas com seus senhores e capatazes constitui outra classe de fatos igualmente inegáveis. [...] Tais fatos, em suas intermináveis variedades, corroboram o precedente e ilustram os quase inumeráveis usos da propriedade escrava". William Goodell, op. cit., p. 86.

32. Embora eu esteja me concentrando nos corpos femininos, não devemos perder de vista o fato de que homens também eram objetos de violência sexual e (ab)uso. Não estou defendendo que o gênero feminino seja essencialmente definido pela violação, mas antes interrogando o estupro no interior das clausuras heterossexuais que tradicionalmente definiram o ato, o papel da violência na economia reprodutiva da casa-grande da plantation e a constituição da subjetividade negra, particularmente a construção do gênero feminino, no contexto do cálculo da personalidade pela lei segundo os graus de dano.

33. Como Slavoj Žižek escreve, a fantasia social "é uma contraparte necessária ao conceito de antagonismo, um cenário que preenche os vazios da estrutura social, mascarando seu antagonismo constitutivo pela plenitude do gozo". Ver "Beyond Discourse Analysis". In: Ernesto Laclau, *New Reflections on the Revolution in Our Time*. Londres: Verso, 1990, p. 254.

34. Mary Boykin Chesnut, *A Diary from Dixie* (1905). Org. de Ben Ames Williams. Reimp. Boston: Houghton Mifflin, 1949, p. 21.

35. Fanny Kemble, *Journal of a Residence on a Georgian Plantation in 1838-1839*. John A. Scott (Org.). Athens: University of Georgia Press, 1984, p. 270. Kemble, notando a inadequação dessa resposta, descreveu-a como tola e, em parte, uma reação cansada ao "estado inefável de degradação total".

36. Ibid., p. 270.

37. Pierre Bourdieu, *Outline of a Theory of Practice*, op. cit. [Ed. bras.: "Esboço de uma teoria da prática". In: Renato Ortiz (Org.), *Pierre Bourdieu: sociologia*, op. cit.]

38. Slavoj Žižek, *The Sublime Object of Ideology*. Londres: Verso, 1989, p. 126. [Ed. bras.: *Eles não sabem o que fazem: o sublime objeto da ideologia*. Trad. de Vera Ribeiro. Rio de Janeiro: Zahar, 1992.] No Norte, a branquitude e a liberdade também foram definidas em contraposição à escravização negra.

39. Jean Baudrillard, *Seduction*. Trad. de Brian Singer. Nova York: St. Martin's Press, 1990, p. 83. [Ed. bras.: *Da sedução*. Trad. de Tânia Pellegrini. Campinas: Papirus, 1992.]

40. Ibid.

41. George Fitzhugh, *Cannibals All! Or, Slaves Without Masters* (1857). Reimp. Cambridge: Belknap Press of Harvard University Press, 1971, pp. 204-5.

42. Ibid., p. 205.

43. Ibid., p. 204.

44. Carole Pateman, *The Sexual Contract*. Stanford: Stanford University Press, 1988, pp. 66-7. [Ed. bras.: *O contrato sexual*. Trad. de Marta Avancini. São Paulo: Paz e Terra, 1993, p. 101-3.]

45. Hegemonia engloba coerção e consentimento como opostos a formas diretas e simples de dominação que dependem unicamente da força e da coerção. Ver Antonio Gramsci, *The Prison Notebooks*, op. cit. [Ed. bras.: *Cadernos do cárcere*, op. cit.]

46. Eu defendo que a teoria do poder e a ética da submissão operantes no direito eram aspectos da cultura sentimental do século 19. Para uma discussão mais ampla da submissão como uma ética da cultura do século 19, ver Ann Douglas, *The Feminization of American Culture*. Nova York: Avon, 1977; e Jane Tompkins, *Sensational Designs: The Cultural Work of American Fiction, 1790-1860*. Nova York: Oxford University Press, 1985.

47. *State vs. Mann*, 13 N.C. (2 Dev.) 263 (dez. 1829).

48. Ibid., p. 267.

49. Ibid., p. 266.

50. Jane Tompkins, op. cit., p. 128.

51. *Commonwealth vs. Turner*, 26 Va. 561, 5 Rand. 680 (1827).

52. A contradição entre propriedade e pessoa é também gerada por "duas formas econômicas distintas [...] a forma da propriedade e o processo de trabalho", uma vez que o escravo era tanto uma "forma de propriedade (com um valor em circulação)" quanto um "produtor direto (como o produtor de valor em alguma atividade definida de trabalho)". Barry Hindess e Paul Q. Hirst, *Pre-Capitalist Modes of Production*. Londres: Routledge and Kegan Paul, 1975, p. 129.

53. Entretanto, a alforria ficou mais difícil durante esse período, e os códigos que regulamentavam as reuniões de escravos tornaram-se mais severos.

54. Em seu estudo sobre o direito escravista, Mark Tushnet argumenta que a "dupla invocação de humanidade e interesse", que o juiz Thomas Ruffin considerava essencial para aplacar a dura injunção da escravidão, foi responsável pelo fracasso do direito escravista em desenvolver um corpo jurídico estável. Tushnet observa que a dupla invocação reproduzia as contradições da sociedade escravista: a contradição entre capitalismo e escravidão e a contradição entre o escravo como pessoa e o escravo como propriedade. Infelizmente, Tushnet caracteriza com equívoco as relações escravistas como relações totais por envolverem "o senhor e o escravo em trocas que devem levar em conta toda a gama de crenças, sentimentos e interesses incorporados pelo outro", em vez das visões parciais das relações de mercado. Primeiro, se as relações escravistas e as relações de mercado são contraditórias, é uma questão bastante controversa. Certamente a escravidão existiu com bastante sucesso como um modo de produção não dominante no interior de uma formação social capitalista até a crise da década de 1850. Em segundo lugar, Tushnet não questiona a ideia de personalidade ou os limites do sujeito escravo constituído no direito. A sugestão de que o direito escravista era humano porque reconhecia certas características da personalidade escrava é um exagero perigoso. Mark Tushnet, op. cit., p. 57. Patricia J.

Williams, refutando Tushnet, caracteriza o direito escravista como provisório porque definia os negros como desprovidos de vontade e empregava "padrões parcializantes de humanidade" que "impunham uma inadequação geral". "Se a 'vontade pura' ou o controle total equivale à pessoa branca perfeita, então a vontade impura e a total falta de controle equivalem à pessoa negra perfeita. Portanto, definir o direito escravista como um sistema que compreende uma visão total da personalidade é o mesmo que aceitar implicitamente que comida, abrigo e roupa (novamente supondo as melhores circunstâncias) perfazem toda a exigência da humanidade." Também supõe que o cuidado psíquico era proporcionado pelos proprietários de escravos (como se uma psique possuída pudesse ser conciliada com a saúde mental) ou que a psique não é uma parte significativa de um ser humano completo. A concepção jurídica de uma pessoa escrava não leva em consideração uma série de sentimentos, crenças e interesses, mas busca singularmente "uma visão dos negros como 'actantes' econômicos simplórios e de corpo forte". *The Alchemy of Race and Rights*, op. cit., pp. 219-20.

55. Mark Tushnet defende que a dupla invocação do direito escravista demonstra a preocupação da lei com o escravo como uma "pessoa total" e o papel do sentimento no direito escravista: "A relação social fundamental da sociedade escravista é total, envolvendo as personalidades completas do proprietário de escravos e do escravo". Mark Tushnet, op. cit., p. 33.

56. Para uma análise da relação entre nação, corpo e cultura, ver Elaine Scarry, *The Body in Pain*. Nova York: Oxford University Press, 1985, pp. 108-9.

57. A carne mortificada se refere tanto ao "grau zero de conceitualização social" quanto à condição de morte social. Spillers escreve: "Antes do 'corpo' existe a 'carne', aquele grau zero de conceituação social que não escapa da dissimulação sob a escova do discurso [...]. Mesmo que as hegemonias europeias, em conjunto com o 'intermediário africano', roubassem corpos — alguns deles femininos — das comunidades da África Ocidental, consideramos essa irreparabilidade humana e social como crimes graves contra a carne, uma vez que a pessoa de mulheres africanas e homens africanos registrou as feridas". Hortense Spillers, op. cit., p. 67. [Ed. bras.: op. cit., p. 34]. Embora eu não diferencie o corpo e a carne como posições de sujeito liberto e cativo, afirmo que a negação do sujeito que resulta desse reconhecimento restrito reinscreve a condição de morte social. Ver Orlando Patterson, *Slavery and Social Death*, op. cit. [Ed. bras.: *Escravidão e morte social*, op. cit.]

58. Thomas Cobb, *Inquiry Into the Law of Negro Slavery*. Philadelphia, 1858, p. 84.

59. Jennifer Morgan, "Partus Sequitur Ventrem". *Small Axe*, v. 22, n. 1, mar. 2018, p. 1-17; Jennifer Morgan, *Laboring Women: Law, Race, Reproduction in Colonial Slavery*. Filadélfia: University of Pennsylvania Press, 2004; e Saidiya Hartman, "Belly of the World". *Souls: A Critical Journal of Black Studies*, v. 18, n. 1, jun. 2016, pp. 166-73.

60. Ver Andrew Fede, *People Without Rights*. Nova York: Garland, 1992; e A. Leon Higginbotham Jr., *In the Matter of Color: Race and the American Legal Process; The Colonial Period*. Nova York: Oxford University Press, 1978.

61. Thomas Cobb, op. cit., p. 90.

62. Ibid., p. 83

63. Ibid., p. 100.

64. Sobre a escravidão e o esgotamento administrado, ver Stephanie Smallwood, *Saltwater Slavery: A Middle Passage from Africa to American Diaspora*. Cambridge: Harvard University Press, 2007, p. 51.

65. *George (a Slave) vs. State*, 37 Miss. 317 (out. 1859).

66. É objeto de debate se essas proteções têm qualquer coisa a ver com questões de humanidade, ou se elas são da mesma ordem que as proteções concedidas aos animais domésticos.

67. Edmund S. Morgan, op. cit., pp. 316-37.

68. A Louisiana era o único estado que proibia a separação de uma mãe e de uma criança de menos de dez anos de idade. Porém, não era sob um estado de direito consuetudinário, mas sob a jurisdição de um código civil.

69. Ver Mary Frances Berry, "Judging Morality: Sexual Behavior and Legal Consequences in the Late Nineteenth-Century South". In: Donald G. Nieman (Org.), *Black Southerners and the Law, 1865-1900*. Nova York: Garland, 1994. De acordo com Berry, a sedução se tornou criminalizada nos anos 1840, e esses estatutos se difundiram pelos Estados Unidos no período após a Guerra Civil.

70. *Commonwealth vs. Jerry Mann*, 2 Va. Ca. 210 (jun. 1820).

71. *Grandison (a Slave) vs. State*, 21 Tenn. 2 Hum. 451 (dez. 1841).

72. Elsa Barkley Brown, "'What Has Happened Here?': The Politics of Difference in Women's History and Politics". In: Darlene Clark Hine, Wilma King e Linda Reed (Orgs.), *We Specialize in the Impossible: A Reader in Black Women's History*. Brooklyn: Carlson Publishing, 1995, p. 39.

73. Gayatri Chakravorty Spivak, "Feminism and Deconstruction". In: *Outside in the Teaching Machine*. Nova York: Routledge, 1993, p. 139.

74. Essa linha de argumentação é influenciada por "Fundamentos contingentes", de Judith Butler, em Judith Butler e Joan Scott (Orgs.), *Feminists Theorize the Political*. Nova York: Routledge, 1992, p. 16. [Ed. bras.: "Fundamentos contingentes: o feminismo e a questão do 'pós-modernismo'". *Cadernos Pagu*, n. 11, 1998, pp. 11-42.] Butler escreve: "Desconstruir o sujeito do feminismo não é, portanto, censurar sua utilização, mas, ao contrário, liberar o termo num futuro de múltiplas significações, emancipá-lo das ontologias maternais ou racialistas às quais esteve restrito e colocá-lo em jogo como um lugar onde significados não antecipados podem emergir". Ver também "African American Women's History and the Metalanguage of Race", de Evelyn Brooks Higginbotham, em Darlene Clark Hine, Wilma King e Linda Reed (Orgs.), op. cit. Higginbotham examina a sobredeterminação das tecnologias de raça, assim como aquelas de gênero e sexualidade.

75. *Andrews vs. Page*, 50 Tenn, 3 Heisk. 653 (fev. 1871).

76. Isso inclui a construção do estupro como um crime que leva à pena de morte quando cometido por homens negros e a castração de homens negros como medida preventiva contra esse "despudor sexual", assim como a ampliação do dano através da omissão do estupro como um crime que afetava a existência da mulher escravizada.

77. Catherine MacKinnon, op. cit., p. 650.

78. Harriet A. Jacobs, *Incidents in the Life of a Slave Girl, Written by Herself*, Jean Fagan Yellin (Org.), 1861. Reimp. Cambridge: Harvard University Press, 1987.

79. Carole Pateman, op. cit., pp. 116-88. [Ed. bras.: op. cit., pp. 175-278.]

80. Harriet A. Jacobs, 1987, op. cit., p. 55.

81. Para uma discussão muito instigante sobre essas questões, ver o artigo de Frances Ferguson, "Rape and the Rise of the Novel". *Representations*, n. 20, outono 1987, pp. 88-112.

82. Harriet A. Jacobs, op. cit., pp. 33, 58, 59, 77, 121, 138, 158, 160, 187, 198.

83. Como Marie Maclean observa, o ato de narração envolve "uma interação delicada de poder na qual o narrado se submete ao controle de um narrador, enquanto o narrador precisa maquinar para superar o poder do narrado". *Narrative as Performance: The Baudelairean Experiment*. Londres: Routledge, 1988, p. 17.

84. O caráter sedutor da narrativa, de acordo com Ross Chambers, é "o meio pelo qual esse texto é bem-sucedido em obter um público leitor e em inserir-se nos novos contextos interpretativos que atualizarão sua significância". O impacto de uma narrativa é determinado pelo "poder de sedução. [...] A reivindicação do poder sedutor é uma reivindicação de força perlocucionária. A sedução produz "autoridade onde não há poder, [e] é um meio de converter fraqueza (histórica) em força (discursiva)". Ross Chambers, *Story and Situation: Narrative Seduction and the Power of Fiction*, Theory and History of Literature, v. 12. Minneapolis: University of Minnesota Press, 1984.

85. Harriet A. Jacobs, op. cit., p. 54.

86. Ibid., p. 53.

87. Ross Chambers, op. cit.

88. Como argumenta Chambers, essa estratégia é narrativa porque "[se] conforma aos desejos [projetados] do outro, de modo a ocasionar seu próprio desejo de narrar". Nesse aspecto, a duplicidade da sedução é "constitutiva da situação narrativa como tal". Ibid., p. 218.

89. "A sedução como uma tática narrativa assume a forma do recrutamento dos desejos do outro no interesse de manter a autoridade narrativa, então é um ato ambíguo na medida em que introduz o conceito de 'ponto' de clivagem, conflito de motivos, uma vez que a história que se acomoda aos desejos do ouvinte também tem a função de satisfazer outros desejos no contador de histórias." Ibid., p. 215.

90. Harriet A. Jacobs, op. cit., p. 32.

91. Ibid., p. 51.

92. Elizabeth Keckley, *Behind the Scenes; or, Thirty Years a Slave, and Four Years in the White House* (1868). Reimp. Nova York: Oxford University Press, 1988, p. 39.

93. Harriet A. Jacobs, op. cit., p. 28.

94. Ibid.

95. Ver Michel Foucault, "What Is an Author?". In: Donald F. Bouchard (Org.), *Language, Counter-Memory and Practice*. Trad. de Donald F. Bouchard e Sherry Simon. Ithaca:

Cornell University Press, 1977, p. 127. [Ed. bras.: "O que é um autor?". In: Manoel Barros Motta (Org.), *Ditos & Escritos III — Estética: literatura e pintura, música e cinema*. Trad. de Inês Autran Dourado Barbosa. 2. ed. Rio de Janeiro: Forense Universitária, 2009, pp. 276-7.]; e Lynn A. Higgins e Brenda R. Silver (Orgs.), *Rape and Representation*. Nova York: Columbia University Press, 1991, p. 3.

96. Karen Sanchez-Eppler, "Bodily Bonds: The Intersecting Rhetorics of Feminism and Abolitionism". *Representations*, v. 24, outono 1988, p. 36.

97. Ver Sandra Lee Bartky, *Femininity and Domination: Studies in the Phenomenology of Oppression*. Nova York: Routledge, 1990; e Frantz Fanon, *Black Skin, White Masks*, op. cit. [Ed. bras.: *Pele negra, máscaras brancas*, op. cit.]

98. Como afirmado antes, a lei exigia a demonstração de "resistência extrema" para estabelecer o não consentimento. A necessidade de demonstrar resistência física extrema requer que o não consentimento da mulher seja provado, de modo a determinar se um crime ocorreu. O não consentimento é, em última instância, o que dá significado ao consentimento.

99. Foucault descreve o estado de dominação como aquele no qual "um indivíduo ou um grupo social chega a bloquear um campo de relações de poder, a torná-las imóveis e fixas e a impedir qualquer reversibilidade do movimento — por instrumentos que tanto podem ser econômicos quanto políticos ou militares". "The Ethic of Care for the Self as a Practice of Freedom". In: James Bernauer e David Rasmussen (Orgs.), *The Final Foucault*. Cambridge: MIT Press, 1994, p. 3. [Ed. bras.: "A ética do cuidado de si como prática da liberdade". In: Manoel Barros da Motta (Org.), *Ditos & Escritos V — Ética, Sexualidade, Política*. Trad. de Elisa Monteiro e Inês Autran Dourado Barbosa. 2. ed. Rio de Janeiro: Forense Universitária, 2006, p. 266.]

100. Na genealogia liberal da liberdade, o indivíduo possui a propriedade em si mesmo e é, essencialmente, "o proprietário de sua própria pessoa e capacidades". Ver C. B. Macpherson, *The Political Theory of Possessive Individualism: Hobbes to Locke*. Nova York: Oxford University Press, 1962, p. 263.

PARTE II — O SUJEITO DA LIBERDADE

O FARDO DO INDIVÍDUO LIVRE [PP. 241-55]

1. David Brion Davis, *The Problem of Slavery in Western Culture*. Nova York: Oxford University Press, 1966; *The Problem of Slavery in the Age of Revolution, 1770-1823*. Ithaca: Cornell University Press, 1975; Orlando Patterson, *Freedom in the Making of Western Culture*. Nova York: Basic Books, 1991; Robert Miles, *Capitalism and Unfree Labour: Anomaly or Necessity?* Londres: Tavistock, 1987; Eric Williams, *Capitalism and Slavery*. Londres: Andre Deutsch, 1964; Cedric J. Robinson, *Black Marxism: The Making of the Black Radical Tradition*. Londres: Zed, 1983; Thomas C. Holt, *The Problem of Freedom: Race, Labor and Politics in Jamaica and Britain, 1832-1938*. Baltimore: Johns Hopkins University Press, 1992; e Gerald David Jaynes, *Branches Without Roots: Genesis of the Black Working Class in the American South, 1862-1882*. Nova York: Oxford University Press, 1986.

2. Mark Tushnet (op. cit., p. 140) observa que, no direito, "as linhas traçadas com base na raça e aquelas traçadas com base na condição eram quase idênticas [e] o direito escravista poderia ter sido recaracterizado como lei negra [...] pois a oposição retórica entre escravos e homens brancos, não entre escravos e pessoas livres, provou-se quase impossível de resistir".

3. Karl Marx descreve ironicamente a esfera de circulação ou da troca da mercadoria como um "Éden dos direitos inatos do homem. É o reino exclusivo da Liberdade, da Igualdade, da Propriedade e de Bentham". A liberdade medida pelo consentimento da troca ou pela liberdade contratual revela o abismo entre a liberdade substancial e o liberto como "alguém que levou seu próprio couro para o mercado e agora não tem mais nada a esperar senão o curtimento. Simplificando, os libertos são livres para dispor de seu trabalho e não são limitados por outras posses". *Capital*, v. 1., op. cit., pp. 272-80.

4. De acordo com Foucault, "o direito deveria ser visto [...] não em termos de uma legitimidade a ser estabelecida, mas em termos da subjugação que instiga". "Two Lectures". In: Colin Gordon (Org.), op. cit., pp. 95-6.

5. Também a importância da decisão de *Dred Scott vs. Sanford* não pode ser minimizada. Ela sustentava que os negros não possuíam direitos que os brancos fossem obrigados a respeitar e que os negros nunca foram incluídos como cidadãos pelo "nós, o povo" da Constituição. Além disso, a Lei da Naturalização de 1790 havia restringido a cidadania aos brancos.

6. Ver W. E. B. Du Bois, *Black Reconstruction in America*. Nova York: Atheneum, 1935, pp. 670-710; Barbara J. Fields, "Ideology and Race in American History". In: J. Morgan Kaisser e James McPherson (Orgs.), *Region, Race, and Reconstruction: Essays in Honor of C. Vann Woodward*. Nova York: Oxford University Press, 1982; e Michael Kammen, *Mystic Chords of Memory: The Transformation of Tradition in American Culture*. Nova York: Vintage, 1993, pp. 101-31.

7. Herman Belz, *Emancipation and Equal Rights*. Nova York: W. W. Norton, 1978, pp. 108-40; e Jacobus ten Broek, *The Antislavery Origins of the Fourteenth Amendment*. Berkeley: University of California Press, 1951.

8. O liberalismo jurídico, bem como a teoria racial crítica, examinou questões de raça, racismo e igualdade concentrando-se na exclusão e marginalização dos sujeitos e corpos marcados como diferentes e/ou inferiores. A desvantagem dessa abordagem é que as soluções e correções propostas para o problema — inclusão, proteção e maior acesso a oportunidades —, em última análise, não desafiam a economia da produção racial ou suas reivindicações de verdade, nem interrogam as exclusões constitutivas da norma, mas em vez disso procuram obter igualdade, libertação e reparação dentro dos seus limites.

9. Devo essa questão a Irene Wei.

10. Karl Marx, *Capital*, v. 1, op. cit., p. 280.

11. Ann Norton, investigando o papel da propriedade no liberalismo estadunidense, argumenta que a propriedade se tornou "o signo e o substituto do corpo, o primeiro meio de representação. A propriedade representa o corpo [...]. A propriedade serviu, assim, para proteger a liberdade dos homens e expandir seu domínio, para proteger

seus corpos e ampliar seu prazer. Transformando-se no substituto legal e cultural para o eu, a propriedade também se tornou o meio para o self-made man: um meio para a materialização do poder, do gosto e da autoridade individuais". "Engendering Another American Identity". In: Frederic M. Dolan e Thomas L. Dumm (Orgs.), *Rhetorical Republic: Governing Representations in American Politics*. Amherst: University of Massachusetts, 1993.

12. Para relatos de tipos de violência a que os libertos foram sujeitos, ver Carl Schurz, *Report on the Condition of the South* (1865). Reimp. Nova York: Arno, 1969; e *U.S. Congress, Report of the Joint Committee on Reconstruction*. Washington: Government Printing Office, 1866.

13. Optei por usar o termo "acumulação" porque a escravidão não é uma relação de exploração no clássico sentido marxista, mas uma relação predicada no roubo, na dominação extrema e em formas de coerção extraeconômica.

14. Para uma crítica da desigualdade sancionada pelos direitos de propriedade, ver Jennifer Nedelsky, *Private Property and the Limits of American Constitutionalism*. Chicago: University of Chicago Press, 1990; e "Bounded Selves". In: Robert C. Post (Org.), *Law and the Order of Culture*. Berkeley: University of California Press, 1991.

15. Descrevo esse acoplamento como rejeitado porque a palavra "escravidão" não era mencionada em lugar nenhum na Constituição.

16. Ver Michel Foucault, "The Subject and Power". In: Hubert L. Dreyfus e Paul Rabinow (Orgs.), *Michel Foucault: Beyond Structuralism and Hermeneutics*. Chicago: University of Chicago Press, 1982; e Paul Smith, *Discerning the Subject*. Minneapolis: University of Minnesota Press, 1988, pp. 24-35. Para uma crítica das noções de autonomia, livre-arbítrio e independência, ver Seyla Benhabib, Judith Butler, Drucilla Cornell e Nancy Fraser (Orgs.), *Feminist Contentions*. Nova York: Routledge, 1995.

17. Étienne Balibar, "Racism as Universalism". In: *Masses, Classes, Ideas*. Trad. de James Swenson. Nova York: Routledge, 1994, pp. 191-204; David Theo Goldberg, *Racist Culture: Philosophy and the Politics of Meaning*. Cambridge: Blackwell, 1993; e Raymond Williams, *Keywords*, op. cit.

18. Devo essa linha de raciocínio aos participantes do seminário *Feminism and Discourses of Power* [Feminismo e discursos de poder], realizado em 1995 no Instituto de Pesquisa em Humanidades da Universidade da Califórnia, em Irvine.

19. Ver *Brown vs. Board of Education* sobre o dano do estigma: "Pois no próprio gesto com o qual [os direitos] traçam um círculo ao redor do indivíduo, no mesmo ato pelo qual concedem a individualidade soberana, os direitos devolvem ao indivíduo toda a responsabilidade por suas falhas, sua condição, sua pobreza, sua loucura — eles privatizam sua situação e mistificam os poderes que o constroem, posicionam e injuriam". *State of Injury*. Princeton: Princeton University, 1995, p. 128.

20. Helen E. Brown, *John Freeman and His Family*. Boston: American Tract Society, 1864, p. 30.

21. C. B. Macpherson, *The Political Theory of Possessive Individualism: Hobbes to Locke*. Nova York: Oxford University Press, 1962, pp. 263-4. Nessa visão, "a sociedade humana consiste em uma série de relações de mercado".

22. Sobre a liberdade como um valor racial, ver David Theo Goldberg, op. cit., pp. 36-40.

23. Discerníveis na própria estrutura da subjetividade são as limitações da liberdade. Traçando a filiação entre liberdade e restrição em relação à subjetividade, Étienne Balibar pergunta: "Por que é que o mesmo *nome* que permite à filosofia moderna pensar e designar a *liberdade originária* do ser humano — o nome sujeito — é precisamente o nome que *historicamente* significava supressão de liberdade, ou pelo menos uma limitação intrínseca da liberdade, isto é, *sujeição*?". "Subjection and Subjectivation". In: Joan Copjec (Org.), *Supposing the Subject*. Londres: Verso, 1994, p. 9. Ver também Raymond Williams, *Keywords*, op. cit.

MOLDANDO A OBRIGAÇÃO: A SERVIDÃO POR DÍVIDA E O LEGADO DA ESCRAVIDÃO [PP. 259-323]

1. Ver Bonnie Honig, "Nietzsche and the Recovery of Responsibility". In: *Political Theory and the Displacement of Politics*. Ithaca: Cornell University Press, 1993, pp. 42-75; William Connolly, "Liberalism and Difference". In: *Identity/Difference: Democratic Negotiations of Political Paradox*. Ithaca: Cornell University Press, 1991, pp. 64-94; e Friedrich Nietzsche, *On the Genealogy of Morality*. Org. de Keith Ansell-Pearson. Trad. de Carol Diethe. Cambridge: Cambridge University Press, 1994, p. 40.

2. William Conolly, op. cit., p. 80.

3. Essa frase é de Jacques Donzelot. Ver Giovanna Procacci, "Social Economy and the Government of Proverty". In: Graham Burchell, Collin Gordon e Peter Miller (Orgs.), *The Foucault Effect*. Chicago: University of Chicago Press, 1991, p. 157.

4. Friedrich Nietzsche, op. cit., pp. 44-50.

5. Jared Bell Waterbury, *Advice to a Young Christian*. Nova York: American Tract Society, 1843, p. 84. Ao longo do texto, Waterbury compara o cristão ao mercador.

6. W. E. B. Du Bois descreve o triunfo da reação nesse período como uma contrarrevolução. *Black Reconstruction in America*. Nova York: Atheneum, 1935.

7. Eric Foner, *Reconstruction: America's Unfinished Revolution, 1863-1877*. Nova York: Harper and Row, 1988; Willie Lee Rose, *Rehearsal for Reconstruction: The Port Royal Experiment*. Indianapolis: University of Indiana Press, 1964; e Leon F. Litwack, *Been in the Storm So Long: The Aftermath of Slavery*. Nova York: Vintage, 1979.

8. A gênese do trabalho livre durante a guerra nas Ilhas do Mar e no Tennessee foi objeto de grande escrutínio; corretores de algodão, fabricantes e industriais do Norte visitaram o Sul na esperança de chegar a uma resposta definitiva para essa questão. Em 1861, Edward Atkinson, secretário da Comissão Educacional, um grupo dedicado à "elevação industrial, social, intelectual, moral e religiosa de pessoas libertas da escravidão no decorrer da Guerra pela União", escreveu um panfleto chamado "Algodão barato pelo trabalho livre", em que argumenta que a emancipação aumentaria, e não diminuiria, o fornecimento dos fabricantes de algodão. Durante esse período, Atkinson era o tesoureiro e o agente de seis empresas produtoras de algodão em Boston. Ver Lee Rose, op. cit., pp. 35-7.

9. Gerald David Jaynes, *Branches Without Roots: Genesis of the Black Working Class in the American South, 1862-1882*. Nova York: Oxford University Press, 1986; Eric Foner,

op. cit.; Jonathan M. Wiener, *The Social Origins of the New South: Alabama, 1860-1885*. Baton Rouge: Louisiana State University Press, 1978, pp. 35-73; e W. E. B. Du Bois, *Black Reconstruction in America*, op. cit.

10. Ver Albert O. Hirschman, *The Passions and the Interests: Political Arguments for Capitalism Before Its Triumph*. Princeton: Princeton University Press, 1977, pp. 3-66.

11. Ver Thomas C. Holt, *The Problem of Freedom: Race, Labor, and Politics in Jamaica and Britain, 1832-1938*. Baltimore: Johns Hopkins University Press, 1992.

12. Sobre o significado da fuga, movimento e migração na cultura afro-americana, ver Farah Jasmine Griffin, "Who Set You Flowin'?": *The African-American Migration Narrative*. Nova York: Oxford University Press, 1995.

13. Isaac W. Brinckerhoff, *Advice to Freedmen*. Nova York: American Tract Society, 1864; Jared Bell Waterbury, op. cit.; Helen E. Brown, *John Freeman and His Family*. Boston: American Tract Society, 1864; e Clinton B. Fisk, *Plain Counsels for Freedmen*. Boston: American Tract Society, 1866. Lydia Maria Child também escreveu um manual para libertos, *The Freedmen's Book* (1865). Reimp. Nova York: Arno, 1968. Foi primeiro publicado pela Ticknor and Fields e era geralmente considerado incendiário demais para ser usado em muitas escolas do Sul porque a autora encorajava os libertos a abandonarem situações de trabalho em que não estivessem sendo respeitados e a abordarem de forma direta as devastações da escravidão.

14. Robert C. Morris, *Reading, 'Riting, and Reconstruction: The Education of Freedmen in the South, 1861-1870*. Chicago: University of Chicago Press, 1976, p. 188. A American Tract Society também publicou diversos soletradores e livros de leitura — a série Estados Unidos, amplamente utilizada nas escolas de libertos por todo o Sul.

15. Gerald David Jaynes, op. cit., p. 131.

16. Thomas C. Holt, op. cit., p. 304.

17. Jonathan M. Wiener, op. cit., p. 70.

18. Isaac W. Brinckerhoff, op. cit., p. 7.

19. Clinton B. Fisk, op. cit., p. 9.

20. Jared Bell Waterbury, op. cit., p. 37.

21. Gerald David Jaynes, op. cit., p. 312.

22. Ibid., pp. 313-4.

23. Para uma discussão brilhante sobre a ficção da dívida e sua produção da escravidão e da morte entre as pessoas do departamento de Putumayo, na Colômbia, ver Michael Taussig, "The Economy of Terror". In: *Shamanism, Colonialism and the Wild Man*. Chicago: University of Chicago Press, 1987, pp. 60-73. [Ed. bras.: "A economia do terror". In: *Xamanismo, colonialismo e o homem selvagem: um estudo sobre o terror e a cura*. Trad. de Carlos Eugênio Marcondes de Moura. Rio de Janeiro: Paz e Terra, 1993, pp. 74-85.]

24. Ver Michael Kammen, *Mystic Chords of Memory: The Transformation of Tradition in American Culture*. Nova York: W. W. Norton, 1978; e Walter Benn Michaels, "Anti-

-Imperial Americanism". In: Amy Kaplan e Donald E. Pease (Orgs.), *Culture of United States Imperialism*. Durham: Duke University Press, 1993, pp. 392-406.

25. Andy McAdams em George P. Rawick (Org.), *The American Slave: A Composite Autobiography*, op. cit., supl. 2, v. 7, pt. 6, p. 2455.

26. Ibid., supl. 2, v. 3, pt. 2, p. 877.

27. Como escreve Alessandro Pizzorno: "O indivíduo, na visão liberal, é assumido como uma unidade de ação durável, mantendo os mesmos critérios de julgamento, as mesmas preferências — ou pelo menos algumas metapreferências gerais — ao longo do tempo. Da mesma forma, o indivíduo arca com as consequências de suas ações passadas, pelas quais pode ser punido ou recompensado. Isso o torna um sujeito responsável de direitos e deveres". "Foucault and the Liberal View of the Individual". In: Timothy J. Armstrong (Org.), *Michel Foucault, Philosopher*. Nova York: Routledge, 1992, p. 126.

28. Wendy Brown, *States of Injury: Power and Freedom in Late Modernity*. Princeton: Princeton University Press, 1995, p. 126.

29. Isaac W. Brinckerhoff, op. cit., p. 4.

30. Helen E. Brown, op. cit., p. 14.

31. Isaac W. Brinckerhoff, op. cit.

32. Ver Marcel Mauss, *The Gift: Forms and Functions of Exchange in Archaic Societies*. Nova York: W. W. Norton, 1967, p. 41. [Ed. bras.: "Ensaio sobre a dádiva: forma e razão da troca nas sociedades arcaicas". In: *Sociologia e antropologia*. Trad. de Paulo Neves. São Paulo: Cosac Naify, 2003, p. 250.] A discussão sobre a dádiva da liberdade é um clássico exemplo do argumento de Mauss sobre a forma e a função da troca.

33. Helen E. Brown, op. cit., p. 42. Para uma discussão sobre trabalho e incorporação na cultura do século 19, ver Elaine Scarry, *The Body in Pain*. Nova York: Oxford University Press, 1985, pp. 243-77; Gillian Brown, *Domestic Individualism: Imagining Self in Nineteenth-Century America*. Berkeley: University of California Press, 1990, pp. 63-95; e Anne McClintock, *Imperial Leather: Race, Gender, and Sexuality in the Colonial Contest*. Nova York: Routledge, 1995, pp. 99-100, 108. [Ed. bras.: *Couro imperial: raça, gênero e sexualidade no embate colonial*. Trad. de Plinio Dentzien. Campinas: Editora da Unicamp, 2010, pp. 158-60, 169-70.]

34. Max Weber discute a relação entre o ideal ascético de trabalho fiel e o capitalismo. Ele observa que a pregação apaixonada do trabalho duro era tanto uma defesa contra a tentação quanto uma exibição do dever em uma vocação. *The Protestant Ethic and the Spirit of Capitalism*. 1958. Reimp. Unwin, 1976, pp. 165-83. [Ed. bras.: *A ética protestante e o "espírito" do capitalismo*. Trad. de José Marcos Mariani de Macedo. Org. de Antônio Flávio Pierucci. São Paulo: Companhia das Letras, 2004.]

35. Helen E. Brown, op. cit., p. 35.

36. Jared Bell Waterbury, op. cit., p. 17.

37. Ibid., p. 4.

38. McAdams em George P. Rawick (Org.), *The American Slave*, op. cit., supl. 2, v. 7, pt. 6, p. 2455.

39. Felix Haywood em ibid., v. 4, pt. 2, p. 134.

40. Ver Parker Pool em ibid., v. 15, pt. 2, pp. 190-1; e Patsy Micheneer em ibid., v. 15, pt. 2, pp. 121-3.

41. Clinton B. Fisk, op. cit., p. 9.

42. Joe Richardson argumenta que os negros se ressentiam das intrusões dos missionários brancos nas suas vidas e comenta sobre formas de diversão. A utilização dessas cartilhas no lugar do manual de Lydia Maria Child, que encorajava os libertos a abandonarem empregos nos quais não fossem bem remunerados, indica o uso instrumental desses textos. *Christian Reconstruction: The American Missionary Association and Southern Blacks, 1861-1890*. Athens: University of Georgia Press, 1986, pp. 237-55.

43. Silas Smith em George P. Rawick (Org.), *The American Slave*, op. cit., v. 3, pt. 4, p. 119.

44. Robert M. Cover, *Justice Accused: Antislavery and the Judicial Process*. New Haven: Yale University Press, 1975, pp. 8-41; David Montgomery, *Citizen Worker: The Experience of Workers in the United States with Democracy and the Free Market During the Nineteenth Century*. Nova York: Cambridge University Press, 1993, pp. 52-114; e William E. Forbath, "Free Labor Ideology in the Gilded Age". *Wisconsin Law Review*, 1985, pp. 767-817.

45. David Brion Davis, *The Problem of Slavery in the Age of Revolution, 1770-1823*. Ithaca: Cornell University Press, 1975, p. 456.

46. Peter Linebaugh, "All the Atlantic Mountains Shook". *Labour/Le Travailleur*, v. 10, outono 1982, pp. 87-121; e Peter Linebaugh e Marcus Rediker, "The Many-Headed Hydra: Sailors, Slaves, and the Atlantic Working Class in the Eighteenth Century". *Journal of Historical Sociology*, v. 3, n. 3, set. 1990, pp. 225-52.

47. David Brion Davis, op. cit.

48. Michael B. Katz, *In the Shadow of the Poorhouse: A Social History of Welfare in America*. Nova York: Basic Books, 1986, pp. 38-84.

49. Amy Dru Stanley, "Beggars Can't Be Choosers: Compulsion and Contract in Postbellum America". *Journal of American History*, v. 78, n. 4, mar. 1992, p. 1288. Ver também "Conjugal Bonds and Wage Labor: Rights of Contract in the Age of Emancipation". *Journal of American History*, v. 75, n. 2, set. 1988, pp. 471-500.

50. Sylvia Winter, "Beyond the Categories of the Master Conception: The Counterdoctrine of the Jamesian Poesis". In: *C. L. R. James's Caribbean*. Durham: Duke University Press, 1992.

51. Gerald David Jaynes, op. cit.; Eric Foner, op. cit.; e Roger L. Ransom e Richard Sutch, *One Kind of Freedom: The Economic Consequences of Emancipation*. Nova York: Cambridge University Press, 1977.

52. Davis também afirma que "os proprietários de escravos e os industriais compartilhavam um interesse crescente não só na vigilância e no controle, mas também na modificação do caráter e dos hábitos dos seus trabalhadores". David Brion Davis, *The Problem of Slavery in the Age of Revolution*, op. cit., pp. 458, 464.

53. O termo é de Jean-François Lyotard. Ver *The Postmodern Condition*. Trad. de Geoff Bennington e Brian Massumi. Minneapolis: University of Minnesota Press, 1979, pp. 11, 31-2, 35-6, 49, 60. [Ed. bras.: *A condição pós-moderna*. Trad. de Ricardo Corrêa Barbosa. 16. ed. Rio de Janeiro: José Olympio Editora, 2015.]

54. William Forbath discute as repercussões dessa visão para a política trabalhista na Era Dourada [N.T.: No original, *Gilded Age*, período de rápido crescimento econômico nos Estados Unidos, entre o final da década de 1870 e cerca de 1900] em William E. Forbath, op. cit., pp. 782-6.

55. Gerald David Jaynes, op. cit., pp. 300-16. Wiener também discute o arrendamento [*sharecropping*] como forma de servidão por contrato. Jonathan M. Wiener, op. cit., pp. 69-71.

56. "Oklahoma Narratives". In: George P. Rawick (Org.), *The American Slave*, op. cit., v. 7, p. 18.

57. Anna Lee em ibid., supl. 2, v. 5, pt. 4, p. 2288.

58. Édouard Glissant, *Caribbean Discourse*, op. cit., pp. 88-93.

59. George P. Rawick (Org.), *The American Slave*, op. cit., v. 8, pt. 2, p. 18.

60. Tom Holland em ibid., v. 4, pt. 2, p. 147.

61. Clinton B. Fisk, op. cit., p. 45.

62. Como Morton Horwitz e Clare Dalton apontam, no século 19 a teoria contratual da vontade era dominante. No início do século 20, a ênfase mudou para a "medida adequada da obrigação contratual", tal qual expressa formalmente. "An Essay in the Deconstruction of Contract Doctrine". In: Sanford Levinson e Steven Mailloux (Orgs.), *Interpreting Law and Literature: A Hermeneutic Reader*. Evanston: Northwestern University Press, 1988, pp. 292-3. De acordo com Horwitz, "sob a teoria do contrato, a base para a execução de um contrato era um 'encontro de mentes' ou convergência das vontades das partes contratantes". *Transformation of American Law, 1870-1960*. Nova York: Oxford University Press, 1992, v. 2, p. 35. A teoria da vontade expressava a ideologia da economia de mercado. Ver id., *Transformation of American Law, 1780-1860*, v. 1. Nova York: Oxford University Press, 1977, pp. 180-210.

63. Ver William Cohen, "Negro Involuntary Servitude in the South, 1865-1940: A Preliminary Analysis". In: Donald G. Nieman (Org.), *Black Southerners and the Law, 1865-1900*. Nova York: Garland, 1994, pp. 35-64; Leon F. Litwack, op. cit., pp. 336-86; e Gerald David Jaynes, op. cit.

64. Wendy Brown, op. cit., p. 156.

65. Jared Bell Waterbury, op. cit., pp. 4-5.

66. Id., 1865-1866, op. cit., p. 8.

67. Ibid., p. 27.

68. Ibid., p. 29.

69. Isaac W. Brinckerhoff, op. cit., pp. 15-6.

70. Jonathan M. Weiner, op. cit., pp. 68-9; Francis W. Loring e Charles F. Atkinson, *Cotton Culture and the South, Considered with Reference to Emigration*. Boston: A. Williams, 1869.

71. Amy Dru Stanley, op. cit.; e Thomas C. Holt, op. cit.

72. Helen E. Brown, op. cit., p. 37.

73. Ibid., p. 6.

74. Jared Bell Waterbury, op. cit., pp. 4-5.

75. Clinton B. Fisk, op. cit., p. 47.

76. Seção 4, 435 do Código Penal da Geórgia, 12 mar. 1866; Edward McPherson, *The Political History of the United States of America During the Period of Reconstruction*. Washington: Solomon and Chapman, 1875, p. 33.

77. Segundo Cohen, as leis da vadiagem neutras em termos de raça e os estatutos de aliciamento eram "destinados a manter o controle branco do sistema de trabalho, e as autoridades locais de aplicação da legislação as implementaram com isso em mente". Wiliam Cohen, op. cit., p. 34. Ver também Edward Ayers, *Vengeance and Justice: Crime and Punishment in the Nineteenth-Century American South*. Nova York: Oxford University Press, 1984, pp. 141-222; George Washington Cable, "The Convict Lease System in the Southern States". In: *The Silent South*. Nova York: Charles Scribner's Sons, 1885, pp. 113-80; David Montgomery, op. cit., pp. 83-7; Theodore Brantner Wilson, *The Black Codes of the South*. Tuscaloosa: University of Alabama Press, 1965; e J. Thorsten Sellin, *Slavery and the Penal System*. Nova York: Elsevier, 1976, pp. 133-76.

78. Apenas as leis de Geórgia, Texas e Virgínia sobreviveram intactas à Reconstrução; no entanto, os estatutos neutros em termos de raça obtiveram os mesmos resultados. William Cohen, op. cit., p. 47.

79. Ordem para revogar a Lei da Vadiagem da Virgínia. In: Edward McPherson, op. cit., p. 42.

80. Florida Black Codes em ibid., p. 39.

81. Essa era uma quantia considerável, visto que a faixa salarial estava entre 5 e 25 dólares por mês. Homens trabalhadores do campo de primeira classe não ganhavam mais do que 5 a 10 dólares por mês na Virgínia, na Carolina do Norte e no Tennessee; 8 a 12 dólares por mês na Carolina do Sul e na Geórgia; 10 a 18 dólares por mês no Mississípi, no Alabama, na Flórida e na Louisiana; 15 a 25 dólares por mês no Arkansas e no Texas (Leon F. Litwack, op. cit., p. 411.). Isso não leva em conta o custo de alojamento, vestuário, alimentação, despesas médicas, e assim por diante, ou a grande flutuação nos salários entre as plantations. De acordo com a Agência dos Libertos, na Geórgia eram oferecidos salários tão baixos quanto 2 dólares por mês. A agência geralmente tentava manter os salários entre 8 e 10 dólares por mês nos anos de 1865 e 1866. Ver Roger L. Ransom e Richard Sutch, op. cit., p. 60. Segundo Loring e Atkinson, os salários variavam de 5 a 15 dólares por mês. Francis W. Loring e Charles F. Atkinson, op. cit., p. 26-7.

82. Mitchell Dean, *The Constitution of Poverty*. Londres: Routledge, 1991, pp. 35-67.

83. Steve Hahn, "Hunting, Fishing, and Foraging: Common Rights and Class Relations in the Postbellum South". In: Donald G. Nieman, *African American Life in the Post-*

-*Emancipation South*, op. cit. E. P. Thompson discute o uso de medidas similares para efetuar o controle da classe trabalhadora inglesa em "Custom Law and Common Right". In: *Customs in Common: Studies in Traditional Popular Culture*. Nova York: New Press, 1993, pp. 97-184.

84. Edward Ayers, op. cit., p. 203.

85. Gilbert Thomas Stephenson, *Race Distinctions in American Law*. Nova York: D. Appleton, 1910, p. 52.

86. Lewis C. Chartock, *A History and Analysis of Labor Contracts Administered by the Bureau of Refugees, Freedmen, and Abandoned Lands in Edgefield, Abbeville and Anderson Counties in South Carolina, 1865-1868*. Bryn Mawr College, Graduate School of Social Work and Social Research, 1973, tese de doutorado, p. 188.

87. Contrato de Joseph Abbey com Andrew e Kitty, Edgefield, 1867. In: ibid., p. 143.

88. Ibid., p. 191.

89. Eu uso o termo "extrajudicial" em vez de "ilegal" porque essa violência comumente ficava impune e era considerada um direito consuetudinário.

90. Leon F. Litwack, op. cit., p. 278.

91. Também é importante ter em mente que o sistema de trabalho de condenados foi gerado por um conjunto combinado de interesses que incluía os industriais do Norte: "O sistema de arrendamento de condenados tornou-se uma espécie de sociedade de ajuda mútua para a nova geração de capitalistas e políticos dos regimes democráticos brancos do Novo Sul, e muitas vezes o mesmo homem desempenhava os papéis de empresário e de titular de cargo público". O sistema de trabalho de condenados foi crucial para forjar a nova economia industrial do Sul. Edward Ayers, op. cit., pp. 195, 222.

92. Ver Carl Schurz, *Report on the Condition of the South* (1865). Reimp. Nova York: Arno, 1969; U.S. Congress, *Report of the Joint Committee on Reconstruction*. Washington: Government Printing Office, 1860; Reverend Hamilton Pierson, *A Letter to Honorable Charles Sumner with Statements of Outrages in Georgia, an Account of My Expulsion from Andersonville, GA by the Ku Klux Klan*. Washington: Chronicle Print, 1870; e U.S. Congress, *Testimony Taken by the Joint Select Committee to Inquire into the Condition of Affairs in the Late Insurrectionary States*. Washington: Government Printing Office, 1872.

93. Clinton B. Fisk, op. cit., p. 11.

94. É comumente aceito que a eleição de Rutherford B. Hayes em 1876 foi um compromisso entre o Norte e o Sul que concedeu aos republicanos a presidência às custas da Reconstrução. Eric Foner, op. cit., pp. 575-85.

95. Clinton B. Fisk, op. cit., p. 12.

96. Ibid.

97. Ibid.

98. A maioria daqueles que deixaram a plantation acabava retornando por causa da falta de empregos e oportunidades em outros lugares. Jacqueline Jones, *Labor of Love*,

Labor of Sorrow: Black Women, Work, and the Family, from Slavery to the Present. Nova York: Basic Books, 1985, pp. 73-8; e Leon F. Litwack, op. cit., pp. 292-335.

99. Felix Haywood em ibid., v. 4, pt. 2, p. 134.

100. Sr. William Blackstone, *Commentaries on the Laws of England*, apud H. N. Hirsch, *A Theory of Liberty: The Constitution and Minorities*. Nova York: Routledge, 1992.

101. Clinton B. Fisk, op. cit., pp. 14-6.

102. Este também era o caso de *The Freedmen's Book*, a cartilha dos libertos de Lydia Maria Child, apesar da mensagem radical antiescravidão que impediu que fosse usada nas escolas de libertos pelo temor de que encorajasse a inimizade entre as raças.

103. Entretanto, a criação de si é definida quase exclusivamente como autorregulação.

104. Carl Schurz, op. cit., p. 21.

105. Clinton B. Fisk, op. cit., p. 18. Certamente, a invocação de Douglass, o representante máximo do self-made man negro, era bastante adequada aos propósitos de Fisk. Porém, para uma crítica à utilização dessa retórica de Douglass e seu masculinismo, ver Hazel V. Carby, *Reconstructing Womanhood: The Emergence of the Afro-American Woman Novelist*. Oxford: Oxford University Press, 1987; e Valerie Smith, *Self-Discovery and Authority in Afro-American Narrative*. Cambridge: Harvard University Press, 1987, pp. 33-4.

106. Helen E. Brown, op. cit., p. 11.

107. Helen E. Brown, op. cit., p. 45.

108. De acordo com Wendy Brown, "O sujeito é idealmente emancipado através da sua unção como uma pessoa abstrata, um ser humano formalmente livre e igual, sendo praticamente ressubordinado através dessa rejeição idealista dos constituintes materiais da personalidade, que restringem e contêm a nossa liberdade". Wendy Brown, op. cit., p. 106.

109. Essa fórmula seria desafiada apenas na virada do século por Anna Julia Cooper. Ela argumentava que o cultivo da feminilidade era essencial para a elevação racial: "Somente a mulher negra pode dizer 'quando e onde eu entrar, na dignidade tranquila e indiscutível da minha feminilidade, sem violência e sem processo ou patrocínio especial, então e acolá toda a raça negra entrará comigo'". *A Voice from the South* (1891). Reimp. Nova York: Oxford University Press, 1988, p. 31.

110. Mary Frances Berry, *Military Expediency and the Thirteenth Amendment*. Washington: Howard University, 1975; e Herman Belz, "Origins of Negro Suffrage during the Civil War". *Southern Studies*, v. 17, verão 1978, pp. 115-30.

111. Mary Francis Berry, op. cit., p. 5.

112. Nancy Fraser, op. cit., pp. 127-8.

113. Isaac W. Brinckerhoff, op. cit., p. 49.

114. Helen E. Brown, op. cit., p. 45.

115. Homi K. Bhabha, *The Location of Culture*. Nova York: Routledge, 1994, pp. 85-92. [Ed. bras.: *O local da cultura*. Trad. de Myriam Ávila, Eliana Lourenço de Lima Reis e Gláucia Renate Gonçalves. Belo Horizonte: Editora UFMG, 1998, pp. 129-38.]

116. Helen E. Brown, op. cit., p. 22.

117. Henry Banner em George P. Rawick (Org.), *The American Slave*, op. cit., v. 8, pt. 1, p. 105.

118. Helen E. Brown, op. cit., p. 21.

119. Ibid., p. 26.

120. No fim do século 19, a maior parte das restrições à cobertura do direito consuetudinário tinha desaparecido. Em sua maioria, essas mudanças beneficiaram as mulheres da classe média, uma vez que diziam respeito à herança de propriedades, ao estabelecimento de propriedades separadas etc. No entanto, as mulheres casadas continuaram a ter um controle limitado dos seus salários. Joan Hoff, *Law, Gender, and Injustice*. Nova York: New York University Press, 1991, pp. 87-8, 127-35. Segundo Jacqueline Jones, os maridos negros controlavam os acordos laborais e as mulheres negras recebiam compensações com base em seu gênero. Os homens eram responsabilizados pela quebra de contrato das suas esposas; os pais negros recebiam os salários dos filhos contratados e expressavam as queixas de suas famílias. Jacqueline Jones, op. cit., pp. 62-3.

121. Como observa Jacqueline Jones, a essa altura 97% das mulheres brancas da classe trabalhadora rural eram donas de casa em tempo integral, enquanto mais de 25% das mulheres negras trabalhavam fora. Esses números subestimam a porcentagem real de mulheres libertas que trabalhavam, por causa do apagamento do trabalho feminino no seio da família; essa negligência é particularmente exacerbada no cuidado da família meeira, que dependia do trabalho de todos os seus membros.

122. Isaac W. Brinckerhoff, op. cit., p. 46; e Clinton B. Fisk, op. cit., p. 40.

123. Denise Riley, "'The Social', 'Woman', and Sociological Feminism". In: *Am I That Name?: Feminism and the Category of "Women" in History*. Minneapolis: University of Minnesota Press, 1988, pp. 44-6; Claudia Tate, *Domestic Allegories of Political Desire: The Black Heroine's Text at the Turn of the Century*. Nova York: Oxford University Press, 1992; e Ann duCille, *The Coupling Convention: Sex, Text, and Tradition in Black Women's Fiction*. Nova York: Oxford University Press, 1993.

124. Sobre a importância da família negra como um lugar de sustento e resistência e a importância da domesticidade nas políticas de protesto da classe média negra, ver Herbert Gutman, *The Black Family in Slavery and Freedom, 1750-1925*, op. cit.; e Jacqueline Jones, op. cit., pp. 58-68.

125. *Orders Issued by the Freedmen's Bureau, 1865-66*, 39º Cong., 1ª ses., House of Representatives Executive Document n. 70.

126. Jacques Donzelot, *The Policing of Families*. Trad. de Robert Hurley. Nova York: Pantheon, 1979, p. 25; e Jeffrey Minson, *Genealogies of Morals: Nietzsche, Foucault, Donzelot and the Eccentricity of Ethics*. Nova York: St. Martin's Press, 1985.

127. Michael B. Katz, op. cit., pp. 66-84.

128. Isaac W. Brinckerhoff, op. cit., p. 33.

129. Sobre o controle das classes perigosas, ver Christopher G. Tiedeman, *A Treatise on the Limitation of Police Power in the United States, Considered from Both a Civil and Criminal Standpoint*. St. Louis: F. H. Thomas Law Bow Co., 1886, pp. 102-36.

130. Giovanna Procacci, op. cit., p. 165.

131. Gillian Brown, op. cit., p. 20.

132. Helen E. Brown, op. cit., pp. 31-2.

133. Ibid., pp. 81-3.

134. Ibid., p. 87.

135. Rev. S. Humphreys Gurteen, *Handbook of Charity Organization*. Buffalo: The Courier Company, 1882, pp. 174-86, apud Michael B. Katz, op. cit., p. 76.

136. Ibid.; Giovanna Procacci, op. cit., p. 165. Ver também Joseph-Marie de Gérando, *The Visitor of the Poor: Designed to Aid in the Formation and Working of Provident and Other Kindred Societies*. Londres: Simpkin and Marshall, 1833.

137. Jared Bell Waterbury, op. cit., p. 27.

138. Clare Dalton, "An Essay in the Deconstruction of Contract Doctrine". In: Sanford Levinson e Steven Mailloux (Orgs.), op. cit., pp. 291-4.

139. A promoção da domesticidade também ajudou na internalização dos valores de mercado, incentivando o aumento e a expansão do consumo e, assim, estimulando o desejo por salários em dinheiro. Ver cartas de Edward Philbrick, engenheiro e supervisor ferroviário que administrou uma plantation nas Ilhas do Mar e participou do ensaio para a Reconstrução em Elizabeth Ware Pearson (Org.), *Letters from Port Royal Written at the Time of the Civil War*. Boston: WB Clarke Company, 1906, pp. 219-21, 245, 276-7.

140. Jared Bell Waterbury, op. cit., p. 39.

141. Ibid., p. 42.

142. Ibid., p. 31.

143. O *American Heritage Dictionary* define "reivindicar" da seguinte forma: "defender, manter ou insistir no reconhecimento de (os direitos de alguém, por exemplo)".

144. Neil Gotanda usa o termo "raça-status" para se referir ao status inferior dos negros como um padrão legal. "A Critique of 'Our Constitution Is Color-Blind'". *Stanford Law Review*, v. 44, n. 1, nov. 1991, pp. 37-40.

145. Ibid., p. 38.

146. Jared Bell Waterbury, op. cit., p. 31.

147. Julia Kristeva, *Powers of Horror: An Essay on Abjection*. Trad. de Leon S. Roudiez. Nova York: Columbia University Press, 1982, p. 9; e Judith Butler, *Bodies That Matter*, op. cit., pp. 223-42.

148. Jared Bell Waterbury, op. cit., p. 41.

149. Ibid., p. 42.

INSTINTO E DANO: A DESIGUALDADE JUSTA E PERFEITA DA LINHA DE COR [PP. 325-93]

1. George Washington Cable, "The Freedman's Case in Equity". In: *The Silent South*. Nova York: Charles Scribner's Sons, 1907, pp. 6-10.

2. Ibid., p. 11.

3. Ibid., p. 14.

4. John Hope Franklin, "The Enforcement of the Civil Rights Act of 1875". In: *Race and History: Selected Essays 1938-1988*. Baton Rouge: Louisiana State University Press, 1989, pp. 119, 131.

5. George Washington Cable, "Freedmen's Case". In: *The Silent South*, op. cit., p. 5.

6. Id., "The Negro Question". In: *The Negro Question: A Selection of Writings on Civil Rights in the South*. Garden City: Doubleday Anchor, 1958, p. 142.

7. Ibid., p. 143.

8. George Washington Cable, *The Silent South*, op. cit., p. 35.

9. Id., 1958, op. cit., p. 145.

10. Jill Quadagno argumenta que, de fato, o racismo determinou essencialmente o fracasso de abordar questões de direitos sociais nos Estados Unidos. Ver *The Color of Welfare: How Racism Undermined the War on Poverty*. Nova York: Oxford Press, 1994.

11. Porém, um aspecto importante desses esforços de ajuda foi a inculcação, nos pobres, da ideia de que não tinham direito à segurança econômica. Ver Michael B. Katz, *In the Shadow of the Poorhouse: A Social History of Welfare in America*. Nova York: Basic Books, 1986, pp. 58-109.

12. Hannah Arendt, "The Social Question". In: *On Revolution*. Londres: Penguin Books, 1963, p. 71. [Ed. bras.: "A questão social". In: *Sobre a revolução*. Trad. de Denise Bottmann. São Paulo: Companhia das Letras, 2011, pp. 106-7.] Minha definição do social se distingue daquela de Arendt em aspectos importantes. Arendt lamenta a introdução do social na esfera do político, porque julga as necessidades como pré-políticas e instintivas, condenando a introdução do corporal no espaço da razão e da contemplação. Para ela, o social denota a intrusão violenta do corporal no domínio político. O social envolve o político com preocupações que pertencem propriamente à esfera do lar (ibid., p. 91). Em *A condição humana*, a autora define o domínio social da seguinte forma: "A esfera social, na qual o processo da vida estabeleceu o seu próprio domínio público, desencadeou um crescimento artificial, por assim dizer, do natural; e é contra esse crescimento — não meramente contra a sociedade, mas contra uma esfera social em constante crescimento — que o privado e o íntimo, de um lado, e, de outro, o político (no sentido mais restrito da palavra) mostram-se incapazes de oferecer resistência". *The Human Condition*. Chicago: University of Chicago Press, 1958, p. 47. [Ed. bras.: *A condição humana*. Trad. de Roberto Raposo. 10. ed. Rio de Janeiro: Forense Universitária, 2007, pp. 56-7.]

13. Theodore Allen observa que a promoção dos euro-estadunidenses pobres e sem propriedades à raça branca disfarçava e negava a existência da pobreza através dos privilégios concedidos com base na raça. *The Invention of the White Race*. Nova York: Verso, 1994. David Roediger nota que a crítica do capitalismo e do trabalho assalariado

foi impedida pela política racista da classe trabalhadora branca. *The Wages of Whiteness: Race and the Making of the American Working Class*. Londres: Verso, 1991, p. 87.

14. Hannah Arendt, *On Revolution*, op. cit., p. 95. [Ed. bras.: *Sobre a revolução*, op. cit., p. 134. Tradução modificada.] A concepção do social por Arendt inicialmente a levou a condenar a dessegregação como um esforço arrivista para obter reconhecimento. Ela reduziu o movimento antissegregação a uma questão de preferência social. Ver Seyla Benhabib, "Models of Public Space: Hannah Arendt, the Liberal Tradition, and Jürgen Habermas". In: Craig Calhoun (Org.), *Habermas and the Public Sphere*. Cambridge: MIT Press, 1993, p. 79. Arendt aponta, de fato, para o fracasso da construção de instituições republicanas duradouras nos Estados Unidos devido a uma preocupação obsessiva com o conforto material. O sonho da revolução foi substituído pelo "sonho de uma terra prometida onde correm rios de leite e mel", embora Arendt sugira que a imigração europeia massiva do século 19 tenha contribuído para essa mudança. Os "ideais nascidos da pobreza" suplantaram "aqueles princípios que haviam inspirado a fundação da liberdade". "The Pursuit of Happiness". In: Hannah Arendt, 1963, op. cit., pp. 138-9. [Ed. bras.: 2011, op. cit., p. 186.]

15. A celebração da Revolução Americana e a crítica da Revolução Francesa por parte de Arendt devem ser consideradas no contexto de um ataque mais amplo à sociedade, que, segundo ela, confunde os domínios público e privado. A Revolução Francesa abriu o domínio político aos pobres, que eram movidos pela necessidade e por processos biológicos. Segundo Arendt, esses eram assuntos do lar, e não da esfera pública. Ver Jean L. Cohen e Andrew Arato, "The Normative Critique: Hannah Arendt". In: *Civil Society and Political Theory*. Cambridge: MIT Press, 1994, pp. 177-200. Nancy Fraser oferece uma crítica perspicaz da concepção do social por Arendt em *Unruly Practices*, op. cit., pp. 169-70, 185n16. Ela observa que Arendt só consegue conceber a necessidade como "totalmente natural" e "para sempre condenada a ser uma coisa de compulsão bruta. Assim, ela supõe que as necessidades não podem ter uma dimensão genuinamente política e que sua emergência da esfera privada para a social significa a morte da política autêntica". Ibid., p. 160n32.

16. Aqui, não estou tentando contrastar um ideal revolucionário do social com um ideal repressivo, pois os esforços para proporcionar níveis mínimos de segurança à classe trabalhadora envolveram formas repressivas de intervenção, regulação e disciplina do Estado. Frances Fox Piven e Richard A. Cloward, *Regulating the Poor: The Functions of Public Welfare*. Ed. rev. Nova York: Vintage, 1993.

17. Em uma discussão sobre a construção do corpo social na Inglaterra do século 19, Mary Poovey escreve que, porque "a moralidade era conceituada no âmbito de uma problemática da visualidade, contudo, e porque os pobres eram considerados diferentes, assim como parte do todo nacional, a vigilância e a penetração ocular dos bairros pobres eram geralmente consideradas tão importantes para a inculcação da virtude como o era o cultivo do gosto". *Making a Social Body: British Cultural Formation, 1830-1864*. Chicago: University of Chicago Press, 1995, p. 35.

18. Foucault descreve esse foco no corpo da espécie e na biopolítica da população. Ver "Right of Death and Power Over Life". In: *The History of Sexuality*, v. 1. Trad. de Robert Hurley. Nova York: Vintage Books, 1980, pp. 138-41. [Ed. bras.: "Direito de morte e poder sobre a vida". In: *História da sexualidade, v. 1: a vontade de saber*. Trad. de Maria Thereza da Costa Albuquerque e J. A. Guilhon Albuquerque. Rio de Janeiro: Edições Graal, 1988, pp. 129-33.]

19. George Washington Cable, *The Silent South*, op. cit., p. 11. Em *Slaughter-House Cases*, a Suprema Corte considerou que o poder policial do Estado era, "por sua própria natureza, incapaz de qualquer definição ou limitação exata". Não é simplesmente por acaso que a definição expansiva do poder policial do Estado e a interpretação restrita da Décima Quarta Emenda como um documento que não conferia novos direitos andaram de mãos dadas. Isso atesta, mais uma vez, as imbricações entre a raça e o social. H. N. Hirsch, *A Theory of Liberty: The Constitution and Minorities*. Nova York: Routledge, 1992, pp. 79-85.

20. Barbara J. Fields, "Ideology and Race in American History". In: J. Morgan Kousser e James M. McPherson (Orgs.), *Region, Race and Reconstruction: Essays in Honor of C. Vann Woodward*. Nova York, 1982, pp. 163-5.

21. Michael Kammen, *Mystic Chords of Memory: The Transformation of Tradition in American Culture*. Nova York: Vintage, 1993, pp. 101-31.

22. Minha discussão sobre as emendas as trata como documentos históricos. Estou menos preocupada com a intenção original e o significado fundacional do que com a visão de igualdade da Reconstrução. Não estou supondo a positividade da lei ou a estabilidade ou fixidez do significado das emendas, nem tentando excluir as possibilidades de ressignificação na prática, mas, em vez disso, tento questionar a visão da igualdade que culminou nessas emendas. Ver John Hart Ely, *Democracy and Distrust: A Theory of Judicial Review*. Cambridge: Harvard University Press, 1980, pp. 1-42; Stanley Fish, "The Law Wishes to Have a Formal Existence". In: Austin Sarat e Thomas R. Kearns (Orgs.), *The Fate of Law*. Ann Arbor: University of Michigan Press, 1993, pp. 159-208; e Stanley Fish, "Fish v. Fiss", Sanford Levinson, "Law and Literature", e Philip Bobbitt, "Constitutional Fate". In: Sanford Levinson e Steven Mailloux (Orgs.), *Interpreting Law and Literature: A Hermeneutic Reader*. Evanston: Northwestern University Press, 1988.

23. Em particular, estou pensando na dominação do capitalismo e do discurso racista. Sobre articulação, ver Lawrence Grossberg, "Articulation and Culture". In: *We Gotta Get Out of This Place: Popular Conservatism and Postmodern Culture*. Nova York: Routledge, 1992, pp. 52-62; Lawrence Grossberg, "On Postmodernism and Articulation: An Interview with Stuart Hall". *Journal of Communication Inquiry*, v. 10, n. 2, 1986, pp. 45-60; e Ernesto Laclau e Chantal Mouffe, *Hegemony and Socialist Strategy: Towards a Radical Democratic Politics*. Londres: Verso, 1985, pp. 105-14. [Ed. bras.: *Hegemonia e estratégia socialista: por uma política democrática radical*. Trad. de Joanildo A. Burity, Josias de Paula Jr. e Aécio Amaral. São Paulo: Intermeios, 2015, pp. 178-89.]

24. Aqui utilizo o termo "Estado" no singular, embora não pressuponha a unidade do Estado e dos seus vários aparelhos, nem que o Estado possua uma intenção unificadora ou monolítica; também não pretendo omitir a distinção entre os estados e o Estado nacional. Ao optar pela conveniência do singular "Estado", não quero obscurecer essa questão ou as disputas entre os vários aspectos estatais — claramente ilustradas pelos antagonismos entre os poderes executivo, judiciário e legislativo do Estado nacional e entre o Estado nacional e os estados do Sul —, mas sim sublinhar o caráter sistêmico do Estado, a coordenação e o conluio dos aparelhos estatais e as formas pelas quais a separação entre o poder estadual e o poder federal favoreceu a subordinação dos negros.

25. Obviamente, uma das vias a explorar é a da fundamentação da liberdade na propriedade, ligando-a assim à desigualdade. Jennifer Nedelsky, *Private Property and the Limits of American Constitutionalism: The Madisonian Framework and Its Legacy*.

Chicago: University of Chicago Press, 1990; e C. B. Macpherson, *The Political Theory of Possessive Individualism: Hobbes to Locke*. Nova York: Oxford University Press, 1962, pp. 263-77.

26. Para efeitos de clareza sobre o escopo desses direitos, é importante lembrar que os direitos civis, políticos e sociais eram considerados separados e distintos, de modo que a atribuição de direitos civis não concedia direitos políticos (direito de voto, de exercício de cargos públicos e de participação em júris). O voto era tido como um privilégio, e não como um direito de cidadania, até a aprovação da Décima Quinta Emenda, e os direitos sociais ("a esfera das relações e associações pessoais, quer privadas, quer públicas", em que a lei não entrava) estavam, para a maioria, além do âmbito do imaginável. Herman Belz, *A New Birth of Freedom: The Republican Party and Freedmen's Rights, 1861-1866*. Westport: Greenwood, 1976, p. 109. No debate sobre a aprovação da Décima Terceira Emenda, muitos consideraram a abolição da escravidão como uma violação da instituição doméstica dos estados, bem como uma violação da propriedade e da privacidade, que não diferem das relações conjugais ou familiares — o direito de propriedade do marido sobre a mulher ou do pai sobre seus filhos.

27. Robert Miles, *Capitalism and Unfree Labour: Anomaly or Necessity?* Londres: Tavistock, 1987.

28. Quero deixar claro que as discriminações de raça em questão identificavam implicitamente os negros como inferiores e subordinados e efetivamente asseguravam sua subjugação. Ao contrário dos argumentos apresentados pelos constitucionalistas cegos à cor, segundo os quais todo reconhecimento da raça é igualmente pernicioso, essa linha de argumentação não aceita a neutralidade da raça como uma substância imutável anterior ao discurso, mas preocupa-se, antes, com a inscrição e a valoração dos corpos racializados e com a raça como um marcador indexical da história da escravização e da subjugação. A cegueira de cor, em sua recusa de "ver" a raça, não consegue superar essa história iníqua e limita-se a evitar a construção degradante e estigmatizada da raça através dessa desejada inocência. Ademais, a cegueira de cor levanta a questão da classificação racial ao ceder ao caráter dado, à neutralidade e à imutabilidade da raça. Quando a raça é conceituada como interminável, consistente e invariável, a subjugação historicamente autorizada pela classificação racial não é questionada nem remediada. A raça é um efeito de um conjunto de relações sociais e históricas que determinaram relações de propriedade, oportunidades de vida e uma economia do valor, desde a acumulação de lucros e designações do bom, do verdadeiro e do belo, até cálculos do mérito humano, passando pela criação de grupos subjugados, desonrados e castigados. Consequentemente, a recusa de ver a raça não diminui essa violência originária nem garante a igualdade, mas apenas permite que essa violência seja conduzida sob o pretexto da neutralidade. Uma leitura radical e expansiva dos "emblemas da escravidão" trata necessariamente da história do cativeiro, da escravização, da subjugação, da expropriação, da exploração, da violação e da abjeção que produz a diferença negra. Essa história de escravização foi registrada na inscrição racializada do corpo, quer se trate das marcas supostamente discerníveis na superfície do corpo ou do sangue que corre através de corpos indeterminados, e utilizada como um índice de valor subjetivo. No entanto, a raça foi codificada e consagrada na lei. Assim, apesar da sua revogação formal, a escravidão impregnou a visão nascente da igualdade e determinou o seu caráter. A produção inelutável da diferença racial minou o pressuposto de que os negros eram libertados da história do cativeiro pelo poder negador da Décima Terceira Emenda e eram agentes livres, desobrigados em relação ao passado.

29. Todas as citações do *Congressional Globe* são de *The Reconstruction Amendment Debates*. Richmond: Virginia Commission on Constitutional Government, 1976. Os números entre parênteses se referem aos *Reconstruction Amendment Debates*. Cong. Globe, 38º Cong., 1ª ses., 15 jun. 1864, p. 2990; e 39º Cong., 1ª ses., 13 dez. 1865, p. 42 (97).

30. *Cong. Globe*, 39º Cong., 1ª ses., 21 dez. 1865, p. 113 (99).

31. *Cong. Globe*, 38º Cong., 2ª ses., 9 jan. 1865, p. 43; 39º Cong., 1ª ses., 21 dez. 1865, p. 111 (99).

32. *Cong. Globe*, 38º Cong., 1ª ses., 15 jun. 1864, p. 2990. A linguagem da criação de si foi também utilizada contra as medidas de direitos civis para os libertos. Por exemplo, o veto do presidente Andrew Johnson ao Projeto de Lei da Agência dos Libertos explorou a retórica da autossuficiência: "Não é mais do que justiça, então, acreditar que, tal como receberam sua liberdade com moderação e tolerância, também se distinguirão pela sua modéstia e parcimônia, e em breve mostrarão ao mundo que, numa condição de liberdade, são autossuficientes, capazes de escolher seu próprio gozo [desses direitos] e os seus próprios locais de domicílio, de insistir por si próprios numa remuneração adequada, e de estabelecer e manter os seus próprios manicômios e escolas". *Cong. Globe*, 39º Cong., 1ª ses., 19 fev. 1866, p. 917 (148).

33. O esforço de Stevens para elaborar uma emenda de caráter explicitamente antidiscriminatório foi esmagadoramente derrotado. Ver Benjamin B. Kendrick, *Journal of the Joint Committee of Fifteen on Reconstruction: 39th Congress, 1865-1867*, Columbia University, 1914 (tese de doutorado), pp. 51-2; e *Cong. Globe*, 39º Cong., 1ª ses., 30 jan. 1866, p. 537. A primeira versão do *Civil Rights Bill* [Projeto de Lei de Direitos Civis] sustentava essa posição. *Cong. Globe*, 39º Cong., 1ª ses., 12 jan. 1866, p. 211 (104).

34. Segundo Carole Pateman, o status "é utilizado para se referir mais genericamente a atributo; os seres humanos nascem em certas posições sociais em função de suas características, tais como sexo, cor, idade, e assim por diante. [...] 'contrato' refere-se à ordem econômica do laissez-faire, uma ordem de 'liberdade contratual', em que as características individuais essenciais e o objeto de um acordo são irrelevantes". *The Sexual Contract*. Stanford: Stanford University Press, 1988, p. 10. [Ed. bras.: *O contrato sexual*. Trad. de Marta Avancini. Rio de Janeiro: Paz e Terra, 1993, p. 26. Tradução modificada.] O fim do status pressupõe que todo homem possui a capacidade de criação de si, e dessa forma sua condição não é limitada ou determinada por sua raça. Neil Gotanda faz uma distinção análoga em sua discussão sobre a utilização da raça no constitucionalismo cego à cor, afirmando que a raça-status "é a noção tradicional de raça como um indicador de status social, tal como elaborada por Taney em *Dred Scott*". A raça formal vê as categorias raciais como "distinções neutras e apolíticas que refletem apenas a 'cor da pele' ou o país de origem ancestral. A raça formal não está relacionada com a capacidade, a desvantagem ou a culpabilidade moral. [...] A ausência de conexão (com atributos ou relações sociais) é uma característica que define a raça formal". "A Critique of 'Our Constitution Is Color-Blind'". *Stanford Law Review*, v. 44, n. 1, nov. 1991, pp. 4, 36-40. Taney fornece a definição mais clara do significado de raça-status em *Dred Scott vs. Sanford*: "Há mais de um século que eram considerados seres de uma ordem inferior e totalmente inaptos para se associar à raça branca, seja em relações sociais ou políticas; e tão inferiores que não tinham direitos que o homem branco fosse obrigado a respeitar; e que o negro podia justa e legalmente ser reduzido à escravidão em seu benefício". *Dred Scott vs. Sanford*, 60 U.S. (19 Howard) 407 (1857).

35. *Cong. Globe*, 39º Cong., 1ª ses., 18 jan. 1866, p. 318 (107). Ver também ibid., 22 jan. 1866, p. 363; 29 jan. 1866, p. 476.

36. *Cong. Globe*, 39º Cong., 1ª ses., 30 jan. 1866, p. 499 (126).

37. *Cong. Globe*, 38º Cong., 1ª ses., 15 jun. 1864, p. 2984.

38. *Cong. Globe*, 39º Cong., 1ª ses., 19 jan. 1866, p. 322 (108).

39. *Cong. Globe*, 39º Cong., 1ª ses., 27, 29 jan. 1866, p. 474 (121).

40. Havia os direitos detalhados na Lei dos Direitos Civis. *Cong. Globe*, 39º Cong., 1ª ses., 29 jan. 1866, p. 476.

41. *Cong. Globe*, 39º Cong., 1ª ses., 30 jan. 1866, p. 504 (127).

42. *Cong. Globe*, 38º Cong., 2ª ses., 21 jun. 1864, p. 125.

43. Como observa Walter Benn Michaels, "a ausência de qualquer diferença baseada na lei se tornou um testemunho poderoso da irredutibilidade de uma diferença refletida na lei; a igualdade legal se tornou o sinal da separação racial". "The Souls of White Folks". In: Elaine Scarry (Org.), *Literature and the Body: Essays on Populations and Persons*. Baltimore: Johns Hopkins University Press, 1988, p. 189.

44. *Cong. Globe*, 39º Cong., 1ª ses., 23, 24 jan. 1866, p. 393 (114).

45. Edward McPherson, op. cit., p. 70.

46. Para uma discussão sobre os artigos da Constituição que autorizavam e acomodavam a escravidão, ver William M. Wiecek, *The Sources of Antislavery Constitutionalism: 1760-1848*. Ithaca: Cornell University Press, 1977, p. 42; Derrick A. Bell Jr., *And We Are Not Saved: The Elusive Quest for Racial Justice*. Nova York: Basic Books, 1987, pp. 26-50; *Prigg vs. Pennsylvania*, 41 U.S. 539 (1842); e *Dred Scott vs. Sanford*, 60 U.S. (19 How.) 393 (1857).

47. O senador John Davis argumentou: "A minha posição é que este é um governo do homem branco. Foi feito assim no começo. As cartas concedidas pelos diferentes soberanos da Inglaterra às várias colônias foram concedidas a homens brancos e não incluíam ninguém, exceto homens brancos. Não incluíam os índios. Não incluíam os negros. [...] Eu digo que o negro não é um cidadão. Pode ser transformado em um cidadão pelo poder, mas será em desrespeito, penso eu, dos princípios. Nego que este seja um governo de fusão de raças". O deputado John Dawson argumentou de forma semelhante: "É impossível que duas raças distintas possam existir harmoniosamente no mesmo país, na mesma base de igualdade perante a lei. O resultado deve ser uma mistura deteriorada e repugnante das raças. [...] Devemos, portanto, insistir no fato de que este Governo foi feito para a raça branca. É nossa missão mantê-lo. O sufrágio e a igualdade dos negros são incompatíveis com essa missão". *Cong. Globe*, 39º Cong., 1ª ses., 31 jan. 1866, p. 528; 31 jan. e 1º fev. 1866, p. 542; 39º Cong. 1ª ses., 13, 21 dez. 1865, p. 110 (98); 39º Cong., 1ª ses., 30 jan. 1866, p. 504 (127).

48. *Cong. Globe*, 39º Cong., 1ª ses., 1º fev. 1866, p. 589 (135).

49. *Cong. Globe*, 39º Cong., 1ª ses., 30, 31 jan. 1866, p. 64 (133).

50. *Cong. Globe*, 39º Cong., 1ª ses., 19 jan. 1866, p. 340 (109).

51. John Hogan em *Cong. Globe*, 39º Cong., 1ª ses., 30, 31 jan. 1866, p. 64 (133).

52. Como observa Robyn Wiegman, apesar do fato de que o homem negro "ascendeu à emancipação através das possibilidades simbólicas que equivaliam ao masculino [...] o fato de que esse acesso foi marcado por uma violência extrema e incontestável [...] demonstra como era perturbadora a possibilidade do homem como homem". *American Anatomies: Theorizing Race and Gender*. Durham: Duke University Press, 1995, p. 68. Claudia Tate argumenta contundentemente que as mulheres adaptaram o doméstico como uma forma de alegorizar seu desejo político e intervir indiretamente na esfera pública. *Domestic Allegories of Political Desire*. Nova York: Oxford University Press, 1992.

53. William E. Connolly, "Liberalism and Difference". In: *Identity/Difference: Democratic Negotiations of Political Paradox*. Ithaca: Cornell University Press, 1991, p. 81. Segundo Iris Young, o ideal de uma humanidade universal faz vista grossa à diferença de forma a prejudicar aqueles marcados como diferentes, possibilitando que os privilegiados ignorem sua própria especificidade e aviltando aqueles que se desviam da norma. *Justice and the Politics of Difference*. Princeton: Princeton University Press, 1990, pp. 164-5.

54. Uday S. Mehta, "Liberal Strategies of Exclusion". *Politics and Society*, v. 18, n. 4, dez. 1990, pp. 429-30.

55. David Theo Goldberg, *Racist Culture: Philosophy and the Politics of Meaning*. Cambridge: Blackwell, 1993, p. 39. Naoki Sakai observa: "O que normalmente chamamos universalismo é um particularismo que pensa a si mesmo como universalismo, e vale a pena duvidar se o universalismo pode existir de outra forma". "Modernity and Its Critique: The Problem of Universalism and Particularism". In: Masao Miyoshi e H. D. Harootunian (Orgs.), *Postmodernism and Japan*. Durham: Duke University Press, 1989, p. 98.

56. Homi K. Bhabha, *The Location of Culture*, op. cit., p. 86. [Ed. bras.: *O local da cultura*, op. cit., pp. 130-1.]

57. Ver Andrew Kull, *The Color-Blind Constitution*. Cambridge: Harvard University Press, 1992, pp. 86-7.

58. *Cong. Globe*, 39º Cong., 1ª ses., 27 fev. 1866, p. 1064 (154).

59. *Cong. Globe*, 39º Cong., 1ª ses., 23 maio 1866, p. 2767 (221), sobre a masculinidade como equivalente à personalidade.

60. Como consequência da política de naturalização dos Estados Unidos e de *Dred Scott*, a cidadania se tornou praticamente sinônimo de branquitude. Para uma discussão sobre as exclusões racistas constitutivas da cidadania, ver James H. Kettner, *The Development of American Citizenship, 1608-1870*. Chapel Hill: University of North Carolina, 1978; Benjamin B. Ringer, *We the People and Others: Duality and America's Treatment of Racial Minorities*. Nova York: Routledge, 1983; e Joan Hoff, *Law, Gender, and Injustice: A Legal History of Women*. Nova York: New York University Press, 1991.

61. Andrew Kull, op. cit., p. 81.

62. *People ex. rel. King vs. Gallagher*, 93 NY, 438, 431 (1883), apud ibid., p. 108. Embora críticas feministas tenham assinalado a necessidade de direitos equivalentes e do reconhecimento da diferença na reparação da discriminação de gênero, no século 19, os direitos equivalentes significavam invariavelmente direitos truncados e circunscritos. Ver Drucilla Cornell, *Transformations*. Nova York: Routledge, 1993, pp. 112-55.

63. A discussão sobre a legalidade da Lei dos Direitos Civis de 1866 dizia respeito ao direito do Congresso de intervir na jurisdição dos estados em matéria de direitos civis.

Argumentava-se que era necessária uma alteração constitucional para isso. Essa foi a origem da Décima Quarta Emenda. De acordo com Herman Belz, sua aprovação provocou uma transformação radical da cidadania: "O Congresso estabeleceu a existência de uma cidadania nacional inquestionável e tornou a cidadania estadual derivada dela. Em seu aspecto nacional, a cidadania estadunidense era um título de direitos civis fundamentais ao abrigo da Constituição, como o direito de possuir propriedade, que a Lei dos Direitos Civis identificou. Desse direito nacional decorria o direito, enquanto cidadão estadual, de gozar de igualdade no que diz respeito ao código penal e civil estadual". *Emancipation and Equal Rights: Politics and Constitutionalism in the Civil War Era*. Nova York: W. W. Norton, 1978, p. 120.

64. Andrew Kull, op. cit., pp. 78-9.

65. Ibid., p. 81.

66. Essa linha de argumentação não pretende sugerir que as leis antidiscriminação e as classificações raciais "suspeitas" sejam, por si sós, adequadas para erradicar o racismo. De fato, como argumentam os teóricos críticos do direito e os teóricos críticos da raça, os pressupostos da lei antidiscriminação mantêm, efetivamente, a força irrefutável da raça como uma categoria naturalizada e não interrogada e argumentos meritórios sobre a distribuição de recursos. Alan Freeman argumenta que leis antidiscriminação "têm servido mais para racionalizar a presença contínua da discriminação racial [...] do que para resolver o problema". "Legitimizing Racial Discrimination Through Antidiscrimination Law: A Critical Review of Supreme Court Doctrine". *Minnesota Law Review*, v. 62, 1978, pp. 1349-69. Ver também "Racism, Rights and the Quest for Equality of Opportunity: A Critical Legal Essay". *Harvard Civil Rights-Civil Liberties Law Review*, v. 23, n. 2, verão 1988, pp. 295-392. De modo similar, Robert St. Martin Westley defende que a antidiscriminação reproduz concepções normativas da diferença racial que não tratam a raça como uma categoria social. Para uma outra perspectiva, ver Kimberlé Williams Crenshaw, "Race, Reform, and Retrenchment: Transformation and Legitimation in Antidiscrimination Law". *Harvard Law Review*, v. 101, n. 7, maio 1988, pp. 1331-87, que oferece uma leitura diferente das leis antidiscriminação, observando as possibilidades transformadoras do liberalismo.

67. Judith A. Baer, *Equality Under the Constitution: Reclaiming the Fourteenth Amendment*. Ithaca: Cornell University Press, 1983, p. 102.

68. Como Michael J. Sandel observa: "O sistema de liberdade natural define como justa qualquer distribuição resultante de uma economia de mercado eficiente em que prevaleça uma igualdade [jurídica] formal de oportunidades". *Liberalism and the Limits of Justice*. Nova York: Cambridge University Press, 1982, pp. 66-103.

69. Wendy Brown, op. cit., p. 110.

70. *Cong. Globe*, 39º Cong., 1ª ses., 22 jan. 1866, p. 342 (110).

71. Theodore W. Allen, *The Invention of the White Race*, v. 1. Londres: Verso, 1994, p. 143.

72. Carl Schurz, *Report on the Condition of the South* (1865). Reimp. Nova York: Arno, 1969; U.S. Congress, *Report of the Joint Committee on Reconstruction*. Washington: Government Printing Office, 1866.

73. Trumbull aplica essa lógica ao casamento inter-racial em *Cong. Globe*, 39º Cong., 1ª ses., p. 322 (108). Cowan utilizava a mesma lógica em relação às escolas integradas em *Cong. Globe*, 39º Cong., 1ª ses., p. 500 (127).

74. Como St. Clare acusa a srta. Ophelia: "Vós os abominais, como se não diferissem de uma cobra ou um sapo; no entanto, ficais indignada com seus erros. Não quereis que sofram maus-tratos, mas tampouco quereis estabelecer alguma relação com eles. Quereis mandá-los para a África, longe de vossos olhos e vosso nariz, para então mandardes um ou dois missionários que realizem o esforço abnegado de elevá-los de forma ampla". Harriet Beecher Stowe, *Uncle Tom's Cabin* (1852). Reimp. Nova York: New American Library, 1966, p. 195. [Ed. bras.: *A cabana do Pai Tomás*. Trad. de Bruno Gambarotto. São Paulo: Carambaia, 2021. Tradução modificada.] Ver também Karen Sanchez-Eppler, *Touching Liberty: Abolition, Feminism, and the Politics of the Body*. Berkeley: University of California Press, 1993, pp. 41-9.

75. *Cong. Globe*, 39º Cong., 1ª ses., 24, 25 jan. 1866, p. 420 (117); 2 fev. 1866, p. 600 (137).

76. Abraham Lincoln, *Abraham Lincoln: Speeches and Writings, 1832-1858*. Nova York: Library of America, 1989. Ver o discurso sobre *Dred Scott* em Springfield, Illinois, ibid., p. 398; o discurso em Chicago, Illinois, 10 jul. 1858, ibid., p. 454; o quarto debate Lincoln-Douglas, Charleston, Illinois, 18 set. 1858, ibid., p. 636.

77. *Cong. Globe*, 38º Cong., 2ª ses., 12 jan. 1866, p. 237 (84).

78. Thaddeus Stevens em *Cong. Globe*, 38º Cong., 1ª ses., 21 jun. 1864, p. 125.

79. *Cong. Globe*, 39º Cong., 1ª ses., 31 jan. e 1º fev. 1866, p. 542 (133).

80. *Cong. Globe*, 39º Cong., 1ª ses., 27 mar. 1866, p. 1680 (194); Edward McPherson, op. cit., p. 75.

81. *Cong. Globe*, 39º Cong., 1ª ses., 26 fev. 1866, p. 134 (151).

82. Eva Saks, "Representing Miscegenation Laws". *Raritan*, v. 8, n. 2, 1988, p. 42.

83. Ibid., p. 66.

84. O termo "miscigenação" foi cunhado em 1863 em um folheto de 72 páginas intitulado *Miscegenation: The Theory of the Blending of the Races, Applied to the American White Man and the Negro* [Miscigenação: a teoria da mistura das raças, aplicada ao homem branco estadunidense e ao negro], de David Goodman Croly e George Wakeman. A palavra veio do latim *miscere*, "misturar", e *genus*, "raça". Os autores criaram duas outras palavras para descrever a mistura de raças — "melaeukation" e "melamigleukation" — que nunca adquiriram a popularidade de "miscigenação". Ver Forrest G. Wood, *Black Scare: The Racist Response to Emancipation and Reconstruction*. Berkeley: University of California Press, 1968, pp. 53-79; Harvey Applebaum, "Miscegenation Statutes: A Constitutional and Social Problem", 53 *Georgia Law Journal*, 1964, p. 49, apud Derrick A. Bell Jr., *Race, Racism and American Law*. Boston: Little, Brown, p. 67.

85. Em 1873, um panfleto escrito por dois democratas de Nova York, com o objetivo de desacreditar abolicionistas e republicanos, elogiava as virtudes e a inevitabilidade da miscigenação. Esse panfleto causou muita histeria antes de ser desmascarado como uma farsa. Ver Forrest G. Wood, op. cit., pp. 53-79.

86. *Cong. Globe*, 38º Cong., 1ª ses., 9 abr. 1864, p. 1490.

87. Quando consideramos a questão do racismo de Estado, precisamos examinar também o sistema penal, as leis trabalhistas que mantiveram a servidão involuntária até a década de 1930 e, depois de *Plessy*, a proliferação das leis Jim Crow.

88. Segundo Hubert L. Dreyfuss e Paul Rabinow, "um componente essencial das tecnologias de normalização é que elas são, elas mesmas, uma parte integrante da criação, classificação e controle sistemático das anomalias do corpo social. Sua razão de ser advém da pretensão de haverem isolado tais anomalias e suas promessas de normalizá-las". *Michel Foucault: Beyond Structuralism and Hermeneutics*. Chicago: University of Chicago Press, 1982, p. 195. [Ed. bras.: *Michel Foucault, uma trajetória filosófica (para além do estruturalismo e da hermenêutica)*. Trad. de Vera Porto Carrero. Rio de Janeiro: Forense Universitária, 1995, p. 214.]

89. George Washington Cable, *The Silent South*, op. cit., p. 11.

90. Edward McPherson, op. cit., p. 31.

91. Gilbert Thomas Stephenson, *Race Distinctions in American Law*. Nova York: D. Appleton, 1910, p. 97.

92. *State vs. Gibson*, 36 Ind. 403 (1871).

93. *Green vs. State*, 58 Ala. 190 (1877).

94. Ibid., Ala. 194.

95. *Pace vs. Alabama*, 106 U.S. 583-5 (1883).

96. Ernst Freund, *The Police Power: Public Policy and Constitutional Rights*. Chicago: Callaghan, 1909, p. 116. Na *História da sexualidade*, Foucault utiliza o termo "biopoder" ["biopolítica", na tradução da obra ao português] "para designar o que faz com que a vida e seus mecanismos entrem no domínio dos cálculos explícitos". Michel Foucault, *The History of Sexuality*, op. cit., p. 143. [Ed. bras.: "Direito de morte e poder sobre a vida". In: *História da sexualidade, v. 1: a vontade de saber*, op. cit., p. 134.] Meu argumento difere do de Foucault em aspectos significativos, particularmente no que diz respeito à questão da regressão jurídica e à passagem da sanguinidade para a sexualidade. Quando pensamos no racismo de Estado no século 19, é fundamental considerar a instrumentalidade repressiva da lei e a obsessão pelo sangue na produção de sujeitos raciais e na gestão da vida. Colin Gordon observa que a biopolítica se preocupa com "os sujeitos enquanto membros de uma população, na qual questões de conduta sexual e reprodutiva individual se interconectam com questões de política e poder nacionais". Introdução em Graham Burchell, Colin Gordon e Peter Miller (Orgs.), *The Foucault Effect*. Chicago: University of Chicago Press, 1991, p. 5. Para uma discussão brilhante do biopoder e do racismo moderno, ver Anna Laura Stoller, *Race and the Education of Desire: Foucault's* History of Sexuality *and the Colonial Order of Things*. Durham: Duke University Press, 1995.

97. *Jones vs. Commonwealth*, 79 Va. (4 Hans.) 218 (1884).

98. Gilbert Thomas Stephenson, op. cit., p. 17.

99. Eva Saks, op. cit., 1988, p. 47.

100. Derrick A. Bell Jr., "Property Rights in Whiteness: Their Legal Legacy, Their Economic Costs". *Villanova Law Review*, v. 33, n. 5, 1988, p. 767; Cheryl I. Harris, "Whiteness as Property". *Harvard Law Review*, v. 106, n. 8, jun. 1993, pp. 1709-91.

101. Karen A. Getman, "Sexual Control in the Slaveholding South: The Implementation and Maintenance of a Racial Caste System". *Harvard Women's Law Journal* 7, 1984, pp. 134-42; Lawrence M. Friedman, *Crime and Punishment in American History*. Nova

York: Basic Books, 1993, pp. 216-7. Isso também se aplicava na lei anterior à Guerra Civil, uma vez que a associação de uma mulher branca com pessoas negras indicava que ela tinha uma "baixa reputação" e, portanto, não era uma testemunha confiável.

102. Herbert Gutman, *The Black Family in Slavery and Freedom, 1750-1925*. Nova York: Pantheon, 1976.

103. Como escreve Brown: "A formulação liberal da liberdade não se opõe meramente ao ônus, mas baseia-se nele; é alcançada por meio do deslocamento da natureza encarnada, onerada e limitada da existência para as mulheres, um deslocamento que ocorre discursiva e praticamente através de um conjunto de atividades, responsabilidades e atributos emocionais designados. Na medida em que essa formulação da liberdade exige a existência de seres onerados, isto é, a atividade social daqueles que não têm liberdade, ela nunca poderá ser totalmente universalizada". Wendy Brown, op. cit., p. 56.

104. Os estatutos estaduais que proíbem o casamento inter-racial só foram declarados inconstitucionais em 1967. Ver *Loving vs. Virginia*, 388 U.S. 1 (1967). Também se temia que a Lei dos Direitos Civis e a Décima Quarta Emenda tornassem as mulheres tão iguais e livres quanto os homens, e as esposas tão livres e iguais quanto os seus maridos perante a lei. No entanto, não foi esse o caso. *Cong. Globe*, 38º Cong., 1ª ses., p. 1488.

105. Os proponentes da Lei dos Direitos Civis de 1875 tentaram refutar essa lógica, separando a igualdade da questão da sociedade: "Ninguém imagina que a Igualdade na rua, seja no asfalto ou na calçada, seja uma sociedade. E, permitam-me que o diga, a Igualdade em todas as instituições criadas ou reguladas por lei é tão pouco uma questão de sociedade". *Cong. Globe*, 42º Cong., 2ª ses., p. 382 (579). Opositores como o deputado John Davis argumentavam que o projeto de lei suscitaria os mesmos preconceitos que se pretendia erradicar e "tornaria dez vezes mais intenso o sentimento de antipatia que, em um futuro não distante, deve terminar no conflito de raças, fatal para uma e brutalizante para a outra no espírito de ódio que engendrará". *Cong. Globe*, 43º Cong., 1ª ses., p. 481 (713).

106. *Roberts vs. City of Boston*, 59 Mass. (5 Cush.) 206 (1850).

107. Na política contemporânea, foram propostos direitos equivalentes como um meio de reparação da discriminação racial e de gênero. No entanto, resta saber se raça e gênero podem ser implantados na lei sem causar dano, ou se, em última análise, é a diferença que necessita de reconhecimento, e não os danos e a exclusão constitutivos dessa diferença. A transformação e a reparação sistêmicas não são o melhor meio de negar e corrigir a discriminação e a dominação, em vez da monumentalização dos efeitos e dos destroços do processo social e histórico?

108. Certamente, essa não é uma observação nova. As desigualdades que habitam o discurso dos direitos e da igualdade formal têm sido objeto de análise crítica por todos, de Marx a Patricia Williams. Críticas feministas e teóricos críticos da raça descreveram as exclusões tácitas e as parcialidades louvadas como universais em termos do masculinismo da lei e/ou como normatividade branca. Aqui, emprego o termo "norma branca" para designar a centralidade da branquitude como a medida de humanidade na lei; no entanto, a desigualdade também pode ser produzida quando a branquitude é relegada à posição de apenas mais uma raça. A encarnação da branquitude e sua relativização como apenas "mais uma raça", em vez de marcarem uma mudança emancipatória ou uma abertura, reproduzem efetivamente a dominação

se essa pretensa descentralização da branquitude deixar intactas as relações de poder. Ao me concentrar nas práticas disciplinares que habitam a lei, espero poder abordar a classificação das particularidades produzida através da medida homogeneizadora da igualdade. Estou em dívida com Robert St. Martin Westley, "White Normativity and the Racial Rhetoric of Equal Protection", manuscrito não publicado, por essas ideias.

109. Sumário para Homer A. Plessy por S. F. Philips e F. D. McKinney, File Copies of Briefs 1895 (out. 1895), em Otto H. Olsen, *The Thin Disguise: Turning Point in Negro History; Plessy v. Ferguson, a Documentary Presentation*. Nova York: Humanities Press, 1967, p. 107.

110. *Dred Scott*, p. 701. Essa expulsão e incorporação dos sujeitos profanados e depreciados define a abjeção.

111. De 1873 a 1883, o âmbito radical da legislação da Reconstrução foi desmantelado com êxito pela Corte. Ver Sidney G. Buchanan, "The Quest for Freedom: A Legal History of the Thirteenth Amendment", p. 357. Ver *United States vs. Cruikshank*, 92 U.S. 542 (1876). Embora não tenha sido codificada até a década de 1880, a segregação de fato era a ordem do dia.

112. Otto H. Olsen, op. cit., p. 14; Eric J. Sundquist, "Mark Twain and Homer Plessy". In: *To Wake the Nations: Race in the Making of American Literature*. Cambridge: Belknap Press, 1993, pp. 225-70.

113. Otto H. Olsen, op. cit., p. 90.

114. Ibid., p. 101.

115. *Civil Rights Cases*, 109 U.S. 22-25 (1883). As "circunstâncias necessárias" da escravidão que a maioria reconheceu foram "o serviço obrigatório, a incapacidade de deter propriedade, de fazer contratos, de comparecer em tribunal, de testemunhar contra uma pessoa branca. [...] Encargos e incapacidades desse tipo eram as circunstâncias inseparáveis da instituição".

116. Ibid., p. 543.

117. Forrest G. Wood, op. cit., pp. 130-55.

118. Sumário de Tourgée para Homer A. Plessy em Otto H. Olsen, op. cit., p. 83.

119. Eva Saks, op. cit., p. 41.

120. *Plessy*, p. 541.

121. Era considerado difamação chamar uma pessoa branca de negra. Gilbert Thomas Stephenson, op. cit., pp. 26-34.

122. Barbara J. Fields, "Ideology and Race in American History", *Region, Race and Reconstruction*, op. cit., p. 162. Embora concorde em grande parte com a análise apresentada nesse ensaio, eu tenho objeções à distinção que Fields faz entre materialidade e ideologia. Ao observar a diferença entre classe e raça, Fields argumenta que "a classe se refere a uma circunstância material: a desigualdade dos seres humanos do ponto de vista do poder social", enquanto a raça é uma noção puramente ideológica. O erro que Fields comete é o de tentar desalojar o paradigma biológico, minimizando a materialidade do discurso ou da ideologia, que não só encarna ou reflete relações sociais, mas também produz sujeitos e determina uma série de circunstâncias materiais concretas.

123. Otto H. Olsen, op. cit., p. 89.

124. George Washington Cable, *The Negro Question*, op. cit., p. 132.

125. Como um aparte, é importante observar que a segregação era, de fato, difundida durante o período da Reconstrução. Assim, *Plessy* defendeu o que era bastante comum na prática. Ver Howard N. Rabinowitz, "From Exclusion to Segregation: Southern Race Relations, 1865-1890". *Journal of American History*, v. 63, set. 1976, pp. 325-50; e Harold D. Woodman, "Sequel to Slavery: The New History Views the Postbellum South". *Journal of Southern History*, v. 43, 1977, pp. 525-55. Para uma interpretação diferente, ver C. Vann Woodward, *Origins of the New South, 1877-1913*. Baton Rouge: Louisiana State University Press, 1971.

126. *Black's Law Dictionary*, p. 1156; Christopher G. Tiedeman, *A Treatise on the Limitations of Police Power in the United States, Considered from Both a Civil and Criminal Standpoint* (1886). Reimp. Nova York: Da Capo Press, 1971, pp. 1-16; Alfred Russell, *The Police Power of the State and Decisions Thereon as Illustrating the Development and Value of Case Law*. Chicago: Callaghan, 1900, pp. 23-36; Ruth Locke Roettinger, *The Supreme Court and State Police Power*. Washington: Public Affairs Press, 1957, pp. 10-22; e Howard Gillman, *The Constitution Besieged: The Rise and Demise of Lochner Era Police Powers Jurisprudence*. Durham: Duke University Press, 1993.

127. *Slaughter-House Cases*, 83 U.S. (16 Wall) 62 (1873).

128. Pasquale Pasquino, "Theatrum Politicum: The Genealogy of Capital-Police and the State of Prosperity". In: Graham Burchell, Collin Gordon e Peter Miller (Orgs.), op. cit., p. 111.

129. *Cong. Globe*, 39º Cong., 1ª ses., 30 jan. 30, 1866, p. 505 (128). Essa definição de poder policial foi utilizada para derrotar uma versão anterior da Lei dos Direitos Civis de 1866, que continha uma cláusula explícita contra a discriminação.

130. Ann Laura Stoler, *Race and Education of Desire: Foucault's History of Sexuality and the Colonial Order of Things*. Durham: Duke University Press, 1995, p. 59.

131. Poovey escreve que a imagem do corpo social foi utilizada de duas formas distintas: "Referia-se ou aos pobres isolados do resto da população, ou à sociedade britânica (ou inglesa) como um todo orgânico [...] [e] permitia que os analistas sociais tratassem um segmento da população como um problema especial, ao mesmo tempo que podiam apontar para os interesses mútuos que (teoricamente) uniam todas as partes do todo social". Mary Poovey, op. cit., pp. 8-9. Para uma discussão perspicaz sobre a polícia e a criação de um corpo ou população agregada, ver Pasquale Pasquino, op. cit., p. 114.

132. Esforços para proporcionar um padrão mínimo de existência foram em grande parte deixados a cargo de organizações privadas. Além disso, na Gilded Age [Era Dourada], a ideologia republicana do trabalho livre havia sido suplantada pelo ideal liberal da liberdade contratual.

133. Mark Tushnet distingue essas categorias da seguinte forma: "Os direitos civis estavam ligados às pessoas pelo simples fato de serem pessoas; eram direitos que se têm no estado de natureza, tais como o direito à liberdade de ação pessoal, o direito à vida e o direito de perseguir um projeto de vida. [...] Os direitos políticos, em contraste, surgiam da localização de uma pessoa em um sistema político organizado. [...] Os direitos sociais eram exercidos no restante da ordem social e, mais importante ainda, no mercado. Para o pensamento jurídico da Reconstrução, o governo não era responsável pela garantia dos direitos sociais, salvo no que dizia respeito ao cumprimento dos direitos

garantidos pelo direito consuetudinário". "Civil Rights and Social Rights: The Future of the Reconstruction Amendments". *Loyola of Los Angeles Review*, v. 25, jun., p. 1208.

134. De acordo com Benhabib, "a 'privacidade' significa, em primeiro lugar e acima de tudo, a não interferência do Estado político na liberdade das relações de mercadorias e, em particular, a não intervenção no mercado livre da força de trabalho". Seyla Benhabib, op. cit., p. 91; Nancy Fraser, "Rethinking the Public Sphere: A Contribution to the Critique of Actually Existing Democracy". In: Craig Calhoun (Org.), op. cit., pp. 109-42.

135. *Civil Rights Cases*, p. 14.

136. *Civil Rights Cases*, p. 36; e Herman Belz, *Emancipation and Equal Rights*, op. cit. Segundo Belz, "os direitos sociais se referiam à esfera das relações estritamente pessoais, seja no interior do lar ou fora dele, em que o gosto pessoal ou os preconceitos podiam legitimamente exercer influência e onde a lei não entrava. […] As escolas, as associações de voluntários, os meios de transporte e os locais de negócios e de entretenimento são talvez os exemplos mais proeminentes de arenas que hoje em dia são, mas que então (no século 19) não eram, abrangidas pela regra da igualdade dos direitos civis".

137. Neil Gotanda observa que a distinção público-privado e a liberdade de associação são formas de manter a segregação.

138. Porém, nos Estados Unidos, diferentemente da situação na França, a preocupação com os direitos sociais não é orientada por impulsos reformistas para lidar com as preocupações materiais dos trabalhadores, das mulheres e dos pobres; em vez disso, é uma via de subordinação e repressão. Certamente, argumentou-se que, mesmo na França, os direitos sociais resultam da domesticação e incorporação da resistência e são inseparáveis da questão da governabilidade. Nos Estados Unidos do século 19, as preocupações sociais eram as liberdades da classe dominante e o controle e a regulação daqueles que se encontravam sobrecarregados por uma série de maldições corporais — isto é, os negros, as mulheres e os trabalhadores.

139. Nancy Fraser, *Unruly Practices*, op. cit., p. 170.

140. Ao contrário da emergência do social que caracterizou o Estado democrático europeu do século 19, nos Estados Unidos o Estado de bem-estar social não surgiu até o New Deal, embora a década de 1890 tenha representado o início da Era da Reforma, na qual questões de necessidades e cuidados com pobres, dependentes e enfermos se tornaram objeto de preocupação e intervenção públicas, em grande parte através de instituições de caridade privadas. Na verdade, passa-se o contrário na definição jurídica do social em *Plessy*. Questões de interesse público e político são privatizadas e relegadas à esfera do desejo, alheia à lei. Ocorre uma erosão desses interesses quando assuntos públicos são considerados privados. Essa expansão do privado tem uma série de efeitos reacionários e repressivos. Nesse sentido, o social permite a privatização das preocupações públicas, em vez da inserção do privado em uma arena de preocupações públicas. Hannah Arendt, *The Human Condition*, op. cit., p. 32. [Ed. bras.: Hannah Arendt, *A condição humana*, op. cit., pp. 41-2.]

141. Nancy Fraser, *Unruly Practices*, op. cit., p. 170.

142. Fraser argumenta que as necessidades fugidias são "marcadores de grandes mudanças socioestruturais nas fronteiras que separam as esferas da vida classificadas como 'política', 'econômica' e 'doméstica' ou 'pessoal'". Ibid., p. 171. O emaranhado de raça e classe em relação ao social pode ser visto na avaliação da Corte sobre o poder de polícia legítimo e ilegítimo. Os exercícios do poder de polícia que impunham a

segregação e o laissez-faire foram apoiados, enquanto as intervenções destinadas a proteger os trabalhadores foram anuladas como legislação de classe. Ver H. N. Hirsch, op. cit., pp. 82-5. Para uma leitura diferente da avaliação da Corte sobre o poder de política, ver Howard Gillman, *The Constitution Besieged: The Rise and Demise of Lochner Era Police Powers Jurisprudence*. Durham: Duke University Press, 1993.

143. *Plessy*, p. 560.

144. George Washington Cable, *The Negro Question*, op. cit., pp. 144-5. Como observa Ronald Takaki: "Essencialmente, Cable apelava ao laissez-faire nas relações raciais. Livre da interferência e regulamentação do governo, o 'antagonismo instintivo' entre as duas raças prevaleceria, e a 'raça caucasiana' preservaria a sua 'elevada pureza' sem a ajuda de 'distinções civis onerosas'". *Iron Cages: Race and Culture in 19th-Century America*. Seattle: University of Washington Press, 1979, p. 209.

145. Segundo Pasquino, quando se deixa para trás o *theatrum politicum* do Estado em duelo com a sociedade, o Estado se torna o "corpo inteiro da sociedade civil". Esse novo ponto de vista implica, portanto, "reposicionar inteiramente a análise das relações de poder no interior do corpo social". O Estado se torna, então, um instrumento entre outros na "modalidade de governo". Pasquale Pasquino, op. cit., pp. 116-7.

146. George Washington Cable, *The Negro Question*, op. cit., p. 144.

147. Isso é diferente da emergência do social europeu, que corresponde mais à Era da Reforma. Nos Estados Unidos do século 19, o social se articula principalmente por meio da repressão e da fortificação do privado, em vez da expansão do Estado, na medida em que assume deveres domésticos.

148. Graham Burchell, Colin Gordon e Peter Miller (Orgs.), op. cit., p. 29.

149. Isso não corresponde a uma aprovação da regulação estatal do privado ou a um apelo por mais leis, mas antes a uma tentativa de sublinhar a regulação rejeitada, realizada por meio de declarações de não interferência. Nancy Fraser escreve: "O privado funciona ideologicamente para delimitar as fronteiras de formas que prejudicam os grupos subordinados". Nancy Fraser em Craig Calhoun (Org.), op. cit., p. 131.

150. Para uma demonstração exemplar dessa desinterdição crítica, ver Kendall Thomas, "Beyond the Privacy Principle". In: Dan Danielson e Karen Engle (Orgs.), *After Identity: A Reader in Law and Culture*. Nova York: Routledge, 1995, pp. 277-93.

151. Essa construção do privado continua a atormentar as políticas feministas e antirracistas. Patricia J. Williams, *The Alchemy of Race and Rights: Diary of a Law Professor*. Cambridge: Harvard University Press, 1991, pp. 15-41. Nadine Taub e Elizabeth Schneider escrevem: "O direito de responsabilidade civil, que geralmente diz respeito a danos infligidos a indivíduos, tem sido tradicionalmente considerado inaplicável a danos infligidos por um membro da família a outro. De acordo com as doutrinas da imunidade entre cônjuges e entre pais e filhos, os tribunais têm negado sistematicamente indenizações por danos que seriam compensáveis se não tivessem ocorrido no domínio privado". Obviamente, o estupro conjugal é outro exemplo dessa ordem de violação. "Women's Subordination and the Role of Law". In: David Kairys (Org.), *The Politics of Law: A Progressive Critique*. Nova York: Pantheon, 1982, p. 155.

152. Otto H. Olsen, op. cit., p. 93.

153. Ibid., p. 107.

Bibliografia*

ABRAHAMS, Roger D. *Singing the Master: The Emergence of African-American Culture in the Plantation South.* Nova York: Pantheon, 1992.

ABU-LUGHOD, Lila. "The Romance of Resistance: Tracing Transformations of Power Through Bedouin Women". *American Ethnologists*, v. 17, n. 1, 1990, pp. 41-55.

_____. *Veiled Sentiments: Honor and Poetry in Bedouin Society.* Berkeley: University of California Press, 1986.

ADAMS, Edward C. L. *Tales of the Congaree.* Robert G. O'Meally (Org.). Chapel Hill: University of North Carolina Press, 1987.

AGNEW, Jean-Christophe. *Worlds Apart: The Market and the Theater in Anglo-American Thought.* Cambridge: Cambridge University Press, 1986.

AIKEN, George; STOWE, Harriet Beecher. *Uncle Tom's Cabin.* In: GOULD, Daniel C. *American Melodrama.* Nova York: Performing Arts Journal, 1983.

ALHO, Olli. *The Religion of Slaves: A Study of the Religious Tradition and Behaviour of Plantation Slaves in the United States, 1830-1965.* FF Communications, n. 217. Helsinque: Academia Scientiarum Fennica, 1976.

ALLEN, Theodore W. *The Invention of the White Race.* Nova York: Verso, 1994.

ALLEN, William Francis (Org.). *Slave Songs of the United States.* Nova York: A. Simpson and Co., 1867.

ALTHUSSER, Louis. *For Marx.* Trad. de Ben Brewster. Nova York: Random House, 1969. [Ed. bras.: *Por Marx.* Campinas: Editora Unicamp, 2015.]

_____. *Lenin and Philosophy and Other Essays.* Trad. de Ben Brewster. Nova York: Monthly Review Press, 1971.

ALTHUSSER, Louis; BALIBAR, Étienne. *Reading Capital.* Trad. de Ben Brewster. Londres: Verso, 1970.

* A tradução da Bibliografia é de floresta. (N.E.)

AMERICAN Anti-Slavery Society. *American Slavery, as It Is: Testimony of a Thousand Witnesses*. Nova York: American Anti-Slavery Society, 1839. Reimp. Nova York: Arno, 1968.

AMES, Mary. *A New England Woman's Diary in Dixie in 1865*. Norwood: Plimpton Press, 1906.

ANDERSON, Benedict. *Imagined Communities: Reflections on the Origin and Spread of Nationalism*. Londres: Verso, 1983.

ANDREWS, Ethan A. *Slavery and the Domestic Slave-Trade in the United States*. Boston: Light and Stearns, 1836. Reimp. Detroit: Negro History Press, s. d.

ANDREWS, William L. *To Tell a Free Story: The First Century of Afro-American Autobiography, 1760-1865*. Urbana: University of Illinois Press, 1986.

APPIAH, Kwame Anthony. *In My Father's House: Africa in the Philosophy of Culture*. Nova York: Oxford University Press, 1992. [Ed. bras.: *Na casa de meu pai: a África na filosofia da cultura*. Trad. de Vera Ribeiro. Rio de Janeiro: Contraponto, 1997.]

APTHEKER, Herbert. *American Negro Slave Revolts*. Nova York: International Publishers, 1943.

ARCHER, Leonie J. *Slavery: And Other Forms of Unfree Labour*. Londres: Routledge, 1988.

ARENDT, Hannah. *The Human Condition*. Chicago: University of Chicago Press, 1958. [Ed. bras.: *A condição humana*. Margaret Canovan (Org.). Barueri: Forense Universitária, 2016.]

_____. *On Revolution*. Londres: Penguin Books, 1963. [Ed. bras.: *Sobre a revolução*. Trad. de Denise Bottman. São Paulo: Companhia das Letras, 2011.]

ARMSTRONG, Nancy; TENNENHOUSE, Leonard (Orgs.). *The Violence of Representation: Literature and the History of Violence*. Londres: Routledge, 1989.

ARMSTRONG, Timothy J. (Org.). *Michel Foucault, Philosopher*. Nova York: Routledge, 1992.

ATKINSON, Charles F.; LORING, Francis W. *Cotton Culture and the South, Considered with Reference to Emigration*. Boston, 1869.

AYERS, Edward L. *Vengeance and Justice: Crime and Punishment in the 19th-Century American South*. Nova York: Oxford University Press, 1984.

BABCOCK, Barbara A. (Org.). *The Reversible World: Symbolic Inversion in Art and Society*. Ithaca: Cornell University Press, 1978.

BACON, A. M.; PARSONS, E. C. (Orgs.). "Folk-Lore from Elizabeth City County, Virginia". *Journal of American Folk-Lore*, v. 35, 1922, pp. 250-327.

BAER, Judith A. *Equality under the Constitution: Reclaiming the Fourteenth Amendment*. Ithaca: Cornell University Press, 1983.

BAKER JR., Houston A. *Blues, Ideology, and Afro-American Literature: A Vernacular Theory*. Chicago: University of Chicago Press, 1984.

_____. *Modernism and the Harlem Renaissance*. Chicago: University of Chicago Press, 1987.

_____. *Workings of the Spirit: The Poetics of Afro-American Women's Writing*. Chicago: University of Chicago Press, 1991.

BAKHTIN, Mikhail. *The Dialogic Imagination: Four Essays.* Trad. de Caryl Emerson e Michael Holquist. Austin: University of Texas Press, 1981.

_____. *Rabelais and His World.* Trad. de Hélène Iswolsky. Bloomington: Indiana University Press, 1984.

BALIBAR, Étienne. "Racism as Universalism". In: *Masses, Classes, Ideas: Studies on Politics and Philosophy Before and After Marx.* Trad. de James Swenson. Nova York: Routledge, 1994.

_____. "Subjection and Subjectivation". In: Joan Copjec (Org.). *Supposing the Subject.* Londres: Verso, 1994.

BANCROFT, Frederic. *Slave Trading in the Old South.* Nova York: Frederick Ungar, 1959.

BARAK, Gregg (Org.). *Crimes by the Capitalist State: An Introduction to State Criminality.* Nova York: State University of New York Press, 1991.

BARLOW, David. *Looking Up at Down: The Emergence of Blues Culture.* Filadélfia: Temple University Press, 1989.

BARROW, David C. "A Georgia Corn-Shucking". *Century Magazine*, v. 24, pp. 873-78, 1882.

BARTKY, Sandra. *Femininity and Domination: Studies in the Phenomenology of Oppression.* Nova York: Routledge, 1990.

BASTIN, Bruce. *Red River Blues: The Blues Tradition in the Southeast.* Urbana: University of Illinois Press, 1986.

BAUDRILLARD, Jean. *Seduction.* Trad. de Brian Singer. Nova York: St. Martin's Press, 1990.

BAUER, Raymond A.; BAUER, Alice H. "Day to Day Resistance to Slavery". In: BRACEY, John H.; MEIER, August; RUDWICK, Elliott (Orgs.). *American Slavery: The Question of Resistance.* Belmont: Wadsworth, 1971.

BAUGHMAN, Ernest W. *Type and Motif: Index of the Folktales of England and North America.* The Hague: Mouton and Co., 1966.

BAUMAN, Richard. *Story, Performance, and Event: Contextual Studies of Oral Narrative.* Cambridge: Cambridge University Press, 1986.

BAUMAN, Zygmunt. *Modernity and the Holocaust.* Ithaca: Cornell University Press, 1991. [Ed. bras.: *Modernidade e Holocausto.* Trad. de Marcus Penchel. Rio de Janeiro: Zahar, 1998.]

BELL JR., Derrick A. *And We Are Not Saved: The Elusive Quest for Racial Justice.* Nova York: Basic Books, 1987.

_____. "Property Rights in Whiteness: Their Legal Legacy, Their Economic Costs". *Villanova Law Review* 767, 1988.

BELZ, Herman. "The Civil War Origins of Negro Suffrage". *Southern Studies* 17, verão 1978, pp. 115-30.

_____. *Emancipation and Equal Rights: Politics and Constitutionalism in the Civil War Era.* Nova York: W. W. Norton, 1978.

_____. *A New Birth of Freedom: The Republican Party and Freedmen's Rights, 1861 to 1866.* Westport: Greenwood, 1976.

BENHABIB, Seyla; BUTLER, Judith; CORNELL, Drucilla; FRASER, Nancy (Orgs.). *Feminist Contentions: A Philosophical Exchange*. Nova York: Routledge, 1995.

BENJAMIN, Walter. *Illuminations: Essays and Reflections*. Trad. de Harry Zohn. Nova York: Schocken, 1969.

_____. *The Origin of German Tragic Drama*. Trad. de John Osborne. Londres: Verso, 1977. [Ed. bras.: *A origem do drama trágico alemão*. Trad. de João Barrento. São Paulo: Autêntica, 2013.]

BENTLEY, Eric. *The Life of Drama*. Nova York: Atheneum, 1964.

BERGER, Raoul. *The Fourteenth Amendment and the Bill of Rights*. Norman: University of Oklahoma Press, 1989.

BERLIN, Ira; FIELDS, Barbara J.; GLYMPH, Thavolia; REIDY, Joseph P.; ROWLAND, Leslie S. (Orgs.). *Freedom: A Documentary History of Emancipation, 1861-1867. The Destruction of Slavery*, série 1, v. 1, *The Black Military Experience*, série 2. Cambridge: Cambridge University Press, 1985.

BERNAUER, James; RASMUSSEN, David (Orgs.). *The Final Foucault*. Cambridge: MIT Press, 1994.

BERRY, Mary Frances. *Military Necessity and Civil Rights Policy: Black Citizenship and the Constitution, 1861-1868*. Port Washington: Kennikat Press, 1977.

BESSMER, Sue. *The Laws of Rape*. Nova York: Praeger Special Studies, 1976.

BHABHA, Homi K. *The Location of Culture*. Nova York: Routledge, 1994.

BIBB, Henry. *Narrative of the Life and Adventures of Henry Bibb, an American Slave, Written by Himself*. Nova York: publicação do autor, 1849.

BLAKE, William O. *The History of Slavery and the Slave Trade*. Columbus: J. and H. Miller, 1858.

BLASSINGAME, John W. *The Slave Community: Plantation Life in the Antebellum South*. Oxford: Oxford University Press, 1979.

_____. (Org.). *Slave Testimony: Two Centuries of Letters, Speeches, Interviews, and Autobiographies*. Baton Rouge: Louisiana State University Press, 1977.

BLESH, Rudi; JANIS, Harriet. *They All Played Ragtime*. Nova York: Oak Publications, 1966.

BLIGHT, David W. *Frederick Douglass' Civil War: Keeping Faith in Jubilee*. Baton Rouge: Lousiana State University Press, 1989.

BOSKIN, Joseph. *Sambo: The Rise and Demise of an American Jester*. Nova York: Oxford University Press, 1986.

BOTKIN, Benjamin A. (Org.). *Lay My Burden Down: A Folk History of Slavery*. Athens: University of Georgia Press, 1989.

BOUCICAULT, Dion. "The Octoroon". In: ROGERS, Katharine M. (Org.). *The Meridian Anthology of 18th and 19th-Century British Drama*. Nova York: New American Library, 1979.

BOURDIEU, Pierre. *Outline of a Theory of Practice*. Trad. de Richard Nice. Cambridge: Cambridge University Press, 1977. [Ed. bras.: *Esboço de uma teoria da prática: Precedido de três estudos de etnologia Cabila*. Trad. de Miguel Serras Pereira. Diadema: Celta Editora, 2002.]

BOYARIN, Jonathan. *Storm from Paradise: The Politics of Jewish Memory*. Minneapolis: University of Minnesota Press, 1992.

BREEDEN, James O. (Org.). *Advice Among the Masters: The Ideal in Slave Management in the Old South*. Westport: Greenwood, 1980.

BREWER, J. Mason. "Juneteenth". *Publications of the Texas Folklore Society* 10, 1932, pp. 8-54.

BRINCKERHOFF, Isaac W. *Advice to Freedmen*. Nova York: American Tract Society, 1864.

BROOKS, Peter. *The Melodramatic Imagination: Balzac, Henry James, Melodrama, and the Mode of Excess*. New Haven: Yale University Press, 1985.

BROWN, Gillian. *Domestic Individualism: Imagining Self in Nineteenth-Century America*. Berkeley: University of California Press, 1990.

BROWN, Helen E. *John Freeman and His Family*. Boston: American Tract Society, 1864.

BROWN, Sterling A.; DAVIS, Arthur P.; LEE, Ulysses (Orgs.). *The Negro Caravan*. Nova York: Dryden Press, 1941. Reimp. Salem: Ayer, 1991.

BROWN, T. Allston. *History of the American Stage*. Nova York: Dick and Fitzgerald, 1870. Reimp. Nova York: Benjamin Blom, 1969.

BROWN, Wendy. *States of Injury: Power and Freedom in Late Modernity*. Princeton: Princeton University Press, 1995.

BROWN, William Wells. "The Escape; or, A Leap for Freedom". In: HATCH, James V.; SHINE, Ted (Orgs.). *Black Theatre USA*. Nova York: Free Press, 1974.

_____. *My Southern Home: or, the South and Its People*. Boston: A. G. Brown and Co., 1880.

_____. "Narrative of William Wells Brown, a Fugitive Slave". In: OSOFSKY, Gilbert (Org.). *Puttin' On Ole Massa: The Slave Narratives of Henry Bibb, William Wells Brown, and Solomon Northup*. Nova York: Harper and Row, 1969. [Ed. bras.: *Narrativa de William Wells Brown, escravo fugitivo: escrita por ele mesmo*. Trad. de Francisco Araújo da Costa. São Paulo: Hedra, 2020.]

BURCHELL, Graham; GORDON, Colin; MILLER, Peter (Orgs.). *The Foucault Effect*. Chicago: University of Chicago Press, 1991.

BURKE, Kenneth. *Counter-Statement*. Berkeley: University of California Press, 1968.

_____. *A Grammar of Motives*. Englewood Cliffs: Prentice-Hall, 1945. Reimp. Berkeley: University of California Press, 1969.

_____. *On Symbols and Society*. Joseph R. Gusfield (Org.). Chicago: University of Chicago Press, 1989.

BUTLER, Judith. *Bodies That Matter*. Nova York: Routledge, 1993. [Ed. bras.: *Corpos que importam: os limites discursivos do sexo*. Trad. de Veronica Daminelli e Daniel Yago Françoli. São Paulo: n-1 edições; crocodilo edições, 2019.]

_____. *Gender Trouble: Feminism and the Subversion of Identity*. Londres: Routledge, 1990. [Ed. bras.: *Problema de gênero: feminismo e subversão da identidade*. Trad. de Renato Aguiar. Rio de Janeiro: Civilização Brasileira, 2003.]

_____. "Imitation and Gender Insubordination". In: FUSS, Diana (Org.). *Inside/Out: Lesbian Theories, Gay Theories*. Nova York: Routledge, 1991.

_____. "Performative Acts and Gender Constitution: An Essay in Phenomenology and Feminist Theory". In: CASE, Sue-Ellen (Org.). *Performing Feminisms*. Baltimore: Johns Hopkins University Press, 1990.

BUTLER, Judith; SCOTT, Joan W. (Orgs.). *Feminists Theorize the Political*. Nova York: Routledge, 1992.

CABLE, George Washington. "The Convict Lease System in the Southern States". In: *The Silent South*. Nova York: Charles Scribner's Sons, 1885.

_____. *The Negro Question: A Selection of Writings on Civil Rights in the South*. Nova York: Charles Scribner's Sons, 1898. Reimp. Garden City: Doubleday Anchor Books, 1958.

CALHOUN, Craig (Org.). *Habermas and the Public Sphere*. Cambridge: MIT Press, 1993.

CANCLINI, Néstor García. "Culture and Power: The State of Research". Trad. de Philip Schlesinger. *Media, Culture and Society*, v. 10, n. 4, 1988, pp. 467-97.

CARBY, Hazel V. *Reconstructing Womanhood: The Emergence of the Afro-American Woman Novelist*. Nova York: Oxford University Press, 1987.

CARTWRIGHT, Samuel. "Diseases and Peculiarities of the Negro Race". *De Bow's Review of the Southern and Western States*, v. 11, 1851.

CATTERALL, Helen Tunnicliff. *Judicial Cases Concerning American Slavery and the Negro*. Washington: Carnegie Institute of Washington, 1926-37. 5 v.

CHAMBERS, Ross. *Story and Situation: Narrative Seduction and the Power of Fiction*. Minneapolis: University of Minnesota Press, 1984. (Theory and History of Literature, 12 v.).

CHAMEROVZOW, Louis A. (Org.). *Slave Life in Georgia: Narrative of the Life, Sufferings, and Escape of John Brown*. Londres: W. M. Watts, 1855.

CHERNOFF, John Miller. *African Rhythm and African Sensibility: Aesthetics and Social Action in African Musical Idioms*. Chicago: University of Chicago Press, 1979.

CHESNUT, Mary Boykin. *A Diary from Dixie*. Nova York: D. Appleton, 1905. Reimp. Ben Ames Williams (Org.). Boston: Houghton Mifflin, 1949.

CHILD, Lydia Maria. *The Freedmen's Book*. Boston: Ticknor and Fields, 1865. Reimp. Nova York: Arno Press, 1968.

CHOW, Rey. *Writing Diaspora: Tactics of Intervention in Contemporary Cultural Studies*. Bloomington: Indiana University Press, 1993.

CIRESI, Alberto Maria. "Gramsci's Observations on Folklore". In: SASSOON, Anne Showstack (Org.). *Approaches to Gramsci*. Londres: Writers and Readers, 1982.

CIXOUS, Hélène; CLÉMENT, Catherine (Orgs.). *The Newly Born Woman*. Trad. de Betsy Wing. Minneapolis: University of Minnesota Press, 1986. (Theory and History of Literature, v. 24).

CLARK, VèVè. "Developing Diaspora Literacy and Marasa Consciousness". In: SPILLERS, Hortense (Org.). *Comparative American Identities*. Nova York: Routledge, 1991.

CLIFFORD, James. *The Predicament of Culture: Twentieth Century Ethnography, Literature, and Art*. Cambridge: Harvard University Press, 1988.

CLIFFORD, James; MARCUS, George (Orgs.). *Writing Culture: The Poetics and Politics of Ethnography*. Berkeley: University of California Press, 1986.

COBB, Thomas. *Inquiry into the Law of Negro Slavery*. Filadélfia: T. S. J. W. Johnson, 1858.

COHEN, Jean L.; ARATO, Andrew. *Civil Society and Political Theory*. Cambridge: MIT Press, 1994.

COMAROFF, Jean. *Body of Power, Spirit of Resistance*. Chicago: University of Chicago Press, 1985.

CONNOLLY, William. *Identity/Difference: Democratic Negotiations of Political Paradox*. Ithaca: Cornell University Press, 1991.

CORNELL, Drucilla. *The Philosophy of the Limit*. Nova York: Routledge, 1992.

_____. *Transformations: Recollective Imagination and Sexual Difference*. Nova York: Routledge, 1993.

CORTNER, Richard C. *The Supreme Court and the Second Bill of Rights*. Madison: University of Wisconsin Press, 1981.

COURLANDER, Harold. *Negro Folk Music, U.S.A*. Nova York: Columbia University Press, 1963.

COVER, Robert M. *Justice Accused: Antislavery and the Judicial Process*. New Haven: Yale University Press, 1975.

_____. "Violence and the Word". *Yale Law Journal*, v. 95, n. 8, jul. 1986.

CRAFT, William; CRAFT, Ellen. *Running a Thousand Miles for Freedom; or, The Escape of William and Ellen Craft from Slavery*. Londres: William Tweedie, 1860.

CRAPANZANO, Vincent. "On the Writing of Ethnography". *Dialectical Anthropology*, v. 2, n. 1, 1977, pp. 69-73.

CRENSHAW, Kimberlé Williams. "Race Reform and Retrenchment: Transformation and Legitimation in Antidiscrimination Law". *Harvard Law Review*, v. 101, n. 7, maio 1988.

CUMMINGS, Katherine. *Telling Tales: The Hysteric's Seduction in Fiction and Theory*. Stanford: Stanford University Press, 1991.

CURTAIN, Philip D. *The Atlantic Slave Trade: A Census*. Madison: University of Wisconsin Press, 1969.

DAVIS, Angela. *Women, Race and Class*. Nova York: Random House, 1981. [Ed. bras.: *Mulheres, raça e classe*. Trad. de Heci Regina Candiani. São Paulo: Boitempo, 2016.]

DAVIS, David Brion. *The Problem of Slavery in the Age of Revolution, 1770-1823*. Ithaca: Cornell University Press, 1975.

_____. *The Problem of Slavery in Western Culture*. Nova York: Cornell University Press, 1966.

DAVIS, Jessica Milner. *Farce*. Londres: Methuen, 1978.

DE CERTEAU, Michel. *The Practice of Everyday Life*. Trad. de Steven Rendall. Berkeley: University of California Press, 1984. [Ed. bras.: *A invenção do cotidiano: artes de fazer*. Trad. de Ephraim Ferreira Alves. Petrópolis: Vozes, 1998.]

DEGLER, Carl N. "The Irony of American Slavery". In: OWENS, Harry P. (Org.). *Perspectives and Irony in American Slavery*. Jackson: University of Mississippi Press, 1976.

DELANY, Martin R. *Blake; or, The Huts of America*. Publicado originalmente em séries, 1859, 1861-62. Primeira coletânea editada por Floyd J. Miller. Boston: Beacon Press, 1970.

DE LAURETIS, Teresa. *Technologies of Gender: Essays on Theory, Film, and Fiction*. Bloomington: Indiana University Press, 1987.

DELEUZE, Gilles. *Masochism: Coldness and the Cruelty*. Trad. de Jean McNeil. Nova York: George Braziller, 1989. Reimp. Nova York: Zone Books, 1991. [Ed. bras.: *Sacher-Masoch: o frio e o cruel*. Trad. de Jorge Bastos. Rio de Janeiro: Zahar, 2009.]

DENNING, Michael. *Mechanic Accents: Dime Novels and Working-Class Culture in America*. Londres: Verso, 1987.

DENNISON, Sam. *Scandalize My Name: Black Imagery in American Popular Music*. Nova York: Garland, 1982.

DIXON, Brenda. "Black Dance and Dancers and the White Public: A Prolegomenon to Problems of Definition". *Black American Literature Forum*, v. 24, n. 1, pp. 117-23, primavera 1990.

DONZELOT, Jacques. *The Policing of Families*. Trad. de Robert Hurley. Nova York: Pantheon, 1979.

DOUGLASS, Ann. *The Feminization of American Culture*. Nova York: Alfred A. Knopf, 1977.

DOUGLASS, Frederick. *Life and Times of Frederick Douglass*. Ed. rev. Boston: De Wolfe, Fiske and Co., 1892. Reimp. Nova York: Collier, 1962. [Ed. bras.: *A vida e a época de Frederick Douglass: escritas por ele mesmo*. Trad. de Rogério W. Galindo. São Paulo: Carambaia, 2022.]

_____. *My Bondage and My Freedom*. Nova York: Miller, Orton and Mulligan, 1855. Reimp. Nova York: Dover, 1969.

_____. *Narrative of the Life of Frederick Douglass, an American Slave, Written by Himself*. Boston: Anti-Slavery Office, 1845. Reimp. Nova York: New American Library, 1968. [Ed. bras.: *Narrativa da vida de Frederick Douglass e outros textos*. Trad. de Odorico Leal. São Paulo: Penguin-Companhia das Letras, 2022.]

DREW, Benjamin. *The Refugee: or The Narratives of Fugitive Slaves in Canada*. Boston: John P. Jewett, 1856.

DREYFUS, Hubert L.; RABINOW, Paul. *Michel Foucault: Beyond Structuralism and Hermeneutics*. Chicago: University of Chicago Press, 1982.

DU BOIS, W. E. B. *Black Reconstruction in America: An Essay Toward a History of the Part Which Black Folk Played in the Attempt to Reconstruct Democracy in America, 1860-1880*. Nova York: Harcourt, Brace, 1935.

_____. *Darkwater: Voices from within the Veil*. Nova York: Harcourt, Brace and Howe, 1920.

_____. *The Souls of Black Folk: Essays and Sketches*. Chicago: A. C. McClurg and Co., 1903. [Ed. bras.: *As almas do povo negro*. Trad. de Alexandre Boide. São Paulo: Veneta, 2021.]

DUCILLE, Ann. *The Coupling Convention: Sex, Text, and Tradition in Black Women's Fiction*. Nova York: Oxford University Press, 1993.

DUNDES, Alan (Org.). *Motherwit from the Laughing Barrel: Readings in the Interpretation of Afro-American Folklore*. Jackson: University of Mississippi Press, 1990.

DUNHAM, Katherine. "The Negro Dance". In: BROWN, Sterling A.; DAVIS, Arthur P.; LEE, Ulysses (Orgs.). *The Negro Caravan*. Nova York: Dryden Press, 1941. Reimp. Salem: Ayer, 1991.

DURDEN, Robert F. *The Gray and the Black: The Confederate Debate on Emancipation*. Baton Rouge: Louisiana State University Press, 1972.

EATON, John. *Grant, Lincoln and the Freedmen: Reminiscences of the Civil War*. Nova York: Longmans, Green, 1907.

EDWARDS, Susan M. *Female Sexuality and the Law: A Study of Constructs of Female Sexuality as They Inform Statute and Legal Procedure*. United Kingdom: M. Robertson, 1981.

EISENSTEIN, Zillah R. *The Female Body and the Law*. Berkeley: University of California Press, 1988.

ELKINS, Stanley M. *Slavery: A Problem in American Institutional and Intellectual Life*. Chicago: University of Chicago Press, 1976.

ELY, John Hart. *Democracy and Distrust: A Theory of Judicial Review*. Cambridge: Harvard University Press, 1980.

EMERY, Lynne Fauley. *Black Dance from 1619 to Today*. 2. ed. Princeton: Dance Horizons, 1988.

ENGLE, Gary D. (Org.). *This Grotesque Essence: Plays from the Minstrel Stage*. Baton Rouge: Louisiana State University Press, 1978.

EPSTEIN, Dena J. *Sinful Tunes and Spirituals: Black Folk Music to the Civil War*. Urbana: University of Illinois Press, 1977.

EQUIANO, Olaudah. *The Interesting Narrative and Other Writings*. Nova York: Penguin, 1995. Publicado pela primeira vez pelo autor: Londres, 1789. [Ed. bras.: *A interessante narrativa da vida de Olaudah Equiano*. Trad. de João Lopes Guimarães Júnior. São Paulo: Ed. 34, 2022.]

ESTRICH, Susan. *Real Rape*. Cambridge: Harvard University Press, 1987.

EVANS, David. "Afro-American One-Stringed Instruments". *Western Folklore*, v. 29, n. 4, out. 1970, pp. 229-45.

EVANS, Martha Noel. "Hysteria and the Seduction of Theory". In: HUNTER, Dianne (Org.). *Seduction and Theory: Readings of Gender, Representation, and Rhetoric*. Urbana: University of Illinois Press, 1989.

EWING, Elbert William Robinson. *Legal and Historical Status of the Dred Scott Decision*. Washington: Cobden, 1909.

FABIAN, Johannes. *Time and the Other: How Anthropology Makes Its Object*. Nova York: Columbia University Press, 1983.

FABRE, Geneviève; O'MEALLY, Robert (Orgs.). *History and Memory in African American Culture*. Nova York: Oxford University Press, 1994.

FANON, Frantz. *Black Skin, White Masks*. Trad. de Charles Lam Markmann. Nova York: Grove, 1967. [Ed. bras.: *Pele negra, máscaras brancas*. Trad. de Raquel Camargo e Sebastião Nascimento. São Paulo: Ubu Editora, 2020.]

_____. *The Wretched of the Earth*. Trad. de Constance Farrington. Nova York: Grove, 1965. [Ed. bras.: *Os condenados da terra*. Trad. de Ligia Fonseca Ferreira e Regina Salgado Campos. Rio de Janeiro: Zahar, 2022.]

FAUST, Drew Gilpin. *The Creation of Confederate Nationalism: Ideology and Identity in the Civil War South*. Baton Rouge: Louisiana State University Press, 1988.

_____ (Org.). *The Ideology of Slavery: Proslavery Thought in the Antebellum South, 1830-1860*. Baton Rouge: Louisiana State University Press, 1981.

FEATHERSTONHAUGH, George. W. *Excursion Through the Slave States*. Londres: John Murray, 1844. 2 v.

FEDE, Andrew. *People without Rights: An Interpretation of the Fundamental Law of Slavery in the U.S. South*. Nova York: Garland 1992.

FELMAN, Shoshana; LAUB, Dori. *Testimony: Crises of Witnessing in Literature, Psychoanalysis, and History*. Nova York: Routledge, 1992.

FERGUSON, Frances. "Rape and the Rise of the Novel". *Representations*, n. 20, outono 1987, pp. 88-112.

FERGUSON, Russell; GEVER, Martha; MINH-HÁ, Trinh T.; WEST, Cornel (Orgs.). *Out There: Marginalization and Contemporary Cultures*. Nova York: The New Museum of Contemporary Art; Cambridge: MIT Press, 1990.

FERNANDEZ, James W. *Persuasions and Performances: The Play of Tropes in Culture*. Bloomington: Indiana University Press, 1986.

FILENE, Benjamin. "'Our Singing Country': John and Alan Lomax, Leadbelly, and the Construction of an American Past". *American Quarterly*, v. 43, n. 4, dez. 1991, pp. 602-24.

FINKELMAN, Paul. *An Imperfect Union: Slavery, Federalism, and Comity*. Chapel Hill: University of North Carolina Press, 1981.

FISHER, Philip. *Hard Facts: Setting and Form in the American Novel*. Nova York: Oxford University Press, 1985.

FISK, Clinton B. *Plain Counsels for Freedmen*. Boston: American Tract Society, 1866.

FISK University Social Science Institute. *Unwritten History of Slavery: Autobiographical Accounts of Negro Ex-Slaves*. Nashville: Fisk University Social Science Institute, 1945.

FITZHUGH, George. *Cannibals All! Or, Slaves without Masters*. Richmond: A. Morris, 1857. Reimp. Cambridge: Belknap Press of Harvard University Press, 1971.

FOGEL, Robert William; ENGERMAN, Stanley L. *Time on the Cross: The Economics of American Negro Slavery*. Boston: Little, Brown, 1974.

FONER, Eric. *Politics and Ideology in the Age of the Civil War*. Nova York: Oxford University Press, 1980.

_____. *Reconstruction: America's Unfinished Revolution, 1863-1877*. Nova York: Harper and Row, 1988.

FONER, Philip S.; WALKER, George E. (Orgs.). *Proceedings of the Black State Conventions, 1840-1863*. Filadélfia: Temple University Press, 1979.

FORBATH, William E. "Free Labor Ideology in the Gilded Age". *Wisconsin Law Review*, 1985, pp. 767-817.

FORRESTER, John. *The Seduction of Psychoanalysis: Freud, Lacan and Derrida*. Cambridge: Cambridge University Press, 1990.

FORTEN GRIMKÉ, Charlotte. *The Journals of Charlotte Forten Grimké*. Org. de Brenda Stevenson. Nova York: Oxford University Press, 1988.

_____ [como Charlotte Forten]. "Life on the Sea Islands". *Atlantic Monthly*, maio 1864.

FOSTER, Stephen. *Minstrel Show Songs*. Org. de H. Wiley Hitchcock. Nova York: Da Capo Press, 1980.

FOSTER, Susan Leigh. *Reading Dancing: Bodies and Subjects in Contemporary American Dance*. Berkeley: University of California Press, 1986.

FOUCAULT, Michel. *Discipline and Punish: The Birth of the Prison*. Trad. de Alan Sheridan. Nova York: Vintage, 1979. [Ed. bras.: *Vigiar e punir: nascimento das prisões*. Trad. de Raquel Ramalhete. 35. ed. Petrópolis: Vozes, 2008.]

_____. *The History of Sexuality*. Trad. de Robert Hurley. Nova York: Vintage, 1980. [Ed. bras.: *História da sexualidade*. Trad. de Maria Thereza da Costa Albuquerque, J. A. Guilhon Albuquerque, Heliana de Barros Conde Rodrigues, Portocarrero e Vera Maria. Rio de Janeiro: Paz e Terra, 2020. 4 v.]

_____. *Language, Counter-Memory, Practice: Selected Essays and Interviews*. Org. Donald F. Bouchard. Trad. de Donald F. Bouchard e Sherry Simon. Ithaca: Cornell University Press, 1977.

_____. *Power/Knowledge: Selected Interviews and Other Writings, 1972-1977*. Org. de Colin Gordon. Trad. de Colin Gordon, Leo Marshall, John Mepham e Kate Soper. Nova York: Pantheon, 1980.

_____. "The Subject and Power". In: DREYFUS, Hubert L.; RABINOW, Paul (Orgs.). *Michel Foucault: Beyond Structuralism and Hermeneutics*. Chicago: University of Chicago Press, 1982.

FOX-GENOVESE, Elizabeth. *Within the Plantation Household: Black and White Women of the Old South*. Chapel Hill: University of North Carolina Press, 1988.

FOX-GENOVESE, Elizabeth; GENOVESE, Eugene D. *The Fruits of Merchant Capitalism: Slavery and Bourgeois Property in the Rise and Expansion of Capitalism*. Nova York: Oxford University Press, 1983.

FRANKLIN, John Hope. *The Emancipation Proclamation*. Edimburgo: Edinburgh University Press, 1963.

_____ (Org.). *Reminiscences of an Active Life: The Autobiography of John Roy Lynch*. Chicago: University of Chicago Press, 1970.

FRASER, Nancy. *Unruly Practices: Power, Discourse, and Gender in Contemporary Social Theory*. Minneapolis: University of Minnesota Press, 1989.

FRASER JR., Walter J.; MOORE JR., Winfred B. (Orgs.). *The Southern Enigma: Essays on Race, Class, and Folk Culture*. Westport: Greenwood, 1983.

FREDERICKSON, George M. *The Arrogance of Race: Historical Perspectives on Slavery, Racism, and Social Inequity*. Middletown: Wesleyan University Press, 1988.

_____. *The Black Image in the White Mind: The Debate on Afro-American Character and Destiny, 1817-1914*. Middletown: Wesleyan University Press, 1971.

FREEMAN, Alan. "Legitimizing Racial Discrimination Through Antidiscrimination Law: A Critical Review of Supreme Court Doctrine". *Minnesota Law Review* 62, 1978, pp. 1349-69.

FREUD, Sigmund. *Beyond the Pleasure Principle*. Trad. de James Strachey. Nova York: W. W. Norton, 1961. [Ed. bras.: *Obras completas, v. 12: Introdução ao narcisismo, ensaios de metapsicologia e outros textos (1914-1916)*. Trad. de Paulo César de Souza. São Paulo: Companhia das Letras, 2011.]

FRIEDMAN, Lawrence M. *Crime and Punishment in American History*. Nova York: Basic Books, 1993.

FURNAS, J. C. *Goodbye to Uncle Tom*. Nova York: William Sloane Associates, 1956.

GALLOP, Jane. *The Daughter's Seduction: Feminism and Psychoanalysis*. Ithaca: Cornell University Press, 1982.

GATES JR., Henry Louis. *The Signifying Monkey: A Theory of African American Literary Criticism*. Nova York: Oxford University Press, 1988.

GEERTZ, Clifford. *The Interpretation of Cultures*. Nova York: Basic Books, 1973.

_____. *Negara: The Theatre State in Nineteenth-Century Bali*. Princeton: Princeton University Press, 1980.

GENOVESE, Eugene D. *From Rebellion to Revolution: Afro-American Slave Revolts in the Making of the New World*. Baton Rouge: Louisiana State University Press, 1979.

_____. *Roll, Jordan, Roll: The World the Slaves Made*. Nova York: Vintage, 1972.

GEORGE, Alexander L. (Org.). *Western State Terrorism*. Nova York: Routledge, 1991.

GEORGIA Writer's Project. *Drums and Shadows: Survival Studies Among the Georgia Coastal Negroes*. Athens: University of Georgia Press, 1986.

GILLMAN, Howard. *The Constitution Besieged: The Rise and Demise of Lochner Era Police Powers Jurisprudence*. Durham: Duke University Press, 1993.

GILMAN, Sander L. *Difference and Pathology: Stereotypes of Sexuality, Race, and Madness*. Ithaca: Cornell University Press, 1985.

GILROY, Paul. *The Black Atlantic: Modernity and Double-Consciousness*. Cambridge: Harvard University Press, 1993. [Ed. bras.: *O Atlântico negro: modernidade e dupla consciência*. Trad. de Cid Knipel Moreira. São Paulo: Ed. 34; Rio de Janeiro: Universidade Cândido Mendes, Centro de Estudos Afro-Asiáticos, 2001.]

_____. "Sounds Authentic: Black Music, Ethnicity, and the Challenge of a Changing Same". *Black Music Research Journal*, v. 11, n. 2, outono 1991, pp. 111-36.

_____. *There Ain't No Black in the Union Jack*. Londres: Hutchinson, 1987.

GLISSANT, Édouard. *Caribbean Discourse: Selected Essays*. Trad. de J. Michael Dash. Charlottesville: University of Virginia Press, 1989.

GOLDBERG, David Theo. *Racist Culture: Philosophy and the Politics of Meaning*. Cambridge: Blackwell Publishers, 1993.

GOODELL, William. *The American Slave Code*. Nova York: American and Foreign Anti--Slavery Society, 1853. Reimp. Nova York: Johnson Reimp. Corporation, 1968.

GORDON, Katrina Hazzard. *Jookin': The Rise of Social Dance Formations in African American Culture*. Filadélfia: Temple University Press, 1990.

GORDON, Robert Winslow. "Negro 'Shouts' from Georgia". In: DUNDES, Alan (Org.). *Motherwit from the Laughing Barrel: Readings in the Interpretation of Afro--American Folklore*. Jackson: University of Mississippi Press, 1990.

GOSSETT, Thomas F. *Race: The History of an Idea in America*. Nova York: Schocken, 1963.

GRAHAM, Howard Jay. *Everyman's Constitution: Historical Essays on the Fourteenth Amendment, the "Conspiracy Theory," and American Constitutionalism*. Madison: Wisconsin Historical Society of Press, 1968.

GRAMSCI, Antonio. *The Prison Notebooks*. Org. e trad. de Quintin Hoare e Geoffrey Nowell Smith. Nova York: International Publishers, 1971. [Ed. bras.: *Cadernos do cárcere*, v. 1. Org. e trad. de Carlos Nelson Coutinho. Coed. de Luiz Sérgio Henriques e Marco Aurélio Nogueira. Rio de Janeiro: Civilização Brasileira, 1999.]

_____. *Selections from Cultural Writings*. Org. de David Forgacs e Geoffrey Nowell--Smith. Trad. de William Boelhower. Cambridge: Harvard University Press, 1985.

GRIFFIN, Farah Jasmine. *"Who Set You Flowin'?": The African-American Migration Narrative*. Nova York: Oxford University Press, 1995.

GRIMSTED, David. *Melodrama Unveiled: American Theater and Culture*. Berkeley: University of California Press, 1987.

GROSSBERG, Lawrence. "On Postmodernism and Articulation: An Interview with Stuart Hall". *Journal of Communication Inquiry*, v. 10, n. 2, 1986, pp. 45-60.

GROSSBERG, Lawrence. *We Gotta Get Out of This Place: Popular Conservatism and Postmodern Culture*. Nova York: Routledge, 1992.

GUHA, Ranajit. "Chandra's Death". In: *Subaltern Studies*, v. 5. Delhi: Oxford University Press, 1988.

GUHA, Ranajit; SPIVAK, Gayatri Chakravorty (Orgs.). *Selected Subaltern Studies*. Nova York: Oxford University Press, 1988.

GUTMAN, Herbert. *The Black Family in Slavery and Freedom, 1750-1925*. Nova York: Pantheon, 1976.

HABERMAS, Jürgen. *The Structural Transformation of the Public Sphere: An Inquiry into a Category of Bourgeois Society*. Trad. de Thomas Burger. Cambridge: MIT Press, 1991. [Ed. bras.: *Mudança estrutural da esfera pública: investigações quanto a uma categoria da sociedade burguesa*. Trad. de Flávio R. Kothe. Rio de Janeiro: Tempo Brasileiro, 2003.]

HALL, Stuart. "Cultural Identity and Diaspora". In: RUTHERFORD, Jonathan (Org.). *Identity: Community, Culture, Difference*. Londres: Lawrence and Wishart, 1990.

_____. "Gramsci's Relevance for the Study of Race and Ethnicity". *Journal of Communication Inquiry*, v. 10, n. 2, 1986, pp. 5-27.

_____. "Notes on Deconstructing 'the Popular'". In: SAMUEL, Raphael (Org.). *People's History and Socialist Theory*. Londres: Routledge and Kegan Paul, 1981.

HALLER JR., John S. *Outcasts from Evolution: Scientific Attitudes of Racial Inferiority, 1859-1900*. Urbana: University of Illinois Press, 1971.

HARAWAY, Donna J. *Simians, Cyborgs, and Women: The Reinvention of Nature*. Nova York: Routledge, 1991. [Ed. bras.: *A reinvenção da natureza: símios, ciborgues e mulheres*. Trad. de Rodrigo Tadeu Gonçalves. São Paulo: WMF Martins Fontes, 2023.]

HARDING, Vincent. *There Is a River: The Black Struggle for Freedom in America*. Nova York: Harcourt, Brace, 1981.

HARRIS, Cheryl I. "Whiteness as Property". *Harvard Law Review*, v. 106, n. 8, jun. 1993, pp. 1709-91.

HARVEY, David. *The Condition of Postmodernity: An Enquiry into the Origins of Cultural Change*. Oxford: Basil Blackwell, 1989.

HEILMAN, Robert Bechtold. *Tragedy and Melodrama: Versions of Experience*. Seattle: University of Washington Press, 1968.

HERBERT, Christopher. *Culture and Anomie: Ethnographic Imagination in the Nineteenth Century*. Chicago: University of Chicago Press, 1991.

HERSKOVITS, Melville J. *The Myth of the Negro Past*. Boston: Beacon Press, 1941.

HIGGINBOTHAM JR., A. Leon. *In the Matter of Color: Race and the American Legal Process; The Colonial Period*. Nova York: Oxford University Press, 1978.

HIGGINS, Lynn A.; SILVER, Brenda R. (Orgs.). *Rape and Representation*. Nova York: Columbia University Press, 1991.

HIGGINSON, Thomas Wentworth. *Army Life in a Black Regiment*. Boston: Fields, Osgood and Co., 1870. Reimp. Nova York: W. W. Norton, 1984.

HINDESS, Barry; HIRST, Paul Q. *Pre-Capitalist Modes of Production*. Londres: Routledge and Kegan Paul, 1975.

HINE, Darlene Clark. "Rape and the Inner Lives of Black Women in the Middle West: Preliminary Thoughts on the Culture of Dissemblance". *Signs: Journal of Women in Culture and Society*, v. 14, n. 4, verão 1989, pp. 912-20.

HIRSCH, H. N. *A Theory of Liberty: The Constitution and Minorities*. Nova York: Routledge, 1992.

HIRSCHMAN, Albert O. *The Passions and the Interests: Political Arguments for Capitalism Before Its Triumph*. Princeton: Princeton University Press, 1977.

HOFF, Joan. *Law, Gender, and Injustice: A Legal History of U.S. Women*. Nova York: New York University Press, 1991.

HOLLOWAY, Joseph E. (Org.). *Africanisms in American Culture*. Bloomington: Indiana University Press, 1990.

HOLT, Thomas C. *The Problem of Freedom: Race, Labor, and Politics in Jamaica and Britain, 1832-1938*. Baltimore: Johns Hopkins University Press, 1991.

HONIG, Bonnie. "Nietzsche and the Recovery of Responsibility". In: *Political Theory and the Displacement of Politics*. Ithaca: Cornell University Press, 1993.

HOOKS, bell. *Ain't I a Woman: Black Women and Feminism*. Boston: South End Press, 1981. [Ed. bras.: *E eu não sou uma mulher? Mulheres negras e feminismo*. 9. ed. Trad. de Libanio Bhuvi. Rio de Janeiro: Rosa dos Tempos, 2019.]

HORSMAN, Reginald. *Race and Manifest Destiny: The Origins of American Racial Anglo--Saxonism*. Cambridge: Harvard University Press, 1981.

HORWITZ, Morton J. *The Transformation of American Law, 1870-1960: The Crisis of Legal Orthodoxy*, v. 2. Nova York: Oxford University Press, 1992.

HOUNTONDJI, Paulin J. *African Philosophy: Myth and Reality*. Trad. de Henri Evans e Jonathan Rée. Bloomington: Indiana University Press, 1976.

HUGGINS, Nathan Irving. *Harlem Renaissance*. Oxford: Oxford University Press, 1971.

HUNTER, Dianne (Org.). *Seduction and Theory: Readings of Gender, Representation, and Rhetoric*. Urbana: University of Illinois Press, 1989.

HURD, John Codman. *The Law of Freedom and Bondage in the United States*. Boston: Little, Brown, 1858-62. 2 v.

HURSTON, Zora Neale. *Mules and Men*. Bloomington: Indiana University Press, 1978. Publicado pela primeira vez em 1935.

INIKORI, Joseph E.; ENGERMAN, Stanley L. (Orgs.). *The Atlantic Slave Trade: Effects on Economics, Societies, and Peoples in Africa, the Americas, and Europe*. Durham: Duke University Press, 1992.

JACOBS, Harriet A. *Incidents in the Life of a Slave Girl, Written by Herself*. Boston: publicação da autora, 1861. Reimp. Jean Fagan Yellin (Org.). Cambridge: Harvard University Press, 1987. [Ed. bras.: *Incidentes na vida de uma menina escrava*. Trad. de Ana Ban. São Paulo: Todavia, 2019.]

JAMESON, Fredric. *The Ideologies of Theory: Essays, 1971-1986*, v. 2. Minneapolis: University of Minnesota Press, 1988.

JANMOHAMED, Abdul R. "Sexuality on/of the Racial Border: Foucault, Wright, and the Articulation of 'Racialized Sexuality'". In: STANTON, Domna C. (Org.). *Discourses of Sexuality: From Aristotle to AIDS*. Ann Arbor: University of Michigan Press, 1992.

JAYNES, Gerald David. *Branches without Roots: Genesis of the Black Working Class in the American South, 1862-1882*. Nova York: Oxford University Press, 1986.

JEFFERSON, Thomas. *Notes on the State of Virginia*. Londres: John Stockdale, 1787. Reimp. Nova York: W. W. Norton, 1982.

JENKINS, William Sumner. *Pro-Slavery Thought in the Old South*. Chapel Hill: University of North Carolina Press, 1935. Reimp. Gloucester: Peter Smith, 1960.

JOHNSON, Clifton H. (Org.). *God Struck Me Dead*. Filadélfia: Pilgrim Press, 1969.

JOHNSON, Guion Griffis. *A Social History of the Sea Islands, with Special Reference to St. Helena Island*. Chapel Hill: University of North Carolina Press, 1930.

JOHNSON, Roy F. *Supernaturals: Among Carolina Folk and Their Neighbors*. Murfreesboro: Johnson Publishing Company, 1974.

JONES, Charles C. *The Religious Instruction of the Negro in the United States*. Savannah: Thomas Purse, 1842. Reimp. Freeport: Books for Libraries, 1971.

JONES, Jacqueline. *Labor of Love, Labor of Sorrow: Black Women, Work, and the Family, from Slavery to the Present*. Nova York: Basic Books, 1985.

JONES, LeRoi [Amiri Baraka]. *Blues People: Negro Music in White America*. Nova York: William Morrow, 1963.

JONES JR., Norrece T. *Born a Child of Freedom, Yet a Slave: Mechanism of Control and Strategies of Resistance in Antebellum South Carolina*. Hanover: University Press of New England; Wesleyan University Press, 1990.

JORDAN, Winthrop D. *White over Black: American Attitudes toward the Negro, 1550- -1812*. Chapel Hill: University of North Carolina Press, 1968. Reimp. Nova York: W. W. Norton, 1977.

JOYNER, Charles. *Down by the Riverside: A South Carolina Slave Community*. Urbana: University of Illinois Press, 1984.

KAIRYS, David (Org.). *The Politics of Law: A Progressive Critique*. Nova York: Pantheon Books, 1982.

KAMMEN, Michael. *Mystic Chords of Memory: The Transformation of Tradition in American Culture*. Nova York: Alfred A. Knopf, 1991. Reimp. Nova York: Vintage Books, 1993.

KAPLAN, Amy; PEASE, Donald E. (Orgs.). *Culture of United States Imperialism*. Durham: Duke University Press, 1993.

KARP, Ivan; LAVINE, Steven D. (Orgs.). *Exhibiting Culture: The Poetics and Politics of Museum Display*. Washington: Smithsonian Institution Press, 1990.

KATZ, Michael B. *In the Shadow of the Poorhouse: A Social History of Welfare in America*. Nova York: Basic Books, 1986.

KECKLEY, Elizabeth. *Behind the Scenes; or, Thirty Years a Slave, and Four Years in the White House*. Nova York: G. W. Carleton and Co., 1868. Reimp. Nova York: Oxford University Press, 1988.

KEMBLE, Fanny. *The American Journals*. Edited by Elizabeth Mavor. Londres: Weidenfeld and Nicolson, 1990.

KENDRICK, Benjamin B. *The Journal of the Joint Committee of Fifteen on Reconstruction: 39th Congress, 1865-1867*. Columbia University, 1914.

KETTNER, James. *The Development of American Citizenship, 1608-1870*. Chapel Hill: University of North Carolina Press, 1978.

KIRSHENBLATT-GIMBLETT, Barbara. "Objects of Ethnography". In: KARP, Ivan; LAVINE, Steven D. (Orgs.). *Exhibiting Cultures: The Poetics and Politics of Museum Display*. Washington: Smithsonian Institution Press, 1990.

KOLCHIN, Peter. *American Slavery, 1619-1877*. Nova York: Hill and Wang, 1993.

KOUSSER, J. Morgan; MCPHERSON, James M. (Orgs.). *Region, Race, and Reconstruction: Essays in Honor of C. Vann Woodward*. Nova York: Oxford University Press, 1982.

KOVEL, Joel. *White Racism: A Psychohistory*. Nova York: Columbia University Press, 1970.

KRISTEVA, Julia. *Powers of Horror: An Essay on Abjection*. Trad. de Leon S. Roudiez. Nova York: Columbia University Press, 1982.

KULL, Andrew. *The Color-Blind Constitution*. Cambridge: Harvard University Press, 1992.

LACLAU, Ernesto. *New Reflections on the Revolution of Our Time*. Londres: Verso, 1990.

LACLAU, Ernesto; MOUFFE, Chantal. *Hegemony and Socialist Strategy: Towards a Radical Democratic Politics*. Londres: Verso, 1985.

LANE, Lunsford. *The Narrative of Lunsford Lane*. Boston: publicação do autor, 1842. Reimp. Boston: Hewes S. Watson, 1848.

LEFEBVRE, Henri. *The Production of Space*. Trad. de Donald Nicholson-Smith. Cambridge: Basil Blackwell, 1991.

LEVINE, Lawrence W. *Black Culture and Black Consciousness: Afro-American Folk Thought from Slavery to Freedom*. Oxford: Oxford University Press, 1977.

LEVINSON, Sanford; MAILLOUX, Steve (Orgs.). *Interpreting Law and Literature: A Hermeneutic Reader*. Evanston: Northwestern University Press, 1988.

LINCOLN, Abraham. *Abraham Lincoln: Speeches and Writings, 1832-1858*. Nova York: Library of America, 1989.

LITWACK, Leon F. *Been in the Storm So Long: The Aftermath of Slavery*. Nova York: Vintage Books, 1979.

LOMAX, John A.; LOMAX, Alan. *Folk Song, USA: The 111 Best American Ballads*. Nova York: New American Library, 1966.

LOTT, Eric. *Love and Theft: Blackface Minstrelsy and the American Working Class*. Nova York: Oxford University Press, 1992.

LYOTARD, Jean-François. *The Postmodern Condition*. Trad. de Geoff Bennington e Brian Massumi. Minneapolis: University of Minnesota Press, 1979. [Ed. bras.: *A condição pós-moderna*. Trad. de Ricardo Correa Barbosa. Rio de Janeiro: José Olympio, 2021.]

MACKINNON, Catherine A. "Feminism, Marxism, Method and the State: Towards Feminist Jurisprudence". *Signs: Journal of Women in Culture and Society*, v. 8, n. 4, verão 1983, pp. 635-58.

MACLEAN, Marie. *Narrative as Performance: The Baudelairean Experiment*. Londres: Routledge, 1988.

MACPHERSON, C. B. *The Political Theory of Possessive Individualism: Hobbes to Locke*. Nova York: Oxford University Press, 1962.

MAGRIEL, Paul (Org.). *Chronicles of the American Dance: From the Shakers to Martha Graham*. Nova York: Dance Index, 1948. Reimp. Nova York: Da Capo, 1978.

MAHAR, William J. "Black English in Early Blackface Minstrelsy: A New Interpretation of the Sources of Minstrel Show Dialect". *American Quarterly*, v. 37, n. 2, verão 1985, pp. 260-85.

MANNING, Patrick. *Slavery and African Life: Occidental, Oriental and African Slave Trades*. Nova York: Cambridge University Press, 1990.

MARCUS, George E.; CUSHMAN, Dick. "Ethnographies as Texts". *Annual Review of Anthropology* 11, 1982, pp. 25-69.

MARS, James. *Life of James Mars, a Slave Born and Sold in Connecticut, Written by Himself*. Hartford: Press of Case, Lockwood and Co., 1864.

MARTIN JR., Waldo E. *The Mind of Frederick Douglass*. Chapel Hill: University of North Carolina Press, 1984.

MARX, Karl. *Capital*, v. 1. Trad. de Ben Fowkes. Nova York: Vintage, 1977. [Ed. bras.: *O capital: crítica da economia política. Livro I: O processo de produção do capital*. Trad. de Rubens Enderle. São Paulo: Boitempo, 2013.]

_____. "On the Jewish Question". In: TUCKER, Robert C. (Org.). *The Marx-Engels Reader*. Nova York: W. W. Norton, 1978. [Ed. bras.: *Sobre a questão judaica*. Trad. de Nélio Schneider. São Paulo: Boitempo, 2010.]

MAUSS, Marcel. *The Gift: Forms and Functions of Exchange in Archaic Societies*. Trad. de Ian Cunnison. Glencoe: Free Press, 1954.

MCLAURIN, Melton A. *Celia, A Slave: A True Story*. Athens: University of Georgia Press, 1991. Reimp. Nova York: Avon Books, 1993.

MCCLINTOCK, Anne. *Imperial Leather: Race, Gender and Sexuality in the Colonial Contest*. Nova York: Routledge, 1995.

MCCONACHIE, Bruce A. *Melodramatic Formations: American Theatre and Society, 1820--1870*. Iowa City: University of Iowa Press, 1992.

MCPHERSON, Edward. *The Political History of the United States of America during the Period of Reconstruction*. Washington: Philip and Solomons, 1871.

MEHTA, Uday S. "Liberal Strategies of Exclusion". *Politics and Society*, v. 18, n. 4, dez. 1990, pp. 429-30.

MILES, Robert. *Capitalism and Unfree Labour: Anomaly or Necessity?* Londres: Tavistock Publications, 1987.

MILLER, Jane. *Seductions: Studies in Reading and Culture*. Nova York: Columbia University Press, 1990.

MINSON, Jeffrey. *Genealogies of Morals: Nietzsche, Foucault, Donzelot and the Eccentricity of Ethics*. Nova York: St. Martin's Press, 1985.

MISSISSIPPI REPORTS. Livro 18, vv. 36 e 37. St. Paul: West Publishing Company, 1908.

MONTGOMERY, David. *Beyond Equality: Labor and the Radical Republicans, 1862-1872*. Nova York: Alfred A. Knopf, 1967.

_____. *Citizen Worker: The Experience of Workers in the United States with Democracy and the Free Market During the Nineteenth Century*. Nova York: Cambridge University Press, 1993.

MORGAN, Edmund S. *American Slavery, American Freedom: The Ordeal of Colonial Virginia*. Nova York: W. W. Norton, 1975.

MORRIS, David B. *The Culture of Pain*. Berkeley: University of California Press, 1991.

MORRIS, Robert C. *Reading, 'Riting, and Reconstruction: The Education of Freedmen in the South, 1861-1870*. Chicago: University of Chicago Press, 1976.

MORRISON, Karl F. *"I Am You": The Hermeneutics of Empathy in Western Literature, Theology, and Art*. Princeton: Princeton University Press, 1988.

MORRISON, Toni. *Beloved*. Nova York: Plume, 1988. [Ed. bras.: *Amada*. Trad. de José Rubens Siqueira. São Paulo: Companhia das Letras, 2011.]

MORTON, Patricia. *Disfigured Images: The Historical Assault on Afro-American Women*. Nova York: Praeger, 1991.

MUDIMBE, V. Y. (Org.). *The Surreptitious Speech: Présence Africaine and the Politics of Otherness, 1947-1987*. Chicago: University of Chicago Press, 1992.

MULLIN, Gerald W. *Flight and Rebellion: Slave Resistance in Eighteenth-Century Virginia*. Nova York: Oxford University Press, 1972.

MUNZER, Stephen R. *A Theory of Property*. Cambridge: Cambridge University Press, 1990.

MYERSON, Joel (Org.). *Studies in the American Renaissance in New England*. Detroit: Gale Research Co., 1978.

MYKKELTVEDT, Roald Y. *The Nationalization of the Bill of Rights: Fourteenth Amendment Due Process and the Procedural Rights*. Port Washington: Associated Faculty Press, 1983.

NAPIER, A. David. *Masks, Transformation and Paradox*. Berkeley: University of California Press, 1986.

NATHAN, Hans. *Dan Emmett and the Rise of Early Negro Minstrelsy*. Norman: University of Oklahoma Press, 1962.

NATHANSON, Y. S. "Negro Minstrelsy, Ancient and Modern". *Putnam's Monthly* 5, jan. 1855, pp. 72-9.

NEDELSKY, Jennifer. *Private Property and the Limits of American Constitutionalism: The Madisonian Framework and Its Legacy*. Chicago: University of Chicago Press, 1990.

"Negro Superstitions Concerning the Violin". *Journal of American Folklore* 5, 1892, pp. 329-30.

NELSON, Bernard H. *The Fourteenth Amendment and the Negro since 1920*. Washington: Catholic University of America Press, 1946.

NELSON, Cary; GROSSBERG, Lawrence (Orgs.). *Marxism and the Interpretation of Culture*. Urbana: University of Illinois Press, 1988.

NIEMAN, Donald G. (Org.). *African American Life in the Post-Emancipation South, 1861--1900*. Nova York: Garland, 1994, 2 v.

_____. *Black Southerners and the Law, 1865-1900*. Nova York: Garland, 1994.

_____. *To Set the Law in Motion: The Freedmen's Bureau and the Legal Rights of Blacks, 1865-1868*. Millwood: KTO Press, 1979.

NORTHUP, Solomon. *Twelve Years a Slave. In Puttin' On Ole Massa: The Slave Narratives of Henry Bibb, William Wells Brown, and Solomon Northup*. Org. de Gilbert Osofsky. Baton Rouge: Louisiana State University Press, 1968. [Ed. bras.: *Doze anos de escravidão*. Trad. de Caroline Chang. São Paulo: Penguin-Companhia das Letras, 2014.]

OAKES, James. *The Ruling Race: A History of American Slaveholders*. Nova York: Alfred A. Knopf, 1982.

OLMSTED, Frederick Law. *A Journey in the Back Country*. Nova York: Mason Brothers, 1863. Reimp. Nova York: G. P. Putnam's Sons, 1907.

_____. *A Journey in the Seaboard Slave States*. Nova York: Dix, Edwards, 1856.

_____. *A Journey Through Texas; or, A Saddle-Trip on the Southwestern Frontier; with a Statistical Appendix*. Nova York: Dix, Edwards, 1857.

OLSEN, Otto H. *The Thin Disguise: Turning Point in Negro History; Plessy v. Ferguson, A Documentary Presentation*. Nova York: Humanities Press, 1967.

OMI, Michael; WINANT, Howard. *Racial Formation in the United States*. Nova York: Routledge and Kegan Paul, 1986.

OSTENDORF, Berndt. *Black Literature in White America*. Totowa: Harvester Press, 1982.

PARRISH, Lydia. *Slave Songs of the Georgia Sea Islands*. Nova York: Creative Age Press, 1942. Reimp. Hatboro: Folklore Associates, 1965.

PASKOFF, Paul F.; WILSON, Daniel J. (Orgs.). *The Cause of the South: Selections from De Bow's Review, 1846-1867*. Baton Rouge: Louisiana State University Press, 1982.

PATEMAN, Carole. *The Sexual Contract*. Stanford: Stanford University Press, 1988.

PATTERSON, Orlando. *Freedom in the Making of Western Culture*. Nova York: Basic Books, 1991.

_____. *Slavery and Social Death: A Comparative Study*. Cambridge: Harvard University Press, 1982. [Ed. bras.: *Escravidão e morte social: um estudo comparativo*. Trad. de Fábio Duarte Joly. São Paulo: Editora da Universidade de São Paulo, 2008.]

PAYNE, Daniel Alexander. *Recollections of Seventy Years*. Nashville: Publishing House of the AME Sunday School Union, 1888. Reimp. Nova York: Arno Press and New York Times, 1968.

PEARSON, Elizabeth Ware (Org.). *Letters from Port Royal Written at the Time of the Civil War*. Boston: W. B. Clarke Company, 1906.

PENNINGTON, James W. C. *The Fugitive Blacksmith*. In: KATZ, William Loren (Org.). *Five Slave Narratives: A Compendium*. Nova York: Arno Press and New York Times, 1968.

PERDUE JR., Charles; BARDEN, Thomas E.; PHILIPS, Robert K. (Orgs.). *Weevils in the Wheat: Interviews with Virginia Ex-Slaves*. Charlottesville: University of Virginia Press, 1976. Reimp. Bloomington: Indiana University Press, 1980.

PETERSON, Thomas Virgil. *Ham and Japheth: The Mythic World of Whites in the Antebellum South*. Metuchen: Scarecrow Press, 1978.

PHILLIPS, Ulrich Bonnell. *American Negro Slavery: A Survey of the Supply, Employment and Control of Negro Labor as Determined by the Plantation Regime*. Nova York: D. Appleton, 1918. Reimp. Nova York: Vintage Books, 1972.

_____. *Life and Labor in the Old South*. Boston: Little, Brown, 1929.

PICQUET, Louisa. *The Octoroon: A Tale of Southern Slave Life*. Org. de Hiram Mattison, 1861. In: GATES JR., Henry Louis (Org.). *Collected Black Women's Narratives*. Nova York: Oxford University Press, 1988.

PIKE, James S. *The Prostrate State: South Carolina Under Negro Government*. Nova York: D. Appleton, 1874. Reimp. Nova York: Harper Torch Books, 1968.

PIVEN, Frances Fox; CLOWARD, Richard A. *Regulating the Poor: The Functions of Public Welfare*. 2. ed. Nova York: Vintage Books, 1993.

POOVEY, Mary. *Making a Social Body: British Cultural Formation, 1830-1864*. Chicago: University of Chicago Press, 1995.

POST, Robert (Org.). *Law and the Order of Culture*. Berkeley: University of California Press, 1991.

POWER, Tyrone. *Impressions of America during the Years 1833, 1834, and 1835*. Filadélfia: Carey, Lea and Blanchard, 1836, 2 v.

PRINCE, Mary. *The History of Mary Prince a West Indian Slave*. Org. de Thomas Pringle, 1831. In: *Six Women's Slave Narratives*. Nova York: Oxford University Press, 1988.

PROPP, Vladimir. *Theory and History of Folklore*. Org. de Anatoly Liberman. Trad. de Ariadna Y. Martin e Richard P. Martin. Minneapolis: University of Minnesota Press, 1984. (Theory and History of Literature, 5 v.)

PUCKETT, Newbell Niles. *Folk Beliefs of the Southern Negro*. Chapel Hill: University of North Carolina Press, 1926.

QUADAGNO, Jill. *The Color of Welfare: How Racism Undermined the War on Poverty*. Nova York: Oxford University Press, 1994.

RABINOWITZ, Howard N. "From Exclusion to Segregation: Southern Race Relations, 1865--1890". *Journal of American History*, v. 63, n. 2, set. 1976, pp. 325-50.

RABOTEAU, Albert J. *Slave Religion: The "Invisible Institution" in the Antebellum South*. Oxford: Oxford University Press, 1978.

RANKIN, John. *Letters on American Slavery*. Boston: Garrison and Knapp, 1833. Reimp. Westport: Negro Universities Press, 1970.

RANSOM, Roger L.; SUTCH, Richard. *One Kind of Freedom: The Economic Consequences of Emancipation*. Nova York: Cambridge University Press, 1977.

RAVENEL, Henry. "Recollections of Southern Plantation Life". *Yale Review*, v. 25, 1965-6, pp. 748-77.

RAWICK, George P. (Org.). *The American Slave: A Composite Autobiography*. Westport: Greenwood, 1973. 41 v.

_____. *From Sundown to Sunup: The Making of the Slave Community*. Westport: Greenwood, 1973.

RICHARDSON, Joel. *Christian Reconstruction: The American Missionary Association and Southern Blacks, 1861-1890*. Tuscaloosa: University of Alabama Press, 1986.

RILEY, Denise. *Am I That Name?: Feminism and the Category of "Women" in History*. Minneapolis: University of Minnesota Press, 1988.

RINGER, Benjamin B. *We the People and Others: Duality and America's Treatment of Its Racial Minorities*. Nova York: Routledge, 1983.

RIPLEY, Peter C. *Slaves and Freedmen in Civil War Louisiana*. Baton Rouge: Louisiana State University Press, 1976.

ROARK, James L. *Masters Without Slaves: Southern Planters in the Civil War and Reconstruction*. Nova York: W. W. Norton, 1977.

ROBERTS, John Storm. *Black Music of Two Worlds*. Tivoli: Original Music, 1972.

ROBERTS, John W. *From Trickster to Badman: The Black Folk Hero in Slavery and Freedom*. Filadélfia: University of Pennsylvania Press, 1989.

ROBINSON, Beverly J. "Africanisms and the Study of Folklore". In: HOLLOWAY, Joseph E. (Org.). *Africanisms in American Culture*. Bloomington: Indiana University Press, 1990.

ROBINSON, Cedric. *Black Marxism: The Making of the Black Radical Tradition*. Londres: Zed, 1983.

ROBINSON, Donald L. *Slavery in the Structure of American Politics, 1765-1820*. Nova York: Harcourt Brace Jovanovich, 1971.

RODNEY, Walter. *How Europe Underdeveloped Africa*. Washington: Howard University Press, 1981.

ROEDIGER, David R. *The Wages of Whiteness: Race and the Making of the American Working Class*. Londres: Verso, 1991.

ROGIN, Michael. *Blackface, White Noise: Jewish Immigrants in the Hollywood Melting Pot*. Berkeley: University of California Press, 1996.

ROONEY, Ellen. "'A Little More Than Persuading': Tess and the Subject of Sexual Violence". In: HIGGINS, Lynn A.; SILVER, Brenda R. (Orgs.). *Rape and Representation*. Nova York: Columbia University Press, 1991.

ROPER, Moses. *A Narrative of the Adventures and Escape of Moses Roper, from American Slavery*. Londres: Darton, Harvey and Darton, 1838.

ROSALDO, Renato. *Culture and Truth: The Remaking of Social Analysis*. Boston: Beacon Press, 1989.

_____. "From the Door of His Tent: The Fieldworker and the Inquisitor". In: CLIFFORD, James; MARCUS, George E. (Orgs.). *Writing Culture: The Poetics and Politics of Ethnography*. Berkeley: University of California Press, 1986. [Ed. bras.: "Da porta de sua tenda: o etnógrafo e o inquisidor". In: CLIFFORD, James; MARCUS, George E. (Orgs.). *A escrita da cultura: poética e política da etnografia*. Rio de Janeiro: Ed. UERJ; Papéis Selvagens Edições, 2016.]

ROSE, Willie Lee. *Rehearsal for Reconstruction: The Port Royal Experiment*. Londres: Oxford University Press, 1964.

ROURKE, Constance. *American Humor: A Study of the National Character*. Nova York: Harcourt, Brace, 1931.

RYAN, Michael. "The Politics of Film: Discourse, Psychoanalysis, Ideology". In: NELSON, Cary; GROSSBERG, Lawrence (Orgs.). *Marxism and the Interpretation of Culture*. Urbana: University of Illinois Press, 1988.

SACKS, Howard L.; SACKS, Judith Rose. *Way Up North in Dixie: Black Family's Claim to the Confederate Anthem*. Washington: Smithsonian Institution Press, 1993.

SAKS, Eva. "Representing Miscegenation Laws". *Raritan*, v. 8, n. 2, 1988, pp. 39-70.

SANCHEZ-EPPLER, Karen. "Bodily Bonds: The Intersecting Rhetorics of Feminism and Abolition". *Representations*, n. 24, outono 1988, pp. 28-59.

SANDEL, Michael J. *Liberalism and the Limits of Justice*. Nova York: Cambridge University Press, 1982.

SARAT, Austin; KEARNS, Thomas R. (Orgs.). *The Fate of Law*. Ann Arbor: University of Michigan Press, 1991.

SASSOON, Anne Showstack. *Gramsci's Politics*. Minneapolis: University of Minnesota Press, 1987.

_____ (Org.). *Approaches to Gramsci*. Londres: Writers and Readers, 1982.

SAXTON, Alexander. "Blackface Minstrelsy and Jacksonian Ideology". *American Quarterly*, v. 27, n. 1, mar. 1975, pp. 3-28.

SCARRY, Elaine. *The Body in Pain: The Making and Unmaking of the World*. Nova York: Oxford University Press, 1985.

SCHAFER, Judith. "Sexual Cruelty to Slaves". *Chicago-Kent Law Review*, v. 68, n. 3, 1993.

SCHECHNER, Richard. *Between Theatre and Anthropology*. Filadélfia: University of Pennsylvania Press, 1985.

_____. *Performance Theory*. Nova York: Routledge, 1988. Originalmente publicado como *Essays on Performance Theory* por Ralph Pine para a Drama Book Specialists.

SCHURZ, Carl. *Report on the Condition of the South* (1865). Reimp. Nova York: Arno Press, 1969.

SCHWARTZ, Bernard (Org.). *The Fourteenth Amendment*. Nova York: New York University Press, 1970.

SCOTT, James C. *Domination and the Arts of Resistance: Hidden Transcripts*. New Haven: Yale University Press, 1990. [Ed. port.: *A dominação e a arte da resistência*. Trad. de Pedro Serras Pereira. Lisboa: Letra Livre, 2013.]

_____. *Weapons of the Weak: Everyday Forms of Peasant Resistance*. New Haven: Yale University Press, 1985.

SEREQUEBERHAN, Tsenay. *The Hermeneutics of African Philosophy: Horizon and Discourse*. Nova York: Routledge, 1994.

SHORE, Laurence. *Southern Capitalists: The Ideological Leadership of an Elite, 1832-1885*. Chapel Hill: University of North Carolina Press, 1986.

SLAUGHTER, Linda Warfel. *The Freedmen of the South*. Cincinnati: Elm Street Printing Company, 1869.

SLOTERDIJK, Peter. *Thinker on Stage: Nietzsche's Materialism*. Trad. de Jamie Owen Daniel. Minneapolis: University of Minnesota Press, 1989.

SMART, Carol. *Feminism and the Power of Law*. Londres: Routledge, 1989.

SMITH, James L. *Autobiography of James L. Smith*. Norwich: Press of the Bulletin Company, 1881.

SMITH, Paul. *Discerning the Subject*. Minneapolis: University of Minnesota Press, 1988.

SMITH, Valerie. *Self-Discovery and Authority in Afro-American Narrative*. Cambridge: Harvard University Press, 1987.

SMITH, Venture. *A Narrative of the Life and Adventures of Venture, a Native of Africa*. New London: C. Holt, 1798.

SMITH, William B. "The Persimmon Tree and the Beer Dance". *Farmer's Register*, v. 6, 1838, pp. 58-61.

SOBEL, Mechal. *Trabelin' On: The Slave Journey to an Afro-Baptist Faith*. Princeton: Princeton University Press, 1988.

SOUTHERN, Eileen. *The Music of Black Americans: A History*. Nova York: W. W. Norton, 1971.

_____. *Readings in Black American Music*. Nova York: W. W. Norton, 1972.

SPAULDING, H. G. "Under the Palmetto". *Continental Monthly*, v. 4, 1863, pp. 188-203.

SPILLERS, Hortense. "Mama's Baby, Papa's Maybe: An American Grammar Book". *Diacritics*, v. 17, n. 2, verão 1987, pp. 65-81. [Ed. bras.: "Bebê da mamãe, talvez do papai: uma gramática estadunidense". Trad. de Kênia Freitas e Allan K. Pereira. In: BARZAGHI, Clara; PATERNIANI, Stella Z.; ARIAS, André (Orgs.), *Pensamento negro radical*. São Paulo: crocodilo; n-1 edições, 2021, pp. 28-66.]

SPIVAK, Gayatri Chakravorty. "Can the Subaltern Speak?". In: NELSON, Cary; GROSSBERG, Lawrence (Orgs.). *Marxism and the Interpretation of Culture*. Urbana: University of Illinois Press, 1988. [Ed. bras.: *Pode o subalterno falar?* Trad. de Sandra Regina Goulart Almeida, Marcos Pereira Feitosa e André Pereira Feitosa. Belo Horizonte: Editora UFMG, 2010.]

_____. *Outside in the Teaching Machine*. Nova York: Routledge, 1993.

STALLYBRASS, Peter; WHITE, Allon. *The Politics and Poetics of Transgression*. Ithaca: Cornell University Press, 1986.

STAMPP, Kenneth. *The Peculiar Institution: Slavery in the Ante-Bellum South*. Nova York: Alfred A. Knopf, 1956.

STANLEY, Amy Dru. "Beggars Can't Be Choosers: Compulsion and Contract in Postbellum America". *Journal of American History*, v. 78, n. 4, mar. 1992, pp. 1265-93.

STEARNS, Marshall. *The Story of Jazz*. Nova York: Oxford University Press, 1956.

STEARNS, Marshall; STEARNS, Jean. *Jazz Dance: The Story of American Vernacular Dance*. Nova York: Schirmer, 1968.

STEPHENSON, Gilbert Thomas. *Race Distinctions in American Law*. Nova York, 1910.

STEPTO, Robert B. *From Behind the Veil: A Study of Afro-American Narrative*. Urbana: University of Illinois Press, 1979.

STOCKING, George W. *Race, Culture and Evolution: Essays in the History of Anthropology*. Nova York: Free Press, 1968.

STOLLER, Anna Laura. *Race and the Education of Desire: Foucault's History of Sexuality and the Colonial Order of Things*. Durham: Duke University Press, 1995.

STOWE, Harriet Beecher. *Palmetto-Leaves*. Boston: James R. Osgood, 1873.

_____. *Uncle Tom's Cabin*. Boston: John P. Jewett, 1852. Reimp. Nova York: New American Library, 1966. [Ed. bras.: *A cabana do pai Tomás, ou a vida entre os humildes*. Trad. de Bruno Gambarotto. São Paulo: Carambaia, 2021.]

STOWE, William F.; GRIMSTED, David. "White-Black Humor". *Journal of Ethnic Studies*, v. 3, verão 1975, pp. 78-96.

STROUD, George M. *A Sketch of the Laws Relating to Slavery in the Several States of the United States of America*. Filadélfia: Kimber and Sharpless, 1827. Reimp. Nova York: Negro Universities Press, 1968.

STROYER, Jacob. *My Life in the South*. In: KATZ, William Loren (Org.). *Five Slave Narratives: A Compendium*. Nova York: Arno Press and New York Times, 1968.

STUCKEY, Sterling. *Slave Culture: Nationalist Theory and the Foundations of Black America*. Oxford: Oxford University Press, 1987.

SUNDQUIST, Eric J. *To Wake the Nations: Race in the Making of American Literature*. Cambridge: The Belknap Press of Harvard University Press, 1993.

SZWED, John F. "Race and the Embodiment of Culture". *Ethnicity*, v. 2, mar. 1975 pp. 19-33.

SZWED, John F.; MARKS, Morton. "The Afro-American Transformation of European Set Dances and Dance Suites". *Dance Research Journal*, v. 20, n. 1, verão 1988, pp. 29-36.

TADMAN, Michael. *Speculators and Slave Traders: Masters, Traders, and Slaves in the Old South*. Madison: University of Wisconsin Press, 1989.

TAKAKI, Ronald. *Iron Cages: Race and Culture in 19th-Century America*. Seattle: University of Washington Press, 1979.

TAMBIAH, Stanley Jeyaraja. *Culture, Thought, and Social Action: An Anthropological Perspective*. Cambridge: Harvard University Press, 1985.

TANSEY, Richard. "Bernard Kendig and the New Orleans Slave Trade". *Louisiana History*, v. 23, n. 2, primavera 1982, p. 160.

TATE, Claudia. *Domestic Allegories of Political Desire: The Black Heroine's Text at the Turn of the Century*. Nova York: Oxford University Press, 1992.

TAUSSIG, Michael T. *The Devil and Commodity Fetishism in South America*. Chapel Hill: University of North Carolina Press, 1980.

_____. *Shamanism, Colonialism, and the Wild Man: A Study in Terror and Healing*. Chicago: University of Chicago Press, 1987.

TAYLOR, Diana. "Transculturating Transculturation". *Performing Arts Journal: The Interculturalism*, v. 13, n. 2, maio 1991, pp. 90-104.

TAYLOR, William R. *Cavalier and Yankee: The Old South and American National Character*. Nova York: George Braziller, 1961.

TEN BROEK, Jacobus. *The Antislavery Origins of the Fourteenth Amendment*. Berkeley: University of California Press, 1951.

_____. *Equal Under Law*. Londres: Collier, 1969.

THOMAS, Emory M. *The Confederate Nation, 1861-1865*. Nova York: Harper and Row, 1979.

THOMAS, Kendall. "Beyond the Privacy Principle". In: DANIELSEN, Dan; ENGLE, Karen (Orgs.). *After Identity: A Reader in Law and Culture*. Nova York: Routledge, 1995.

THOMPSON, John. *The Life of John Thompson, a Fugitive Slave*. Worcester: publicação do autor, 1856.

THOMPSON, L. S. *The Story of Mattie Jackson. In Six Women's Slave Narratives* (1866). Oxford: Oxford University Press, 1988.

THOMPSON, Robert Farris. *African Art in Motion: Icon and Act*. Berkeley: University of California Press, 1974.

_____. *Flash of the Spirit: African and Afro-American Art and Philosophy*. Nova York: Random House, 1984.

THOMPSON, Rose. *Hush, Child! Can't You Hear the Music?* Org. de Charles Beaumont. Athens: University of Georgia Press, 1982.

THOMPSON, Stith. *Motif-Index of Folk-Literature*. Bloomington: Indiana University Press, 1955-58. 6 v.

TIEDEMAN, Christopher G. *A Treatise on the Limitations of Police Power in the United States, Considered from Both a Civil and Criminal Standpoint*. St. Louis: F. H. Thomas Law Book Co., 1886.

TOLL, Robert C. *Blacking Up: The Minstrel Show in Nineteenth Century America*. Nova York: Oxford University Press, 1974.

TOMPKINS, Jane. *Sensational Designs: The Cultural Work of American Fiction, 1790-1860*. Nova York: Oxford University Press, 1985.

TONG, Rosemarie. *Women, Sex, and the Law*. Totowa: Rowman and Allanheld, 1984.

TORREY, Jesse. *American Slave Trade*. Londres: J. M. Cobbett, 1822. Reimp. Westport: Negro Universities Press, 1971.

TRACHTENBERG, Alan. *The Incorporation of America: Culture and Society in the Gilded Age*. Nova York: Hill and Wang, 1982.

_____. *Reading American Photographs: Images as History, Mathew Brady to Walker Evans*. Nova York: Hill and Wang, 1989.

TRELEASE, Allen W. *White Terror: The Ku Klux Klan Conspiracy and Southern Reconstruction*. Nova York: Harper and Row, 1971.

TUCKER, George. *Letters from Virginia*. Trad. de F. Lucas. Baltimore: J. Rubinson, 1816.

TUCKER, Robert C. (Org.). *The Marx-Engels Reader*. Nova York: W. W. Norton, 1978.

TURNER, Victor. *Dramas, Fields, and Metaphors: Symbolic Action in Human Society*. Ithaca: Cornell University Press, 1974. [Ed. bras.: *Dramas, campos e metáforas:*

ação simbólica na sociedade humana. Trad. de Fabiano Morais. Niterói: Editora da Universidade Federal Fluminense, 2008.]

TURNER, Victor W.; BRUNER, Edward M. (Orgs.). *The Anthropology of Experience*. Urbana: University of Illinois Press, 1986.

_____. *From Ritual to Theatre: The Human Seriousness of Play*. Nova York: PAJ Publications, 1982.

_____. *The Ritual Process: Structure and Anti-Structure*. Ithaca: Cornell University Press, 1969. [Ed. bras.: *O processo ritual: estrutura e anti-estrutura*. Trad. de Nancy Campi de Castro. Petrópolis: Vozes, 1974.]

TUSHNET, Mark. *The American Law of Slavery, 1810-1860: Considerations of Humanity and Interest*. Princeton: Princeton University Press, 1981.

U.S. CONGRESS. *Report of the Joint Committee on Reconstruction*. Washington: Government Printing Office, 1866.

_____. *Testimony Taken by the Joint Select Committee to Inquire into the Condition of the Late Insurrectionary States*. Washington: Government Printing Office, 1872.

VAN DEBURG, William L. *Slavery and Race in American Popular Culture*. Madison: University of Wisconsin Press, 1984.

WALKER, Clarence Earl. *Deromanticizing Black History: Critical Essays and Reappraisals*. Knoxville: University of Tennessee Press, 1991.

WATERBURY, Jared Bell. *Friendly Counsels for Freedmen*. Nova York: American Tract Society, 1864.

WATERS, Donald J. (Org.). *Strange Ways and Sweet Dreams: Afro-American Folklore from the Hampton Institute*. Boston: G. K. Hall, 1983.

WATSON, John F. *Methodist Error; or, Friendly, Christian Advice, to Those Methodists, Who Indulge in Extravagant Emotions and Bodily Exercises*. Trenton: D. and E. Fenton, 1819.

WEBER, Max. *The Protestant Ethic and the Spirit of Capitalism*. Nova York: Charles Scribner's Sons, 1958. [Ed. bras.: *A ética protestante e o espírito do capitalismo*. Trad. de Karina Jannini. São Paulo: Edipro, 2020.]

WEINER, Jonathan M. *The Social Origins of the New South: Alabama, 1860-1885*. Baton Rouge: Louisiana State University Press, 1978.

WELD, Theodore D. *Slavery and the Internal Slave Trade in the United States*. Londres: Thomas Ward, 1841. Reimp. Nova York: Arno, 1969.

WHEELER, Jacob D. *A Practical Treatise on the Law of Slavery*. Nova York: Allan Pollock Jr., 1837.

WHITE, Deborah Gray. *"Ar'n't I a Woman": Female Slaves in the Plantation South*. Nova York: W. W. Norton, 1985.

WHITE, E. Francis. "Africa on My Mind: Gender, Counter Discourse and African American Nationalism". *Journal of Women's History*, v. 2, n. 1, primavera 1990, pp. 73-97.

WHITE, Hayden. *Metahistory: The Historical Imagination in Nineteenth-Century Europe*. Baltimore: Johns Hopkins University Press, 1973. [Ed. bras.: *Meta-história: a imaginação histórica do século XIX*. Trad. de José Laurênio de Melo. 2. ed. São Paulo: EDUSP, 2019.]

_____. *Tropics of Discourse: Essays in Cultural Criticism*. Baltimore: Johns Hopkins University Press, 1978. [Ed. bras.: *Trópicos do discurso: ensaios sobre a crítica da cultura*. Trad. de Alípio Correia de Franca Neto. 2. ed. São Paulo: EDUSP, 2014.]

WIECEK, William M. *The Sources of Antislavery Constitutionalism, 1760-1848*. Ithaca: Cornell University Press, 1977.

WIEGMAN, Robyn. *American Anatomies: Theorizing Race and Gender*. Durham: Duke University Press, 1995.

WILLIAMS, Eric. *Capitalism and Slavery* (1944). Reimp. Londres: Andre Deutsch, 1964.

WILLIAMS, Patricia J. *The Alchemy of Race and Rights: Diary of a Law Professor*. Cambridge: Harvard University Press, 1991.

WILLIAMS, Raymond. *The Country and the City*. Nova York: Oxford University Press, 1973. [Ed. bras.: *O campo e a cidade na história e na literatura*. Trad. de Paulo Henriques Britto. São Paulo: Companhia das Letras, 1989.]

_____. *Keywords: A Vocabulary of Culture and Society*. Nova York: Oxford University Press, 1976. [Ed. bras.: *Palavras-chave: um vocabulário de cultura e sociedade*. São Paulo: Boitempo, 2007.]

_____. *Marxism and Literature*. Oxford: Oxford University Press, 1977. [Ed. bras.: *Marxismo e literatura*. Trad. de Waltensir Dutra. Rio de Janeiro: Zahar, 1979.]

WILSON, Theodore Bratner. *The Black Codes of the South. Southern Historical Publications*, n. 6. Tuscaloosa: University of Alabama Press, 1965.

WINTER, Marian Hannah. "Juba and American Minstrelsy". In: MAGRIEL, Paul (Org.). *Chronicles of the American Dance*. Nova York: Da Capo, 1978.

WITTKE, Carl. *Tambo and Bones: A History of the American Minstrel Stage*. Durham: Duke University Press, 1930.

WOOD, Forrest G. *Black Scare: The Racist Response to Emancipation and Reconstruction*. Berkeley: University of California Press, 1968.

WOODWARD, C. Vann. *Origins of the New South, 1877-1913*. Baton Rouge: Louisiana State University Press, 1951.

WYNTER, Sylvia. "Sambos and Minstrels". *Social Text*, v. 1, inverno 1979, pp. 149-56.

YETMAN, Norman R. *Life Under the "Peculiar Institution": Selections from the Slave Narrative Collection*. Nova York: Holt, Rinehart and Winston, 1970.

YOUNG, Iris Marion. *Justice and the Politics of Difference*. Princeton: Princeton University Press, 1990.

ŽIŽEK, Slavoj. "Beyond Discourse Analysis". In: LACLAU, Ernesto. *New Reflections on the Revolution of Our Time*. Londres: Verso, 1990.

_____. *Looking Awry: An Introduction to Jacques Lacan Through Popular Culture*. Cambridge: MIT Press, 1991.

_____. *The Sublime Object of Ideology*. Londres: Verso, 1989. [Ed. bras.: *O sublime objeto da ideologia*. Trad. de Vera Ribeiro. Rio de Janeiro: Civilização Brasileira, 2024.]

Anotações

Trânsito na carne / Sobre ser objeto de propriedade

A notação está em dívida com Patricia Williams, Hortense Spillers, Albert Raboteau e Sterling Stuckey e com o espírito dos guardiões e defensores dos mortos.

"Túmulo de Hackless Jenkins, 1878-1928, Sea Islands, Georgia, decorado com relógios, vidros & outros objetos"
Ilhas do Mar, 1930-1940, Biblioteca do Congresso
James Smillie inspirado em J. G. Chapman
The Lake of the Dismal Swamp [O lago de Dismal Swamp], c. 1836
Mezzotint
Cameron Rowland
Out of Sight [Longe da vista], 2020
Ferro de escravos do século 19, ferro de escravos sem guizo do século 19
Aluguel
Os ferros com guizos incorporados nos cabos, chamados ferros de escravos, destinavam-se a ser utilizados pelos escravizados que trabalhavam dentro da casa-grande da plantation para passar a roupa dos senhores. Enquanto estava fora de vista, o guizo assinalava audivelmente ao senhor que o escravo estava trabalhando. A remoção do guizo era a recusa a essa supervisão.
Nkisi Sarabanda, um cosmograma congo, ou diagrama do grito

Robert Farris Thompson, *Flash of the Spirit* [Fulgor do espírito], 1984
Toni Morrison e Middleton A. Harris, *The Black Book* [O livro negro], 1974
"Utensílios e um gancho de panela, feitos por um ferreiro escravo" Old Slave Mart Museum, Charleston, Carolina do Sul
"Green Hill, Bloco de leilões de escravos, rodovia estadual 728, Long Island, Campbell County, VA"
Historic American Buildings Survey [Levantamento das Construções Históricas Norte-americanas], Biblioteca do Congresso
Christina Sharpe, *In the Wake* [No vestígio], 2016

Antagonismo negro

Em homenagem aos fabricantes de cestos de erva-doce da ilha de Edisto e ao que lhes é devido. Cesto de erva-doce feito na ilha de Edisto, 2017
"Uma arte africana transmitida da África para a Carolina do Sul"

Ciclos de acumulação e expropriação

As coisas compreendidas no interior do círculo são expressas através do movimento anti-horário e da força propulsora da recursão e da repetição. O diagrama carrega a marca desse movimento e deve ser lido em várias direções ao mesmo tempo.
    As linhas são divergentes, permeáveis, movediças, carregadas e promovem um conjunto de proposições sobre escravidão, acumulação, expropriação e negritude que estão abertas a realinhamentos e a outras formulações.

Sylvia Wynter, *Black Metamorphoses* [Metamorfoses negras] (s. d., manuscrito não publicado)
Cedric Robinson, *Black Marxism* [Marxismo negro], 1983
Édouard Glissant, *Poética da relação* (1990) [Rio de Janeiro: Bazar do Tempo, 2021]
Harriet Jacobs, *Incidentes na vida de uma menina escrava*, 1861
Frederick Douglass, *My Bondage and My Freedom* [Minha servidão e minha liberdade], 1855

Sylviane Diouf, *Slavery's Exiles: The Story of the American Maroons* [Exílios da escravidão: a história dos quilombos norte-americanos], 2016

Katherine McKittrick, *Demonic Ground* [Terreno demoníaco], 2006

Denise Ferreira da Silva, *Toward a Global Idea of Race* [Para uma ideia global de raça], 2007

Zakiyyah Iman Jackson, *Becoming Human* [Tornar-se humano], 2020

Karl Marx, *O capital*, v. 1, 1867

Fred Moten, *Stolen Life* [Vida roubada], 2018

Stephanie Smallwood, *Saltwater Slavery* [Escravidão marinha], 2007

Alexander Weheliye, *Habeas Viscus*, 2015

Achille Mbembe, *Crítica da razão negra*, 2019

Sarah Haley, *No Mercy Here* [Sem piedade aqui], 2016

Tina Campt, *Listening to Images* [Ouvir imagens], 2017

Jennifer Morgan, "Partus Sequitur Ventrem", 2018

Lindon Barrett, *Blackness and Value* [Negritude e valor], 2008

Anthony Farley, "The Colorline as Capital Accumulation" [A linha de cor como acumulação de capital], 2008, & "The Apogee of the Commodity" [O apogeu da mercadoria], 2004

Frank Wilderson, *Red, White & Black* [Vermelho, branco & negro], 2010

Jared Sexton, "The Social Life of Social Death" [A vida social da morte social], 2016, & "The *Vel* of Slavery: Tracking the Figure of the Unsovereign" [O *vel* da escravidão: rastreando a figura do não soberano], 2014

Dennis Childs, *Slaves of the State* [Escravos do Estado], 2015

Marisa Fuentes, *Dispossessed Lives* [Vidas expropriadas], 2016

Christina Sharpe, *In the Wake* [No vestígio], 2016

Teses sobre o não evento da emancipação ou os registros gráficos de um lamento

Ottobah Cugoano, *Thoughts and Sentiments on the Evil and Wicked Traffic of the Slavery and Commerce of the Human Species* [Pensamentos e sentimentos sobre o tráfico maligno e perverso da escravidão e comércio da espécie humana], 1787

"where I heard the groans and cries of many" [onde ouvi os lamentos e gritos de muitos]
Oxford English Dictionary: Respirar com um murmúrio grave; proferir um som baixo profundo que expressa sofrimento ou dor.
Expirar (a própria vida, alma) *para longe* ou *para fora* em lamentação
Carpir, lamentar.
Gemer: reclamar, lamentar; deplorar, carpir.
Lamentar, entristecer-se.
Um som longo e baixo de queixa.
Fazer um som longo, baixo, inarticulado, indicativo de sofrimento mental ou físico ou (em uso posterior também) prazer; proferir um gemido ou gemidos. De um animal: produzir um som similar.
O gemido dá lugar ao luto e à manhã.
W. E. B. Du Bois, *As almas do povo negro*, 1903
"Sobre as canções de lamento"
W. E. B. Du Bois, *Black Reconstruction* [Reconstrução negra], 1935
"O escravo foi liberto"
Ron Eglash, *African Fractals: Modern Computing and Indigenous Design* [Fractais africanos: computação moderna e design indígena], 1999
"Uma espiral não linear de diâmetro finito pode ter um número infinito de voltas, porque embora haja cada vez menos espaço restante à medida que se vai em direção ao centro, a distância entre cada revolução pode ficar cada vez menor."
Jean Toomer, *Cane* [Bengala], 1923
"Blood-Burning Moon" [Lua queimada de sangue]
Édouard Glissant, *Poética da relação*, 1990
"O Tráfico de Escravos veio pelo umbral apertado do navio negreiro, deixando um vestígio como o das caravanas rastejantes do deserto. Pode ser desenhado assim: ⤳━━━⤶ Países Africanos no Leste; as Terras da América no Oeste. Essa criatura está nessa imagem de uma fibrila."
Fred Moten, *Na quebra*, 2003
"a resistência do objeto" & "gemido preto"
Aqueles que abriram caminho

Pensamento composicional negro / Notas sobre espaço evocativo e arquitetura fugitiva

> *Em ambientes construídos e naturais, cada objeto ajuda a definir as nossas condições de movimento. O design do nosso mundo físico informa os métodos através dos quais o movimento surge e a energia espacial é organizada. Para as pessoas negras, mover-se através de um determinado ambiente traz questões de pertencimento e autodeterminação, de visibilidade e semiautonomia. Isso significa que, para os sistematicamente privados de direitos, o movimento composicional (formas como o corpo se unifica, se equilibra e se organiza para se mover através do espaço) é uma habilidade utilizada a serviço da autoemancipação em territórios hostis.*
> Torkwase Dyson, "Black Interiority: Notes on Architecture, Infrastructure, Environmental Justice, and Abstract Drawing" [Interioridade negra: notas sobre arquitetura, infraestrutura, justiça ambiental e desenho abstrato]

Os desenhos ou composições que abrem cada capítulo abordam as histórias de migração forçada, cativeiro, enclausuramento e morte, enquanto traçam linhas de movimento fugitivo e furtivo, morada e aquilombamento, ecologias negras da habitação. Esses desenhos abstratos registram a escala e a intensidade do confinamento, a violência da colonização e da extração, e a grade de inteligibilidade imposta que legitima a ordem da propriedade: o patrimônio escravo e a apreensão da terra como parcelas de terreno mercantilizado. Ao mesmo tempo, essas composições espaciais nos orientam em direção aos pântanos, rios, florestas e colinas. Ao explorar as propriedades do espaço e da escala, os desenhos imaginam outros arranjos espaciais a partir da perspectiva implícita de figuras em movimento. Essas representações arquitetônicas são sempre já habitadas e transformadas pela negritude, de modo que as linhas de confinamento e de enclausuramento se expandem e colapsam, à medida que aqueles que são forçados a ficar parados e aqueles que fogem habitam e negociam o espaço e o tempo em suas multifacetadas dimensões. Essas composições oferecem projetos provisórios sobre possíveis modos de vida; imaginam uma existência dentro e fora do porão do navio e um esquema para habitar a terra que pode dar origem a outras formas de existência.

Índice remissivo

abolição, 337-43; abolicionistas, 75, 117, 263, 469n; bem móvel, 373; discurso abolicionista, 83, 280, 291, 442n; fantasia abolicionista, 74; legado ambíguo da, 49-51; miscigenação e, 356-61; mudanças no tecido social após a, 242; promessa de metamorfose do bem móvel em homem, 49, 243, 247, 249, 254, 271; questão aberta da, 33, 36, 38, 393-6, 399; significado da, 61
Abrahams, Roger D., 426n
Abu-Lughod, Lila, 429n
acumulação, 204, 215, 217, 246, 450n: primitiva, violência da, 282
Advice to Freedmen [Conselhos para os libertos] (Brinckerhoff), 259, 264-7, 273-5, 289, 308, 314, 316, 452n; "How You Became Free" [Como você se tornou livre], 268, 270
afeição, 49
afeto, 192-203, 205, 218, 222, 301-2, 332, 339
afiliação, 75, 140-2, 144, 242
África, conceito de, 168-9; africanidade, 168, 435n, 437n; africanismos, 166, 168
agência, 28, 36, 41, 51, 74-5, 107, 134-7, 181, 183, 185, 191, 193, 403-4; abordagens acadêmicas sobre, 28; como criminalidade, 107, 136, 147-8, 158, 181-2, 187; desejo e, 220-2; enclausuramentos da, 405; frustrada, 51; identificação de, 57; performance, 131, 137-41; resistência e, 147; simulação da, 54; volição culpada do agente, 260
Agência dos Libertos, 262, 280, 344, 346-7, 456n: agentes, 264; contratos de trabalho, 292; funcionários, 263, 293, 340; missão pedagógica da, 293; natureza da ajuda governamental, 334; projeto de lei da, 344, 346-7, 465n; sistema de contrato de trabalho, 287, 296
agressão sexual, 207, 212, 235
Alabama: *Green vs. Estado*, 364; leis antimiscigenação no, 363-5
alfabetização, 279
Alfred, 188-90, 441n, 473n: *Alfred vs. Estado*, 188
alienação natal, 128, 137, 156, 165, 167-8, 213
Allen, Theodore W., 355, 461n
American Tract Society, 265, 452n
amnésia histórica, 271; *ver também* memória
amor e parentesco, 230-1; corpo como objeto de reparação, 172; escolha de um amante, 219, 222-3, 233-4; espaços sociais para, 159; transgressões para encontros, 148, 153, 155-7; ancestralidade, lembrança da, 164-5
Anderson, Charles, 174
Anderson, James, 425n
Andrews, E. A., 82
antagonismo negro, 176-7; recusa como, 34, 41, 57, 98, 107-8, 145, 159, 191, 233, 235, 263, 290-1, 402
antimiscigenação, estatutos e leis, 188, 340, 359-60, 364, 367, 370; conceito de propriedade exclusiva da branquitude, 366-7; direitos de propriedade e, 367; poder do Estado e, 357-66; proteção da branquitude e, 364-6
antinegritude, permanência na modernidade ocidental, 399

antipatia racial, 266-388
antirracismo, 475n
Arendt, Hannah, 333-4, 461-2nn
arrendamento, sistema de, 38, 285, 296-7, 361, 455n, 457n
ascetismo, ganância e, 265
associações filantrópicas, 334
Atkinson, Edward, 451n, 456n
autoaperfeiçoamento, 251, 267, 304, 323
autoconhecimento, 252
autodisciplina, 249, 260, 263, 271, 285, 294, 297
autonomia, 248, 251-2, 254, 271-2, 274-5, 286-7, 289, 295; compulsão e, 242; no contexto de coerção, 261; obediência e, 265; precária, 243-4
Avery, Celeste, 174
"Away Down Souf" (canção), 87

Baer, Judith, 353
Baker, Houston, 419n
Balibar, Étienne, 451n
Baudrillard, Jean, 196
Bauman, Zygmunt, 70
Belz, Herman, 468n, 474n
bem público (comum), 200-1, 203, 218, 314, 319, 382-3, 386, 395; apelo ao, 203, 212; supremacia branca e, 380, 382, 387
Benhabib, Seyla, 61, 474n
Benjamin, Walter, 62, 433n
Bentham, Jeremy, 280
Berry, Fannie, 106
Bhabha, Homi, 309
Bibb, Henry, 118, 153
biopoder, 40, 470n
biopolítica, 441n, 462n, 470n
Black Lives Matter, 32
Black's Law Dictionary, 381
blackface, 75, 81, 83-4, 91, 420n; autoexploração branca, 80, 86; reitera a sujeição racial, 91
Blackstone, William, 303
Bland, Henry, 115
Blassingame, John, 58
"bom negro", 88
Bordieu, Pierre, 109
Boyarin, Jonathan, 416n
Bradley, David, 413n
Bradley, Joseph P., 30
branquitude, 76, 86, 91, 139, 214-5, 245, 247, 250, 306, 311, 321, 323, 349, 360-1, 365-8, 374, 376-8, 382, 395; asseio como expressão da, 317; cidadania e, 306-7, 309, 467n; como medida de humanidade, 471n; direitos da, 375-7; escravidão de bens móveis e, 78; integridade corporal assegurada pela abjeção de outros, 254; liberdade e, 247-8, 443n; ligação com a pureza, 317; masculinidade e, 306-7, 309; propriedade e, 247-8; protegida por leis antimiscigenação, 366; relação complementar com a negritude, 195; sentindo-se ameaçada, 359-68; sujeição negra e direitos da, 242
Brathwaite, Kamau, 413n
breakdown (dança), 12, 84, 94, 175, 475n
Brinckerhoff, Isaac W., 259, 264, 289, 315
Brooks, Peter, 417-9nn
Brown vs. Board of Education, 322, 450n
Brown, Gillian, 316
Brown, Helen E., 253, 264
Brown, John, 104
Brown, Wendy, 354
Brown, William Wells, 100, 418n
Burnham, Margaret, 441n
Butler, Judith, 427n, 446n
buzzard lope (dança), 12, 141
Byrd, Dave, 103

cabana do Pai Tomás, A (Stowe), 46n, 70, 80-1, 83-4, 419n; Pai Tomás, 45, 81, 85, 419n
Cable, George Washington: "The Freedman's Case in Equity" [O caso do liberto em termos de equidade], 325-32; "The Negro Question", 334, 379, 389-90, 475n
"cálculo deliberado", 221-2, 231-3, 236-7
"caminho agradável", 109-17, 174
canção, 139; comentário de Douglass sobre, 98, 119, 121; de trabalho, 36; expressão privilegiada, 133; *juba*, 161-3; opacidade da, 98; sofrimento e, 94-98; *ver também* jugo de escravos acorrentados
capitalismo/economia capitalista, 243, 297, 434n, 444n, 453n, 457n, 462-3nn; acumulação e, 247-9, 255-6, 282, 464n; disciplina, 41; escravidão e, 40, 204, 281; expansão, 241; família, Estado e, 313, 316; produzindo a mercadoria humana, 40, 80, 105, 186; racial, 20, 40, 204; relação entre racismo e, 20, 247
Carby, Hazel, 418n, 442n
caridade científica, 281, 333
Carolina do Norte, leis antimiscigenação da, 363
Carter, Cato, 100
cartilhas, 265-6, 270, 272, 274, 279, 291, 311, 314, 454n; como livros de conduta, 299-304; como manuais pedagógicos, 293-304; discurso sobre ociosidade, 292-3, 300-1,

311, 316; domesticidade nas, 313, 316-20; sobre autoaperfeiçoamento, 304-13
casamento: como símbolo de libertação, 312; entre escravos, 189, 217, 231-2; estatutos legalizando o negro, 363; inter-racial, 347, 357-8, 365, 469n, 471n; leis antimiscigenação e, 359, 363-5, 367; mecanismo de racismo do Estado e, 313; propriedade e, 367
castração, 108, 181, 211, 419n, 446n; *ver também* violência sexual
cativeiro *ver* escravidão
cativo *ver* escravizado; escravo
Celia (escrava), 177, 180, 184-5, 187, 191-2, 194, 401, 404, 439n, 442n
Century Magazine, The, 327
cerco(s) racializado(s), 294, 323, 335, 393
Chambers, Ross, 447n
Charlotte (escrava), 188-9, 441n
Chartock, Lewis, 296
Chesnut, Mary Boykin, 193
chicote: abandono do, 283, 304; como espectro da escravidão, 282; deslocamento do, 285
Child, Lydia Maria, 415n, 454n; *The Freedmen's Book*, 452n, 458n
cidadania, 59, 243-4, 250, 256, 265, 274, 308, 323, 326, 340-1, 344, 348-9, 355, 357, 359, 370, 378, 383, 449n; argumentos racistas sobre os privilégios da, 280; branquitude e, 306-9, 467n; caráter da, 86; cidadão-soldado, 308; como resultado da Décima Quarta Emenda, 245; de segunda classe, 267; definida pela distinção entre escravizados e burgueses, 147; discurso da, 253; gênero e, 307-8; Lei dos Direitos Civis de 1866 e, 308, 343, 345-6, 352-3, 356, 358, 384, 467n; masculinidade e, 306-9; necessidade de justificar reivindicações, 322; prejudicada, 383; privilégios da, 266; universalidade da, 245, 253
cidadãos trabalhadores, 311
cidadão-soldado, conceito de, 308
Civil Rights Cases [Casos de Direitos Civis], 30, 327, 331, 370, 373, 384-5, 391, 472n, 474n
Clark, VèVè, 434n
classificações raciais, 250, 392, 464n, 468n; nas constituições estaduais, 294; sujeição produzida por, 368, 370, 375
Clements, Maria Sutton, 285
Clinton Bowen, 264
Clinton, Bill: "conversa sobre raça", 18; "One America Initiative" [Iniciativa América Unida], 19; viagem para a África, 19

Cobb, Thomas, 206-9, 211, 218
Códigos Negros, 29, 292, 294, 304, 356, 361; conduta exigida por, 294-5; controle e, 294; da Flórida, 295; da Louisiana, 294-5; do Mississípi, 293; Lei dos Direitos Civis de 1866 e, 343; reimposição da escravidão através dos, 340; servidão involuntária e, 297
coerção, 50, 54, 110, 116, 182, 198, 203-4, 219-24, 248-9, 251, 254, 260-1, 271, 280, 287, 290, 301, 339, 394, 400, 404, 444n; ajuda governamental e, 334; autonomia e, 261; conexão entre contrato e, 262; e trabalho livre, 281; em Jacobs, 233; encoberta pelo consentimento, 297; extraeconômica, 245, 265, 450n; gestão de trabalho e, 285; livre--arbítrio e, 286; modos de, 282; trabalho livre e, 282; violência e, 284; vontade e, 286
Cohen, William, 456n
Coleman (capataz), 188
coletividade social, memória e, 164, 168, 174
Comaroff, Jean, 151
comércio escravista, 17, 74, 105-6, 144; celebração, 75, 100-2, 107; humanismo ocidental e, 36; violência do, 108; *ver também* jugo de escravos acorrentados, tráfico
Commonwealth vs. Turner, 443n
Commonwealth vs. Jerry Mann, 214
compulsão, 54, 171, 242, 250, 254, 282, 462n
comunidade, 141-4, 422n, 428n
Condé, Maryse, 413n
conduta, regulamentação de, 293-304; apropriada, 264-6, 277; disciplina e, 112; manuais de, 293-5, 297-8, 304
conduta negra, regulação no pré e pós-guerra, 298; códigos escravistas, 77, 180, 292-4, 296-7, 303-4, 340, 343, 356, 361
Congresso dos Estados Unidos *ver* Lei dos Direitos Civis de 1866, de 1875 e emendas específicas
conhecimento subjugado, 41
conjuração, 144, 428n
consciência: cultivo da, 92, 261, 285; da classe trabalhadora, 86, 91-3
consentimento, 28, 41; coerção e, 297; condições de contrato e, 263; e submissão perfeita, 235; em Jacobs, 224, 232-5; estupro e, 181-3, 185, 194, 448n; presunção de, 440n; simulação de, 103-4
constitucionalismo, cegueira de cor e, 352, 464-5nn
Constituição dos Estados Unidos: alterações na, 336-8, 463-4nn; cegueira de cor na,

352; classificações raciais na, 368-85; ideal de liberdade da, 252; reformulação da, 335
constituições estaduais, classificações raciais nas, 294
contrato compulsório, 50, 282, 296
controle sexual, 188, 441n
Cooper, Anna Julia, 458n
cor: cegueira de, 361, 464-5nn; linha de, 86, 323-32, 357, 362, 365, 389
Cornell, Drucilla, 434n, 436n
corpo: como objeto de reparação, 172-3; da memória, 169, 171; destruído e violado, 34, 46, 81, 108, 136, 167, 171; duplicação do, 174-5; legibilidade racial e, 418n; negritude e, 140-1; no nexo dos direitos sociais e civis, 368; prazeres e, 174-5; propriedade e, 449n; trabalhador, imagens do, 275-7
corpo cativo, 49, 53, 68-9, 72, 79, 106-8, 116, 126, 128, 153, 159-60, 169, 181-2, 187, 191-2, 217-8, 222, 228, 230, 248-9, 257, 433n; capacidades denotativas do, 103-5; ocupação do, 79
corpo negro: carnalidade e, 54, 180, 193; como objeto fobogênico, 139; controle do, 243, 245; fantasia e, 66, 68-9, 72, 74, 195, 443n; gestão do, 252; lembrança do, 167; movimento do, 171-5; patologização do, 129; prazeres do, 174-5; quebrado, 144, 151, 172; regulado e policiado pelo poder regulador do Estado, 243, 245; superfície imaginativa, 52; violado, 46, 160, 172, 207
corpo social, 169, 171, 176, 256, 314, 317, 326, 367, 381, 383, 474n; construção na Inglaterra do século 19, 462n; controle das anomalias do, 470n; definido pela distinção entre escravizados e burgueses, 147; enclausuramentos do, 147; purificação do, 368; relações de poder no interior do, 475n
costume(s): condição de bens móveis e, 179, 301, 342; discriminação racial como, 381, 387; leis e, 343, 361, 381, 387; subjugação negra como, 245, 361, 387; veneração dos, 245, 380-1, 387; violência como direito consuetudinário, 457n
Cover, Robert, 179
Covey (feitor), 119
Cowan, Edgar, 347, 354-5, 469n
criação de si, 267, 275, 305-13, 346-7, 398, 458n, 465n; dever da, 345; linguagem da, 465n; submissão e, 274
crimes/criminalidade, 440n; agência de escravizados como, 107, 147, 158, 180-1, 404

"crime *branco*", 186; culpabilidade e rejeição da violência branca, 185-8; de omissão (do Estado), 182, 190, 192-3, 199, 212, 221, 223, 227-8, 446n; de proatividade do Estado, 192-3; desordem doméstica responsável pela, 316; higiene e, 317-8; livre-arbítrio e, 107, 259-60; quanto à raça, 209, 211, 224, 230, 370
cristandade, 155; práticas religiosas, 154-5
Croly, David Goodman, 469n
cultura escrava, 133, 426n
cultura sentimental, 444n
Curry, James, 101

Dalton, Clare, 286, 455n
danças, 97, 114-5, 126, 140-1, 143, 153, 158, 164-5, 173-4; danças, 418n, 436n, 438-9nn; *ver também juba*
"Dandy Jim from Caroline" (canção), 89
Daniel (escravo), 186
dano: e personalidade, 51, 82, 203, 206, 211-2; negligenciável, 182, 188, 190, 207, 219, 404
Davis, D. (escravo), 115
Davis, David Brion, 280-1, 454n
Davis, James, 157
Davis, John, 466n, 471n
De Bow's Review, 113, 116
De Certeau, Michel, 127, 159, 428n, 431n
"De Floating Scow of Ole Virginia" (canção), 88
"De Ole Jaw Bone" (canção), 88
Deane, James, 157
Décima Quarta Emenda, 245, 322-3, 327, 336, 339, 343-6, 350-3, 356, 358, 372, 378, 384-5, 463-4nn, 468n, 471n; leis antimiscigenação e, 364-5; *Plessy vs. Ferguson* e, 378
Décima Terceira Emenda, 30-1, 55, 250, 303-4, 308, 337-41, 345-6, 356, 365-6, 369, 371, 373, 464nn
Deleuze, Gilles, 421n
democracia/democratas, 21-2, 38, 312, 342, 356, 359, 469n
desejo, 49, 191-2, 219-21, 230-3; aversão e, 86, 309, 336; escravidão de bens móveis e, 68, 72
desfamiliarização, 46-7; do "gozo do negro", 141-5
desigualdade, 50, 250, 254-5, 265, 269, 297, 325, 331, 333, 350, 352, 371, 384-6, 391, 450n, 464n, 472-3nn
desonra, 34, 70, 137, 164-5, 231, 249, 279, 283, 464n
desordem doméstica, 316-7
dessegregação, 462n

Dickey, James H., 415n
Dickinson, Stephen, 100
diferença racial, 465n, 468n; classificações legais, 361-2; igualdade perante a lei e, 336; lei e, 466n; semelhança e, 351-5; sujeição sexual e, 184-92
direito consuetudinário, 186, 383, 439-41nn, 446n, 457n; cobertura do, 459n; escravizados não sujeitos, 180; escravos não protegidos pelo, 210-8, 474n; estupro e, 179; personalidade no, 206-7, 210, 214
direito escravista, 46-7, 52, 180-2, 202, 204, 207, 214, 228, 371, 380, 439-40nn, 444n, 449n; dimensões da personalidade no, 206-10; humanidade negra no, 180; papel da sedução no, 202; papel do sentimento no, 445n; para preservação da instituição, 204-5; relacionamento senhor-escravo, 195, 199-210; submissão e, 199, 217; violência negada, 217
direitos: abstração e instabilidade dos, 253; discurso dos, 250, 252, 472n; naturais, 270, 280, 301, 303-4
direitos civis, 464-5nn, 467-8nn, 473-4nn; casos de, 283, 327, 370, 372, 384, 391; direitos sociais e, 368, 383-5, 387-93; instrumentalidade repressiva do, 285; miscigenação e, 356-61
direitos sociais, 243; fracasso em proteger vidas negras, 278, 332-3, 368, 374, 380, 383-4, 387, 390-2, 464n; na França, 474n; nos Estados Unidos, 474n, racismo e, 461n
disciplina, 40, 243, 248, 251-2, 264, 267, 274, 280-1, 283, 290, 314, 320-3; ajuda governamental e, 334; novas formas de, 282; panóptico de Bentham, 280; resistência à, 249; técnicas de, 282-3
discriminação racial, 327, 353, 370, 373; direitos equivalentes 471n; permitida, 352-4; proteção igual e, 335-6, 368-85, 387-93, 465n, 467n; sanção, 252
discurso antiescravidão, 283
discurso liberal, 242, 251, 266, 272, 280
discurso pró-escravidão, 84, 113, 196-9, 291
diversões, 109-21; administração de, 109-17, 148; comentários de Douglass sobre, 117-9, 121, 174, 432n; encorajamento, 148
divertimentos inocentes, 65, 109-12, 117, 125, 424n
dívida: circulação da, 267; elasticidade da, 260; escravidão por, 269; imposição da, 270-1, 299; moralidade e, 261, 269; por emancipação, 267-8; servidão por, 245, 259-60, 267, 269, 271, 284-5, 297, 394; submissão e, 269, 273
"Dixie" (canção), 87, 116, 420n
Dixon, Brenda, 437n
domesticidade/doméstico, 65, 89, 216, 222, 312-3, 317, 320, 459-60nn; como enclausuramento, 312; como unidade de trabalho, 313; discurso sobre, 316; Estado e, 319; mercado e, 320; ordenada, 311; regulamento e, 321; reprodução social e, 313; versus itinerância e subsistência, 314; vigilância e, 318-9
dominação, 34, 39-40, 50, 52, 58, 137-8, 188, 190, 211, 251-2, 265, 275, 284; Códigos Pretos e, 294; Foucault sobre o estado de, 448n; organização espacial da, 158-9; poder e, 425n; prazeres e, 125-75; relações de, 48-50, 53-4, 57, 109, 133, 164, 224, 231, 235, 242, 246, 249-50, 254, 297, 386; sexual, 187, 189, 219, 439n; simbolização da, 53
domínio público, 159, 314, 462n; domínio privado e, 311-2, 331, 364, 386; exclusão de negros do, 382-5, 387
Donnelly, Ignatius, 346
Donzelot, Jaques, 313
dor: como canal de identificação, 66, 70; negação da, 99-109
Dougherty, Ethel, 103
Douglass, Frederick, 45, 98, 112, 119-20, 126, 133, 163, 174, 305, 433n, 458n; crítica sobre divertimentos, 117-20, 432n; juba, 161-2, 432n; posição sobre a cultura escravista, 425n; vida e a época de Frederick Douglass, A, 65, 325
Douglass, Mary, 214
Doze anos de escravidão (Solomon), 111
Dred Scott vs. Sanford, 244, 341, 345, 348, 371, 380, 449n, 465n, 467n, 469n
Dreyfuss, Hubert L., 470n
Du Bois, W. E. B., 21, 98, 120, 329, 451n
Dunham, Katherine, 436n

Edwards, Anderson, 165
Edwards, Minerva, 165
elevação racial, política de, 313; discurso, 349; feminilidade e, 458n
emancipação, 37, 245, 394, 458n; alforria e, 444n; cativeiro e, 399; como um disfarce, 51, 55, 60; disparidades prevalecentes, 248; dívida da, 267-74; duplo vínculo da, 59, 261, 284; e o status da raça, 247; grande narrativa da, 267, 283-4; herança da, 59, 244, 261-2, 284; ideal de, 286; interesses

mútuos, 301; intolerância do Sul à, 262;
limites da, 50, 61, 241-55; prazer e perda,
279; servidão prorrogada, 55
Emancipação (*de jure*), 37-8, 41, 241, 243;
trapaças legais, 25
Emmett, Dan: "I'm Going Home to Dixie", 88;
"I Wish I Was in Dixie's Land", 87
empatia: ambivalência da, 68-9; caráter
assimilativo da, 97; precariedade da, 69-70; vestir a negritude e entrar na pele do
outro, 52, 68, 71-3, 80; violência espetacular
e, 68-72
endividamento, 249, 267-77; direitos e, 249;
emancipação como, 267-8, 270-1, 274;
liberdade como, 244, 251; moralidade e, 261
enegrecimento: por meio de associação
indesejada, 389; *ver também* fungibilidade
Era da Reforma, 475n
Escape, The [A fuga] (Brown), 84
escravidão, 446n, 452n; abolição da, 20, 61,
248, 337-8; apagamento do trabalho
da, 290; arquivo da, 36, 42, 56-7, 59-61,
402-3, 405; barbárie da, 281-3, 285;
branquitude e, 78; caminho agradável do
gerenciamento da, 109-17, 174; cerimônias
da, 111-7; "circunstâncias necessárias" da,
472n; como condição humana, 96-7; como
propriedade pessoal móvel, 49-51, 373;
como relação privada entre duas pessoas,
340-1; dependência da, 271, 275, 277-9, 282,
290, 301; dimensão afetiva da, 79; discurso
de gestão de trabalho e, 280; emblemas da,
252, 254, 267, 304, 327, 335, 338, 342, 370,
373-4, 391, 464n; encenação da, 111; estilos
de gestão utilizados, 282; interpretações
conflitantes da, 341; liberdade e, 241,
252; literatura da, 45; metamorfoses
do bem móvel, 49-51, 233, 243, 249, 254,
271; na pesquisa, 40; novas formas de,
50; o Estado e, 340-2; objetificação, 153,
206, 218; paixões turbulentas da, 182;
produtividade da, 116, 290; racial, 33, 36-40, 46, 55, 57-8, 80, 102, 131, 133-4, 137,
187, 195, 201, 204, 212, 231, 272, 333, 345;
reimposição através dos Códigos Negros,
340, 343; relações estruturais duradouras,
299; representação benigna da, 271;
ressurreição dos costumes da, 301; rotinas
cotidianas da, 27; servidão endividada e,
259-323; sistema de trabalho livre e, 337;
sobrevida da, 38; status de raça da, 55, 247,
329; vidas negras mais valiosas sob a, 60;
violência rotinizada da, 46

escravização: degradação da, 348, 370;
emancipação e, 399; por meio de imposição
da dívida, 270; (re)produção da, 188;
reprodução da, 212-3; resistência à, 54,
62, 75
escravizados: acorrentados, jugo de, 11, 65, 67,
73, 75, 83, 92-5, 99, 101, 108, 415n; ausência
de proteções legais aos, 26; jocosidade
forçada dos, 27; tráfico de, 36, 65, 70, 82-3,
92-3, 95, 99, 109
escravo(s), proprietários de, 147-8, 152,
154, 159, 194, 220, 401; agência do, 28;
assassinato de, 184; conluio com, 142-3;
domínio absoluto, 199, 217, 221; e religião,
154-5; na canção *juba*, 161, 163; prazer com
a violência, 211; regulação de relações
sexuais a critério dos, 209-10, 217, 231;
renomeação de crianças pelos, 213;
rseponsabilidade dos, 116; teoria elaborada
pelo direito, 199
espetáculo, 139; sofrimento e, 92-109
Estado, 428-9nn, 440n, 462-3nn, 469n, 474n;
capitalismo e, 316; crimes do, 186, 192-3;
de bem-estar social, 474n; direitos sociais,
384-93; escravidão e, 340-2; família e, 313,
316, 320; gestão da vida pelo, 334; medidas
repressivas do, 290; poder policial exercido
pelo, 334, 364-5, 380-3, 388, 391-3; racismo
do, 311-3, 469n; social e, 391-3
Estado do Missouri vs. Celia, 180, 184-7, 401
Estado vs. Gibson, 364
Estado vs. Jowers, 298
Estado vs. Mann, 199, 218, 236, 244, 380
Estado vs. Tackett, 186, 298
Estados Unidos, 17-8, 22, 25, 28-30, 77, 94, 247,
252, 268, 310, 333, 343, 368, 370, 377, 437n,
446n, 452n, 455n, 461-2nn, 467n, 474-5nn;
autoidealização dos, 21; direitos sociais
nos, 474n; emancipação negra nos, 21;
longevidade do racismo nos, 19; política de
naturalização, 467n; protestos em 2020,
19; questão do social nos, 332-7, 474n;
redefinição como Estado-nação, 335
"estrangeiro(s)": africano inerentemente
como um, 325; apêndices, 326; isolados
e estigmatizados, 383; negros como
subalternos perpétuos, 325-9
estupro, 52, 54, 67, 172, 180, 183, 185, 189-90,
192-4, 199, 208-10, 212-4, 217-8, 228-9, 234,
257, 443n; apagamento do, 188-90, 192-3,
210-8; como sedução, 235; conjugal, 475n;
consentimento e, 181-2, 184, 194, 440n,
448n; crime capital quando cometido por

homens negros, 446n; definição legal do, 439-40nn; definição na lei consuetudinária, 179; enquadramento racista e heteronormativo do, 181-2; leis sobre, 179, 188, 440n; propensão atribuída aos homens negros, 208; rebaixado a lesão ou agressão no caso de pessoas escravizadas, 179-80, 184-92, 207-9, 219-20, 446n; registrado de forma errada na jurisprudência, 442n; resistência e, 185; sanção do, 188-90; sedução e, 439n; tentativa de, 106-7; tratado como adultério ou relação sexual, 189-91, 193-5; vontade e, 179, 181, 183, 185, 191
etiqueta racial, regras de, 300
eu proprietário, 316
exclusão: estratégias de, 252, 274; o social e a, 371
exploração, 39-40, 265, 275, 282; do corpo cativo, 191, 211, 217; dominação e, 249, 251, 297
expropriação, 60, 80, 129, 131, 153, 158, 160, 170, 209, 211-2, 219, 221, 236, 256, 266-7, 275, 283, 301, 310, 312, 393, 402, 464n
Exu Elegba, 166

fabulação, 41; crítica, 403
família: burguesa, 317; capitalismo e, 316; como mecanismo de racismo do Estado, 313; como unidade de trabalho, 316; Estado e, 316; liberta, conflitos dentro da, 312; mercado e, 320; negra, 40, 420n, 459n; patriarcal, como modelo de ordem, 197; relações conjugais, 186, 189, 296, 312, 316-7, 319, 367; separações forçadas da, 422n, 446n; transmissão da propriedade, 187-8, 212-3, 219
Farrakhan, Louis, 18
Featherstonhaugh, George W., 93-4
federalismo, 356-9
feminilidade: cultivo para elevação racial, 458n; fraqueza e, 196; mulheres escravizadas e, 442n; negra, 218, 442n
fiança criminal, sistema de, 297, 342
Fields, Barbara, 378, 472n
Fisk, Clinton Bowen, 264, 301, 458n
Fitzhugh, George, *Cannibals All! Or, Slaves Without Masters* [Todos canibais! Ou escravos sem senhores], 196-8
Flórida: Códigos Negros da, 295; lei relativa às licenças de casamento, 363; leis antimiscigenação, 363, 367
Floyd, George, 19

fome, 160-3, 261, 273, 278-9, 287-8, 334
Forbath, William, 454-5nn
Forrester, John, 182
Foster, Stephen, 84
Foster, Susan, 434n
Foucault, Michel, 134, 242, 281, 423n, 426n, 433n, 435n, 448-9nn, 462n, 470n
Fox-Genovese, Elizabeth, 442n
Frank, Dora, 156
Franklin, John Hope, 327
fraqueza, força da, 196-8
Fraser, Nancy, 308, 387, 431n, 462n, 474-6nn
Frederickson, George, 88, 420n, 423n
Freedmen's Book, The (Child), 452n, 458n
Freeman, Alan, 468n
Freud, Sigmund, 434n
Fuentes, Marisa J., 398-406
fugitividade, 263, 303
fungibilidade, 52, 68, 72, 100, 242
funky butt (dança), 12, 141

Gaffney, Mary, 101
ganância, 263-5
"Gayly de Niggas Dance" (canção), 420n
gênero, 210; cidadania e, 306-9; compensações e, 459n; dano não reparado, 180, 207-8, 218, 222; direitos equivalentes e discriminação, 353, 467n, 471n; miscigenação e, 367; parentesco, reprodução e, 312; racializado, 215-6, 403-4; relações de propriedade e, 216-8; violência sexual e, 442n
George (escravo), 187, 209-10
George (liberto), 290-1
George vs. Estado, 180, 209
Geórgia: Código Penal da, 294, 456n; Ilhas do Mar da, 162, 264; salários na, 456n
Gilded Age [Era Dourada], 454-5nn, 473n
Gilmore, Mattie, 103
Gilmore, Rachel, 103
Gilpin Faust, Drew, 117
Gilroy, Paul, 61, 98, 146, 427n
Gladdy, Mary, 165
Glissant, Édouard, 60, 98, 169, 284, 413n, 435n
Glover, Mary, 125
Goodell, William, 77-8, 443n
Gordon, Colin, 470n
Gotanda, Neil, 386, 460n, 465n, 474n
governo federal, 245, 334, 337, 359; criticado por favorecer interesses dos negros, 356; inquietações em relação ao poder recém-adquirido, 356, 358; "não interferência do", 334; poder estatal e, 334, 356, 358; reforço de leis supremacistas brancas, 385

gozo, 49; como agregador de valor ao escravizado, 100, 102, 104-5, 108; da propriedade, 52; definição de, 76, 417n; do escravo como coisa, 192-3, 212, 443n; do negro, desfamiliarização do, 141-5; propriedade do, 41, 76-80; terror e, 52, 65-76
Gramsci, Antonio, 60, 152, 390
Grandison vs. Estado, 214
Green vs. Estado, 364
Green, Elijah, 149
greve geral, 263, 268
Guerra Civil, 18, 139, 148, 182, 245, 281, 301, 325-6, 338, 356, 363, 369-70, 403, 446n, 471n; menestréis durante a, 117; serviço militar de homens negros, 308
Gurteen, S. Humphreys, 314

Hale, Robert, 350
Haley, Sarah, 398-406
Handbook of Charity Organization, A [Um manual da organização de caridade] (Gurteen), 314
Harlan, John Marshall, 375, 380, 382, 385, 387, 389
Harper, Eda, 116
Hartman, Saidiya, 20, 22-8, 398-406, 412n, 431n
Hayden, Robert, 413n
Hayes, Rutherford B., 457n
Haywood, Felix, 278, 302
hegemonia, 416n, 444n
Heilman, Robert, 418n
Herbemont, Nicolas, 65, 116
Higginbotham, A. Leon, 446n
"High Daddy" (canção), 89-90
higiene, 265-6, 311, 313-20, 365; racial, 313, 320
história, 57, 132, 169, 284, 426n; apagamento da, 271-2; cultural, 405; de origem, 267, 270, 273; infidelidade à linha do tempo, 41; memória e, 164-9, 435n; subterrânea, 169, 171, 176, 284, 435n
historiografia, 132, 401
Holland, Tom, 285
Holt, Thomas, 25, 424n, 430n
homens: direito de propriedade sobre as mulheres, 367; soberania dos, 242, 244, 378; *ver também* masculinismo
homens brancos: cidadania e, 306-9; como medida de humanidade, 471n
homens negros, 306-9, 466-7nn; abjeção e, 138, 141, 323, 383; caráter da negritude dado aos, 140; libertos, 263, 267, 343-9; masculinidade, 245, 276, 280, 321, 305-10, 339, 348-9; na Guerra Civil, 308; prejudicados pela legislação, 325, 332, 336, 344-5, 351, 374, 388
Horwitz, Morton, 455n
Hountondji, Paulin, 168
Howard, Jacob, 343
Howe, Samuel Gridley, 282
humanidade: afirmada através da performance, 174; branquitude como medida, 471n; cativa, contradições da, 401; como estado de dano e punição, 218; do escravo, 40, 48, 68, 71, 74, 82, 97, 129, 131-2, 136, 180, 203-12, 218-9, 401, 404; e os direitos de um cavalo, 203; no direito escravista, 46, 180; reconhecimento e limite, 48-51, 147, 180-1, 189, 192, 203-6; universal, 467n
humanismo, 48, 401, 405, 416n; liberal, 401
humildade, 84, 227, 264, 274, 276, 297, 300, 303, 311, 395
Humphrey vs. Utz, 185, 211
Hurston, Zora Neale, 433n
Hyde, Patsy, 166

identidade: formação da, 47, 51; nacional, consolidação da, 335; representação mimética da, 308-11
identificação: *blackface* e, 81, 86, 91; que oblitera o outro, 46, 52, 97; sofrimento e, 65-73
ideologia: liberal democrática, 265; materialidade e, 472n
igualdade: abolição e, 337-43; abstrata, 242, 244, 247, 250-2, 306, 354; baseada na semelhança, 252, 347-9, 351; conceito multiforme de, 353; de acesso a instalações públicas, 368, 379; definida pela identidade de tratamento, 345, 351, 353, 369; discriminação racial e, 335-6, 371, 466n; discurso da, 336, 362, 369, 472n; discurso liberal e, 242; insustentabilidade da, 244; miscigenação e, 357-9, 361; o social e, 371; papel na consolidação e expansão da branquitude, 250; racismo e, 336, 349, 361, 470n; Reconstrução e, 463n; significado de, 337-43; sujeição e, 251, 262; temores em relação à, 326-7, 379, 393
igualdade social, 307, 374, 389; confusão entre igualdade civil e, 331, 368; igualdade de acesso aos equipamentos públicos, 379-80; medo da, 330-1; proximidade de raças e, 374
iluminismo cristão, 206, 208, 210

Incidentes na vida de uma menina escrava (Jacobs), 179, 219, 447n
inconsciente político, O (Jameson), 125
incorporação, teoria da, 416n
individuação, 47, 243, 393; disciplinar, 267; repressiva, 294
individualidade/individualismo, 51; escravo fora dos termos normativos da, 147; formação da, 51, 267, 294, 299; liberal, 244, 271, 286; possessivo, 197, 286; reconhecimento da, 48; sobrecarregada, 51, 237, 244, 251-2, 267, 271, 275, 296
industrialização, crise da, 281
Ingersoll, Ebon, 339
inocência nacional, 271; fabricação da, 272, 341
Inquiry Into the Law of Negro Slavery [Investigação sobre o direito da escravidão negra] (Cobb), 206, 208-9
insolência, 107, 298, 300, 304, 356, 396
instrução religiosa, 154, 264
interessante narrativa, A (Equiano), 35

Jackson, Adeline, 114
Jacobs, Harriet A., 447-8nn; *Incidentes na vida de uma menina escrava*, 54, 179, 219-37
Jameson, Fredric, 125, 438n
Jaynes, Gerald, 269
Jefferson, Thomas, 182
Jenkins, Absalom, 263, 284
jig (dança), 12, 161
"Jim Along Josey" (canção), 89
Jim Crow, 84, 87, 130, 290, 393, 469n
John Freeman and His Family [John Freeman e sua família] (Bronw), 253, 264-5, 274, 276-7, 290, 305-310, 315-6
Johnson, Andrew, 344, 347, 358, 465n
Johnson, Sallie, 155
Johnson, Walter, 28
Jones vs. Commonwealth, 365
Jones, Bessie, 162-3
Jones, Elizabeth, 199
Jones, Jacqueline, 459n
Jones, Toby, 126, 137, 149
Jordan, Dempsey, 156
juba (dança), 114, 160-3, 169-70, 432-3nn, 436n, 438-9nn; prática de contramemória, 169
Jubileu, 59, 119, 241; Juneteenth, 19, 59n; *ver também* emancipação
jugo de escravos acorrentados, 11, 65, 67, 73, 75, 83, 92-5, 99, 101, 108, 415n

Keckley, Elizabeth, *Behind the Scene; or, Thirty Years a Slave and Four Years in the White House* [Por trás da cena; ou trinta anos como escrava e quatro anos na Casa Branca], 228
Kemble, Fanny, 194, 443n
Kentucky, 95, 357; Agência dos Libertos no, 265
Kincaid, Jamaica, 413n
Kongo, 164; cultura, 166
Ku Klux Klan, 157, 273, 285
Kull, Andrew, 351

Lane, William "Juba", 436n
Lee, Anna, 173, 270, 284
Lee, Lu, 125
Lee, William, 154
Lefebvre, Henri, 164, 433n
Legree, Simon (personagem), 45
Lei para Conferir Direitos Civis aos Libertos (Mississípi), 362; relativa às licenças de casamento (Flórida), 363
Lei dos Direitos Civis de 1866, 29, 245, 308, 323, 339, 343-59, 384, 465n, 467n, 473n
Lei dos Direitos Civis de 1875, 30, 323, 327, 336, 344, 356, 384, 471n
leis: antialiciamento, 293; antidiscriminação, 468n; antimiscigenação, 368; de responsabilidade civil, 475n; diferença baseada em, 466n; do Escravo Fugitivo, 341; e costumes, 343, 361, 381, 387; em Jacobs, 224; linguagem de proteção, 442n; negação da vontade do cativo e, 224; quebras de contrato, 287, 297; raça e, 368-85, 449n; sedução e, 202; sentimento e, 381-3, 385, 387-9; sobre estupro, 188, 219; sobre vadiagem, 456n; trabalhistas, 469n; violência sexual e, 54-5, 219-20; *ver também* Lei dos Direitos Civis de 1866 e Lei dos Direitos Civis de 1875
liberalismo, 252, 271-2, 401, 404; estadunidense, 449n; enclausuramentos do, 405; exclusões constitutivas do, 50; jurídico, 24, 449n; liberdade e, 241, 251, 280; narrativa fundadora do sujeito liberal, 243
teoria política, 286; universalidade e, 274, 349; *ver também* discurso liberal
liberdade, 448n: advento da, 250, 252; âmbito restrito da, 38, 266; ambivalência da, 279, 337-43; norte-americana, 22-3, 65; antagonismos, 283; branquitude e, 247-8; concepção liberal da, 38; contradiscursos de, 157, 270; contratual, 249, 262-3, 266-7, 281-2, 284, 293-7, 339, 382-3, 449n, 465n, 474n; "dádiva" da, 60, 247, 268, 270, 276, 304; de associação dos

negros, 320; de movimento, 302; definida pela distinção entre escravizados e burgueses, 147; dilema da, 278; discurso liberal de, 251; dupla, 242; e igualdade civil, 197; e proximidade das raças, 323; emaranhamentos entre escravidão e, 51, 267; endividamento e, 244, 251, 267-74; escolas de, 35, 264, 452n, 458n; estorvo da, 261, 274-5, 286; figurações da, 57; genealogia da, 254; ideal fundado na santidade da propriedade, 252; ilusória, 59, 247, 261; iminente, 155, 165; *juba* e, 161; liberalismo e, 241, 280; limites da, 237; ociosidade e, 277, 292; pós-Emancipação, 25, 27, 118; propriedade e, 146, 247-8; ruim como a escravidão, 23-5, 38, 60-1, 278; santidade da, 244; significado da, 21, 56; simetria entre escravidão e, 23; transição para a, 249, 281, 316, 319; visão restrita da, 37; zonas transitórias de, 127
libertinagem, 295, 301
libertos, 21, 25, 29, 282, 291, 451n; autoconstrução de, 287; Códigos Negros, 29, 292-4, 297, 304, 340, 343, 356, 361; como classe produtora, 278; compreensão da liberdade, 61; concebidos como perigos internos, 335; culpabilidade do, 50-1, 260, 271; cultivo da consciência, 51, 261, 285; escolas de, 35, 264, 452n, 458n; individualidade sobrecarregada dos, 51, 244, 251, 267, 271, 296; manuais para, 264-6, 270, 277, 280, 285, 287, 290, 292-5, 297-8, 304, 314, 316, 392; medidas repressivas contra, 290; movimento dos, 263, 271, 355; *National Freedman* [Liberto Nacional], 259; ociosidade dos, 263, 277, 282, 289-95, 300; policiamento de, 249, 285; "posse" de si mesmo, 248; regulação de, 334; reescravização de, 342; ressubordinação dos, 243, 458n; situação dos, 25, 60, 270, 272, 284; treinamento de, 51, 263, 285; vigilância de, 318-9, 334; *ver também* Agência dos Libertos, trabalho livre, cartilhas, endividamento
linchamento, 19, 34, 182
Lincoln, Abraham, 95-7, 357
literatura sentimental, 229, 315
livre-arbítrio, 132, 159, 252, 254-5, 275, 287, 297, 346, 386, 402, 450n; coerção e, 286; consentimento e, 223-4; construção do, 286; contratos e, 286; criminalidade e, 259; discursos liberais de, 284; e negação da vontade, 235-7
"Loozy-anna Low Grounds" (canção), 88

Los Angeles, rebelião de, 18
Lott, Eric, 86, 419-20nn
Lotty, 186
Louisiana: Códigos Negros da, 294-5; *Plessy vs. Ferguson*, 372-86, 391, 393
Loving vs. Virginia, 471n
Lowell, Josephine Shaw, 282, 314
Lucas, Sam, 419n
Lycurgas, Edward, 103
Lydia (escrava), 199-202
Lyotard, Jean-François, 455n

M'Causland, Mary, 214
Maclean, Marie, 447n
Mann, Jerry, 199, 201-2, 214
manuais pedagógicos, 264-79, 304-13; *ver também* cartilhas
Marcha de Um Milhão de Homens, 18
Marshall, Paule, 413n
Martin, James, 101
Martin, Sellie, 99-100
Martin, Waldo E., 425n
Marx, Karl, 241-2, 249, 337, 449n, 471n; trabalhador como sujeito do marxismo, 429n
masculinidade, 216, 245, 305, 307-9, 323, 343-4, 346-9, 354, 442n, 467n; cidadania e, 343-50
masculinidade negra: ansiedade e desconforto ao redor, 309; cidadania e, 306-9
masculinismo, 458n, 471n; cidadania e, 307-8; universalismo e, 471n; universalismo e, 349
"Massa's in de Cold Ground" (canção), 87
massacre, 283, 356, 395
materialidade, ideologia e, 472n
maternidade: corrupção comercial da, 188; crucial para a reprodução da propriedade e da sujeição negra, 212; negação da, 40, 170, 212, 219, 232
McAdams, Andy, 270, 278
McAdams, John, 125-6, 137, 141, 143, 150
McDougall, James, 344
meação, sistema de, 285
Mehta, Uday, 350
melodramas, 81-92, 417-8nn; antiescravidão, 82-6
memória: corpo da, 169-71; história e, 164-9, 435n; nacional, 57; reparação e, 164-5; voluntária versus involuntária, 433n
mendigos, 281-2; *ver também* vadiagem, leis sobre vadiagem
menestréis, 46, 75, 81, 83-7, 89-92, 129-30, 161, 290-1, 309, 418n, 420-1nn; desenvolvimento dos espetáculos de, 419n; Guerra Civil e, 117; *juba*, 432n

mercado, família e, 320; relações de, 264
método(s): feministas negros, 402; nota sobre, 55; prática histórica ética, 403
Michaels, Walter Benn, 466n
Mills, L. M., 102
mimetismo, 108, 309
Mintz, Sidney, 166
miscigenação, 213, 323, 337, 342, 356-61, 366-8, 389, 437n, 469-70nn; abolicionismo e, 356-60; discurso de, 367; em debates no Congresso, 356, 358; gênero e, 367; igualdade e, 357-61; leis estatais contra a, 357-64; medo da, 358; *ver também* antimiscigenação
missionários, 56, 263-4, 310, 437n, 454n, 469n
Mississípi: Códigos Negros, 293; lei para conferir direitos civis aos libertos, 362; leis antimiscigenação, 362; Suprema Corte, 209
Mitchner, Patsy, 23; liberdade em mãos negras, 23-4
modernidade: capitalista, 40; ocidental, antinegritude e, 399
Monroe, Garland, 157
Moore, Fannie, 156
moralidade, 313; enxerto na economia, 260
Morgan, Edmund, 147, 429n
Morrison, Toni, 52, 96, 413-4nn, 421n, 438n
morte social, 34-5, 39-40, 120, 129-30, 137, 216, 402, 445n
Moses, Charlie, 47-8
mulheres brancas, 185, 188, 193, 223, 226-7, 357-9; associação com negros e, 214; direitos de propriedade de, 213; escrutínio e regulamentação de, 367; posse de, 367-8; proteções legais estendidas a, 212-4, 442n; trabalhadoras, 459n
mulheres libertas: estimuladas pelos manuais a trabalhar, 311, 316; na esfera privada, 312-3; restrição de direitos de, 353; porcentagem de trabalhadoras, 459n
mulheres negras: agência de, 312; dano não reparado, 180, 207-8, 217, 222; direitos restritos das, 353, 367, 459n; escravizadas, 193-5, 208-19, 442n; estupro e, 218, 442n; feminilidade das, 215, 231, 442n; libertas, 312-3, 459n; na esfera privada, 312
mulheridade, 215, 231; construção da, 442n
Munzer, Stephen, 416n
mutilação genital, 211
mutualidade, violência da, 52, 194-5; dívida e, 269; doutrina "separados mas iguais", 371, 387; estupro e, 194
"My Old Kentucky Home" (canção), 87

Nação do Islã, 18
nacionalismo confederado, 117
não soberano, movimento do, 41
narração: caráter sedutor da, 227, 447n
Narrativa de vida de Frederick Douglass (Douglass), 45
National Freedman [Liberto Nacional], 259
necessidade(s), 287, 388; desejo e, 126, 137, 151, 159, 163, 391; fugidias, 474n; liberdade e, 262; política da, 431n
negritude, 52, 54-5, 72, 74-5, 79, 81-4, 89-90, 92, 117, 127, 137-41, 145, 180, 196, 219, 243, 246-7, 251, 253-4, 257, 261, 309, 332, 340, 357, 361-2, 369, 372, 374, 376, 393, 395, 400; agência ameaçadora da, 186; capacidades figurativas da, 41, 52-5, 80-1, 92, 96; cercos racializados da, 323, 393; como classificação legal, 248, 369; como subordinação, 247-8; como indiferença ao sofrimento, 218; construção da, 216; espetáculo da, 432n; estigmatização da, 372; fungibilidade da, 80, 217; fusão de criminalidade e, 230; história de terror e, 139-40, 172; identificação coletiva, 126, 140-2, 144-5, 155, 159; marca relação de abjeção e dominação, 138; melodrama e, 81-92; mudança no registro da, 322; obscuridade da, 333-4; performance da, 138; pobreza, 332-7; relação complementar com a branquitude, 195; representações, 80-6; valor da, 52
Negro Forget-Me-Not Songster The, 420n
New Deal, 333, 474n
New Orleans Daily Picayune (jornal), 102
Newsome, Robert, 184, 187, 191
Nietzsche, Friedrich, 260-1
Nora, Pierre, 435n
"norma branca", 471n
normalização, 47, 312, 320, 349, 470n
Norte, empreendedores do, 263, 280, 293
Northup, Solomon, 111, 161, 432n
Norton, Ann, 449n
Nova Orleans, 18; papel na história da escravidão, 17

obrigação, 259, 261, 267, 269, 272, 274, 276-7, 282, 286-7, 289; *ver também* endividamento
ociosidade, 51, 277, 282, 289-91, 294, 306, 310-1, 395; acusações de, 295; discurso sobre, 263-4, 290, 292-3; domesticidade e, 316; preocupações em relação à indolência negra, 263, 293
Octoroon, The (peça), 80, 84, 92

Oh, Hush! (peça), 89
"Old Folks at Home" (canção), 84
"Old Virginia Never Tire" (canção), 93
Old Zip Coon [O velho Zip Coon] (peça), 89
Omi, Michael, 427n
"On Agency" (Johnson), 28
opacidade, canção de escravo e, 98; atos de resistência, 53; direito à, 98; negritude e, 333; política de frequência mais baixa, 98
oposição, cultura de, 119-20
ordem racial, 297; cidadania e, 311-2; criada pela plantation, 272; o social e, 250; preservação da, 243
orixás, tradição dos, 166

Pace vs. Alabama, 364
parentesco, 89, 313; arranjos usurpados, 230; capital e, 313; cativeiro e, 187-8; Estado e, 313; gênero e, 312; negação do, 188, 212, 215, 221; rompimento das redes de, 40, 167, 222, 279; separação forçada e, 422n, 446n
Parker, Pool, 278
Parker, Theodore, 118
particularidade, universalidade e, 254
partus sequitur ventrem, 441n
Pasquino, Pasquale, 381, 475n
Passagem do Meio, 27, 40, 75, 93, 164, 166-7, 169, 173, 438n
Pateman, Carole, 465n
paternalismo, escravidão e, 49, 133, 148; imposição de dívida e, 271; incapacidade negra e, 290, 429n; *ver também* mutualidade
patrulheiros, 156-7
Patterson, Orlando, 241, 413n, 445n
Perder a mãe (Hartman), 38, 412n
performance(s), 40-1, 53-4, 59, 61, 131, 137-8, 175, 109-17, 426-7nn, 429-30nn, 436-7nn; "à disposição do senhor", 75, 423n; afirmação da humanidade através de, 174; agência e, 137-41; negritude e, 75, 137-41; reparação e, 171-5; repetição na, 169-71
"persona africanista", 96
personalidade: dano e, 51, 82, 203, 206, 212; no direito consuetudinário, 206-10; reconhecimento da, 211; violência e, 49, 147, 212
pessoas escravizadas, 146; agência criminosa, 147, 401; bem-estar de, 203; como membros da sociedade civil, 77; como mercadorias, 72; condição de objeto, 146-7; dupla invocação das, 180, 199, 204, 444n; ética situacional, 227; existência bifurcada, 48; fungibilidade, 72; práticas culturais das, 56; reconhecidas como sujeitos, 48-9; relações entre, 142-4; separação forçada de parentes, 446n; sexualidade e, 219-37; status contraditório das, 151, 167; violação sexual de, 208-10, 212, 215, 218, 440n
Phillips, Caryl, 413n
Pierce, Edward, 282
Pizzorno, Alessandro, 453n
Plain Counsels for Freedmen [Conselhos simples para os libertos] (Fisk), 264-5, 268, 278-9, 285, 292, 300-1, 303, 305, 316
plantation(s), sistema de, 34, 37, 39, 59, 75, 80, 83, 92, 109, 111-6, 150, 190, 206, 217, 222, 224, 263-4, 275, 278, 280, 282, 287, 289, 291, 293-5, 299, 302-4, 316, 320, 394, 396, 420n, 426n, 436n, 443n, 457n, 460n; administração da, 112-7, 264, 280; conspirações contra a, 36; diretrizes para permanecer onde se estava, 210-302; estratégia de trabalho entre fábrica e, 281-2; nomadismo/migração e, 263, 303; nostalgia da, 87, 279; ordem social criada pela, 272; pastoral, 40; perpetuação da, 242; proprietários, 263, 290, 292, 321; reorganização, 262; terror e violência, 281
Plessy vs. Ferguson, caso, 31, 283, 314, 330, 336, 364, 370, 372
Plessy, Homer A., 370, 372-84
pobreza: erradicação do pauperismo, 314-5; negritude e, 332-7; policiamento dos pobres, 295; segurança econômica e, 461n; vigilância de pobres, 462n
poder: controle sexual e, 441n; de administrar a vida, 189, 334, 441n, 470n; desafio ao, 126; formas pré-modernas e modernas de, 282-3; inseparável de sua exibição, 53; modalidades de, 246, 251, 404; operação do, 400; relação entre conhecimento e, 426n; relações de, 57, 243, 254; representações de, 53; reprodução social do, 399; resistência e, 429n; reversibilidade do, 196-7; submissão e, 444n
policiamento: das classes inferiores, 328; das fronteiras raciais, 91; discriminação e, 361; do privado, 311; ênfase nos manuais dos libertos, 285
política(s), 39, 429n; da fome, 160-3; direitos, 245, 464n, 474n; o social e, 333; teoria, 286
"Pompey Squash" (canção), 89
Poovey, Mary, 462n, 473n
pós-guerra: códigos de conduta e regulações no, 298; economia mista no, 265-7;

ideologia liberal democrática e mercado, 265; liberdade e ordem social no, 337
posse, dimensões sexuais da, 106-7
Post, Amy, 229
Power, Tyrone, 94-5
práticas cotidianas, vida e, 34-5, 40, 57-9, 61; "africanas", 435n; domínio das, 34-5; e resistência à escravidão, 128; excluídas do político, 146-52; falta de empatia com, 71; história do cativeiro, 164-71; histórica ética, 403; itinerantes, 263, 314; memória e, 164-5
prazer, 438n; ambivalência do, 126, 175; coagido, 125-75; como figuração da transformação social, 174; como técnica de disciplina, 174; corpo quebrado e, 174; dominação e, 125-75; posse da propriedade escrava e, 72; trabalho e, 126
preconceito *ver* discriminação racial, racismo
predação, 130, 275
Prigg vs. Pennsylvania, 341
privacidade, 474n
privado, 159, 252, 314, 318, 384-93, 462n; constituição masculinista do, 312; construção do, 475n; desigualdade e, 385; interface entre público e, 311, 331, 386; mulheres libertas e, 312; regulação do, 320
Procacci, Giovanna, 315
produção, 248, 282
produtividade: agressão sexual e, 207; e disciplina, 264; escrava, 116, 279, 290; gerada por diversões musicais, 112
professores, 263-4, 291, 316
progresso, 314, 401; família e, 313; mudança e, 400; narrativas do, 284; racial, 313
propriedade: branquitude e, 247, 255, 367; casamento e, 367; corpo e, 449n; direitos de, 212, 254; gozo e, 41, 52, 76-80, 193, 217; leis antimiscigenação e, 367; liberdade e, 247-8, 449n, 463n; no liberalismo estadunidense, 449n; proteção de, 211; relações de, 216-8, 366; santidade da, 252; sobre ser o objeto de, 128; violência sexual e, 192-3
prosperidade nacional, 290, 311, 314-5, 332, 335, 365, 374, 380-1, 383, 386, 388
proteção igualitária, 253, 345, 354, 369-71, 387; discriminação de gênero e, 353; discriminação racial e, 327, 335, 345, 359-85, 387-93; disparidades da, 336-7; leis antimiscigenação e, 358, 363-5; linguagem da, 352-4; significado de, 350-3, 364, 368; Suprema Corte e, 327, 368-85; taxonomias de raça e, 361-2

Proudhon, Pierre-Joseph, 153
Public Relief and Private Charity [Assistência social e caridade privada] (Lowell), 314
pureza, ligação com a branquitude, 317
Pyatt, Jane, 157

Quadagno, Jill, 461n
"questão negra", 334

Rabinow, Paul, 470n
Raboteau, Albert J., 166, 428n
raça(s), 449n, 464n; ameaça da proximidade entre, 321; cidadania e, 306-9; classificações e leis "imparciais", 361; codificação na lei, 340, 372-85; como marcador absoluto de status, 139; definição de, 427n; desigualdade como propriedade, 254; direito e, 449n; discurso racista, 463n; e o social, 329-30, 463n; emancipação e status da, 247; generificação da, 207-8; higiene e, 316, 365; naturalização da, 299; "raça-status", 322, 329, 460n, 465n; racialismo romântico, 75, 113, 423n; taxonomias de, 361
racialização, 211, 215-6, 403-4
racismo, 246, 248, 252, 300-1, 313, 336, 349, 383, 386, 388, 391-2, 405, 437n, 468-9nn; capitalismo e, 247; cegueira de cor e, 361; direitos sociais e, 332-6, 461n; do Estado, 311-2; escravidão e, 250; igualdade e, 429n; intransigência do, 250, 273; materialidade como forma de poder do, 360; relação entre capitalismo e, 20; sistêmico, 22; *ver também* discriminação racial
Rankin, John, 65-73, 80, 83, 416n
reciprocidade, 49, 89, 109, 131, 142, 182, 194, 197-8, 202, 221, 232, 235-6, 250, 259, 269, 271, 320-1, 371, 380, 400; retórica sentimental de, 301; submissão e, 181; *ver também* mutualidade
reconciliação, 270, 299, 301, 335, 438n
Reconstrução, 51, 303, 315, 326-7, 330, 395, 456-7nn, 460n, 474n; administração do trabalho livre durante a, 282; antimiscigenação, estatutos e leis, 364, 366; debates no Congresso sobre, 336-68; emendas da, 29, 244-5, 283, 336-41, 343-6, 350-6, 358-60, 365-6, 369, 371, 373, 378, 384, 463-4nn, 471n; fracasso da, 49, 50, 62, 249-50; igualdade e, 463n; legislação da, 335-6, 472n; legisladores e gestores da, 280; revisão da narrativa do sujeito liberal, 243; segregação durante a, 472-3nn

reel (dança), 12, 109, 115, 161, 170
reforma, 49, 400; discurso de, 284; movimento, 318; reformadores antiescravistas, ideais de trabalho livre dos, 280-1; reformadores sociais, 318
relação senhor-escravo, 226, 236, 321; afeto mútuo, 180-1, 195; assimetrias de poder, 199; hegemonia e paternalismo, 131, 181; nas leis da escravidão, 78-9, 195-6; paixões turbulentas, 182-3; papel do gozo na, 76, 78-80, 91, 106, 116, 129; prazer do senhor na conquista sexual, 192; submissão norteadora na, 199; todas as pessoas brancas como senhores, 77-9; total e recíproca, 133; violência na, 182-3, 194
reparação, 41, 125-75, 270, 278, 392, 395; corpo como objeto de, 172-3; corpo quebrado e, 171-5; expressão do desejo de, 153; incompletude da, 173; *juba* e, 163; memória e, 164-7; possibilidades de, 270; trabalho crítico da, 127
repetição: constância da, 172; papel na cultura e performance negra, 138, 169-71, 173; 437-8nn
repressão, 46, 69, 105, 137, 210, 221, 251, 270, 272, 287, 474-5nn; estratégia de paternalismo e, 148; ilimitada, 149; mecanismos de, 148; na construção da liberdade, 399; técnicas de, 252
republicanos, 284, 342, 356; 429n, 457n, 469n
resistência, 107-8, 126, 262; à escravidão, 34-6, 53-4, 62, 128, 282; agência e, 147; ao estupro, 185; em Jacobs, 185, 233, 235; poder e, 429n; práticas cotidianas de, 128, 145-52; táticas de, 57; transgressões menores, 54, 148, 150
responsabilidade, 51, 260-1, 345
ressentimento branco, 300-1
restrição, 262; corretivos de, 261; da ordem, 263; de consciência, 260
reuniões, 415n: panela invertida, uso da, 165, 434n; resistência e, 147-9, 174; sub-reptícias, 143, 145, 152-65, 174
Revolução Americana, 22, 333, 335, 462n
Revolução Francesa, 333, 462n
Richardson, Joe, 454n
ring shout (dança), 12, 36, 155
Roberts vs. Cidade de Boston, 369-70
Robinson, Beverly J., 438n
Roediger, David, 86, 462-3nn
Rogin, Michael, 86
Rosaldo, Renato, 426n
"roubar um tempo", 11, 61, 152-3, 155, 157-9, 165, 174, 177, 233, 256, 263

roubo, 128, 153, 158, 233, 254, 257, 269, 290, 316, 420n, 450n
Ruffin, Thomas, 202, 444n
ruptura, 59, 137, 158, 166-71, 262, 267, 272, 286

Sacks, Howard, 420n
Sacks, Judith Rose, 420n
Sakai, Naoki, 467n
Saks, Eva, 359, 366, 469n
salários, 50, 265, 274-6, 287, 289, 291-5, 456n, 459-60nn, 462n
Sanchez-Eppler, Karen, 418n
Sandel, Michael J., 468n
sangue: e sentimento, 355-68; linguagem do, 268; obsessões do Estado com a pureza do, 359-61
Sassoon, Anne Showstack, 429n
Scarry, Elaine, 421n
Schechner, Richard, 430n
Schneider, Elizabeth, 475n
Schurz, Carl, 241, 298
Scott, James, 53, 146
sedução, 213, 219-21; artimanhas do poder e, 41, 179-237; como tática narrativa, 447n; da leitora, 225-30; discurso da, 182, 193-6; discurso familiar e, 197; narrativa da, 222, 224-5; papel nos processos de estupro, 439n; poder e, 220-1; retórica da, 54, 197; seu papel no direito familiar e, 202; submissão e, 196, 198
segregação, 38, 242, 314, 317, 327, 330-5, 370, 374, 380, 382-4, 389-90, 472-5nn
senciência, 46, 51-2, 67-71, 76, 96-7, 99, 129, 204, 210, 212, 217-9
sentimentalismo, 73, 82, 87, 316, 418n
sentimento(s), 49, 52, 83, 94, 96-7, 187, 195, 203, 205-6, 247, 266, 331, 370, 389; antipatia, 55, 92, 97, 250, 266, 301, 323, 328, 330, 360-1, 368, 370-2, 380; aversão, 67, 93-4, 99, 323, 331-2, 336, 361, 370, 385, 388; constrangimentos do, 184; laços de, 222; lei e, 380, 444n; linguagem do, 320; medo (branco), 139, 321, 330, 358, 366, 384, 393; privilégio do, 331; raciais aversivos, 266, 325; revolução do, 250; sangue e, 355-68
separação racial, 385-93; ameaça da proximidade entre, 320-32, 356-9; igualdade legal e, 466n; para consolidar a identidade nacional, 335
servidão, 265-6, 275-6, 293, 304, 337-43; caráter festivo da, 133; contrato e, 260; disposição para a, 100, 113, 275; involuntária, 30, 37-8, 41, 50, 60, 248,

251, 260-1, 284, 293, 296-7, 304, 334, 338, 368, 373-4, 378, 394, 469n; musicalidade associada à, 113; por dívida, 249, 251, 259-323
servilismo, 266, 274-7, 298-9, 303-4, 355, 370-1, 388
sexualidade, 419n, 441-2nn, 446n, 470n; branca, regulação e controle da, 213; cativeiro e, 180, 184-92, 219-37; dispositivo para reprodução de propriedade e diferença racial, 193; feminina, 213, 216, 313; gestão da, 184-98; proteção e controle por meio dos direitos de propriedade, 216; relações de propriedade e, 225, 231-5; reprivatização dentro das redes de parentesco versus redes de cativeiro, 313; subordinação e, 184-92
Shine, Polly, 101
Shirley, Ed, 115
shuffle (dança), 12, 161
Simpkins, Millie, 103, 165
Singleton, Marinda Jane, 116
singularidade, 254
sistema penal, 469n
Slaughter-House Cases [Casos do matadouro], 381, 463n
Slave Life in Georgia [Vida de escravo na Geórgia], 104-6
Slim, Catherine, 101
Smith, William, 161
snake hips (dança), 12, 141
Snead, James, 170
Snow, Susan, 150
Snowden, Ben, 420n
Snowden, Ellen, 420n
Snowden, Lou, 420n
Sobel, Mechal, 433n
soberania, 152, 174, 224, 237, 242, 244, 253-4, 272, 285, 287, 330, 334, 337, 359, 367, 385, 388, 393; fim da, 379; linguagem da, 250; sujeição e, 242, 251, 274
social, 90, 246, 252, 313, 371, 384-91, 393, 399, 402, 461n; "submissão perfeita" como princípio ordenador, 201; consciência implícita, 133; controle, 114; Estado e, 391-3; exclusão e, 349, 371, 380, 382-4, 389; igualdade e, 327, 330, 335, 349, 354, 371, 378, 384; luta, 127, 150; nos Estados Unidos, 332-4, 336-7, 474n; ordem, 86, 102, 132, 144, 148, 171, 197, 204-5, 248; política e, 333; raça e, 326-7, 329, 332, 336, 371, 463n; reduto da desigualdade, 385-93; revolução da ordem, 400; transgressão, 82

sociedade carcerária, 280
sodomia, 211
sofrimento, 66-8, 70-3, 80, 82, 84-5, 96, 100, 109, 120, 129-30, 139, 176, 207, 218, 317, 333, 382, 400, 404, 416n, 421n, 432n; canção e, 94, 98; e autorreflexão branca, 96; espetáculo e, 92-109; identificação e, 65-73; ilegibilidade do, 74; indiferença ao, 46, 66-9, 75, 79, 94; negação do, 99-109; negro, 45; palco do, 65-121; teatralidade e, 74; violência espetacular e, 73-4; *ver também* dor
Sophy (escrava), 194
Southern Planter and the Freedmen [Fazendeiros do Sul e os homens libertos] (Waterbury), 116, 268, 288, 320, 347
Spillers, Hortense, 153, 190, 310, 413n, 441n, 445n
Spivak, Gayatri, 416n
Stanley, Amy Dru, 281-2, 290
State vs. Samuel, 441n
Stearns, Jean, 432n, 436n
Stearns, Marshall, 432n, 436n
Stephenson, Gilbert Thomas, 325, 366
Stevens, Thaddeus, 339, 350-1, 353, 465n
Stewart, Gary, 115
Stowe, Harriet Beecher, 356
Stroud, George M., 77
Stroyer, Jacob, 111
Stuckey, Sterling, 433n
subjetividade negra: construção da, 193, 206; danos negados a, 404; submissão obediente e, 51; transformação da, 244
subjugação: através de meios contratuais extralegais, 262; igualdade abstrata e, 244; resistência à, 249; transformada em um caminho agradável para o senhor, 109-17
submissão: à consanguinidade, 435n; criação de si e, 274; demandada do escravo, 205; direito patrimonial e, 199, 201; dívida e, 269, 273; economia moral de, 269; ética da, 199, 201, 444n; exigência de, 286; norteadora das relações escravistas, 194, 199; "perfeita", doutrina da, 194, 196-7, 199-201; reciprocidade e, 181; sedução e, 196, 198; soberania e, 254; violência sexual e, 192; voluntária, 54, 183-4, 193, 234-5, 274
subordinação, 247, 250-1; codificação jurídica da, 188; contrato e, 248; liberdade e, 242; sanção à, 252; sexualidade e, 184-92
sujeição, 127, 139, 196-7, 249, 251; emancipação e, 267; igualdade e, 262; liberdade e, 254, 451n; multivalência da, 204; negra, direito

branco e, 242; refiguração da, 242; sexual, 184-92, 211; soberania e, 242, 251, 274; violência da, 205
sujeito burguês: domínio público reservado ao, 159; possível pela existência do escravo, 147, 256; privilégios do, 134
sujeito liberal, narrativa fundadora do, 243
sujeito negro, 129, 170; designado como lócus originário de transgressão e crime, 180
sujeito-objeto, 52; constituição do, 46, 205-6; dupla invocação, 180, 193, 204, 444n; emancipação do, 458n; negação do, 445n; questionamento da formação do, 51
Sukie (escrava), desafio do princípio fundamental da escravidão, 106-9
Sul (como projeto político): autorrepresentação através de performances da negritude, 117; condições de trabalho, 266-7; intolerância à liberdade negra, 262
Sumner, Charles, 339, 353-4
Suprema Corte da Carolina do Norte, 186, 199-200, 202
Suprema Corte dos EUA, 327; leis antimiscigenação, 364, 368; proteção igual e, 336, 368-93, 463n
supremacia branca, 19, 37, 330, 334, 368, 382, 388; bem público e, 382-3; força através da dissimulação e da alquimia, 404; legalmente apoiada, 380, 382, 385; manutenção da, 368
Szwed, John F., 432-3nn

tableau, 83, 417n, 419n
Tadman, Michael, 422n
Taney, Roger, 348, 371, 465n
Tate, Claudia, 467n
Taub, Nadine, 475n
teatralidade, 11, 65; coagida, 75, 99, 101, 108; sofrimento negro e, 74
"Tennessee Ike" (escravo), 114
teoria cultural, 405
terror, 34, 46, 135, 180, 186, 249-50, 252, 267; cotidiano, 211, 249, 401, 405; da plantation, 281; divertimento e, 65-76; dominação e, 49, 144, 171, 202; erótica do, 182; gozo e, 52; prazer do, 85, 92, 98-9, 109-17; punições e, 150; reino de, 60, 67, 267, 301, 356; tecnologias do, 399; ver também violência
Terry, Alfred Howe, 294
testemunho negro, 59, 73, 164-5, 303; corpo e, 172; crise do, 73-4; da WPA, 105-6, 132, 284; impossibilidade do, 78, 199, 441n; vozes narrativas, 402

Texas, leis no, 456n
Thomas, Ann, 115
Thompson, Robert Farris, 166, 433n
tia Hester (escrava), 45, 182
"Tia Jemima em dialética", 40, 413n, 425n
tirania, 192, 197, 226, 364, 379
Topsy (personagem), 46, 81, 85
tortura, 45-6, 53, 74, 78, 93, 103, 117, 139, 172, 199, 421n
Tourgée, Albion, 373, 375-6, 379
trabalhadores, 86, 129, 206, 250, 262-6, 284, 290-4, 296-7, 304, 314, 320-1, 344, 443n, 454n, 456n, 474-5nn; livre circulação de, 287
trabalho, 313, 453n; alienação do, 245, 254, 274, 283; assalariado, 247, 263-4, 266, 276, 289, 452n; compulsório, 262, 282, 290; condições no Sul, 266-7; contraste entre prazer e, 126; controle por meio de contrato, 292, 294, 296; ética de, 249, 264-5, 314; motivação de, 263-4, 287-8, 290; não assalariado, 262; relação entre a escravidão e, 280-1; salários e, 456n; visões do Norte e do Sul, 290
trabalho condenado, sistema de, 283, 297; arrendamento do, 457n
trabalho contratado, 197, 265, 269, 271, 282, 289, 292, 465n; Agência dos Libertos e, 287, 296; ascendência do contrato, 285; coerção e, 262; conduta exigida no, 294; leis de vadiagem e, 293; liberdade contratual, 249, 280, 294, 474n; linguagem de soberania do contrato, 250; obrigatório, 282, 286, 294; posse por, 279-84; servidão e, 260; subordinação negra e, 248; teoria contratual da vontade, 286, 455n
trabalho forçado, 131, 133, 293, 295
trabalho livre, 51, 251, 260, 264, 266, 269, 281, 288-9, 291, 297, 394, 451n; coerção para o, 248, 281-2, 286, 296-7; discurso sobre a ociosidade e, 263; escravidão e, 337; ideais repressivos de, 280-1, 283, 474n; motivação, 262-3; noções contratuais de, 280; relutância do Sul em abraçar o, 262; técnicas de administração do, 282; transição para, 259-67, 280, 313
tradução, política de, 416n
traição, 142-3
transfiguração, 41, 172; política de, 61, 257
transgressões menores, 148, 150, 157-8
treinamento, 51, 263, 285, 328
Trumbull, Lyman, 342, 353, 357, 468n
Trump, Donald, 19
Tucker, George, 92

525

Turner, Victor, 173, 175
Turner, West, 154
Tushnet, Mark, 383, 440n, 444-5nn, 449n, 473n

"Uncle's Tom Religion", ar menestrel de, 419n
universalidade/universalismo, 72, 252, 307, 467n; legado ambíguo, 50; liberalismo e, 349; masculinidade e, 349; masculinismo e, 471n
Universidade Fisk, 263-4
útero, abismo do, 257

vadiagem, leis de, 262, 281-2, 287, 292-5, 297, 340, 342, 456n
vagina dentata, 108
vergonha, 103, 219-20, 228, 230-2
"Venus em dois atos" (Hartman), 38, 413n
vida negra: como propriedade, 207; domesticidade e, 318-9; Vidas Negras Importam, 32; vigilância, 334
violência, 34, 39, 195, 205-6, 249, 261-2, 275, 279, 283-5, 290; afeto, reciprocidade e, 198-9, 201-2, 332, 380; antinegro, 37; centralidade na produção do escravo, 45-6, 164; como parte da personalidade, 49, 205; da lei, 184-92; da omissão, 182; da plantation, 281; da troca, 286; difusão da, 273, 278-9; dominação e, 50, 56, 60, 134, 284; empatia e, 68-71; espetacular, 33-4, 45, 65-6, 68, 70-1, 73-4, 79, 106, 108, 110, 283, 304; exercício habitual da, 34, 285; extrema, 73-4, 76, 108, 139, 150, 182-3, 195, 212, 217, 227-8, 283; formas de, 401-2; formas extrajudiciais de, 297; generificada, 39; humanidade e, 40, 51, 136, 205; liberdade e, 254; melodramas e, 85-6; na pesquisa, 40; negação da, 96, 99, 111, 132; para manter a escravidão, 218; pós-guerra e, 281, 292, 297, 300, 356; prazer e, 80-1; sancionada pelo Estado, 55; sexual, 39, 41, 54-5, 78-9, 107-8, 179-237, 404, 439n, 442-3nn; socialmente tolerável, 52, 128-9, 147, 194, 203-4, 211; vulnerabilidade da negritude à, 81, 90, 97, 128; *ver também* terror, estupro
Virgínia, leis na, 456n
virtude, 224-5, 227, 417n, 462n; auto-humilhação idealizada como, 300; desmistificação da, 222; feminina, 312
vontade, 49, 51, 107, 137, 180, 252, 254-5, 266, 285-93; coerção e, 286; consentimento e, 224; contrato e, 286; em Jacobs, 235-7; estupro e, 179, 181, 183, 185, 191; falta de, 193, 271, 275; poder e, 57, 59; soberania da, 285; *ver também* livre-arbítrio
voto, direitos de, 464n, 466n
voz: construção da, 57; subjugação da, 402

Wakeman, George, 469n
Walcott, Derek, 413n
Wardlaw, D. L., 179
Washington, Eliza, 155
Waterbury, Jared Bell, 323; *Advice to a Young Christian* [Conselhos para um jovem cristão], 261, 451-2nn; *Friendly Counsels for Freedmen* [Conselhos amigáveis para os libertos], 264-5, 277, 287-8, 291, 316, 319; *Southern Planters and the Freedmen* [Fazendeiros do Sul e os homens libertos], 268, 288, 320-1, 347
Weber, Max, 453n
Werley vs. Estado, 211
Westley, Robert St., 468n
White, Hayden, 62, 426n
Wiegman, Robyn, 467n
Williams, Patricia, 160, 413n, 431n, 445n, 471n, 475n
Williams, Raymon, 149, 428n
Winant, Howard, 427n
Windham, Tom, 47-8
Works Progress Administration (WPA), 23, 47, 58, 105, 414n; entrevistas da, 56-7, 59, 284, 412n

Zip Coon (personagem), 46, 84, 89, 91, 290, 420n
Žižek, Slavoj, 417n, 443n

Copyright © 2022, 1997 de Saidiya V. Hartman
Notações © 2022 de Saidiya V. Hartman e Cameron Rowland
Cosmogramas © 2022 de Saidiya V. Hartman e Samuel Miller
Copyright da tradução © 2025 Editora Fósforo

Todos os direitos reservados. Nenhuma parte desta obra pode ser reproduzida, arquivada ou transmitida de nenhuma forma ou por nenhum meio sem a permissão expressa e por escrito da Editora Fósforo.

Título original: *Scenes of Subjection: Terror, Slavery, and Self-Making in Nineteenth-Century America*

DIRETORAS EDITORIAIS Fernanda Diamant e Rita Mattar
EDITORES Carlos Tranjan e Juliana de A. Rodrigues
ASSISTENTE EDITORIAL Rodrigo Sampaio
PREPARAÇÃO E TRADUÇÃO DA BIBLIOGRAFIA floresta
REVISÃO Fernanda Campos e Andrea Souzedo
ÍNDICE REMISSIVO Maria Claudia Carvalho Mattos
DIRETORA DE ARTE Julia Monteiro
CAPA Equipe Fósforo
PROJETO GRÁFICO Alles Blau
EDITORAÇÃO ELETRÔNICA Página Viva

CIP-BRASIL. CATALOGAÇÃO NA PUBLICAÇÃO
SINDICATO NACIONAL DOS EDITORES DE LIVROS, RJ

H265c

    Hartman, Saidiya, 1961-
        Cenas da sujeição : Terror, escravidão e criação de si na América do século 19 / Saidiya Hartman ; tradução Fernanda Silva e Sousa, Marcelo R. S. Ribeiro. — 1. ed. — São Paulo : Fósforo, 2025.
        528 p.

        Tradução de: Scenes of Subjection : Terror, Slavery, and Self-Making in Nineteenth-Century America
        "Revisada e atualizada com um novo prefácio pela autora".
    ISBN: 978-65-6000-089-6

        1. Escravizados — Estados Unidos — Condições sociais. 2. Escravidão — Estados Unidos. 3. Poder (Ciências sociais) — Estados Unidos — História — Século XIX. 4. Escravizados — Estados Unidos — Vida social e costumes. I. Sousa, Fernanda Silva e. II. Ribeiro, Marcelo R. S. III. Título.

25-95949
        CDD: 973.0496073
        CDU: 94:326(73)

Gabriela Faray Ferreira Lopes — Bibliotecária — CRB-7/6643

Editora Fósforo
Rua 24 de Maio, 270/276, 10º andar, salas 1 e 2 — República
01041-001 — São Paulo, SP, Brasil — Tel: (11) 3224.2055
contato@fosforoeditora.com.br / www.fosforoeditora.com.br

Este livro foi composto em GT Alpina e
GT Flexa e impresso pela Ipsis em papel
Golden Paper 80 g/m² para a Editora
Fósforo em março de 2025.

A marca FSC® é a garantia de que
a madeira utilizada na fabricação
do papel deste livro provém de
florestas gerenciadas de maneira
ambientalmente correta, socialmente
justa e economicamente viável e de
outras fontes de origem controlada.